卜居圖

彩图全解

古文观止

（清）吴楚材　（清）吴调侯　编选
思　履　主编

中国華僑出版社
北京

图书在版编目（CIP）数据

彩图全解古文观止 /（清）吴楚材,（清）吴调侯编选；思履主编. — 北京：中国华侨出版社，2015.12（2021.2重印）

ISBN 978-7-5113-5833-2

I. ①彩… II.①吴… ② 吴… ③思… Ⅲ. ①古典散文 — 散文集 — 中国IV.①H194.1

中国版本图书馆CIP数据核字（2015）第313617号

彩图全解古文观止

编　　选：（清）吴楚材　（清）吴调侯
主　　编：思　履
责任编辑：子　轩
封面设计：冬　凡
文字编辑：黎　娜
美术编辑：吴秀侠
经　　销：新华书店
开　　本：720mm × 1020mm　1/16　印张：23　字数：684千字
印　　刷：三河市兴博印务有限公司
版　　次：2016年4月第1版　2021年2月第2次印刷
书　　号：ISBN 978-7-5113-5833-2
定　　价：55.00元

中国华侨出版社　北京市朝阳区西坝河东里 77 号楼底商 5 号　邮编：100028
法律顾问：陈鹰律师事务所　　发 行 部：（010）88893001
网　　址：www.oveaschin.com　　E-mail：oveaschin@sina.com

前言

《古文观止》是三百年以来中国优秀古代散文的最好选本之一，自清康熙三十四年（1695年）问世以来，广受欢迎，风行海内，读书人家，家家购置；读书之人，人人朗诵。直到现代，影响经久不衰。现代文学史上的大家们都有背诵“古文观止”的经历，文学巨匠巴金就因阅读“古文观止”使他毕生受益，终身难忘。

中华民族文明史源远流长，历代典籍浩如烟海。如何能够选其精华，使学习者取法乎上，由正确途径进入文史之门，这是每个时代的教育家或文学家都要考虑的问题。所以自古以来就有编选古文选本的传统。著名选本有南朝萧统编的《昭明文选》、宋代编的《文苑英华》、清代编的《古文辞类纂》等，但这些选本都篇幅很大，内容艰深，不便普及。

《古文观止》的编者吴楚材、吴调侯，是叔侄二人，浙江山阴（今绍兴）人。他们立志要编出经典而广泛适用于初学者的教材，“每思继序前人而光大之”。于是“集古人之文，集古今人之选”“原为初学设也”。《古文观止》编成之后即得到当代人的重视。两位编者用“观止”二字为本书冠名，这是用了书中所选《左传·季札观周礼》一篇的典故，写吴公子季札在鲁国观看《韶箾》乐舞，赞叹为精彩之极，达到了无以复加的尽善尽美的程度，所谓美者毕集于此。这部《古文观止》对于中国古代散文的编选，也可以说到了“观止矣”的境界，就是说最好的古文都编选在这里了，请来学习欣赏吧！

古代散文又简称为古文，是学习中国古代文献者必须掌握的语言文字。要想学好古文就必须从阅读古代的经典作品开始。《尚书》是我国最早的历史典籍，可以说是中国古代散文最早的经典，但是它的句式还比较简单，篇章结构一般也很简短，语言也不够丰富。之后的先秦诸子著作有很大的发展，都是十分优秀的散文。但是，直到《春秋左氏传》的出现，中国散文才有了叙事完整、内容翔实、人物形象的刻画丰满而生动的文学作品。

《古文观止》的编者首要注重的是文学性，没有收录《尚书》和先秦诸子的散文，而是从《春秋左氏传》选出了34篇精彩文章，这些文章的记事、议论都堪称经典。汉代散文以司马迁的《史记》为重点，唐宋时代则以唐宋八大家为重点，选78篇之多，也是出于“选古文之成者”的深切用心，极有益于后世的学者。唐宋八大家都是能够上继先秦诸子、两汉和魏晋优秀文学传统的古文大家，他们的风格也多姿多彩，文章体裁也是各式各样都堪称典范。编者不仅突出重点，也兼顾了文学史上历代名家、名篇，全书成为上起先秦下迄明末的优秀散文全编，使读者可以完整、系统地学习到中国历代散文的精华。

《古文观止》按时代顺序和作家作品编排，共分12卷，收录古文222篇，骈文、散文俱有，以散文为主。既有洋洋洒洒的长篇，也有简短精致的短篇。记史叙事，抒情写景，咏物明志，表彰信札，诸体皆备，全是历来为人们喜爱的名篇。这部书的出现，为后世的古文学习者们提供了极大的方便，可以说是一部在手，就能读到中国古代文学史上最有代表性的散文佳作了。

我们此次整理、配图出版此书，最主要的特点是：一、《古文观止》所选《左传》《国语》《战国策》至《史记》、两汉三国魏晋文、唐宋八大家、明代名篇，展现了中国古代散文发展的全貌，本书在“题解”栏目中相应地做系统的介绍，使现代读者遍识历代散文名家与其精彩的名篇，加深对于《古文观止》的原编者编选此书的理解。二、《古文观止》不但对学习古文者有极大的帮助，而且对于学习用现代汉语写作的人也有非常大的帮助。所以，本书在解析这些名篇时注重其写作方法的欣赏，使读者在阅读时能够提高自己的写作水平。三、本书除了有详尽的原文、译文、题解等栏目之外，还配有能够解读内容的大量的精美插图，不但能够帮助现代读者读懂古文，而且在阅读中能够产生兴趣，得到阅读的享受。

目录

卷一 周文

卷二 周文

卷三 周文

卷四 秦文

卷五 汉文

卷六 汉文

卷九 唐宋文

卷十 宋文

卷一 周文

《左传》

《左传》是我国第一部叙事详备的编年体史书。它主要依据鲁国国君的世系，记录了从鲁隐公元年（前722）至鲁哀公二十七年（前468）二百五十四年间，发生在周王朝和各主要诸侯国之间的历史事件。在书末还附有鲁悼公十四年（前453）晋国韩、魏、赵三家攻灭智伯之事。

作为一部历史著作，《左传》保存了大量的古代史料，内容涉及春秋时期列国的政治、经济、军事、外交、文化等方面。它的叙事风格委婉详尽，情节富于故事性和戏剧性，它所塑造的历史人物性格鲜明、栩栩如生，人物的对话和论辩思路缜密，生动而具有说服力，处处闪烁着思想和智慧的光芒。它在描写战争方面尤为出色，无论对于事件前因后果，交战各国的谋略外交，还是战争进行中的重要细节和机变，都叙述得有条不紊，笔调灵活多变，行文详略得当，体现着作者高超的艺术表现力。

至于《左传》的作者，相传是鲁国的史官左丘明，但自唐以后学者多有争议，现在一般认为，《左传》的作者应该是战国早期某个熟悉列国史料的人。

◎郑伯克段于鄢◎

【题解】

本篇叙述了春秋时期，郑庄公和他的弟弟共叔段、母亲姜氏之间权力斗争的故事。公元前722年，郑庄公在鄢地打败了他的胞弟共叔段，还将母亲武姜驱逐到城颍，后经颍考叔规劝，武姜与庄公母子和好如初。

【原文】

初，郑武公娶于申，曰武姜，生庄公及共叔段。庄公寤生，惊姜氏，故名曰寤生，遂恶之。爱共叔段，欲立之。亟请于武公，公弗许。

及庄公即位，为之请制。公曰："制，岩邑也。虢叔死焉，他邑唯命。"请京，使居之，谓之京城大叔。

祭仲曰："都城过百雉[①]，国之害也。先王之制，大都不过参国之一，中五之一，小九之一。今京不度，非制也，君将不堪。"公曰："姜氏欲之，焉辟害！"对曰："姜氏何厌之有！不如早为之所，无使滋蔓，蔓，难图也。蔓草犹不可除，况君之宠弟乎！"公曰："多行不义必自毙，子姑待之。"

既而大叔命西鄙、北鄙贰于己。公子吕曰："国不堪贰，君将若之何？欲与大叔，臣请事之；若弗与，则请除之，无生民心。"公曰："无庸，将自及。"大叔又收贰以为己邑，至于廪延。子封曰："可矣，厚将得众。"公曰："不义不昵，厚将崩。"

大叔完聚，缮甲兵，具卒乘，将袭郑。夫人将启之[②]。公闻其期，曰："可矣！"命子封帅车二百乘以伐京。京叛大叔段。段入于鄢。公伐诸鄢。五月辛丑，大叔出奔共。

书曰："郑伯克段于鄢。"段不弟，故不言弟；如二君，故曰克；称郑伯，讥失教也；谓之郑志。不言出奔，难之也。

遂置姜氏于城颍，而誓之曰："不及黄泉，无相见也。"既而悔之。颍考叔为颍谷封人，闻之，有献于公。公赐之食，食舍肉。公问之，对曰："小人有母，皆尝小人之食矣，未尝君之羹，请以遗之。"公曰："尔有母遗，繄我独无！"颍考叔曰："敢问何谓也？"公语之故，且告之悔。对曰："君何患焉！若阙地及泉，隧而相见，其谁曰不然？"公从之。公入而赋："大隧之中，其乐也融融！"姜出而赋："大隧之外，其乐也泄泄[③]。"遂为母子如初。

君子曰："颍考叔，纯孝也。爱其母，施及庄公。《诗》曰：'孝子不匮，永锡尔类[④]。'其是之谓乎！"

【注释】

① 雉：古代计算城墙长度的单位，长三丈，高一丈，为一雉。② 启之：指开城门做内应。③ 泄泄（xiè）：形容快乐的样子。④ 锡：推及，影响。

【译文】

当初郑武公从申国娶来妻子，就是后来的武姜，生了庄公和共叔段。庄公出生时分娩很难，惊吓了姜氏，因而给庄公取名为"寤生"，很是厌恶他。姜氏喜爱共叔段，想立其为储君，屡次请求武公，武公都不答应。

等到庄公即位，姜氏为共叔段请求制邑。庄公说："制是险要之地，虢叔曾死在那里。别的地方听您吩咐。"姜氏于是为共叔段请求京邑，庄公便叫共叔段居住在了那里，称为京城太叔（"大"通"太"）。

祭仲说："城墙边长超过三百丈，就是国家的祸害。先王的制度：大都市城墙，长不超过国都城墙的三分之一；中等城市，不超过国都城墙的五分之一；小城市，不超过国都城墙的九分之一。如今京邑太大，不合制度，您将受不了。"庄公说："姜氏要这样，如何躲避祸害呢？"回答说："姜氏怎会满足？不如早作打算，不要使其滋长蔓延，一旦滋生成长起来就难以对付了。蔓延的草还难得清除，何况您被宠爱的弟弟呢？"庄公说："不义之事做多了必然会自取灭亡，你姑且等着罢！"

不久，太叔命令西部和北部边境的一些地方一方面听从庄公，一方面听从自己。公子吕说："国家不能忍受这样两面受命，您打算怎么办？如果您想将王位让给太叔，我就请求去侍奉他；如果您不想让位给他，就请您除掉他，不要使人民有二心。"庄公说："用不着，他会自取其祸的。"太叔

郑伯克段于鄢

又进一步把西鄙、北鄙二地据为己有，还延伸到廪延。公子吕对庄公说："行了，他羽翼已丰，会得到更多拥戴者。"庄公说："他对君王不义，不顾手足之情，势力雄厚，反而会垮掉。"

太叔巩固城防，聚积粮草，修缮军备，准备兵士战车，打算偷袭庄公，姜氏也作为内应，想替他开启城门。庄公听到他举兵的日期，说："可以了！"于是命令公子吕率战车二百辆讨伐京城。京城民众反叛了太叔。太叔逃往鄢邑。庄公又命令讨伐鄢邑。五月二十三日，太叔逃往共国。

《春秋》上说："郑伯克段于鄢。"共叔段不顾兄弟情谊，所以不用"弟"字；交战双方好像两个国君，所以用"克"字。称庄公为"郑伯"是讥讽他对弟弟不加管教，也符合郑国人民的意思。而不写太叔"出奔"，是责难庄公有杀弟的动机。

庄公把姜氏安置在城颍，发誓说："不到黄泉，不再相见！"不久又后悔。颍考叔是颍谷的地方官，听说这事，便来到国都，说是有礼献于庄公。庄公赐宴，吃饭时，颍考叔把肉放在一旁不吃。庄公问他原因，他回答说："我有老母，我的食物她都尝遍了，却没尝过您的菜肴，我想留给她尝尝。"庄公说："你有母亲可以孝敬，唯独我却没有。"颍考叔说："敢问这是什么意思？"庄公告诉他其中的缘故，并且讲出自己的悔意。颍考叔回答说："君王有什么好忧虑的！若掘地见泉，在隧道里相见，谁能有非议？"庄公依从了他的办法。庄公进入隧道，唱道："大隧之中，其乐融融。"姜氏从隧道中出来，唱道："大隧之外，心情愉快。"于是母子又和好如初了。

君子说："颍考叔的孝顺是纯正的。他孝敬爱戴自己的母亲，又用这样的孝敬和爱戴影响了庄公。《诗经》上说：'孝子之心不尽不竭，会推及影响到他的族类。'说的就是颍考叔这样的人吧！"

◎周郑交质◎

【题解】

本篇就周王室与郑国之间交换人质以明各自诚信，而后又因种种芥蒂反目成仇的事情，阐述了作者"信不由中，质无益也"（言不由衷，交换人质也没有用）的观点。文章在客观上也反映了其时周室衰微，无力驾驭诸侯的历史背景。

【原文】

郑武公、庄公为平王卿士。王贰于虢，郑伯怨王。王曰："无之。"故周郑交质。王子狐为质于郑，郑公子忽为质于周。王崩，周人将畀虢公政①。四月，郑祭足帅师取温之麦。秋，又取成周之禾。周郑交恶。

君子曰："信不由中，质无益也。明恕而行，要之以礼，虽无有质，谁能间之？苟有明信，涧、溪、沼、沚之毛，蘋、蘩、蕰、藻之菜②，筐、筥、锜、釜之器③，潢污行潦之水④，可荐于鬼神，可羞于王公，而况君子结二国之信，行之以礼，又焉用质？《风》有《采蘩》《采蘋》，《雅》有《行苇》《泂酌》，昭忠信也。"

【注释】

①畀（bì）：托付，给予。②蘋（pín）、蘩（fán）、蕰（wēn）、藻：均为野菜。③筐、筥（jǔ）、锜（qí）、釜：四种容器。④潢污：积水。行（háng）潦（lǎo）：流动的水。潦，路上的流水。

【译文】

郑武公、庄公父子先后任周平王的执政大臣，平王又兼用虢公。庄公抱怨，平王说："没有这事。”因此周与郑便交换人质。平王之子狐为人质去往郑国，庄公之子忽为人质前往周朝。平王驾崩，周王朝想把国政全部托付给虢公。四月，郑国的祭足领兵割取温地的麦子。秋，又割取成周的谷子。周王朝和郑国遂彼此仇恨。

君子说："言不由衷，交换人质也没有用。明确互相谅解的原则而后行动，又根据礼制加以约束，即使没有人质，谁能使其产生隔阂？假若互信互谅，那涧、溪、沼、沚的草，苹、蘩、水藻一类的野菜，方筐、圆筐、蒸锅、炒锅一类的器皿，甚至地面上的积水与流水，都可以敬献鬼神，贡奉给王公；何况君子于两国间建立信赖关系，按照礼仪行事，又何必用人质？《诗经·国风》有《采蘩》《采蘋》，《大雅》有《行苇》《泂酌》，这四篇诗都是昭示忠实和信赖的。"

郑国出兵割取温地之麦

石碏谏宠州吁

【题解】

大臣石碏劝谏卫庄公早立储君，爱子应该以教导其遵从规矩道义为准则，不因过度宠溺而使其骄奢淫逸，最后造成祸乱。卫庄公不听劝阻，还是没有原则地宠爱公子州吁，但最终立桓公为君。后来骄纵的州吁犯上作乱，杀了卫桓公而自立为王。

【原文】

卫庄公娶于齐东宫得臣之妹，曰庄姜，美而无子，卫人所为赋《硕人》也。又娶于陈，曰厉妫，生孝伯，蚤死①。其娣戴妫生桓公，庄姜以为己子。公子州吁，嬖人之子也②。有宠而好兵，公弗禁。庄姜恶之。

石碏谏曰③："臣闻爱子，教之以义方，弗纳于邪。骄、奢、淫、佚，所自邪也。四者之来，宠禄过也。将立州吁，乃定之矣；若犹未也，阶之为祸。夫宠而不骄，骄而能降，降而不憾，憾而能眕者④，鲜矣。且夫贱妨贵，少陵长，远间亲，新间旧，小加大，淫破义，所谓'六逆'也。君义，臣行，父慈，子孝，兄爱，弟敬，所谓'六顺'也。去顺效逆，所以速祸也。君人者，将祸是务去，而速之，无乃不可乎？"

弗听。其子厚与州吁游，禁之，不可。桓公立，乃老⑤。

【注释】

①蚤：通"早"。②嬖人：受宠的姬妾。③石碏（què）：卫国大夫。④眕（zhěn）：自安自重。⑤老：告老。

【译文】

卫庄公娶了齐国太子得臣的妹妹，名叫庄姜，她美丽却没有儿子，卫国人就是为她写了《硕人》这篇诗。庄公又从陈国娶来名叫厉妫的女子，生下孝伯，很小就死了。厉妫随嫁的妹妹，生桓公，庄姜把他看作是自己的儿子。公子州吁是庄公宠妾所生，受到庄公的宠爱，州吁喜欢玩弄武器，庄公不禁止，庄姜厌恶他。

石碏劝庄公说："臣听说怜爱儿子就要教他道义规矩，不让他走上邪路。骄傲、奢侈、放荡、安逸是走上邪路的开始。四种恶习的产生是由于过分的宠爱和过多的赏赐。您若想立州吁为太子，就定下来；若还没有，过度的宠爱会导致祸患。受到宠爱却不骄傲，骄傲却安于地位低下，地位低下却能不怨恨，怨恨却能克制自己的，这样的人太少了。而且卑贱妨害尊贵，年少驾凌年长，疏远离间亲近，新人离间旧人，弱小欺侮强大，淫荡破坏道义，此所谓'六逆'。君王仁义，臣下恭行，为父慈善，为子孝顺，为兄爱护，为弟恭敬，此所谓'六顺'。舍顺而学逆，就会招致祸害的加速到来。作为人君，本应务必消除祸害，而今却使之加速到来，恐怕不可以吧？"

庄公不听劝。石碏的儿子石厚和州吁来往密切，石碏禁止，石厚不听。等到庄公死，桓公即位，石碏便告老还乡了。

◎臧僖伯谏观鱼◎

【题解】

鲁隐公打算去远离国都的棠地观看渔人捕鱼的活动，臧僖伯认为这样率性任意的行为不合礼法，是自乱其政。但隐公不听劝谏，以公务为名前往，最终被史书记下了不光彩的一笔。

【原文】

春，公将如棠观鱼者。

臧僖伯谏曰："凡物不足以讲大事，其材不足以备器用，则君不举焉。君将纳民于轨、物者也。故讲事以度轨量谓之轨，取材以章物采谓之物。不轨不物，谓之乱政。乱政亟行，所以败也。故春蒐①，夏苗，秋狝②，冬狩，皆于农隙以讲事也。三年而治兵，入而振旅。归而饮至，以数军实。昭文章③，明贵贱，辨等列，顺少长，习威仪也。鸟兽之肉，不登于俎，皮革、齿牙、骨角、毛羽不登于器，则君不射，古之制也。若夫山林、川泽之实，器用之资，皂隶之事，官司之守，非君所及也。"

公曰："吾将略地焉。"遂往。陈鱼而观之。

僖伯称疾不从。

书曰"公矢鱼于棠"，非礼也，且言远地也。

【注释】

①春蒐（sōu）：指在春天猎取没有怀孕的野兽。②秋狝（xiǎn）：指在秋天出猎。③文章：花纹和色彩。

【译文】

鲁隐公五年春天，鲁隐公打算到棠邑观看捕鱼。

臧僖伯劝谏说："一切事物，不和国计民生的大事相关，材料不能用来制作礼器兵器，国君就不要去理会它。国君是使臣民行为符合于法度和礼制的人。所以，通过讲习大事来衡量法度规范是否得当称为正轨，选取材料制作器物以明等级文彩称为礼制。不合法度规范、无关礼制的行动则称为乱政。屡次实行乱政，就会导致衰败。所以春夏秋冬的田猎都是在农闲时讲习大事的行动。每三年出城进行大演习，进城便整顿军队，而后到宗庙宴饮，祭告宗庙，清点军用器物，计算田猎的收获。这是为了显示车旗器用上的文彩，区分尊贱，辨别等级，顺序排列长幼的次序，演习上下的威仪啊。鸟兽的肉不能放进祭器作为祭品，皮革、齿牙、骨角、毛羽等物不能用来制作装饰祭器，国君就不必亲自去射取，这是古代传下来的制度。至于山林、河湖的产品采收，一般器具材料的取得，这是差役们的工作，有专门的部门负责，不是国君应该管的。”

臧僖伯谏观鱼

隐公说：“我准备巡视地方。”于是去了，在那里陈列各种捕鱼的器具，加以观赏。

僖伯托病不随行。

《春秋》上说“公矢鱼于棠”，认为这种行为不合礼法，并且讽刺鲁隐公跑到那远离国都的地方去观看捕鱼。

◎郑庄公戒饬守臣◎

【题解】

公元前712年，齐、鲁、郑三国一起征伐弱小的许国。许国被占领后，齐、鲁将许国让给郑国。郑庄公派人协理郑国政事的同时，发表了一番委婉曲折的言辞，使许国“名正言顺”地成为郑国附庸。

【原文】

秋七月，公会齐侯、郑伯伐许。庚辰，傅于许[①]。颍考叔取郑伯之旗“蝥弧”以先登，子都自下射之，颠。瑕叔盈又以蝥弧登，周麾而呼曰：“君登矣！”郑师毕登。壬午，遂入许。许庄公奔卫。齐侯以许让公。公曰：“君谓许不共，故从君讨之。许既伏其罪矣。虽君有命，寡人弗敢与闻。”乃与郑人。

郑伯使许大夫百里奉许叔以居许东偏，曰：“天祸许国，鬼神实不逞于许君[②]，而假手于我寡人，寡人唯是一二父兄不能共亿[③]，其敢以许自为功乎？寡人有弟，不能和协，而使餬其口于四方，其况能久有许乎？吾子其奉许叔以抚柔此民也，吾将使获也佐吾子。若寡人得没于地，天其以礼悔祸于许，无宁兹许公复奉其社稷。唯我郑国之有请谒焉，如旧昏媾，其能降以相从也。无滋他族实逼处此，以与我郑国争此土也。吾子孙其覆亡之不暇，而况能禋祀许乎？寡人之使吾子处此，不惟许国之为，亦聊以固吾圉也[④]。”乃使公孙获处许西偏，曰：“凡而器用财贿，无置于许。我死，乃亟去之。吾先君新邑于此；王室而既卑矣，周之子孙日失其序。夫许，大岳之胤也。天而既厌周德矣，吾其能与许争乎？”

君子谓：“郑庄公于是乎有礼。礼，经国家，定社稷，序人民，利后嗣者也。许，无刑而伐之，服而舍之，度德而处之，量力而行之，相时而动，无累后人，可谓知礼矣。”

【注释】

①傅：逼近，迫近。②逞：满意。③共亿：相安。④圉（yǔ）：边境。

【译文】

鲁隐公十一年秋七月，鲁隐公会合齐僖公、郑庄公攻打许国。初一这一天，军队迫近许城。颍考叔拿着郑庄公的大旗“蝥弧”抢先登城，子都从下边用箭射他，颍考叔从城上跌落下来。瑕叔盈又拿着蝥弧旗登上城头，挥动着旗子向四周大喊道：“国君登城了！”郑国的军队于是全部登城。初三这一天，军队占领了许国。许庄公逃往卫国。齐僖公要把许国让给隐公。隐公说：“君侯说许国不恭敬，我于是跟从君侯前来讨伐。许国既然已经伏罪，虽然君侯有命，我也是不敢接受的。”于是把许国让给了郑庄公。

郑庄公派许国大夫百里侍奉许庄公弟许叔居住在许国的东部边境上，说：“上天降祸于许国，鬼神实在对许国国君不满意，便借我的手来惩罚他，我只有一两位同姓的臣属，尚且不能平安相处，岂敢把攻占许国作为自己的功绩呢？寡人有个弟弟，不能与我亲爱和睦，因为我的原因现在还在四处求食，更何况长久地占有许国呢？您侍奉许叔来安抚这里的百姓，我将让公孙获来帮助您。若是我死后得以埋葬于地下，上天又依照礼法收回了加于许国的祸害，宁可使许庄公重新来治理他的国家。那时，只要我郑国有所请求，许国就会像亲戚一样，能够诚心允许郑国，不使他国乘机强住在这里，逼迫我们，和我们郑国争夺这块土地。我的子孙挽救危亡都来不及，何况是占领许国的土地呢？我之所以使你们居住在这里，不单是为了许国，也是借此来暂时巩固我的疆土。”于是又让公孙获居住在许国的西部边境上，对他说：“凡是你的器用财货，不要放在许国之内。我死以后，就赶快离开这里。我的先父在这里新建城邑，周王朝已经衰落了，周朝的子孙们互相之间的攻伐日益严重，秩序日益混乱。许国，是太岳的后代，上天既然已经厌弃了周朝，我怎能还与许国相争呢？”

君子说：“郑庄公在这件事上的做法合于礼。礼是治理国家、安定社稷，使百姓有所秩序，使后代受益的东西。许国，是因不合礼法才去讨伐它，服罪了就宽恕它，度量自己的德行后才与人相处，衡量自己的力量后才做出举动，看清形势才行动，不连累后代，可以说是懂得礼了。”

臧哀伯谏纳郜鼎

【题解】

公元前710年，宋国的太宰华都杀死了宋国大臣孔父嘉，占有了他的妻子，之后又杀害宋殇公，立宋殇公的儿子公子冯做了国君。这年三月，齐、鲁、郑、陈四国承认了华都的新政权。华都为拉拢四国，就向四国行贿。其中，鲁国得到的贿赂是郜鼎。鲁国大臣臧哀伯担心鲁国接受郜鼎不合礼，便向鲁桓公劝谏，指出这是“非礼”的行为。

【原文】

夏四月，取郜大鼎于宋，纳于大庙。非礼也。

臧哀伯谏曰：“君人者，将昭德塞违，以临照百官，犹惧或失之，故昭令德以示子孙。是以清庙茅屋，大路越席，大羹不致，粢食不凿[①]，昭其俭也。衮、冕、黻、珽，带、裳、幅、舄②，衡、紞、纮、綖，昭其度也。藻、率、鞞、鞛，鞶、厉、游、缨③，昭其数也。火、龙、黼、黻，昭其文也。五色比象，昭其物也。钖、鸾、和、铃④，昭其声也。三辰旂旗，昭其明也。夫德，俭而有度，登降有数，文、物以纪之，声、明以发之，以临照百官，百官于是乎戒惧而不敢易纪律。今灭德立违，而置其赂器于大庙，以明示百官。百官象之，其又何诛焉？国家之败，由官邪也。官之失德，宠赂章也。郜鼎在庙，章孰甚焉？武王克商，迁九鼎于洛邑，义士犹或非之，而况将昭违乱之赂器于大庙，其若之何？"公不听。

周内史闻之，曰："臧孙达其有后于鲁乎！君违，不忘谏之以德。"

【注释】

①粢（zī）食：此处特指祭祀用的谷物。②幅：即缠腿的布。舄（xì）：重木底鞋（古时最尊贵的鞋，多为帝王或大臣穿）。③鞶（pán）、厉：古代衣服上的大带。游（yóu）：通"斿"，旌旗上的飘带。缨：马鞅。④钖（yáng）、鸾、和、铃：古代车马旌旗上的四种响铃。

【译文】

鲁桓公二年夏四月，鲁桓公从宋国取得原属郜国的大鼎，并安放在太庙里，这是不合于礼的。

臧哀伯劝阻说："做人君的，应该发扬美德，阻塞邪恶，以此来作为百官的榜样，还怕有所缺失，所以还要宣扬美德以昭示子孙。因此太庙用茅草盖成，大车用薄草席做垫子，肉汁不调五味，主食不用精米，这样做是为了表明节俭。礼服、礼冠、蔽膝、玉笏、腰带、裙子、裹足、鞋子、横簪、瑱系、帽带、头巾，这些是用来表示等级制度的；玉器的垫子、刀鞘的装饰、束衣的布带、下垂的大带、旌旗的飘带、马鞅，这些是用来表示尊卑等级的；衣上画火、画龙、画黼黻，这些是用来表示贵贱的花纹；用五色来象征天地四方，是为了表明车服器械的颜色；用各种各样的鸾铃来点缀车马旗帜，是为了表明各种声音；将日月星辰画于旗上，是为了表明光彩。讲求美德，就应该节俭而有法度，升降而有等级，用文彩和器物来记录它，用明亮的声音来发扬它，以此来为百官树立榜样，百官因此警醒恐惧，不敢轻视纲纪法律。现在您废弃道德而炫耀有违礼法的行为，把人家贿赂的器物置于太庙之中，把它明明白白地置于百官面前，如果百官也跟着这样做，您又能惩罚谁呢？国家的衰败，是由为官者走入邪路开始的。为官者丧失道德，是由于自恃被宠信而明目张胆地接受贿赂。郜鼎置于太庙之中，什么样的明目张胆接受贿赂能比这更甚呢？周武王打败商朝，将九鼎迁到洛阳，正义之士还有所非议，何况把象征着违背礼法、表明叛乱的贿赂器物放在太庙之中，这怎么能行呢？"隐公不听。

周朝的内史听到了此事，说："臧孙达在鲁国一定会后继有人吧！君主违背礼制，他没有忘记用道德来加以劝阻。"

◎季梁谏追楚师◎

【题解】

公元前706年，楚武王出兵侵略随国，假装派使臣薳章与随国和谈，随国也派了权臣少师去议和。楚国大臣斗伯比建议楚武王故意懈怠军容，以麻痹少师。少师回国后，告诉随侯楚国军容不整。随侯便想攻打楚军，这时大臣季梁及时制止，他劝随侯不要轻举妄动，又阐述"民为神主，先民后神"的道理。随侯最终听取了季梁的意见。

【原文】

楚武王侵随，使薳章求成焉[①]，军于瑕以待之。随人使少师董成。斗伯比言于楚子曰："吾不得志于汉东也，我则使然。我张吾三军，而被吾甲兵，以武临之，彼则惧而协以谋我，故难间也。汉东之国随为大。随张，必弃小国。小国离，楚之利也。少师侈，请羸师以张之。"熊率且比曰[②]："季梁在，何益？"斗伯比曰："以为后图，少师得其君。"王毁军而纳少师。

少师归，请追楚师。随侯将许之。季梁止之曰："天方授楚，楚之羸，其诱我也，君何急焉？臣闻小之能敌大也，小道大淫。所谓道，忠于民而信于神也。上思利民，忠也；祝史正辞，信也。今民馁而君逞欲，祝史矫举以祭，臣不知其可也。"公曰："吾牲牷肥腯[③]，粢盛丰备，何则不信？"对曰："夫民，神之主也。是以圣王先成民而后致力于神。故奉牲以告曰'博硕肥腯'，谓民力之普存也，谓其畜之硕大蕃滋也，谓其不疾瘯蠡也[④]，谓其备腯咸有也。奉盛以告曰'洁粢丰盛'，谓其三时不害，而民和年丰也。奉酒醴以告曰'嘉栗旨酒'[⑤]，谓其上下皆有嘉德，而无违心也。所谓馨香，无谗慝也。故务其三时，修其五教，亲其九族，以致其禋祀。于是乎民和而神降之福，故动则有成。今民各有心，而鬼神乏主，君虽独丰，其何福之有？君姑修政而亲兄弟之国，庶免于难。"

随侯惧而修政，楚不敢伐。

【注释】

①薳（wěi）章：人名，楚国大夫。成：讲和。②熊率（lǜ）且比：人名，楚国大夫。③牷（quán）：毛色纯一的牲畜。腯（tú）：肥壮。④瘯（cù）蠡（lí）：疥癣。⑤醴（lǐ）：甜酒

季梁劝谏随侯

【译文】

楚武王侵入随国，一面派薳章去和谈，一面在瑕地驻军等待。随国派少师主持和谈。斗伯比对楚武王说："我们在汉水东边一直不能得志，是我们使它这样的。我们扩大我们的军队，整顿我们的军备，凭借武力去逼迫别国，那里的国家因为害怕我们而联合起来对付我们。在汉东诸国中，随国最大。随国要是自高自大，就必然抛弃小国。小国离心，我们就可得利。少师这个人很骄傲，请把我们的军队装成疲弱的样子以助长他的骄傲之气。"熊率且比说："有季梁在，这样做有何益处？"斗伯比说："以后再来对付他，少师正受到随君的信任。"楚武王把军容搞得乱七八糟来接待少师。

少师回去，请求追击楚军。随侯想要答应他。季梁劝阻道："上天正在帮助楚国，楚军的疲弱，是在引诱我们，君侯急什么呢？臣听说小国之所以能够抵抗大国，是因为小国有道，大国无道。所谓道，是忠于百姓而取信于鬼神。居高位的人思考如何让百姓受益，此为忠；祝官史官真实无欺的言辞，此为信。现在百姓饥饿而国君放纵私欲，祝官史官虚报功德来祝告鬼神，我不知道这样是可以的。"随侯说："我祭祀用的牲畜毛无杂色而肥壮，祭器里的黍稷丰盛完备，为什么不能使神灵信任？"季梁回答说："百姓，是鬼神的主人。因此圣明的君主总是把百姓的事情办好，而后才去侍奉神灵。所以奉献牺牲时祷告说'牲口又大又肥'，是说百姓的财力普遍富足；是说他们的牲畜肥大而且繁殖旺盛，没有疾病；是说他们的牲口充足而且品种完备。在奉献黍稷时祝告说'饭食干净而丰盛'，是说春夏秋三季没

有灾害，百姓和睦，收成很好。奉献甘甜的美酒时祝告说‘上好粮食酿成的美酒’，是说上级和下属都有美德而没有邪恶的心思。讲到祭品的馨香，是说没有谗佞奸邪的小人存在。所以致力于农事，完善伦理规范，与亲族关系紧密，用这些来进行祭祀。因此百姓和睦而鬼神降福，所以行动就能成功。现在百姓各有心思，鬼神没有主人，君侯虽然独自献上丰盛的祭品，又能有什么福降呢？君侯还是先整顿政事，加深和兄弟国家之间的友谊，这才近乎于免除灾难。”

随侯害怕，从而修明政治，楚国因此而不敢前来攻打。

◎曹刿论战◎

【题解】

公元前684年的长勺之战，是我国古代战争史上以弱胜强的经典战例之一。本篇讲述的是鲁人曹刿在战前与鲁庄公就是否可以作战而进行的论辩，在作战过程中通过把握时机克敌制胜的精彩指挥，以及他是如何通过战场细节判断敌情，从而做出追击敌军的正确决定。

【原文】

齐师伐我。公将战。曹刿请见。其乡人曰："肉食者谋之，又何间焉？"刿曰："肉食者鄙[①]，未能远谋。"遂入见。

问："何以战？"公曰："衣食所安，弗敢专也[②]，必以分人。"对曰："小惠未遍，民弗从也。"公曰："牺牲玉帛[③]，弗敢加也，必以信。"对曰："小信未孚[④]，神弗福也。"公曰："小大之狱，虽不能察，必以情。"对曰："忠之属也[⑤]，可以一战。战则请从。"

公与之乘。战于长勺。公将鼓之，刿曰："未可。"齐人三鼓，刿曰："可矣！"齐师败绩。公将驰之。刿曰："未可。"下视其辙，登轼而望之，曰："可矣。"遂逐齐师。既克，公问其故。对曰："夫战，勇气也。一鼓作气，再而衰，三而竭。彼竭我盈，故克之。夫大国，难测也，惧有伏焉。吾视其辙乱，望其旗靡[⑥]，故逐之。"

【注释】

①鄙：目光短浅。②专：独自享用。③牺牲：指古代供祭祀用的猪、牛、羊等牲畜。玉帛：玉器和丝织品。④孚：为人所信服。⑤属：类。⑥靡：倒下。

【译文】

鲁庄公十年春，齐国军队前来攻打鲁国，庄公准备迎击。曹刿请求进见。他的同乡人说："大官们会来谋划的，你又何必参与其间呢？"曹刿说："大官们见识短浅，不能深谋远虑。"于是进见。

（曹刿）问庄公凭什么来作战。庄公说："衣着吃食的享受，不敢独自享用，必然分给别人。"曹刿对答道："小恩小惠不能遍及百姓，百姓是不会跟从您的。"庄公说："祭祀用的牛羊玉帛，从不敢虚报，必说实话。"曹刿说："小的诚实不

曹刿论战

能使神灵信任，神灵是不会赐福的。”庄公说：“大大小小的诉讼官司，虽不能一一明察，但一定做到合情合理。”曹刿答道：“这属于为百姓尽心办事的行为，可以凭这个条件打一仗。作战时请让我跟随您一起去。”

庄公和他同乘一辆兵车。（鲁军）与齐军交战于长勺。庄公将要击鼓进军，曹刿说：“不可。”齐军击鼓三次之后，曹刿说：“可以击鼓进军了。”齐军大败。庄公又要下令追击，曹刿说：“不可。”他下车看了齐军战车的轮迹，又登上车前的横木瞭望齐军撤退的情况，这才说：“可以了。”于是对齐军进行了追击。战胜以后，庄公问他其中的缘故。曹刿回答说：“作战靠的是勇气。击第一通鼓的时候军队的士气便振作了起来；击第二通鼓的时候士气开始减弱；等到击第三通鼓的时候，士气就枯竭了。敌人的士气枯竭而我军的士气旺盛，所以能够战胜他们。大国难于捉摸，恐怕藏有伏兵。我看到他们战车的轮迹杂乱，望见他们的旗子倒下了，确实是在败退，所以才下令追击他们。”

◎齐桓公伐楚盟屈完◎

【题解】

春秋早期，齐国在桓公治理下，成了东方一大强国。此时，南方的楚国也渐渐兴起，实力不容小觑，是齐国争霸中原的劲敌。鲁僖公四年（前656），齐国讨伐蔡国成功，继而攻打楚国。楚国派使节屈完跟齐国和谈，双方最终订立盟约。这样，楚国避免了一场战争，而齐国也成就了自己的霸业。

【原文】

春，齐侯以诸侯之师侵蔡。蔡溃，遂伐楚。楚子使与师言曰：“君处北海，寡人处南海，唯是风马牛不相及也，不虞君之涉吾地也①，何故？”管仲对曰：“昔召康公命我先君太公曰：‘五侯九伯，女实征之，以夹辅周室。’赐我先君履：东至于海，西至于河，南至于穆陵，北至于无棣。尔贡包茅不入②，王祭不共③，无以缩酒，寡人是徵。昭王南征而不复，寡人是问。”对曰：“贡之不入，寡君之罪也，敢不共给。昭王之不复，君其问诸水滨！”师进，次于陉④。

夏，楚子使屈完如师。师退，次于召陵。齐侯陈诸侯之师，与屈完乘而观之。齐侯曰：“岂不谷是为⑤？先君之好是继，与不谷同好，何如？”对曰：“君惠徼福于敝邑之社稷⑥，辱收寡君，寡君之愿也。”齐侯曰：“以此众战，谁能御之？以此攻城，何城不克？”对曰：“君若以德绥诸侯⑦，谁敢不服？君若以力，楚国方城以为城，汉水以为池，虽众，无所用之。”

屈完及诸侯盟。

【注释】

①虞：料想。②包茅：成捆的青茅。③共：通“供”。④陉（xíng）：山名，在今河南偃城东南。⑤不谷：不善。诸侯对自己的谦称。⑥徼（yāo）：求。⑦绥：安抚。

【译文】

鲁僖公四年春，齐桓公率领诸侯的军队侵入蔡国，蔡军溃散，（诸侯军）继而又去进攻楚国。楚成王派使者来到军中说：“君侯居住在北海，我居住在南海，就是牛马发情相逐也不能到达彼此的疆土，想不到君侯却到了我们的国土上，这是什么缘故？”管仲回答道：“从前召康公命令我们的先祖太公说：‘五等诸侯和九州之长，如有罪过，你都可以讨伐他们，以便辅佐周王室。’并赐给我们先祖可以讨伐的范围：东至大海，西至黄河，南至穆陵，北至无棣。你们应进贡的包茅没有缴纳，使天子的祭祀缺乏供应，没办法缩酒拜神。我为此前来征讨。昭王南巡到楚国没有回去，我特此前来查问。”使者回答道：“贡品没有送去，这是国君的罪过，怎敢不供给呢？至于昭王南征未返，君侯还是到水边去问吧。”于是齐军继续前进，驻扎在陉地。

诸侯结盟

夏，楚成王派屈完前往诸侯军中求和。诸侯军向后撤退，驻扎在召陵。齐桓公让诸侯的军队摆开阵势，与屈完同乘一辆战车检阅军队。齐桓公说：“诸侯们前来难道是为了我吗？不过是为了继续与先君建立友好关系罢了，你们也同我建立友好关系如何？”屈完回答说：“承蒙您的恩惠，为我们的国家求福，有劳君侯收纳我们的国君，这也是我们国君的愿望。”齐桓公说：“我用这样庞大的军队去作战，谁能够抵挡得了？用这样的军队去攻城，什么样的城池不能攻克？”屈完回答道：“君侯若是以仁德来安抚诸侯，诸侯谁敢不服从于您？君侯若是使用武力，楚国有方城山可以作为城墙，有汉水可以作为护城河，您的军队虽然庞大，恐怕也没有用。”

于是，屈完和诸侯订立了盟约。

◎宫之奇谏假道◎

【题解】

公元前659年，晋国第二次借道虞国去攻打虢国。虞国大臣宫之奇向虞君痛陈利害关系，劝说虞君不要执迷于宗族观念，寄希望于神灵保佑。虞侯不听，晋军在灭虢之后顺便将虞灭亡。“假道灭虢”成为我国古代军事谋略的一个重要内容，而“辅车相依，唇亡齿寒”的朴素思想更具有恒久不变的深刻战略意义。

【原文】

晋侯复假道于虞以伐虢[①]。宫之奇谏曰：“虢，虞之表也。虢亡，虞必从之。晋不可启，寇不可玩，一之谓甚，其可再乎？谚所谓‘辅车相依[②]，唇亡齿寒’者，其虞、虢之谓也。”

公曰：“晋，吾宗也。岂害我哉？”对曰：“大伯、虞仲，大王之昭也。大伯不从，是以不嗣。虢仲、虢叔，王季之穆也，为文王卿士，勋在王室，藏于盟府。将虢是灭，何爱于虞？且虞能亲于桓、庄乎，其爱之也，桓、庄之族何罪？而以为戮，不唯逼乎？亲以宠逼，犹尚害之，况以国乎？”

公曰：“吾享祀丰洁，神必据我。”对曰：“臣闻之，鬼神非人实亲，惟德是依。故《周书》曰：‘皇天无亲，惟德是辅。’又曰：‘黍稷非馨，明德惟馨。’又曰：‘民不易物，惟德繄物[③]。’如是，则非德，民不和，神不享矣。神所冯依，将在德矣。若晋取虞，而明德以荐馨香，神其吐之乎？”

弗听，许晋使。宫之奇以其族行，曰：“虞不腊矣。在此行也，晋不更举矣。”冬，晋灭虢。

师还，馆于虞，遂袭虞，灭之。执虞公。

【注释】

①假道：借路。虞：国名，在今山西平陆北。②辅：指面颊。车：指牙床。③繄（yì）：语气词。

【译文】

晋献公又向虞国借路去攻打虢国，宫之奇劝谏道："虢国，是虞国的外围。虢国灭亡，虞国必定会跟着灭亡。晋国的野心不可助长，别国的军队不可轻忽。一次借路已经过分了，难道还可以再来一次吗？俗话说'颊骨与牙床互相依靠，嘴唇没有了，牙齿就要受寒'，这就像虞国和虢国互相依存的关系一样。"

虞公说："晋国，与我是同宗，难道会加害于我吗？"宫之奇回答说："太伯、虞仲，是周始祖大王的儿子。太伯不从父命，因此没有继承王位。虢仲、虢叔，是王季的儿子，做过文王的大臣，有功于周王朝，他们获得功勋的记录还藏在盟府之中。现在晋国既然连虢国都想灭掉，对虞国又有什么可爱惜的？况且虞国与晋国，能比桓、庄两族与晋国更亲近吗？晋君爱护桓、庄两族吗？桓、庄两族有什么罪过，却遭杀戮，不就是因为近亲的势力威胁到自己吗？亲族由于受宠而对自己产生了威胁，尚且杀了他们，何况国家呢？"

虞公说："我祭祀鬼神的祭品丰盛而干净，鬼神必然在我们这边。"宫之奇回答说："我听说，鬼神不会随便亲近哪一个人，只有对有德行的人才去依附。所以《周书》上说：'上天没有私亲，只辅助那些有德行的人。'又说：'祭祀用的黍稷不算是芳香的，只有美好的德行才是芳香的。'又说：'人们进献的祭品相同，而鬼神只享用有德之人的祭品。'如此看来，非有道德，则百姓不能和睦，鬼神就不会享用祭品。鬼神所依托的，只在于德行罢了。如果晋国攻取了虞国，用发扬美德的方式来使祭品真正地发出芳香，鬼神难道还会吐出来吗？"

虞公不听，答应了晋国使臣的要求。宫之奇带领他的族人离开了虞国，临行前说："虞国等不到年终的祭祀了。虞国的灭亡，就在晋军的这次行动中，晋国用不着再次发兵了。"冬天，晋国灭掉了虢国。回师途中，驻军于虞国，于是乘机灭掉了虞国。捉住了虞公。

◎齐桓公下拜受胙◎

【题解】

公元前651年，齐桓公和诸侯会盟于葵丘，历史上称为"葵丘之盟"。周天子也派代表出席了这次会盟，承认齐桓公为中原霸主。此文所写的就是周天子派使臣封赐桓公时的情形，它重点描写齐桓公受封时的言行，表现出桓公尊周守礼的情态。

【原文】

会于葵丘，寻盟，且修好，礼也。

王使宰孔赐齐侯胙①，曰："天子有事于文武，使孔赐伯舅胙。"齐侯将下拜。孔曰："且有后命。天子使孔曰：'以伯舅耋老，加劳，赐一级，无下拜。'"对曰："天威不违颜咫尺，小白余敢贪天子之命'无下拜'！恐陨越于下②，以遗天子羞，敢不下拜！"下，拜，登，受。

【注释】

①胙（zuò）：祭祀时用的肉。②陨越：颠坠。

【译文】

鲁僖公九年夏，（僖公和宰孔、齐侯、宋子、卫传、郑伯、许男、曹伯）在葵丘会面，重申过去的盟约，彼此修好，这是合于礼的。

周天子派宰孔赐祭肉给齐桓公，说："天子正忙着祭祀文王、武王，派我赐给伯舅祭肉。"齐桓公正要跪拜谢恩。宰孔说："天子还有别的命令。天子让我对您说：'因为伯舅老了，加之对王室有功，赐爵一等，不用下拜。'"齐桓公回答道："天子的威严近在咫尺，小白我怎敢贪得天子'不下拜'的宠命？如果那样做了，恐怕就要在下面颠坠跌倒，给天子带来羞辱，怎敢不下拜？"于是从台阶上下来，跪拜，又登上台阶，接受了祭肉。

齐桓公下拜受胙

◎阴饴甥对秦伯◎

【题解】

晋国、秦国同为春秋中期的强国，两国因争霸中原而矛盾突出。公元前645年，晋国和秦国在韩原（今陕西韩城）交战，结果晋国战败，国君晋惠公也成了秦人的阶下囚。事后，秦穆公主张两国和解，晋国于是派阴饴甥去秦国讲和。此文写的正是阴饴甥出使秦国之事。

【原文】

十月，晋阴饴甥会秦伯，盟于王城。

秦伯曰："晋国和乎？"对曰："不和。小人耻失其君，而悼丧其亲，不惮征缮以立圉也[①]。曰：'必报仇，宁事戎狄。'君子爱其君而知其罪，不惮征缮以待秦命，曰：'必报德，有死无二。'以此不和。"秦伯曰："国谓君何？"对曰："小人戚，谓之不免；君子恕，以为必归。小人曰：'我毒秦，秦岂归君？'君子曰：'我知罪矣，秦必归君。贰而执之，服而舍之，德莫厚焉，刑莫威焉。服者怀德，贰者畏刑，此一役也，秦可以霸。纳而不定，废而不立，以德为怨，秦不其然。'"秦伯曰："是吾心也。"改馆晋侯，馈七牢焉[②]。

【注释】

①圉（yǔ）：晋惠公太子姬圉。②七牢：古代招待诸侯的礼节，牛、羊、猪各一为一牢。

【译文】

鲁僖公十五年十月，晋国的阴饴甥拜见秦穆公，双方在王城订立盟约。秦穆公问："晋国国内的意见一致吗？"阴饴甥回答道："不一致。普通百姓以失去国君为耻辱，并且为战死的亲人感到深深的悲伤。他们不怕多征赋税，想要整军备战以拥立圉做国君，说：'一定要报仇，宁可屈从于西北外族。'君子爱戴国君而且知道他的罪过，他们也不怕多征赋税，想要整军备战来等待秦国的命令，说：'一定要报答恩德，死无二心。'国内因此意见不一。"

秦穆公问："国内认为国君的命运将会如何？"阴饴甥回答说："普通百姓很是忧伤，说是国君不会被赦免了；君子就很看得开，他们认为国君一定会被放回来。普通百姓说：'我们对待秦国太狠毒了，秦国岂能放国君回来？'君子说：'我们已经知道罪过了，秦国必然放国君回来。背叛时就捉拿他，服罪了就释放他，没有比这再宽厚的仁德了，没有比这再威严的惩罚了。服罪的人感怀仁德，有背叛之心的人畏惧惩罚，通过这一次的事件，秦国就可以称霸于诸侯了。帮助惠公做了晋君而不使他安定，废去惠公的王位而不再立他为晋君，这样一来就会把让晋人感怀的恩德变为他们胸中的怨恨，秦国大概不会这样做吧？'"秦穆公说："我正是这样想的。"于是改用宾馆来招待晋惠公，并馈送了牛、羊、猪各七头，表示尊敬。

◎子鱼论战◎

【题解】

宋襄公想成为春秋霸主，他曾请求楚国纠合诸侯推选他为霸主，没想到在盟会上被楚人俘虏，不久被释放。公元前638年，宋襄公率兵攻打依附于楚国的郑国，由于他不听大司马公孙固的劝告，一再错失战机，最终战败于泓水。

【原文】

楚人伐宋以救郑。宋公将战，大司马固谏曰："天之弃商久矣，君将兴之，弗可赦也已。"弗听。

及楚人战于泓。宋人既成列，楚人未既济，司马曰："彼众我寡，及其未既济也，请击之。"公曰："不可。"既济而未成列，又以告。公曰："未可。"既陈而后击之，宋师败绩。公伤股，门官歼焉。

国人皆咎公。公曰："君子不重伤①，不禽二毛②。古之为军也，不以阻隘也。寡人虽亡国之余，不鼓不成列。"子鱼曰："君未知战。勍敌之人③，隘而不列，天赞我也。阻而鼓之，不亦可乎？犹有惧焉。且今之勍者，皆吾敌也。虽及胡耇④，获则取之，何有于二毛？明耻教战，求杀敌也。伤未及死，如何勿重？若爱重伤，则如勿伤；爱其二毛，则如服焉。三军以利用也，金鼓以声气也。利而用之，阻隘可也。声盛致志，鼓儳可也⑤。"

楚、宋泓之战

【注释】

①重（chóng）伤：再一次伤害。②禽：通"擒"。二毛：指头发花白的人。③勍（qíng）敌：强劲有力的敌人。④胡耇（gǒu）：老人。⑤儳（chán）：不整齐。

【译文】

楚国攻打宋国来救郑国。宋襄公将要应战，大司马公孙固劝谏说："上天抛弃我商国已经很久了，主公想要复兴，这是得不到宽恕的。"宋襄公不听。

宋军与楚军战于泓水。宋军已经摆好阵势，楚军还没有全部渡河。司马子鱼说："敌众我寡，趁他们没有完全渡河，请下令攻击他们。"宋襄公说："不行。"当楚军已经全部渡河，但尚未摆好阵势，司马子鱼又请求攻击。宋襄公说："不行。"等楚军摆好了阵势，然后才开始攻击，结果宋军大败，宋襄公大腿受伤，卫队也被歼灭了。

宋国人都埋怨宋襄公。宋襄公说："君子不伤害已经受伤的人，不捉拿头发花白的人。古人作战，不在隘口处阻击敌人。我虽然是已然亡国的商朝的后代，但也不会攻击没有摆好阵势的敌人。"子鱼说："主公并不懂得战争。强大的敌人，因为地形的狭窄而摆不开阵势，这是上天在帮助我们，这时候对其加以拦截然后攻击他们，不也是可以的吗？就算是这样还怕不能取胜。况且今天这些强悍的楚兵，都是我们的敌人；即使是碰到老人，捉住了就把他抓回来，何况只是头发花白的人！对士兵讲明耻辱，教导作战，是为了杀死敌人。敌人受了伤但还没有死，为什么不能再次攻击使其毙命？如果是因为怜悯那些受伤的人而不想再次加以伤害，那还不如开始就不要击伤他。同情年长的敌人，还不如向他们投降。用兵讲求抓住有利的条件和时机，那么即使是在险阻隘口的地方打击敌人，也是应该的；锣鼓响亮是为了振作士气，那么攻击没有摆开阵势的敌人也是可以的。"

◎寺人披见文公◎

【题解】

公元前625年，晋国大臣吕甥、郤芮密谋纵火烧死晋文公。宦官寺人披得知此事后，求见晋文公。寺人披此前曾两次刺杀文公，文公不想见他。后经寺人披一番合情入理的辩白，文公才答应接见他。寺人披告诉文公吕甥和郤芮的阴谋，这才避免了一场祸乱的发生。

【原文】

吕、郤畏逼[①]，将焚公宫而弑晋侯。寺人披请见[②]。公使让之，且辞焉，曰："蒲城之役，君命一宿，女即至。其后余从狄君以田渭滨，女为惠公来求杀余，命女三宿，女中宿至。虽有君命，何其速也？夫袪犹在[③]，女其行乎！"对曰："臣谓君之入也，其知之矣。若犹未也，又将及难。君命无二，古之制也。除君之恶，唯力是视。蒲人、狄人，余何有焉？今君即位，其无蒲、狄乎！齐桓公置射钩而使管仲相，君若易之，何辱命焉？行者甚众，岂唯刑臣！"

公见之，以难告。晋侯潜会秦伯于王城。己丑晦，公宫火。瑕甥、郤芮不获公，乃如河上，秦伯诱而杀之。

【注释】

①吕、郤（xì）：即吕甥、郤芮，二人都是晋惠公的亲信旧臣。②寺人：即后世所说的宦官。③袪（qū）：衣袖。

【译文】

吕甥、郤芮因为害怕受到迫害，要放火焚烧晋文公的宫殿以杀死晋文公。寺人披请求进见，晋文公派人责备他，并且拒绝接见，说："在蒲城发生的事情，国君命令你第二天到达，你立刻就到了。后来我陪同狄国国君在渭水边上打猎，你为了惠公前来杀我，惠公命令你三天到达，你两天就到了。虽然有国君的命令，何至于如此迅速？那只袖子还在，你走吧！"寺人披回答道："我认为君侯此次回国，已经明白了君臣之间的道理。如果还没有明白，那么就又有灾难要临头了。国君的命令是不可违背的，这是古代的制度。为了除去国君所厌恶的人，自己有多大力量就要尽多大力量。至于国君厌恶的人，是蒲人还是狄人，对我来说有什么相干呢？现在君侯即位，难道就没有在蒲、狄时那样的祸事了吗！齐桓公把管仲箭射自己带钩的事放在一边，而让他来辅佐自己，君侯想要改变这样的做法，还用烦劳您下命令吗？离开晋国的人会很多，难道只有我一个受过宫刑的小臣吗？”

寺人披见文公

晋文公于是接见了他，寺人披把将要发生的灾难告诉了文公。晋文公偷偷地到王城去会见秦穆公，商讨这件事。三月的最后一天，晋文公的宫殿起了火。吕甥、郤芮没有找到晋文公，于是跑到黄河边上，秦穆公将他们诱捕后杀掉了。

介之推不言禄

【题解】

晋国公子重耳曾在外流亡三年，介之推一直追随他左右，有一次还割下自己大腿上的肉为重耳充饥。后来，重耳返回晋国，登上了王位，他就是晋文公。晋文公为表彰有功之臣，对他们进行了封赏，唯独介之推没有获得封赏，而他也没有主动向文公邀功。此文通过介之推与母亲的一番话，表现了介之推耿介廉洁的情操。

【原文】

晋侯赏从亡者，介之推不言禄，禄亦弗及①。

推曰：“献公之子九人，唯君在矣。惠、怀无亲，外内弃之。天未绝晋，必将有主。主晋祀者，非君而谁？天实置之，而二三子以为己力，不亦诬乎？窃人之财，犹谓之盗，况贪天之功以为己力乎？下义其罪，上赏其奸，上下相蒙，难与处矣。”其母曰：“盍亦求之？以死，谁怼②？”对曰：“尤而效之，罪又甚焉。且出怨言，不食其食。”其母曰：“亦使知之，若何？”对曰：“言，身之文也；身将隐，焉用文之？是求显也。”其母曰：“能如是乎？与汝偕隐。”遂隐而死。

晋侯求之不获，以绵上为之田③。曰：“以志吾过，且旌善人。”

【注释】

①禄：禄赏，赏赐。②怼（duì）：怨恨。③绵上：介之推隐居处，在今山西介休东南。

【译文】

晋文公奖赏跟随他逃亡的人，介之推不求爵禄，而赏赐爵禄的时候也没有考虑到他。

介之推说：“献公有九个儿子，只有君侯还活在世上。晋惠公、晋怀公没亲近的人，国外、国内都厌弃他们。上天还没有想让晋国灭亡，所以晋国一定会等到贤明的君主。能主持晋国祭祀大典的人，不是君侯又能是谁呢？这实在是上天要立他为君，而那几个人却认为是自己的力量所致，这不是欺骗吗？偷别人的财物，尚且叫作盗窃，何况是贪上天之功以为是自己的力量所致呢？下面的人把自己的罪过当成是正义，上面的人又奖赏他们的奸欺，上下相互蒙蔽，难以和他们相处。”他母亲说：“你为什么不也去请求赏赐呢？就这样死去，又能怨恨谁呢？”介之推回答说：“明知错误而去效仿，罪过就重了。况且我已口出怨言，不能再吃他的俸禄了。”他母亲说：“也要让君侯知道一下此事，怎样？”介之推答道：“言语，是用来表白自己的。自身将要隐退，哪里还用得着表白？这样做就是想要求得显达了。”他母亲说：“你能够这样吗？我同你一起隐居吧。”于是便隐居到死。

晋文公寻访他们不到，就把绵上作为他的封田，说：“用这来记录我的过失，并且表彰善良的人。”

展喜犒师

【题解】

公元前634年，齐孝公派兵征伐鲁国。此时，齐桓公虽已故去，但齐国国力依旧不容小觑。鲁国害怕齐国，就派大臣展喜作为使者去犒劳齐师，说退齐孝公。展喜不辱使命，成功解了鲁国之围。

【原文】

齐孝公伐我北鄙，公使展喜犒师，使受命于展禽。齐侯未入竟，展喜从之，曰：“寡君闻君亲举玉趾，将辱于敝邑，使下臣犒执事。”齐侯曰：“鲁人恐乎？”对曰：“小人恐矣，君子则否。”齐侯曰：“室如悬罄①，野无青草，何恃而不恐？”对曰：“恃先王之命。昔周公、大公，股肱周室②，夹辅成王。成王劳之，而赐之盟。曰：‘世世子孙，无相害也。’载在盟府③，太师职之。桓公是以纠合诸侯，而谋其不协，弥缝其阙，而匡救其灾，昭旧职也。及君即位，诸侯之望曰：‘其率桓之功④。’我敝邑用不敢保聚，曰：‘岂其嗣世九年，而弃命废职？其若先君何？’君必不然。恃此以不恐。”齐侯乃还。

【注释】

①悬罄（qìng）：器中空。形容屋内空空，一无所有，贫穷之极。②股肱（gōng）：帝王左右辅助得力的人。③载：指盟约。盟府：古代掌管盟约的官府。④率：遵行，遵循。

【译文】

齐孝公领兵攻打我国北部边境，鲁僖公派展喜去犒劳齐军，让他先向展禽请教犒劳时的辞令。齐孝公还没有进入我国国境，展喜就出境迎上去，说：“我们的君王听说您亲自出动大驾，将要屈尊光临敝邑，于是派遣我来犒劳您的侍从。”齐孝公问：“鲁国人害怕吗？”展喜回答道：“小人害怕，君子就不怕。”齐孝公说：“房屋像悬挂的罄，四野空无青草，凭什么不害怕？”展喜回答说：“凭借先王的遗命。从前周公、齐太公均是周朝股肱之臣，两人协力辅佐成王。成王慰劳他们，赐他们结盟，说：‘世世代代的子孙都不要互相侵害。’这个盟约还保存在盟府里，由太师掌管着。桓公因此而集合诸侯，解决他们间的纠纷，弥补他们的过失，救助他们的灾难，这样做是为了显扬齐国君主过去的职责。到了您即位，诸侯们盼望说：‘他将会继承桓公的功业吧！’我们因此不敢聚众而加以防卫，说：‘难道他即位刚九年，就丢弃了先王的遗命，废弃了自己的职责吗？他把先君放到了什么位置啊？我想您必然不会这样。’我们是靠着这个才不害怕的。”齐孝公于是领兵回国了。

烛之武退秦师

【题解】

公元前632年，晋国和楚国大战于城濮，结果楚国大败，晋国的霸业完成。在城濮之战中，郑国曾协助楚国一起攻打晋国，而且晋文公年轻时流亡到郑国，受到冷遇，所以文公把新仇旧怨加到一块，于两年后联合秦国讨伐郑国。郑伯闻讯后，派烛之武面见秦穆公，劝他退兵。烛之武不负所托，劝退了秦师。烛之武之所以能说退秦师，依靠的就是四个字：利害关系。

【原文】

晋侯、秦伯围郑，以其无礼于晋，且贰于楚也。晋军函陵，秦军氾南。佚之狐言于郑伯曰："国危矣！若使烛之武见秦君，师必退。"公从之。辞曰："臣之壮也，犹不如人；今老矣，无能为也已。"公曰："吾不能早用子，今急而求子，是寡人之过也。然郑亡，子亦有不利焉！"许之。

夜缒而出[①]。见秦伯曰："秦、晋围郑，郑既知亡矣。若郑亡而有益于君，敢以烦执事。越国以鄙远，君知其难也。焉用亡郑以陪邻？邻之厚，君之薄也。若舍郑以为东道主，行李之往来[②]，共其乏困，君亦无所害。且君尝为晋君赐矣，许君焦、瑕，朝济而夕设版焉，君之所知也。夫晋，何厌之有？既东封郑[③]，又欲肆其西封。若不阙秦[④]，将焉取之？阙秦以利晋，唯君图之。"

秦伯说[⑤]，与郑人盟，使杞子、逢孙、杨孙戍之，乃还。子犯请击之。公曰："不可。微夫人之力不及此[⑥]。因人之力而敝之[⑦]，不仁；失其所与，不知[⑧]；以乱易整，不武。吾其还也。"亦去之。

【注释】

①缒（zhuì）：系在绳上放下去。②行李：外交使者。③封：疆界。④阙：损害。⑤说：通"悦"。⑥微：非。夫人：指秦穆公。⑦敝：损害。⑧知：通"智"。

【译文】

晋文公和秦穆公联合围攻郑国，因为郑国曾对晋文公无礼，并且对晋国有二心，暗地里依附了楚国。晋军驻扎在函陵，秦军驻扎在氾南。佚之狐对郑文公说："郑国处于危险之中，如果能派烛之武去见秦穆公，那么前来征讨的军队一定能撤走。"郑文公听从了他的建议。可是烛之武却推辞说："臣壮年的时候，尚且不如别人；现在老了，做不成什么了。"郑文公说："我没有能及早地任用你，如今形势危急才来求你，这是我的过错。然而郑国灭亡了，对你也有不利的地方啊！"烛之武于是答应了。

夜缒而出

当天夜里就用绳子将烛之武从城上吊下去，（烛之武）进见秦穆公说："秦国和晋国前来围攻郑国，郑国已经知道要灭亡了。如果郑国的灭亡对您有好处，那就烦劳您手下的人把郑国灭掉。隔着别国而想把远方的土地作为自己的领土，您知道这是难以办到的，何必要灭掉郑国而增加邻邦晋国的土地呢？邻邦的国力雄厚了，您的国力也就相对削弱了。假如放弃灭郑的打算而让其作为您东方路上的主人，秦国使者往来，郑国可以供给他们所缺乏的东西，对您也没有什么害处。况且您曾有恩于晋君，他答应过把焦、瑕二地给您作为报答，然而，他早上渡河回到了晋国，晚上就在那里修起了城墙，这您是知道的。晋国哪有满足的时候？等它在东边把疆土扩大到了郑国，就会想扩张西边的疆土。如果不侵损秦国，如何能取得土地？秦国受损而晋国受益，请您仔细斟酌吧。”

秦穆公听了很高兴，就与郑国订立了盟约。并派杞子、逢孙、杨孙驻守郑国，自己率领大军回国去了。子犯请求晋文公下令攻击秦军。晋文公说：“不行。假如没有那个人的支持，我到不了今天。借助了别人的力量而又去损害他，这是不仁；失掉自己的同盟国，这是不智；以混乱代替联合一致，这是不武。我们还是回去吧！”于是晋军也撤离了郑国。

◎蹇叔哭师◎

【题解】

公元前628年，一代霸主晋文公去世。秦穆公见文公已死，便想乘机争霸中原，于是派兵攻打郑国。大臣蹇叔极力反对，理由是秦国与郑国相隔千里，即使军队能到达郑国，也一定会疲惫不堪。但秦穆公不听劝阻，结果中途遭到晋军伏击，几乎全军覆没。此文写的是蹇叔在秦军出师前的劝谏辞令，以及无力阻止后“哭师”的情形。

【原文】

杞子自郑使告于秦曰：“郑人使我掌其北门之管，若潜师以来，国可得也。”穆公访诸蹇叔。蹇叔曰：“劳师以袭远，非所闻也。师劳力竭，远主备之，无乃不可乎？师之所为，郑必知之。勤而无所，必有悖心①。且行千里，其谁不知？”公辞焉。召孟明、西乞、白乙，使出师于东门之外。蹇叔哭之，曰：“孟子，吾见师之出而不见其入也！”公使谓之曰：“尔何知？中寿②，尔墓之木拱矣！”

蹇叔之子与师，哭而送之，曰：“晋人御师必于殽③。殽有二陵焉：其南陵，夏后皋之墓也；其北陵，文王之所辟风雨也。必死是间，余收尔骨焉。”秦师遂东。

【注释】

①悖心：怨恨之心。②中寿：约在七八十岁上下。③殽（yáo）：通“崤”，山名，在今河南省洛宁县西北。

【译文】

秦国大夫杞子从郑国派人告诉秦国说：“郑国人让我掌管他们国都北门的钥匙，如果偷偷派兵前来，郑国唾手可得。”秦穆公为此访问蹇叔。蹇叔说：“劳动军队去袭击远方的国家，我没有听说过。军队辛劳，精疲力竭，远方国家的君主又有所防备，这样做恐怕不行吧？我们军队的举动，郑国必定会知道。使军队辛苦奔波而无所得，军队一定会产生叛逆的念头。再说行军千里，谁会不知道？”秦穆公拒绝接受他的意见，召见了孟明、西乞和白乙，让他们从东门外出兵伐郑。蹇叔哭着送他们说：“孟明啊，我看着大军出发却看不见他们回来了！”秦穆公派人对蹇叔说：“你知道什么！如果你只活到六七十岁就死了的话，现在你坟上的树该长到两手合抱粗了！”

蹇叔的儿子在军队里，蹇叔哭着送儿子说：“晋国人必定在崤山抗击我军。崤有两座山头：南面的山头是夏后皋的坟墓，北面的山头是周文王避风雨的地方。你们一定会战死在这两座山头之间，我就在那里收你的尸骨吧！”秦国军队接着就向东进发了。

卷二 周文

郑子家告赵宣子

【题解】

郑国处在晋、楚两个强国之间，左右周旋，处境艰难。晋侯不满郑国摇摆不定的态度，所以在诸侯会盟之时拒绝接见郑穆公。针对这种情势，郑国的大夫子家修书给晋国执政大臣赵盾，历数了郑国对晋国极尽恭顺的侍奉，并且明言如果晋国再相逼迫，郑国将铤而走险，集合兵众拼死一搏。这封信绵里藏针，子家还不露痕迹地暗示郑国有依附楚国的可能。

【原文】

晋侯合诸侯于扈，平宋也。于是晋侯不见郑伯，以为贰于楚也。

郑子家使执讯而与之书，以告赵宣子。曰："寡君即位三年，召蔡侯而与之事君。九月，蔡侯入于敝邑以行。敝邑以侯宣多之难，寡君是以不得与蔡侯偕。十一月，克减侯宣多，而随蔡侯以朝于执事。十二年六月，归生佐寡君之嫡夷，以请陈侯于楚，而朝诸君。十四年七月，寡君又朝，以蒇陈事[①]。十五年五月，陈侯自敝邑往朝于君。往年正月，烛之武往朝夷也。八月，寡君又往朝。以陈、蔡之密迩于楚而不敢贰焉[②]，则敝邑之故也。虽敝邑之事君，何以不免？在位之中，一朝于襄，而再见于君。夷与孤之二三臣相及于绛。虽我小国，则蔑以过之矣[③]。今大国曰：'尔未逞吾志。'敝邑有亡，无以加焉。古人有言曰：'畏首畏尾，身其余几？'又曰：'鹿死不择音[④]。'小国之事大国也，德，则其人也；不德，则其鹿也。铤而走险，急何能择。命之罔极[⑤]，亦知亡矣，将悉敝赋，以待于鲦，唯执事命之。文公二年，朝于齐。四年，为齐侵蔡，亦获成于楚[⑥]。居大国之间而从于强令，岂其罪也！大国若弗图[⑦]，无所逃命。"

晋巩朔行成于郑，赵穿、公婿池为质焉。

【注释】

①蒇（chǎn）：完成。②密迩：亲近。③蔑：无。④音：通"荫"。⑤罔极：无穷。⑥成：讲和。⑦图：体谅。

【译文】

晋灵公在扈地会合诸侯，准备商议平定宋国内乱之事。当时晋灵公不肯会见郑穆公，认为他有二心于己而亲和楚国。

郑国的子家派遣信使带来书信，告诉赵宣子说："我们的君王即位三年，召请蔡侯一同侍奉贵国国君。九月，蔡侯进入敝国，从敝国出发前往贵国，敝国由于有侯宣多的祸乱，我们的国君因此没有能和蔡侯同往晋国。十一月，平灭了侯宣多，就随同蔡侯去朝见你们的君主。十二年六月，归生辅佐我们国君的嫡子夷，为陈国朝见晋国的事请命于楚国，而后又来朝见晋君。十四年七月，我们的国君又到贵国朝见，以完成陈国朝晋的事情。十五年五月，陈侯从敝国出发前去朝见贵国国君。去年正月，烛之武辅佐嫡子夷前往朝见贵国国君。八月，我们的君王又前往朝见。陈、蔡两国接近楚国却不敢对晋国有二心，那都是由于敝国的缘故。虽然敝国这样侍奉贵国国君，但为什么还是不能免于祸患呢？我们国君在位的岁月里，先是朝见贵国先君襄公，之后朝见现在的贵国国君。嫡子夷和我们君主的几个臣子相继到绛城朝见。我们虽然是小国，但所做的事情已经无以复加了。现在大国说：‘你们没有让我称心如意。’敝国只有等待灭亡，但侍奉晋国国君，没有能超过我们的了，古人曾说过：‘畏首畏尾，身子还能剩下多少？’又说：‘鹿快要死的时候，不选择庇荫的地方。’小国侍奉大国，大国如果能以恩德相待，那么小国还会像人一样懂得敬畏恭顺；如果不以恩德相待，那么小国就会像鹿一样，情急之下而冒险疾奔，急迫的时候还怎能有所选择？贵国的命令没完没了，我们也知道将要灭亡，只好倾全国之军在鲦地等待，一切就听贵国的吩咐了。文公二年，我们的国君到齐国朝见。四年，为齐国攻打蔡国（蔡国是楚国的属国），事后我们又与楚国讲和。处于齐、楚两大国之间，屈从于强国之命，这难道是我们的罪过吗？大国如果不加以体谅，我们也没有地方去逃命了。”

于是晋国派遣巩朔到郑国重新修好，赵穿、公婿池到郑国去做人质。

◎王孙满对楚子◎

【题解】

公元前606年，楚庄王在讨伐陆浑之戎的时候，突然陈兵至周朝的边境线上。周王室大惊，急忙派大夫王孙满前去慰劳楚师。楚庄王借机向王孙满询问周鼎的轻重大小。鼎是一国的权力象征，王孙满看出楚王的野心，告诉他朝代兴衰“在德而不在鼎”的道理。

【原文】

楚子伐陆浑之戎，遂至于洛，观兵于周疆。定王使王孙满劳楚子。楚子问鼎之大小轻重焉。对曰：“在德不在鼎。昔夏之方有德也，远方图物，贡金九牧。铸鼎象物，百物而为之备，使民知神奸。故民入川泽山林、不逢不若[1]。螭魅罔两，莫能逢之。用能协于上下，以承天休。桀有昏德，鼎迁于商，载祀六百。商纣暴虐，鼎迁于周。德之休明[2]，虽小，重也；其奸回昏乱[3]，虽大，轻也。天祚明德[4]，有所底止。成王定鼎于郏鄏[5]，卜世三十，卜年七百，天所命也。周德虽衰，天命未改。鼎之轻重，未可问也。”

【注释】

① 不若：不顺利。② 休明：美好清明。③ 奸回：奸恶邪僻。④ 祚(zuò)：赐福。⑤ 郏(jiá) 鄏(rǔ)：周朝东都，在今河南省洛阳市。

【译文】

楚庄王攻打陆浑之戎，于是来到洛河，陈兵于周朝境内。周定王派王孙满慰劳楚庄王。楚庄王问起了九鼎的大小和轻重。王孙满回答说：“大小、轻重在于德而不

王孙满对楚子

在于鼎。从前夏朝施行德政的时候，远方的国家把物产画成图像进献，九州又进贡了各自出产的铜。夏王于是用这些铜铸成了九鼎，把图像铸在鼎上，鼎上各种事物都已具备，使百姓懂得哪些是神，哪些是邪恶的东西。所以百姓进入川泽、山林，就不会碰上不顺利的事情。因此能使上下协调一致，承受上天的福佑。夏桀昏乱无德，九鼎于是迁到商朝，前后六百年；商纣暴虐，九鼎又迁到了周朝。如果德行美好光明，九鼎虽小，也重得无法迁走。如果德行奸邪昏乱，九鼎再大，也是轻的。上天保佑有圣明德行的人，也是有限度的。成王将九鼎安放在王城时，曾占卜预告周朝传国三十代，享国七百年，这个期限是由上天决定的。周朝的德行虽然衰落，但天命并没有改变。九鼎的轻重，也就不必询问了。”

◎齐国佐不辱命◎

【题解】

公元前589年，晋国联合鲁、卫、曹三国一齐讨伐齐国，双方交战于鞍这个地方，结果齐国大败。四国联军乘胜追击，一直打到离齐都不远的马陉。齐王见情势不妙，忙派宾媚人找联军讲和。宾媚人刚上来时以财物贿赂晋侯，晋侯不答应，还提出苛刻的条件。宾媚人就以德、孝来劝说晋侯，最后还表示：若晋国一意孤行，齐国将背水一战，抵抗到底，晋侯迫于威势，终于答应讲和。

【原文】

晋师从齐师，入自丘舆，击马陉。齐侯使宾媚人赂以纪甗[①]、玉磬与地。“不可，则听客之所为。”

宾媚人致赂，晋人不可，曰：“必以萧同叔子为质，而使齐之封内尽东其亩。”对曰：“萧同叔子非他，寡君之母也。若以匹敌，则亦晋君之母也。吾子布大命于诸侯，而曰必质其母以为信，其若王命何？且是以不孝令也。《诗》曰：‘孝子不匮，永锡尔类。’若以不孝令于诸侯，其无乃非德类也乎？先王疆理天下，物土之宜而布其利。故《诗》曰：‘我疆我理，南东其亩。’今吾子疆理诸侯，而曰‘尽东其亩’而已，唯吾子戎车是利，无顾土宜，其无乃非先王之命也乎？反先王则不义，何以为盟主？其晋实有阙！四王之王也，树德而济同欲焉；五伯之霸也，勤而抚之，以役王命。今吾子求合诸侯，以逞无疆之欲，《诗》曰：‘敷政优优，百禄是遒[②]。’子实不优，而弃百禄，诸侯何害焉！不然，寡君之命使臣，则有辞矣。曰：‘子以君师辱于敝邑，不腆敝赋，以犒从者。畏君之震，师徒挠败，吾子惠徼齐国之福[③]，不泯其社稷，使继旧好。唯是先君之敝器土地不敢爱，子又不许。请收合余烬，背城借一。敝邑之幸，亦云从也。况其不幸，敢不唯命是听！’”

【注释】

①纪甗（yǎn）：纪国的甗。甗，古代炊器。②遒（qiú）：聚集。③徼（yāo）：求。

【译文】

晋军追击齐军，从齐地丘舆而入，攻打马陉。齐顷公派宾媚人送上纪甗、玉磬和土地，说：“如果不行，就随他们怎么办吧！”

宾媚人送上礼物，晋国人不答应，说：“必须要萧同叔子做人质才行，并且要使齐国境内的田垄全部变成东西走向才可以退兵。”宾媚人回答说：“萧同叔子不是别人，是我的母亲。若谈到相当，则与晋君的母亲相当。您在诸侯中发布重大命令，说一定要让晋国国君

宾媚人对晋侯

的母亲作为人质，以为凭信，如此您把周天子以孝治天下的命令置于何地？而且这是命令别人做不孝的事情。《诗经》上说：‘孝子之心不尽不竭，会推及影响到他的族类。’如果用不孝来号令诸侯，这不是把自己归到了无德的行列里吗？先王划定天下的土地疆界，因地制宜，使天下的土地按照有利的态势分布。所以《诗经》上说：‘我划定疆界、我管理田亩，南向东向开辟田亩。’现在您规划诸侯的疆界田亩，却只宣布‘田垄全部东向’，只求对您军队兵车的行进有利，不管土地这样规划是否适宜，这恐怕不是先王的政令吧？违反先王就是不义，您又凭什么做盟主呢？晋国确实有过错。禹、汤、周文王、周武王之所以能统御天下，是因为能树立德行并且满足诸侯共同的愿望；五伯之所以能称霸诸侯，是因为能够辛勤地安抚大家，力行天子的命令。现在您要求聚合诸侯，却是为了满足您那没有止境的欲望，《诗经》上说：‘以宽仁之心来施行政治，各种福禄就会稳固在身旁。’您确实不算宽容，抛弃各种福禄，这对诸侯又有什么害处呢？如果您不答应，我们的国君派我来的时候，还有另外的话，我们的国君对我说：‘承蒙您带领您的军队到我们的国土上来，敝国用不丰厚的财物，来犒劳您的随从。因为畏惧您的震怒，我们的军队被您打败了。如今蒙您的恩惠来为齐国求福，不灭亡我们的国家，使两国重续旧好，那么先君留下的器物、土地，我们是不敢吝惜的。如果您再不答应讲和，我们就请求收集残余部队，在城墙之下与您决一死战。我们即使有幸战胜，也是会服从于您的；如果不幸战败，哪还敢不唯命是听？’”

◎楚归晋知罃◎

【题解】

公元前 597 年，楚国和晋国在邲地进行了一场战争。晋国战败，大夫知罃成为俘虏，但也擒获了楚庄王的儿子谷臣，射死了襄老。公元前 588 年，晋国提出要用襄老的尸首和谷臣换回知罃，楚人允诺。临行之前，楚共王和知罃进行了一次谈话，让知罃就“怨我乎？得我乎？何以报我？”三个问题表示态度。身为阶下囚的知罃处处撇开个人利益，从国家大事上说开去，大义凛然，令楚共王也为之折服。

【原文】

晋人归楚公子谷臣与连尹襄老之尸于楚，以求知罃。于是，荀首佐中军矣，故楚人许之。

王送知罃，曰：“子其怨我乎？”对曰：“二国治戎，臣不才，不胜其任，以为俘馘[①]。执事不以衅鼓，使归即戮，君之惠也。臣实不才，又谁敢怨？”王曰：“然则德我乎？”对曰：“二国图其社稷，而求纾其民[②]，各惩其忿，以相宥也[③]。两释累囚，以成其好。二国有好，臣不与及，其谁敢德？”王曰：“子归，何以报我？”对曰：“臣不任受怨，君亦不任受德，无怨无德，不知所报。”王曰：“虽然，必告不谷。”对曰：“以君之灵，累臣得归骨于晋[④]，寡君之以为戮，死且不朽。若从君惠而免之，以赐君之外臣首；首其请于寡君，而以戮于宗，亦死且不朽。若不获命，而使嗣宗职，次及于事，而帅偏师以修封疆，虽遇执事，其弗敢违。其竭力致死，无有二心，以尽臣礼，所以报也。”王曰：“晋未可与争。”重为之礼而归之。

楚王送归知罃

【注释】

① 俘馘（guó）：俘虏。② 纾（shū）：缓和，解除。③ 宥（yòu）：宽赦。④ 累臣：被俘之臣。

【译文】

晋国人将楚国公子谷臣和连尹襄老的尸体还给楚国，想以此换回知罃。当时荀首已经是中军的副帅了，所以楚国人答应了晋人。

楚共王为知罃送行的时候说：“你大概怨恨我吧？”知罃回答说：“两国交战，下臣没有才能，不能胜任，所以成为了俘虏。你没有把我杀掉祭鼓，让我回晋国接受诛戮，这是您对我的恩惠。臣下确实没用，又敢怨恨谁呢？”楚共王说：“那么你感激我吗？”知罃回答说：“两国都为了自己的社稷安危打算，并且都希望解除自己人民的苦难，于是各自克制忿怒，以求互相谅解。双方释放囚禁的俘虏，是为了成全两国的友好。两国友好，并不是为了下臣，下臣又敢感激谁呢？”楚共王说：“你回去，将用什么来报答我？”知罃回答说：“下臣承担不起被人怨恨，君王也承担不起受人感激。没有怨恨没有感激，不知该报答什么。”楚共王说：“虽然这样，你也一定要把你的想法告诉我。”知罃回答说：“托君王的福，我这被俘之臣能把这把骨头带回晋国，我的君王如果加以诛戮，我死而不朽。如果是因为您的恩惠而赦免下臣，把下臣交给您的外臣荀首，荀首请命于我的国君，要按家法在宗庙里处死我，我也是死而不朽。如果得不到我们国君杀我的命令，让下臣继承祖宗的世职，轮到我承担军职，并率领一部分军队去加强边境的防御，那时，即使遇上您的军队，我也不敢违命回避。只有竭尽全力死战到底，不再会有别的想法，以此来尽到做臣下的职责，这就是我用来报答您的。”楚共王说：“晋国是不能同它相争的。”于是，楚王为知罃举行了隆重的送别仪式，把他放回晋国了。

◎吕相绝秦◎

【题解】

公元前 580 年，晋国和秦国定好在令狐会盟，但秦国要求换地方，晋国不答应，会盟宣告破裂。后来，秦国又挑拨北狄和晋国的关系，暗中跟南方的楚国结盟，共同对抗晋国。晋侯得知此事后，决定出兵讨伐秦国，同时还派吕相出使秦国。吕相到秦后，历数几代秦君的不义之举，以绝交相威胁，逼迫秦国跟晋国讲和。吕相逼秦讲和的目的虽然没能实现，但依然起到了战前宣传的效果，晋军在随后的战斗中取得了大胜。

【原文】

晋侯使吕相绝秦，曰：“昔逮我献公及穆公相好①，戮力同心，申之以盟誓，重之以昏姻。天祸晋国，文公如齐，惠公如秦。无禄，献公即世。穆公不忘旧德，俾我惠公用能奉祀于晋。

又不能成大勋，而为韩之师。亦悔于厥心，用集我文公，是穆之成也。

“文公躬擐甲胄，跋履山川，踰越险阻，征东之诸侯——虞、夏、商、周之胤——而朝诸秦，则亦既报旧德矣。郑人怒君之疆场，我文公帅诸侯及秦围郑。秦大夫不询于我寡君，擅及郑盟。诸侯疾之，将致命于秦。文公恐惧，绥靖诸侯，秦师克还，无害，则是我有大造于西也。

“无禄，文公即世，穆为不吊，蔑死我君，寡我襄公，迭我殽地，奸绝我好，伐我保城，殄灭我费滑，散离我兄弟，挠乱我同盟，倾覆我国家。我襄公未忘君之旧勋，而惧社稷之陨，是以有殽之师。犹愿赦罪于穆公。穆公弗听，而即楚谋我。天诱其衷，成王陨命，穆公是以不克逞志于我。

“穆、襄即世，康、灵即位。康公，我之自出，又欲阙剪我公室，倾覆我社稷，帅我蝥贼[②]，以来荡摇我边疆，我是以有令狐之役。康犹不悛[③]，入我河曲，伐我涑川，俘我王官，剪我羁马。我是以有河曲之战。东道之不通，则是康公绝我好也。

“及君之嗣也，我君景公引领西望，曰：‘庶抚我乎？’君亦不惠称盟，利吾有狄难，入我河县，焚我箕、郜，芟夷我农功[④]，虔刘我边陲，我是以有辅氏之聚。君亦悔祸之延，而欲徼福于先君献、穆，使伯车来命我景公，曰：‘吾与女同好弃恶，复修旧德，以追念前勋。’言誓未就，景公即世，我寡君是以有令狐之会。君又不祥，背弃盟誓。白狄及君同州，君之仇雠，而我之昏姻也。君来赐命曰：‘吾与女伐狄。’寡君不敢顾昏姻，畏君之威，而受命于使。君有二心于狄，曰：‘晋将伐女。’狄应且憎，是用告我。楚人恶君之二三其德也，亦来告我曰：‘秦背令狐之盟，而来求盟于我，昭告昊天上帝、秦三公、楚三王，曰：余虽与晋出入，余唯利是视。不谷恶其无成德，是用宣之，以惩不一。’诸侯备闻此言，斯是用痛心疾首，昵就寡人。寡人帅以听命，唯好是求。君若惠顾诸侯，矜哀寡人，而赐之盟，则寡人之愿也。其承宁诸侯以退，岂敢徼乱？君若不施大惠，寡人不佞，其不能以诸侯退矣。敢尽布之执事，俾执事实图利之！”

【注释】

① 昔逮：自从。② 蝥（máo）贼：此指内奸。③ 悛（quān）：悔改。④ 芟（shān）夷：铲除，毁坏。

【译文】

晋厉公派吕相去秦国宣布断交，说：“从前我们先君献公与穆公相互友好，合力同心，用盟誓来申明两国的友好，又用两国通婚来巩固它。后来上天降祸给晋国，文公逃往齐国，惠公逃往秦国。不幸，献公去逝，秦穆公不忘从前的交情，使我们惠公能回晋国即位，主持祭祀。但是秦国又没能完成这一重大功业，同我们发生了韩原之战。事后穆公心里后悔，因此帮助我们文公回国。这是穆公安定晋国的功绩。

“文公亲自戴盔披甲，跋山涉水，逾越艰难险阻，率领东方诸侯——虞、夏、商、周的后代都来朝见秦国君王，这就已经报答了秦国过去的恩德。郑国人侵扰您的边境，我们文公率领诸侯和秦国一起包围郑国。秦国大夫没有征求我们国君的意见，擅自同郑国订立盟约。诸侯为此而愤恨，都要和秦国拼命。文公担心秦国受损，于是安抚诸侯，秦军才得以安然回国，这也算是我们对秦国有很大的恩德了。

“不幸文公去逝，穆公不来吊唁，蔑视我们死去的国君，轻视我襄公，侵扰我殽地，断绝同我国的友好关系，攻打我们的边城，灭亡我们的滑邑，离间我兄弟之邦，破坏我国与同盟国的关系，企图颠覆我们的国家。我们的襄公没有忘记秦君以往的功劳，而又害怕国家遭到灭亡，所以才有了殽地的战斗，但还是希望穆公饶恕我们的罪过，穆公不答应，反而亲近楚国来算计我们。只是上天有灵，楚成王丧命，因此穆公侵犯我国的图谋没能得逞。

“穆公和襄公去世，（秦）康公、（晋）灵公即位。康公是我们先君献公的外甥，却又想来损害我们的公室，颠覆我们的国家，带领我国的内奸，前来扰乱我们的边疆，于是才有了令狐之战。康公还不肯悔改，进入我国的河曲，攻打我国的涑川，劫掠我国的王官，占领我国的羁马，因此才有了河曲之战。秦、晋两国的不相往来，正是因为康公同我们断绝了友好关系的缘故。

吕相向秦桓公宣布秦、晋断交

“等到您即位，我们景公伸长了脖子遥望西边说：‘快要安抚我们了吧！’但您还是不肯开恩同我国结盟，利用我们遇上狄人作乱的时机，侵入我国的河县，焚烧我国的箕地、郜地，抢割我国的庄稼，屠杀我们的边民，我们因此才在辅氏集结军队，准备进行防御。您也后悔灾祸蔓延，因而想向先君献公和穆公求福，派遣伯车来吩咐我们景公说：‘我们和你们相互友好，抛弃怨恨，恢复过去的友谊，以追念前人的功勋。’盟誓尚未完成，景公就去世了，因此我们国君才举行了令狐的会盟。可是您又不安好心，背弃了盟誓。白狄和您同处雍州，是您的仇敌，却是我们的姻亲。您赐给我们命令说：‘我们和你们一起攻打狄人。’我们的国君不敢顾念姻亲之好，畏惧您的威严，听从了您的使者的命令。可是您却当面一套，背后一套，对狄人说：‘晋国将要攻打你们。’狄人虽然表面上答应着，心里却憎恶，因此来告诉我们。楚国人同样憎恶君王的反复无常，也来告诉我们说：‘秦国背弃了令狐的盟约，却来向我们要求结盟。他们祝告皇天上帝、秦国的三位先公和楚国的三位先王说：我们虽然和晋国有来往，但不过是唯利是图罢了。我楚王讨厌他们这种缺德的做法，所以把这些事公之于众，以便惩戒那些言行不一的人。’诸侯们全都听到了这些话，因此痛心疾首，都来和我们国君亲近。我们国君于是率领诸侯前来听从您的命令，只是为了请求友好。您若是给诸侯面子，怜悯我们，赐我们缔结盟约，那么这就是我们国君的愿望，我们国君将安抚诸侯退走，哪里还敢自求动乱？如果您不肯施恩于我们，那么我们的国君不才，恐怕就不能率领诸侯退走了。谨把全部意思报告于您，请您权衡利害得失。”

◎驹支不屈于晋◎

【题解】

公元前560年，吴国乘楚共王去世的机会，攻打楚国，结果吃了败仗。次年，吴国的盟友晋国联合十三国诸侯，一起商讨对付楚国。在会盟的前一天，晋国大夫范宣子指责西戎的领袖驹支“言语泄露”，不让他出席大会，这其实是欲加之罪。驹支面对指责，不甘受辱，据理反驳，动情演说，最终使范宣子自觉理亏而赔罪。

【原文】

会于向，将执戎子驹支。

范宣子亲数诸朝，曰：“来，姜戎氏！昔秦人迫逐乃祖吾离于瓜州，乃祖吾离被苫盖、蒙荆棘以来归我先君。我先君惠公有不腆之田，与女剖分而食之。今诸侯之事我寡君不如昔者，盖言语漏泄，则职女之由。诘朝之事[①]，尔无与焉！与，将执女！”

对曰：“昔秦人负恃其众，贪于土地，逐我诸戎。惠公蠲其大德[②]，谓我诸戎是四岳之裔胄也，毋是翦弃。赐我南鄙之田，狐狸所居，豺狼所嗥。我诸戎除剪其荆棘，驱其狐狸豺狼，以为先君不侵不叛之臣，至于今不贰。昔文公与秦伐郑，秦人窃与郑盟而舍戍焉，于是乎有殽之师。晋御其上，戎亢其下，秦师不复，我诸戎实然。譬如捕鹿，晋人角之，诸戎掎之，与晋踣之，戎何以不免？自是以来，晋之百役，与我诸戎相继于时以从执政，犹殽志也，岂敢离逷③？今官之师旅无乃实有所阙，以携诸侯④，而罪我诸戎！我诸戎饮食衣服不与华同，贽币不通，言语不达，何恶之能为？不与于会，亦无瞢焉！”赋《青蝇》而退。

宣子辞焉，使即事于会，成恺悌也⑤。

【注释】

①诘（jié）朝（zhāo）：明日。②蠲（juān）：显示。③逷（tì）：远离。④携：叛离。⑤恺（kǎi）悌（tì）：和蔼可亲。

【译文】

晋国在向地会见诸侯，打算拘捕戎子驹支。

范宣子亲自在朝廷上责备他，说：“过来，姜戎氏。从前秦国人在瓜州追赶你的祖父吾离，你的祖父离披着蓑衣、戴着草帽来归附我国先君。我国先君惠公拥有的田地并不丰厚，还和你们平分了，让你们也有饭吃。如今诸侯侍奉我们的国君，不如从前了，大概是因为什么言语被泄露了出去，这是你的责任。明天的诸侯集会，你不要参加了！如果参加，就把你拘捕起来。”

驹支回答说：“从前秦国人仗着他们人多，贪求土地，驱逐我们这些戎人。惠公显示出了盛大的德行，说我们这些戎人都是四岳的后代，不应该被灭绝抛弃，于是赐给我们南部边境上的田地。那是一块狐狸居住、豺狼嚎叫的地方。我们这些戎人剪除荆棘，赶走了狐狸豺狼，做了不侵犯先君、不背叛先君的臣子，直到今天没有二心。从前文公和秦国联合攻打郑国，秦国人私下里和郑国结盟，留下了戍守的军队就班师回去了，于是有了后来的秦、晋殽之战。晋国在前面抵御，戎人在后面对抗，秦军全军覆没，实在是有我们戎人出力才让他们这样的。这就像捕鹿，晋人抓住角，戎人拖住腿，和晋人合力将它放倒，戎人为什么还不能免罪呢？从那以后，晋国的多次战役，我们戎人一次又一次地听从你们执政的命令，还是像殽之战时那样，怎敢有所违背？现在晋国的官员恐怕确实有疏漏不周全的地方，因而使诸侯有了二心，您却怪罪我们戎人！我们戎人饮食衣服与华夏不同，礼仪不相同，言语不相通，能够做什么坏事呢？不参加盟会，也没有什么不痛快的。”说完便诵读了名为《青蝇》的诗，然后便告退了。

范宣子表示歉意，让他参加盟会，成全了自己和蔼可亲的美名。

◎祁奚请免叔向◎

【题解】

公元前552年，晋国的执政范宣子因听信了小人谗言，将自己的外孙栾盈放逐到远方，还杀死了与栾盈关系密切的羊舌虎。羊舌虎的哥哥叔向也受到牵连，被抓了起来。晋国已退休的大夫祁奚，知道叔向是个人才，就出面请求范宣子赦免他。后来叔向果然被释。

【原文】

栾盈出奔楚。宣子杀羊舌虎，囚叔向。人谓叔向曰：“子离于罪，其为不知乎？”叔向曰：“与其死亡，若何？《诗》曰：‘优哉游哉，聊以卒岁。’知也。”

乐王鲋见叔向曰："吾为子请。"叔向弗应。出，不拜。其人皆咎叔向。叔向曰："必祁大夫。"室老闻之曰："乐王鲋言于君无不行，求赦吾子，吾子不许。祁大夫所不能也，而曰必由之，何也？"叔向曰："乐王鲋，从君者也，何能行？祁大夫外举不弃仇，内举不失亲，其独遗我乎？《诗》曰：'有觉德行，四国顺之。'夫子，觉者也①"。

祁奚请求晋侯赦免叔向

晋侯问叔向之罪于乐王鲋。对曰："不弃其亲，其有焉。"于是祁奚老矣，闻之，乘驲而见宣子②，曰："《诗》曰：'惠我无疆，子孙保之。'《书》曰：'圣有谟勋，明征定保。'夫谋而鲜过，惠训不倦者，叔向有焉，社稷之固也；犹将十世宥之，以劝能者。今壹不免其身，以弃社稷，不亦惑乎？鲧殛而禹兴，伊尹放大甲而相之，卒无怨色。管蔡为戮，周公右王。若之何其以虎也弃社稷？子为善，谁敢不勉？多杀何为？"宣子说，与之乘，以言诸公而免之。不见叔向而归，叔向亦不告免焉而朝。

【注释】

①觉：正直。②驲（rì）：古代驿站专用的车。

【译文】

栾盈逃往楚国。范宣子杀了羊舌虎，囚禁了叔向。有人对叔向说："你遭到这样的罪，不是太不明智了吗？"叔向说："比起死了的，如何呢？《诗经》上说：'自在逍遥啊，姑且以此度过一生吧。'这正是明智啊。"

乐王鲋去见叔向，说："我为您去求情。"叔向没有回答。乐王鲋出来的时候，叔向也没有拜谢。旁人都责怪叔向不对。叔向说："一定要祁大夫才能办成。"家臣头领听到了，说："乐王鲋对国君说的话没有办不成的，他想去请求赦免您，您却不答应。祁大夫所不能做到的事，您却说非他不可，这是为什么？"叔向说："乐王鲋，是顺从国君的人，怎能办得到？祁大夫对外举荐，不摒弃仇人，对内举荐不遗漏亲人，他会独独漏下我吗？《诗经》上说：'有正直的德行，天下便会顺从于他。'他老先生就是正直的人。"

晋平公向乐王鲋询问叔向的罪过。乐王鲋回答说："他不背弃他的亲人，可能是参加了叛乱的。"当时祁奚已经告老了，听到这些情况，便坐上驲车去见范宣子，说："《诗经》上说：'先人给我们留下了无穷无尽的恩惠，子孙后代要保住它。'《尚书》上说：'圣贤有谋略有功勋，应当明守信用，保护他们。'说到参与谋划大事而少有过错，教育别人而不知疲倦的，叔向就是这样的人，国家要靠他这样的人来巩固；即使是十代子孙有了过错，还要加以宽恕，用来勉励那些有才干的人。现在因为这一件事情而使自身不免于祸，从而导致国家的倾覆，这不是太糊涂了吗？鲧被杀而后禹兴起，伊尹放逐太甲可后来又做了他的宰相，太甲对他始终没有表示过怨恨。管叔、蔡叔被诛戮，周公虽然是他们的兄弟，却仍然辅佐成王。我们为什么要因为羊舌虎而放弃一个国家的栋梁呢？您若是经常行善积德，谁不受到勉励？多杀人又是为了什么呢？"宣子听了很高兴，和他共乘一辆车子，劝说晋侯赦免了叔向。祁奚没去见叔向就回去了，叔向也没有去向祁奚道谢，直接去朝见君王了。

◎子产告范宣子轻币◎

【题解】

晋国是春秋中期的强国，它常向那些弱小的诸侯国索要贡品财物，许多小国都难以承担重负，郑国就是其中的一个。此文说的是郑国子产给晋国执政范宣子写了一封信，信中子产劝说晋国应重德轻币，强调德行是立国的根基。

【原文】

范宣子为政，诸侯之币重[①]，郑人病之。

二月，郑伯如晋。子产寓书于子西以告宣子，曰："子为晋国，四邻诸侯不闻令德，而闻重币，侨也惑之。侨闻君子长国家者，非无贿之患，而无令名之难。夫诸侯之贿聚于公室，则诸侯贰。若吾子赖之，则晋国贰。诸侯贰，则晋国坏；晋国贰，则子之家坏。何没没也！将焉用贿？

"夫令名，德之舆也；德，国家之基也。有基无坏，无亦是务乎！有德则乐，乐则能久。《诗》云：'乐只君子，邦家之基。'有令德也夫！'上帝临女，无贰尔心。'有令名也夫！恕思以明德，则令名载而行之，是以远至迩安[②]。毋宁使人谓子'子实生我'，而谓子'浚我以生乎'[③]？象有齿以焚其身，贿也。"

宣子说，乃轻币。

【注释】

①币：礼物。②迩（ěr）：近。③浚（jùn）：榨取。

【译文】

范宣子执政，诸侯朝见晋国时的贡品负担很重，郑国人以此为忧。

二月，郑简公前往晋国，子产托子西带信给范宣子，说："您在晋国执政，四周的诸侯没有听说您的美德，却听说您增加了要缴纳的贡品，我对这种情况感到很迷惑。我听说掌管国家政事的君子，不担心自己纳入的财礼不丰厚，而担心没有好的名声。当诸侯们进献的财礼都集聚到晋国公室的时候，诸侯就要开始有二心了。如果这些财礼被您私自占有，那么晋国的内部就会不团结。诸侯怀有二心，那么晋国就要受到损害；晋国内部不团结，那么您的家族就要受到损害。何以这样贪恋呢？要这些财物又有什么用？

"美好的名声，是传播美德的车子；美好的德行，是国家的根基。有了根基才不至于败亡，不应当致力于此吗？有了好的德行就会快乐，这样的快乐才能长久。《诗经》上说：'快乐啊君子，他们是国家的基础。'这是因为君子有美德吧！'天帝在你的上面，不要让你的心志不纯正。'这是告诉人们要有好的名声！用宽厚的态度来发扬美德，那么好的名声就会载着美德四处传播，因此远方的人来归附，近处的人得到安宁。是要让人们对您说'您确实养活了我'，还是让人们对您说'您榨取我们来养活自己'呢？大象因为有象牙导致丧命，这是因为象牙值钱的缘故。"

范宣子看了信后很高兴，就减轻了贡品负担。

晏子不死君难

【题解】

齐庄公好色，看上了崔武子的妻子棠姜，于是跑到崔家与她私通。崔武子知道后，杀死了庄公。对此，深明大义的晏婴表示，庄公不是为了社稷而死，所以不必为其殉死，也不必因他而逃亡。但晏婴冒着生命危险，趴在庄公尸身上大哭，以尽臣子对君王的哀悼之情。

【原文】

崔武子见棠姜而美之，遂取之。庄公通焉，崔子弑之。

晏子立于崔氏之门外，其人曰：“死乎？”曰：“独吾君也乎哉，吾死也？”曰：“行乎？”曰：“吾罪也乎哉，吾亡也？”曰：“归乎？”曰：“君死，安归？君民者，岂以陵民①？社稷是主。臣君者，岂为其口实？社稷是养。故君为社稷死，则死之；为社稷亡，则亡之。若为己死，而为己亡，非其私昵，谁敢任之？且人有君而弑之，吾焉得死之？而焉得亡之？将庸何归？”

门启而入，枕尸股而哭。兴②，三踊而出③。人谓崔子：“必杀之。”崔子曰：“民之望也，舍之得民。”

【注释】

①陵：凌驾。②兴：站起来。③踊（yǒng）：跳。

【译文】

崔武子见到棠姜，发现她很美，于是娶了她。齐庄公和棠姜私通，崔武子便杀死了庄公。

晏子站在崔氏的门外，他手下的人说：“要为国君殉难吗？”晏子说：“是我一个人的国君吗？我为什么要死？”他手下的人说：“打算逃出齐国吗？”晏子说：“是我的罪过吗？我为什么要逃走？”他手下的人说：“回去吗？”晏子说：“国君死了，怎能回去？作为百姓的君主，岂可凌驾于百姓之上？要以国家为重啊。臣子侍奉国君，岂是为了他的俸禄？而是要供养国家。所以国君为国家而死，就跟着他去死；为国家而逃亡，就跟着他逃亡。如果是为自己而死，或是为了自己而逃亡，不是他自己宠爱亲近的人，谁敢承担责任？况且是拥有君主宠爱的人杀了他，我怎能为他去死？怎能为他而逃亡？又怎能回去呢？”

晏子不死君难

大门开了，晏子进去，把庄公的尸体枕在大腿上大哭，哭完站起来跳了三下才出去。有人对崔武子说：“一定要杀掉他。”崔武子说：“他是百姓所仰望的人，放了他，可以得民心。”

◎季札观周乐◎

【题解】

公元前544年，吴王派公子季札访问鲁、齐、郑、卫诸国。本文记述的是季札在鲁国欣赏了周、夏、商时期的乐舞之后，结合政治教化发表的评论。文章对于了解春秋时期音乐、舞蹈的概况及先秦儒家的文化观点具有重要的参考价值。

【原文】

吴公子札来聘，请观于周乐。使工为之歌《周南》《召南》，曰："美哉！始基之矣，犹未也，然勤而不怨矣！"为之歌《邶》《鄘》《卫》，曰："美哉！渊乎！忧而不困者也。吾闻卫康叔、武公之德如是，是其《卫风》乎！"为之歌《王》，曰："美哉！思而不惧，其周之东乎？"为之歌《郑》，曰："美哉！其细已甚，民弗堪也。是其先亡乎？"为之歌《齐》，曰："美哉！泱泱乎，大风也哉！表东海者，其大公乎？国未可量也。"

为之歌《豳》，曰："美哉！荡乎！乐而不淫，其周公之东乎！"为之歌《秦》，曰："此之谓'夏声'！夫能夏则大，大之至也，其周之旧乎！"为之歌《魏》，曰："美哉，沨沨乎①！大而婉，险而易行，以德辅此，则明主也！"为之歌《唐》，曰："思深哉！其有陶唐氏之遗民乎？不然，何忧之远也？非令德之后，谁能若是？"为之歌《陈》，曰："国无主，其能久乎？"自《郐》以下，无讥焉。

为之歌《小雅》，曰："美哉！思而不贰，怨而不言，其周德之衰乎？犹有先王之遗民焉！"为之歌《大雅》，曰："广哉，熙熙乎！曲而有直体，其文王之德乎！"

为之歌《颂》，曰："至矣哉！直而不倨，曲而不屈，迩而不逼，远而不携，迁而不淫，复而不厌，哀而不愁，乐而不荒，用而不匮，广而不宣，施而不费，取而不贪，处而不底，行而不流。五声和，八风平，节有度，守有序。盛德之所同也。"

见舞《象箾》《南籥》者②，曰："美哉！犹有憾。"见舞《大武》者，曰："美哉！周之盛也，其若此乎！"见舞《韶濩》者，曰："圣人之弘也，而犹有惭德，圣人之难也！"见舞《大夏》者，曰："美哉！勤而不德，非禹其谁能修之？"见舞《韶箾》者，曰："德至矣哉！大矣，如天之无不帱也③，如地之无不载也！虽甚盛德，其蔑以加于此矣④。观止矣！若有他乐，吾不敢请已！"

【注释】

①沨沨（fēng）：形容乐声宛转悠扬。②《象箾（shuò）》：古代一种持竿而舞的舞蹈。《南籥（yuè）》：古代一种依照籥声为节拍而起舞的舞蹈。③帱（chóu）：覆盖。④蔑：无。

【译文】

吴国公子季札前来鲁国访问，请求观赏周朝的音乐舞蹈。鲁国人让乐工为他演唱《周南》《召南》，他说："美好啊！教化开始奠定基础了，虽然还不算完善，然而百姓已经勤劳而不怨恨了。"乐工为他演唱《邶风》《庸风》和《卫风》，他说："美好啊！深厚啊！虽然有忧思，却不至于困窘。我听说卫国的康叔、武公的德行就像这样，这恐怕就是《卫风》吧！"乐工为他演唱《王风》，他说："美好啊！虽有忧思却没有恐惧的情绪，这恐怕是周室东迁之后的音乐吧！"乐工为他演唱《郑风》，他说："美好啊！但它烦琐得太过分了，百姓已经不堪忍受了。这恐怕是要最先亡国的吧？"乐工为他演唱《齐风》，他说："美好啊，宏大而深远，这是大国的音乐啊！可以成为东海诸国表率的，恐怕就是太公的国家吧？国运真是不可限量啊！”

季札观周乐

乐工为他演唱《豳风》，他说：“美好啊！博大坦荡！欢乐却不放纵，这恐怕是周公东征时的音乐吧！”乐工为他演唱《秦风》，他说：“这就叫作‘夏声’。产生夏声就说明气势宏大，宏大到极点，大概是周朝故地的乐曲吧！”乐工为他演唱《魏风》，他说：“美好啊，轻远悠扬！粗犷而婉转，急促而流畅，用仁德来加以辅助，就可以成为贤明的君主了。”乐工为他演唱《唐风》，他说：“思虑深远啊！恐怕有陶唐氏的遗民吧！如果不是这样，为什么忧思如此深远呢？如果不是有美德者的后代，谁能这样呢？”乐工为他演唱《陈风》，他说：“国家没有贤明的君主，还能长久吗？”再歌唱《郐风》以下的乐曲，季札就不做评论了。

乐工为季札歌唱《小雅》，他说：“美好啊！有忧思却没有二心，有怨恨却不说出来，这大概是周朝的德政教化开始衰败时的音乐吧？那时还是有先王的遗民在啊！”乐工为他歌唱《大雅》，他说：“宽广啊！和美啊！抑扬曲折而本体刚劲，恐怕是文王的德行吧！”

乐工为他演唱《颂》，季札说：“达到顶点了！正直而不傲慢，屈从而不卑下，亲近而不因此产生威胁，疏远而不因此背离，变化而不过分，反复而不令人厌倦，悲伤而不愁苦，欢乐而不放纵堕落，用取而不会匮乏，宽广而不张扬，施予而不耗损，求取而不贪婪，安守而不停滞，行进而不泛滥。五声和谐，八音协调，节拍合于章法，演奏先后有序。这都是拥有大德行的人共有的品质啊！”

季札看到《象箾》和《南籥》两种乐舞后，说：“美好啊！但还有美中不足。”看到跳《大武》时说：“美好啊！周朝兴盛的时候，恐怕就是这样子吧！”看到跳《韶濩》时说：“圣人如此伟大，仍然有不足之处而自觉惭愧，做圣人不容易啊！”看到跳《大夏》时说：“美好啊！勤于民事而不以功德自居，除了禹，谁还能做到呢！”看到舞《韶箾》时说：“功德达到顶点了！伟大啊，就像苍天无所不覆盖一样，就像大地无所不承载一样！再盛大的德行，恐怕也不能比这再有所增加了。观赏就到这里吧！如果还有其他乐舞，我也不敢再请求观赏了！”

◎子产坏晋馆垣◎

【题解】

公元前542年，郑国子产陪同郑伯去晋国觐见晋侯，可是晋侯却对他们施以冷遇，没有接见郑伯一行。这时，子产让人拆掉了所住客馆的围墙，晋侯不理解他为何这样做，就派士文伯去责问子产。子产以委婉谦和的语气说明理由，委婉地批评了晋国对小国的轻慢之举。晋侯听完后，觉得理亏，于是向郑伯道歉，还好好地款待了他们。

【原文】

子产相郑伯以如晋，晋侯以我丧故，未之见也。子产使尽坏其馆之垣而纳车马焉。士文伯让之曰：“敝邑以政刑之不修，寇盗充斥，无若诸侯之属辱在寡君者何，是以令吏人完客所馆，高其闬闳①，厚其墙垣，以无忧客使。今吾子坏之，虽从者能戒，其若异客何？

以敝邑之为盟主，缮完葺墙，以待宾客，若皆毁之，其何以共命？寡君使匄请命。”

对曰：“以敝邑褊小，介于大国，诛求无时，是以不敢宁居，悉索敝赋，以来会时事。逢执事之不闲，而未得见；又不获闻命，未知见时。不敢输币，亦不敢暴露。其输之，则君之府实也，非荐陈之，不敢输也；其暴露之，则恐燥湿之不时而朽蠹，以重敝邑之罪。侨闻文公之为盟主也，宫室卑庳②，无观台榭，以崇大诸侯之馆，馆如公寝。库厩缮修，司空以时平易道路，圬人以时塓馆宫室。诸侯宾至，甸设庭燎，仆人巡宫，车马有所，宾从有代，巾车脂辖。隶人、牧、圉，各瞻其事，百官之属，各展其物。公不留宾，而亦无废事，忧乐同之，事则巡之，教其不知，而恤其不足。宾至如归，无宁灾患？不畏寇盗，而亦不患燥湿。今铜鞮之宫数里③，而诸侯舍于隶人，门不容车，而不可踰越。盗贼公行，而夭厉不戒。宾见无时，命不可知。若又勿坏，是无所藏币以重罪也。敢请执事，将何所命之？虽君之有鲁丧，亦敝邑之忧也。若获荐币，修垣而行，君之惠也，敢惮勤劳？”

子产坏晋馆垣

文伯复命。赵文子曰：“信，我实不德，而以隶人之垣以赢诸侯，是吾罪也。”使士文伯谢不敏焉。

晋侯见郑伯，有加礼，厚其宴好而归之。乃筑诸侯之馆。

叔向曰：“辞之不可以已也如是夫！子产有辞，诸侯赖之，若之何其释辞也！《诗》曰：‘辞之辑矣，民之协矣；辞之怿矣④，民之莫矣。’其知之矣。”

【注释】

①闬（hàn）闳（hóng）：均指门。②庳（bì）：低洼的。③铜鞮（dī）之宫：晋国国君的离宫（临时居住的宫室）。④怿（yì）：悦耳。

【译文】

子产辅佐郑简公到晋国去，晋平公以鲁国正在办理丧事为借口，没有接见他们。子产派人把宾馆的围墙全部拆毁以容纳自己的车马。士文伯责备子产说：“敝国由于政事和刑罚没有搞好，到处是盗贼，无奈诸侯们屈驾来问候寡君，因此命令官吏修缮宾客的馆舍，加高它的大门，加厚它的围墙，使宾客使者不会为安全担心。现在您拆毁了围墙，虽然您的随从能够自行戒备，但别国的宾客怎么办呢？由于敝国是诸侯的盟主，才修缮馆舍围墙，以接待宾客，如果把它们都拆了，我们用什么来满足宾客的要求呢？我们国君派我前来请教。”

子产回答说：“敝国国土狭小，处在大国的中间，大国向我们索取贡物也没有一定的时间，所以我们不敢安居，只有悉数搜寻敝国的财物，用它来参加朝会。碰上贵国国君没有空闲，因而不得见，又没有得到命令，不知道朝见的日期。我们不敢冒然前去进献财物，又不敢把它们露天存放。如果进献，这些东西就是贵国君王府库中的财物，但是不经过陈列贡品的进献仪式，我们是不敢进献的。如果把礼物放在露天里，又怕天气干湿无常而腐烂生虫，从而加重敝国的罪过。我听说文公从前做盟主的时候，宫室低矮狭小，没有宫观和台榭，却把接待诸侯的馆舍修得十分高大，如同今日贵国国君的寝宫一样。仓库和马厩都得到修缮，司空按时平整道路，泥瓦匠按时粉刷馆舍房间。诸侯宾客到来，甸人点起庭院中照明的火烛，仆人检查巡视客舍是否还有问题，车马有专门的存放地，宾客的随从也都有人代替，管理车辆的官员给车轴加油。打扫房间的，伺养牲口的，各自照看自己分内的事，朝中的官员们拿出自己的东西来招待宾客。文公从不让宾客们耽误时间，可也没有简省礼仪，忧宾客之忧，乐宾客之乐，出了事就亲自前去查看，指教宾客们不懂的地方，体恤宾客们的不足之处。宾客到来就好像回到了家里一样，非但没有灾害，不怕有人抢劫偷盗，而且也不用担心干燥潮湿。现在铜鞮官方圆数里，却让诸侯宾客住在奴仆住的房子里，大门容纳不了车辆进出，又不能翻墙而入。盗贼公然横行，对于天灾瘟疫又没有任何防治措施，宾客进见没有一定的时间，接见命令也不知何时发布。如果不拆毁围墙，就没有地方存放礼物，罪过就要加重。斗胆请教您，您对我们有什么指示？虽说贵国国君遇上鲁国的丧事，可这也是敝国的忧伤啊。如果能让我们献上财礼，我们会把围墙修好了再走，这是贵国国君的恩惠，我们哪敢害怕辛劳？”

士文伯于是回去复命了。赵文子说：“是这样的，我们实在亏于德行，用奴仆居住的房舍来招待诸侯，这是我们的罪过啊。”于是，他派士文伯前去道歉，承认自己不通达事理。

晋平公接见了郑简公，提高了礼仪的规格，宴会和礼品也格外丰厚，然后让郑简公回国。晋国接着就修筑了接待诸侯的宾馆。

叔向说：“辞令不可废弃就像这样啊！子产善于辞令，诸侯靠他的辞令得到了好处，怎么能说要放弃辞令呢？《诗经》上说：‘言辞和善，百姓融洽；言辞动听，百姓安宁。’子产大概懂得这个道理吧。”

◎子产论尹何为邑◎

【题解】

郑国上卿子皮想让没有治国经验的尹何做官，治理一个采邑，因为尹何这个人忠厚老实，也很可靠。子产听说了这件事，立即表示反对，并向子皮陈述了一番道理。此文的重点就是子产的言辞，子产说让毫无经验的人治理国家是危险的，主张让尹何积累相当的知识后再从政。子皮对子产的话表示赞同，为赞许他的忠诚，就将国家大事交给他处理。

【原文】

子皮欲使尹何为邑。子产曰：“少，未知可否。”子皮曰：“愿①，吾爱之，不吾叛也。使夫往而学焉，夫亦愈知治矣。”子产曰：“不可。人之爱人，求利之也。今吾子爱人则以政，犹未能操刀而使割也，其伤实多。子之爱人，伤之而已，其谁敢求爱于子？子于郑国，栋也。栋折榱崩②，侨将厌焉，敢不尽言？子有美锦，不使人学制焉。大官大邑，身之所庇也，而使学者制焉，其为美锦，不亦多乎？侨闻学而后入政，未闻以政学者也。若果行此，必有所害。譬如田猎，射御贯，则能获禽；若未尝登车射御，则败绩厌覆是惧，何暇思获？”子皮曰：“善哉！虎不敏。吾闻君子务知大者、远者，小人务知小者、近者。我，小人也！衣服附在吾身，我知而慎之；大官、大邑，所以庇身也，我远而慢之。微子之言，吾不知也。他日我曰：‘子为郑国，我为吾家，以庇焉，其可也。’今而后知不足。自今请虽吾家，听子而行。”子产曰：“人心之不同如其面焉，吾岂敢谓子面如吾面乎？抑心所谓危③，亦以告也。”子皮以为忠，故委政焉，子产是以能为郑国。

【注释】

①愿：老实。②榱（cuī）：椽子。③抑：只不过。

【译文】

子皮想叫尹何去管理封邑。子产说："他太年轻，不知道能不能胜任。"子皮说："他老实谨慎，我很喜欢他，他不会背叛我的。让他到了那里再学习，他会更加知道如何治理政事的。"子产说："不行，别人喜爱一个人，总是为他谋求有利于他的事情；现在您喜爱一个人，就想让他来管理政事，这就如同让一个还不会拿刀的人去割肉一样，多半会割伤自己，还有谁敢求被您喜爱？您在郑国，是栋梁，栋梁折断椽子崩散，我就会被压在底下，怎敢不把话全部说出来？您有漂亮的锦缎，是不会让人用以学裁剪的。高官、大邑，是自身的庇护，反而让正在学习的人去管理，它们比起漂亮的锦缎来，不是更为重要吗？我听说先要学习如何管理政事而后才能去实际管理政事，没有听说过以前没接触过政治，而直接去把实际管理政事来当作学习的。若是真的这样去做了，一定会有所危害。这就好比打猎，射箭、驾车这一套练熟了，才能猎获飞禽走兽；如果从没有驾过车、射过箭，总是担心着会翻车被压，哪里还有工夫去想获取猎物？"子皮说："说得不错呀，我真是不明事理。我听说君子致力于了解大的、远的事情；小人致力于了解小的、近的事情。我是小人啊。衣服穿在我身上，我知道爱惜珍重；高官、大邑是用来庇护自身的，我却疏忽和轻视了它们。要不是您的这番话，我是不会明白的。从前我说：'您来治理郑国，我来治理我的家族，如此以求荫庇，这样是可行的。'现在才知道这样不够。从现在起，我请求即使是我家族内的事务，也要听取您的意见后再行动。"子产说："人心的不一样就好像人的面容各不相同一般，我怎敢说您的面容和我的面容相像呢？不过我心里觉得危险的事，就会把它告诉您。"子皮认为子产忠诚，所以将政事全部托付给他，子产因此而能够在郑国当政。

◎子产却逆女以兵◎

【题解】

楚国的公子围打算娶郑国大夫公孙段的女儿为妻，于是到郑国迎娶公孙氏。但是，郑国人没有让公子围进城，因为他带了大批军队来，郑人怕他对郑国不利。子产派了子羽与公子围交涉，公子围也派出太宰伯州与郑方谈判。子羽在谈判中软硬兼施，一针见血地指出公子围派兵暗藏着不利于郑国的阴谋。在子羽的逼迫下，公子围只好下令士兵解除武装后进城。

【原文】

楚公子围聘于郑，且娶于公孙段氏。伍举为介。将入馆，郑人恶之。使行人子羽与之言，乃馆于外。

既聘，将以众逆①。子产患之，使子羽辞，曰："以敝邑褊小②，不足以容从者，请墠听命！"令尹使太宰伯州犁对曰："君辱贶寡大夫围，谓围：'将使丰氏抚有而室。'围布几筵，告于庄、共之庙而来。若野赐之，是委君贶于草莽也③，是寡大夫不得列于诸卿也。不宁唯是，又使围蒙其先君，将不得为寡君老，其蔑以复矣。唯大夫图之。"子羽曰："小国无罪，恃实其罪。将恃大国之安靖已，而无乃包藏祸心以图之。小国失恃而惩诸侯，使莫不憾者，距违君命，而有所壅塞不行是惧。不然，敝邑，馆人之属也，其敢爱丰氏之祧④？"

伍举知其有备也，请垂櫜而入⑤。许之。

【注释】

①逆：迎接。②褊（biǎn）：狭小。③贶（kuàng）：赐。④祧（tiāo）：祖庙。⑤垂櫜（gāo）：倒悬箭袋。

【译文】

楚国的公子围到郑国访问，同时要迎娶公孙段家的女儿。楚大夫伍举作为公子围的副使。他们一行人将要进入郑国的宾馆，郑国人讨厌他们的到来，于是叫外事官员子羽去同他们商谈，于是他们便驻在了城外。

访问的礼仪结束以后，公子围准备带领众多士兵进入郑国迎亲。子产因此而感到担心，派子羽前去推辞，说："因为敝国窄小，不足以容纳跟随您的人，请求在郊外开辟行礼的场地，我们将在那里听候您的吩咐。"公子围命令太宰伯州犁回答说："承蒙贵国国君恩赐我们的大夫围，对围说：'将把丰家的女儿嫁给你作为妻室。'为此，公子围置办筵席，在宗庙里祭告了庄王、共王然后才前来。如果在郊外恩赐我们，就等于将贵国国君的恩赐弃于草野，这样一来，就使得我们的大夫围不能立于诸卿的行列里了。不仅如此，这也会使围蒙骗了他的先君，也就不能再做楚君的臣子，恐怕也没有脸回楚国去了，请大夫斟酌。"子羽说："小国没有罪过，但全心依仗大国倒确实是罪过。我们本来想着依仗你们大国的庇护以使自己能过得安稳些，可是大国也许包藏祸心想来图谋我们。假如像郑国这样的小国失去依靠，依附于楚国的诸侯就会以郑国为戒，无不怨恨，于是开始违抗抵触楚君的命令，使楚君的命令不能畅通无阻地施行，这才是我们所担心的。如果不是这样，敝国本来就是用来招待人的大宾馆，我们怎么敢吝惜丰氏的祖庙，不让你们进城来成礼呢？"

伍举知道郑国有了防备，请求允许众人倒转弓箭袋进入城中，郑国这才答应了他们。

◎子革对灵王◎

【题解】

楚灵王放纵无度，不知道克制，一直想让各国诸侯臣服于他，还向周天子索求象征权力的鼎，向郑国索要土地，以图建立霸权。大臣子革忠心耿耿，遂对楚灵王进行劝谏。子革以委婉曲折的言语告诫灵王应克制自律，修养德行，不可耗尽民力以满足自己的私欲。楚灵王虽然因为这番话而感到震撼，但终究不能有所克制，所以不得善终。此文揭示了一个道理：为人君者，应该学会克制私欲，否则就会引火焚身，后患无穷。

【原文】

楚子狩于州来，次于颍尾，使荡侯、潘子、司马督、嚣尹午、陵尹喜帅师围徐以惧吴。楚子次于乾溪，以为之援。雨雪，王皮冠，秦复陶，翠被，豹舄，执鞭以出，仆析父从。

右尹子革夕，王见之。去冠、被，舍鞭，与之语曰："昔我先王熊绎，与吕伋、王孙牟、燮父、禽父并事康王，四国皆有分，我独无有。今吾使人于周，求鼎以为分，王其与我乎？"对曰："与君王哉！昔我先王熊绎辟在荆山，筚路蓝缕以处草莽[①]，跋涉山林以事天子，唯是桃弧、棘矢以共御王事。齐，王舅也；晋及鲁、卫，王母弟也。楚是以无分，而彼皆有。今周与四国服事君王，将唯命是从，岂其爱鼎？"王曰："昔我皇祖伯父昆吾，旧许是宅。今郑人贪赖其田，而不我与。我若求之，其与我乎？"对曰："与君王哉！周不爱鼎，郑敢爱田？"王曰："昔诸侯远我而畏晋，今我大城陈、蔡、不羹，赋皆千乘，子与有劳焉，诸侯其畏我乎？"对曰："畏君王哉！是四国者，专足畏也。又加之以楚，敢不畏君王哉！"

工尹路请曰："君王命剥圭以为鍼柲[②]，敢请命。"王入视之。

析父谓子革："吾子，楚国之望也。今与王言如响，国其若之何？"子革曰："摩厉以须，王出，吾刃将斩矣。"

王出，复语。左史倚相趋过。王曰："是良史也，子善视之。是能读《三坟》《五典》《八索》

《九丘》。”对曰：“臣尝问焉，昔穆王欲肆其心，周行天下，将皆必有车辙马迹焉。祭公谋父作《祈招》之诗以止王心，王是以获没于祇宫。臣问其诗而不知也。若问远焉，其焉能知之？”王曰：“子能乎？”对曰：“能。其诗曰：‘《祈招》之愔愔[3]，式昭德音。思我王度，式如玉，式如金。形民之力，而无醉饱之心。’”

王揖而入，馈不食，寝不寐，数日，不能自克，以及于难。

仲尼曰：“古也有志：‘克己复礼，仁也。’信善哉！楚灵王若能如是，岂其辱于乾溪？”

子革劝谏灵王

【注释】

①筚（bì）路：柴车。②剥：剖开。鏚（qī）：斧子。柲（bì）：柄。③愔（yīn）愔：深厚平和。

【译文】

楚灵王在州来一带游猎，驻扎在颍尾，派遣荡侯、潘子、司马督、嚣尹午、陵尹喜率军围攻徐国以威胁吴国。楚灵王驻留在乾溪，作为他们的后援。其时天正下雪，楚灵王头戴皮帽子，身穿秦国赠送的羽衣，外披翠羽披肩，脚踏豹皮鞋，手拿马鞭走出来。仆析父跟随在后面。

右尹子革晚上进见。楚灵王接见了他，摘掉帽子，脱下披肩，放下鞭子，对他说：“从前我们的先王熊绎，和吕伋、王孙牟、燮父、禽父一起侍奉周康王，四个国家都分有宝器，唯独我国没有。如果现在我派人到周朝，请求把宝鼎赐给我们作为分器，天子会给我吗？”子革回答说：“会给君王的啊！从前我们先王熊绎居住在偏僻的荆山，驾着柴车，穿着破衣，住在杂草丛中，跋山涉水，穿越山林以侍奉天子，只能用桃木弓、棘木箭进献天子。齐国，是天子的舅父，晋国、鲁国、卫国是天子的同胞兄弟，楚国因此没有得到分器，而他们都得到了。现在周朝和这四个国家都服侍君王，将会唯命是从，难道还会吝惜鼎吗？”楚灵王说：“从前我的先祖伯父昆吾，居住在许国的旧地，现在郑国人贪赖在这片土地上，不肯给我，我如果要求得到它，他们会给我吗？”子革回答说：“会给君王的啊！周朝尚不爱惜宝鼎，郑国哪敢爱惜土地？”楚灵王说：“从前诸侯疏远楚国而害怕晋国，现在我们大修陈、蔡、不羹等地的城池，每地都有战车千辆，这里也有您的功劳，诸侯会害怕我们吗？”子革回答说：“会害怕君王的啊！仅这四个城邑的力量，就已经够让诸侯害怕的了。又加上楚国，诸侯哪敢不畏惧君王啊！”

这时，工尹路跑过来请示说：“君王命令剖开玉圭来装饰斧柄，请问制作成什么式样？”楚灵王便进去察看了。

析父对子革说：“您是楚人所仰望的人。今天您顺着君王的意思说话，好像他的回声一样，这样的话，国家的前途将如何是好？”子革说：“我磨快刀刃等着，君王出来，我的刀锋就要砍下去了。”

楚灵王出来，继续与子革交谈。左史倚相快步走过，楚灵王说：“这是位很好的史官，您要好好对待他！这个人能够读懂《三坟》《五典》《八索》《九丘》。”子革回答说：“下臣曾经问过他，从前周穆王想要满足自己的愿望，走遍天下，要求到处都留下他的车辙马迹，祭公谋父作了《祈招》这首诗来使穆王的心能够安定下来，有所自制，穆王因此得以善终于祗宫。下臣问他这首诗他就不知道。如果问更远的事情，他哪里能够知道呢？”楚灵王说：“您能知道吗？”子革回答说：“能。这首诗说：‘《祈招》安静和悦，表明了有德者的声音。希望我君王的气度，如玉一样纯洁，如金一样坚重，按照百姓的力量而使用他们，自己没有贪求醉饱之心。’”

楚灵王向子革作揖然后入内，送上的食物吃不下，躺在床上睡不着，如此好几天，但终究不能克制自己，因而遇上了祸难。

孔子说：“古时有这样的记载说：‘克制自己，使言行合于礼，就是仁。’真是说得好啊！楚灵王如果能够这样，哪能在乾溪蒙受耻辱呢？”

◎子产论政宽猛◎

【题解】

郑国子产临终前，把国事交给太叔，还嘱托太叔治理国家的时候不要过于宽厚仁慈，该严厉的时候就要严厉。太叔执政后，不忍心对老百姓施行严厉的政策，以宽厚治国，结果反而弄得郑国盗贼四起，太叔这才想起子产的遗嘱，于是派兵剿灭盗匪，郑国的治安才好了许多。孔子听说这件事后，发表了一番议论，他说治理国家应该宽厚和严厉并举，只有宽猛并济，国家才能安定。

【原文】

郑子产有疾，谓子大叔曰：“我死，子必为政。唯有德者能以宽服民，其次莫如猛。夫火烈，民望而畏之，故鲜死焉；水懦弱，民狎而玩之，则多死焉，故宽难。”疾数月而卒。

大叔为政，不忍猛而宽。郑国多盗，取人于萑苻之泽①。大叔悔之，曰：“吾早从夫子，不及此。”兴徒兵以攻萑苻之盗，尽杀之，盗少止。

仲尼曰：“善哉！政宽则民慢，慢则纠之以猛；猛则民残，残则施之以宽。宽以济猛，猛以济宽，政是以和。《诗》曰：‘民亦劳止，汔可小康②；惠此中国，以绥四方。’施之以宽也。‘毋从诡随，以谨无良；式遏寇虐，惨不畏明。’纠之以猛也。‘柔远能迩，以定我王。’平之以和也。又曰：‘不竞不絿③，不刚不柔；布政优优，百禄是遒④。’和之至也。”及子产卒，仲尼闻之，出涕曰：“古之遗爱也！”

【注释】

①萑（huán）苻（fú）之泽：泽名。②汔（qì）：接近，庶几。③絿（qiú）：急躁。④遒（qiú）：积聚。

【译文】

郑国的子产生了病，他对太叔说：“我死了以后，您肯定会执政。只有有德行的人才能够用宽和的方法来使百姓服从，其次就不如用严厉的方法。火猛烈，百姓一看见就害怕，所以很少有人死在火里；水柔弱，百姓亲近而在其中玩耍，因此有很多人死在水里，所以运用宽和的施政方法很难。”子产病了几个月之后就去世了。

太叔执政，不忍心施行猛政而采用宽政。郑国的盗贼很多，聚集在萑苻泽里劫掠过往行人。太叔得知后感到后悔，说：“要是我早听他老人家的话，就不会到这种地步了。”于是，他派步兵去攻打萑苻的盗贼，把他们全部杀了，盗贼才稍稍有所收敛。

孔子说："好啊！施政宽和，百姓就怠慢，百姓怠慢就用猛政来加以纠正；施政严厉，百姓就会受到摧残，百姓受到摧残就施以宽政。用宽政来弥补猛政的缺失，用猛政来弥补宽政的缺失，政事因此而和谐。《诗经》上说：'百姓已经辛劳，企盼能稍稍得到安康；在京城之中施行仁政，以此来安抚四方诸侯。'这就是施行宽政。'不能放纵欺诈善变的人，以管束心存不良者；要制止掠夺暴虐的行为，那些为非作歹的人向来残忍而不惧法度。'这是用猛政来纠正宽政的缺失。'安抚边远的地方，统治好自己周边的地方，以此来安定我王室。'这是用平和的政治来安定国家。又说：'不急不缓，不刚不柔；施政宽和，各种福禄就会聚集。'这是宽和到了极点。"等到子产去世，孔子得到了消息，流着眼泪说："子产继承了古人仁爱的遗风呀！"

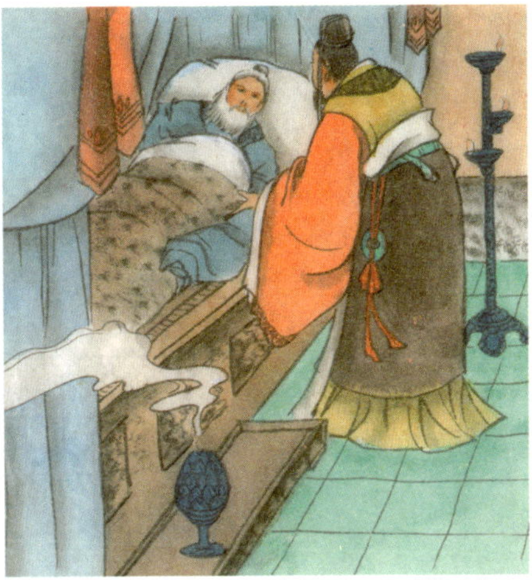

子产论政宽猛

吴许越成

【题解】

公元前494年，吴王夫差在夫椒打败越国，越王勾践遣使求和，夫差准备答应越国的请求。吴国名臣伍子胥援古证今，深刻分析了当前局势，主张就势灭越，以绝后患。吴王夫差刚愎自用，不纳忠言，伍子胥痛心地预言日后吴国将为越国所灭亡。

【原文】

吴王夫差败越于夫椒，报檇李也[①]。遂入越。越子以甲楯五千保于会稽，使大夫种因吴太宰嚭以行成[②]。吴子将许之。

伍员曰："不可。臣闻之：'树德莫如滋，去疾莫如尽。'昔有过浇杀斟灌以伐斟鄩，灭夏后相。后缗方娠，逃出自窦，归于有仍，生少康焉，为仍牧正，惎浇[③]，能戒之。浇使椒求之，逃奔有虞，为之庖正，以除其害。虞思于是妻之以二姚，而邑诸纶，有田一成，有众一旅。能布其德，而兆其谋，以收夏众，抚其官职。使女艾谍浇，使季杼诱豷[④]，遂灭过、戈，复禹之绩，祀夏配天，不失旧物。今吴不如过，而越大于少康，或将丰之，不亦难乎？勾践能亲而务施，施不失人，亲不弃劳。与我同壤，而世为仇雠。于是乎克而弗取，将又存之，违天而长寇雠，后虽悔之，不可食已。姬之衰也，日可俟也。介在蛮夷，而长寇雠，以是求伯，必不行矣。"

弗听。退而告人曰："越十年生聚，而十年教训，二十年之外，吴其为沼乎！"

【注释】

①檇（zuì）李：在今浙江嘉兴西南。②嚭（pǐ）：夫差宠臣。行成：议和。③惎（jì）：憎恨。④季杼：少康之子。豷（yì）：浇的弟弟，封于戈。

【译文】

伍员劝谏吴王夫差

吴王夫差在夫椒打败了越军，报了檇李之战的仇。吴军随即进入了越国。越王勾践率领披甲持盾的五千名士兵退守到会稽山，并派大夫文种通过吴国太宰伯嚭向吴王求和。吴王夫差准备同意越国的请求。

伍员说："不能答应。臣听说：'树立美德越多越好，去除病害越彻底越好。'从前过国的国君浇杀了斟灌后又去攻打斟鄩，灭了夏朝君主相。相的妻子后缗当时怀有身孕，从墙洞逃了出去，逃回娘家有仍国，在那里生下了少康。少康长大后做了有仍国的牧正，他记恨浇，又时刻对浇有所戒备。浇派大臣椒四处搜寻少康，少康又逃到了有虞国，在那里当上了庖正，得以避开灾难。有虞的国君虞思就把两个女儿嫁给少康为妻，并把纶邑封给了少康，少康于是有了方圆十里的土地，还有了五百名士兵。少康能够广施德政，并开始谋划复兴国家，他召集夏朝的遗民，给他们加官进爵。他又派女艾去刺探浇的情况，派季杼去引诱浇的弟弟豷，结果灭掉了过国和戈国，复兴了夏禹的功业，祭祀夏朝的祖先，同时祭祀天帝，恢复了从前的典章制度。现在吴国不如当时的过国强大，而越国却比当时的少康强大，如果让越国强盛起来，岂不成了吴国的灾难？越王勾践能够亲近他的臣民，注意施行恩惠，施行恩惠就不失民心，亲近民众就不会忘掉有功的人。越国同我们国土相连，又世世代代结为仇敌。我们打败了越国不把它根除，却要保留它，这就违背了天意而助长了仇敌，日后即使后悔，也无法将其消灭。吴国的衰亡，已经为期不远了。吴国处在夷蛮之间，然而还要助长仇敌，想拿这个去谋求霸主地位，必定是不能如愿的。"

吴王夫差不听劝告。伍员退出来后对别人说："越国用十年的时间繁衍积累，用十年的时间教育训练，二十年之后，吴国的宫室恐怕要变成池沼了！"

卷三 周文

《国语》

我国最早的国别体史书，记载了周穆王十二年（前990）至周贞定王十六年（前453）五百余年间，周、鲁、齐、晋、郑、楚、吴、越八国的一些史事，共21卷。《国语》并不是自始至终系统性地记载历史，而是有重点地记载若干重大事件，与《左传》不同，它详于记言而略于记事。《国语》的文笔较为浅显，将人物言论和人物性格表现得惟妙惟肖，文章结构疏密相间、错落有致，具有很高的文学价值和史学价值。《国语》的作者历来说法不一，司马迁认为是左丘明；现在一般的看法是，《国语》的成书有一个过程，最初是左丘明记诵列国史事，后经列国史官改编、润色而成。

祭公谏征犬戎

【题解】

周穆王是西周后期的统治者，他好大喜功，不顾国力衰微，兴师讨伐西戎，结果收效甚微。此事使周王室在诸侯中的威信大减，自此之后，诸侯不再朝见周天子。本文写的是穆王征讨西戎之前，大臣祭公劝谏穆王，告诉他不要滥用武力，应该以德安抚天下。“耀德而不观兵”，是祭公言辞的核心内容。

【原文】

穆王将征犬戎，祭公谋父谏曰[①]：“不可。先王耀德不观兵。夫兵，戢而时动，动则威。观则玩，玩则无震。是故周文公之《颂》曰：‘载戢干戈，载櫜弓矢[②]。我求懿德，肆于时夏。允王保之。’先王之于民也，茂正其德而厚其性，阜其财求而利其器用；明利害之乡，以文修之，使务利而避害，怀德而畏威，故能保世以滋大。

“昔我先世后稷，以服事虞夏。及夏之衰也，弃稷弗务。我先王不窋用失其官，而自窜于戎、翟之间。不敢怠业，时序其德，纂修其绪，修其训典，朝夕恪勤，守以惇笃，奉以忠信，奕世载德，不忝前人[③]。至于武王，昭前之光明而加之以慈和，事神保民，莫不欣喜。商王帝辛，大恶于民，庶民弗忍，欣戴武王，以致戎于商牧。是先王非务武也，勤恤民隐而除其害也。

“夫先王之制：邦内甸服，邦外侯服，侯、卫宾服，蛮、夷要服，戎、翟荒服。甸服者祭，侯服者祀，宾服者享，要服者贡，荒服者王。日祭，月祀，时享，岁贡，终王，先王之训也。有不祭，则修意；有不祀，则修言；有不享，则修文；有不贡，则修名；有不王，则修德；序成而有不至；则修刑。于是乎有刑不祭，伐不祀，征不享，让不贡，告不王。于是乎有刑罚之辟，有攻伐之兵，有征讨之备，有威让之令，有文告之辞。布令陈辞而又不至，则又增修于德，无勤民于远。是以近无不听，远无不服。

“今自大毕、伯仕之终也，犬戎氏以其职来王，天子曰：‘予必以不享征之，且观之兵。’其无乃废先王之训而王几顿乎？吾闻夫犬戎树惇[4]，能帅旧德而守终纯固[5]，其有以御我矣！”

王不听，遂征之，得四白狼、四白鹿以归。自是荒服者不至。

【注释】

①祭（zhài）公谋父：周穆王的大臣。②櫜（gāo）：收藏弓箭盔甲的器具。③忝（tiǎn）：玷污。④树惇（dūn）：立性敦厚。⑤纯固：专一。

【译文】

周穆王打算征讨犬戎，祭公谋父劝阻说：“不可以。先王历来发扬德治，不炫耀武力。军队在平时应该保存实力，在适当的时候动用，一旦动用就要显出威势。炫耀等于滥用，滥用便没有了威慑力。所以周文公作《颂》说：‘收起干戈，藏起弓箭。我追求美好的德行，施行于华夏。相信我王定能保有天命！’先王对于百姓，勉励他们端正品德，使他们性情纯厚，丰富他们的财物，便利他们的器用；使他们了解利害之所在，再用礼法道德教导，使他们从事有利的事情而避免有害的事情，使他们感怀德治而又惧怕君王的威严，所以能够使先王的事业世代相传并且变得强大。

祭公谏征犬戎

“过去我们的祖先后稷做了主管农业的官员，服侍虞、夏两朝。到夏朝衰败的时候，废除了农官，我祖不窋因此失掉官职，逃到西北少数民族中。但他对农业仍然不敢怠慢，时常宣扬祖先的美德，继续奉行他的事业，修明教化制度，早晚恭敬勤劳，保持惇厚诚恳，奉行忠实守信的原则，不窋的后世子孙一直保持着这些良好的品德，并不曾辱没前人。到武王的时候，他发扬前人光明磊落的德行，再加上慈爱和善，侍奉神明，保养百姓，没有人不为之喜悦的。商纣王对百姓极为暴虐，百姓不能忍受，都乐于拥护武王，就有了商郊的牧野之战。这不是武王崇尚武力，他是怜恤百姓之苦而为他们除掉祸害啊。

“先王的制度是：王都近郊叫甸服，城郊以外叫侯服，侯服以外叫宾服，蛮夷地区叫要服，戎、狄所居之地叫荒服。甸服的诸侯要参加天子对父亲、祖父的祭祀，侯服的诸侯要参加天子对高祖、曾祖的祭祀，宾服的君长要贡献周王始祖的祭物，要服的君长则要贡献周王对远祖以及天地之神的祭物，荒服的首领则要来朝见天子。祭祀祖父、父亲，是每天一次；祭祀曾祖、高祖，是每月一次；祭祀始祖，是每季一次；祭祀远祖、神灵，是每年一次；入朝见天子，是终身一次。这是先王的遗训。有不来日祭的，天子就应该检查自己的思想；有不来月祭的，天子就应该检查自己的言语；有不来季祭的，天子就应该搞好政令教化；有不来岁贡的，天子就应该修正尊卑名号；有不来朝见的，天子就应该检查自己的德行。依次检查完了，如果还有不来朝见的，就检查刑法。因此用刑法惩治不祭的，用军队讨伐不祀的，命令诸侯征剿不享的，派遣使者责备不贡的，写好文辞向天下通告那些不来朝见的。这样，就有了处罚的条例、攻伐的军队、征讨的准备、斥责的命令和告谕的文辞。如果命令文辞发出了还不来，就重新检查并修明自己的道德，不要劳动百姓在辽远地域作战。所以，近处的诸侯没有不听从的，远处诸侯没有不归服的。

"现今自从大毕、伯仕两位犬戎君主死后，犬戎君长已经按照'荒服者王'的职分来朝见天子。您却说：'我要用不享的罪名来征讨他，而且要让他看看我们的武备军队。'这不是违反祖先的遗训而招致衰败吗？我听说犬戎的君长树立了纯厚的德行，能够遵循他先代的德行，一直坚守不移，他凭着这些就有理由、有能力抗拒我们。"

穆王不听，去征讨犬戎，只得了四只白狼、四只白鹿回来。从此荒服诸侯不再来朝见天子。

◎召公谏厉王止谤◎

【题解】

周厉王是西周末年的君主，他生性暴虐，刚愎自用，不但不听大臣的谏言，还对百姓的言行严加控制，百姓言语稍有不慎便会招致杀身之祸。本文记的是大臣召公劝谏厉王，告诉他要广开门路，不要禁止百姓批评君主，揭示了"防民之口，甚于防川"的道理。

【原文】

厉王虐，国人谤王。召公告曰："民不堪命矣！"王怒，得卫巫，使监谤者，以告，则杀之。国人莫敢言，道路以目。

王喜，告召公曰："吾能弭谤矣[①]，乃不敢言。"召公曰："是障之也！防民之口，甚于防川。川壅而溃，伤人必多，民亦如之。是故为川者，决之使导；为民者，宣之使言。故天子听政，使公卿至于列士献诗，瞽献曲[②]，史献书，师箴，瞍赋，矇诵，百工谏，庶人传语，近臣尽规，亲戚补察，瞽、史教诲，耆、艾修之，而后王斟酌焉，是以事行而不悖。

"民之有口也，犹土之有山川也，财用于是乎出；犹其有原隰衍沃也[③]，衣食于是乎生。口之宣言也，善败于是乎兴。行善而备败，所以阜财用衣食者也。夫民虑之于心而宣之于口，成而行之，胡可壅也？若壅其口，其与能几何？"

王弗听，于是国人莫敢出言，三年，乃流王于彘[④]。

【注释】

①弭（mǐ）：消除。②瞽：瞎子。③隰（xí）：低湿的地方。衍：低而平坦之地。④彘（zhì）：晋地，在今山西省霍州市。

【译文】

周厉王暴虐无道，国都里的人指责他的过失。召公告诉厉王说："百姓受不了你的政令了。"周厉王很恼怒，找来一个卫国的巫师，监察指责自己的人，只要巫师来报告，厉王就将被告发的人杀掉。国都里的人于是都不敢说话了，在道路上碰见，彼此只用眼神示意。

厉王很高兴，对召公说："我能够消除谤言了，他们不敢说话了。"召公说："这是堵住了百姓的嘴呀！不让百姓说话，比堵截江河水流还要危险。河流被堵塞，最终会造成堤坝崩溃，被伤害的人一定很多，禁止人们的言论也是这样。所以治理水患的人，会疏浚水道以使水流畅通无阻；治理国家的人，应该开导百姓，让他们敢于讲话。所以天子处理政事时，

召公谏厉王止谤

让公卿大夫到下层官员都可以进献讽谏的诗歌，让盲艺人进献反映民意的歌曲，让史官进献可资借鉴的史书，让乐师进献规劝天子的箴言，让瞍者背诵，让矇者吟咏，让各种艺人工匠向天子进谏，一般百姓的意见则间接地传达给天子，亲近的大臣要尽规劝国君的责任，和国君同宗的大臣要弥补国君的过失并监督国君的行为，乐师和史官要用乐曲和史书来对国君进行教诲，朝中老臣要对天子进行劝诫，然后由天子亲自斟酌裁决，从而使自己的行事不与常理相违背。

“百姓有嘴，就像土地上有山与河流，财富由此产生；就像其上有原野沼泽，衣食皆从中出。让百姓知无不言，国家政事的好坏就能从他们的言论中反映出来。推行百姓认为是好的东西，防范百姓认为是坏的东西，这正是使衣食财富增多的好办法。百姓在心中思考，然后用言论表达出来，反复思虑成熟后便付诸行动，怎么能堵住他们的嘴呢？如果堵住了百姓的嘴，那又能堵塞多久呢？”

厉王不听召公的劝告，国都里没人敢讲话。三年后，大家就把厉王流放到了彘地。

◎襄王不许请隧◎

【题解】

东周时，周天子的威望已经很低了。周襄王依靠晋文公的帮助获得王位，晋文公居然请求自己死后可以享受与天子一样的葬礼。周襄王心里明白，如果答应晋文公的请求，那就失了体统，周天子仅有的尊严也会丢掉，但他又不敢直接拒绝文公，于是就追述周先王裂土封侯的事迹，说明君臣间应遵守的法度，晋文公终于“受地而还”。

【原文】

晋文公既定襄王于郏，王劳之以地，辞，请隧焉①。王弗许，曰：“昔我先王之有天下也，规方千里以为甸服，以供上帝山川百神之祀，以备百姓兆民之用，以待不庭、不虞之患。其余，以均分公、侯、伯、子、男，使各有宁宇，以顺及天地，无逢其灾害，先王岂有赖焉？内官不过九御，外官不过九品，足以供给神祇而已，岂敢厌纵其耳目心腹以乱百度？亦唯是死生之服物采章，以临长百姓而轻重布之，王何异之有？

“今天降祸灾于周室，余一人仅亦守府，又不佞以勤叔父，而班先王之大物以赏私德，其叔父实应且憎，以非余一人，余一人岂敢有爱也？先民有言曰：‘改玉改行。’叔父若能光裕大德，更姓改物，以创制天下，自显庸也②，而缩取备物以镇抚百姓。余一人其流辟于裔土，何辞之有与？若犹是姬姓也，尚将列为公侯，以复先王之职，大物其未可改也。叔父其茂昭明德，物将自至，余敢以私劳变前之大章，以忝天下③？其若先王与百姓何？何政令之为也？若不然，叔父有地而隧焉，余安能知之？”

文公遂不敢请，受地而还。

【注释】

①隧：指墓道。②庸：功劳。③忝：玷辱。

【译文】

晋文公使周襄王在郏地复位后，襄王赏文公田地作为酬劳，晋文公不接受，请求死后用天子的葬礼，挖掘隧道埋葬自己。襄王不同意，说："过去我们的先王得到天下，划出方圆千里的土地叫作甸服，用它来供应上帝以及山川百神的祭祀，准备百姓万民的用度，以便对付不服从朝廷的人和不能预料的灾祸。另外还分别将土地分给了公、侯、伯、子、男，使他们各自安定，以顺应天地尊卑的法则，不至于遭受灾害，先王哪里还有什么特别的好处呢？天子内官只有九嫔，外官也只有九等官员，只是足够供奉天地神明罢了，难道敢放纵耳目心腹的嗜好来扰乱法度？只有生前死后的衣物和用品的颜色花纹有所不同，用以表示是百姓的君长，表明贵贱等级罢了。其他方面，天子和大家又有什么不同？

"现在上天降灾祸给周室，我仅仅是能保住先王的成法，又因为自己缺乏才能，辛苦了叔父，但如果颁赐先王的重典来报答私人之间的恩德，您也会一面接受一面厌恶，责备我的不是，我个人又怎敢吝惜将这葬礼赏给您呢？从前有句话说：'改变佩玉，就要改变位置。'假若您能将您的盛德发扬光大，使天下改变姓氏，使民众官员改换衣服的颜色，为天下创立新的制度，显示自己的功劳，那就请直接享用天子的服物彩章来抚佑百姓。我一人即使流落到边远荒凉之处，又有什么可说的呢？如果您还是姬姓，还列于公侯，还要执行先王所给予的职责，那么只有天子才能用的隧葬礼就不能更改了。叔父如能继续发扬美德，天子之隧葬礼自然会到来，我哪敢因个人受到恩惠就改变前人留下的重要制度来玷辱天下呢？这样做把先王和百姓放到了什么位置？颁布政令又有什么用处呢？若不是这样，叔父自己有土地，您自己挖掘隧道举行葬礼，我哪里能知道？"

文公于是不敢再请求，便接受田地回国去了。

◎单子知陈必亡◎

【题解】

周朝的使臣单子到外国访问，途中路过陈国。单子看到陈国政事荒废，而陈国君臣只知贪图享乐，不思进取，于是在回到周朝后，向周王预言陈国必亡。单子在与周王的对话中，历数陈国种种违背周先王礼教法制的行为，以此作为预言的根据。单子的论述结构井然，条理清楚。后来陈灵公果然身死国亡，更加证实了单子是一个察微知著的有远见的政治家。

【原文】

定王使单襄公聘于宋，遂假道于陈，以聘于楚。火朝觌矣[①]，道茀不可行也[②]，候不在疆，司空不视涂，泽不陂，川不梁，野有庾积，场功未毕，道无列树，垦田若蓺[③]，膳宰不致饩[①]，司里不授馆，国无寄寓，县无旅舍，民将筑台于夏氏。及陈，陈灵公与孔宁、仪行父南冠以如夏氏，留宾弗见。

单子归，告王曰："陈侯不有大咎，国必亡。"王曰："何故？"对曰："夫辰角见而雨毕，天根见而水涸，本见而草木节解，驷见而陨霜，火见而清风戒寒。故先王之教曰：'雨毕而除道，水涸而成梁，草木节解而备藏，陨霜而冬裘具，清风至而修城郭宫室。'故《夏令》曰：'九月除道，十月成梁。'其时儆曰：'收而场功，偫而畚挶[⑤]，营室之中[⑥]，土功其始。火之初见，期于司里。'此先王之所以不用财贿，而广施德于天下者也。今陈国，火朝觌矣，而道路若塞，野场若弃，泽不陂障，川无舟梁，是废先王之教也。

“周制有之曰：‘列树以表道，立鄙食以守路。国有郊牧，疆有寓望，薮有圃草[7]，囿有林池，所以御灾也。其余无非谷土，民无悬耜，野无奥草。不夺农时，不蔑民功，有优无匮，有逸无罢。国有班事，县有序民。’今陈国道路不可知，田在草间，功成而不收，民罢于逸乐，是弃先王之法制也。

“周之《秩官》有之曰：‘敌国宾至，关尹以告，行理以节逆之，候人为导，卿出郊劳，门尹除门，宗祝执祀，司里授馆，司徒具徒，司空视涂，司寇诘奸，虞人入材，甸人积薪，火师监燎，水师监濯，膳宰致飧，廪人献饩，司马陈刍匕，工人展车，百官各以物至，宾入如归。是故小大莫不怀爱。其贵国之宾至，则以班加一等，益虔。至于王使，则皆官正莅事，上卿监之。若王巡守，则君亲监之。’今虽朝也不才，有分族于周，承王命以为过宾于陈，而司事莫至，是蔑先王之官也。”

“先王之令有之曰：‘天道赏善而罚淫。故凡我造国，无从匪彝，无即慆淫[8]；各守尔典，以承天休。’今陈侯不念胤续之常，弃其伉俪妃嫔，而帅其卿佐以淫于夏氏，不亦渎姓矣乎？陈，我大姬之后也，弃衮冕而南冠以出厶，不亦简彝乎？是又犯先王之令也。

“昔先王之教，茂帅其德也，犹恐陨越；若废其教而弃其制，蔑其官而犯其令，将何以守国？居大国之间而无此四者，其能久乎？”

六年，单子如楚。八年，陈侯杀于夏氏。九年，楚子入陈。

【注释】

①火：古星名，又叫商。觌（dí）：见。②茀（fú）：荒芜。③蓺（yì）：茅芽。④饩（xì）：粮食或草料。⑤偫（zhì）：备办。畚（běn）挶（jū）：盛土和抬土的器具。⑥营室：室宿，夏历十月黄昏时，出现在正南方。⑦薮（sǒu）：洼地。圃草：茂盛的草。⑧慆（tāo）：怠惰。

【译文】

周定王派单襄公去宋国访问，于是向陈国借道，以便访问楚国。这时候，已经是商星在早晨升起的夏正十月了。进入陈国，看到野草塞路，难以通行。迎送宾客的官员不在边境，主管路政的司空不巡视道路，湖泊不设堤坝，江河不设桥梁，田野有露天堆集的谷物，农场的农事也是还没有做完就被搁置在了一边，道路两边没有树木，已经开垦了的田地却像块荒草地，膳夫不向宾客供应粮食，司里不把宾客接进客馆，国都里没有旅店，老百姓要去替夏氏修筑楼台。到了陈国国都，陈灵公和大夫孔宁、仪行父头戴着楚国的帽子前往夏姬家，把宾客丢在一边不接见。

单襄公返回周朝，向周定王报告说：“陈侯本人即使没有大的过错，他的国家也一定会灭亡。”定王说：“为什么？”回答说：“角星出现，雨水就快要停了；天根星出现，河中的水便要干涸了；氐星出现，草木便要凋落了；房星出现，就要有寒霜降落下来；商星出现，凉风便预告寒冷的到来。所以先王教导说：‘雨水停了就清理道路，河水干涸了就修好桥梁，草木凋落了就开始储备粮食，寒霜下降了就要置办好冬衣，凉风吹来了就修葺城郭和宫室。’所以《夏令》上说：‘九月清理道路，十月建成桥梁。’到时还要告诫百姓说：‘收拾好你们的农活，准备好你们盛土抬土的用具，定星出现在

单子知陈必亡

中天的时候，土木工程就要开始；火星开始出现在天空中的时候，就到司里那里集合。’这就是先王之所以能不浪费财物却广布恩德于天下人的缘故。现在的陈国，商星已经在早晨升起，而道路还被野草堵塞，田野、禾场都无人问津，水泽不设堤坝，江河上没有船只和桥梁，这是废弃先王的教导啊。

“周朝的制度上说：‘排列树木来标识道路的远近，在偏远的地方提供饮食给往来的行人。京都的郊外有牧场，边境上有客舍和迎接客人的人，洼地里长有茂盛的草，园囿里有树木和池塘，这些都是用来防御灾害的。其余的地方无不是庄稼地，农家没有农具闲挂着，野外没有深草。不要耽误农时，不要浪费人民的劳力，这样才能使人民生活富足而不困乏，安定而不疲劳。都城的劳役有一定的安排，乡村里的人们有秩序地服役。’现在的陈国，道路通向何方无从知晓，农田处于杂草中间，庄稼熟了没人收割，百姓为了陈侯的淫乐而精疲力竭。这是废弃了先王的法制呀。

“周朝的《秩官》上这样说：‘对等国家的宾客到来，关尹要上报国君，行理拿着符节去迎接，候人负责引导宾客，卿士出城去慰劳，门尹打扫门庭，宗伯和大祝陪同宾客进行祭祀，里宰安排住处，司徒调派仆役，司空巡察道路，司寇盘查奸盗，虞人供应木材，甸人堆积柴火，火师监管门庭的火烛，水师督察盥洗诸事，膳宰送上熟食，廪人献上谷米，司马拿出喂牲口的草料，工匠检修客人的车辆，各种官吏都按照自己的职责来供应物品，宾客来了，如同回到了自己的家一样。因此宾客不论身份高低，没有不感激盛情的。若是尊贵国家的宾客到来，就派高一等的官员去款待，态度更加恭敬。若是天子的使臣到来，那就派各部门长官亲自照看接待事宜，派上卿加以监督。若是天子来巡视，那就由国君亲自监督照管接待事宜。’我单朝虽然没什么才能，但也是周室王族中的一员，我奉天子之命借路经过陈国，陈国的相关官员却没有一人出面迎接，这是蔑视先王的官员啊。

“先王的训令中曾说：‘天道奖赏善良，惩罚荒淫。所以凡是我们创建的国家，不许有人从事非法的事情，不应该有人走上懒惰荒淫的道路，你们要各自遵守自己的法度，以此来接受上天的赐福。’现在陈侯不考虑继嗣的常法，抛弃他的妃嫔，率领大臣到夏家淫乐，这不是亵渎他祖上的姓么？陈是我武王的女儿大姬的后代，陈侯扔掉礼服礼帽而戴着楚国的帽子外出，这不是有违常理吗？这也是违犯先王的训令呀。

“从前先王的教令，全力遵行，还怕坠落跌倒；假若废止他的教导，丢掉他的制度，轻视他的官员，违反他的教令，这将如何保住自己的国家呢？处在大国中间，却没有这四种东西，难道还能长久存在吗？”

周定王六年，单襄公到楚国。八年，陈侯为夏氏所杀。九年，楚庄王攻入陈国。

◎展禽论祀爰居◎

【题解】

臧文仲是鲁国的执政，他在位的时候，曾经带领鲁地百姓一块祭祀海鸟“爰居”。鲁国掌管刑典的士师展禽听说此事，发表了一番评论。这篇文章就是记述展禽评论此事的言辞。展禽通过叙述传统的祭祀标准和古代的祭祀事例，指出臧文仲祭祀爰居的做法不可取，爰居的出现只是气候变化的征兆。不久后，天气果然出现变化，臧文仲知道展禽说的是正确的，便大度地承认了自己的错误，还告诫自己要引此事为戒，以后做事不能僭越礼制。

【原文】

海鸟曰“爰居”，止于鲁东门之外二日。臧文仲使国人祭之。展禽曰：“越哉，臧孙之为政也！夫祀，国之大节也，而节，政之所成也，故慎制祀以为国典。今无故而加典，非政之宜也。

“夫圣王之制祀也，法施于民则祀之，以死勤事则祀之，以劳定国则祀之，能御大灾则祀之，能捍大患则祀之。非是族也，不在祀典。昔烈山氏之有天下也，其子曰柱，能植百谷百蔬；夏之兴也，周弃继之，故祀以为稷。共工氏之伯九有也，其子曰后土，能平九土，故祀以为社。黄帝能成命百物，以明民共财，颛顼能修之①。帝喾能序三辰以固民②，尧能单均刑法以仪民，舜勤民事而野死，鲧障洪水而殛死，禹能以德修鲧之功，契为司徒而民辑，冥勤其官而水死，汤以宽治民而除其邪，稷勤百谷而山死，文王以文昭，武王去民之秽。故有虞氏禘黄帝而祖颛顼③，郊尧而宗舜；夏后氏禘黄帝而祖颛顼，郊鲧而宗禹；商人禘舜而祖契，郊冥而宗汤；周人禘喾而郊稷，祖文王而宗武王。幕，能帅颛顼者也，有虞氏报焉；杼④，能帅禹者也，夏后氏报焉；上甲微，能帅契者也，商人报焉；高圉、太王，能帅稷者也，周人报焉。凡禘、郊、祖、宗、报，此五者国之典祀也。

“加之以社稷山川之神，皆有功烈于民者也；及前哲令德之人，所以为民质也；及天之三辰，民所以瞻仰也；及地之五行，所以生殖也；及九州名山川泽，所以出财用也。非是，不在祀典。

“今海鸟至，己不知而祀之，以为国典，难以为仁且知矣。夫仁者讲功，而知者处物。无功而祀之，非仁也；不知而不问，非知也。今兹海其有灾乎？夫广川之鸟兽，恒知而避其灾也。”

是岁也，海多大风，冬暖。文仲闻柳下季之言，曰：“信吾过也，季子之言，不可不法也。”使书以为三策。

【注释】

①颛（zhuān）顼（xū）：传说中的上古帝王，黄帝之孙。②帝喾（kù）：传说中的古代帝王名，即五帝之一的高辛氏。三辰：指日、月、星。③禘（dì）、祖、郊、宗：古代帝王对祖先的四种祭祀仪式。④杼（zhù）：传说是禹的后代，少康的儿子。

【译文】

有种海鸟叫“爰居”，在鲁国都城东门外停了已经两天了。臧文仲命令城中居民祭祀它。展禽说：“超出祭祀的范围了，臧孙就是这样主持政事的么！祭祀，是国家的重大礼节，而礼节是国家的政治能够取得成功的重要因素，所以历来都是慎重地制定祀礼，以作为国家的大典。现在无缘无故地增加祭祀，为政不应该这样啊。

“圣明的君主制定祀礼，对于那些确立法度并使法度广施于民的，就祭祀他；对于那些为国事勤劳而死的，就祭祀他；对于那些辛勤劳苦而使国家安定的，就祭祀他；对于那些能够抵御大灾难的，就祭祀他。不是这几类人，就不在祭祀的范围之内。从前炎帝掌管天下的时候，他有个儿子叫做柱，能种植各种谷物和蔬菜，后来夏朝兴起，周人的祖先继承了柱的事业，所以把他当做谷神来祭祀。到共工氏掌管天下的时候，他有个儿子叫后土，能治理九州的土地，所以把他当作土神来祭祀。黄帝能为各种物品确定名

展禽论祀爰居

称，使百姓明白，为国家供给财用，颛顼能继续他的功业。帝喾能依据日、月、星的运行规律使百姓安居乐业，尧能尽力使刑法的施行趋于公正，舜为百姓之事辛勤劳苦而死在苍梧之野，鲧因为没能成功拦阻洪水而被杀，禹却能靠高尚的德行继承并补救鲧的事业，契做司徒主使得人民和睦，冥因为勤劳肯干、忠于职守以至死在水中，汤以宽厚仁德的政令治理百姓并且消灭了欺压百姓的夏桀，稷因为忙于种植百谷而死于山上，文王以文德著称于世，武王去除了祸害百姓的商纣。所以有虞氏禘祭黄帝，祖祭颛顼，郊祭尧而宗祭舜；夏后氏禘祭黄帝而祖祭颛顼，郊祭鲧而宗祭禹；商代禘祭舜而祖祭契，郊祭冥而宗祭汤；周代禘祭帝喾而郊祭稷，祖祭文王而宗祭武王。幕能遵循颛顼时的成法，有虞氏就对他举行报祭；杼能遵循禹时的成法，夏后氏就对他举行报祭；上甲微能遵循契时的成法，商代就对他举行报祭；高圉和太王能够遵循稷时的成法，周代就对他举行报祭。禘祭、郊祭、祖祭、宗祭、报祭这五种祭礼，是国家的祭祀大典呀。

“再加上社稷山川的神明，都是有功于人民的；以及过去有智慧、有美德的人，是百姓所信赖的；天上的日、月、星，是百姓所仰望的；地上的金、木、水、火、土，是百姓赖以生存繁衍的；还有各地的山川湖泊，是财用的出产之地。不属于这些的，就不在祭祀的范围之内。

“现在海鸟来了，自己不了解它的来历却要祭祀它，用了国家大典，这很难说是仁智之举。仁爱的人讲求功绩，有智慧的人定夺事物。没有功绩而去祭祀它，不是仁爱；不知道而不去问，不是明智。今年大海该有灾害吧？大海的鸟兽，经常知道预先逃避灾祸的。”

这一年，海上大风多，冬季暖和。文仲听到柳下季的话，说：“真是我的过失，柳下季的话，不能不照办啊。”他叫人把这些话书写在竹简之上，分为了三份。

◎里革断罟匡君◎

【题解】

鲁宣公违背时令捕鱼，大夫里革见到这件事，连忙把渔网割断了，还对鲁宣公说了一番人与自然相生相养的道理，委婉地批评了鲁宣公的这一做法。宣公听了这一番话，不但没生气，反而虚心受纳，体现了他的大度和贤明。

【原文】

宣公夏滥于泗渊，里革断其罟而弃之，曰：“古者大寒降，土蛰发，水虞于是乎讲罛罶①，取名鱼，登川禽，而尝之寝庙，行诸国人，助宣气也。鸟兽孕，水虫成，兽虞于是乎禁罝罗，矠鱼鳖以为夏槁②，助生阜也。鸟兽成，水虫孕，水虞于是乎禁罝罜䍡③，设阱鄂，以实庙庖，畜功用也。且夫山不槎蘖，泽不伐夭，鱼禁鲲鲕，兽长麑麇，鸟翼鷇卵，虫舍蚳蝝④，蕃庶物也，古之训也。今鱼方别孕，不教鱼长，又行网罟，贪无艺也。”

公闻之曰：“吾过而里革匡我，不亦善乎？是良罟也，为我得法。使有司藏之，使吾无忘谂。”师存侍，曰：“藏罟不如置里革于侧之不忘也。”

【注释】

① 水虞：掌管水产及有关政令的官。罛（gū）：大鱼网。罶（liǔ）：捕鱼的竹篓子。② 矠（cuò）：用叉矛刺取。③ 罜䍡（lù）：小鱼网。④ 蚳（chí）：蚁的幼虫。蝝（yuán）：蝗的幼虫。

【译文】

鲁宣公夏天到泗水深处下网捕鱼，里革割断了他的渔网，然后将其扔掉，说：“古时候，大寒之后，冬眠在土中的虫类便开始活动，水虞于是开始整理渔网、渔篓，捕捉大鱼，捞取龟鳖等，拿到宗庙里用于祭祀，再叫百姓也照着这样做，这样做是为了帮助地下的阳气得到宣泄。当鸟兽开始孕育，水中的生物正在成长的时候，兽虞官就禁用兽网、鸟网，只许刺取鱼鳖，做成夏天吃的鱼干，这是帮助鸟兽生长繁衍。当鸟兽成长、水中生物开始孕育的时候，水虞就禁止小网入水，只设陷阱捕捉禽兽，用作祭品，款待宾客，这是为了储存物产，以备四季取用。到山中不砍伐树木新长出来的枝条，在湖泊里不采摘还没长成的草木，不捕捉小鱼，捉兽时要留下小鹿和走兽的幼子，保护小鸟和鸟蛋，杀虫时要舍弃对人无害的昆虫，这是为了万物的繁殖生长。这是古人的教导。现在鱼类正在孕育，不让它们长大，却要下网捕捉，实在贪得无厌！”

里革断罟匡君

宣公听到了这些话，说：“我错了，里革便纠正我，这不是很好吗？这是张好网，让我得到了关于天地万物的取用方法，这张网要让有关官员保存起来，使我不忘这次的劝谏。”当时乐师存在宣公旁边服侍，他说：“保存起这张网，不如把里革放在您的身旁，那就更不会忘记了。”

◎敬姜论劳逸◎

【题解】

鲁国大夫公父文伯回家后，见母亲敬姜夫人正在纺麻，就劝她不要这么做，认为这样有失身份。敬姜夫人驳斥了儿子的说法，告诫他不要贪图安逸，还指出：一个国家，上至君臣，下到百姓，都应该勤劳工作，这样才能维持国家的长治久安。这篇文章揭示的道理，跟孟子的“生于忧患，死于安乐”颇为相似，其忧劳治国的思想，对欧阳修等史官的影响很大。

【原文】

公父文伯退朝，朝其母，其母方绩。文伯曰：“以歜之家而主犹绩，惧干季孙之怒也，其以歜为不能事主乎！”其母叹曰：“鲁其亡乎！使僮子备官而未之闻邪？居，吾语女。

“昔圣王之处民也，择瘠土而处之，劳其民而用之，故长王天下。夫民劳则思，思则善心生；逸则淫，淫则忘善，忘善则恶心生。沃土之民不材，淫也；瘠土之民莫不向义，劳也。

“是故天子大采朝日，与三公、九卿祖识地德；日中考政，与百官之政事，师尹惟旅、牧，相宣序民事。少采夕月，与太史、司载纠虔天刑；日入监九御，使洁奉禘、郊之粢盛[①]，而后即安。诸侯朝修天子之业命，昼考其国职，夕省其典刑，夜儆百工，使无慆淫[②]，而后即安。卿大夫朝考其职，昼讲其庶政，夕序其业，夜庀其家事[③]，而后即安。士朝受业，昼而讲贯，夕而习复，夜而计过无憾，而后即安。自庶人以下，明而动，晦而休，无日以怠。

“王后亲织玄紞，公侯之夫人加之以纮、綖，卿之内子为大带，命妇成祭服，列士之妻加之以朝服，自庶士以下，皆衣其夫。

“社而赋事，烝而献功，男女效绩，愆则有辟④，古之制也。君子劳心，小人劳力，先王之训也。自上以下，谁敢淫心舍力？

“今我寡也，尔又在下位，朝夕处事，犹恐忘先人之业；况有怠惰，其何以避辟？吾冀而朝夕修我曰：‘必无废先人。’尔今曰：‘胡不自安？’以是承君之官，余惧穆伯之绝祀也。”

仲尼闻之，曰：“弟子志之，季氏之妇不淫矣。”

敬姜论劳逸

【注释】

①粢（zī）盛：古代盛在祭器内以供祭祀的谷物。②慆（tāo）淫：怠惰、放荡。③庀（pǐ）：治理。④愆（qiān）：过失。

【译文】

公父文伯从朝廷办公回家，去看他的母亲，他的母亲正在纺麻。文伯说：“像我家这样的情况，您还纺麻，我怕季孙发火，认为我没能好好孝敬您呢！”他的母亲叹着气说：“鲁国大概要灭亡了吧！让无知的童子去做官，你没有听说过做官的道理吗？坐！我告诉你。

“从前圣明的君主治理百姓，选择贫瘠的土地让他们去居住，使他们辛苦并且支配他们，所以能长久地统治天下。百姓辛劳了才会去思考，思考了才会产生善心；安逸了就会放纵，放纵了就会忘记善良，忘记了善良就会产生邪恶之心。在肥沃土地上居住的百姓不成材，就是放纵的缘故；在贫瘠土地上居住的百姓没有不向往道义的，这是辛劳所致。

“因此天子穿着五彩礼服祭祀太阳，和三公九卿一起熟悉土地的功用；白天考察朝政的得失和百官办理政事的情况，大夫官和地方长官，辅佐天子宣布政教以使百姓有条不紊。天子穿上三彩礼服祭祀月亮，和太史、司载恭敬地观察上天的吉凶征兆；到了黄昏就监察九嫔，让她们把一切祭品整理得洁净，然后才去休息。诸侯们早上处理天子布置下来的职责与命令，白天考察自己国内的事务，傍晚检查自己执行法令的情况，晚间告诫各官，使他们不懈怠不放纵，然后才去休息。卿大夫们早上考察自己的职责，白天办理各种事务，傍晚整理自己所经办的事务，晚间料理他的家务，然后才去休息。士人们早晨接受学业，白天研习，黄昏复习，晚间反省自己有无过失，确认没有什么过失，然后才去休息。从一般百姓以下，天亮劳动，天黑休息，没有一日能够懈怠。

“王后亲自纺织悬在礼帽两边的黑色丝绳，公侯夫人还加做系帽子的小丝带和大礼帽上的方布，卿的妻子要做大带，大夫的妻子缝制祭服，列士的妻子还要做朝服，从一般百姓以下的妻子都要为各自的丈夫缝制衣服。

“春分祭社的时候就开始一年的纺织耕作，冬日祭祀的时候就献上劳动成果，男女都尽力做出成绩，有过失就加以责罚，这是古代的制度。君子劳心，小人劳力，这是先王的训示。从上到下，谁敢放纵而不尽心竭力？

“现在我是寡妇，你又处在下大夫的职位上，就是早晚工作，还怕忘掉祖宗的业绩，何况已经有了松懈的念头，这样还如何能够逃避灾祸呢？我希望你时常告诫我说：‘一定不要断送了祖上的功绩！’你今天却对我说：‘为什么不自己寻些安逸呢？’我担心你亡父的祭祀要断了。”

孔子听到这事，说：“学生们记下来，季氏的妇女真是勤劳而不放纵呀。”

叔向贺贫

【题解】

晋国执政大臣韩宣子为贫穷而烦恼，叔向却前来向他祝贺。韩宣子不明白他的用意，就问他为何这么做。叔向举了晋国大夫栾武子一家三代的兴衰，以及郤昭子家族富贵到极点而亡的事例，从侧面告诉宣子，富贵并不能保证韩氏的兴盛，只有德行才能保证韩氏的昌盛。

【原文】

叔向见韩宣子，宣子忧贫，叔向贺之。宣子曰："吾有卿之名，而无其实，无以从二三子，吾是以忧，子贺我，何故？"

对曰："昔栾武子无一卒之田，其宫不备其宗器，宣其德行，顺其宪则，使越于诸侯。诸侯亲之，戎狄怀之，以正晋国。行刑不疚①，以免于难。及桓子，骄泰奢侈，贪欲无艺，略则行志②，假货居贿；宜及于难，而赖武之德，以没其身。及怀子，改桓之行，而修武之德；可以免于难，而离桓之罪，以亡于楚。夫郤昭子，其富半公室，其家半三军；恃其富宠，以泰于国，其身尸于朝，其宗灭于绛。不然，夫八郤——五大夫、三卿，其宠大矣；一朝而灭，莫之哀也，惟无德也！

"今吾子有栾武子之贫，吾以为能其德矣，是以贺。若不忧德之不建，而患货之不足，将吊不暇，何贺之有？"

宣子拜，稽首焉，曰："起也将亡，赖子存之。非起也敢专承之，其自桓叔以下，嘉吾子之赐。"

【注释】

①疚：弊病。②略：犯。则：法。

【译文】

叔向去见韩宣子，宣子正为穷困发愁，叔向向他道贺。宣子说："我有卿之名，但无卿之实，连和几个卿大夫来往应酬都常常是捉襟见肘，我因此正在发愁，你却祝贺我，这是什么缘故？"

叔向贺贫

叔向回答说："过去栾武子不曾有一百顷的田地，家里连祭器都不完备，但他发扬德行，顺应法度，名声传播于诸侯之间。诸侯亲近他，戎狄归附他，晋国因此得到了安定。他执行刑法没有弊病，后来也因此而避免了灾难。他儿子桓子骄傲奢侈，贪得无厌，忽视法制，逞纵私欲，放债取利，囤积财富，这人本该受到灾祸，但赖于栾武子的德行，竟然得以善终。到了怀子，他一改父亲桓子胡作非为的行为方式，而继承了武子的德行，本该免于灾祸，但终究因为父亲罪孽深重，自己不得不逃亡到楚国。再说郤昭子家吧，郤昭子的财富抵得上王室的一半，家人属下占据了军中一半的官职，可是他凭借财势，横行国内，结果尸体摆在朝廷示众，宗族也在绛被诛灭。不是这样的话，那郤家出来的八个人，有五位是大夫，三位是卿相，可谓是显赫庞大之极了，而一旦灭亡，没有一个人同情，就是因为没有德行的缘故。

“现在您有像栾武子一样的贫乏，我以为也应该继承他的德行，因此向您祝贺。假若不担忧德行尚未树立，却只担忧财产不够，我哀吊你都来不及，哪有什么可祝贺的？”

宣子听了作揖下拜，并向他叩头说：“我也是将要被灭亡的啊，都是依靠您得以继续。不但我蒙受您的教诲，先祖桓叔的后代，都要拜谢赞颂您的恩赐啊。”

◎王孙圉论楚宝◎

【题解】

王孙圉是楚国派往晋国的使臣。晋国执政赵简子态度蛮横而轻佻，不但向王孙圉炫耀奢华，还向他询问楚国的宝物白珩的情况。王孙圉没有因此而动怒，他说楚国真正的宝贝不是珍宝，而是物产和人才，而白珩只不过是玩物罢了。他这一回答不但挽回了楚国的颜面，还借机暗中羞辱了赵简子一番，可谓一箭双雕。

【原文】

王孙圉聘于晋，定公飨之。赵简子鸣玉以相，问于王孙圉曰：“楚之白珩犹在乎[①]？”对曰：“然。”简子曰：“其为宝也几何矣？”

曰：“未尝为宝。楚之所宝者，曰观射父，能作训辞，以行事于诸侯，使无以寡君为口实。又有左史倚相，能道训典，以叙百物，以朝夕献善败于寡君，使寡君无忘先王之业；又能上下说乎鬼神，顺道其欲恶，使神无有怨痛于楚国。又有薮曰云连徒洲[②]，金、木、竹、箭之所生也，龟、珠、角、齿、皮、革、羽、毛，所以备赋，以戒不虞者也，所以共币帛，以宾享于诸侯者也。若诸侯之好币具，而导之以训辞，有不虞之备，而皇神相之，寡君其可以免罪于诸侯，而国民保焉。此楚国之宝也。若夫白珩，先王之玩也，何宝焉？

“圉闻国之宝，六而已：圣能制议百物，以辅相国家，则宝之；玉足以庇荫嘉谷，使无水旱之灾，则宝之；龟足以宪臧否[③]，则宝之；珠足以御火灾，则宝之；金足以御兵乱，则宝之；山林薮泽足以备财用，则宝之。若夫哗嚣之美，楚虽蛮夷，不能宝也。”

【注释】

①珩（héng）：系在玉佩上部的横玉。②薮（sǒu）：大泽。云连徒洲：即云梦泽。③宪：表明。臧否（pǐ）：吉凶。

【译文】

王孙圉访问晋国，晋定公设宴款待，赵简子作陪，故意弄响身上的佩玉，问王孙圉说：“楚国白珩还保存着么？”回答说：“当然。”赵简子说：“它作为宝贝，有多大价值？”

王孙圉回答说：“楚国从未把它看作是宝贝。楚国所视为宝贝的东西，得说是观射父，他能够写外交辞令，用以在诸侯间进行外交活动，使别人无法拿我国君主的话做话柄。还有左史倚相，他能够说出历代君主的教训和各种典章制度，把楚国事务安排得秩序井然，早晚将善恶、成败的情况向我们的君主陈说，使君王不忘记祖宗的功业；他还能得到天地神明的欢心，顺应他们的好恶之情，使神明对楚国没有怨恨。还有一个大泽名叫云连徒洲，是金、木、竹、箭、龟、珠、角、齿、皮、革、羽、毛的产地。这些东西可以用来供给兵赋，以戒备意外的祸患；可以作为礼品，以招待和馈赠诸侯。假若诸侯喜欢这些礼品，并且用好的辞令对他们加以劝说，我们自己有了防止意外的准备，还有了神明的保佑，我们的君王也许就可以不得罪诸侯，国家和人民也得以保全。这些才是楚国的宝贝。至于白珩，不过是先王的小玩意儿，有什么值得珍贵的？

“我听说国家之宝，不过六种：能够讨论各种大事，制定相关的制度，帮助治理国家的人，就拿他当宝贝；玉能够保护谷物，不致有水灾旱灾，就拿它当宝贝；龟甲可以判定吉凶，就拿它当宝贝；珍珠足以抵御火灾，就拿它当宝贝；五金制成兵器则足以抵抗战乱，就拿它当宝贝；山林湖泊能提供出人们所需的财用，就拿它当宝贝。至于响声喧闹的美玉，楚虽是蛮夷之地，也是不能把它视为宝贝的。”

王孙圉论楚宝

◎诸稽郢行成于吴◎

【题解】

春秋末年，吴越争霸，吴国打败了越国。越国大夫文种献上一计，他让大夫诸稽郢到吴国求和，一来劝说吴王夫差不要灭亡越国，二来助长他的骄傲之心。诸稽郢到了吴国后，依照文种的计策，终于说动了夫差，文种的计策取得了成功。

【原文】

吴王夫差起师伐越，越王勾践起师逆之江[①]。

大夫种乃献谋曰：“夫吴之与越，唯天所授，王其无庸战。夫申胥、华登，简服吴国之士于甲兵，而未尝有所挫也。夫一人善射，百夫决拾，胜未可成。夫谋必素见成事焉，而后履之，不可以授命。王不如设戎，约辞行成，以喜其民，以广侈吴王之心。吾以卜之于天，天若弃吴，必许吾成而不吾足也，将必宽然有伯诸侯之心焉。既罢弊其民，而天夺之食，安受其烬，乃无有命矣。”

越王许诺，乃命诸稽郢行成于吴，曰：“寡君勾践使下臣郢，不敢显然布币行礼，敢私告于下执事曰：‘昔者，越国见祸，得罪于天王。天王亲趋玉趾，以心孤勾践，而又宥赦之。君王之于越也，繄起死人而肉白骨也。孤不敢忘天灾，其敢忘君王之大赐乎？今勾践申祸无良，草鄙之人，敢忘天王之大德，而思边陲之小怨，以重得罪于下执事？勾践用帅二三之老，亲委重罪，顿颡于边[②]。今君王不察，盛怒属兵，将残伐越国。越国固贡献之邑也，君王不以鞭箠使之，而辱军士，使寇令焉。勾践请盟：一介嫡女，执箕帚以晐姓于王宫；一介嫡男，奉盘匜以随诸御；春秋贡献，不解于王府。天王岂辱裁之？亦征诸侯之礼也。’

“夫谚曰：‘狐埋之而狐搰之[③]，是以无成功。’今天王既封殖越国，以明闻于天下，而又刈亡之[④]，是天王之无成劳也。虽四方之诸侯，则何实以事吴？敢使下臣尽辞，唯天王秉利度义焉！”

【注释】

① 逆：迎击。② 顿颡（sǎng）：即叩头。③ 搰（hú）：掘出。④ 刈（yì）：割除。

【译文】

吴王夫差起兵攻打越国，越王勾践率军到江边迎战。

大夫文种于是献计说："吴国和越国，只看上天授命于谁，您用不着作战。伍子胥和华登训练的士兵，在战争中从来没有遭受过挫败。一人善于射箭，就有成百的人张弓效仿他，我们能否战胜吴国，还很难说。计谋一定要事先能料到它会成功，然后才可以去执行，不可轻易去拼命。君王不如一面积极准备防御，一面用谦卑的话向吴国求和，让他们的百姓高兴，使吴王的心变得更加骄傲。我们可以向天占卜，天如果要弃掉吴国，吴国就一定会答应我们的求和，并且会不把我们放在心上，然后就会肆无忌弹地企图实现称霸诸侯的野心。等吴国的百姓因为要满足吴王的称霸之心被搞得疲惫不堪了，又有天灾夺去他们的粮食收成，我们就可以毫不费力地收拾吴国的残局，吴国也就从此灭亡了。"

越王同意了，便派诸稽郢到吴国去求和说："我们的国君勾践叫下臣郢来到这里，不敢公然按外交礼节呈献礼物，只敢冒昧地私下告诉您的手下人说：'过去上天降下了灾祸给越国，使越国冒犯了天王。天王亲自光临，本来打算要灭掉勾践，却又赦免了他。君王对于越国，如同是让死人复活，使枯骨生出肌肉。我们的越王不敢忘记上天降下的灾祸，又怎敢忘记天王的厚赐呢？今天勾践重遭灾难，都怪他自己不好，是自作自受，但我们这些粗野鄙陋的人，又怎敢忘记天王的大恩大德，对边境上一些小的争端耿耿于怀，再来得罪您手下的人呢？勾践因此率领他的几个老臣，亲自承担重罪，在边境上磕头求饶。现在君王还不了解情况，就在盛怒之下调集军队，打算严惩越国。越国本来是向您纳贡称臣的地方，君王不用鞭子驱赶使唤它，却使您的军队屈尊前往，把越国当做敌人来讨伐。勾践请求讲和并订立盟约：让一个嫡生的女儿，拿着簸箕扫帚在王宫中侍奉您；还送来一个嫡生儿子，让他捧着盛水器，跟着那些服侍的人伺候您的盥洗；春秋两季的贡献，将会按时送到您的府库中，决不敢懈怠。天王何必要屈尊发兵来制裁我们？这也符合天子向诸侯征税的礼节呀。'

"俗语说：'狐狸自己埋藏东西，又自己将其刨出来，所以是白费力气。'天王既然已经扶植了越国，以明达著称于天下，而今却又要剿灭它，这样天王对越国的扶植便徒劳无功了。今后四方的诸侯即使想要侍奉吴国，但又如何信任吴国呢？让我冒昧地把想要说的全都说了出来，只请您权衡利弊，从情理上细细考虑！"

◎申胥谏许越成◎

【题解】

这篇文章紧接上篇《诸稽郢行成于吴》，说的是吴王夫差答应了越国的求和，并准备北上中原争夺霸权。吴国大夫申胥眼光敏锐，看出了越国的企图，就劝谏夫差不要与越国议和，应该斩草除根，以绝后患。自大骄横的夫差没有听申胥的劝告，不但答应议和，还表示吴、越双方不结盟，由此落入了越国的陷阱，终于导致了后来吴国的灭亡。

【原文】

吴王夫差乃告诸大夫曰："孤将有大志于齐，吾将许越成，而无拂吾虑。若越既改，吾又何求？若其不改，反行，吾振旅焉。"

申胥谏曰："不可许也。夫越非实忠心好吴也，又非慑畏吾甲兵之强也。大夫种勇而善

申胥谏许越成

谋，将还玩吴国于股掌之上，以得其志。夫固知君王之盖威以好胜也，故婉约其辞，以从逸王志，使淫乐于诸夏之国，以自伤也。使吾甲兵钝弊，民人离落，而日以憔悴，然后安受吾烬。夫越王好信以爱民，四方归之，年谷时熟，日长炎炎。及吾犹可以战也，为虺弗摧[①]，为蛇将若何？”

吴王曰：“大夫奚隆于越？越曾足以为大虞乎？若无越，则吾何以春秋曜吾军士[②]？”乃许之成。

将盟，越王又使诸稽郢辞曰：“以盟为有益乎？前盟口血未干，足以结信矣。以盟为无益乎？君王舍甲兵之威以临使之，而胡重于鬼神而自轻也？”吴王乃许之，荒成不盟。

【注释】

①虺（huǐ）：小蛇。②曜（yào）：通“耀”，炫耀。

【译文】

吴王夫差对众大夫说：“我要对齐国采取大的行动，因此准备答应同越国讲和，希望你们不要反对我的想法。假若越王变得真心服从于我，我还求什么？若他不悔改，等我回来，再调集军队征讨他。”

申胥劝阻说：“您不能同越国讲和呀。越国不是真心实意要同吴国交好，也不是惧怕我们武力的强大。大夫文种勇敢而善于谋略，他是要把吴国放在股掌之上来玩弄，以此来实现他平生的抱负。他本来就知道您喜欢威风又争强好胜，所以故意使自己说出来的话顺耳动听，以此来使君王的心意放纵，使您想称霸中原诸国，到那里享乐，最后使我们自己受到伤害。他想使我们的军队在争霸中筋疲力尽，失去锐气；使我们的人民离散漂泊，国力一天比一天削弱，然后他们就能毫不费力地收拾我们的残局。越王是一个崇尚信用而又爱护人民的君主，邻国都归服他，越国每年庄稼丰收，国势蒸蒸日上。趁我们还能与其战斗，就应该抓住时机消灭它。小蛇不除，等它成大蛇了，将如何对付？”

吴王说：“你为什么这样看重越国？越国什么时候变成这么大的隐患了？若是没有越国，我怎能在春季、秋季炫耀我的军力？”于是同意与越国讲和。

就要举行盟誓的时候，越王又派诸稽郢来推辞说：“认为盟誓有什么益处吗？前次歃血为盟时留在嘴唇上的血迹还没有干，足以表明信义了。认为盟誓没有什么益处吗？您舍弃武力来和我们订立盟约，为什么看重鬼神而轻视自己呢？”吴王于是同意了，仅仅是讲了和而没有盟誓。

《公羊传》

又称《春秋公羊传》，据说它是孔子的再传弟子公羊高为解释《春秋》一书所作的，旨在阐发《春秋》中所包含的政治观点。它最初在师徒间口耳相传，并没有形成书面文字，直到汉景帝初年才由公羊寿和胡毋生写定成书。《公羊传》的体例一般是先引《春秋》经文，然后自问自答，为研究秦汉时期的儒家思想提供了重要资料。

◎春王正月◎

【题解】

本篇是对《春秋》经文“元年春王正月”的解释，阐发了尊崇王道、维护社会秩序和统一局面的“大一统”思想。文中同时论述了“立嫡以长不以贤，立子以贵不以长”的宗法制度下确定的继承原则。鲁桓公的地位尊贵，鲁隐公的地位卑贱，按理说鲁国的王位应该传给桓公。但是桓公年幼，不能胜任国君之位，于是隐公上台执政，却不是正式继承侯位，等太子成人之后，就要把政权还给太子。

【原文】

元年者何？君之始年也。春者何？岁之始也。王者孰谓？谓文王也。曷为先言“王”而后言“正月”①？王正月也。何言乎“王正月”？大一统也。

公何以不言即位？成公意也。何成乎公之意？公将平国而反之桓。曷为反之桓？桓幼而贵，隐长而卑，其为尊卑也微，国人莫知。隐长又贤，诸大夫扳隐而立之②。隐于是焉而辞立，则未知桓之将必得立也。且如桓立，则恐诸大夫之不能相幼君也。故凡隐之立，为桓立也。隐长又贤，何以不宜立？立適以长不以贤③，立子以贵不以长。桓何以贵？母贵也。母贵，则子何以贵？子以母贵，母以子贵。

【注释】

①曷：通“何”。②扳：通“攀”，拥戴。③適：通“嫡”，正妻。

【译文】

“元年”是什么意思？是君主即位的头一年。“春”是什么意思？是四季中的头一季。“王”指的是哪一位？指的是周文王。为什么先说“王”然后说“正月”？因为正月是周文王所确定的正月。为什么要说“王正月”？因为四方都奉行周历，表明天下统一。

记载隐公为什么不说是即位？这是为了成全隐公的心愿。为什么要成全隐公的心愿？因为隐公打算治理好国家，然后把国家交还给桓公。为什么要还给桓公？因为桓公虽然年幼但地位尊贵，隐公虽然年长却地位略低，但他们这种尊卑的区别很小，国人是不知道的。隐公年长而又贤能，所以大臣们拥立隐公为君。隐公如果在这个时候辞让，那么他也不知道桓公日后是否一定立为国君。况且如果立桓公为国君，恐怕各位大夫们也不能尽力辅佐这位幼君。因此凡是隐公对自己摄位为君的考虑，实际上都是为了日后桓公能立为国君。隐公年长而又贤能，为什么不应该立为国君呢？这是因为立国君有立国君的制度，立嫡子为国君，只根据年龄大小而不根据是否贤良；立其庶子为国君，只根据地位尊卑而不根据年龄大小。那么桓公为什么尊贵？因他的母亲尊贵，母亲尊贵儿子为什么就一定尊贵？是因为儿子由于母亲尊贵而尊贵，母亲又由于儿子尊贵而尊贵。

宋人及楚人平

【题解】

春秋时期，楚国与宋国交战。楚国的大夫司马子反去山坡上刺探宋国军情，恰好碰上了宋国大臣华元。司马子反向华元询问宋国的情况，华元据实以告，说宋国已经到了疲惫不堪的地步，老百姓为了活命，多相互易子而食。司马子反出于仁义，告诉他现在楚国已经粮草不济，顶多还能支撑七天。司马子反回到楚营后，把刚才的事情告诉了楚王，并成功劝说楚王退兵。这篇文章一方面赞许了司马子反的仁义，一方面又对华元、子反各自泄露军情的做法进行了贬斥。

【原文】

外平不书，此何以书？大其平乎己也。何大其平乎己？庄王围宋，军有七日之粮尔，尽此不胜，将去而归尔。于是使司马子反乘堙而窥宋城。宋华元亦乘堙而出见之①。司马子反曰："子之国何如？"华元曰："惫矣！"曰："何如？"曰："易子而食之，析骸而炊之。"司马子反曰："嘻！甚矣，惫！虽然，吾闻之也，围者柑马而秣之，使肥者应客。是何子之情也？"华元曰："吾闻之：君子见人之厄则矜之②，小人见人之厄则幸之。吾见子之君子也，是以告情于子也。"司马子反曰："诺，勉之矣！吾军亦有七日之粮尔！尽此不胜，将去而归尔。"揖而去之。

反于庄王③。庄王曰："何如？"司马子反曰："惫矣！"曰："何如？"曰："易子而食之，析骸而炊之。"庄王曰："嘻！甚矣，惫！虽然，吾今取此，然后而归尔。"司马子反曰："不可。臣已告之矣，军有七日之粮尔。"庄王怒曰："吾使子往视之，子曷为告之？"司马子反曰："以区区之宋，犹有不欺人之臣，可以楚而无乎？是以告之也。"庄王曰："诺，舍而止。虽然，吾犹取此，然后归尔。"司马子反曰："然则君请处于此，臣请归尔。"庄王曰："子去我而归，吾孰与处于此？吾亦从子而归尔。"引师而去之。故君子大其平乎己也。此皆大夫也，其称"人"何？贬。曷为贬？平者在下也。

【注释】

①堙（yīn）：小土山。②矜：怜悯。③反：通"返"。

【译文】

楚国和其他国家讲和的事情，鲁史是不记载的，这次为什么记下来了？是为了赞扬这次的讲和是由两国的大夫自己促成的。为什么要赞扬两国大夫自己促成讲和呢？楚庄王围攻宋国都城，他的军队只有七天的口粮而已，如果吃完这些粮食还不能取胜，就只有打道回府了。楚王于是派司马子反登上土堙，窥探宋城中的动静。正巧宋国的华元也登上了宋城中的土堙，他看见了司马子反，于是就出来见他。司马子反问："城中的情况如何？"华元说："疲惫不堪了！"司马子反问："到了什么程度？"华元回答说："交换了孩子吃，劈开尸骨当柴火做饭。"司马子反说："唉！真是疲惫到极点了！虽然如此，但我听人家说过：被围困的人往往让马嘴里衔一根木棍，然后再喂它，马没办法吃到草，外人看起来好像是马已经吃得很饱的样子，他们还把肥壮的马牵出来给客人看，表示不缺粮草。可是你为什么要说出城中的实情呢？"华元说："我听说：君子见到别人困厄就会产生怜悯，小人见到别人困厄就会幸灾乐祸。我见你是个君子，所以以实相告。"司马子反说："我知道了。你们努力防守吧，我军也只有七日的口粮了，吃完这些粮食还不能取胜，就不得不解围回国。"

说罢，向华元作揖告别。

楚军攻打宋国

司马子反回到庄王那里，庄王问："情况如何？"司马子反回答说："已经是疲惫不堪了。"庄王问："到了什么程度？"司马子反回答说："城中的人交换孩子吃，劈开尸骨当柴火烧。"庄王说："唉！确实是疲惫到极点了！虽然如此，我还是要攻下宋城，然后再回去。"司马子反说："不行。我已经告诉他军中只有七天的口粮了。"庄王勃然大怒，说："我派你去侦察敌情，你为什么要把我军军情告诉他？"司马子反说："小小的宋国，尚且有不欺骗别人的臣子，我们楚国难道可以没有吗？所以我也把实情告诉了他。"庄王说："好吧，先住下来，不要再有什么举动了。尽管宋国已经知道我军军粮将尽，我还是要打下这里，然后再回去。"司马子反说："那么就请您住在这里好了，我请求回去。"庄王说："你离开我回去，让我和谁一起住在这里？我也跟你一起回去吧。"于是带领军队离开了宋国。所以君子赞扬这次讲和是由两国大夫自己促成的。他们都是大夫，而为什么称他们为"人"？是为了贬低他们。为什么要贬低他们？因为讲和的人是处在下位的臣子，这样做有越权之嫌。

◎吴子使札来聘◎

【题解】

季札是吴王寿梦的幼子。在众兄弟之中，季札虽然年纪最小，但是非常贤德，大家都推举他继承吴王之位，季札因为不愿违背君位继承传统而流亡在外。后来兄长僚做了吴王，弟弟阖闾不服气，派专诸刺杀了僚。季札在国外听说这件事，指责阖闾不仁不义，并且终生未再踏进吴国一步。本文表现了季札的仁义之心。结尾部分阐明认为季札贤良却直呼其名，是为了使他的称呼合乎臣子的身份。

【原文】

吴无君、无大夫，此何以有君、有大夫？贤季子也①。何贤乎季子？让国也。其让国奈何？谒也、余祭也、夷昧也，与季子同母者四。季子弱而才，兄弟皆爱之，同欲立之以为君。谒曰："今若是迮而与季子国②，季子犹不受也。请无与子而与弟，弟兄迭为君，而致国乎季子。"皆曰："诺。"故诸为君者，皆轻死而为勇，饮食必祝曰："天苟有吴国，尚速有悔于予身！"故谒也死，余祭也立；余祭也死，夷昧也立；夷昧也死，则国宜之季子者也。

季子使而亡焉。僚者，长庶也，即之。季子使而反，至而君之尔。阖闾曰："先君之所以不与子而与弟者，凡为季子故也。将从先君之命与，则国宜之季子者也。如不从先君之命与，则我宜立者也。僚恶得为君乎？于是使专诸刺僚，而致国乎季子。季子不受，曰："尔弑吾君，吾受尔国，是吾与尔为篡也。尔杀吾兄，吾又杀尔，是父子兄弟相杀，终身无已也。"去之延陵，终身不入吴国。故君子以其不受为綮义，以其不杀为仁。

贤季子，则吴何以有君、有大夫？以季子为臣，则宜有君者也。“札”者何？吴季子之名也。“春秋”贤者不名，此何以名？许夷狄者，不一而足也。季子者，所贤也，曷为不足乎季子？许人臣者必使臣，许人子者必使子也。

【注释】

①贤：赞许。②迮（zé）：仓猝。

【译文】

《春秋》记载吴国的事情，对吴国君臣没有国君、大夫的称谓，这里为什么又称国君，又称大夫呢？这是为了赞美季子贤良。为什么要赞美季子？是因为他把君位让给了兄长。他让君位给兄长又是怎么一回事呢？谒、余祭、夷昧和季子，是同母所生的四兄弟。季子年纪最小但很有才干，兄长们都喜欢他，都想立他做国君。谒说：“现在如果仓促地把国家传给季子，季子还是不会接受的。我想我们不要传位于子而传位于弟，弟兄依次为君，最后把国家交给季子。”大家都说：“好的。”所以这几个做国君的都以轻视死亡为勇敢，每到吃饭时必定祷告说：“上天如果还要吴国存在下去，就赶快把灾难降到我身上。”所以谒死之后，余祭继位；余祭死后，夷昧继位；夷昧死后，就应当轮到季子做国君了。

吴子使札来聘

那时季子出使在外，没有回来。僚是庶子中年纪最大的，即位做了国君，季子出使归来，回到吴国，就把僚当作国君看待。阖闾说：“先君所以不把国家传给儿子而传给弟弟，都是因为季子的缘故。如果遵从先君的遗命，就应当把国家传到季子手中。如果不遵从先君的遗命，那么就应该我做国君，僚怎么能当国君呢？”于是派专诸刺杀了僚，要把国家交给季子，季子不肯接受，说：“你杀了我的国君，我接受你夺来的国家，这就变成了我与你合谋篡位。你杀了我兄长的儿子，我再把你杀掉，这是父子兄弟相互残杀，这样下去，一辈子也没有停止的时候。”于是离开吴国前往延陵，终生没有再回过吴国。所以君子把他不接受君位这一举动当作是义，把他不提倡自相残杀看作是仁。

赞美季子贤良，那为什么吴国又出了国君、大夫呢？这是因为季子既然做了臣子，那就应该有国君了。“札”是什么？是吴国季子的名。《春秋》中对贤者不直书其名，这里为什么直书其名？这是因为赞许夷狄，不能因为他们有一件事做得好就认为他们已经很完美了。季子被认为是贤良之人，为什么还认为他不算完美呢？因为赞美人臣就要从为人臣子的角度上去赞美他，赞美人子就要从为人子的角度上去赞美他。

《谷梁传》

《谷梁传》又称《春秋谷梁传》。据说它是孔子的再传弟子谷梁赤为解释《春秋》而作的。《谷梁传》与《公羊传》《左传》合称“春秋三传”，都是详细阐释《春秋》的书。其中《左传》对《春秋》的阐释重在记事，就是把《春秋》里很简单的记载详细补充；而《公羊传》是根据《春秋》里的句子，专门阐发微言大义；《谷梁传》则是解释《春秋》里的字词，并说明义理。《谷梁传》的体例和语言风格与《公羊传》很相近，成书和写定的过程也很类似，但思想的丰富性和社会影响不及《公羊传》。

◎郑伯克段于鄢◎

【题解】

郑伯纵容兄弟共叔段，而后又攻打他的事迹，在《左传》中已有记载。这篇文章主要是解释《春秋》中的这段经文，挖掘其中的微言大义，对共叔段和郑伯都进行了贬斥，而对后者的批评更为严厉。

【原文】

克者何？能也。何能也？能杀也。何以不言杀？见段之有徒众也。

段，郑伯弟也。何以知其为弟也？杀世子、母弟，目君。以其目君，知其为弟也。段，弟也，而弗谓弟；公子也，而弗谓公子，贬之也。段失子弟之道矣。贱段而甚郑伯也。何甚乎郑伯？甚郑伯之处心积虑，成于杀也。

于鄢，远也，犹曰取之其母之怀中而杀之云尔，甚之也。

然则为郑伯者，宜奈何？缓追逸贼，亲亲之道也。

【译文】

“克”是什么意思？就是“能够”的意思。能够干什么呢？是能够“杀”的意思。为什么《春秋》上不说“杀”呢？是因为共叔段有一些拥护者。

共叔段，是郑伯的弟弟。怎么知道他是弟弟呢？凡是杀掉世子和同母弟弟的，都称为君，这里称他为君，所以就知道共叔段是弟弟了。共叔段是弟弟，而不称他为弟弟，是公子而又不称他作公子，是贬低他的意思，是因为共叔段丧失了做子弟的道德。贬低共叔段却又更加责备郑伯。为什么更加责备郑伯呢？更加责备郑伯是因为他处心积虑，故意使共叔段走了被杀的道路。

共叔段举兵叛乱

“于鄢”，是说共叔段逃到了遥远的地方。郑伯追杀共叔段就好像从母亲怀里抢过婴儿杀掉那样，所以更加责备他。

然而作为郑伯，该怎么办才算恰当呢？不着急去追杀那逃亡的贼子，这才是亲爱呵护自己亲人的做法！

◎虞师晋师灭夏阳◎

【题解】

晋国攻打夏阳，打算假道虞国。夏阳是虞国和虢国边境上的重镇，晋国拿下此地，二国就危险了。为了能借道成功，晋国谋臣荀息对此进行了筹划，他洞察晋、虞两国的强弱之势，主张“以屈产之乘、垂棘之璧”送给虞国，然后分析虞国君臣的弱点。荀息的筹策字字在理，句句精妙。后来，虞国果然答应借道给晋国，最终导致自身的灭亡。虞国的灭亡，正印证了“唇亡齿寒，辅车相依”的道理。

【原文】

非国而曰“灭”，重夏阳也。虞无师，其曰“师”，何也？以其先晋，不可以不言师也。其先晋何也？为主乎灭夏阳也。夏阳者，虞、虢之塞邑也。灭夏阳而虞、虢举矣①。

虞之为主乎灭夏阳，何也？晋献公欲伐虢，荀息曰：“君何不以屈产之乘、垂棘之璧，而借道乎虞也？”公曰：“此晋国之宝也。如受吾币，而不借吾道，则如之何？”荀息曰：“此小国之所以事大国也。彼不借吾道，必不敢受吾币。如受吾币而借吾道，则是我取之中府，而藏之外府；取之中厩，而置之外厩也。”公曰：“宫之奇存焉，必不使受之也。”荀息曰：“宫之奇之为人也，达心而懦，又少长于君。达心则其言略，懦则不能强谏，少长于君则君轻之。且夫玩好在耳目之前，而患在一国之后，此中知以上乃能虑之。臣料虞君，中知以下也。”公遂借道而伐虢。

宫之奇谏曰：“晋国之使者，其辞卑而币重，必不便于虞。”虞公弗听，遂受其币而借之道。宫之奇又谏曰：“语曰：‘唇亡则齿寒。’其斯之谓与。”挈其妻子以奔曹②。

献公亡虢，五年，而后举虞。荀息牵马操璧而前曰：“璧则犹是也，而马齿加长矣。”

【注释】

①举：攻克。②挈（qiè）：带领。曹：春秋时的小国，都在陶丘（在今山东定陶西南）。

【译文】

不是一个国家而称它“灭”，这表示重视夏阳。虞国没有出师攻打夏阳，《春秋》却提及了“师”，这是为什么呢？是因为晋国出兵前，虞国就已经把夏阳陷于亡覆的境地了，所以不能不说虞国也出动了军队。为什么说虞国先于晋国陷夏阳于亡覆的境地呢？因为虞国的作为是夏阳亡覆的主要原因。夏阳，是虞国和虢国边境上的重要城镇。夏阳陷落，虞国和虢国也就唾手可得了。

说虞国是夏阳亡覆的主要因素，这是什么意思？晋献公想要去征讨虢国，荀息说：“国君为何不用屈地出产的良马和垂棘出产的玉璧去向虞国借路呢？”晋献公说：“这些都是晋国的宝贝啊。如果虞国接受了我的礼物，却不借路给我，那我怎么办？”荀息说：“按小国侍奉大国的道理，它不借路给我们，就一定不敢接受我们的礼物。如果接受了我们的礼物，又借路给我们，那么这美玉就是我们从宫中的府库里取出来，存放在宫外的府库里；这良马就是从宫内的马棚里牵出来，放在宫外的马棚中。”晋献公说：“有宫之奇在那里，他一定不会让国君接受这礼物的。”荀息说：“宫之奇的为人，心里明白但胆小懦弱，况且他又是从小和虞国国君一起长大的。心中明白就会使他言语简略，胆小懦弱就会使他不能强谏，他从小和虞国国君一起长大，虞君就不会拿他的话当回事儿。况且玩物、宝贝就放在自己的面前，而灾祸却要在虢国之后，这是中等智力以上的人才能想到的。我料定虞国国君是个中等智力以下的人。”晋献公于是向虞国借路去攻打虢国。

虞师晋师灭夏阳

宫之奇向虞君进谏说：“晋国的使者，说话谦卑而送来的礼物十分贵重，这其中一定有对虞国不利的地方。”虞君不听，接受了礼物，并借路给了晋国，宫之奇又进谏说：“俗语说：‘唇亡则齿寒。’大概说的就是这种情况吧。”于是带上妻子儿女一起逃到曹国去了。

晋献公灭掉了虢国，鲁僖公五年，又灭掉了虞国。荀息牵着良马，捧着玉璧，走到晋献公跟前说：“玉还是原来的玉，只是这马的年纪却增大了。”

《礼记》

儒家经典之一，也称《小戴礼记》或《小戴记》，为西汉经学家戴圣编纂而成。它是战国至汉初儒家礼仪论著的总集，全书共四十九篇，内容包括礼制和儒家哲学两部分，是研究中国古代社会、文物制度、典礼、祭祀、教育、音乐和儒家学说的重要参考书。《礼记》中包含着很多精彩的对话和小故事，用以反映儒学思想，以下几篇便可作为代表。

◎晋献公杀世子申生◎

【题解】

申生是晋献公的长子，母亲是齐姜夫人。献公的宠妾骊姬为了让儿子奚齐继承王位，就在献公面前说申生的坏话，说他想谋杀献公，于是献公动了杀申生的念头。公子重耳得知后，劝申生向献公解释，或是逃出晋国，但申生出于仁和孝，没有这么做。最后，申生自杀而死。这篇文章的主旨正是称赞申生的大仁大义，临死前还处处为国家和兄弟着想，所以后人尊他为“恭世子”。

【原文】

晋献公将杀其世子申生。公子重耳谓之曰：“子盖言子之志于公乎？”世子曰：“不可。君安骊姬，是我伤公之心也。”曰：“然则盖行乎？”世子曰：“不可。君谓我欲弑君也，天下岂有无父之国哉？吾何行如之？”

使人辞于狐突曰：“申生有罪，不念伯氏之言也，以至于死。申生不敢爱其死，虽然，吾君老矣，子少，国家多难。伯氏不出而图吾君，伯氏苟出而图吾君，申生受赐而死。”再拜稽首，乃卒。是以为恭世子也。

【译文】

晋献公要杀掉太子申生。公子重耳对申生说：“你怎么不把你的想法对献公说明白呢？”申生说：“不行。君王有了骊姬才感到安适。我要是把事情明说了，这样会伤了君王的心啊。”重耳说：“既然如此，你何不逃走呢？”申生说：“不行。君王说我企图弑君，天下哪里有无父之国？我往哪儿跑呀？”

申生派人去向狐突诀别说：“申生有罪，没有记住您的话，以至到了今日将陷于死亡。申生不敢吝惜性命，虽然如此，可是君王已经老了，弟弟又还年幼，国家多有危难。您不出面为君王筹划国事便罢，您若肯出面为君王筹划政事，申生就是死了，也是蒙受了您的恩惠。”申生拜了两拜，叩头至地，然后就自杀了。因此，世人称申生为恭世子。

曾子易箦

【题解】

曾子病重，卧在病榻之上，他的弟子和儿子都在他旁边伺候。这时，曾子家中的仆童发现曾子身下所铺的席子跟礼制不符合，就毫无顾忌地说了出来。曾子的弟子和儿子不想让曾子再起身折腾，但曾子却坚持起身更换席子，然后安然死去。

【原文】

曾子寝疾，病。乐正子春坐于床下，曾元、曾申坐于足，童子隅坐而执烛。

童子曰：“华而睆①，大夫之箦与②？”子春曰：“止！”曾子闻之，瞿然曰③：“呼！”曰：“华而睆，大夫之箦与？”曾子曰：“然。斯季孙之赐也，我未之能易也。元，起易箦。”曾元曰：“夫子之病革矣，不可以变。幸而至于旦，请敬易之。”曾子曰：“尔之爱我也不如彼。君子之爱人也以德，细人之爱人也以姑息。吾何求哉？吾得正而毙焉，斯已矣。”举扶而易之，反席未安而没。

【注释】

①睆（huǎn）：光亮。②箦（zé）：竹席。③瞿（qú）然：吃惊的样子。

【译文】

曾子病卧在床上，病情已经很重了。乐正子春坐在床下，儿子曾元、曾申坐在曾子的脚边，童仆坐在屋子的角落里，手拿着蜡烛。

童仆说：“华美而光亮，是大夫用的席子吧？”乐正子春说：“别说话！”曾子听到了，吃惊地说：“啊！”童仆又说道：“华美而光亮，是大夫用的席子吧？”曾子说：“是的，这是季孙赠给我的，我还没来得及把它换掉。元，扶我起来，把席子换掉。”曾元说：“您老人家的病已经很重了，现在不能更换，希望捱到天亮，再让我很恭敬地来换掉。”曾子说：“你爱护我，还不如那童子。君子爱护人是从德行上去爱护他，小人爱护人是姑息迁就。我还要求什么呢？我只盼望死得合于礼制罢了。”于是大家扶起曾子，换了席子，再把他扶回到床上，还没有躺安稳，曾子就去世了。

◎有子之言似夫子◎

【题解】

孔子的弟子有子向曾子请教“孔子有没有说过丢官后怎么做”这一问题，曾子以孔子所说的“丧欲速贫，死欲速朽”作答。有子听了解释后，觉得孔子的这一言论不是针对丢官说的，而是出语有因。曾子于是请教子游，子游说“死欲速朽”是孔子针对宋国大臣桓司马造石椁这件事而说的，“丧欲速贫”是针对南宫敬书行贿君王而发的议论。可见，曾子以它们作为回答是断章取义。曾子听完后，茅塞顿开，就将子游的话说与有子听。这篇文章的主要内容是解释“丧欲速贫，死欲速朽”，另外就是指出祸国殃民的人应该“速贫”“速朽”。

【原文】

有子问于曾子曰：“问丧于夫子乎？”曰：“闻之矣：‘丧欲速贫，死欲速朽。’”有子曰：“是非君子之言也。”曾子曰：“参也闻诸夫子也。”有子又曰：“是非君子之言也。”曾子曰：“参也与子游闻之。”有子曰：“然。然则夫子有为言之也。”

曾子以斯言告于子游，子游曰：“甚哉，有子之言似夫子也！昔者，夫子居于宋，见桓司马自为石椁，三年而不成。夫子曰：‘若是其靡也，死不如速朽之愈也。’‘死之欲速朽’，为桓司马言之也。南宫敬叔反，必载宝而朝。夫子曰：‘若是其货也，丧不如速贫之愈也。’‘丧之欲速贫’，为敬叔言之也。”

曾子以子游之言告于有子。有子曰：“然！吾固曰非夫子之言也。”曾子曰：“子何以知之？”有子曰：“夫子制于中都：四寸之棺，五寸之椁。以斯知不欲速朽也。昔者，夫子失鲁司寇，将之荆，盖先之以子夏，又申之以冉有。以斯知不欲速贫也。”

【译文】

有子问曾子说：“你向夫子问过人失去官职以后应当怎么办吗？”曾子说：“听他说过：‘失去官职，希望快点儿贫穷；死去以后，希望快些腐烂。’”有子说：“这不是君子说的话。”曾子说：“我是和子游一同听到夫子这样说的。”有子说：“如果是这样，那么夫子一定是有所指才这样说的。”

曾子把有子的话告诉了子游，子游说：“真是像极了，有子说的话的确像夫子。从前夫子在宋国居住的时候，见到桓司马为自己造石棺，三年还没有造好。夫子说：‘像这样的奢靡浪费，死了倒不如快些烂掉的好。’‘死去以后，希望快些腐烂’是针对桓司马说的话。南宫敬叔失去职位回国后，总是载着珠宝去朝拜君王。夫子说：‘像这样的行贿，失去了官职倒不如快些贫穷的好。’‘失去官职，希望快点儿贫穷’这句话，是针对敬叔说的。”

曾子把子游的话告诉了有子，有子说：“对呀！我就说这不是夫子的话吧。”曾子说：“你是怎么知道的呢？”有子说：“夫子任中都宰的时候，制定了棺椁的规格：棺厚四寸，椁厚五寸。我因此知道夫子不希望人死之后很快就腐烂。从前，夫子失去了鲁国司寇的官职，将要到楚国去。他先派了子夏去表明心意，然后又派冉有去楚国重申心意。据此，我知道夫子不希望失去职位以后很快就贫穷。”

公子重耳对秦客

【题解】

晋献公去世，秦穆公以吊唁为名劝说公子重耳回国即位。重耳虽有此心，然而不知道秦穆公的真实意图，他在舅父狐偃的指点下，悲痛陈词，表示哀父情切，无心他事，为秦穆公所赞叹钦佩。

【原文】

晋献公之丧，秦穆公使人吊公子重耳，且曰："寡人闻之：'亡国恒于斯，得国恒于斯。'虽吾子俨然在忧服之中①，丧亦不可久也，时亦不可失也，孺子其图之。"以告舅犯。舅犯曰："孺子其辞焉。丧人无宝，仁亲以为宝。父死之谓何？又因以为利，而天下其孰能说之？孺子其辞焉。"

公子重耳对秦客

公子重耳对客曰："君惠吊亡臣重耳，身丧父死，不得与于哭泣之哀，以为君忧。父死之谓何？或敢有他志，以辱君义。"稽颡而不拜，哭而起，起而不私。

子显以致命于穆公。穆公曰："仁夫，公子重耳！夫稽颡而不拜②，则未为后也，故不成拜；哭而起，则爱父也；起而不私，则远利也。"

【注释】

①俨然：庄重严肃的样子。②稽颡（sǎng）：旧时父母死，行丧礼时跪拜宾客、以额触地的礼节。

【译文】

晋献公死后，秦穆公派子显去公子重耳处吊唁，并带话说："寡人听到过这样的话：'丧失国家，常在此时；夺取国家，也常在此时。'虽然您正处于庄重严肃的服丧期间，但流亡在外也不可以太久，夺取君位的时机也不宜错过，希望您早作打算。"重耳把这些话告诉了舅犯。舅犯说："您还是应该辞谢他的好意。失位出亡的人没有什么可宝贵的东西，只有仁爱思亲才算宝贵。父亲死了是一件什么样的事情？如果借着父亲去世的机会而图谋夺得君位，天下的人还有谁能替您说话呢？您还是辞谢了他的好意吧。"

公子重耳回答秦使说："蒙贵君的恩惠，派您到亡命之臣重耳处吊唁。我流亡在外，父亲死了也不能（回去参加葬礼）和别人一起在父亲的灵柩旁边哭泣，劳烦国君替我担忧。父亲死了是什么样的事情？我怎敢还有其他的想法，从而辱没了贵国国君对我的情谊呢？"说罢，对秦使叩头而不拜谢，然后哭着站起来，站起来后也不再与客人私下交谈。

子显把这些情况禀报给了秦穆公。穆公说："很是仁德呀，公子重耳！他叩头却不拜谢，是表示不愿成为国君的继承人，所以不行'成拜'之礼；哭着站起来，是表示对他父亲的一片赤子之心；起来不与宾客私下交谈，是表明自己要远离此时行动能给自己带来的利益啊。"

杜蒉扬觯

【题解】

晋国大夫知罃死而未葬，晋平公便和臣下饮酒作乐。厨师杜蒉以巧妙的方式对平公进行了劝谏，平公知错能改，并要把罚酒所用的酒杯传之后世，引以为鉴。

【原文】

知悼子卒，未葬，平公饮酒，师旷、李调侍，鼓钟。杜箦自外来，闻钟声，曰："安在？"曰："在寝。"杜蒉入寝，历阶而升，酌曰："旷饮斯！"又酌曰："调饮斯！"又酌，堂上北面坐饮之。降，趋而出。

平公呼而进之，曰："蒉！曩者尔心或开予，是以不与尔言。尔饮旷，何也？"曰："子卯不乐。知悼子在堂，斯其为子卯也大矣！旷也，太师也，不以诏，是以饮之也。""尔饮调，何也？"曰："调也，君之亵臣也。为一饮一食忘君之疾，是以饮之也。""尔饮，何也？"曰："蒉也，宰夫也，非刀匕是共，又敢与知防，是以饮之也。"平公曰："寡人亦有过焉，酌而饮寡人。"杜蒉洗而扬觯[①]。公谓侍者曰："如我死，则必毋废斯爵也！"

至于今，既毕献，斯扬觯，谓之"杜举"。

【注释】

① 觯（zhì）：古时一种饮酒器具。

【译文】

知悼子死了，尚未安葬，晋平公就喝起酒来，师旷和李调在旁边服侍，并敲钟助兴。杜蒉从外面回来，听到钟声，就问："他们在哪儿？"有人回答说："在寝宫。"杜蒉走进寝宫，登台阶而上，到了席前，斟了一杯酒，说："师旷，你喝这杯！"又斟了一杯酒，说："李调，你喝这杯！"接着斟了第三杯酒，自己在殿堂之上朝北面跪下，一饮而尽。喝完，就走下台阶，快步走出寝宫。

晋平公喊他进去，说："杜蒉！刚才你心里好像有什么话要启发我，所以没有主动与你说话。你罚师旷喝酒，是为什么？"杜蒉回答说："子卯是国君的忌日，不得饮酒奏乐。如今悼子的灵柩还停放在堂上，这是比子卯忌日更为重大的事情，师旷是太师，却不把这事儿告诉您，所以我让他罚酒一杯。"平公又问："你罚李调喝酒，又为什么呢？"杜蒉回答说："李调是君主的宠臣，却因贪图吃喝而忘记君主忌讳的事情，因此我让他罚酒一杯。"平公又问："那么你罚自己一杯，又是为什么呢？"杜蒉回答说："我是个厨师，不专心供应饮食餐具，竟敢越职参与劝谏君王的事情，因此我自罚一杯。"平公说："这件事我也有过错，斟上酒，罚我一杯吧。"杜蒉把觯洗净，斟上酒，然后高举酒杯献给平公。平公对旁边服侍的人说："如果我死了，一定不要丢弃这只觯。"

直到今天，每当主人向宾客敬酒完毕，就举起手中的觯，人们把这个动作称为"杜举"。

◎晋献文子成室◎

【题解】

晋献文子的新居落成后，晋国的大夫们都送礼来表示祝贺。大夫张老的贺词别出心裁，他祝愿晋献文子能“歌于斯、哭于斯、聚国族于斯”，这是祝愿他能在这座房子中善终。张老为什么说这样的辞令呢？这是因为做官的人很少有能免于刑戮的，晋献文子明白了张老的用意，于是欣然接受了。

【原文】

晋献文子成室，晋大夫发焉①。张老曰：“美哉，轮焉；美哉，奂焉②！歌于斯，哭于斯，聚国族于斯。”文子曰：“武也，得歌于斯、哭于斯、聚国族于斯，是全要领以从先大夫于九京也。”北面再拜稽首。君子谓之善颂、善祷。

【注释】

①发：送礼祝贺。②奂：众多、盛大。

【译文】

晋献文子的新居落成了，晋国的大夫们都前往送礼祝贺。大夫张老说：“美极了，这样宽敞高大；美极了，这样富丽堂皇！可以在这里祭祀唱诗，也可以在这里居丧哭泣，还可以在这里宴请国宾、聚会宗族。”文子说：“我呀，能够在这里祭祀唱诗，在这里居丧哭泣，在这里宴请国客、聚会宗族，这样我就能保全身躯，从而跟随我的先祖先父一起葬于九原了。”说完，就向北面拜了两拜，叩头至地。当时的君子称赞他们二人一个善于祝颂，一个善于祈祷。

卷四 秦文

《战国策》

又称《国策》，是一部记载战国时代各国史事的重要实录，记录了上至春秋，下至秦并六国约二百四十余年的历史，它同时也是战国时期游说之士、纵横家的策谋和传说的汇编。《战国策》的作者已无从考索，西汉末年经刘向辑录整理，以国别为基础，以时间为顺序，成书33篇。

苏秦以连横说秦

【题解】

苏秦欲游说秦王统一天下，结果失败，返乡后受到家人冷遇，于是刻苦研习兵书谋略，最终以高超的辩才和智谋游说赵王成功，从此飞黄腾达，显扬于诸侯。本篇就记述了这样一段故事。文章反映了纵横家重利趋名的人生观和崇尚智谋策略制胜的思想，对人物形象的刻画生动逼真，文情富有起承转合之妙。

【原文】

苏秦始将连横说秦惠王，曰："大王之国，西有巴、蜀、汉中之利，北有胡貉、代马之用，南有巫山、黔中之限，东有殽、函之固。田肥美，民殷富，战车万乘，奋击百万，沃野千里，蓄积饶多，地势形便，此所谓天府，天下之雄国也。以大王之贤，士民之众，车骑之用，兵法之教，可以并诸侯，吞天下，称帝而治。愿大王少留意，臣请奏其效！"

秦王曰："寡人闻之：毛羽不丰满者，不可以高飞；文章不成者，不可以诛罚；道德不厚者，不可以使民；政教不顺者，不可以烦大臣。今先生俨然不远千里而庭教之，愿以异日。"

苏秦曰："臣固疑大王之不能用也。昔者神农伐补遂，黄帝伐涿鹿而禽蚩尤，尧伐驩兜[①]，舜伐三苗，禹伐共工，汤伐有夏，文王伐崇，武王伐纣，齐桓任战而霸天下。由此观之，恶有不战者乎？古者使车毂击驰，言语相结，天下为一；约从连横，兵革不藏。文士并饬，诸侯乱惑，万端俱起，不可胜理。科条既备，民多伪态。书策稠浊，百姓不足。上下相愁，民无所聊。明言章理，兵甲愈起；辩言伟服，战攻不息；繁称文辞，天下不治；舌敝耳聋，不见成功；行义约信，天下不亲。于是乃废文任武，厚养死士，缀甲厉兵，效胜于战场。夫徒处而致利，安坐而广地，虽古五帝、三王、五霸，明主贤君，常欲坐而致之，其势不能，故以战续之。宽则两军相攻，迫则杖戟相撞，然后可建大功。是故兵胜于外，义强于内；威立于上，民服于下。今欲并天下，凌万乘，诎敌国，制海内，子元元，臣诸侯，非兵不可！今之嗣主，忽于至道，皆惛于教，乱于治，迷于言，惑于语，沉于辩，溺于辞。以此论之，王固不能行也。”

说秦王书十上，而说不行。黑貂之裘敝，黄金百斤尽，资用乏绝，去秦而归。羸縢履蹻，负书担橐，形容枯槁，面目黧黑②，状有愧色。归至家，妻不下纴，嫂不为炊，父母不与言。苏秦喟然叹曰：“妻不以我为夫，嫂不以我为叔，父母不以我为子，是皆秦之罪也。”乃夜发书，陈箧数十，得太公《阴符》之谋，伏而诵之，简练以为揣摩。读书欲睡，引锥自刺其股，血流至足。曰：“安有说人主不能出其金玉锦绣，取卿相之尊者乎？”期年，揣摩成，曰：“此真可以说当世之君矣。”

于是乃摩燕乌集阙，见说赵王于华屋之下，抵掌而谈。赵王大说，封为武安君，受相印。革车百乘，锦绣千纯，白璧百双，黄金万镒，以随其后，约从散横，以抑强秦。故苏秦相于赵，而关不通。

当此之时，天下之大，万民之众，王侯之威，谋臣之权，皆欲决于苏秦之策。不费斗粮，未烦一兵，未战一士，未绝一弦，未折一矢，诸侯相亲，贤于兄弟。夫贤人任而天下服，一人用而天下从。故曰：“式于政，不式于勇；式于廊庙之内，不式于四境之外。”当秦之隆，黄金万镒为用，转毂连骑，炫煌于道，山东之国，从风而服，使赵大重。

且夫苏秦，特穷巷掘门、桑户棬枢之士耳，伏轼撙衔③，横历天下，庭说诸侯之主，杜左右之口，天下莫之伉。

将说楚王，路过洛阳，父母闻之，清宫除道，张乐设饮，郊迎三十里；妻侧目而视，侧耳而听；嫂蛇行匍伏，四拜自跪而谢。苏秦曰：“嫂！何前倨而后卑也？”嫂曰：“以季子之位尊而多金。”苏秦曰：“嗟乎！贫穷则父母不子，富贵则亲戚畏惧，人生世上，势位富厚，盖可忽乎哉？”

【注释】

①驩（huān）兜：尧的臣子，为人狠恶，不畏风雨禽兽。②黧（lí）：黑中带黄的颜色。③撙（zǔn）衔：控制马勒，让马驯服。

【译文】

苏秦起初用连横的策略游说秦惠王，说：“大王的国家，西边有巴、蜀、汉中的富饶物产，北面有胡貉、代马可以使用，南方有巫山、黔中为屏障，东边有崤山、函谷关这样坚固的关塞，田地肥美，百姓殷实富足，还有兵车万辆、勇士百万、沃野千里，加之储备充足，地势险峻，便于攻守。这正是人们所说的肥美险固、物产饶多的天然府库，天下的强国啊！凭借大王的贤明、百姓的众多、车马的功用、兵法的教授，一定可以兼并诸侯，统一天下，称帝而治。我希望大王对此稍加留意，请允许我奏明这样做的成效吧。”

秦惠王说：“寡人听说过，羽毛长得不丰满，便不能高飞；法令条文不完备，就难以施行诛罚；道德不深厚，就不能够役使百姓；政治教化不合理，就不可以烦劳大臣。现在先生不远千里，郑重庄严地在宫廷上指教我，但我希望您还是改日再谈吧！”

苏秦回答说：“我本来就疑惑您是否能采用我的主张。过去，神农氏讨伐补遂，黄帝讨伐涿鹿而擒获蚩尤，唐尧讨伐驩兜，虞舜讨伐三苗，夏禹讨伐共工，商汤讨伐夏桀，周文王讨伐崇侯虎，周武王讨伐商纣王，齐桓公用武力称霸天下。由此看来，哪有不凭借武力的呢？古时各国使臣的车驾往来奔驰，车毂相击，互相之间用言语结交，使天下为一体；但结果或者合纵，或者连横，兵革甲胄也并未因此藏起。辩士们都巧饰辞令，说得各国诸侯昏乱迷惑，各种事端层出不穷，不胜治理。规章制度虽已完备，人民的虚假欺诈行为却日益增多；国家法令琐碎混乱，百姓被搅得更加贫穷。君臣上下皆为此发愁，百姓无所依靠。冠冕堂皇的道理讲得愈多，战争反而愈加频繁；盛装打扮、巧言善辩的辩士愈多，诸侯间的战争就愈发不能停息；繁征博引的文辞愈多，天下愈是治理不好；说者唇焦口燥，听者耳朵都快聋了，看不出一点成效；施行仁义，诚信相约，天下却愈发不相亲善。于是诸侯废文用武，以优厚的待遇供养敢死之士，制作铠甲，磨砺兵器，要在战场上争取胜利。如果空坐而能获得利益，安居而能扩大土地，即使是古代的五帝、三王、五霸和明主贤君，他们虽然也常想安坐而获得利益，然而在天下的大势下也不可能办到！所以跟着就依靠武力来完成大业。如果地域宽阔，就两军对攻；倘若地势狭窄，就短兵相接。只有这样，才可能建立伟大的功业。所以只有对外用兵取得了胜利，对内实行仁政才能强劲有力；只有在上树立了君王的威信，在下才能使百姓服从。当今之世，如果想兼并天下，凌驾于大国之上，威慑敌国，控制海内，抚有百姓，臣服诸侯，就非用武力不可！现在继承君位的人，忽视了这个重要的道理，一个个政教不明，治理混乱，被辩士们的花言巧语迷惑，沉溺在烦琐的言辞中不能自拔。这样看来，大王本来就不能采纳我的主张啊。”

苏秦以连横说秦

苏秦向秦王上书有十次，可是他的主张终未被采纳。他的黑貂袍破了，带来的百斤黄金也用完了，以至用度缺乏，只得离秦归家。他绑着裹腿，穿着草鞋，背着书籍，挑着行李，形容憔悴，脸色黑黄，面带羞愧。回到家里，妻子不下织机迎接，嫂子不为他做饭，父母不和他说话。苏秦长叹一声说：“妻子不把我当丈夫，嫂嫂不把我当小叔子，父母不把我当儿子，这都是我的罪过啊！”于是他连夜清检书籍，摆开了几十只书箱，找到姜太公的兵书《阴符经》，立即伏案诵读，选择要点，反复揣摩领会。有时读书读得昏昏欲睡，他就用铁锥刺自己的大腿，以至血流到脚上。他说：“哪有去游说君主而不能使其拿出金玉锦缎，取得卿相的高贵地位的呢？”一年以后，他终于钻研成功，便说：“这次真的可以去游说当今的君主了。”

于是他赶往赵国的燕乌集阙，在华丽的殿堂上觐见赵王，两人谈得拍起手来，十分投机。赵王很高兴，封苏秦为武安君，授予他相印，并赐给他兵车百辆、锦缎千匹、白璧百双、黄金万镒，跟在他的后面，去联合六国，拆散连横，以抑制强大的秦国。因此苏秦做赵国的相国时，秦国与六国断绝了来往。

在这期间，天下如此广大，百姓如此众多，王侯们如此威严，谋臣们如此善用权术，却都要取决于苏秦的策略。没有花费一斗粮食，没有用一兵一卒，没有一个人参加战争，不曾断过一根弓弦，不曾折过一支箭，就能使六国相互亲睦，胜于兄弟。贤人在位而天下归服，一人得用而天下顺从，所以说：“要在政治上用力气，而不要在武力上用力气；要在朝廷决策上用力气，而不在国境外用力气。”当苏秦得意显耀之时，二十万两黄金归他使用，随从车骑络绎不绝，道路上仪仗闪耀，崤山以东的六国，一时间皆听从苏秦的指挥，从而使赵国在诸侯中的地位大大提高。

而苏秦只不过是一位住在陋巷中挖墙洞为门、以桑木为门板、以曲木为门轴的贫寒困苦的士人罢了，但他却坐车骑马，神气十足地周游天下，在朝廷之上游说各国君主，使国君左右的人无话可说，天下没有能与之相比的人了。

苏秦将要去游说楚王的时候，途经洛阳，他的父母闻讯，赶忙张罗打扫住处，清洁道路，并且演奏音乐，备办酒席，到郊外三十里去迎接。苏秦来到后，他的妻子不敢正视，只是偷偷地察颜观色，侧着耳朵恭敬地听他讲话。他的嫂嫂伏身在地，像蛇一样匍匐而行，四次跪拜谢罪。苏秦说："嫂嫂，为什么你以前那么傲慢而现在又如此谦卑了呢？"嫂嫂答道："因为弟弟现在地位显贵而且金钱很多啊！"苏秦叹道："唉！一个人贫穷时，连父母也不把他当儿子看待；等到他富贵了，就是亲戚也都畏惧他。看来人生在世，对于权势富贵，怎么可以忽视呢？"

◎司马错论伐蜀◎

【题解】

战国中后期，秦国统一天下的形势已经日渐明朗。这篇文章说的是秦惠王与大臣商议统一天下的大计，张仪和司马错各自提出了不同的观点。张仪主张"诛周王之罪，侵楚魏之地"，这一方案四面树敌，过于霸道，实行起来阻力较大；司马错提倡先经略西蜀，等秦国资本足够的时候，再灭六国。秦惠王衡量两种方案的利弊，最终选择了司马错的策略。事实证明，秦惠王的选择是非常明智的。

【原文】

司马错与张仪争论于秦惠王前。司马错欲伐蜀，张仪曰："不如伐韩。"王曰："请闻其说。"

对曰："亲魏善楚，下兵三川，塞轘辕、缑氏之口，当屯留之道，魏绝南阳，楚临南郑，秦攻新城、宜阳，以临二周之郊，诛周主之罪，侵楚、魏之地。周自知不救，九鼎宝器必出。据九鼎，按图籍，挟天子以令天下，天下莫敢不听，此王业也。今夫蜀，西僻之国，而戎狄之长也。敝名劳众，不足以成名；得其地，不足以为利。臣闻：'争名者于朝，争利者于市。'今三川、周室，天下之市朝也，而王不争焉，顾争于戎狄，去王业远矣。"

司马错曰："不然。臣闻之，欲富国者，务广其地；欲强兵者，务富其民；欲王者，务博其德。三资者备，而王随之矣。今王之地小民贫，故臣愿从事于易。夫蜀，西僻之国也，而戎狄之长也，而有桀、纣之乱。以秦攻之，譬如使豺狼逐群羊也。取其地，足以广国也；得其财，足以富民缮兵。不伤众而彼已服矣。故拔一国而天下不以为暴，利尽西海，诸侯不以为贪，是我一举而名实两附，而又有禁暴止乱之名。今攻韩，劫天子；劫天子，恶名也，而未必利也，又有不义之名。而攻天下之所不欲，危！臣请谒其故：周，天下之宗室也；韩，周之与国也。周自知失九鼎，韩自知亡三川，则必将二国并力合谋，以因乎齐、赵，而求解乎楚、魏。以鼎与楚，以地与魏，王不能禁。此臣所谓危。不如伐蜀之完也。"

惠王曰："善，寡人听子。"卒起兵伐蜀。十月取之，遂定蜀。蜀主更号为侯，而使陈庄相蜀。蜀既属，秦益强富厚，轻诸侯。

【译文】

司马错与张仪在秦惠王面前争论。司马错主张攻打蜀国，张仪却说："不如攻打韩国。"秦惠王说："请让我听听你们的见解吧。"

张仪说："应先亲近魏国，友善楚国，然后出兵三川，堵住轘辕、缑氏的出口，挡住屯留的山道，再让魏国出兵切断南阳的通路，让楚国逼近南郑，秦国军队则攻打新城和宜阳，兵临二周的郊外，声讨二周君主的罪行，然后再侵袭楚国和魏国的领土。周自知局势难以挽救，必然会交出九鼎宝器。秦国据有了九鼎，掌握了地图和户籍，挟天子以号令天下，天下就没有敢不听命的，这才是成就王业。而现今的蜀国，只是一个西部的偏僻小国，是戎、狄的首领。去打它，劳动军队民众而不足以成就威名，即使得到了那里的土地，也算不上是什么利益，我听说：'争名者聚于朝堂之上，争利者聚于集市之中。'现在三川和周王室就是当今天下的集市和朝堂，大王不去那里争夺，反而要到戎狄之地去争夺，这离成就王业未免太远了吧。"

司马错论伐蜀

司马错说："不是这样。我听说，要使国家富强，就必须扩大疆土；要使军力强盛，就必须使百姓富裕；要成就帝王之业，就必须广布恩德。如果这三个条件齐备了，那么帝王大业就会随之而实现。如今君王疆土狭小而人民贫穷，所以我愿从易处着手。蜀国确实只是个西部的偏僻小国，是戎、狄的首领，并且有像夏桀、殷纣一样的祸乱，以秦国的实力去攻打它，就像用豺狼去追逐羊群一样。取得了蜀国的土地，就足以扩大秦国的疆土；获得了蜀国的财富，就足以使人民富裕，使军备得到整治。不用有很多的人伤亡就可以使它降服了。所以秦国夺取了一个国家，天下却并不认为这是残暴；秦国虽然尽得了蜀国的财富，诸侯却并不认为这是贪婪。这样做，我国是一次行动而名利两收，而且还能赢得制止暴乱的美名。假使现在去攻打韩国、挟持天子，这挟持天子是恶名啊，而且也不一定就能从中得到利益，反倒落个不义的名声。而且去攻打天下人都不愿意进攻的地方，是很危险的。我请求向您陈明其中的缘故：周王室，现在还是天下的宗室；韩国，是周王室的友邦。周王室要是知道自己要失去九鼎，韩国要是知道自己要失去三川，那么周、韩两国必然戮力同心，共同谋划，借助齐、赵的力量，向楚、魏寻求解决办法，他们要是把九鼎送给楚国，把土地送给魏国，您也没有办法阻止他们。这就是我所说的危险。这样的话，还真不如攻打蜀国那样万无一失。"

秦惠王说："说得不错，我听您的。"秦国最终发兵攻打蜀国，这年十月攻下了蜀国，接着又使蜀国安定了下来，蜀国的君主改称号为侯，秦国还派陈庄去做了蜀相。蜀国归附了秦国之后，秦国变得更加强大富裕，也就更不把各国诸侯放在眼里了。

◎范雎说秦王◎

【题解】

战国中后期，秦国为统一天下，招揽了不少名士，范雎就是其中之一。范雎本是魏国的大臣，魏相魏齐因误听谗言，把他抓了起来，以严刑折磨他。范雎逃出魏国，来到秦国，秦昭王听说他是个贤士，就亲自恭迎他，之后还任命他做了秦相。本文说的是范雎初来秦国，他听说秦国大权掌控在宣太后和穰侯手中，就在秦王接见他时慷慨陈词，指出秦王应摒除后宫擅权的局面。秦王闻听，甚为感动，以后对范雎十分倚重和信任。

【原文】

范雎至，秦王庭迎范雎，敬执宾主之礼。范雎辞让。是日见范雎，见者无不变色易容者。秦王屏左右，宫中虚无人，秦王跪而进曰："先生何以幸教寡人？"范雎曰："唯唯。"有间，秦王复请。范雎曰："唯唯。"若是者三。秦王跽曰："先生不幸教寡人乎？"

范雎谢曰："非敢然也。臣闻：昔者吕尚之遇文王也，身为渔父而钓于渭阳之滨耳。若是者，交疏也。已，一说而立为太师，载与俱归者，其言深也。故文王果收功于吕尚，卒擅天下而身立为帝王。即使文王疏吕望而弗与深言，是周无天子之德，而文、武无与成其王也。今臣，羁旅之臣也，交疏于王，而所愿陈者，皆匡君臣之事，处人骨肉之间，愿以陈臣之陋忠，而未知王心也，所以王三问而不对者，是也。

"臣非有所畏而不敢言也。知今日言之于前，而明日伏诛于后，然臣弗敢畏也。大王信行臣之言，死不足以为臣患，亡不足以为臣忧；漆身而为厉，被发而为狂，不足以为臣耻。五帝之圣而死，三王之仁而死，五霸之贤而死，乌获之力而死，奔、育之勇而死。死者，人之所必不免；处必然之势，可以少有补于秦，此臣之所大愿也，臣何患乎？

"伍子胥橐载而出昭关[①]，夜行而昼伏，至于溧水，无以糊其口，膝行蒲伏，乞食于吴市，卒兴吴国，阖闾为霸。使臣得进谋如伍子胥，加之以幽囚不复见，是臣说之行也，臣何忧乎？箕子、接舆，漆身而为厉，被发而为狂，无益于殷、楚。使臣得同行于箕子、接舆，可以补所贤之主，是臣之大荣也，臣又何耻乎？

"臣之所恐者，独恐臣死之后，天下见臣尽忠而身蹶也[②]，是以杜口裹足，莫敢向秦耳。足下上畏太后之严，下惑奸臣之态，居深宫之中，不离保傅之手，终身暗惑，无与照奸。大者宗庙灭覆，小者身以孤危，此臣之所恐耳。若夫穷辱之事，死亡之患，臣弗敢畏也。臣死而秦治，贤于生也。"

秦王跪曰："先生是何言也！夫秦国僻远，寡人愚不肖，先生乃幸至此，此天以寡人慁先生[③]，而存先王之庙也。寡人得受命于先生，此天所以幸先生而不弃其孤也。先生奈何而言若此？事无大小，上及太后，下至大臣，愿先生悉以教寡人，无疑寡人也。"范雎再拜，秦王亦再拜。

【注释】

①橐（tuó）：口袋。②蹶：跌倒。③慁（hùn）：打扰，惊动。

范雎进见秦王

【译文】

范雎来到秦国，秦昭王在宫庭前迎接他，以宾主的礼节恭恭敬敬地接待了他，范雎表示推辞谦让。就在当天，秦昭王便召见了范雎，凡是见到接见场面的人没有不为之惊讶变色的。秦昭王让左右的人离开，宫中变得静悄悄的，只剩下他们两个，秦昭王于是跪了下来，膝行上前说："先生打算用什么指教我啊？"范雎却只是应了一声："是是。"过了一会儿，秦昭王再次向他请教，范雎仍然只是应了一声："是是。"一连三次都是如此，秦昭王挺直上身跪着说："难道先生不愿意指教我吗？"

范雎向秦王谢罪说："不敢这样呀。我听说当初吕尚遇到周文王的时候，不过是一个在渭水北岸垂钓的渔翁。像当时他和文王之间的关系，是非常疏远的；可是一会儿的工夫，他就因为向文王言明了自己的主张，受到文王的赏识而被立为太师，与文王同车而归。这是由于他所说的道理很深刻的缘故。所以周文王也就真的靠着吕尚的辅佐而成就了功业，终于执掌了天下，成为一代帝王。如果当初周文王疏远吕尚而不与他深谈，就说明周室还不具备天子应有的德行，而文王、武王也就失去了帮助他们成就王业的人。而今我不过是一个在秦国客居的人，和大王的交情又是很疏浅的，我想要陈述的都是匡正君臣关系的大事，而这些事又常常会触及到亲戚骨肉之间的关系。我是很愿意说出自己那点浅陋的忠言，但不知道大王的心意如何，大王三次问我而我都没有回答的原因，就是这个。

"我不是因为有所畏忌而不敢讲话。我知道今天当着您的面把话讲出来，明天就可能会被诛杀，但是我也不敢因此而心存畏忌。只要大王肯听信并且能够实行我的主张，那么死不足以成为我的顾虑，亡不足以成为我的担忧；即使用漆涂身，变成癞子，披头散发，成为狂人，也不足以成为我的耻辱。五帝那样圣明也终有一死，三王那样仁德也终有一死，五霸那样贤良也终有一死，乌获那样力大无穷也终有一死，孟奔、夏育那样勇敢也终有一死。死，是人不可避免的事情；既是必然的趋势，如果我的死能够对秦国稍有补益，这便是我最大的心愿，我还有什么可忧虑的呢？

"伍子胥曾藏身牛皮袋子之中，乘车逃出昭关，黑夜赶路，白天躲藏，到达溧水的时候，已经没有糊口的东西了，只好跪着走，在地上爬，到吴国的市镇上讨饭，却最终振兴了吴国，使阖闾成为一方霸主。假如我能像伍子胥那样进献计谋，即使把我囚禁起来不再与大王相见，只要我的主张得以实行，我又有什么值得担忧的呢？箕子、接舆用漆涂身，遍体生癞，披头散发，变成狂人，但他们对于殷朝和楚国并没有什么益处。假使要我像箕子、接舆一样就能对贤明的君主有所裨益，这将是我最大的荣耀，我又有什么可觉得耻辱的呢？

"我所担心的，只是怕我死以后，天下人看到我是因为尽忠而死，便从此不再敢向您开口讲话，大家都裹足不前，不再敢到秦国来了。大王对上畏惧太后的威严，对下为奸臣的媚态所迷惑，住在深宫之中，不能离开保傅的照料，终生昏昧不明，没有人帮助您洞察奸邪。这样下去，大则使国家灭亡，小则使自身孤危，这才是我所担心的。至于穷困受辱的事情、死亡的祸患，我是不敢有所畏忌的。我死了而秦国得到治理，这比我活在世上还要好。"

秦王于是跪着说："先生说的这是什么话！秦国处在偏远荒僻的地方，我又是愚昧无能，幸蒙先生光临此地，这是上天让我来烦扰先生，使我先王的宗庙得以继续留存。我能得到先生的教导，这也是上天眷顾先生，而且不抛弃孤危的我的表现。先生怎么能说这样的话呢？以后，国家的事情，不论大小，上至太后，下至群臣，希望先生悉数对我进行指教，对我不要再有怀疑。"范雎向秦王拜了两拜，秦王向范雎回拜了两拜。

◎邹忌讽齐王纳谏◎

【题解】

邹忌是齐宣王时的名臣，他和大将军田忌是宣王的左膀右臂，在二人的辅佐下，齐国成了战国中期的强国。这篇文章写邹忌因生活中的一件小事，悟出了治理国家的道理。宣王听了他的劝谏之辞，齐国在短短几年间威望大增，诸侯们纷纷到齐国朝见齐王。

【原文】

邹忌修八尺有余，而形貌昳丽①。朝服衣冠，窥镜，谓其妻曰："我孰与城北徐公美？"其妻曰："君美甚，徐公何能及君也！"城北徐公，齐国之美丽者也。忌不自信，而复问其妾曰："吾孰与徐公美？"妾曰："徐公何能及君也！"旦日，客从外来，与坐谈，问之："吾与徐公孰美？"客曰："徐公不若君之美也。"

明日，徐公来。熟视之，自以为不如；窥镜而自视，又弗如远甚。暮，寝而思之，曰："吾妻之美我者，私我也；妾之美我者，畏我也；客之美我者，欲有求于我也。"

于是入朝见威王，曰："臣诚知不如徐公美。臣之妻私臣，臣之妾畏臣，臣之客欲有求于臣，皆以美于徐公。今齐地方千里，百二十城，宫妇左右莫不私王，朝廷之臣莫不畏王，四境之内莫不有求于王。由此观之，王之蔽甚矣！"

王曰："善。"乃下令："群臣吏民，能面刺寡人之过者，受上赏；上书谏寡人者，受中赏；能谤议于市朝，闻寡人之耳者，受下赏。"令初下，群臣进谏，门庭若市；数月之后，时时而间进②；期年之后，虽欲言，无可进者。燕、赵、韩、魏闻之，皆朝于齐。此所谓战胜于朝廷。

邹忌对镜审视容貌

【注释】

①昳（yì）丽：神采焕发，容貌美丽。②间：断断续续。

【译文】

邹忌身高八尺有余，体形容貌潇洒漂亮。有一天早上，他穿戴好衣帽，照着镜子，对他的妻子说："我跟城北的徐公相比谁漂亮？"他的妻子说："您漂亮极了，徐公怎能和您相比呀！"城北的徐公，是齐国的美男子。邹忌不相信自己比他漂亮，就又问他的妾说："我和徐公谁更漂亮？"他的妾说："徐公哪里比得上您呢！"第二天，有位客人从外面来，邹忌跟他坐着交谈，问他说："我和徐公谁更漂亮？"客人说："徐公不如您漂亮啊。"

又过了一天，徐公来了，邹忌端详了许久，自认为不如他漂亮；再次照着镜子看自己，更觉得自己差得很远。晚上躺在床上反复思考这件事，说："妻子赞美我，是因为偏爱我；妾赞美我，是因为害怕我；客人赞美我，是因为有求于我。"

于是上朝去见齐威王，说："我的确知道自己不如徐公漂亮。可是，我的妻子偏爱我，我的妾怕我，我的客人有求于我，都说我比徐公漂亮。如今齐国领土方圆千里，城池一百二十座，后妃们和左右近臣没有不偏爱大王的，朝廷上的臣子没有不害怕大王的，全国没有谁不有求于大王的，由此看来，您受的蒙蔽一定是非常厉害的！"

威王说："说得不错！"于是下令："群臣、官吏和百姓，能够当面指责我的过错的，得头等奖赏；上书劝谏我的，得中等奖赏；能够在公共场所或朝堂上指摘我的过失并让我听到的，得下等奖赏。"命令刚下达的时候，许多大臣都来进言劝谏，门庭若市；几个月后，还有人断断续续地进言劝谏；一年以后，即使有人想进言劝谏，也没有什么可说的了。燕国、赵国、韩国、魏国听说了这件事，都到齐国来朝拜。这就是人们说的在朝廷上征服了别的国家。

◎颜斶说齐王◎

【题解】

齐王对士人颜斶出语轻慢，颜斶反唇相讥；齐王以荣华富贵邀请他来辅佐，颜斶以不愿为名利所浸淫而拒绝。一篇之中，极见士人清高风范。

【原文】

齐宣王见颜斶，曰①："斶前！"斶亦曰："王前！"宣王不说。左右曰："王，人君也；

斶，人臣也，王曰‘斶前’，斶亦曰‘王前’，可乎？”斶对曰：“夫斶前为慕势，王前为趋士。与使斶为慕势，不如使王为趋士。”王忿然作色曰：“王者贵乎，士贵乎？”对曰：“士贵耳，王者不贵。”王曰：“有说乎？”斶曰：“有。昔者秦攻齐，令曰：‘有敢去柳下季垄五十步而樵采者，死不赦！’令曰：‘有能得齐王头者，封万户侯，赐金千镒！’由是观之，生王之头，曾不若死士之垄也。”

宣王曰：“嗟乎，君子焉可侮哉？寡人自取病耳②！愿请受为弟子。且颜先生与寡人游，食必太牢，出必乘车，妻子衣服丽都。”颜斶辞去，曰：“夫玉生于山，制则破焉，非弗宝贵矣，然太璞不完。士生乎鄙野，推选则禄焉，非不尊遂也，然而形神不全。斶愿得归，晚食以当肉，安步以当车，无罪以当贵，清净贞正以自虞。”则再拜而辞去。

君子曰：“斶知足矣，归真反璞，则终身不辱。”

【注释】

① 颜斶（chù）：齐国隐士。② 病：羞辱。

【译文】

齐宣王召见颜斶，宣王说：“颜斶，到近前来！”颜斶也说：“大王，到近前来！”宣王听了很不高兴。左右的人责备颜斶说：“王是君主，颜斶是臣子，君王说‘颜斶，到近前来’，你也跟着说‘大王，到近前来’，这像话吗？”颜斶回答说：“我主动上前是贪慕权势，大王主动上前则是礼贤下士。与其使我成为贪慕权势的顺臣，不如让大王成为礼贤下士的明主。”宣王听后勃然变色说：“是君王尊贵，还是士尊贵？”颜斶回答说：“士尊贵，君王不尊贵。”宣王又问：“有什么根据吗？”颜斶答道：“有。昔日秦国攻打齐国，曾下过一道命令，说：‘有胆敢去柳下季墓地五十步之内的地方砍柴采木的人，一律死罪不赦！’还有一道命令说：‘有能得齐王头颅的人，封万户侯，赏黄金两万两！’由此来看，活着的君王的头颅，还不如死去的士人的坟头珍贵。”

宣王说：“唉，对君子怎么可以侮辱呢？我这是自取其辱呀！希望先生接受我做弟子。只要先生与我交游，吃的必然是肉食，出门必定是乘车马，妻子儿女穿戴华丽。”颜斶谢绝而离去，临走之前说：“玉石生在山上，加工后就破坏了它，不是说加工了就不珍贵了，是失去了璞玉原有的完整；士人生长在山野，经过推举选拔就能吃上俸禄，地位并不是不尊贵，只是形体和精神却不如原来完整了。颜斶情愿回去，晚一点吃饭，可以抵得上吃肉；信步缓行，可以抵得上乘车；不犯罪就是地位尊贵，保持清净的生活和纯正的节操，以此来使自己得到快乐。”说罢，向着宣王拜了两拜，告辞而去。

君子说：“像颜斶这样的人是知道满足的，归于自然，返于纯朴，终身安乐，不受羞辱。”

◎冯谖客孟尝君◎

【题解】

孟尝君是“战国四公子”之一，以善于招揽人才闻名于世。他手下的人才大多都有一技之长，经常在他身处困境的时候伸手相助，冯谖正是其中之一。冯谖刚入孟尝君门下时，孟尝君和众门客并不看好他。不过，他凭着过人的才智，帮孟尝君“市义”“西游于梁”，最终帮助孟尝君复位，做了几十年的齐相。

【原文】

齐人有冯谖者，贫乏不能自存，使人属孟尝君，愿寄食门下。孟尝君曰：“客何好？”曰：

“客无好也。”曰：“客何能？”曰：“客无能也。”孟尝君笑而受之，曰：“诺。”

左右以君贱之也，食以草具。居有顷，倚柱弹其剑，歌曰：“长铗归来乎[1]！食无鱼。”左右以告。孟尝君曰：“食之，比门下之客。”居有顷，复弹其铗，歌曰：“长铗归来乎！出无车。”左右皆笑之，以告。孟尝君曰：“为之驾，比门下之车客！”于是乘其车，揭其剑，过其友曰：“孟尝君客我。”后有顷，复弹其剑铗，歌曰：“长铗归来乎！无以为家。”左右皆恶之，以为贪而不知足。孟尝君问：“冯公有亲乎？”对曰：“有老母。”孟尝君使人给其食用，无使乏。于是冯谖不复歌。

冯谖弹其剑

后孟尝君出记，问门下诸客：“谁习计会，能为文收责于薛者乎？”冯谖署曰：“能。”孟尝君怪之，曰：“此谁也？”左右曰：“乃歌夫‘长铗归来’者也。”孟尝君笑曰：“客果有能也，吾负之，未尝见也。”请而见之，谢曰：“文倦于事，愦于忧[2]，而性懦愚，沉于国家之事，开罪于先生。先生不羞，乃有意欲为收责于薛乎？”冯谖曰：“愿之。”于是约车治装，载券契而行，辞曰：“责毕收，以何市而反？”孟尝君曰：“视吾家所寡有者。”

驱而之薛，使吏召诸民当偿者，悉来合券。券遍合，赴矫命以责赐诸民，因烧其券，民称万岁。

长驱到齐，晨而求见。孟尝君怪其疾也，衣冠而见之，曰：“责毕收乎？来何疾也？”曰：“收毕矣。”“以何市而反？”冯谖曰：“君云‘视吾家所寡有者’，臣窃计，君宫中积珍宝，狗马实外厩，美人充下陈；君家所寡有者，以义耳！窃以为君市义。”孟尝君曰：“市义奈何？”曰：“今君有区区之薛，不拊爱子其民，因而贾利之。臣窃矫君命，以责赐诸民，因烧其券，民称万岁。乃臣所以为君市义也。”孟尝君不说，曰：“诺，先生休矣！”

后期年，齐王谓孟尝君曰：“寡人不敢以先王之臣为臣！”孟尝君就国于薛，未至百里，民扶老携幼，迎君道中，终日。孟尝君顾谓冯谖：“先生所为文市义者，乃今日见之！”

冯谖曰：“狡兔有三窟，仅得免其死耳。今有一窟，未得高枕而卧也。请为君复凿二窟。”孟尝君予车五十乘，金五百斤。西游于梁，谓梁王曰：“齐放其大臣孟尝君于诸侯，先迎之者，富而兵强。”于是梁王虚上位，以故相为上将军，遣使者黄金千斤、车百乘，往聘孟尝君。冯谖先驱，诫孟尝君曰：“千金，重币也；百乘，显使也。齐其闻之矣。”梁使三反，孟尝君固辞不往也。

齐王闻之，君臣恐惧，遣太傅赍黄金千斤[3]，文车二驷，服剑一，封书谢孟尝君曰：“寡人不祥，被于宗庙之祟，沉于谄谀之臣，开罪于君。寡人不足为也，愿君顾先王之宗庙，姑反国统万人乎！”冯谖诫孟尝君曰：“愿请先王之祭器，立宗庙于薛。”庙成，还报孟尝君曰：“三窟已就，君姑高枕为乐矣。”

孟尝君为相数十年，无纤介之祸者，冯谖之计也。

【注释】

① 铗（jiá）：剑柄。② 愦（kuì）：昏乱。③ 赍（jī）：持物赠人。

【译文】

齐国有个叫冯谖的，因贫困而过不下去了，便托人介绍给孟尝君，希望能在孟尝君门下寄居吃饭。孟尝君问：“客人有什么爱好？”回答道：“没有什么爱好。”孟尝君又问：“客人有什么能耐？”回答道：“没有什么能耐。”孟尝君笑着同意了，说：“好吧。”

孟尝君的随从们因为主人不把冯谖当回事，便给他吃些粗劣食物。住了一段时间，冯谖靠着柱子，弹着他的剑，唱道：“长剑啊，咱们回去吧，吃饭没有鱼！”左右的人把这事儿告诉了孟尝君，孟尝君说：“给他鱼吃，照吃鱼的门客那样款待他。”住了一段时间，冯谖又弹起了他的剑，唱道：“长剑啊，咱们回去吧，出门没有车！”左右的人都耻笑他，又把这事告诉了孟尝君。孟尝君说：“给他车马，照有车的门客那样对待他。”于是，冯谖乘着车，举着他的剑，去访问他的朋友，说：“孟尝君把我当客人看待。”过了一段时间，冯谖又弹起了他的剑，唱道：“长剑啊，咱们回去吧，没有什么可以养家糊口啊！”左右的人都厌恶他了，觉得他贪得无厌。孟尝君问道：“冯先生有亲人吗？”左右的人回答说：“有个老母亲。”孟尝君派人供给她吃用，不让她觉得缺少什么。于是冯谖就不再唱歌了。

后来，孟尝君发出一个文告，问门下的各位客人：“谁擅长算账收钱，能替我到薛地去收债呢？”冯谖签上名，说：“我行。”孟尝君看了，感到奇怪，问：“这是谁呀？”左右的人回答道：“就是唱‘长剑啊，咱们回去吧’的那个人。”孟尝君笑道：“客人果然有些能耐，我怠慢了他，还没和他见过面呢！”于是把冯谖请来见面，向他道歉说：“我被这些琐事缠扰得疲惫不堪，因为忧虑而感到心意烦乱，再加上生性懦弱愚笨，陷在国事中无法脱身，因此得罪了先生。先生不以为是羞辱，真的有意为我到薛地去收债吗？”冯谖回答：“愿意前往。”于是准备车马，收拾行装，装上债券契据准备出发。辞行的时候问孟尝君：“收债完毕之后，买些什么东西回来？”孟尝君说：“您看我家里缺什么就买什么吧。”

冯谖驱车到了薛地，派官吏召来应该还债的百姓，悉数核对债券。等债券全部核对完毕，冯谖假传孟尝君的命令，把债款都赏赐给了百姓，因而烧掉了债券，百姓齐声欢呼万岁。

冯谖马不停蹄地赶回齐国，大清早就去求见孟尝君。孟尝君对他这么快就回来了感到奇怪，穿戴整齐后去见他，问道：“债都收完了？怎么这么快就回来了？”冯谖回答道：“收完了。”“买了些什么回来？”冯谖回答道：“您说‘看我家里缺什么就买什么’，我私下里盘算，您的府里堆满了珍宝，猎狗骏马挤满了牲口棚，美丽的女子站满了堂下；您府里所缺少的东西，只是仁义啊！我自作主张为您买回了仁义。”孟尝君问：“买义？这是怎么一回事？”冯谖说：“现在您拥有这个小小的薛地，不把那里的百姓当作自己的子女一并爱护，还在他们身上做生意牟利。我自作主张假传您的命令，把债款都赏给了百姓，因而烧掉了债券，百姓们都欢呼万岁，这就是我为您买义的做法。”孟尝君听了很不高兴，说：“哦，先生，算了吧！”

过了一年，齐王对孟尝君说：“我不敢以先王用过的大臣作为自己的臣下。”孟尝君只好前往他的封邑薛地。走到离薛地还有一百多里的地方，百姓们扶老携幼，在大道上迎接孟尝君，整整有一天的时间。孟尝君回头对冯谖说：“先生为我买回的仁义，今天才见到！”

冯谖说：“聪明的兔子有三个洞穴，仅仅可以免去一死。现在您只有一个洞穴，还不能高枕无忧。请让我为您再去建造两个洞穴吧。”孟尝君给了他五十辆车、五百斤黄金，西去梁国游说。冯谖对梁王说：“齐王把他的大臣孟尝君放逐到诸侯国去了，首先迎接到他的国家就会国富兵强。”梁王于是空出相国的位子，让以前的相国做了上将军，派遣使者带着千斤黄金、百辆车子去请孟尝君。冯谖抢先驱车回到薛，提醒孟尝君说：“黄金一千斤，是很贵重的聘礼；车一百辆，说明使者的等级很高。齐王大概已经听说了吧。”梁国的使者往返了三次，孟尝君都坚决推辞，不肯前往赴任。

齐王听到这些情况，君臣上下都很恐慌，于是派太傅送来了黄金千斤、彩车两辆、佩剑一把，并且写了一封信向孟尝君道歉，信上说：“我真是很不幸，遭受祖宗降下的灾祸，又为那些阿谀奉承的小人所迷惑，得罪了您。我是不值一提的，只希望您念在先王宗庙的份上，暂且回到齐国来统帅广大百姓吧！”冯谖又提醒孟尝君说：“希望您向齐王请求先王的祭器，在薛地建立宗庙。”宗庙建成了，冯谖回来向孟尝君报告说：“三个洞穴都已经建造完成，您暂且可以高枕无忧，过快乐的日子了。”

孟尝君在齐国为相几十年，没遭受一点灾祸，全是因为冯谖的计谋啊！

◎赵威后问齐使◎

【题解】

齐国派使者到赵国向赵威后问安。赵威后顺便向使者询问齐国的年岁、齐国名士的情况，最后才提及齐王。本文体现的是赵威后先民后君的民本思想。

【原文】

齐王使使者问赵威后，书未发①，威后问使者曰：“岁亦无恙耶？民亦无恙耶？王亦无恙耶？”使者不说，曰：“臣奉使使威后，今不问王而先问岁与民，岂先贱而后尊贵者乎？”威后曰：“不然。苟无岁，何有民？苟无民，何有君？故有问舍本而问末者耶？”

乃进而问之曰：“齐有处士曰钟离子②，无恙耶？是其为人也，有粮者亦食，无粮者亦食；有衣者亦衣，无衣者亦衣。是助王养其民者也，何以至今不业也？叶阳子无恙乎？是其为人，哀鳏寡，恤孤独，振困穷，补不足。是助王息其民者也，何以至今不业也？北宫之女婴儿子无恙耶？撤其环瑱③，至老不嫁，以养父母。是皆率民而出于孝情者也，胡为至今不朝也？此二士弗业，一女不朝，何以王齐国，子万民乎？于陵子仲尚存乎？是其为人也，上不臣于王，下不治其家，中不索交诸侯。此率民而出于无用者，何为至今不杀乎？”

【注释】

①发：启封。②处士：指有道德才能的隐者。③环瑱（tiàn）：泛指女子的装饰品。

【译文】

齐王派遣使者去看望赵威后，信还没有启封，赵威后就问齐使说：“今年收成还好吧？百姓还好吗？齐王还好吗？”齐使不高兴，说：“臣奉大王之命前来看望您，现在您不问我们大王的状况，却先打听年成和百姓的情况，这不是先卑贱而后尊贵吗？”赵威后说：“不是这样。如果没有年成，何以有百姓？如果没有百姓，何以有君王？岂有舍本而问末的道理？”

她接着又问：“齐国有隐士钟离子，还好吗？他对于有粮食的人让他们有饭吃，没粮食的人也让他们有饭吃；对于有衣服的人给他们衣服穿，没衣服的人也给他们衣服穿，这是一个帮助齐王抚养他的百姓的人，为何至今还没有重用他？叶阳子还好吗？这个人的为人，怜恤那些鳏夫寡妇，赈济那些困苦和贫穷的人，这是帮助齐王安定百姓啊，为何至今还不加以任用？北宫氏的女儿婴儿子还好吗？她摘去身上的首饰，至今不嫁，以侍奉父母。这是引导百姓尽孝心的人，为何至今还没有得到齐王的召见呢？这样的两位隐士不受重用，一位孝女得不到接见，齐王如何治理齐国、存恤万民呢？于陵子仲还活着吗？他的为人，对上不向君王行臣道，对下不能很好地治理自己的家业，对自己又不谋求和诸侯交往，这是一个引导百姓朝无所事事的方向走的人，齐王为什么至今还不把他杀掉呢？”

庄辛论幸臣

【题解】

战国中期，楚国是与秦国并称的强国。不过，这种情况没能维持太久，楚国在之后一连串的战争中受挫，国力渐渐衰弱。楚顷襄王在位时，重用小人，疏远忠义之士，楚国局势岌岌可危。大臣庄辛曾以危言警告顷襄王，但顷襄王不听，庄辛忧愤之下去了赵国，最终郢都果然被秦人攻破。顷襄王逃到陈国，想起了忠心的庄辛，就招他来到陈国，庄辛为使顷襄王悔悟，就对他进行了一番劝谏。本文写的就是庄辛与顷襄王的谈话，其核心是讨论幸臣给国家带来的危害。

【原文】

臣闻鄙语曰："见兔而顾犬，未为晚也；亡羊而补牢，未为迟也。"臣闻昔汤、武以百里昌，桀、纣以天下亡。今楚国虽小，绝长续短，犹以数千里，岂特百里哉？

王独不见夫蜻蛉乎？六足四翼，飞翔乎天地之间，俛啄蚊虻而食之，仰承甘露而饮之，自以为无患，与人无争也；不知夫五尺童子方将调饴胶丝，加己乎四仞之上，而下为蝼蚁食也。

夫蜻蛉其小者也，黄雀因是以。俯噣白粒，仰栖茂树，鼓翅奋翼，自以为无患，与人无争也；不知夫公子王孙左挟弹，右摄丸，将加己乎十仞之上，以其类为招。昼游乎茂树，夕调乎酸咸，倏忽之间，坠于公子之手。

夫雀其小者也，黄鹄因是以。游乎江海，淹乎大沼，俯噣鳝鲤，仰啮菱衡，奋其六翮，而凌清风，飘摇乎高翔，自以为无患，与人无争也；不知夫射者方将修其碆卢①，治其矰缴②，将加己乎百仞之上。被䃤磻③，引微缴，折清风而抎矣。故昼游乎江河，夕调乎鼎鼐④。

螳螂捕蝉，黄雀在后

夫黄鹄其小者也，蔡灵侯之事因是以。南游乎高陂，北陵乎巫山，饮茹溪流，食湘波之鱼。左抱幼妾，右拥嬖女，与之驰骋乎高蔡之中，而不以国家为事；不知夫子发方受命乎灵王，系己以朱丝而见之也。

蔡灵侯之事其小者也，君王之事因是以。左州侯，右夏侯，辇从鄢陵君与寿陵君，饭封禄之粟，而载方府之金，与之驰骋乎云梦之中，而不以天下国家为事；而不知夫穰侯方受命乎秦王，填黾塞之内，而投己乎黾塞之外。

【注释】

① 碆（bō）：古代射鸟用的拴在丝绳上的石箭镞。卢：黑色的弓。② 矰（zēng）：古代用来射鸟的拴着丝绳的短箭。③ 䃤（jiān）：锐利。磻：通"碆"。④ 鼐（nài）：大鼎。

【译文】

我听到过这样的俗话："见到野兔再回头呼唤猎狗，还不算晚；丢了羊再去修补羊圈，还不算迟。”我还听说，从前商汤和周武王只凭借百里大的地方兴盛起来，夏桀、商纣虽然拥有整个天下，最后却沦于灭亡。现在楚国地盘虽然小了，但是截长补短，还有数千里，岂只有百里大？

大王难道没有看见过蜻蜓吗？它有六只脚、四个翅膀，在天地间自由飞翔，低头捉取蚊、虻一类的飞虫吃，抬头吮吸着甘甜的露水，自以为不会有什么灾祸，和谁也没有争端；哪知那五尺高的小孩子，正在将糖浆涂在丝网上，要把自己从四仞高的空中粘下来，而落地后就会成为蝼蚁的食物。

蜻蜓还算小的，黄雀也是这样呀。它俯身啄食白米粒，飞上茂密的树枝栖息，振翅奋飞，自以为不会有什么灾祸，和谁也没有争端；哪知那些公子王孙左手拿着弹弓，右手握着弹丸，正要从十仞高的天空中射杀自己，以这样的小鸟作为他们弹射的目标。它白天还在茂密的树枝间玩耍，晚上就被用酱醋烹调了，顷刻之间，便落入公子王孙之手。

黄雀还算是小的，天鹅也是如此啊。它在江海间翱游，在湖沼间栖息，低头啄食鳝鱼、鲤鱼，仰头嚼着菱叶和荇菜，振起翅膀，驾着清风，在高空中翱翔，自以为不会有什么灾祸，和谁也没有争端；哪知猎人正在修理弓箭，整理系箭的丝绳，要从百仞的高空中射杀自己。它带着锐利的箭头，拖着细细的丝绳，从清风中栽落下来。它白天还在江湖中遨游，晚上却已被煮在锅里。

天鹅还算是小的，蔡灵侯的事也是如此啊。他南游高坡，北登巫山，在茹溪饮马，在湘江食鱼，左手抱着年轻的妃子，右手搂着心爱的美人，和她们一同驱车驰骋在高蔡的路上，而不把国家大事放在心头；他哪里知道楚将子发正在接受楚王下达的命令，要用红绳子将自己绑起来去见楚王呢。

蔡灵侯的事还算是小的，大王的事也是如此啊。大王身左有州侯，身右有夏侯，辇车后跟随的是鄢陵君和寿陵君，吃着由封邑供给的粮食，车上载着国库里的金银，与这些人在云梦泽中纵马驰骋，而不把天下国家的大事放在心上；大王哪里知道穰侯刚刚接受了秦王的命令，陈兵在楚国黾塞以内，要把自己赶到黾塞之外去啊。

◎触龙说赵太后◎

【题解】

战国中期，秦国派兵攻打赵国。当时，赵武灵王年幼，朝政由赵太后处理。赵太后想找齐国相助，齐国答应出兵，但条件是把太后的小儿子长安君作为人质，赵太后不同意，群臣苦谏也没能奏效。这时，左师触龙站了出来，他以极其巧妙的方法，终于说服太后同意派长安君去齐国做人质。

【原文】

赵太后新用事，秦急攻之，赵氏求救于齐。齐曰：“必以长安君为质，兵乃出。”太后不肯，大臣强谏。太后明谓左右：“有复言令长安君为质者，老妇必唾其面！”

左师触龙愿见，太后盛气而揖之。入而徐趋，至而自谢，曰：“老臣病足，曾不能疾走，不得见久矣，窃自恕，恐太后玉体之有所郄也[①]，故愿望见。”太后曰：“老妇恃辇而行。”曰：“日食饮得无衰乎？”曰：“恃鬻耳[②]。”曰：“老臣今者殊不欲食，乃自强步，日三四里，少益嗜食，和于身。”曰：“老妇不能。”太后之色少解。

左师公曰：“老臣贱息舒祺，最少，不肖。而臣衰，窃爱怜之，愿令得补黑衣之数，以卫王宫。没死以闻！”太后曰：“敬诺。年几何矣？”对曰：“十五岁矣。虽少，愿及未填沟殁而托之。”太后曰：“丈夫亦爱怜其少子乎？”对曰：“甚于妇人。”太后曰：“妇人异甚！”对曰：“老臣窃以为媪之爱燕后[3]，贤于长安君。”曰：“君过矣，不若长安君之甚！”

左师公曰：“父母之爱子，则为之计深远。媪之送燕后也，持其踵为之泣[4]，念悲其远也，亦哀之矣。已行，非弗思也，祭祀必祝之，祝曰：‘必勿使反！’岂非计久长，有子孙相继为王也哉？”太后曰：“然。”

左师公曰：“今三世以前，至于赵之为赵，赵王之子孙侯者，其继有在者乎？”曰：“无有。”曰：“微独赵，诸侯有在者乎？”曰：“老妇不闻也。”“此其近者祸及身，远者及其子孙。岂人主之子孙则必不善哉？位尊而无功，奉厚而无劳，而挟重器多也。今媪尊长安君之位，而封以膏腴之地，多予之重器，而不及今令有功于国；一旦山陵崩，长安君何以自托于赵？老臣以媪为长安君计短也，故以为其爱不若燕后。”太后曰：“诺，恣君之所使之[5]。”于是为长安君约车百乘，质于齐。齐兵乃出。

子义闻之，曰：“人主之子也，骨肉之亲也，犹不能恃无功之尊、无劳之奉，而守金玉之重也，而况人臣乎！”

【注释】

①郄(xì)：身体不舒适。②鬻：通“粥”。③媪(ǎo)：对老年妇女的称呼。燕后：赵威后的女儿，嫁给燕王为妻。④踵(zhǒng)：脚后跟。⑤恣(zì)：听任。

触龙劝谏赵太后

【译文】

赵太后刚刚执政，秦国就加紧攻赵，赵国向齐国求救。齐国说：“一定要用长安君作为人质，才派兵。”赵太后不肯答应，大臣们极力劝说，太后明确地对左右的人说：“有再来说将长安君作为人质的，我就要把唾沫啐在他的脸上！”

左师触龙要求进见太后，太后气冲冲地等着他。触龙进门之后，缓慢地小步向前走着，到了太后跟前主动谢罪说：“老臣的脚有毛病，竟不能快步走，好久没有见到太后了，只好私下里宽恕自己，但恐怕太后玉体欠安，所以想来看看您。”太后说：“老身也只是靠着辇车才能行动。”触龙又问：“太后每日的饮食该没减少吧？”太后说：“不过吃点稀饭罢了。”触龙说：“老臣近来特别不想吃东西，自己勉强散散步，每天走三四里，才稍稍增加了一些食欲，身体也安适了些。”太后说：“老身可做不到。”这时候太后脸上的怒色稍稍缓和了一些。

触龙又说：“老臣的贱子舒祺，年纪最小，不成器得很，而我已经衰老了，心里很疼爱他，希望能让他补一名黑衣侍卫，来保卫王宫。我特地冒死来向您禀告。”太后回答说：“好吧。他多大年纪了？”触龙回答道：“十五岁了。虽说还小，我却希望趁我没死之前把他托付给您。”太后问：“男人也爱他的小儿子吗？”触龙答道：“比女人疼爱得还要厉害。”太后答道：“女人疼爱得更厉害！”触龙说：“我私下认为您对燕后的疼爱超过了长安君。”太后道：“您说错了，不像疼爱长安君那么厉害。”

触龙说：“父母疼爱自己的孩子，总要替他们做长远的打算。您送燕后出嫁的时候，握着她的脚跟，为她哭泣，为她远嫁而悲伤，这实在是令人哀痛的事情。燕后走了，并不是就不想念她了，可是祭祀时为她祝福，却说：‘千万别让她回来！’您这样做难道不是为长远打算，希望她的子孙能相继成为燕王吗？”太后答道：“是这样啊。”

触龙又说：“从现在上推三代，一直推到赵国刚刚开始建国的时候，历代赵王的子孙受封为侯的，他们的继承人还有存在的吗？”太后答道：“没有。”触龙又问：“不只是赵国，其他诸侯国里有相继为侯的吗？”太后说：“我还没听说过。”触龙说道：“这大概就是，近的祸患落到自己身上，远的灾祸会累及子孙。难道国君的子孙一定都不好吗？只是因为他们地位尊贵，而无功于国；俸禄优厚，而无劳绩，却拥有大量的贵重财宝。现在您使长安君地位尊贵，又分封给他肥沃的土地，赐给他很多宝物，而不让他趁早有功于国，有朝一日您不在了，长安君凭什么在赵国立身呢？老臣认为您没有替长安君做长远的打算呀，所以认为您对他的疼爱不如对燕后。”太后听完了说：“好吧，任凭您怎样指派他吧。”于是为长安君准备了一百辆车子，到齐国做了人质。齐国的军队这才出动。

子义听到了这件事，说：“国君的孩子，是国君的亲骨肉，尚且不能依靠没有功勋的尊贵地位、没有劳绩的丰厚俸禄来守住金玉宝器，更何况是做臣子的呢！”

◎鲁仲连义不帝秦◎

【题解】

秦、赵长平之战后两年，秦国围攻赵国都城邯郸。赵国经长平一役，已是元气大伤，再也无力跟秦国正面交锋。魏国出于道义，决定派大将晋鄙援助赵国，但晋鄙不敢跟秦国交战，逡巡不前。魏国于是派辛垣衍到邯郸游说，劝说赵国尊秦为帝以求秦国退兵。就在赵王和平原君犹豫不决之际，齐人鲁仲连指出尊秦为帝有极大的危害。此时，正赶上魏国信陵君夺了晋鄙的兵权，他率军援助赵国，秦国不久撤军，邯郸之围解除了。

【原文】

秦围赵之邯郸。魏安釐王使将军晋鄙救赵。畏秦，止于荡阴，不进。

魏王使客将军辛垣衍间入邯郸，因平原君谓赵王曰：“秦所以急围赵者，前与齐闵王争强为帝，已而复归帝，以齐故。今齐闵王益弱，方今唯秦雄天下。此非必贪邯郸，其意欲求为帝。赵诚发使尊秦昭王为帝，秦必喜，罢兵去。”平原君犹豫未有所决。

此时鲁仲连适游赵，会秦围赵，闻魏将欲令赵尊秦为帝，乃见平原君，曰：“事将奈何矣？”平原君曰：“胜也何敢言事？百万之众折于外，今又内围邯郸而不去。魏王使客将军辛垣衍令赵帝秦，今其人在是。胜也何敢言事？”鲁连曰：“始吾以君为天下之贤公子也，吾乃今然后知君非天下之贤公子也。梁客辛垣衍安在？吾请为君责而归之。”平原君曰：“胜请召而见之于先生。”

平原君遂见辛垣衍，曰：“东国有鲁连先生，其人在此，胜请为绍介，而见之于将军。”辛垣衍曰：“吾闻鲁连先生，齐国之高士也。衍，人臣也，使事有职，吾不愿见鲁连先生也。”平原君曰：“胜已泄之矣。”辛垣衍许诺。

鲁连见辛垣衍而无言。辛垣衍曰：“吾视居此围城之中者，皆有求于平原君者也。今吾视先生之玉貌，非有求于平原君者，曷为久居此围城之中而不去也？”鲁连曰：“世以鲍焦无从容而死者，皆非也。今众人不知，则为一身。彼秦，弃礼义、上首功之国也，权使其士，虏使其民。彼则肆然而为帝，过而遂正于天下，则连有赴东海而死耳，吾不忍为之民也！所为见将军者，欲以助赵也。”辛垣衍曰：“先生助之奈何？”鲁连曰：“吾将使梁及燕助之，

鲁仲连慷慨陈词

齐楚固助之矣。”辛垣衍曰：“燕则吾请以从矣。若乃梁，则吾乃梁人也，先生恶能使梁助之耶？”鲁连曰：“梁未睹秦称帝之害故也；使梁睹秦称帝之害，则必助赵矣。”辛垣衍曰：“秦称帝之害将奈何？”鲁仲连曰：“昔齐威王尝为仁义矣，率天下诸侯而朝周。周贫且微，诸侯莫朝，而齐独朝之。居岁余，周烈王崩，诸侯皆吊，齐后往。周怒，赴于齐曰：‘天崩地坼，天子下席，东藩之臣田婴齐后至，则斫之！’威王勃然怒曰：‘叱嗟！而母，婢也！’卒为天下笑。故生则朝周，死则叱之，诚不忍其求也。彼天子固然，其无足怪！”

辛垣衍曰：“先生独未见夫仆乎？十人而从一人者，宁力不胜、智不若耶？畏之也。”鲁仲连曰：“然，梁之比于秦，若仆邪？”辛垣衍曰：“然。”鲁仲连曰：“然则吾将使秦王烹醢梁王！”辛垣衍怏然不说，曰：“嘻！亦太甚矣，先生之言也！先生又恶能使秦烹醢梁王？”鲁仲连曰：“固也！待吾言之：昔者，鬼侯、鄂侯、文王，纣之三公也。鬼侯有子而好，故入之于纣，纣以为恶，醢鬼侯。鄂侯争之急，辩之疾，故脯鄂侯。文王闻之，喟然而叹，故拘之于牖里之库百日[①]，而欲令之死。曷为与人俱称帝王，卒就脯醢之地也？

“齐闵王将之鲁，夷维子执策而从，谓鲁人曰：‘子将何以待吾君？’鲁人曰：‘吾将以十太牢待子之君。’夷维子曰：‘子安取礼而来待吾君？彼吾君者，天子也。天子巡狩，诸侯避舍，纳筦键[②]，摄衽抱几，视膳于堂下。天子已食，而听退朝也。’鲁人投其籥[③]，不果纳，不得入于鲁。将之薛，假涂于邹。当是时，邹君死，闵王欲入吊，夷维子谓邹之孤曰：‘天子吊，主人必将倍殡柩，设北面于南方，然后天子南面吊也。’邹之群臣曰：‘必若此，吾将伏剑而死。’故不敢入于邹。邹、鲁之臣，生则不得事养，死则不得饭含，然且欲行天子之礼于邹、鲁之臣，不果纳。今秦万乘之国，梁亦万乘之国，交有称王之名。睹其一战而胜，欲从而帝之，是使三晋之大臣，不如邹、鲁之仆妾也。

“且秦无已而帝，则且变易诸侯之大臣。彼将夺其所谓不肖，而予其所谓贤；夺其所憎，而予其所爱。彼又将使其子女谗妾为诸侯妃姬，处梁之宫，梁王安得晏然而已乎？而将军又何以得故宠乎？”于是辛垣衍起，再拜，谢曰：“始以先生为庸人，吾乃今日而知先生为天下之士也！吾请去，不敢复言帝秦。”

秦将闻之，为却军五十里。适会公子无忌夺晋鄙军以救赵击秦，秦军引而去。

于是平原君欲封鲁仲连。鲁仲连辞让者三，终不肯受。平原乃置酒，酒酣，起，前，以千金为鲁连寿。鲁连笑曰：“所贵于天下之士者，为人排患释难、解纷乱而无所取也。即有所取者，是商贾之人也，仲连不忍为也。”遂辞平原君而去，终身不复见。

【注释】

①牖（yǒu）里：地名，在今河南汤阴北。②筦（guǎn）键：钥匙。③籥（yuè）：通“钥”。

【译文】

秦国包围了赵国都城邯郸。魏安釐王派将军晋鄙救援赵国。晋鄙畏惧秦军，所以魏军驻扎在荡阴，不敢前进。

安釐王又派出了一位客籍将军辛垣衍秘密潜入邯郸，通过平原君对赵王说：“秦国之所以急着围攻赵国，是因为以前秦王和齐闵王争强称帝，后来秦昭王撤销帝号，是由于齐国撤销帝号的缘故。如今齐国日渐衰弱，只有秦国能称雄于天下。秦国此次出兵不一定是贪图邯郸之地，其真正目的是想要称帝。如果赵国真能派出使者表示拥戴秦昭王为帝，秦国肯定会很高兴，这样就会撤兵而去。”平原君听了犹豫不决。

此时鲁仲连恰巧在赵国游历，正赶上秦军围困赵国，听说魏国想要让赵国拥戴秦王称帝，就去见平原君说：“这件事情您打算怎么办？”平原君回答说：“我赵胜怎么还敢谈论这件事情？百万大军挫败在外，如今秦军又深入赵国，围困邯郸而不撤兵。魏王派客籍将军辛垣衍来令赵国拥戴秦王称帝，现在这个人就在邯郸，我怎么还敢谈论这件事情？”鲁仲连说：“以前我一直以为您是天下的贤明公子，今天才知道您并不是天下的贤明公子。那魏国的客人辛垣衍在哪里？我请求为您去当面斥责他，叫他回去。”平原君说：“那我就把他叫来见先生吧。”

平原君于是去见辛垣衍，说：“齐国有位鲁仲连先生，他现在正在这里，就让我作为介绍人，让他来见见将军吧。”辛垣衍说：“我听说鲁仲连先生是齐国的高士，而我辛垣衍，是魏王的臣子，此次出使担负有重要的职责，我不想见鲁仲连先生。”平原君说：“我已经把你在这里的消息泄露给他了。”辛垣衍不得已，答应去见鲁仲连。

鲁仲连见到辛垣衍后，没有说话。辛垣衍说：“我观察居住在这个被围之城中的人，都是有求于平原君的。今天我观先生的仪容相貌，不像是有求于平原君的人，为什么久留在这个围城之中而不离开呢？”鲁仲连说：“世上那些认为鲍焦是因为心胸不开阔而死的人，都是认识上有误的。现在很多人不了解鲍焦的死因，认为他是为了一己私利而死的。那秦国，是一个抛弃礼义、崇尚战功的国家，以权术驾驭其群臣，像奴隶一样役使它的百姓。如果让秦国肆无忌惮地称了帝，甚至要统治整个天下，那么我鲁仲连只有跳东海自杀了，我不能容忍做它的顺民。我之所以要见将军，是想要帮助赵国。”辛垣衍问：“先生将如何帮助赵国呢？”鲁仲连说：“我想要让魏国和燕国帮助赵国，而齐国、楚国本来就在帮助它。”辛垣衍说：“至于燕国，我愿意相信您能说动他们，使其助赵。至于魏国，我就是刚从魏国来的，先生怎么能使魏国帮助赵国呢？”鲁仲连回答说：“那是因为魏国还没有看到秦国称帝的害处；如果让魏国看清秦国称帝的害处，那么它一定会帮助赵国的！”辛垣衍又问道：“秦国称帝的害处将会是什么样子？”鲁仲连说：“昔日齐威王曾施行仁义之政，率领天下诸侯去朝见周天子。当时的周王室贫穷而且衰微，诸侯们都不去朝见，惟独齐国去朝见。过了一年多，周烈王死了，各诸侯国都去吊唁，齐国去得晚了。周室恼怒，向齐国报丧说：‘天子驾崩，如同天地塌陷，新天子都要睡在草席上亲自守丧，而东方的藩臣田婴齐竟然迟到，应该杀掉才是。’齐威王勃然大怒，骂道：‘呸！你母亲也不过是个奴婢！’这件事最后成了天下的笑柄。齐威王在周天子活着的时候去朝见他，死后却辱骂他，实在是由于忍受不了周室的苛求啊。那天子本来就如此，这也并没有什么可奇怪的。”

辛垣衍说：“先生难道没有见过那些奴仆吗？十个仆人跟从一个主子，难道是力气和智慧都胜不过吗？只是由于惧怕罢了。”鲁仲连问：“这样说来，秦国和魏国的关系就是主仆关系了？”辛垣衍回答说：“是这样的。”鲁仲连说：“既然如此，那么我将让秦王烹煮魏王，将魏王剁成肉酱！”辛垣衍很不高兴地说：“呵呵！先生您的话太过分了，您又怎能让秦王烹煮魏王，将其剁成肉酱呢？”鲁仲连说：“当然可以，等我讲给您听：从前，鬼侯、鄂侯、文王是商的三公。鬼侯有个女儿长得漂亮，所以就把她进献给商纣王，而纣王却认为她丑陋，就把鬼侯剁成肉酱。鄂侯因为此事极力诤谏，因此被纣王杀死还制成了肉干。文王听说后，喟然长叹，纣王因此又把文王囚禁在牖里的库房中一百天，还打算将他置于死地。为什么和别人一样地称帝，最后却落到被人剁成肉酱、制成肉干的下场呢？

“齐闵王准备去鲁国，夷维子拿着马鞭随行，他问鲁国人：‘你们打算如何接待我们的国君呢？’鲁国人回答：‘我们准备用十太牢的礼节来接待贵国国君。’夷维子说：‘你们怎么能用这样的礼节来接待我们的国君呢？我们的国君是天子，天子巡视四方，诸侯要离开自己的宫殿，到别处避居，还要交纳钥匙，提起衣襟，亲自捧着几案，到堂下照看天子的饭食。等天子吃完饭，诸侯才能告退去处理政务。’鲁国人听到这话，立刻闭关上锁，拒不接纳。闵王不能进入鲁国，又准备到薛国去，于是向邹国借路通过。正逢邹国国君新死，闵王想入城吊丧，夷维子就对邹君的遗孤说：‘天子来吊丧，主人一定要把灵柩移到相反的方位，在南边设立朝北的灵堂，然后让天子面向南祭吊。’邹国的大臣们说：‘如果一定要这样的话，我们情愿伏剑自杀。’所以，齐闵王没敢进入邹国。鲁国和邹国的臣子在君主生前不能侍奉供养，君主死后又不能为其口中放米含珠，然而闵王想要他们对其行天子之礼时，他们却不肯接受。现在秦国是拥有万辆兵车的大国，魏国也是拥有万辆兵车的大国，彼此都有称王的名分，仅仅看到秦国打了一次胜仗，就要顺从它，拥戴它称帝，这是使三晋的大臣还不如邹、鲁二国的奴仆姬妾啊！

“况且秦国不只是称帝而已，就会马上更换各诸侯国的大臣。他们将撤换他们认为不像样的人，把职务授予他们认为贤能的人；他们将撤换他们所憎恨的人，把职务授予他们喜欢的人。他们还会把他们的女儿和谗佞的女人姬妾都充入诸侯的后宫，这样的女人进入魏王的王宫，魏王还能平安地过日子吗？而将军您又怎么能得到像原来那样的宠信呢？”于是辛垣衍站起身来，向鲁仲连拜了两拜，道歉说：“起初我还以为先生是个平庸之辈，如今我才知道先生确实是天下的高士呀！我请求离开这里，不敢再提及尊秦为帝的事了。”

秦国的将领听说这件事后，将军队撤退了五十里。恰巧这时魏国的公子无忌夺取了晋鄙的兵权，率领军队前来援救赵国，进攻秦军。秦军就撤回去了。

于是平原君想封赏鲁仲连。鲁仲连再三辞让，始终不肯接受。平原君就设酒宴款待他。当酒正喝到兴头上时，平原君起身上前，用千金向鲁仲连祝寿。鲁仲连笑着说：“天下之士所看重的，是为人排忧解难、消除纷乱而不收取任何报酬。如果要收取报酬，那就和商人没有什么区别了，鲁仲连不忍做这样的事。”于是辞别平原君而去，终身没有再来见他。

◎鲁共公择言◎

【题解】

梁惠王是个纵欲无度的君主。有一次他宴请诸侯，喝酒正酣时，鲁共公即兴做了一番演讲，他以大禹、齐桓公、晋文公、楚庄王拒绝美酒、美味、女色、台阁的故事，告诫梁惠王不要沉溺于逸乐之事，否则会后患无穷。

【原文】

梁王魏婴觞诸侯于范台，酒酣，请鲁君举觞。鲁君兴，避席择言曰：“昔者，帝女令仪狄作酒而美，进之禹。禹饮而甘之，遂疏仪狄，绝旨酒。曰：‘后世必有以酒亡其国者。’齐桓公夜半不嗛[①]，易牙乃煎、熬、燔、炙，和调五味而进之。桓公食之而饱，至旦不觉，曰：‘后世必有以味亡其国者。’晋文公得南之威，三日不听朝，遂推南之威而远之，曰：‘后世必有以色亡其国者。’楚王登强台而望崩山，左江而右湖，以临彷徨，其乐忘死，遂盟强台而弗登，曰：‘后世必有以高台、陂池亡其国者。’今主君之尊，仪狄之酒也；主君之味，易牙之调也；左白台而右闾须，南威之美也；前夹林而后兰台，强台之乐也。有一于此，足以亡其国，今主君兼此四者，可无戒与？”梁王称善相属[②]。

【注释】

① 不嗛（qiè）：不满足。② 属（zhǔ）：连连。

【译文】

梁王魏婴在范台宴请各国诸侯。酒兴正浓的时候，他请鲁共公举杯。鲁共公起身离席，选择善言说："从前夏禹的女儿叫仪狄酿酒，酿出的酒味道醇美，于是把酒进献给禹。禹喝了之后也觉得味道醇美．但因此疏远了仪狄，从此戒了美酒，并且说：'后世必定有因为饮酒而使国家灭亡的。'齐桓公有一天夜里觉得肚子饿，想吃东西，易牙就煎熬烧烤，调和五味，做出可口的菜肴献给齐桓公。齐桓公吃得很饱，一觉睡到天亮还不醒，醒了以后说：'后世必有因贪图美味而使国家灭亡的。'晋文公得到了美女南之威，三天没有上朝听政，于是就离开了南之威，从此不再接近她，说：'后世一定有因为贪恋美色而使国家灭亡的。'楚庄王登上强台而远望崩山，左边是长江，右边是大湖，登山临水，流连徘徊，快乐得忘记了死亡，于是发誓不再登强台，说：'后世一定有因为流连于高台、陂池而使国家灭亡的。'现在君王酒杯里的，是仪狄酿的美酒；君王吃的，是易牙烹调出来的美味；左边是白台，右边是闾须，她们都是像南之威一样的美女；您前边有夹林，后边有兰台，这些都是像强台一样令人乐而忘返的景致。这四者中占有一种，就足以使国家灭亡，现在您兼而有之，怎能不引起警惕？"梁惠王听后连连称好。

◎唐雎说信陵君◎

【题解】

信陵君名无忌，是魏国的公子，他在秦国围攻赵国的危急时刻，杀了逡巡不敢前进的魏将晋鄙，夺得虎符，率领大军解除了邯郸之围。信陵君此举已经背叛了魏国，他不敢回魏都大梁，径直往赵国奔去。赵王听说信陵君来赵，亲自到郊外迎接。这时，信陵君的谋士唐雎告诫信陵君不要居功自傲，要时刻保持清醒的头脑。

【原文】

信陵君杀晋鄙，救邯郸，破秦人，存赵国。赵王自郊迎。唐雎谓信陵君曰："臣闻之曰：事有不可知者，有不可不知者；有不可忘者，有不可不忘者。"信陵君曰："何谓也？"对曰："人之憎我也，不可不知也；我憎人也，不可得而知也。人之有德于我也，不可忘也；吾有德于人也，不可不忘也。今君杀晋鄙，救邯郸，破秦人，存赵国，此大德也。今赵王自郊迎，卒然见赵王①，愿君之忘之也！"信陵君曰："无忌谨受教。"

【注释】

①卒：通"猝"，突然。

【译文】

魏国的信陵君杀了晋鄙，解救了邯郸，击退了秦军，保存了赵国。赵王亲自到郊外去迎接他。唐雎对信陵君说："我听说过：事情有不可以知道的，有不可以不知道的；有不可以忘记的，有不可以不忘记的。"信陵君问道："这是什么意思呢？"唐雎回答说："人家憎恨我，对此我不可以不知道；我憎恨别人，不可以让他知道。别人对我有恩惠，对此我不可以忘记；我对别人有恩惠，却不可以不忘记。如今您杀晋鄙，救邯郸，破秦军，保赵国，这是很大的恩惠。现在赵王亲自到郊外迎接您，您很快就会见到赵王，我希望您把这件事情忘掉！"信陵君答道："无忌恭敬地接受您的指教。"

唐雎不辱使命

【题解】

战国后期，秦国灭掉了韩国、魏国，继而想夺取魏国的附庸安陵。安陵君见情势不妙，就派唐雎出使秦国。唐雎到达秦国后，秦王先是以十倍之地相诱，后又以兵戈相威胁，想迫使唐雎屈服。唐雎据理力争，凭着刚勇之气迫使秦王不敢肆意妄为，最后全身而退。

【原文】

秦王使人谓安陵君曰："寡人欲以五百里之地易安陵，安陵君其许寡人！"安陵君曰："大王加惠，以大易小，甚善。虽然，受地于先王，愿终守之，弗敢易。"秦王不说。安陵君因使唐雎使于秦。

唐雎对秦王

秦王谓唐雎曰："寡人以五百里之地易安陵，安陵君不听寡人，何也？且秦灭韩亡魏，而君以五十里之地存者，以君为长者，故不错意也。今吾以十倍之地，请广于君，而君逆寡人者，轻寡人与？"唐雎对曰："否，非若是也。安陵君受地于先王而守之，虽千里不敢易也，岂直五百里哉？"

秦王怫然怒[①]，谓唐雎曰："公亦尝闻天子之怒乎？"唐雎对曰："臣未尝闻也。"秦王曰："天子之怒，伏尸百万，流血千里。"唐雎曰："大王尝闻布衣之怒乎？"秦王曰："布衣之怒，亦免冠徒跣[②]，以头抢地耳。"唐雎曰："此庸夫之怒也，非士之怒也。夫专诸之刺王僚也，彗星袭月；聂政之刺韩傀也，白虹贯日；要离之刺庆忌也，苍鹰击于殿上。此三子皆布衣之士也，怀怒未发，休祲降于天，与臣而将四矣。若士必怒，伏尸二人，流血五步，天下缟素[③]，今日是也！"挺剑而起。

秦王色挠，长跪而谢之曰："先生坐，何至于此！寡人谕矣。夫韩、魏灭亡，而安陵以五十里之地存者，徒以有先生也。"

【注释】

① 怫（fú）然：愤怒的样子。② 徒跣（xiǎn）：光着脚。③ 缟（gǎo）素：指丧服。

【译文】

秦王嬴政派人转告安陵君说："我打算用方圆五百里的土地交换安陵，安陵君应该会答应我吧！"安陵君说："承蒙大王施予恩惠，用大块土地交换小块土地，这太好了。虽然如此，但我从先王那里接受了这块封地，愿意终生守护它，不敢拿它交换。"秦王知道了很不高兴。安陵君因此派唐雎出使秦国。

秦王对唐雎说："我用五百里的土地去换安陵，安陵君不听从我，这是为什么？况且秦国灭了韩国和魏国，然而安陵君却凭借方圆五十里的土地生存下来，是因为我把安陵君当做忠厚的长者，所以没有放在心上。现在我用十倍于安陵的土地，想要使安陵君的领土得到扩大，他却违背我的意愿，是轻视我吗？”唐雎回答说：“不，不是这样的。安陵君从先王那里接受了封地而守着它，即使是方圆千里的土地也不敢拿去交换，何况是五百里的土地呢？”

秦王非常愤怒，对唐雎说：“您听说过天子发怒吗？”唐雎回答说：“我未曾听说过。”秦王说：“天子发怒，将使百万尸首倒下，血流千里。”唐雎说：“大王听说过平民发怒吗？”秦王说：“平民发怒，不过是摘掉帽子，赤着脚，用头撞地罢了。”唐雎说：“这是平庸之辈发怒，不是士人发怒。当年专诸刺杀吴王僚的时候，彗星的光芒冲击了月亮；聂政刺杀韩傀的时候，白虹穿过太阳；要离刺杀庆忌的时候，苍鹰在宫殿上空搏斗。这三个人都是出身平民的士人，心里怀着的怒气还没爆发出来，上天就降下了吉凶的征兆，现在，专诸、聂政、要离同我一起，将要成为四个人了。如果有胆识之士真的发怒，横在地上的尸首不过是两个人，血只流五步远，可是天下之人就要穿白戴孝了，今天就要发生这样的情况！”于是拔出宝剑站了起来。

秦王的脸色颓丧，挺直上身跪着向唐雎道歉说：“先生请坐，何至于这样呢！我明白了。为什么韩国、魏国灭亡，然而安陵却凭借五十里的土地还能够生存下来，只是因为有先生啊。”

◎乐毅报燕王书◎

【题解】

乐毅本来是魏国的大臣，他出使燕国的时候，燕昭王对他礼遇有加。乐毅深受感动，就留下来事燕。乐毅在燕国受到重用，曾率诸侯联军大破齐国，攻陷齐国七十多座城池，使一度强盛的齐国几近亡国，乐毅的威名也因此达于极致。后来，燕昭王病死，其子即位，就是燕惠王。燕惠王当政后，排挤乐毅，乐毅被迫流亡赵国。惠王怕乐毅帮助赵国对付燕国，就写信劝他回来。乐毅深知回去后前途难卜，于是回信拒绝了惠王。

【原文】

昌国君乐毅，为燕昭王合五国之兵而攻齐，下七十余城，尽郡县之以属燕。三城未下，而燕昭王死。惠王即位，用齐人反间，疑乐毅，而使骑劫代之将。乐毅奔赵，赵封以为望诸君。齐田单诈骑劫，卒败燕军，复收七十城以复齐。

燕王悔，惧赵用乐毅乘燕之敝以伐燕。燕王乃使人让乐毅，且谢之曰：“先王举国而委将军，将军为燕破齐，报先王之仇，天下莫不振动，寡人岂敢一日而忘将军之功哉！会先王弃群臣，寡人新即位，左右误寡人。寡人之使骑劫代将军，为将军久暴露于外，故召将军，且休计事。将军过听，以与寡人有隙，遂捐燕而归赵。将军自为计则可矣，而亦何以报先王之所以遇将军之意乎！”

望诸君乃使人献书报燕王曰：“臣不佞，不能奉承先王之教，以顺左右之心，恐抵斧质之罪，以伤先王之明，而又害于足下之义，故遁逃奔赵。自负以不肖之罪，故不敢为辞说。今王使使者数之罪，臣恐侍御者之不察先王之所以畜幸臣之理，而又不白于臣之所以事先王之心，故敢以书对。

“臣闻贤圣之君，不以禄私其亲，功多者授之；不以官随其爱，能当者处之。故察能而授官者，成功之君也；论行而结交者，立名之士也。臣以所学者观之，先王之举错，有高世之心，故假节于魏王，而以身得察于燕。先王过举，擢之乎宾客之中[①]，而立之乎群臣之上，不谋于父兄，而使臣为亚卿。臣自以为奉令承教，可以幸无罪矣，故受命而不辞。

乐毅受燕昭王之命攻齐

"先王命之曰：'我有积怨深怒于齐，不量轻弱，而欲以齐为事。'臣对曰：'夫齐，霸国之余教而骤胜之遗事也。闲于甲兵，习于战攻。王若欲伐之，则必举天下而图之。举天下而图之，莫径于结赵矣。且又淮北、宋地，楚、魏之所同愿也，赵若许约，楚、赵、宋尽力，四国攻之，齐可大破也。'先王曰：'善！'臣乃口受令，具符节，南使臣于赵。顾反命，起兵随而攻齐。以天之道，先王之灵，河北之地，随先王举而有之于济上。济上之军奉令击齐，大胜之。轻卒锐兵，长驱至国。齐王逃遁走莒，仅以身免。珠玉财宝、车甲珍器，尽收入燕。大吕陈于元英，故鼎反乎历室，齐器设于宁台。蓟丘之植，植于汶篁[2]。自五伯以来，功未有及先王者也。先王以为顺于其志，以臣为不顿命，故裂地而封之，使之得比乎小国诸侯。臣不佞，自以为奉令承教，可以幸无罪矣，故受命而弗辞。

"臣闻贤明之君，功立而不废，故著于春秋；蚤知之士，名成而不毁，故称于后世。若先王之报怨雪耻，夷万乘之强国，收八百岁之蓄积，及至弃群臣之日，遗令诏后嗣之余义，执政任事之臣，所以能循法令，顺庶孽者，施及萌隶，皆可以教于后世。

"臣闻善作者不必善成，善始者不必善终。昔者伍子胥说听乎阖闾，故吴王远迹至于郢。夫差弗是也，赐之鸱夷而浮之江[3]。故吴王夫差不悟先论之可以立功，故沉子胥而弗悔。子胥不蚤见主之不同量，故入江而不改。

"夫免身全功，以明先王之迹者，臣之上计也。离毁辱之非，堕先王之名者，臣之所大恐也。临不测之罪，以幸为利者，义之所不敢出也。

"臣闻古之君子，交绝不出恶声；忠臣之去也，不洁其名。臣虽不佞，数奉教于君子矣。恐侍御者之亲左右之说，而不察疏远之行也。故敢以书报，唯君之留意焉。"

【注释】

①擢（zhuó）：提拔。②汶（wèn）篁（huáng）：齐国汶水边的竹田。③鸱（chī）夷：皮制的口袋。

【译文】

昌国君乐毅，为燕昭王联合五国的军队攻打齐国，攻下七十多座城邑，并把这些地方全部作为郡县划归燕国。还有三座城没攻下，燕昭王就死了。燕惠王即位，中了齐人的反间计，因而怀疑乐毅，便派骑劫代替乐毅统兵。乐毅逃亡到赵国，赵王封他为望诸君。齐国大将田单设计欺骗了骑劫，最终打败了燕国，收复了七十多座城邑，恢复了齐国的领土。

燕惠王深感后悔，又害怕赵国起用乐毅，趁燕国疲惫之时来攻打燕国。于是燕惠王派人去责备乐毅，并向乐毅道歉说："先王把整个燕国托付给将军，将军为燕国攻破了齐国，替先王报了仇，天下人无不为之震动，我怎么敢有一天忘记将军的功劳呢！适逢先王去世，我又刚刚即位，左右之人蒙蔽了我。但我之所以让骑劫代替将军的职位，是因为将军长期在外奔波辛劳，我想把您调回暂时休整一下，并且共议国家大事。然而将军误信流言，因而和我有了隔阂，就丢下燕国归附了赵国。将军为自己打算是可以的，可您又拿什么来报答先王对将军您的知遇之恩呢？"

乐毅于是派人送来书信回答燕惠王说："臣不才，不能遵行先王的教导，来顺从您左右之人的心意，又恐怕回到燕国遭受杀身之祸，以致损害了先王用人的英明，又使大王蒙受不义的名声，所以才逃到赵国。自己甘愿承担不贤的罪名，所以不敢为此辩解。如今大王派使者来历数我的罪过，我担心侍奉大王的人不能明察先王重视我、任用我的理由，并且也不能明白我之所以侍奉先王的心情，所以才斗胆写这封信来回答您。

“我听说贤明的君主，不把爵禄私自送给和自己亲近的人，而是对功劳多的人才给予；不把官职随便授给自己喜爱的人，而是对能胜任的人才安排在相应的位置上。所以，考察才能再授以相应官职的，才是能够成就功业的君主；根据德行结交朋友的，才是能树立名声的贤士。我用所学的知识观察，先王的行动举措，无处不表现着超越当代君主的胸怀，所以我才借着为魏王出使的机会来到燕国，而被先王看重。先王过高地抬举我，将我从宾客之中选拔出来，将官职安排在群臣之上，不与宗室大臣商议，就任命我为亚卿。我自以为奉行命令，秉承教导，就可以侥幸逃脱罪罚，所以就接受了任命而没有推辞。

“先王命令我说：‘我和齐国有深仇大恨，顾不得国力弱小，打算把攻打齐国作为自己的任务。’我回答说：‘齐国，保持着霸主之国的遗教，而且有多次战胜的经验。他们精于用兵，熟悉战斗进攻，大王如果想攻打齐国，就一定要发动天下的力量来对付它。要发动天下的力量来对付齐国，没有比先和赵国结交更快捷有效的了。再说，齐国占有的淮北和宋国故地，是楚国和魏国都想要得到的。赵国如果答应结约，再有楚、魏和（被齐占领的）宋国的协力出击，四国联合攻齐，就一定可以大破齐国。’先王说：‘好！’于是我接受先王口授的命令，准备好符节，南行出使赵国。我回国复命以后，各国随即起兵攻齐。靠着上天的保佑和先王的威望，黄河以北的土地随着军队的到达而全数为先王所占有。济水边上的军队奉命进击齐军，大获全胜。轻装的步兵手持锐利的武器，长驱直入到齐国国都。齐王仓惶逃到莒地，仅仅免于一死。齐国的珠玉财宝、车马铠甲、珍贵器物，全部收归燕国。他们的大吕钟被拿来挂放在元英殿里，被齐国掠去的燕国大鼎又回到了历室宫，齐国的各种宝物摆设在燕国的宁台里。燕都蓟丘的植物，移种在齐国汶水的竹田里。从春秋五霸以来，功业没有能赶得上先王的。先王认为这个结果符合他的心意，也认为我没有辜负使命，因此划分一块土地来封赏我，使我的地位能够比得上小国诸侯。我虽然没什么才能，但自认为奉行命令，秉承教导，就可以侥幸免于罪罚了，所以接受了封赏而不敢推辞。

“我听说贤明的君王，建立功业而不使它废弃，因而才被载于史册；有先见之明的贤士，功成名就后而不使它败坏，因而才能被后人称颂。像先王立志报仇雪恨，征服了拥有万辆兵车的强国，收取了它八百年的积蓄，直到去世的那一天，还留下告诫继承者的遗训，执政管事的大臣因此而能遵循法令，处理好嫡庶关系（而使政权得以平安过渡），施恩惠于平民百姓。先王的这些遗训，都是可以教育后世的。

“我听说善于开创的不一定善于完成，有好的开端的人未必就有好的结局。从前，伍子胥的主张被吴王阖闾采纳，所以吴王的足迹能远至楚国郢都。吴王夫差却不是这样，反而给伍子胥一只皮口袋，将他投入江中。可见吴王夫差不懂得伍子胥生前的主张是可以建功立业的，所以把伍子胥沉入江中也不后

乐毅拜将

悔。伍子胥不能及早预见前后两位君主的度量不同，所以被投入江中也不改变初衷。

“使自己能免遭杀戮，保全功名，以此来彰明先王的业绩，这是我的上策。自身遭受诋毁侮辱，毁坏先王的名声，这是我最害怕的事情。面对不可预测的大罪，还侥幸想助赵伐燕以求取私利，从道义上讲，这是我不敢做的。

“我听说古代的君子，即使交情断绝，也不说对方的坏话；忠臣即使含冤离开本国，也不为自己的名节辩白。我虽不才，也曾多次受教于君子。我担心大王听信左右亲近的话，而不体察我这个被疏远之人的行为。所以才斗胆以书信作答，请大王对此事好好考虑一下。”

◎李斯谏逐客书◎

【题解】

秦国以善于招揽人才著称，商鞅、张仪、范雎等名相都不是秦国人，但是三人都为秦的强盛做出了贡献。战国末年，韩国水工郑国为虚耗秦国国力，避免秦国入侵韩国，所以建议秦王大修水利。不料，郑国的意图被秦王发觉，秦人认为外来的人才并非真心效忠秦国，就建议秦王逐客。秦王政觉得有理，就下了逐客令。大臣李斯是楚国人，也在被驱逐的行列里，于是他写下这篇《谏逐客书》，追述客对秦国的贡献，并指出客是秦国统一天下的必要条件。李斯的文章观点鲜明，利害关系清晰，秦王最终接受了他的请求，逐客令遂宣布废止。

【原文】

秦宗室大臣皆言秦王曰：“诸侯人来事秦者，大抵为其主游间于秦耳，请一切逐客。”李斯议亦在逐中。

斯乃上书曰：“臣闻吏议逐客，窃以为过矣。

“昔穆公求士，西取由余于戎，东得百里奚于宛，迎蹇叔于宋，求丕豹、公孙支于晋。此五子者，不产于秦，而穆公用之，并国二十，遂霸西戎。孝公用商鞅之法，移风易俗，民以殷盛，国以富强，百姓乐用，诸侯亲服，获楚、魏之师，举地千里，至今治强。惠王用张仪之计，拔三川之地，西并巴、蜀，北收上郡，南取汉中，包九夷，制鄢、郢，东据成皋之险，割膏腴之壤①，遂散六国之从，使之西面事秦，功施到今。昭王得范雎，废穰侯，逐华阳，强公室，杜私门，蚕食诸侯，使秦成帝业。此四君者，皆以客之功。由此观之，客何负于秦哉！向使四君却客而不内，疏士而不用，是使国无富利之实，而秦无强大之名也。

“今陛下致昆山之玉，有随和之宝，垂明月之珠，服太阿之剑，乘纤离之马，建翠凤之旗，树灵鼍之鼓②。此数宝者，秦不生一焉，而陛下说之，何也？必秦国之所生然后可，则是夜光之璧不饰朝廷，犀象之器不为玩好，郑魏之女不充后宫，而骏马駃騠不实外厩③；江南金锡不为用，西蜀丹青不为采。所以饰后宫、充下陈、娱心意、说耳目者，必出于秦然后可，则是宛珠之簪、傅玑之珥、阿缟之衣、锦绣之饰，不进于前；而随俗雅化、佳冶窈窕赵女不立于侧也。夫击瓮叩缶，弹筝搏髀④，而歌呼呜呜、快耳目者，真秦之声也；郑卫桑间，韶虞武象者，异国之乐也。今弃击瓮而就郑卫，退弹筝而取韶虞，若是者何也？快意当前，适观而已矣。今取人则不然，不问可否，不论曲直，非秦者去，为客者逐。然则是所重者在乎色乐珠玉，而所轻者在乎人民也。此非所以跨海内、制诸侯之术也。

“臣闻地广者粟多，国大者人众，兵强则士勇。是以泰山不让土壤，故能成其大；河海不择细流，故能就其深；王者不却众庶，故能明其德。是以地无四方，民无异国，四时充美，鬼神降福，此五帝三王之所以无敌也。今乃弃黔首以资敌国，却宾客以业诸侯，使天下之士退而不敢西向，裹足不入秦，此所谓‘藉寇兵而赍盗粮’者也。

“夫物不产于秦，可宝者多；士不产于秦，而愿忠者众。今逐客以资敌国，损民以益仇，内自虚而外树怨于诸侯，求国之无危，不可得也。”

秦王乃除逐客之令，复李斯官。

【注释】

① 膏腴（yú）：肥沃。② 灵鼍（tuó）：鳄鱼。③ 駃（jué）騠（tí）：良马名。④ 髀（bì）：大腿。

【译文】

秦国的宗室大臣都对秦王说：“各诸侯国来侍奉秦国的人，大都是替他们各自的君主游说和离间秦国的，请把所有的客卿一律驱逐出境。”李斯也在计划要被驱逐的行列里。

李斯于是上书秦王说：“臣听说官吏们正在计议要驱逐客卿，臣私下里认为这是错误的。

“从前穆公访求贤才，从西戎争取到由余，从东边的宛得到百里奚，自宋国迎来蹇叔，从晋国招来丕豹、公孙支。这五位贤人都不是秦国人，可是穆公重用他们，因此吞并了二十个国家，于是称霸西戎。孝公施行商鞅的新法，移风易俗，人民生活因此殷实富足，国家也因此富裕强大起来，百姓乐于为国效命，各国诸侯也都亲近或臣服于秦国，后来秦国击败了楚、魏两国的军队，占领了上千里的土地，直到今天还是安定而强盛。惠王采用张仪的连横之计，攻占了三川地区，向西吞并了巴蜀，向北收得了上郡，向南攻取了汉中，兼并了许多蛮夷部族，控制了楚国的鄢、郢两都，向东占据了险要的成皋，割取了大量的肥沃土地，于是拆散了六国的合纵盟约，使他们面向西边侍奉秦国，功业一直延续到现在。昭王得到范雎，免去了穰侯，驱逐了华阳君，加强了秦王室的统治，制伏了豪门贵族的势力，逐步吞并了各诸侯国，使秦国完成了统一天下的大业。这四位国君的成就，都是凭借了客卿的功劳。从这些事实来看，客卿有什么对不起秦国的地方呢！假使从前这四位君主拒绝客卿而不予接纳，疏远贤才而不任用，这样就会使秦国无法拥有雄厚富裕的实力，而且也不会有强大的威名。

“现在陛下获得了昆山的美玉，拥有了隋侯珠及和氏璧，悬挂着明月宝珠，佩戴着太阿宝剑，骑着纤离的骏马，林立着翠凤羽毛装饰的旗帜，竖起了鼍皮大鼓。这几件宝物没有一样是产自秦国的，但陛下却喜爱它们，这是为什么呢？如果一定要秦国出产的才可以使用，那么夜光之璧就不能装饰在朝堂之上，犀角、象牙制造的器皿就不能成为玩赏之物，郑国、魏国的美女就不会充满您的后宫，骏马就不会养在您的马厩之中，江南的金、锡就不能用来制作器物，西蜀的丹青就不能用来增添色彩。假如用来装饰后宫、充作姬妾、娱乐心意、快活耳目的东西，一定要秦国出产的才可以，那么，镶着宛珠的簪子、嵌着珠玑的耳环、东阿的丝绸衣服、刺绣华美的装饰，就都不能呈献到君王面前；而衣着时尚、妆扮文雅、容貌娇艳、体态美好的赵国美女，也不能侍立在君王身边了。敲瓮击缶、弹筝拍腿，呜呜地唱着歌以娱乐耳目的，才是真正的秦国音乐；而郑国、卫国和桑间的新调，韶虞、武象之类的乐曲，都是外地的音乐。现在秦国抛弃敲瓮击缶的音乐而改听卫国、郑国的音乐，舍弃弹筝而采用韶虞之乐，这样做是为什么呢？还不是因为令人快意的食物已摆在眼前，适合美观动听的要求罢了。如今用人却不是这个样子，不问是否合宜，不论是非曲直，只要不是秦国人就得离开，凡是外来的客卿就要驱逐出境，这样做，就可知秦国所重视的是美色、音乐、珠宝，而所轻视的却是人才，这实在不是用来统一天下、控制诸侯的方法啊！

“我听说：土地广阔的，粮食就会充足；国家强大的，人口就会众多；装备精良的，士兵就一定勇猛。因此，泰山不舍弃任何土壤，所以能成就它的高大；河海不嫌弃各种支流，所以能成就它的深邃；帝王不拒绝任何臣民，所以能显示出他们的恩德。因此，土地不论东西南北，民众不分本国、外国，四季都丰实美好，鬼神都来降福，这就是五帝三王无敌于天下的原因。现在秦国竟然抛弃人民来帮助敌国，排斥客卿以成就其他诸侯，使得天下的贤才退避而不敢前来西方，停下脚步而不愿再入秦国，这就叫做‘借武器给敌人，送粮食给强盗’啊！

“物品虽不是秦国出产的，可是珍贵的很多；人才虽不是在秦国出生的，可是愿意效忠者不少。如今驱逐客卿去帮助敌国，损害民众而增加敌人的实力，对内削弱了自己的国家，对外则和各诸侯结怨，这样下去，希望秦国不发生危机，也是不可能的啊！”

秦王于是废除了逐客令，恢复了李斯的官职。

《楚辞》

战国时代以屈原为代表的楚国人创作的诗歌，它是《诗经》三百篇后的一种新诗。西汉刘向整理古籍，把屈原、宋玉，以及汉代效仿屈原辞赋的作家淮南小山、东方朔、王褒和他本人的作品共16篇汇编成集，题名《楚辞》。东汉时王逸为《楚辞》作注，加进了自己写的一篇《九思》，使篇目增加到17篇，这就是流传到现在的《楚辞》本子。《楚辞》对后世文学影响深远，我国诗歌史上常以“风”“骚”并称，“风”指《诗经》，“骚”即指《楚辞》。《古文观止》中收录的《卜居》《宋玉对楚王问》两篇较为特殊，因为它们不能算诗歌而只能算散文，两篇作品的口吻都是第三者的记录而非作者本人的叙述，所以现在多认为它们的作者并非屈原或宋玉本人。

○卜　居○

【题解】

本文写的是屈原遭谗臣陷害被贬后，与太卜郑詹尹的一段对话。屈原在谈话中连续发出八个诘问倾诉了内心的烦闷和痛苦，抒发了胸中的愤慨和不平。

【原文】

屈原既放，三年不得复见。竭知尽忠，而蔽障于谗；心烦虑乱，不知所从。乃往见太卜郑詹尹，曰：“余有所疑，愿因先生决之。”詹尹乃端策拂龟，曰：“君将何以教之？”

屈原曰：“吾宁悃悃款款①，朴以忠乎？将送往劳来，斯无穷乎？宁诛锄草茅，以力耕乎？将游大人以成名乎？宁正言不讳以危身乎？将从俗富贵以媮生乎？宁超然高举以保真乎？将哫訾栗斯②，喔咿嚅唲③，以事妇人乎？宁廉洁正直以自清乎？将突梯滑稽，如脂如韦，以絜楹乎？宁昂昂若千里之驹乎？将泛泛若水中之凫，与波上下，偷以全吾躯乎？宁与骐骥亢轭乎？将随驽马之迹乎？宁与黄鹄比翼乎？将与鸡鹜争食乎？此孰吉孰凶？何去何从？世混浊而不清：蝉翼为重，千钧为轻；黄钟毁弃，瓦釜雷鸣；谗人高张，贤士无名。吁嗟默默兮，谁知吾之廉贞！”

詹尹乃释策而谢曰：“夫尺有所短，寸有所长；物有所不足，智有所不明；数有所不逮，神有所不通。用君之心，行君之意。龟策诚不能知此事。”

【注释】

①悃悃（kǔn）款款：诚恳真挚的样子。②哫（zú）訾（zī）：阿谀奉承的样子。栗（lì）斯：小心奉承、

献媚的样子。③ 喔（wō）咿（yī）嚅（rú）唲（ér）：强颜欢笑的样子。

【译文】

屈原遭放逐后，三年没有再见到楚怀王。他竭尽才智来报效国家，忠贞不二，却受到谗佞之人的压制；他心烦意乱，不知如何是好。于是去见太卜郑詹尹，对他说：“我心中有些疑惑的事情，想请先生为我决断。”詹尹连忙摆正筮草，拂净龟壳，问道：“不知您有何见教？”

屈原与郑詹尹

屈原说：“我是应该宁肯诚恳真挚，淳朴而且忠实呢？还是应该迎来送往，忙于世俗的应酬，力求不陷于穷困呢？是应该宁肯除掉杂草，尽力耕作呢？还是应该终日奔走于显贵之间，以成就威望名声呢？是应该宁肯直言不讳，因而招致危险呢？还是应该流于世俗，屈从于富贵而苟且偷生呢？是应该宁肯超脱尘俗，洁身自好，保持自己的本性呢？还是阿谀奉承，强颜欢笑，去逢迎那个妇人呢？是应该宁肯廉洁正直，以此来使自己的身心洁净呢？还是应该虚伪圆滑，像脂膏和熟牛皮那样没有骨气地围着别人转呢？是应该宁肯昂首独行，像日行千里的骏马呢？还是应该浮游不定，如同水中的野鸭，随波上下以求苟且保全自己呢？是应该宁肯与千里马并驾齐驱呢？还是应该随着劣马的蹄迹亦步亦趋呢？是应该同天鹅比翼高飞呢？还是应该和鸡鸭一起争夺食物呢？这些，哪个吉利，哪个凶险？我到底应该何去何从？世道混浊不清，把蝉翼说成是重的，把千钧说成是轻的；黄钟被毁弃，陶锅反倒发出雷鸣般的响声；谗佞之人发达显扬，贤者却默默无闻。唉，还有什么可说的呢，有谁知道我廉正忠贞！”

詹尹于是放下筮草，辞谢说：“尺有所短，寸有所长；事物总会有所不足，智者也有迷惑不解的时候；占卜有预料不到的地方，神明也有不能洞察的地方。坚持您的本心，行使您的本愿吧。灵龟和蓍草实在是不能知道这些事情。”

◎宋玉对楚王问◎

【题解】

本篇记述了楚王与宋玉之间的问答。宋玉通过许多新颖巧妙的比喻解释了自己不被众人接纳的原因在于曲高和寡，一番辩驳由浅入深，渐说渐明，理足气盛。

【原文】

楚襄王问于宋玉曰：“先生其有遗行与？何士民众庶不誉之甚也？”

宋玉对曰：“唯，然。有之。愿大王宽其罪，使得毕其辞。

“客有歌于郢中者，其始曰《下里》《巴人》，国中属而和者数千人[1]；其为《阳阿》《薤露》[2]，国中属而和者数百人；其为《阳春》《白雪》，国中属而和者不过数十人；引商刻羽，杂以流徵，国中属而和者不过数人而已。是其曲弥高，其和弥寡。

“故鸟有凤而鱼有鲲。凤凰上击九千里，绝云霓，负苍天，足乱浮云，翱翔乎杳冥之上；夫蕃篱之鷃[3]，岂能与之料天地之高哉！鲲鱼朝发昆仑之墟，暴鬐于碣石，暮宿于孟诸；

夫尺泽之鲵，岂能与之量江海之大哉！

"故非独鸟有凤而鱼有鲲也，士亦有之。夫圣人瑰意琦行，超然独处，世俗之民，又安知臣之所为哉？"

宋玉对楚王问

【注释】

① 属（zhǔ）：接续。②《阳阿》《薤（xiè）露》：楚国比较高雅的音乐。③ 鷃（yàn）：一种小鸟。

【译文】

楚襄王问宋玉说："先生大概有不检点的行为吧？不然士人百姓们何以对你如此不满呢？"

宋玉回答说："是的，是这样。有这种事情，希望大王宽恕我的罪过，让我把话说完。

"有位客人在郢都城里唱歌，起初他唱《下里》《巴人》，城中跟着应和的有数千人；后来唱《阳阿》《薤露》，城中跟着应和的有数百人；等到唱《阳春》《白雪》，城中跟着应和的只有数十人了；最后他引用商声，刻画羽声，再夹杂以流动的徵声相和成调，城中跟着应和的不过几个人而已。这样看来，所唱的曲子越是高妙，能相应和的人也就越少。

"所以鸟类中有凤而鱼类中有鲲。凤凰振翅高飞而上九千里之霄汉，凌驾于白云彩虹之上，背负苍天，双足搅乱浮云，翱翔在高邈的太空中；那落在篱笆之上的鷃雀，怎能和它一起去了解天地的高远呢！鲲鱼清晨从昆仑山脚出发，中午在渤海边的碣石山上晒脊背，夜晚就已经栖宿在孟诸的大泽里了；那浅水塘中的小鲵，怎能和它一样测算江海的宽广呢？

"所以不只是鸟类中有凤，鱼类中有鲲，士人中也有杰出的英才。圣人有超越常人的思想和行为，超然物外，悠然独处，世俗的人，又怎能理解我的作为呢？"

卷五 汉文

司马迁

（前145～约前96）

司马迁，夏阳（在今陕西韩城西南）人。出身史学世家，父亲司马谈官至太史令。司马迁十岁时随父到长安，先后求学于董仲舒和孔安国门下。二十岁开始游历名山大川，所到之处均考察风俗，采集史迹传说。继承父亲太史令的职位后，司马迁得以饱览朝廷藏书，又随汉武帝到各地巡游，增长了见识；他同时开始着手整理史料，以完成父亲写一部“名主贤君、忠臣死义之事”的通史的遗愿。汉武帝天汉二年（前99），李陵出征匈奴时因友军接应不力身陷重围，在矢尽粮绝的情况下投降匈奴，司马迁因上疏为李陵辩护触怒武帝，被处以宫刑。受此大辱，司马迁愤不欲生，但为了实现自己的理想，决心“隐忍苟活”。出狱后任中书令，继续发愤著书，终于完成了被鲁迅先生誉为“史家之绝唱，无韵之离骚”的伟大名著——《史记》。

《史记》原名《太史公书》，是我国第一部通史，它记载了上至传说中的黄帝，下至汉武帝太初年间约2400年的历史，并开创了纪传体和书表的编写体例。全书包括十二本纪、十表、八书、三十世家、七十列传，共130篇，全面而深刻地反映了我国古代的社会面貌。《史记》同时也是一部优秀的文学作品，它融会了司马迁深挚浪漫的情感和对自身遭遇的不平之气，叙事剪裁有致、繁简得当，行文洒脱流畅、波澜起伏，塑造历史人物形象血肉丰满、惟妙惟肖，具有巨大的艺术感染力。

五帝本纪赞

【题解】

此文是《史记·五帝本纪》的赞语，主要是对前人所写的有关五帝文献记录的评论，同时还说明了自己写《五帝本纪》的资料来源。

【原文】

太史公曰：学者多称五帝，尚矣。然《尚书》独载尧以来，而百家言黄帝，其文不雅驯[1]，荐绅先生难言之。孔子所传《宰予问五帝德》及《帝系姓》，儒者或不传。余尝西至空峒，北过涿鹿，东渐于海，南浮江淮矣，至长老皆各往往称黄帝、尧、舜之处，风教固殊焉。总之，不离古文者近是。予观《春秋》《国语》，其发明《五帝德》《帝系姓》章矣，顾弟弗深考[2]，其所表见皆不虚。《书》缺有间矣，其轶乃时时见于他说。非好学深思，心知其意，固难为浅见寡闻道也。余并论次，择其言尤雅者，故著为本纪书首。

【注释】

① 雅驯：正确可信。② 顾弟：只是。弟，通“第”。

【译文】

太史公说：读书的人常称道五帝，由来已久了。但是，《尚书》只记载了尧以后的事情，诸子百家虽然都提到了黄帝，但他们的记述往往并不准确，文辞也不优美，所以士大夫们很难说清楚。孔子传下来的《宰予问五帝德》和《帝系姓》，儒生中有人（认为并非出自圣人之手而）不加传习。我曾经西到空峒山，北过涿鹿山，东至大海，南渡长江和淮河，所到之处，年长的人往往都各自称说是黄帝、尧、舜曾经所到之处，但这些地方的风俗教化原本彼此不同。总的来说，那些不背离古代文字记录的说法比较接近史实。我看《春秋》《国语》，它们对《五帝德》和《帝系姓》的阐发是很明白的，只不过儒生们没有深入考察罢了，那《五帝德》和《帝系姓》中反映的情况其实都是真实的。《尚书》早就残缺不全了，可是它所散失的内容常常能在其他著作中见到。除非是好学深思，从内心领悟了书中的意思，（否则）这些书中的内容本来就难以对见识浅薄、孤陋寡闻的人说清楚。我把五帝的资料综合起来，加以论定编排，选择其中记载最为正确可信的内容，写成《五帝本纪》，作为全书的开头。

◎项羽本纪赞◎

【题解】

此文是司马迁在《史记·项羽本纪》中的一段评论，文中论说了西楚霸王项羽一生的功过成败，表达了作者对一代英豪的惋惜之情。

【原文】

太史公曰：吾闻之周生曰“舜目盖重瞳子”，又闻项羽亦重瞳子。羽岂其苗裔邪？何兴之暴也①！夫秦失其政，陈涉首难，豪杰蜂起，相与并争，不可胜数。然羽非有尺寸，乘势起陇亩之中，三年，遂将五诸侯灭秦，分裂天下而封王侯，政由羽出，号为“霸王”。位虽不终，近古以来，未尝有也。及羽背关怀楚，放逐义帝而自立，怨王侯叛己，难矣。自矜功伐，奋其私智而不师古，谓霸王之业，欲以力征经营天下，五年，卒亡其国，身死东城，尚不觉寤②，而不自责，过矣。乃引“天亡我，非用兵之罪也”，岂不谬哉！

【注释】

① 暴：突然，迅猛。② 寤：通“悟”。

【译文】

太史公说：我听周生说，“舜的眼睛是双瞳仁”，又听说项羽也是双瞳仁。项羽莫非是舜的后代？他的崛起是何其迅猛啊！当秦国统治昏聩无道的时候，陈涉是第一个向秦国发难的，随后天下的豪杰便蜂拥而起，群雄逐鹿，参与争夺天下的人，多得数也数不清。项羽没有一尺一寸的地盘，只是趁势从民间崛起，只三年的时间

项羽乌江自刎

就率领五国诸侯将秦国灭亡了。他分割天下的土地以分封王侯，一切政令都由他颁布，号称“霸王”。他的霸主地位虽然没有维持多久，但他的功业，也是近古以来未曾有过的了。等到项羽放弃了关中之地，怀恋楚地（而回到楚国故地建都），放逐了义帝而自立为王，这时又埋怨诸侯王公们背叛自己，他的处境，实际上已经是很艰难的了。他自认为功高盖世，战绩卓著，只知道按个人的想法行事而不从前人的经验教训中求取胜败兴亡之道，一心沉醉于霸王之业，而想要凭借武力统治天下，只有五年的时间，终于使国家灭亡了。直到他自己死在东城还不觉悟，不肯反省自责，这实在是过错啊！他却说：“是天要亡我，并不是我用兵的过错。”这岂不是太荒唐了吗！

◎秦楚之际月表◎

【题解】

此文是《史记·秦楚之际月表》的序文。“表”是《史记》中的一个体例，年代无从考证的称为“世表”，可以考证的叫作“年表”，所述的历史阶段变化十分剧烈的就是“月表”。本文所述的就是秦汉之际的历史剧变。自项羽灭秦，至刘邦建立汉朝，不过短短五年光阴，中间却经历了三次政权嬗变：秦亡、楚兴、汉立，此文表达了在战乱纷争之际，唯有圣人才能承命而一统天下的道理。

【原文】

太史公读秦楚之际，曰：初作难，发于陈涉；虐戾灭秦，自项氏；拨乱诛暴，平定海内，卒践帝祚，成于汉家。五年之间，号令三嬗①，自生民以来，未始有受命若斯之亟也。

昔虞、夏之兴，积善累功数十年，德洽百姓，摄行政事，考之于天，然后在位。汤、武之王，乃由契、后稷，修仁行义十余世，不期而会孟津八百诸侯，犹以为未可；其后乃放弑。秦起襄公，章于文、缪，献、孝之后，稍以蚕食六国，百有余载，至始皇乃能并冠带之伦。以德若彼，用力如此，盖一统若斯之难也！

秦既称帝，患兵革不休，以有诸侯也，于是无尺土之封，堕坏名城，销锋镝②，钼豪杰③，维万世之安。然王迹之兴，起于闾巷，合从讨伐，轶于三代，乡秦之禁，适足以资贤者为驱除难耳。故愤发其所为天下雄，安在无土不王？此乃传之所谓大圣乎！岂非天哉？岂非天哉？非大圣孰能当此受命而帝者乎！

【注释】

①嬗（shàn）：变更。②镝（dí）：箭头。③钼（chú）：通“锄”，铲除。

【译文】

太史公研读了有关秦楚之际的记载，说：最早对秦国发难，起于陈涉；用残暴的手段灭亡秦朝，出自项羽之手；拨乱反正，诛除暴虐，平定海内，最终登上帝位，则完成于汉家。在五年时间里，发号施令的人更换了三个，自有人类以来，还未曾有受天命像这样急促的。

从前虞舜、夏禹兴起的时候，他们积累善行和功德的时间都长达数十年之久，恩德遍泽于百姓，他们还得先代行君主的政事，经过上天的考验，然后才正式登上帝位。商汤和周武王王业的成就，是从他们的祖先契和后稷时就开始了，他们的祖先不断地完善自己的仁德，坚持按照道义做事，这样过了十几代，到了武王的时候，才有了未曾约定就有八百诸侯到孟津会盟的盛大场面，但武王还嫌时机不够成熟；又经过一段时间，商汤才放逐了

西汉贾谊《过秦论》："天下已定，始皇之心，自以为关中之固，金城千里，子孙帝王万世之业也。"

夏桀，武王才诛杀了殷纣。秦国自襄公时兴起，在文公、穆公时强大的国力便体现了出来，献公、孝公以后，逐渐蚕食六国，前后经过一百多年的时间，到了秦始皇即位的时候，才得以兼并六国诸侯。像虞、夏、商、周一样世代积累德行，像秦国这样世代使用武力，不断进行扩张才能取得天下，可见统一天下是如此艰难！

秦始皇称帝以后，担心诸侯的存在会造成战乱不休，于是没有分封一尺的土地，还拆毁名城，销毁兵器，铲除豪杰之士，希望以此来保持万代的帝业，但是，帝业的兴起，却来自于民间，各地豪杰联合起来攻打秦朝的规模，远远超过了夏、商、周三代。从前秦朝所设下的禁令，这时却恰好成为帮助那些贤人排除灭秦困难的助力。所以天下的贤士豪杰奋发而起，称雄天下，怎么能说没有封土便不能成就王业呢？这就是书传上所讲的大圣人吧？这难道不是天意吗？这难道不是天意吗？如果不是大圣人，谁又能受得起这样的天命而成就帝业呢？

◎高祖功臣侯年表◎

【题解】

汉高祖刘邦一统天下后，在全国封了一百多个诸侯。但是到汉武帝太初初年，诸侯的数量只剩了五个。在这篇文章中，司马迁认为汉代的诸侯之所以丧国殒性命，主要是因为汉代法网严密，再就是诸侯的后代子孙们堕落腐化所致。

【原文】

太史公曰：古者人臣，功有五品，以德立宗庙、定社稷曰勋，以言曰劳，用力曰功，明其等曰伐，积日曰阅。封爵之誓曰："使河如带，泰山若厉，国以永宁，爰及苗裔①。"始未尝不欲固其根本，而枝叶稍陵夷衰微也。

余读高祖侯功臣，察其首封，所以失之者，曰：异哉所闻！《书》曰："协和万国。"迁于夏、商，或数千岁。盖周封八百，幽、厉之后，见于《春秋》。《尚书》有唐、虞之侯伯，历三代千有余载，自全以蕃卫天子，岂非笃于仁义、奉上法哉？汉兴，功臣受封者百有余人，天下初定，故大城名都散亡，户口可得而数者十二三，是以大侯不过万家，小者五六百户。后数世，民咸归乡里，户益息，萧、曹、绛、灌之属或至四万，小侯自倍，富厚如之。子孙骄溢，忘其先，淫嬖②。至太初，百年之间，见侯五，余皆坐法陨命亡国，耗矣。罔亦少密焉，然皆身无兢兢于当世之禁云。

居今之世，志古之道，所以自镜也，未必尽同。帝王者各殊礼而异务，要以成功为统纪，岂可绲乎③？观所以得尊宠及所以废辱，亦当世得失之林也，何必旧闻？于是谨其终始，表见其文，颇有所不尽本末，著其明，疑者阙之。后有君子，欲推而列之，得以览焉。

【注释】

①爰（yuán）：于是。②淫嬖：淫乱邪恶。③绲（gǔn）：缝合。

【译文】

汉高祖刘邦斩白蛇起义

太史公说：古时候人臣的功劳分为五个等级，凭德行创建基业、安定国家的称作“勋”；因为言论进谏而立功的称作“劳”；凭武力战胜于疆场之上、立下显赫功绩的称作“功”；能分明功绩等级的称作“伐”；因为日积月累而使得资历深厚的称作“阅”。封爵时的誓词说：“即使黄河变得像衣带一样细，泰山变得像磨刀石一样平，封国也永远安宁，并将这种安定一直延续到子孙后代。”开始分封的时候，朝廷并不是不想使封国的根基牢固，但这些封国的枝叶最终还是颓败没落了下去。

我读了高祖时被封为侯的功臣的有关记载，考察他们最初被封而后又失去爵位的原因，说：传闻与实际情况真是大为不同啊！《尚书》上说：“尧所建立的诸侯万国都和睦相处。”延续到夏、商的时候，有的已经存在了几千年。周朝分封了八百诸侯，直到周幽王、周厉王以后，在《春秋》上还有记载。《尚书》记载有唐尧、虞舜时分封的侯、伯，经历了夏、商、周三代共一千多年，仍能保全自己的藩国并且护卫天子，这难道不是由于坚守仁义，奉行天子的法度吗？汉朝兴起以后，功臣中受到封赏的有一百多人。当时天下初定，所以大城名都的人口都流亡在外，通过户籍计算出来的人口不过是实际的十之二三，因此大的诸侯的封地不过万家，小的诸侯的封地只有五六百户。以后的几代，百姓都回归家乡，人口日益繁衍增多。萧何、曹参、周勃、灌婴等人的后代，下面的属民有的增加到了四万户，就算是小的封侯，属民也比初封时增加了一倍，他们富裕程度的增加也是如此。但是他们的子孙却骄奢过度，忘记了先人创业的艰难，行为荒淫邪恶。从汉初至太初的百年之间，留存下来的封侯就只剩下五人了，其余的都因犯法而殒命亡国，不复存在了。朝廷的法网是略微严密些，但是他们也确实没有小心翼翼地恪守当时的禁令。

生活在当今的时代之中，记住古人处世的道理，这是用来对照自己的行为，从中获得借鉴的好方法，但也不一定非要和古人完全一样。各朝帝王的礼制不尽相同，致力的方向也不一样，但各自都是以成功为目的，哪能不分青红皂白就将他们一概而论呢？观察那些人臣之所以得到尊宠和之所以遭到废辱，可以看到当代存在着许多或得或失的事例，何必一定要借鉴古时的传闻呢？于是我谨慎地考察了诸侯王的兴衰始末，用表列出了说明文字，有些不能把事情的本末说得很清楚的地方，我便只记下那些真实可信的材料，对于疑而不能决的地方，我就把它空在那里。如果后世有哪位君子，想在进行详细地考究之后将他们的事迹重新编排，这个表可以供他参阅。

◎孔子世家赞◎

【题解】

此文是《史记·孔子世家》的赞语，它通过描写孔子的风范和对后世的影响，表达了作者对孔子的崇敬之情。

【原文】

太史公曰：《诗》有之："高山仰止，景行行止。"虽不能至，然心乡往之。余读孔氏书，想见其为人。适鲁，观仲尼庙堂、车服、礼器；诸生以时习礼其家，余低回留之，不能去云。天下君王至于贤人众矣，当时则荣，没则已焉。孔子布衣，传十余世，学者宗之。自天子王侯，中国言六艺者折中于夫子，可谓至圣矣！

【译文】

太史公说：《诗经》中有这样的话："高高的山岳，为人所瞻仰；宽广的大道，人们沿着它前进。"虽然我无法到达那种境界，可是内心却一直向往着。每当我读着孔子的著作，脑子里便推想着他是怎样一个人。我到过鲁国的故地，参观过孔子的庙堂、车驾、衣服和礼器；儒生们现在还是按时在孔子的家庙中演习礼仪，我徘徊流连，久久不能离去。天下的君王乃至贤人可谓是很多了，但他们大都是在世的时候兴盛一时，死后就湮没无闻了。孔子虽然是布衣之士，但他的学说已经流传了十几代，读书人都尊崇他。自天子、王侯起，中国讲说六艺的人都以孔子的学说为标准，孔子真可以说是至高无上的圣人啊！

◎外戚世家序◎

【题解】

本篇是《外戚世家》的序言。在序中，司马迁援引夏、商、周三代事例，论证国家的兴亡、帝王的成败与外戚之间的密切关系，强调帝王择偶的重要性。

【原文】

自古受命帝王及继体守文之君，非独内德茂也，盖亦有外戚之助焉。夏之兴也以涂山，而桀之放也以妹喜；殷之兴也以有娀，纣之杀也嬖妲己；周之兴也以姜原及大任，而幽王之禽也淫于褒姒。故《易》基《乾》《坤》，《诗》始《关雎》，《书》美釐降[①]，《春秋》讥不亲迎。夫妇之际，人道之大伦也。礼之用，唯婚姻为兢兢[②]。夫乐调而四时和；阴阳之变，万物之统也。可不慎与？人能弘道，无如命何。甚哉，妃匹之爱[③]！君不能得之于臣，父不能得之于子，况卑下乎！既欢合矣，或不能成子姓；能成子姓矣，或不能要其终，岂非命也哉？孔子罕称命，盖难言之也。非通幽明之变，恶能识乎性命哉？

【注释】

①釐（lí）降：指尧亲自办理两个女儿的婚事。②兢兢：小心谨慎的样子。③妃：通"配"。

【译文】

自古以来受命于天的帝王以及那些继承先人政体和遵守先人成法的君主，不仅仅是因为他们自身的德行美好，大概还因为他们得到了外戚的帮助。夏朝的兴起是因为夏禹娶了涂山氏为妻，而夏桀的流放则是因为他宠爱妹喜；商朝的兴起是因为其祖先娶了有娀氏为妻，而纣王被诛杀则是因为他宠爱妲己；周朝的兴起是因为其祖先娶了姜原和太任为妻，而周幽王被擒杀则是因为他为了褒姒而胡作非为。所以《易经》的根基是《乾》《坤》两卦，《诗经》以《关雎》作为它的第一篇，《尚书》赞美尧亲自料理女儿的婚事，《春秋》则讥讽男子不亲自迎亲。夫妇的关系，是人的各种道德礼仪规范中最重要的伦理。礼法的应用，唯独在婚姻方面特别慎重。音乐协调便能四时和谐；阴阳的变化，是万物生长繁衍的根本。这是可以不慎重对待的吗？一个人能够宏扬道德，但他对天命却无可奈何。极深啊，夫妻之间的情爱！这样的爱，君主不能从臣子那里得到，父亲不能从儿子那里得到，何况是地位卑下的人呢！夫妻之间既已相爱而结合，有的不能生育子嗣；能够生育子嗣的，有的还不能求得好的终结，难道不是命运所致吗？孔子很少谈论天命，大概是因为很难把天命讲清楚吧。假如不通晓阴阳的变化，又怎能够认清人的本性与命运呢？

◎伯夷列传◎

【题解】

伯夷是商末孤竹君的长子。他最初辅佐商纣王，但是商纣暴虐，滥杀无辜，伯夷为了避难就离开朝廷。伯夷听说姬昌治理下的西岐安定富足，就前去投奔。后来，姬昌死，其子武王即位，很快灭掉了商朝。伯夷认为臣子伐君乃是不义之举，就和叔齐一块去首阳山隐居，发誓不吃周朝的粟米，结果双双饿死。周武王听说伯夷、叔齐的事迹后，对他俩大加赞赏。司马迁写《伯夷列传》的用意，主要是教育后人砥砺品行，使伯夷的仁义美德传于后世。

【原文】

夫学者载籍极博，犹考信于六艺。《诗》《书》虽缺，然虞、夏之文可知也。尧将逊位，让于虞舜。舜、禹之间，岳牧咸荐，乃试之于位。典职数十年，功用既兴，然后授政，示天下重器。王者大统，传天下若斯之难也。而说者曰，尧让天下于许由，许由不受，耻之逃隐。及夏之时，有卞随、务光者。此何以称焉？太史公曰：余登箕山，其上盖有许由冢云。孔子序列古之仁圣贤人，如吴太伯、伯夷之伦详矣。余以所闻，由、光义至高，其文辞不少概见，何哉？

孔子曰："伯夷、叔齐，不念旧恶，怨是用希。""求仁得仁，又何怨乎？"余悲伯夷之意，睹轶诗可异焉。其传曰：伯夷、叔齐，孤竹君之二子也。父欲立叔齐，及父卒，叔齐让伯夷。伯夷曰："父命也。"遂逃去。叔齐亦不肯立而逃之。国人立其中子。于是伯夷、叔齐闻西伯昌善养老，"盍往归焉①！"及至，西伯卒，武王载木主，号为文王，东伐纣。伯夷、叔齐叩马而谏曰："父死不葬，爰及干戈，可谓孝乎？以臣弑君，可谓仁乎？"左右欲兵之。太公曰："此义人也。"扶而去之。武王已平殷乱，天下宗周，而伯夷、叔齐耻之，义不食周粟，隐于首阳山，采薇而食之。及饿且死，作歌，其辞曰："登彼西山兮，采其薇矣。以暴易暴兮，不知其非矣。神农、虞、夏忽焉没兮，我安适归矣？于嗟徂兮，命之衰矣！"遂饿死于首阳山。由此观之，怨邪非邪？

或曰："天道无亲，常与善人。"若伯夷、叔齐，可谓善人者非邪？积仁洁行如此而饿死！且七十子之徒，仲尼独荐颜渊为好学。然回也屡空，糟糠不厌，而卒蚤夭。天之报施善人，其何如哉？盗跖日杀不辜，肝人之肉，暴戾恣睢②，聚党数千人，横行天下，竟以寿终，是遵何德哉？此其尤大彰明较著者也。若至近世，操行不轨，专犯忌讳，而终身逸乐，富厚累世不绝。或择地而蹈之，时然后出言，行不由径，非公正不发愤，而遇祸灾者，不可胜数也。余甚惑焉，傥所谓天道，是邪非邪？

子曰："道不同，不相为谋。"亦各从其志也。故曰："富贵如可求，虽执鞭之士，吾亦为之。如不可求，从吾所好。""岁寒，然后知松柏之后凋。"举世混浊，清士乃见。岂以其重若彼，其轻若此哉？

"君子疾没世而名不称焉。"贾子曰："贪夫徇财，烈士徇名，夸者死权，众庶冯生。""同明相照，同类相求。”“云从龙，风从虎，圣人作而万物睹。”伯夷、叔齐虽贤，得夫子而名益彰；颜渊虽笃学，附骥尾而行益显。岩穴之士，趋舍有时，若此类名堙灭而不称，悲夫！闾巷之人，欲砥行立名者，非附青云之士，恶能施于后世哉③！

【注释】

①盍（hé）：何不。②恣（zì）睢（suī）：放肆行凶。③施（yì）：延续。

【译文】

学者们涉猎的书籍虽然很多，但还是要从六经当中考察真实可信的记载。《诗经》《尚书》虽然残缺不全了，但是还可以从记载虞、夏的文字中得知当时的情况。唐尧将要退位，让位给虞舜。舜和禹即位前，四方的诸侯和州牧都来推荐他们，这才让他们担任职务，加以考察试用。在他们主持国政几十年，多年的治理开始显现出成效的时候，才正式把政权交给他们，向他们出示国家的重器。帝王是统领天下的职位，所以将天下传给一个人是如此的郑重审慎啊！可是有人说，尧当时想把天下传给许由，许由不仅不接受，反而把这当做是羞耻，逃走隐居了起来。到了夏朝的时候，又有了不接受商汤让位的卞随和务光，这又该怎么解释呢？太史公说：我登上箕山，山上可能有许由的坟墓。孔子依次排列了古代仁德圣明的贤人，如吴太伯、伯夷等一类人，并且对他们都记述得很详细。我听说许由、务光的德行都是很高尚的，但是经书里连有关他们的简略记载都见不到，这是为什么呢？

孔子说：“伯夷、叔齐不念以往的仇恨，因而很少有怨恨。”“他们追求仁义，并且得到了仁义，又能有什么怨恨呢？”我感叹伯夷的意志，看到他们遗散的诗篇，则又感到很诧异。他们的传文上说：伯夷、叔齐是孤竹君的两个儿子。父亲想要立叔齐为国君，等到父亲死了，叔齐要把君位让给伯夷。伯夷说：“这是父命啊！”于是逃走了。叔齐也不肯继承君位，也逃走了。国人只好立孤竹君的二儿子为国君。伯夷、叔齐听说西伯昌能够很好地赡养老人，就想：“何不去投奔他呢！”可是等到了那里才知道，西伯昌已经死了，他的儿子武王载着父亲的灵位，追尊西伯昌为文王，向东去讨伐殷纣。伯夷、叔齐勒住武王的马缰劝阻说：“父亲死了不葬，就发动战争，能说是孝顺吗？作为臣子却要去杀害君王，能说是仁义吗？”武王身边的人要杀掉他们。太公吕尚说：“这是有节义的人啊。”于是让人扶着他们离开。等到武王平定了商纣之乱，天下尽皆归顺了周朝，伯夷、叔齐却认为这是耻辱的事情，坚持他们的节义，不吃周朝的粮食，隐居在首阳山上，采摘野菜充饥。到了快要饿死的时候，作了一首歌，歌词说：“登上那座西山啊，采摘山中的薇菜。以残暴去代替残暴啊，竟不知道这是错误。神农、虞、夏的时代都匆匆过去，哪里才是我们的归宿？唉呀，要死去了啊，命运已经衰微了！”于是饿死在首阳山上。由此看来，他们是怨恨呢，还是不怨恨呢？

有人说：“天道是没有亲疏之分的，总是帮助善良的人。”拿伯夷、叔齐这样的人来讲，应该算是善良的人呢，还是不是呢？他们这样积累仁德、品行高洁的人，却终于饿死！在孔子七十名得意的学生中，只有颜回被孔子推崇为最好学的人，然而颜回总是穷困缠身，连糟糠都吃不饱，终于过早地死去。上天对好人的报施，又是怎样的呢？盗跖整日杀害无辜的人，吃人心肝，残暴凶狠，为所欲为，并且聚集党羽数千人，横行天下，竟得以长寿而终，这是遵循的什么道德呢？这是极为显著的事情。至于说到近代，那些操行不轨、专门违法犯禁的人，却能终身安逸享乐，财富丰厚，世世代代都吃用不尽。有的人选好地方才肯迈步，找好时机才肯说话，走路不敢经由小径，不是公正的事决不努力去做，而这样的人中遭遇祸灾者，数不胜数。我深感困惑，倘若有所谓的天道，那么这是天道呢，还是不是天道呢？

孔子说：“主张不同，不必相互磋商。”说的也是各人按各人的意志行事罢了。所以他又说：“假如富贵是可以寻求的，即使做个赶车的人，我也愿意；假如寻求不到，那还是依从我自己的爱好吧。”“天气寒冷以后，才知道松柏是最后凋落的。”整个社会都混乱污浊的时候，品行高洁的人才会显露出来。这难道不是因为有的人把富贵看得那么重，才显得高洁之士把富贵看得如此之轻吗？

宋·李唐·采薇图

孔子说："君子所怕的是死后名声不被人称道。”贾谊说："贪财的人为财而死，重义的人为名节献身，夸耀权势的人为争权而丧生，平民百姓则重视生存。”《易经》上说："同样明亮的东西，就会相互映照；同属一类的事物，则会彼此应求。”“云从龙，风从虎，圣人兴起，才使万物本来的面目显露出来。”伯夷、叔齐虽然有贤德，但得到孔子的赞颂，名声才愈加显著；颜回虽然专心好学，也只是因为依附在千里马的尾巴上，德行才更加显著。山林隐逸之士，时而入世，时而出世，像这样的人如果名声湮没而得不到称扬，是多么可惜的事情啊！普通的百姓想要砥砺德行，树立名声，如果不依附于德高望重的人，怎么能扬名后世呢！

◎管晏列传◎

【题解】

这篇文章是齐国丞相管仲和晏婴的合传。管仲和鲍叔牙从小一起长大。后来管仲做了齐国公子纠的谋士，鲍叔牙则辅佐了公子小白。公子小白在王位争夺中杀死了公子纠，登上王位，他就是齐桓公。鲍叔牙把管仲推荐给了齐桓公。最终，管仲辅佐桓公成就了霸业。

晏婴也是齐国历史上的一代名相，先后辅佐过灵公、庄公和景公。晏子在位期间，“节俭力行”，善于延揽人才，帮助齐国长期树威于诸侯。

这篇文章借管仲、晏婴的事迹，揭示了君子重知己这一主旨。

【原文】

管仲夷吾者，颍上人也。少时常与鲍叔牙游，鲍叔知其贤。管仲贫困，常欺鲍叔，鲍叔终善遇之，不以为言。已而鲍叔事齐公子小白，管仲事公子纠。及小白立为桓公，公子纠死，管仲囚焉。鲍叔遂进管仲。管仲既用，任政于齐，齐桓公以霸，九合诸侯，一匡天下，管仲之谋也。

管仲曰："吾始困时，尝与鲍叔贾，分财利多自与，鲍叔不以我为贪，知我贫也。吾尝为鲍叔谋事而更穷困，鲍叔不以我为愚，知时有利不利也。吾尝三仕三见逐于君，鲍叔不以我为不肖，知我不遭时也。吾尝三战三走，鲍叔不以我为怯，知我有老母也。公子纠败，召忽死之，吾幽囚受辱，鲍叔不以我为无耻，知我不羞小节而耻功名不显于天下也。生我者父母，知我者鲍子也。”

鲍叔既进管仲，以身下之。子孙世禄于齐有封邑者十余世，常为名大夫。天下不多管仲之贤而多鲍叔能知人也。

管仲既任政相齐，以区区之齐在海滨，通货积财，富国强兵，与俗同好恶，故其称曰：“仓廪实而知礼节，衣食足而知荣辱。上服度则六亲固。”“四维不张①，国乃灭亡。”“下令如流水之源，令顺民心。”故论卑而易行。俗之所欲，因而予之；俗之所否，因而去之。

其为政也，善因祸而为福，转败而为功。贵轻重，慎权衡。桓公实怒少姬，南袭蔡，管仲因而伐楚，责包茅不入贡于周室。桓公实北征山戎，而管仲因而令燕修召公之政。于柯之会，桓公欲背曹沫之约，管仲因而信之，诸侯由是归齐。故曰：“知与之为取，政之宝也。”

管仲富拟于公室，有三归、反坫，齐人不以为侈。管仲卒，齐国遵其政，常强于诸侯。

后百余年而有晏子焉。晏平仲婴者，莱之夷维人也。事齐灵公、庄公、景公，以节俭力行重于齐。既相齐，食不重肉，妾不衣帛。其在朝，君语及之，即危言；语不及之，即危行。国有道，即顺命；无道，即衡命。以此三世显名于诸侯。

越石父贤，在缧绁中②。晏子出，遭之途，解左骖赎之③，载归。弗谢，入闺，久之。越石父请绝，晏子戄然④，摄衣冠谢曰：“婴虽不仁，免子于厄，何子求绝之速也？”石父曰：“不然，吾闻君子诎于不知己而信于知己者。方吾在缧绁中，彼不知我也。夫子既已感寤而赎我，是知己；知己而无礼，固不如在缧绁之中。”晏子于是延入为上客。

晏子为齐相，出，其御之妻从门间而窥其夫。其夫为相御，拥大盖，策驷马，意气扬扬，甚自得也。既而归，其妻请去。夫问其故，妻曰：“晏子长不满六尺，身相齐国，名显诸侯。今者妾观其出，志念深矣，常有以自下者。今子长八尺，乃为人仆御。然子之意自以为足，妾是以求去也。”其后，夫自抑损，晏子怪而问之，御以实对。晏子荐以为大夫。

太史公曰：吾读管氏《牧民》《山高》《乘马》《轻重》《九府》及《晏子春秋》，详哉其言之也。既见其著书，欲观其行事，故次其传。至其书，世多有之，是以不论，论其轶事。

管仲，世所谓贤臣，然孔子小之。岂以为周道衰微，桓公既贤，而不勉之至王，乃称霸哉？语曰：“将顺其美，匡救其恶，故上下能相亲也。”岂管仲之谓乎？

方晏子伏庄公尸哭之，成礼然后去，岂所谓“见义不为，无勇”者邪？至其谏说，犯君之颜，此所谓“进思尽忠，退思补过”者哉？假令晏子而在，余虽为之执鞭，所忻慕焉。

【注释】

①四维：古代指礼、义、廉、耻四种道德准则。②缧（léi）绁（xiè）：拘系犯人的绳索，此指囚禁。③骖（cān）：驾车时在两边的马。④戄（jué）：惊异的样子。

【译文】

管仲名叫夷吾，颍上人。少年的时候，他常和鲍叔牙交游，鲍叔知道管仲贤良。管仲家境贫困，常常占鲍叔的便宜，鲍叔却始终大方厚道地待他，从不提起这类事。后来鲍叔牙去侍奉齐国公子小白，管仲则去侍奉了齐国的公子纠。等到小白立为齐桓公，公子纠被杀死，管仲则成了阶下囚。鲍叔于是向齐桓公推荐了管仲。管仲得到齐桓公的重用以后，在齐国执政，齐桓公因为他的辅佐而称霸诸侯，曾经九次召集诸侯会盟，匡正天下的秩序，这些都是管仲的谋略啊。

管仲说：“我当初贫困的时候，曾经和鲍叔一起经商，分财取利时总是多分给自己，鲍叔却不认为我贪婪，他是知道我家境贫困啊。我曾经为鲍叔出谋划策，反而弄得他更加穷困，鲍叔却不认为我愚蠢，他是知道时机有有利与不利之分啊。我曾经三次入仕，三次都被君王驱逐，鲍叔却不认为我不成器，他是知道我没有赶上好的时机啊。我曾经三次作战，三次都当了逃兵，鲍叔却不认为我是懦夫，他是知道我有年迈的老母啊。公子纠失败以后，召忽为他自杀，我则被囚禁，蒙受耻辱，鲍叔却不认为我没有廉耻之心，他是知道我不会因为没有坚守小的节操而感到羞耻，而是以功名不能显扬天下为耻辱啊。生我的人是父母，懂得我的是鲍叔啊。”

鲍叔既已举荐了管仲，自己甘愿位处管仲之下。他的子孙终生都享有齐国的俸禄、封邑的就有十多代，并且常常是很有名望的大夫。天下人不称赞管仲的贤能，却常常称赞鲍叔能够知人。

管仲既已执政做了齐相，就凭着齐国这个在东海之滨的小小国家，流通货物，积累财富，开始了他的富国强兵之路。他与百姓们同爱好、同憎恶，所以他说：“粮仓充实了，老百姓才能懂得礼节；衣食丰足了，老百姓才能懂得荣辱；君王能以身作则地遵守法度，内外亲戚才能团结无异心。”“礼、义、廉、耻不能彰明，国家就要灭亡。”“颁布政令要像流水的源头，要让它顺应民心。”所以管仲的主张简单而易于推行。百姓所需要的东西，就爽快地给予他们；百姓不需要的东西，就顺应民意而舍弃。

管仲为政，最善于把祸害转变为福事，把失败转化为成功。他非常重视事情的轻重缓急，谨慎地权衡各方面的利害得失。齐桓公实际上是怨恨蔡国改嫁了他的夫人少姬，于是南下袭击蔡国，管仲却趁这个机会征讨楚国，责备楚国不向周天子进贡包茅。桓公实际上是想北伐山戎，而管仲趁这个机会要求燕国恢复召公的政令。在柯地的盟会上，桓公想要背弃和曹沫订下的归还所占鲁国土地的盟约，管仲却趁这个机会树立信用而履行它，诸侯因此归服齐国。所以说：“认识到给予就是索取，这是治理国政的法宝啊。”

管仲的富有可以和公室相比，有三归高台，有反坫，但齐国人不认为他奢侈。管仲死后，齐国还照旧遵行他的政令，常比其他诸侯都强大。

在管仲去世一百多年后，齐国又有了晏子。晏平仲，名婴，莱地夷维人。他侍奉过齐灵公、齐庄公、齐景公三朝，凭借节俭朴素和果断干练的办事作风而被齐国人尊崇。他担任了齐国相国之后，吃饭没有两样肉菜，姬妾不穿绸缎。他在朝廷上的时候，齐君只要有话问到他，他就会非常严肃郑重地回答；如果没问他什么，他就严肃认真地履行自己的职责。国君治理有方、为政清明的时候，他就照着国君的命令办事；国君治理无方、为政昏乱的时候，他就衡量国君的命令是否恰当，然后才决定是否去履行。因此他连续三朝都名扬于诸侯。

越石父很贤明，却被囚禁了。晏子外出，在路上遇到他，晏子就解下车子左边的马把他赎了出来，用车子载着他一同回到府里。晏子没有向越石父告辞，就进入了内室，许久不出来。越石父见此情形，便请求绝交。晏子听了十分吃惊，他整理衣冠，出来向越石父道歉说：“晏婴虽然不仁德，但毕竟把你从危难中解救了出来，为什么您这么快就要同我绝交呢？”越石父说：“你这样说不对，我听说君子在不了解自己的人那里遭受委屈，而被了解自己的人所信任亲近。当我被囚禁的时候，那些人是不了解我的。您既然明白我的为人，把我赎了出来，那就是知己了；既然在知己面前得不到礼遇，那我实在是不如仍旧被绳子捆着的好。”晏子于是请他入相府并把他待为上宾。

晏子做齐国相国的时候，一次出门，车夫的妻子从门缝里偷看丈夫。她的丈夫正在为相国驾车，坐在大大的伞盖之下，赶着四匹马，意气扬扬，甚是自得。等车夫回来以后，他的妻子要求离开他。丈夫问她缘故，妻子说：“晏子身高不足六尺，却身为齐国的相国，名扬于诸侯。今天我看他出门时，思虑深远，还时常露出甘居人下的谦逊表情。如今你身高八尺，只是一个给人家赶车的，但看你流露出的心意却自以为满足，我因此要求离开你。”从此以后，她的丈夫就常常注意自我克制、自我贬损。晏子奇怪车夫的变化，就问他原因，车夫将实情告诉了他，晏子便荐举他做了大夫。

太史公说：我读了管子的《牧民》《山高》《乘马》《轻重》《九府》以及《晏子春秋》等著作，其中的叙述可谓是非常详尽的了。我既已看过他们所著的书，就想知道他们日常是如何行事的，所以编写了他们的传记。至于他们的著作，世上有很多，因此不去论述，只论述他们的轶事。

管仲，是世人所说的贤臣，但是孔子却小看他。难道是因为周王朝已然衰落，齐桓公既然贤能，管仲却不勉励他去谋求王道，而只是帮他成为了霸主的缘故吗？古语说："顺应君王的美德，匡正君王的过错，君臣上下就能相互亲睦了。"这难道不正是在说管仲吗？

晏子乘车出行

晏子伏在庄公尸体上大哭，尽了君臣之礼后才离开，这难道是古语所说的"见义不为，就是没有勇气"的人吗？至于他平时的劝谏进言，时常冒犯君主的威严，这不正是"在朝廷之上想着竭尽忠心，退朝后想着补救缺失"的人吗？假如晏子现在还活着，我虽然为他执鞭赶车，也是我所喜欢和向往的。

◎屈原列传◎

【题解】

屈原是楚国的王族，曾做过楚国的左徒，负责给楚王起草政令，以及接见外国使臣。但是，屈原"信而见疑，忠而被谤"，屡遭靳尚、子兰等人的排挤谗害，两次被发配湖湘之地。楚怀王客死秦国后，秦国又起兵南下，攻破楚国国都，屈原的政治理想破灭，痛心绝望，最终以死明志，投汨罗江自尽。在这篇文章中，司马迁除了叙述屈原的生平经历、文学创作外，还表达了对屈原忠君爱国高尚情操的赞美。

【原文】

屈原者，名平，楚之同姓也，为楚怀王左徒。博闻强志，明于治乱，娴于辞令。入则与王图议国事，以出号令；出则接遇宾客，应对诸侯。王甚任之。

上官大夫与之同列，争宠，而心害其能。怀王使屈原造为宪令，屈平属草稿未定，上官大夫见而欲夺之。屈平不与，因谗之曰："王使屈平为令，众莫不知，每一令出，平伐其功，曰：以为'非我莫能为'也。"王怒而疏屈平。

屈平疾王听之不聪也，谗谄之蔽明也，邪曲之害公也，方正之不容也，故忧愁幽思，而作《离骚》。"离骚"者，犹离忧也。夫天者，人之始也；父母者，人之本也。人穷则反本，故劳苦倦极，未尝不呼天也；疾痛惨怛[①]，未尝不呼父母也。屈平正道直行，竭忠尽智以事其君，谗人间之，可谓穷矣。信而见疑，忠而被谤，能无怨乎？屈平之作《离骚》，盖自怨生也。《国风》好色而不淫，《小雅》怨诽而不乱，若《离骚》者，可谓兼之矣！上称帝喾，下道齐桓，中述汤、武，以刺世事。明道德之广崇，治乱之条贯，靡不毕见。其文约，其辞微，其志洁，其行廉。其称文小而其指极大，举类迩而见义远。其志洁，故其称物芳；其行廉，故死而不容。自疏濯淖汙泥之中[②]，蝉蜕于浊秽，以浮游尘埃之外，不获世之滋垢，皭然泥而不滓者也。推此志也，虽与日月争光可也。

屈平既绌，其后秦欲伐齐。齐与楚从亲，惠王患之，乃令张仪详去秦，厚币委质事楚，曰："秦甚憎齐，齐与楚从亲，楚诚能绝齐，秦愿献商、於之地六百里。"楚怀王贪而信张仪，遂绝齐，使使如秦受地，张仪诈之曰："仪与王约六里，不闻六百里。"楚使怒去，归告怀王。怀王怒，大兴师伐秦。秦发兵击之，大破楚师于丹、淅，斩首八万，虏楚将屈匄[3]，遂取楚之汉中地。怀王乃悉发国中兵，以深入击秦，战于蓝田。魏闻之，袭楚至邓。楚兵惧，自秦归。而齐竟怒不救楚，楚大困。

明年，秦割汉中地与楚以和。楚王曰："不愿得地，愿得张仪而甘心焉。"张仪闻，乃曰："以一仪而当汉中地，臣请往如楚。"如楚，又因厚币用事者臣靳尚，而设诡辩于怀王之宠姬郑袖。怀王竟听郑袖，复释去张仪。是时屈平既疏，不复在位，使于齐，顾反，谏怀王曰："何不杀张仪？"怀王悔，追张仪，不及。

其后，诸侯共击楚，大破之，杀其将唐眛。

时秦昭王与楚婚，欲与怀王会。怀王欲行，屈平曰："秦，虎狼之国，不可信，不如无行！"怀王稚子子兰劝王行："奈何绝秦欢！"怀王卒行。入武关，秦伏兵绝其后，因留怀王以求割地。怀王怒，不听。亡走赵，赵不内。复之秦，竟死于秦而归葬。

长子顷襄王立，以其弟子兰为令尹。楚人既咎子兰以劝怀王入秦而不反也。屈平既嫉之，虽放流，眷顾楚国，系心怀王，不忘欲反，冀幸君之一悟，俗之一改也。其存君兴国，而欲反覆之，一篇之中，三致意焉。然终无可奈何，故不可以反。卒以此见怀王之终不悟也。

人君无愚智、贤不肖，莫不欲求忠以自为，举贤以自佐。然亡国破家相随属，而圣君治国累世而不见者，其所谓忠者不忠，而所谓贤者不贤也！怀王以不知忠臣之分，故内惑于郑袖，外欺于张仪，疏屈平而信上官大夫、令尹子兰。兵挫地削，亡其六郡，身客死于秦，为天下笑。此不知人之祸也。《易》曰："井渫不食，为我心恻，可以汲。王明，并受其福。"王之不明，岂足福哉！

令尹子兰闻之大怒，卒使上官大夫短屈原于顷襄王，顷襄王怒而迁之。

屈原至于江滨，被发行吟泽畔，颜色憔悴，形容枯槁。渔父见而问之曰："子非三闾大夫欤？何故而至此？"屈原曰："举世混浊而我独清，众人皆醉而我独醒，是以见放。"渔父曰："夫圣人者，不凝滞于物而能与世推移。举世混浊，何不随其流而扬其波？众人皆醉，何不餔其糟而啜其醨？何故怀瑾握瑜而自令见放为？"屈原曰："吾闻之，新沐者必弹冠，新浴者必振衣。人又谁能以身之察察，受物之汶汶者乎！宁赴常流而葬乎江鱼腹中耳，又安能以皓皓之白，而蒙世之温蠖乎！"乃作《怀沙》之赋。

于是怀石，遂自沉汨罗以死。

屈原既死之后，楚有宋玉、唐勒、景差之徒者，皆好辞而以赋见称。然皆祖屈原之从容辞令，终莫敢直谏。其后楚日以削，数十年竟为秦所灭。

自屈原沉汨罗后百有余年，汉有贾生，为长沙王太傅，过湘水，投书以吊屈原。

太史公曰：余读《离骚》《天问》《招魂》《哀郢》，悲其志。适长沙，过屈原所自沉渊，未尝不垂涕，想见其为人。及见贾生吊之，又怪屈原以彼其材游诸侯，何国不容，而自令若是！读《鹏鸟赋》，同死生，轻去就，又爽然自失矣！

【注释】

① 惨（cǎn）怛（dá）：悲痛忧伤。② 濯（zhuó）淖（nào）：污浊。③ 屈匄（gài）：楚国大将。

【译文】

屈原，名平，是楚国王族的同姓，担任楚怀王的左徒。他博闻强识，深深地懂得国家治乱的道理，并且能够娴熟地运用外交辞令。对内与楚怀王商议国家大事，以发布政令；对外接待宾客，应酬诸侯。楚怀王很信任他。

上官大夫与屈原官位相当，想争得楚怀王的宠信，内心嫉妒屈原的才能。怀王让屈原制定国家的法令，屈原起草的法令还没有定稿，上官大夫看见了想夺取。屈原不给，上官大夫因而在怀王面前讲屈原的坏话，说："大王叫屈原起草法令，这没有人不知道，可每当一项法令颁布，屈平就夸耀自己的功劳，说是'除了我，别人谁也做不来'。"怀王听了很生气，因而疏远了屈原。

屈原谏阻楚怀王入秦

屈原痛心怀王不能明辨是非，被谗言和谄媚蒙蔽；痛心邪恶的小人妨害公正的人，品行方正的人不为朝廷所容。他在忧思苦闷之中写了《离骚》。"离骚"，就是遭遇忧愁的意思。上天，是人的起源；父母，是人的根本。人在处境困顿的时候就会追念本源，所以人在劳苦疲倦到极点的时候，没有不呼喊上天的；在经历病痛悲苦的时候，没有不呼唤父母的。屈原坚持正道，行事坦荡，竭尽忠心和智慧来侍奉他的君主，却遭到小人离间，可以说是困顿不堪了。他为人诚实守信却被猜疑，忠君爱国却遭到诽谤，又怎能没有怨愤呢？屈原的作品《离骚》,就是从这种怨愤脱生出来的。《国风》多写男女爱情却不放荡，《小雅》多有怨恨讽刺却不宣扬叛乱，像《离骚》这样的作品，可谓兼有《国风》和《小雅》的特点。《离骚》中对上古时代称道帝喾，论近世则颂扬齐桓公，述中古则叙说商汤、周武王的事迹，以此讽刺楚国的时政。其中对道德之广大崇高的阐明，对国家治乱的因果和原则的陈述，无不明白透彻。他的文笔简练，他的言辞含蓄，他的志趣高洁，他的品行廉正。他所作的文辞虽然讲述的是一些细小事物，含义却很重大；列举的事例虽近在眼前，表达的意思却极为深远。他志趣高洁，所以作品所述说的事物都是芬芳美好的；他品行廉正，所以至死也不能容于世俗。他出于本性而远离污泥浊水，像蝉儿脱壳那样摆脱污秽，超然于尘俗之外，不受浊世的污染，真可谓是干净洁白、身处污泥之中却不会被玷污弄脏的人。推究屈原的这种志趣，即使说它能同日月争光也是可以的。

屈原已经被罢去官职，后来秦国想攻打齐国。齐国当时和楚国合纵相亲，两国联合抗秦。秦惠王为此很是忧虑，就叫张仪装作是要背离秦国，献上厚礼给楚王，并且表示愿意侍奉楚王，说："秦国非常憎恨齐国，齐国现在与楚国合纵相亲，如果楚国真能同齐国绝交，秦国愿意献上商、於一带的土地六百里。"楚怀王因为贪心而轻信了张仪的话，便与齐国断了交。后来派使者到秦国接受土地，张仪却抵赖说："我与楚王约定的是献上六里的土地，没听说有六百里呀。"楚国的使者愤怒地离开了秦国，回来将此事禀告了怀王。怀王大怒，兴大军讨伐秦国。秦国发兵迎击，大破楚军于丹水和淅水一带，杀了楚军八万人，俘虏了楚国大将屈匄，并夺取了楚国汉中一带的土地。楚怀王于是尽数发动全国的军队深入秦地进攻秦军，在蓝田展开激战。魏国听到这个消息，乘机偷袭楚国，一直打到邓城。楚军惧怕，便从秦国撤了回来。而齐国终究因为愤恨楚王而不肯救援楚国，楚国的处境极为艰难。

第二年，秦国割让汉中一带的土地与楚国讲和。楚王说："不愿得土地，只有得到张仪才甘心。"张仪听了说："用一个张仪来抵汉中的土地，我请求到楚国去。"到了楚国，又用丰厚的礼物贿赂了当权的大臣靳尚，从而让他在楚怀王的宠姬郑袖面前编造诡诈的言辞来替自己辩护。后来怀王居然听信了郑袖为张仪说情的话，又放走了张仪。当时屈原已被怀王疏远，不在朝中任职，正在出使齐国。等他回到楚国以后，劝谏怀王说："为何不杀张仪？"

怀王后悔，派人去追赶张仪，但没追上。

在这之后，诸侯联合起来攻打楚国，大破楚军，杀了楚国大将唐昧。

这时秦昭王同楚国通婚，想要同怀王会面。怀王想去，屈原说："秦国，是虎狼一样的国家，不能相信。不如不去！"怀王的小儿子子兰劝怀王去，说："怎么能断绝同秦国的友好关系呢！"怀王终于前往。进入武关以后，秦国埋伏的军队截断了怀王的后路，从而扣留了怀王，以求楚国割让土地。怀王异常愤怒，不答应。逃亡到赵国，赵国因为害怕秦国而不敢收留他。怀王无奈，只好又回到秦国，最后死在秦国，后来尸体才被运回楚国安葬。

楚怀王的长子顷襄王继位，用他的弟弟子兰做令尹。楚国人抱怨子兰，因为他怂恿怀王到秦国去，竟使楚王再没有回来。屈原憎恨子兰，自己虽然被流放，但心里仍眷恋着楚国，惦记着怀王，一直想着要再回到朝廷效力，寄希望于楚王有朝一日能够幡然醒悟，世俗的陋习能够为之一改。他心存国君，希望能振兴楚国，想让楚国一改衰弱的局面，这样的意愿在《离骚》一篇中再三表露出来。但终究是无可奈何，所以也没能回到朝中。由此也可以看出怀王的至死不悟。

一个国君无论是愚昧还是智慧，无论是贤能还是不成才，没有不想寻求忠臣来效忠自己、任用贤良来辅佐自己的。但是国破家亡的事一个接着一个，而圣明的君主、清平的国家却几世也碰不到一个，这也许就是因为身为人君的人所认为的忠臣并不忠诚，所认为的贤者并不贤良。怀王因为不懂得识别忠臣，所以在内为郑袖所迷惑，在外为张仪所欺骗，疏远屈原而信任上官大夫、令尹子兰。使军队遭到挫败，国土日益减少，失掉了六郡，自己客死秦国，为天下人所耻笑。这就是不能知人善任所招来的灾祸啊。《易经》上说："井已淘去泥污却不汲水而饮，让人心中凄恻，可以汲饮的啊。君王明白这个道理，就会享受福佑。"君王昏而不明，岂能享受福佑?

令尹子兰听说屈原憎恨他，非常愤怒，终于指使上官大夫在顷襄王的面前讲屈原的坏话，顷襄王大怒，把屈原放逐到了外地。

屈原来到江边，披散着头发，在水边一边行走一边吟唱，脸色憔悴，形容枯槁。江边的渔父看到他，便问他说："您不是三闾大夫吗？为什么来到这里？"屈原说："举世都浑浊，只有我是干净的；众人都醉倒了，只有我是清醒的，因此遭到放逐。"渔父说："说起圣人，他们常常能够不受外界事物的拘束，能够跟随世俗而进退。既然整个社会都混浊，为什么不顺应潮流并且推波助澜呢？既然众人都醉了，为什么不一起吃点酒糟、饮点淡酒呢？为什么非要保持美玉一样高洁的品性而使自己遭到放逐呢？"屈原说："我听说，刚洗完头发的人，一定要弹去帽子上的灰尘；刚洗过澡的人，一定要抖去衣上的尘土。作为人，又有谁能够让自己的洁白之身为世俗的污垢所浸染呢？我宁可跳进这不停流淌的江水之中，葬身鱼腹，又怎能让高洁的心灵蒙受俗世的污浊呢？"于是就作了《怀沙》赋。

然后就抱着石头，跳进汨罗江自尽了。

屈原死后，楚国有宋玉、唐勒、景差这一班人，都爱好文辞并且以擅长作赋著称。然而他们都只效法屈原言谈的得体大方，终究没有人能像屈原那样敢于直言进谏。此后楚国的领土一天比一天减小，几十年后，终于为秦国所灭。

屈原自沉汨罗江一百多年后，汉朝出了个贾谊，他担任长沙王太傅，路过湘水时，曾有感而发作了一篇《吊屈原赋》，将写好的文章投入湘水中，以凭吊屈原。

太史公说：我读《离骚》《天问》《招魂》《哀郢》等作品，为屈原的壮志难酬而感到悲伤。前往长沙，经过屈原抱石自沉的江水，未尝不伤感落泪，推想着他的为人。等到看见了贾谊的《吊屈原赋》，又怪屈原，以他杰出的才能去游说诸侯，哪个国家不会接纳重用他呢？而自己偏要选择这样的道路。再读贾谊著的《鵩鸟赋》，他把生死等同看待，把升迁罢免看得很轻，这使我又感到茫然自失了。

酷吏列传序

【题解】

本文是《史记·酷吏列传》的序言。汉武帝任用了一批酷吏治理天下，而这些酷吏做事多严苛残暴，不讲仁德。此篇《酷吏列传序》正是针对当时酷吏肆虐的情况，对武帝进行了委婉地批评。

【原文】

孔子曰："道之以政，齐之以刑，民免而无耻；道之以德，齐之以礼，有耻且格。"老氏称："上德不德，是以有德；下德不失德，是以无德。法令滋章①，盗贼多有。"太史公曰：信哉是言也！法令者治之具，而非制治清浊之源也。昔天下之网尝密矣，然奸伪萌起，其极也，上下相遁，至于不振。当是之时，吏治若救火扬沸，非武健严酷，恶能胜其任而愉快乎？言道德者，溺其职矣。故曰："听讼，吾犹人也，必也使无讼乎！""下士闻道大笑之。"非虚言也。

汉兴，破觚而为圜②，斲雕而为朴③，网漏于吞舟之鱼，而吏治烝烝，不至于奸，黎民艾安。由是观之，在彼不在此。

【注释】

① 滋：愈加。章：严明。② 破觚（gū）而为圜（huán）：把方形东西的棱角去掉而变成圆形。觚：指有棱角的东西。圜：圆形的东西。③ 斲（zhuó）：砍，削。

【译文】

孔子说："用政教来引导他们，用刑罚来统一他们的行动，人民可以暂时免于罪过，却还不具备廉耻之心；用道德来引导他们，用礼教来统一他们的行动，人民不但有耻廉之心而且行为规矩。"老子说："最有德的人不以有德自居，因此有德；无德的人天天要标榜自己是有德之人，因此没有德。法令越细密严厉，盗贼反而越多。"太史公说：这些话确实不假。法令是治理国家的工具，但不是政治清明与否的根本。从前天下的法网律令也曾是非常严密的，然而奸邪欺诈的事情频频发生，达到极点的时候，举国上下都互相包庇回避，以至于国家不能振兴。那种时候，吏治如同负薪救火、扬汤止沸，于事无补，如果不采用刚猛严厉的手段，官吏们又怎能做到胜任其职而心情愉快呢？主张以道德治理国家的，则经常是一筹莫展，无所适从。所以说："审理诉讼，我和别人差不多。如果说有什么不同的，那就是要使人们不发生诉讼啊。""下愚之士听见了'道'就哈哈大笑，认为空洞。"这都不是虚言啊。

汉朝兴起之初，废除了苛刻的法律，去掉了烦琐的规章，使法制简单易行，法网宽疏得可以漏掉能吞下船只的鱼，然而吏治成绩斐然，社会秩序蒸蒸日上，人民没有邪恶的行为，生活安定兴荣。由此看来，治理国家的关键在于用德，而不在于用严厉的刑法。

◎游侠列传序◎

【题解】

此文是《史记·游侠列传》的序言。游侠是中国历史上的一个特殊群体，他们多出身闾巷，身份卑微，但做事重情义、轻生死，是伸张正义的侠士。但是，司马迁所处的时代，游侠之风衰靡不振，这一方面是因为侠不为法网所容，另一方面是由于学士的排斥。司马迁此文中之所以对游侠赞赏有加，除了以上缘由外，还跟他的遭遇有关。司马迁因替李陵仗义执言，而遭致横祸，心中的痛楚难以抑制，所以文中也流露了司马迁对游侠之风衰退的无奈和嗟叹。

【原文】

韩子曰："儒以文乱法，而侠以武犯禁。"二者皆讥，而学士多称于世云。至如以术取宰相、卿、大夫，辅翼其世主，功名俱著于春秋，固无可言者。及若季次、原宪，闾巷人也，读书怀独行君子之德，义不苟合当世，当世亦笑之。故季次、原宪终身空室蓬户，褐衣疏食不厌。死而已四百余年，而弟子志之不倦。今游侠，其行虽不轨于正义，然其言必信，其行必果，已诺必诚，不爱其躯，赴士之厄困，既已存亡死生矣，而不矜其能，羞伐其德，盖亦有足多者焉。

且缓急，人之所时有也。太史公曰：昔者虞舜窘于井廪，伊尹负于鼎俎，傅说匿于傅险，吕尚困于棘津，夷吾桎梏[①]，百里饭牛，仲尼畏匡，菜色陈、蔡。此皆学士所谓有道仁人也，犹然遭此菑，况以中材而涉乱世之末流乎？其遇害何可胜道哉！

鄙人有言曰："何知仁义，已飨其利者为有德。"故伯夷丑周，饿死首阳山，而文、武不以其故贬王；跖、蹻暴戾，其徒诵义无穷。由此观之，"窃钩者诛，窃国者侯；侯之门，仁义存"，非虚言也。

今拘学或抱咫尺之义，久孤于世，岂若卑论侪俗，与世沉浮而取荣名哉！而布衣之徒，设取予，然诺，千里诵义，为死不顾世，此亦有所长，非苟而已也。故士穷窘而得委命，此岂非人之所谓贤豪间者邪？诚使乡曲之侠，予季次、原宪比权量力，效功于当世，不同日而论矣。要以功见言信，侠客之义又曷可少哉[②]！

古布衣之侠，靡得而闻已。近世延陵、孟尝、春申、平原、信陵之徒，皆因王者亲属，藉于有土卿相之富厚，招天下贤者，显名诸侯，不可谓不贤者矣。比如顺风而呼，声非加疾，其势激也。至如闾巷之侠，修行砥名，声施于天下，莫不称贤，是为难耳。然儒、墨皆排摈不载。自秦以前，匹夫之侠，湮灭不见，余甚恨之。以余所闻，汉兴有朱家、田仲、王公、剧孟、郭解之徒，虽时扞当世之文罔，然其私义，廉洁退让，有足称者。名不虚立，士不虚附。至如朋党宗强比周，设财役贫，豪暴侵凌孤弱，恣欲自快，游侠亦丑之。余悲世俗不察其意，而猥以朱家、郭解等令与暴豪之徒同类而共笑之也[③]。

【注释】

①桎（zhì）：脚镣。梏（gù）：手铐。②曷：何。少：忽视。③猥（wěi）：混杂。

【译文】

韩非子说："儒生往往利用他们所谓的道德教化来干扰法律的正常执行，而侠士豪客们又经常依靠武力来违反禁令。"儒生和侠士都受到韩非的讥议，但是有学问的儒者还是多被世人称道。至于那些用儒术取得宰相、卿、大夫职位的人，他们都因为辅佐所在朝代的君主，功业名望因而昭彰于史书之上，我固然没有什么可再说的了。如果谈到季次、原宪这些出于寻常里巷的平民，他们熟读诗书，心中念念不忘君子的道德规范，坚行道义而不苟合于世俗，他们的行为也为世俗所讥笑。所以，季次、原宪终生都住在用蓬草编成门户的空屋子当中，连布衣粗饭也常常难以自给。他们已经死去了四百多年，但是后世的儒者却常常怀念他们。如今的游侠，他们的行为虽然不一定都合于现在所说的正义，但是他们说话必然信守承诺，行事必有结果，已经允诺的事情必定诚心去办理，甚至为了解救危难中的人士而不顾性命，等到已经把别人从危难之中解救出来，也不夸耀自己的能力，羞于对别人吹嘘自己的恩德，这似乎也是值得称颂的吧！

古代游侠

况且，危难的事情是人们常有的，太史公说：昔日虞舜在淘井和修理粮仓时曾陷入困境；伊尹曾背着鼎和砧板给人家当厨子；傅说曾因罪隐匿在傅岩；吕尚曾穷困潦倒于棘津；管仲曾被戴上手铐脚镣，成为囚犯；百里奚曾喂过牛；孔子曾在匡地受到威胁，又在陈、蔡等地忍饥挨饿。这些都是儒士们所说的有道的仁人志士，他们尚且遭受这些灾难，何况是一个普通人，又处在乱世最黑暗的时期呢？他们遇到的灾害又怎么能说得完呢！

老百姓有这样的话：“谁知道是否仁义，享受谁的恩惠，谁就是有德的人。”所以伯夷认为周之灭商是丑陋的行为，因而不食周粟，饿死在首阳山，但是周文王、周武王的圣王称号并没有因此而受到损害。盗跖、庄跻凶暴残忍，但是他们的党徒却永远称颂他们的义气。由此可见，“偷窃衣钩的被诛杀，盗窃国家的人则贵为王侯；只有王侯的门庭内，才存在仁义”，这话一点也不假！

现在一些迂腐的儒者，抱着自己所认定的狭隘道义，把自己长久地孤立在世俗之外，他们怎么能比得上那些降低格调、迎合世俗，与世沉浮而取得名望和荣誉的人呢！然而，平民出身的游侠，注重取得和给予，注重信用和承诺，他们的义气传诵千里，为人牺牲性命，全然不顾世俗的议论，这些人也有他们的长处，不是随便乱来的。所以士人在穷困窘迫时往往以性命相托，难道这不是人们所说的贤能杰出的人物吗？假如让这些民间豪侠与季次、原宪等儒生从地位、能力，以及对当代的贡献加以比较，会发现两者是不能同日而语的。总之，如果以办事功效显著、言行都讲求信用来看，游侠所表现的义气又怎么可以轻视呢？

古代的民间游侠，已经无从知道他们的事迹了，近世的延陵吴季子、孟尝君、春申君、平原君、信陵君等人，都是国君的亲属，凭借着富厚的土地财产、卿相之高位，得以广招天下贤士，扬名诸侯之间，不可以说他们不是贤者。但这好比顺风呼喊，声音并未增大，是因为风势可以让声音传播得更远。至于民间的游侠，他们修养自己的品行，成就自己的名声，声望传扬于天下，人们没有不称道他们的贤德的，这才是真正困难的。然而，儒家、墨家都排斥他们的事迹，不肯加以记载，所以秦以前平民游侠的事迹全部湮灭而不传于世，这使我感到十分遗憾。据我所知，汉朝兴起以来，有朱家、田仲、王公、剧孟、郭解等人，这些人虽然时常触犯当代的条文法令，但是如果从个人品性来讲，他们注重廉洁退让，有值得称赞的地方。他们的名声并不是凭空建起来的，士人对他们的拥戴也并非毫无缘故。至于像朋党豪强互相勾结，利用钱财役使贫困的人，仗势欺凌弱小孤苦的人，放纵贪欲，只求自己畅快，游侠对有这些行径的人也是极为憎恶的。让我感到痛心的是，世俗之人不认真考察游侠的心意，而不负责任地把朱家、郭解等游侠与豪强暴徒混同起来，而一起加以讥笑。

滑稽列传

【题解】

《滑稽列传》说的是一些滑稽人物不流于世俗，常常说一些隐语讽谏君王，这些人往往聪明伶俐，机智过人，能言巧辩，善于在不知不觉中解释大问题，讲明大道理。这篇文章节选的是齐国大臣淳于髡的事迹。淳于髡是齐国的女婿，他有谋略，有才智，曾多次救齐国于危难之际。此文通过写淳于髡借隐语讽谏齐威王，表现了他的聪明才智。

【原文】

孔子曰："六艺于治一也。《礼》以节人，《乐》以发和，《书》以导事，《诗》以达意，《易》以神化，《春秋》以道义。"太史公曰：天道恢恢，岂不大哉！谈言微中，亦可以解纷。

淳于髡者，齐之赘婿也。长不满七尺，滑稽多辩，数使诸侯，未尝屈辱。齐威王之时，喜隐，好为淫乐长夜之饮，沉湎不治，委政卿大夫。百官荒乱，诸侯并侵，国且危亡，在于旦暮，左右莫敢谏。淳于髡说之以隐曰："国中有大鸟，止王之庭，三年不蜚又不鸣，王知此鸟何也？"王曰："此鸟不蜚则已，一蜚冲天；不鸣则已，一鸣惊人。"于是乃朝诸县令长七十二人，赏一人，诛一人，奋兵而出。诸侯振惊，皆还齐侵地。威行三十六年。语在《田完世家》中。

威王八年，楚大发兵加齐。齐王使淳于髡之赵请救兵，赍金百斤[①]，车马十驷。淳于髡仰天大笑，冠缨索绝。王曰："先生少之乎？"髡曰："何敢！"王曰："笑岂有说乎？"髡曰："今者臣从东方来，见道傍有禳田者，操一豚蹄，酒一盂，而祝曰：'瓯窭满篝，污邪满车，五谷蕃熟，穰穰满家。'臣见其所持者狭而所欲者奢，故笑之。"于是齐威王乃益赍黄金千镒，白璧十双，车马百驷，髡辞而行。至赵，赵王与之精兵十万，革车千乘。楚闻之，夜引兵而去。

威王大说，置酒后宫，召髡赐之酒。问曰："先生能饮几何而醉？"对曰："臣饮一斗亦醉，一石亦醉。"威王曰："先生饮一斗而醉，恶能饮一石哉！其说可得闻乎？"髡曰："赐酒大王之前，执法在傍，御史在后，髡恐惧俯伏而饮，不过一斗径醉矣。若亲有严客，髡帣韝鞠跽[②]，侍酒于前，时赐余沥，奉觞上寿，数起，饮不过二斗径醉矣。若朋友交游，久不相见，卒然相睹，欢然道故，私情相语，饮可五六斗径醉矣。若乃州闾之会，男女杂坐，行酒稽留，六博投壶，相引为曹，握手无罚，目眙不禁[③]，前有堕珥，后有遗簪，髡窃乐此，饮可八斗而醉二参。日暮酒阑，合尊促坐，男女同席，履舄交错，杯盘狼藉，堂上烛灭，主人留髡而送客，罗襦襟解，微闻芗泽[④]，当此之时，髡心最欢，能饮一石。故曰：'酒极则乱，乐极则悲。'万事尽然，言不可极，极之而衰。"以讽谏焉。齐王曰："善！"乃罢长夜之饮，以髡为诸侯主客。宗室置酒，髡尝在侧。

【注释】

①赍（jī）：赠送。②帣（juǎn）：通"卷"。韝（gōu）：臂套。鞠：弯曲。跽（jì）：长跪。③眙（chì）：直视。④芗（xiāng）泽：香气。

【译文】

孔子说："六艺对于治理国家，作用是一样的。《礼》是用来约束人们行为的，《乐》是用来发扬和气的，《尚书》是记载政事的，《诗经》是用来表达心意的，《易》是用来表现事物之间微妙变化的，《春秋》是用来说明伦理道义的。"太史公说：天道恢宏，难道不是伟大的吗？谈笑之中暗含道理，也是可以解除纷乱的。

有个名叫淳于髡的人，他是齐国的上门女婿，身高不过七尺，却诙谐幽默，能言善辩。他曾多次出使诸侯，从未有过屈辱的经历。齐威王即位之初，爱好说隐语，喜欢恣意享乐，常常通宵达旦地饮酒作乐，并且已是沉湎其中，根本不过问朝政，把政务托给卿大夫们处理。于是造成了百官懈怠、政治混乱的局面。诸侯各国纷纷入侵齐国。齐国已经处在危亡之际，国家倾覆近在眼前，左右大臣都不敢劝谏。这时，淳于髡用隐语劝谏齐威王说："京城之中有只大鸟，停在大王的庭堂之上。三年不曾飞翔，也不曾鸣叫。君王知道这是什么鸟吗？"威王回答说："此鸟不飞则已，一飞便要冲入云霄；不鸣则已，一鸣就要惊动世人。"于是齐王便召集各县长官共七十二人前来进见，赏了一人，杀了一人，随后统兵奋力出击。诸侯为之震惊，纷纷将侵占的土地退还给了齐国。齐威王从此威震天下三十六年。此事记载在《田完世家》当中。

淳于髡对齐王问

齐威王八年，楚国派大军攻齐。威王派淳于髡携带一百斤黄金和四匹马拉的车十辆到赵国请求救兵。淳于髡仰天大笑，把帽子上的缨带都笑断了。威王问："先生是不是嫌礼物少呢？"淳于髡回答说："我怎么敢？"威王说："先生发笑，是有什么要说的吗？"淳于髡回答："我今天从东边过来的时候，看到路边有个祭土地乞求丰收的人。他拿着一只猪蹄、一杯酒，向上天祷告说：'让狭小的高地上能够长满庄稼，谷物装满笼箱；让低洼的水田能够丰收，谷物装满大车；让五谷丰登，堆满我家的粮仓。'我见他用来奉献的祭品太少，而想要的又太多，所以笑他。"于是齐威王就将礼物增加到黄金二万两、白玉璧十双、四匹马拉的车百辆，淳于髡这才告别威王出使赵国。赵王给了他精兵十万，战车千乘。楚军听说此事，连夜引军而去。

齐威王十分高兴，在后宫摆上酒席，召见淳于髡，请他喝酒。席间威王问："先生喝多少酒才能醉倒？"淳于髡回答说："我喝一斗也会醉，喝一石也会醉。"威王说："您喝一斗就醉了，怎么可能喝到一石呢？这中间有什么说法可以让我听听吗？"淳于髡回答说："在大王面前喝您所赏赐的酒，旁边有执行酒令的令官，后面有监察的御史，我十分恐惧，低着头伏在地上饮酒，喝不了一斗就醉了。如果父亲有尊贵的客人到来，我卷起衣，屈身下跪，在前面侍奉着，他们不时地把剩下的酒赐给我喝，我还要多次地端起酒杯起身为客人和父亲祝福。像这样饮酒，不过二斗我也就醉了。若是与久别的老友突然重逢，一起愉快地回忆往事，互相倾诉衷肠，这样喝到五六斗也就醉了。如果乡里举行集会，男女混杂坐在一起，慢慢地行酒，同时进行下棋与投壶的比赛；互相招呼，结伴搭伙，男女之间握握手也不会受到责罚，眼睛可以随意地注视别人，前面席上有掉在地上的珠玉耳饰，后面席上有遗落的发簪，我暗自喜欢这样的宴集，酒喝到八斗才有两三分醉意。待到太阳落山，酒也快喝完了的时候，人们把剩下的酒并在一起，促膝而坐，男女同席，鞋子满地横竖交错，杯盘纵横散乱交叠，堂上的蜡烛快要燃尽了；主人留下了我，送走了客人，那陪酒的女子，解开罗衫的衣襟，我微微闻到芳香的气息。这时我最高兴，那就能够饮到一石了。所以说：'饮酒过度就会发生昏乱，欢乐过度就会导致悲哀。'万事都是如此，说的是什么都不可以过度，过度了就会向衰落转化。"淳于髡用这些话来讽谏齐威王。威王说："真是好极了！"于是，他便停止了通宵达旦的宴饮，并且任命淳于髡为接待诸侯的主客。每逢齐国王室设宴饮酒的时候都会请淳于髡作陪。

◎货殖列传序◎

【题解】

本篇是《货殖列传》的序言。货殖意为通过贸易来生财获利，《货殖列传》是《史记》中叙述经济发展情况的专文。文章指出，追求富裕安乐是人的本性，士、农、工、商的分工是人类社会自然发展的产物。文中举了姜太公治齐的例子，说明致富的要决在于因地制宜、因势利导和加强贸易流通，同时探讨了世风与人民富裕程度的关系。

【原文】

《老子》曰："至治之极，邻国相望，鸡狗之声相闻，民各甘其食，美其服，安其俗，乐其业，至老死不相往来。"必用此为务，輓近世涂民耳目①，则几无行矣。

太史公曰：夫神农以前，吾不知已。至若《诗》《书》所述虞、夏以来，耳目欲极声色之好，口欲穷刍豢之味②，身安逸乐，而心夸矜势能之荣，使俗之渐民久矣，虽户说以眇论，终不能化。故善者因之，其次利道之，其次教诲之，其次整齐之，最下者与之争。

夫山西饶材、竹、穀、𬭎、旄、玉石，山东多鱼、盐、漆、丝、声色，江南出楠、梓、姜、桂、金、锡、连、丹沙、犀、玳瑁、珠玑、齿、革，龙门、碣石北多马、牛、羊、旃、裘、筋、角，铜、铁则千里往往山出棋置。此其大较也。皆中国人民所喜好，谣俗被服饮食奉生送死之具也。故待农而食之，虞而出之，工而成之，商而通之。此宁有政教发征期会哉？人各任其能，竭其力，以得所欲。故物贱之征贵，贵之征贱，各劝其业，乐其事，若水之趋下，日夜无休时，不召而自来，不求而民出之。岂非道之所符而自然之验邪？

《周书》曰："农不出则乏其食，工不出则乏其事，商不出则三宝绝，虞不出则财匮少。"财匮少而山泽不辟矣。此四者，民所衣食之原也。原大则饶，原小则鲜。上则富国，下则富家。贫富之道，莫之夺予，而巧者有余，拙者不足。故太公望封于营丘，地潟卤，人民寡，于是太公劝其女功，极技巧，通鱼盐，则人物归之，繦至而辐凑③。故齐冠带衣履天下，海岱之间敛袂而往朝焉。

其后齐中衰，管子修之，设轻重九府，则桓公以霸，九合诸侯，一匡天下。而管氏亦有三归，位在陪臣，富于列国之君。是以齐富强至于威、宣也。

故曰："仓廪实而知礼节，衣食足而知荣辱。"礼生于有而废于无。故君子富，好行其德；小人富，以适其力。渊深而鱼生之，山深而兽往之，人富而仁义附焉。富者得势益彰，失势则客无所之，以而不乐。谚曰："千金之子，不死于市。"此非空言也。故曰："天下熙熙，皆为利来；天下壤壤，皆为利往。"夫千乘之主、万家之侯、百室之君尚犹患贫，而况匹夫编户之民乎！

【注释】

①輓（wǎn）：通"晚"。②刍（chú）豢（huàn）：泛指各种牲畜的肉。③繦（qiǎng）：用绳索穿好的钱串。辐（fú）：车辐。

【译文】

《老子》上说："到了治理的最高境界，邻国的百姓互相望得见，鸡鸣狗吠的声音也彼此听得到，老百姓都认为自己的饮食甘美，自己的服装漂亮，习惯于本地的风俗，乐于从事自己的职业，人与人之间到老死不相往来。"到了近世，如果还按照老子所说的去做，等于封闭百姓的耳目，就基本上行不通。

太史公说：神农氏以前的社会状况，我不了解。至于像《诗经》《尚书》里所讲述的：自虞、夏以来，人们总是极力地使自己的耳目享受声色的美好，使自己能够尝遍各种牲畜肉类的味道，让自己的身体感到安逸舒适，而内心夸耀有权势、有才干的光荣。这样的风气深入民心的时间已经很久了，即使再挨家挨户地去讲解《老子》上面所说的高妙理论，也终究是不能改变的了。所以最好的办法就是顺从民意，其次就是用利益来加以引导，再其次是进行教诲，最次则是与民争利。

太行山以西盛产木材、竹子、楮树、野麻、旄牛尾和玉石，太行山以东则盛产鱼、盐、漆、丝和声色，江南出产楠树、梓树、姜、桂、金、锡、铅矿、丹砂、犀牛角、玳瑁、珠玑、兽牙、皮革，龙门山、碣石山以北则多产马、牛、羊、毛毡、毛皮、兽筋、兽角，出产铜铁的山往往是遍及千里之内，星罗棋布，为数众多。这是物产分布的大略情况。所有这些，都是中原人民所喜欢的，是老百姓穿衣饮食、养生送死所需要的东西。所以，人们要靠农民耕作来供给食物，靠管山林川泽的人开发物产，靠工匠将材料制成器物，靠商人来流通货物。这难道还需要用政令教化去调动人民这样做，告诉他们什么时候该做什么吗？人们各自发挥自己的才能，竭尽自己的力量，为的是得到自己想要得到的东西。所以，卖东西，到物价贵的地方去；买东西，到物价贱的地方去。人们各自努力而快乐地致力于他们的本业，就像水向低处流，日日夜夜没有休止的时候一样。人不用召唤就自己到来，东西不用寻求而人民就将它们生产了出来，这难道不是符合了规律而且得到自然发展验证的吗？

《周书》上说：“农民不种田，吃的东西就会缺乏；工匠不生产，用的东西就会短缺；商人不做买卖，吃用钱物就都会断绝；虞人不开发山泽，财源就会减少。”财源缺少了，山泽也就相应地得不到开发。这四个方面，是老百姓衣食的来源。来源广大就会富饶，来源窄小就会贫乏。来源大了，上可以富国，下可以富家。贫富的道理，没有谁能够夺走或赐予，而机敏的人总是有余，笨拙的人总是不足。所以，姜太公被分封在营丘，那里的土地是盐碱地，人口稀少，于是姜太公就鼓励妇女纺织，极力提倡工艺技巧的提高和推广，并且促进鱼盐等货物的运输和流通。这样，其他地方的人和物纷纷到了齐国，就像钱串一样络绎不绝，像车的辐条会聚到车轴上一样聚集到这里。所以，齐国的冠带衣履传遍天下，从沿海到泰山之间的诸侯都整理衣袖来朝拜齐国。

后来齐国一度衰落，管仲又将太公的遗业重新振兴了起来，设立了轻重九府来管理财政，齐桓公因此得以称霸，多次会盟诸侯，使天下的秩序得到了匡正。管仲自己也建筑了三归台，虽然他的地位只不过是大夫，但却比诸侯国君还要富裕。从此，齐国的富强，一直持续到齐威王、齐宣王时期。

商而通之

所以说：“粮仓充实了，百姓就会懂得礼仪；衣食充足了，百姓就会知道荣辱。”礼节产生于富有而废于贫穷。所以君子富有了，就愿意去做符合道德仁义的事情；小人富有了，就会将自己的力量用在适当的地方。水潭深了，才会有鱼儿生长；山林深了，才会有野兽前往安家；人富有了，仁义也就自然而然地到了他的身上。富有的人得到权势就更加显赫；失势的人连做客都没处可去，因而心情不快。谚语说："千金之家的子弟不会因犯法而在街市上被处死。"这不是空话，所以说："天下熙熙攘攘的人群，都是为利而来，为利而往。"拥有兵车千乘的君王，拥有封户万家的公侯，拥有食邑百户的大夫尚且担心贫穷，何况编在户口册子上的普通百姓呢！

◎太史公自序◎

【题解】

本篇是司马迁为《史记》所写序言的一部分，从中可以了解他写作《史记》的本意和宗旨，是研究司马迁和《史记》的重要资料。文中也谈到了作者获罪受刑的遭遇，抒发了他满心的郁愤，表达了他献身历史著作的伟大精神。

【原文】

太史公曰："先人有言：'自周公卒五百岁而生孔子，孔子卒后至于今五百岁，有能绍明世，正《易传》，继《春秋》，本《诗》《书》《礼》《乐》之际。'意在斯乎！意在斯乎！小子何敢让焉？"

上大夫壶遂曰："昔孔子何为而作《春秋》哉？"太史公曰："余闻董生曰：'周道衰废，孔子为鲁司寇，诸侯害之，大夫壅之[①]，孔子知言之不用、道之不行也，是非二百四十二年之中，以为天下仪表。贬天子，退诸侯，讨大夫，以达王事而已矣。'子曰：'我欲载之空言，不如见之于行事之深切著明也。'夫《春秋》，上明三王之道，下辨人事之纪，别嫌疑，明是非，定犹豫，善善恶恶，贤贤贱不肖，存亡国，继绝世，补敝起废，王道之大者也。《易》著天地、阴阳、四时、五行，故长于变；《礼》经纪人伦，故长于行；《书》记先王之事，故长于政；《诗》记山川、溪谷、禽兽、草木、牝牡、雌雄，故长于风；《乐》乐所以立，故长于和；《春秋》辨是非，故长于治人。是故《礼》以节人，《乐》以发和，《书》以道事，《诗》以达意，《易》以道化，《春秋》以道义。拨乱世，反之正，莫近于《春秋》。《春秋》文成数万，其指数千，万物之散聚皆在《春秋》。《春秋》之中，弑君三十六，亡国五十二，诸侯奔走不得保其社稷者不可胜数。察其所以，皆失其本已。故《易》曰：'失之毫厘，差以千里。'故曰：'臣弑君，子弑父，非一旦一夕之故也，其渐久矣。'故有国者不可以不知《春秋》，前有谗而弗见，后有贼而不知。为人臣者不可以不知《春秋》，守经事而不知其宜，遭变事而不知其权。为人君父而不通于《春秋》之义者，必蒙首恶之名。为人臣子而不通于《春秋》之义者，必陷篡弑之诛，死罪之名。其实皆以为善，为之不知其义，被之空言而不敢辞。夫不通礼义之旨，至于君不君，臣不臣，父不父，子不子。君不君则犯，臣不臣则诛，父不父则无道，子不子则不孝。此四行者，天下之大过也。以天下之大过予之，则受而弗敢辞。故《春秋》者，礼义之大宗也。夫礼禁未然之前，法施已然之后；法之所为用者易见，而礼之所为禁者难知。"

壶遂曰："孔子之时，上无明君，下不得任用，故作《春秋》，垂空文以断礼义，当一王之法。今夫子上遇明天子，下得守职，万事既具，咸各序其宜，夫子所论，欲以何明？"太史公曰："唯唯，否否，不然。余闻之先人曰：'伏羲至纯厚，作《易》八卦；尧、舜之盛，《尚书》载之，礼乐作焉；汤、武之隆，诗人歌之。《春秋》采善贬恶，推三代之德，褒周室，非独刺讥而已也。'汉兴以来，至明天子，获符瑞，建封禅，改正朔，易服色，受命于穆清[②]，泽流罔极，海外殊俗，重译款塞，请来献见者，不可胜道。臣下百官力诵圣德，犹不能宣尽其意。

且士贤能而不用，有国者之耻；主上明圣而德不布闻，有司之过也。且余尝掌其官，废明圣盛德不载，灭功臣、世家、贤大夫之业不述，堕先人所言，罪莫大焉！余所谓述故事，整齐其世传，非所谓作也，而君比之于《春秋》，谬矣。"

于是论次其文。七年而太史公遭李陵之祸，幽于缧绁③，乃喟然而叹曰："是余之罪也夫！是余之罪也夫！身毁不用矣。"退而深惟曰："夫《诗》《书》隐约者，欲遂其志之思也。昔西伯拘羑里，演《周易》；孔子厄陈、蔡，作《春秋》；屈原放逐，著《离骚》；左丘失明，厥有《国语》；孙子膑脚，而论兵法；不韦迁蜀，世传《吕览》；韩非囚秦，《说难》《孤愤》；《诗》三百篇，大抵贤圣发愤之所为作也。此人皆意有所郁结，不得通其道也，故述往事，思来者。"于是卒述陶唐以来，至于麟止，自黄帝始。

司马迁作自序

【注释】

① 壅（yōng）：阻塞。② 穆清：指天。③ 缧（léi）绁（xiè）：捆绑用的绳索。这里指监狱。

【译文】

太史公说："先父曾经说过：'周公死后五百年孔子出生，孔子死后至今又有五百年了，到了继续圣明时代，考定《易传》，续写《春秋》，以《诗》《书》《礼》《乐》作为衡量事物的根本的时候了。'这番话的意思就在这里吧！意思就在这里吧！我怎敢谦让呢？"

上大夫壶遂说："从前孔子为什么作《春秋》呢？"太史公说："我听董仲舒说：'周朝的制度衰落废弃，孔子做了鲁国的司寇，推行王道，诸侯们妨碍他，大夫们阻挠他，孔子知道自己的主张不能被采用，自己推行的王道不能被施行，于是把在此之前二百四十二年中发生的大事记述出来，加以评论褒贬，以此作为天下行事的标准。他贬责天子，针砭诸侯，声讨大夫，这些都只是用来阐明王道罢了。'孔子说：'我想只把是非挂在口头上，不如表现在具体的事件中那样更为深刻明显。'《春秋》这部书，上能阐明三王之道，下能分辨人世的伦理纲常，解释疑惑难明的事理，辨明是非，判断犹豫难定的事情，颂扬善良，唾弃邪恶，推崇贤良，鄙视不肖，延续即将灭亡的国家，接续已经断绝的世系，修补弊端，振兴衰废，这些都是王道中的重大事情啊！《易》阐明了天地、阴阳、四时、五行的运行规律，所以长于变化；《礼》规范了人间的伦理纲常，所以长于实行；《书》记载了过去帝王的事迹，所以长于政治；《诗》记述了山川、溪谷、禽兽、草木、牝牡、雌雄的千姿百态，所以长于韵致；《乐》产生于人们的和乐之情，所以长于陶冶性情；《春秋》明辨了是非曲直，所以长于治理人民。因此，《礼》用来约束人的行为，《乐》用来抒发人的和乐之情，《书》用来道明如何治理政事，《诗》用来表达人的心意，《易》用来说明变化，《春秋》用来阐明道义。拨乱反正，没有比《春秋》更切合需要的了。《春秋》全文几万字，其中有明确指导意义的只有几千字，万事万物的分合变化之理都在《春秋》之中。在《春秋》一书中，记载弑君的事件有三十六起，灭亡的国家有五十二个，诸侯逃亡失国的数不胜数。考察导致这样结果的缘故，都是由于失去了礼义这个根基。所以《易》中说：'失之毫厘，差以千里。'所以说：'臣子杀死君主，儿子杀死父亲，这种情况不是一朝一夕造成的，而是在很长时间内逐渐发展而成的。'因此，治理国家的人不能不通晓《春秋》，否则前面有谗佞小人却不能看见，背后有乱臣贼子却不能知道。做臣子的不能不通晓《春秋》，否则就不能知道日常事务要怎样办理才算恰当，遇到事情就不能随机应变、因事而动。作为君主、父亲而不通晓《春秋》要义的，必然会蒙受首恶的名声。作为臣下、儿子而不通晓《春秋》要义的，一定会因篡上弑父而被诛杀，落个死罪的名声。他们实际上都以为是在做好事，却因为不懂得《春秋》的要义，受到凭空加给的罪名也不敢推卸。由于不通晓礼义的要旨，就会到了君不像君、臣不像臣、父不像父、子不像子的地步。君不像君，就会受到臣下的触犯；臣不像臣，就会被诛杀；父不像父，就会失去人伦之道；子不像子，就会忤逆不孝。这四种行为，是天下的大过错了。把天下的大过错加给他们，他们只能接受而不敢推卸。所以《春秋》是礼义的根基，礼在过错发生之前就加以防范，法是在过错发生之后加以惩处；法的作用显而易见，而礼的防范作用却不易被人了解。"

壶遂说："孔子那个时候，在上没有贤明的君主，在下不能被任用，所以才作《春秋》，为的是将文辞流传下来让后世能够判断行为是否符合礼义，并且希望《春秋》有朝一日能够成为某一帝王的法典。现在您在上遇到了圣明的天子，在下能够保守您太史令的世职，各种条件都已具备，各项事情都有条不紊地安放在了适当的位置上，您所论述的，是要阐明什么呢？"太史公说："嗯，嗯，不，不，不是这个意思。我听先父说过：'伏羲氏极为纯朴厚道，他作了《易》的八卦；尧、舜德泽四海，《尚书》对这加以记载，礼乐也由此而兴起；商汤、周武王的功业盛大显赫，诗人们予以歌颂。《春秋》褒扬善良，贬斥邪恶，推崇夏、商、周三代的盛德，赞美周王室所施行的礼仪教化，它不单单是讽刺而已。'从汉代兴国以来，到当今圣明的天子，已经得到了天降祥瑞，举行了祭天地的大典，改革了历法，变更了衣服和器物的颜色；天子秉承天命，降下无穷无尽的恩泽。与我们有着不同风俗的海外国家，都是经过了几重翻译，叩开我们的关塞之门请求进献贡品，朝见我们的天子，这样的国家多得说不完。臣下百官，竭力颂扬天子的明德，仍然不能够将心中的仰慕感激之情都表达出来。况且，士人贤能而得不到重用，是主宰国家的人的耻辱；主上圣明而他的盛德不能宣扬于天下，是有关官员的过错。再说我曾经担任太史令，把圣明天子的盛大德行丢在一边而不去记载，埋没了功臣、世家、贤大夫们的功业而不加以记述，这是废弃了先父对我的教诲，罪过没有比这更大的了！我所说的记述过去的事情，只是将他们的世系传记进行归纳整理，并不是去创作，而先生把它与《春秋》相提并论就不对了。"

于是我就编写了这些文章。过了七年，我因替李陵辩解而遭受灾祸，被囚禁在监牢之中，于是喟然长叹道："这是我的罪过啊，这是我的罪过啊，身体已然残废，再没有什么用了！"平静下来仔细思量一下，又说："《诗》《书》中含蓄隐约的文义，都是作者出于要实现自己的志向而必须深思的地方，从前西伯被拘禁在羑里的时候，推演出了《周易》；孔子在陈、蔡遭受困厄，却写出了《春秋》；屈原遭到放逐，于是赋了《离骚》；左丘明双目失明，这才著出《国语》；孙膑被挖去膝盖骨，却论著了兵法；吕不韦因罪谪居蜀地，他的《吕览》却得以传世；韩非在秦国被捕入狱，却写下了《说难》《孤愤》两篇；《诗经》三百篇，大都是贤人为抒发心中的愤懑之气而写出来的，这些人都是由于心意有所郁结，有志难展，空怀抱负，所以才追述过去的事情，想以此作为后世的借鉴。"于是，我终究还是记述了尧唐以来的事情，从黄帝开始，至武帝获白麟那年为止。

报任安书

【题解】

本篇是司马迁回复朋友任安的一封信。在信中，司马迁诉说了受刑以来心中的屈辱与悲愤，回顾了自己从前忠君报国的志向，陈述了李陵事件的始末和自己无辜获罪的过程，说明了自己隐忍苟活的原因，表达了“就极刑而无愠色”，坚持完成《史记》的决心。《报任安书》感情深挚，悲痛沉郁与慷慨激烈相互交织，行文跌宕起伏，如泣如诉，是研究《史记》和司马迁生活、思想的重要文章。

【原文】

太史公牛马走司马迁再拜言，少卿足下：曩者辱赐书[①]，教以慎于接物，推贤进士为务。意气勤勤恳恳，若望仆不相师，而用流俗人之言。仆非敢如此也！仆虽罢驽，亦尝侧闻长者之遗风矣。顾自以为身残处秽，动而见尤，欲益反损，是以独抑郁而谁与语。谚曰：“谁为为之？孰令听之？”盖钟子期死，伯牙终身不复鼓琴。何则？士为知己者用，女为说己者容。若仆大质已亏缺矣，虽才怀随、和，行若由、夷，终不可以为荣，适足以见笑而自点耳。书辞宜答，会东从上来，又迫贱事，相见日浅，卒卒无须臾之间，得竭志意。今少卿抱不测之罪，涉旬月，迫季冬，仆又薄从上雍，恐卒然不可为讳，是仆终已不得舒愤懑以晓左右，则长逝者魂魄私恨无穷。请略陈固陋。阙然久不报，幸勿为过。

仆闻之：修身者，智之符也；爱施者，仁之端也；取予者，义之表也；耻辱者，勇之决也；立名者，行之极也。士有此五者，然后可以托于世，而列于君子之林矣。故祸莫憯于欲利，悲莫痛于伤心，行莫丑于辱先，诟莫大于宫刑。刑余之人，无所比数，非一世也，所从来远矣。昔卫灵公与雍渠同载，孔子适陈；商鞅因景监见，赵良寒心；同子参乘，袁丝变色：自古而耻之。夫中材之人，事有关于宦竖，莫不伤气，而况于慷慨之士乎？如今朝庭虽乏人，奈何令刀锯之余荐天下之豪俊哉？

仆赖先人绪业，得待罪辇毂下，二十余年矣。所以自惟：上之不能纳忠效信，有奇策材力之誉，自结明主；次之又不能拾遗补阙，招贤进能，显岩穴之士；外之不能备行伍，攻城野战，有斩将搴旗之功；下之不能积日累劳，取尊官厚禄，以为宗族交游光宠。四者无一遂，苟合取容，无所短长之效，可见于此矣。向者，仆亦常厕下大夫之列，陪奉外廷末议，不以此时引纲维、尽思虑，今已亏形为扫除之隶，在阘茸之中[②]，乃欲仰首伸眉，论列是非，不亦轻朝廷、羞当世之士邪？嗟乎！嗟乎！如仆尚何言哉！尚何言哉！

司马迁继承父业司职太史令

且事本末未易明也。仆少负不羁之材，长无乡曲之誉。主上幸以先人之故，使得奏薄伎，出入周卫之中。仆以为戴盆何以望天，故绝宾客之知，亡室家之业，日夜思竭其不肖之才力，务一心营职，以求亲媚于主上，而事乃有大谬不然者。

夫仆与李陵俱居门下，素非能相善也，趋舍异路，未尝衔杯酒、接殷勤之余欢。然仆观其为人，自守奇士，事亲孝，与士信，临财廉，取与义，分别有让，恭俭下人，常思奋不顾身以殉国家之急。其素所蓄积也，仆以为有国士之风。夫人臣出万死不顾一生之计，赴公家之难，斯已奇矣。今举事一不当，而全躯保妻子之臣，随而媒蘖其短[③]，仆诚私心痛之。且李陵提步卒不满五千，深践戎马之地，足历王庭，垂饵虎口，横挑强胡，仰亿万之师，与单于连战十有余日，所杀过当，虏救死扶伤不给。旃裘之君长咸震怖，乃悉征其左、右贤王，举引弓之人，一国共攻而围之。转斗千里，矢尽道穷，救兵不至，士卒死伤如积。然陵一呼劳军，士无不起，躬自流涕，沬血饮泣，更张空弮，冒白刃，北向争死敌者。陵未没时，使有来报，汉公卿王侯皆奉觞上寿。后数日，陵败书闻，主上为之食不甘味，听朝不怡，大臣忧惧，不知所出。仆窃不自料其卑贱，见主上惨怆怛悼，诚欲效其款款之愚。以为李陵素与士大夫绝甘分少，能得人之死力，虽古之名将，不能过也。身虽陷败，彼观其意，且欲得其当而报于汉。事已无可奈何，其所摧败，功亦足以暴于天下矣。仆怀欲陈之而未有路，适会召问，即以此指，推言陵之功，欲以广主上之意，塞睚眦之辞。未能尽明，明主不晓，以为仆沮贰师而为李陵游说，遂下于理。拳拳之忠，终不能自列，因为诬上，卒从吏议。家贫，货赂不足以自赎；交游莫救视，左右亲近不为一言。身非木石，独与法吏为伍，深幽囹圄之中，谁可告诉者！此真少卿所亲见，仆行事岂不然乎？李陵既生降，颓其家声，而仆又佴之蚕室，重为天下观笑。悲夫！悲夫！事未易一二为俗人言也。

仆之先非有剖符丹书之功，文、史、星、历，近乎卜、祝之间，固主上所戏弄，倡优所畜，流俗之所轻也。假令仆伏法受诛，若九牛亡一毛，与蝼蚁何以异？而世俗又不能与死节者次比，特以为智穷罪极，不能自免，卒就死耳。何也？素所自树立使然也。人固有一死，死或重于泰山，或轻于鸿毛，用之所趋异也。太上不辱先，其次不辱身，其次不辱理色，其次不辱辞令，其次诎体受辱[④]，其次易服受辱，其次关木索、被箠楚受辱，其次剔毛发、婴金铁受辱，其次毁肌肤、断肢体受辱，最下腐刑，极矣！传曰："刑不上大夫。"此言士节不可不勉励也。猛虎处深山，百兽震恐，及在槛阱之中，摇尾而求食，积威约之渐也。故士有画地为牢，势不可入，削木为吏，议不可对，定计于鲜也。今交手足，受木索，暴肌肤，受榜箠，幽于圜墙之中。当此之时，见狱吏则头抢地，视徒隶则心惕息。何者？积威约之势也。及以至是，言不辱者，所谓强颜耳，曷足贵乎？且西伯，伯也，拘于羑里；李斯，相也，具于五刑；淮阴，王也，受械于陈；彭越、张敖，南面称孤，系狱抵罪；绛侯诛诸吕，权倾五伯，囚于请室；魏其，大将也，衣赭衣，关三木；季布为朱家钳奴；灌夫受辱于居室。此人皆身至王侯将相，声闻邻国，及罪至罔加，不能引决自裁，在尘埃之中。古今一体，安在其不辱也？由此言之，勇怯，势也；强弱，形也。审矣，何足怪乎？夫人不能早自裁绳墨之外，以稍陵迟，至于鞭箠之间，乃欲引节，斯不亦远乎？古人所以重施刑于大夫者，殆为此也。夫人情莫不贪生恶死，念父母，顾妻子。至激于义理者不然，乃有不得已也。今仆不幸，早失父母，无兄弟之亲，独身孤立，少卿视仆于妻子何如哉？且勇者不必死节，怯夫慕义，何处不勉焉？仆虽怯懦欲苟活，亦颇识去就之分矣，何至自沉溺缧绁之辱哉？且夫臧获婢妾犹能引决，况仆之不得已乎？所以隐忍苟活，幽于粪土之中而不辞者，恨私心有所不尽，鄙陋没世而文采不表于后世也。

古者富贵而名磨灭，不可胜记，唯倜傥非常之人称焉。盖文王拘而演《周易》；仲尼厄而作《春秋》；屈原放逐，乃赋《离骚》；左丘失明，厥有《国语》；孙子膑脚，兵法修列；不韦迁蜀，世传《吕览》；韩非囚秦，《说难》《孤愤》；《诗》三百篇，大底贤圣发愤之所为作也。此人皆意有所郁结，不得通其道，故述往事，思来者。乃如左丘无目，孙子断足，终不可用，退而论书策以舒其愤，思垂空文以自见。

仆窃不逊，近自托于无能之辞，网罗天下放失旧闻，略考其事，综其终始，稽其成败兴坏之纪，上计轩辕，下至于兹，为十表，本纪十二，书八章，世家三十，列传七十，凡百三十篇。亦欲以究天人之际，通古今之变，成一家之言。草创未就，会遭此祸。惜其不成，是以就极刑而无愠色，仆诚已著此书，藏之名山，传之其人，通邑大都，则仆偿前辱之责，虽万被戮，岂有悔哉！然此可为智者道，难为俗人言也。

且负下未易居，下流多谤议，仆以口语遇遭此祸，重为乡党所戮笑，以污辱先人，亦何面目复上父母之丘墓乎？虽累百世，垢弥甚耳！是以肠一日而九回，居则忽忽若有所亡，出则不知其所往。每念斯耻，汗未尝不发背沾衣也。身直为闺阁之臣，宁得自引深藏岩穴邪？故且从俗浮沉，与时俯仰，以通其狂惑。今少卿乃教以推贤进士，无乃与仆私心剌谬乎⑤？今虽欲自雕琢，曼辞以自饰，无益，于俗不信，适足取辱耳。要之，死日然后是非乃定。书不能悉意，略陈固陋。谨再拜。

【注释】

① 曩（nǎng）：从前。② 阘（tà）茸：卑贱之人。③ 媒蘖（niè）：酒曲，此处是酿成的意思。④ 诎（qū）：通“屈”。⑤ 剌（là）谬：违背。

【译文】

我太史公像牛马一样的人，今天再拜陈言，少卿足下：先前承蒙您屈尊写信给我，教我待人接物要谨诚持重，担负起向朝廷举荐人才的重任。信中言语恳切，情意诚挚。好像是抱怨我没能遵从您的意见行事，反而听信了世俗之人的话。我是不敢这样的。我虽然才能低劣，为人愚钝，但也还曾听说过德高望重的长者的遗风，只是我认为自己的身体已经残废，处境又如此尴尬可耻，稍有举动就会遭人埋怨责难，想要做些有益的事情，招来的却是损害。因此独自忧愁烦闷，但又能向谁诉说？谚语中说：“为谁去做？让谁来听？”钟子期死了，伯牙终生不再抚琴。为什么呢？因为士人为了解自己的人去效力，女子为喜欢自己的人去打扮。像我这样已然是不完整的人，即使才能像随侯珠、和氏璧那样可贵，品行像许由、伯夷那样高洁，终究不能引以为荣，反而恰好会被别人耻笑而且是自取其辱。您的信我本该及时答复的，但我刚好随从皇帝东巡回来，又为烦琐的事务所逼迫，彼此能相见的日子很少，而我又匆匆忙忙，找不出片刻的时间向您倾吐自己的心怀。如今你遭遇无法推知的罪名，再过一个月就接近十二月了，我随从皇帝去雍地的日期也迫近了。我怕转眼之间你就会遭到不幸，这样我将终究不能够向您抒发满腔的悲愤，使您辞世的灵魂抱有无穷的怨恨。于是我请求向您大略地说说我的鄙陋之见。隔了很长时间没有给您回信，希望您不要见怪。

我听说，善于修身，是智慧的象征；乐于施舍，是仁德的开端；索取与给予得当，是遵守道义的表现；懂得耻辱，是决定一个人是否勇敢的前提；好名声的树立，是品行达到极高标准时自然而然的结果。士人有了这五条之后，就可以在社会上立足，排列在君子的行列之中了。所以，灾祸没有比因为贪图小利而招致的更为悲惨的了，悲痛没有比心灵受到伤害更为痛苦的了，行为没有比使祖先受辱更为丑恶的了，侮辱没有比受宫刑更为严重的了。受过宫刑的人，地位是不能同任何人相提并论的，这不是一朝一代的事，而是由来已久了。从前卫灵公同宦官雍渠同乘一辆车，孔子感到耻辱，便离开卫国到了陈国；商鞅通过景监见到秦孝公，赵良因而感到寒心；太监赵谈陪坐在汉文帝的车上，袁盎见了脸色骤变：自古以来人们就看不起这种人。就是一般人，遇到了有关宦官的事，没有不认为情绪受到伤害、感到羞辱的，何况是抱负远大的慷慨之士呢！如今朝廷虽然缺乏人才，又怎么会让残缺不全的人来推荐天下的豪杰俊才呢？

我依赖着父亲留下的事业，得以在天子驾下任职，到现在已经有二十多年了。平日里自己常想，对待主上，没能竭尽忠信，建立策略卓越、能力突出的声誉，从而得到圣明主上的信任赏识；其次，又不能替主上拾遗补缺，招贤进能，发现有才德的隐士；在外不能充于军队之中，参加攻城野战，取得斩将拔旗的功绩；对下不能靠着为官长久、劳苦功高而取得高官厚禄，让宗族和朋友们也跟着沾光得宠。这四项没有一项成功的，我也只能是苟且地上下迎合，以求容于朝廷之中，自己没有任何微小的贡献，您从这里也是看得出来的。过去我也曾跻身于下大夫的行列，侍奉于朝堂之上，发表些微不足道的小议论，我没有利用这个时机申张国家的法度，为国竭尽智谋；现在身体已残，和那些打扫庭院的太监没什么两样，处于地位卑贱的人中间，竟要抬头扬眉、陈说是非，这不是轻视朝廷、羞辱当世的君子吗？唉！唉！像我这样的人还能说什么呢！还能说什么呢！

况且，事情的前因后果不是容易明了的，我年轻时怀着自认为不可限量的才能，可长大成人以后却不能博得乡里的荐誉，幸赖主上念着我父亲的缘故，才使我能够为朝廷贡献一点儿微薄的才能，出入于宫禁之中。我认为头上戴着盆子怎么能望见天呢，所以我断绝了与宾朋的交往，把产业家务抛在一边，日夜想着竭尽我微薄的才能和力量，用所有的精力来尽忠职守，以求取得主上的亲近与信任，然而事情却与愿望大相违背，并不与我想象的一样。

我和李陵都在朝中任职，平素并没有很深的交情，所走的道路各不相同，不曾在一起饮过一杯酒来表示殷勤的情谊，但是，我观察他的为人，是个能自守节操的不俗之士。他侍奉双亲很是孝顺，同朋友交往很讲信用，在钱财面前表现得十分廉洁，索取或给予都是按照理义行事，能分别尊卑长幼并且谦让有礼，恭敬简朴并且平易近人，常常想着要奋不顾身地以死奔赴国难，他这些多年养成的为人行事的风格，我认为很符合国家栋梁之材的标准。作为臣子，能够提出万死不顾一生的计策，奔赴国家的危难，这已经是很出众的了！如今他行事一有不当，那些贪生怕死只知保全自己和家庭的大臣们，就跟着诬告夸大他的过失，我私下里对此感到痛心。况且李陵率领的步兵不满五千，却深入胡地，足迹到达了单于居住的地方，在老虎嘴边设下诱饵，毫无畏惧地向强悍的匈奴挑战，面对众多的敌人，与单于的军队连续激战了十几天，所杀的敌人超过自己军队的人数，匈奴救死扶伤都应接不暇。匈奴的君长们都震惊了，于是征调了左、右贤王，出动了所有能拉弓射箭的人，以全国的兵力展开进攻，并且包围了李陵的部队。李陵军转战千里，箭射完了，道路断绝了，而救兵却不见踪影，士兵死伤严重，尸体堆积如山，但是李陵一声号召，疲劳的士兵无不奋起，每个人都激动得涕泪横流，他们擦掉血迹，咽下眼泪，又拉开没有箭的空弓弩，冒着敌人的白刃奔向北方，去和敌人拼命。李陵的军队没有覆没的时候，有使者送来捷报，朝廷上的公卿王侯都举着酒杯向主上祝贺。过了几天，李陵兵败的奏报传来，主上为此吃饭没有滋味，处理朝政时不悦之情挂在脸上，大臣们都担忧害怕，不知如何是好。我不自量地位的卑贱，看到主上悲痛忧伤，情绪低落，实在想献上自己诚恳的愚昧之见。我认为李陵平日里对部下恩遇有加，分利时总是照顾其他人，因而得到部下的拼死效力，即使是古代的名将也不能超过他。李陵虽然战败被俘，但观察他的心意，是想寻找适当的机会立功以报效汉朝。战事（发展到那种地步）已经是无可奈何了，但是李陵给敌人造成的损害，其功劳也足以向天下告白了。我想把这些向主上陈说，却没有机会，适逢主上召见询问我，我就本着这个意思，着重论说

司马迁下狱受刑

了李陵的功绩，想要以此来宽解主上的心事，堵塞那些对李陵诋毁诬陷的言辞。我没能把想说的明白完全地表达出来，圣明的主上也没有完全理解我的心意，以为我诋毁贰师将军李广利而替李陵开脱，于是就把我交给大理寺问罪。我的拳拳忠心始终没有得到表白的机会，因而被定了诬上的罪名，最后主上听从了法吏的意见。我因为家境贫寒，钱财不足以赎罪；朋友们也没有前来营救探望的，主上身边的左右亲近也不替我说一句话。人身不是木石，我却独自和那些掌管刑法的官吏们打交道，深陷于牢狱之中，又能向谁去诉说呢！这些是你亲眼见到的，我的遭遇难道不是这样吗？李陵已经活着投降了，败坏了他家族的声誉，而我又被关在蚕室中蒙受耻辱，更加被天下人耻笑。可悲呀！可悲呀！这些事情是不容易对世俗之人说清楚的。

我的祖先，没有立下拜爵封侯的功勋，只是掌管文献、历史、天文和历法，职位接近卜官和巫祝，这种职务本是为了君主游戏取乐而设的，像乐师优伶那样被豢养，为世人所看轻。即使是让我伏法受诛，也如同九牛失去一毛一样，这与死去一只蝼蛄、蚂蚁有什么分别吗？而世俗的人又不能把我同坚持气节而死的人相提并论，只认为我是因为智尽才竭、罪恶极大，终于是不能自免被杀而已。这是什么缘故呢？这是平日自己所从事的职业和所处的地位造成的。人总有一死，有的人死得比泰山还重，有的人死得比鸿毛还轻，这是因为他们死的志向各不相同。作为一个士人，最好是不使祖先受辱，其次是不使自身受辱，其次是不使自己因别人的脸色而受辱，其次是不在言语辞令上受辱，其次是被捆绑而受辱，其次是换上犯人的狱服进监牢受辱，其次是戴刑具、被杖打而受辱，其次是剃毛发、戴铁圈而受辱，其次是毁坏肌肤、截断肢体而受辱，最下等的是腐刑，已经是污辱到了极点！书传上说："刑罚不用在大夫身上。"这是说士人的节操不可不加以勉励。猛虎在深山里，足以使百兽惊恐，一旦落进陷坑或笼子里，便摇着尾巴乞讨食物，这是由于人的威力和约束使它逐渐驯服。所以，士人有画地为牢而决不进入，削木为吏而绝不同它对答的说法，而是决计在受辱之前便自杀。如今捆绑了手脚，戴上了枷锁，袒露着身体，遭受着杖打，被幽禁在牢狱之中。当这时候，见到狱吏就趴在地上磕头，看见狱卒就胆战心惊。这是为什么呢？这就是被狱吏的威势逼迫而逐渐造成的状态，已经到了这种地步，却说自己没有受辱，就是常说的厚脸皮了，有什么值得尊重的呢？况且，西伯是一方诸侯之长，曾被拘禁在羑里；李斯是丞相，受尽了五刑；淮阴侯韩信本是王，然而在陈地戴上了枷锁；彭越、张敖都是面南背北、称孤道寡的王侯，却被捕入狱抵罪；绛侯周勃，曾诛杀诸吕，权势超过春秋五霸，却被囚禁在请罪之室中；魏其侯窦婴是大将军，却穿上囚衣，戴上木枷、手铐和脚镣；季布卖身给朱家做戴枷的奴隶；灌夫在居室之中受辱。这些人都是身至王侯将相，声闻邻国，及至获罪落入法网，却不能自杀，而被囚禁在肮脏的监牢之中。这情景古今都一样，哪里有不受屈辱的呢？由此说来，勇怯强弱都是形势造成的。明白了这个道理，还有什么值得奇怪的呢？人不能早早自杀来逃脱法律的制裁，因而志气逐渐衰退，到了身受鞭杖的时候，才想为守气节而死，这不也太迟了吗？古人对大夫施刑很慎重的原因，大概在于此吧。人的常情，没有不贪生怕死、顾念父母妻子儿女的。至于为公正义理所激发的人就不是这样，他们乃是有不得已之处。我很不幸，很早就失去了父母，没有可以相亲相爱的兄弟，一个人孤孤单单地活在这人世上，少卿你看我对妻子儿女怎么样呢？况且勇敢的人不是一定要为守节而死，怯懦的人如果仰慕节义，也往往能够勉励自己不怕牺牲。我虽然怯懦，想要苟且活在这世上，但也很懂得取舍去就的道理，何至于甘心陷入囚禁而受侮辱呢？况且奴隶婢妾还能够自杀，何况我已经到了不得已的地步呢？我之所以忍辱苟活，被囚禁在污秽的环境里而不肯死去的原因，是因为我怨恨心中想做的事尚未完成，如果就这样极不光彩地死去，我的文章著述便不能彰明于后世了。

古时候生前富贵而死后声名磨灭不传的人，多得数不胜数，唯有那些洒脱出众的人才能为后世所称道。周文王被拘禁在羑里时推演出了《周易》；孔子在陈、蔡受到困厄而著出了《春秋》；屈原遭到放逐，于是写出了《离骚》；左丘明双目失明，却写出了《国语》；孙膑被剜去膝盖骨后而编著兵法；吕不韦谪居蜀地，《吕览》却为世所流传；韩非在秦国被捕下狱，在狱中写出了《说难》《孤愤》两篇；《诗》三百篇，大都是贤圣之人为抒发内心的愤懑而作出来的。这些人都是心中有郁结之处，抱负难展，壮志难酬，所以才追述往事，想让后人得到借鉴。就像左丘明双目失明，孙子双腿被废，终生都不能得到重用，于是退隐著书立说以此抒发内心的愤懑，期望文章能流传后世，使自己的心意得以表白。

人固有一死，或重于泰山，或轻于鸿毛

我不自量力，近年来正凭借拙劣的文辞，网罗天下散失的旧闻轶事，从总体大略考正其事实，将事情的始末因果连贯起来，考察其成败兴衰的规律。上从黄帝开始，下至于今，写成表十篇、本纪十二篇、书八篇、世家三十篇、列传七十篇，共一百三十篇。也是想用来探究自然和人事之间的关系，通晓从古到今的变化，形成一家独立的见解。草创未完，恰逢这起灾祸。我痛惜全书没有完成，因此身受最重的刑罚而没有怨气。如果我真的完成了这部书，将它藏在名山之中，留给可传的人，传播在交通发达的大都邑，那么我就可以抵偿此前受的耻辱，即使被杀一万次，又有什么可后悔的呢！然而这些只可以向有智慧的人去说，很难对一般人讲。

而且背负着因罪受刑的坏名声在社会上不容易安身，身处下位又常受到诽谤、讥议。我因为说话而遭到这场灾祸，就更被乡里同人耻笑，使祖先遭受了玷污耻辱，我又有什么脸面再到父母的坟墓上去呢？即使过了百代，这耻辱也只会越来越深！因此，痛苦之情整天在肚肠之中百转千回，在家里的时候常常是恍恍惚惚，若有所失，出门常常不知要到何处去。每当想着这件耻辱的事情，汗便从后背上冒了出来，湿透了衣服。身体已成了宦官，岂能就此自我退隐到山林岩穴当中呢？所以暂且与世浮沉，与时仰俯，为的是在文章中抒发内心的悲愤和矛盾。如今少卿教我推贤进士，不是和我个人的想法相违背吗？现在即使我想用推贤进士的行动来雕饰自己，用美好的言辞来装饰自己，也是毫无补益，是不会取得世俗信任的，反而只会更加换来耻辱而已。总而言之，人死了之后是非才有定论。这封信不能详尽地表达我的心意，只是大略地陈说我粗浅鄙陋的意见罢了。谨再拜。

卷六 汉文

《汉书》

《史记》之后又一部重要的纪传体史书，为东汉班固撰写。全书包括十二纪、八表、十志、七十列传，共一百篇，记载自汉高祖元年（前206）到王莽地皇四年（23）229年的历史。因为《汉书》是奉诏而作，虽然组织严密，结构整饬，典雅规范，但不像《史记》那样富于情感，文字也不如《史记》那样生动感人，缺乏《史记》那样的个性、风采和强烈的批判精神。

高帝求贤诏

【题解】

这篇文章选自《汉书·高帝纪》。西汉建立后，汉高祖刘邦为了广延人才，在高帝十一年颁布了求贤令。这篇文章语气委婉，它除了邀请人才辅助汉室外，还要求各地诸侯和官吏向中央举荐贤人。这篇文章体现了刘邦唯贤是举、求贤若渴的心情。

【原文】

盖闻王者莫高于周文，伯者莫高于齐桓，皆待贤人而成名。今天下贤者智能，岂特古之人乎？患在人主不交故也，士奚由进？今吾以天之灵、贤士大夫定有天下，以为一家。欲其长久，世世奉宗庙亡绝也。贤人已与我共平之矣，而不与吾共安利之，可乎？贤士大夫有肯从我游者，吾能尊显之。布告天下，使明知朕意。御史大夫昌下相国，相国酂侯下诸侯王①，御史中执法下郡守。其有意称明德者，必身劝，为之驾，遣诣相国府，署行、义、年。有而弗言，觉，免。年老癃病②，勿遣。

【注释】

①酂（zàn）侯：指萧何。②癃（lóng）：身体衰弱，病情沉重。

【译文】

听说行王道的没有能超过周文王的，做霸主的没有能超过齐桓公的，他们都是依靠贤人的辅佐才成就了功业。如今谈起天下

高帝求贤诏

贤人的智慧和才能，难道只有古人才特有吗？应当忧虑的只在于做人君的不去和他们交往，贤士们又怎能被进用呢？现在我靠上天的佑助以及贤士大夫们的辅佐平定了天下，把天下统一成了一家。我想要使国家能得到长治久安，使宗庙的香火不断，世世代代都能得到奉祀。贤士们已和我一起平定了天下，却不跟我一起享受太平，能行吗？贤士大夫们有愿意跟从我治理天下的，我能使他们显贵。因此布告天下，使大家明白我的意思。这诏书由御史大夫周昌下传给相国，相国酂侯萧何将它下达给诸侯王，御史中丞将它下达给各郡的郡守。那些确实可称为具有才德的士人，地方官一定要亲自去劝说，并为他驾车，送到京师相国府，登记被举荐者的品行、容貌和年龄。地方上有贤才而郡守不荐举的，发现后就免除他的官职。年老有病的，不必遣送。

◎文帝议佐百姓诏◎

【题解】

这篇文章节选自《汉书·文帝纪》。汉文帝是高祖刘邦之子，他在位的时候，继承了先王与民休息的政策，为政宽厚，这一时期跟后来景帝的统治时期合称为“文景治世”。此文说的是文帝面对民生凋敝、政策失当的情况，没有逃避责任，而是真诚地进行了检讨，并和臣子一块商讨解决百姓问题的方案。本文从侧面反映了汉文帝的温婉和仁慈。

【原文】

间者①，数年比不登，又有水旱疾疫之灾，朕甚忧之。愚而不明，未达其咎。意者，朕之政有所失，而行有过与？乃天道有不顺，地利或不得，人事多失和，鬼神废不享与？何以致此？将百官之奉养或费，无用之事或多与？何其民食之寡乏也？夫度田非益寡，而计民未加益，以口量地，其于古犹有余，而食之甚不足者，其咎安在？无乃百姓之从事于末，以害农者蕃，为酒醪以靡谷者多②，六畜之食焉者众与？细大之义，吾未能得其中，其与丞相、列侯、吏二千石、博士议之③。有可以佐百姓者，率意远思，无有所隐。

【注释】

①间：近来。②醪（láo）：浊酒。③博士：掌管书籍文献的官员。

【译文】

近几年接连农事歉收，又有水灾、旱灾、瘟疫等灾害，对此我很忧虑。我因为愚钝不明，还没有找到灾害的由来，自己思忖，是不是我在治理朝政上有所失误，行为上有过错呢？还是因为天道有不顺的时候，地利有不能完全被利用的地方，人们相处行事常常丧失和气，鬼神因为祭祀遭到废弃而不能享用供品的缘故呢？为什么会这样呢？是百官的俸养过高，无用的事情办得过多了吗？为什么百姓的粮食竟这样缺乏呢？计量显示的土地并不比以前少，而人口却没有增加多少；按人口分配土地，比古时候还要多出一些，而粮食却很匮乏，造成这种情况的过失到底在哪里？是不是百姓中从事工商业而妨害农业的人增多了，酿酒所费的稻谷增多了，牲畜吃掉的粮食也增多了呢？这些大大小小的原因，我还没能知晓其中的症结所在，希望跟丞相、列侯、俸禄二千石的官吏和博士们讨论这事，有可以帮助百姓改变现状的意见，就坦率地讲出来，不要有所保留。

景帝令二千石修职诏

【题解】

本文主要说的是景帝重视农桑，还指出“吏以货赂为市”“奸法与盗盗”对国计民生的危害，主张整顿吏治。景帝看到居上位的达官贵人给国家经济带来了不良影响，不仅以身作则，严律自己，还禁止官吏收受贿赂，是一位深明大义的君主。

【原文】

雕文刻镂，伤农事者也；锦绣纂组，害女红者也。农事伤，则饥之本也；女红害，则寒之原也。夫饥寒并至，而能无为非者寡矣。朕亲耕，后亲桑，以奉宗庙粢盛、祭服，为天下先。不受献，减太官，省徭赋，欲天下务农蚕，素有畜积，以备灾害，强毋攘弱①，众毋暴寡，老耆以寿终②，幼孤得遂长。

今岁或不登，民食颇寡，其咎安在？或诈伪为吏，吏以货赂为市，渔夺百姓，侵牟万民③。县丞，长吏也，奸法与盗盗，甚无谓也。其令二千石各修其职。不事官职，耗乱者，丞相以闻，请其罪。布告天下，使明知朕意！

【注释】

①攘（rǎng）：掠夺。②耆（qí）：古称六十岁为耆，这里泛指老年人。③牟（móu）：夺取。

【译文】

让百姓们雕琢花纹、镂刻器物，势必会妨害农事；让妇女们织锦刺绣，为富人显贵们扎结丝带以做衣饰，势必会妨害她们从事丝织业。农事受到妨害，是饥饿的根源；纺织受到妨害，是受冻的因由。饥寒交迫下，能不为非作歹的人是很少的。我亲自耕田，皇后亲自采桑养蚕，用以提供祭祀宗庙用的谷物和礼服，以此来为天下人带头。我不接受贡品，减省太官所进奉的膳食，减轻徭役和赋税，想使天下百姓专心务农养桑，平时有所积蓄，以备灾害。我愿天下的强者不要侵夺弱者，人多的不要去欺压人少的，老人能终其天年，幼儿孤子能得以长大成人。

景帝下诏

如今有时年成不好，百姓的口粮很缺乏，造成这种状况的过失到底在哪里？或许有狡诈虚伪的人充当了官吏，一些官吏纳贿行私，盘剥百姓，侵夺万民。县丞，本是吏中之长，但如果徇私舞弊，侵占财富如同盗贼，那么设立这样的官职就很是无谓。现在命令各地俸禄为二千石的地方长官各自修明自己的职守。对于那些尸位素餐、办事昏乱的人，由丞相向我奏明，以决定如何治罪。故此布告天下，使大家明白我的意思！

◎武帝求茂材异等诏◎

【题解】

这篇文章节选自《汉书·武帝纪》。汉武帝在位的时期，是西汉最为强盛的一个阶段。汉武帝刘彻雄才大略，文治武功在汉帝中出类拔萃，而且十分爱才。本文就是汉武帝为延揽人才而下的诏令。武帝在诏令中要求地方官员察举人才，并说明了选材的标准，即不拘一格、任人唯贤。

【原文】

盖有非常之功，必待非常之人。故马或奔踶而致千里①，士或有负俗之累而立功名。夫泛驾之马②，跅弛之士③，亦在御之而已。其令州郡察吏民有茂材异等可为将相及使绝国者。

【注释】

①踶（tí）：踢。②泛（fěng）驾：狂奔乱跑不走正路的马。③跅（tuò）弛：放荡。

【译文】

若要建立不平凡的功业，就必须依靠不平凡的人才。所以马有狂奔踢人，却能行千里路的；士人有为世俗所讥议，却能建立功名的。这些狂奔乱跑不走正路的骏马，行为放荡不守礼法的士人，也只在于如何驾驭他们罢了。我命令各州郡考察官吏和百姓中有优秀才能、超群出众，可以担任将相及充任出使远方国家的人材。

贾谊

（前200～前168）

贾谊，西汉政论家、文学家，世称贾生。少时即以博学能文称于郡中，二十余岁召为博士，为汉文帝所赏识，擢为太中大夫，主张改革政制，遭到保守派周勃、灌婴等人的反对，后被贬为长沙王太傅。四年后复召回朝，旋拜为梁怀王太傅。梁王坠马死，贾谊郁郁自伤，不久去世，年仅三十三岁。

◎过秦论（上）◎

【题解】

汉人很注重总结秦亡的教训，这是因为他们所处的时代距离秦亡不远，而且也可以为汉朝统治者及后世提供借鉴，贾谊的《过秦论》就是这方面的佳作。

《过秦论》肯定了秦孝公支持商鞅变法所起的重要作用，文章的主旨在于“过秦”，也就是谴责秦朝的过失。在贾谊看来，秦孝公吞并六国时，处于攻势，依靠权势和暴力取得了天下。统一天下后，就该施行仁政，注重教化，这样才能够避免灭亡。

【原文】

秦孝公据殽、函之固，拥雍州之地，君臣固守以窥周室，有席卷天下，包举宇内，囊括四海之意，并吞八荒之心。当是时也，商君佐之，内立法度，务耕织，修守战之具；外连衡而斗诸侯。于是秦人拱手而取西河之外。

孝公既没，惠文、武、昭蒙故业，因遗策，南取汉中，西举巴蜀，东割膏腴之地，收要害之郡。诸侯恐惧，会盟而谋弱秦，不爱珍器、重宝、肥饶之地，以致天下之士，合从缔交，相与为一。当此之时，齐有孟尝，赵有平原，楚有春申，魏有信陵。此四君者，皆明智而忠信，宽厚而爱人，尊贤而重士，约从离衡，兼韩、魏、燕、赵、宋、卫、中山之众。于是六国之士，有宁越、徐尚、苏秦、杜赫之属为之谋，齐明、周最、陈轸、召滑、楼缓、翟景、苏厉、乐毅之徒通其意，吴起、孙膑、带佗、兒良、王廖、田忌、廉颇、赵奢之伦制其兵。尝以十倍之地，百万之众，叩关而攻秦。秦人开关延敌，九国之师，遁逃而不敢进。秦无亡矢遗镞之费，而天下诸侯已困矣。于是从散约解，争割地而赂秦。秦有余力而制其弊，追亡逐北，伏尸百万，流血漂橹；因利乘便，宰割天下，分裂河山。强国请服，弱国入朝。

施及孝文王、庄襄王，享国之日浅，国家无事。

及至始皇，奋六世之余烈，振长策而御宇内，吞二周而亡诸侯，履至尊而制六合，执敲扑以鞭笞天下，威振四海。南取百越之地，以为桂林、象郡，百越之君，俯首系颈，委命下吏。乃使蒙恬北筑长城而守藩篱，却匈奴七百余里，胡人不敢南下而牧马，士不敢弯弓而报怨。

于是废先王之道，燔百家之言，以愚黔首；隳名城①，杀豪俊，收天下之兵，聚之咸阳，销锋镝，铸以为金人十二，以弱天下之民。然后践华为城，因河为池，据亿丈之城，临不测之溪以为固。良将劲弩守要害之处，信臣精卒陈利兵而谁何。天下已定，始皇之心，自以为关中之固，金城千里，子孙帝王万世之业也。始皇既没，余威震于殊俗。

然而陈涉，瓮牖绳枢之子，氓隶之人，而迁徙之徒也，材能不及中庸，非有仲尼、墨翟之贤，陶朱、猗顿之富；蹑足行伍之间，俛起阡陌之中②，率罢弊之卒，将数百之众，转而攻秦。斩木为兵，揭竿为旗，天下云集而响应，赢粮而景从，山东豪俊遂并起而亡秦族矣。

且夫天下非小弱也，雍州之地，殽函之固，自若也。陈涉之位，非尊于齐、楚、燕、赵、韩、魏、宋、卫、中山之君也；锄櫌棘矜，不铦于钩戟长铩也③；谪戍之众，非抗于九国之师也；深谋远虑，行军用兵之道，非及曩时之士也。然而成败异变，功业相反。试使山东之国与陈涉度长絜大④，比权量力，则不可同年而语矣。然秦以区区之地，致万乘之权，招八州而朝同列，百有余年矣。然后以六合为家，殽函为宫。一夫作难而七庙隳，身死人手，为天下笑者，何也？仁义不施而攻守之势异也。

【注释】

①隳（huī）：毁坏。②俛（miǎn）：通“勉”，尽力。③铦（xiān）：锋利。铩（shā）：长刃矛。④絜（xié）：比较。

【译文】

秦孝公凭着殽山和函谷关的险固，拥有雍州肥沃的土地，君臣上下固守，伺机篡夺周王朝的政权；他们怀有席卷天下、征服各国、统一四海的志向，并吞八方的野心。在这个时候，商鞅开始辅佐孝公，他对内建立法律制度，发展农业和纺织，整修攻守的装备；对外实行连横政策，使诸侯们互相争斗。于是，秦国人不费任何劳苦便取得了西河以外的土地。

秦孝公死后，惠文王、武王、昭襄王都是继承上一代留下的基业，遵照前人的策略，秦国因而向南取得了汉中，向西攻占了巴蜀，在东边割取了肥沃的土地，接收了重要的州郡。诸侯们都感到恐惧，于是会盟共谋削弱秦国之计，不惜用珍奇的器物、贵重的财宝和肥沃的土地来招纳天下贤才，缔结合纵的盟约，结为一体，联合抗秦。在这个时候，齐国有孟尝君，赵国有平原君，楚国有春申君，魏国有信陵君，这四个人，都是明智忠信、宽厚爱人、礼贤下士的君子，他们约定合纵以拆散连横，联合了韩、魏、燕、赵、宋、卫、中山等国的抗秦力量。于是六国的士人当中，有宁越、徐尚、苏秦、杜赫这些人帮着出谋划策；有齐明、周最、陈轸、召滑、楼缓、翟景、苏厉、乐毅这些人来沟通各国的意见；有吴起、孙膑、带佗、兒良、王廖、田忌、廉颇、赵奢一批人来统率各国的军队。他们曾以十倍于秦国的土地、上百万的兵力，直抵函谷关攻打秦国。秦国的军队开关迎战，九国的军队都疑惧退缩，争相逃亡而不敢前进。秦国没有耗费一支箭、一个箭头，天下的诸侯就已经疲惫了。于是合纵的盟约解散了，各国争相割让土地以贿赂秦国。秦国因而有余力利用诸侯的疲惫去制服他们，追逐那些逃亡败北的军队，横在地上的尸首多到上百万，流的血可以漂起盾牌。秦国趁着有利的时机，宰割天下诸侯，分裂诸侯的土地，于是强国请求归服，弱国前来朝拜。

嬴政登基

传到孝文王、庄襄王，他们在位的日子短，国家没什么大事。

秦始皇即位以后，光大了六代祖先遗留下来的辉煌功业，挥动长鞭来驾驭天下，吞并了东西二周，灭亡了各国诸侯，登上了至高无上的皇帝宝座，控制了上下四方，拿着棍棒奴役天下人民，威震四海。他又在南方占领了百越的土地，改设为桂林、象郡，百越的君主低着头，脖子上系着绳子，把生命交给秦朝的小官吏处置。他还派蒙恬到北方修筑长城，固守边境，将匈奴击退到七百多里之外，胡人不敢南下放牧，他们的士卒也不敢张开弓箭前来报仇。于是他废除了先王的治国之道，烧毁了诸子百家的书籍，为的是愚昧百姓；他拆毁了著名的城池，大肆杀戮天下的英雄豪杰，搜集天下的兵器而聚之于咸阳，并销熔了这些刀箭，铸成十二个金人，想以此来削弱天下百姓的力量。然后将华山作为城墙，将黄河作为护城河，据守亿丈之高的城垣，下临深不可测的河水，自以为很坚固了。又有优秀的将帅、强劲的弓弩防守在险要的地方；亲信的臣子、精锐的士卒拿着锐利的武器，又有谁敢怎样呢？天下已经平定，秦始皇的心中，自以为关中的险固，真像千里的钢铁之城，可以作为子孙万代做皇帝的基业了。

秦始皇死后，他的余威仍然震动着与秦国风俗不同的边远地区。然而陈涉这个用破瓮作窗洞、用绳子栓门户的穷苦子弟，一个替人种田的仆役，又是个被发配充军的人。他的才智比不上一般人，没有孔子、墨子那样的贤能，没有陶朱公、猗顿那样的财富；只是夹杂在戍卒的队伍里面，奋起于村野百姓之间，率领着疲惫散乱的士卒，指挥几百人组成的军队，反过来攻打秦朝。他们砍伐树木作为武器，举起竹竿作为大旗，却得到天下人民如云般地聚集响应；老百姓自己带着粮食，如影子一样地跟从着他，山东的豪杰俊士于是蜂拥而起，开始灭亡秦族了。

再说秦国的天下并非是又小又弱的，雍州的土地，殽山、函谷关那样的险固，还是和从前一样；陈涉的地位，比不上从前齐、楚、燕、赵、韩、魏、宋、卫、中山各国君主的尊贵；锄头、耰、枣木棍，比不上长钩、长戟、长矛等兵器的锐利；被发配去边境服役的一帮人，也不能和九国的正规军队相提并论；深谋远虑、行军用兵的战略战术，也赶不上从前诸侯的谋士们，然而成功与失败却截然不同，功业上的建树也恰恰相反。

假使让从前殽山以东的诸侯跟陈涉比较粗细短长、权势力量，那简直是不能相提并论的。但是当年秦国以它那一点点地方，发展到成为拥有万乘兵车的大国，取得了八州的土地，使原来和秦国地位相等的诸侯前来朝拜，也有一百多年了。此后才把天下合为一家，把殽山、函谷关当做宫室。结果一个人起来发难，却使得宗庙都被毁掉了，成为天下人的笑柄，这是什么原因呢？这就是因为不能施行仁义，所以攻守的势态也就迥异了。

◎治安策◎

【题解】

这篇文章节选自《汉书·贾谊传》，又名《陈政事疏》。西汉初年，汉高祖刘邦为吸取秦亡教训，大封同族的刘氏在地方做诸侯，以拱卫王室。但这些诸侯仗着权势，在地方任意妄为，对中央构成了极大威胁。此文写的正是贾谊对诸侯割据的看法，他在文中论述了让亲戚近臣做诸侯的害处，提出了以“众建诸侯而少其力”的方法削弱诸侯的实力，后被文帝采纳。

【原文】

夫树国固，必相疑之势，下数被其殃，上数爽其忧，甚非所以安上而全下也。今或亲弟谋为东帝，亲兄之子西乡而击，今吴又见告矣。天子春秋鼎盛，行义未过，德泽有加焉，犹尚如是，况莫大诸侯，权力且十此者乎！然而天下少安，何也？大国之王幼弱未壮，汉之所置傅、相方握其事。数年之后，诸侯之王大抵皆冠，血气方刚，汉之傅相称病而赐罢，彼自丞尉以上偏置私人，如此，有异淮南、济北之为邪！此时而欲为治安，虽尧舜不治。

黄帝曰：“日中必彗[①]，操刀必割。”今令此道顺而全安，甚易；不肯早为，已乃堕骨肉之属而抗刭之[②]，岂有异秦之季世乎？夫以天子之位，乘今之时，因天之助，尚惮以危为安，以乱为治；假设陛下居齐桓之处，将不合诸侯而匡天下乎？臣又知陛下有所必不能矣。假设天下如曩时，淮阴侯尚王楚，黥布王淮南，彭越王梁，韩信王韩，张敖王赵，贯高为相，卢绾王燕，陈豨在代，令此六七公者皆亡恙，当是时而陛下即天子位，能自安乎？臣有以知陛下之不能也。天下殽乱，高皇帝与诸公并起，非有仄室之势以豫席之也。诸公幸者乃为中涓，其次廑得舍人，材之不逮至远也。高皇帝以明圣威武即天子位，割膏腴之地以王诸公，多者百余城，少者乃三四十县，德至渥也。然其后七年之间，反者九起。陛下之与诸公，非亲角材而臣之也，又非身封王之也，自高皇帝不能以是一岁为安，故臣知陛下之不能也。

然尚有可诿者，曰疏。臣请试言其亲者。假令悼惠王王齐，元王王楚，中子王赵，幽王王淮阳，共王王梁，灵王王燕，厉王王淮南，六七贵人皆亡恙，当是时陛下即位，能为治乎？臣又知陛下之不能也。若此诸王，虽名为臣，实皆有布衣昆弟之心，虑亡不帝制而天子自为者。擅爵人，赦死罪，甚者或戴黄屋，汉法令非行也。虽行，不轨如厉王者，令之不肯听，召之安可致乎！幸而来至，法安可得加？动一亲戚，天下圜视而起，陛下之臣虽有悍如冯敬者，适启其口，匕首已陷其胸矣。陛下虽贤，谁与领此？故疏者必危，亲者必乱，已然之效也。其异姓负强而动者，汉已幸胜之矣，又不易其所以然。同姓袭是迹而动，既有征矣，其势尽又复然。殃祸之变，未知所移，明帝处之尚不能以安，后世将如之何！

屠牛坦一朝解十二牛，而芒刃不顿者，所排击剥割皆众理解也。至于髋髀之所[③]，非斤则斧。夫仁义恩厚，人主之芒刃也；权势法制，人主之斤斧也。今诸侯王皆众髋髀也，释斤斧之用，而欲婴以芒刃，臣以为不缺则折。胡不用之淮南、济北？势不可也。

臣窃迹前事，大抵强者先反。淮阴王楚，最强，则最先反；韩信倚胡，则又反；贯高因赵资，则又反；陈豨兵精，则又反；彭越用梁，则又反；黥布用淮南，则又反；卢绾最弱，最后反。长沙乃在二万五千户耳，功少而最完，势疏而最忠，非独性异人也，亦形势然也。曩令樊、郦、绛、灌据数十城而王，今虽已残，亡可也。令信、越之伦列为彻侯而居，虽至今存，可也。然则天下之大计可知已。欲诸王之皆忠附，则莫若令如长沙王；欲臣子之勿菹醢[④]，则莫若令如樊、郦等；欲天下之治安，莫若众建诸侯而少其力。力少则易使以义，国小则亡邪心。令海内之势如身之使臂，臂之使指，莫不制从；诸侯之君不敢有异心，辐凑并进而归命天子。虽在细民，且知其安，故天下咸知陛下之明。割地定制，令齐、赵、楚各为若干国，使悼惠王、幽王、元王之子孙毕以次各受祖之分地，地尽而止，及燕、梁他国皆然。其分地众而子孙少者，建以为国，空而置之，须其子孙生者，举使君之。诸侯之地，其削颇入汉者，为徙其侯国及封其子孙也，所以数偿之。一寸之地，一人之众，天子亡所利焉，诚以定治而已，故天下咸知陛下之廉。地制一定，宗室子孙莫虑不王，下无倍畔之心，上无诛伐之志，故天下咸知陛下之仁。法立而不犯，令行而不逆，贯高、利几之谋不生，柴奇、开章之计不萌，细民乡善，大臣致顺，故天下咸知陛下之义。卧赤子天下之上而安；植遗腹，朝委裘，而天下不乱，当时大治，后世诵圣。一动而五业附，陛下谁惮而久不为此？

天下之势方病大瘇[⑤]。一胫之大几如要，一指之大几如股，平居不可屈信，一二指搐，身虑亡聊。失今不治，必为锢疾，后虽有扁鹊，不能为已。病非徒瘇也，又苦跖戾[⑥]。元王之子，帝之从弟也，今之王者，从弟之子也；惠王之子，亲兄子也，今之王者，兄子之子也。亲者或亡分地以安天下，疏者或制大权以逼天子。臣故曰：非病瘇也，又苦跖戾。可痛哭者，此病是也。

【注释】

① 熭（wèi）：暴晒。② 抗刭（jǐng）：杀头。③ 髋（kuān）髀（bì）：指胯骨和大腿骨。④ 菹（zū）醢（hǎi）：古代一种酷刑，把人剁成肉酱。⑤ 瘇（zhǒng）：脚肿病。⑥ 跖（zhí）戾（lì）：指脚掌扭折变形。

【译文】

如果建立的诸侯国太过强大，必然造成同天子对等的局面，臣下因此屡次遭受祸害，天子也多次担忧这样的势态，这绝不是用来稳定君王统治、保全臣下不受祸害的办法。如今，陛下的亲生弟弟中又有人图谋要当东方的皇帝；亲哥哥的儿子向西发动攻击；现在吴王谋反的事又报了上来。天子正当壮年，施行正义，没有什么过失，对他们再三给予恩惠，尚且如此，何况那些权力大于这类诸侯十倍的大诸侯呢？但是如今天下暂时安定，这是为什么？是因为诸侯大国的国王尚且年幼，汉朝安置在那里的太傅、丞相们正掌握着王国的政事。再过上几年，诸侯王大都要加冠成人了，血气方刚，汉朝委任的太傅、丞相们不得不主动称病辞官，诸侯王们也求之不得准许了他们，然后在丞、尉以上的官职当中普遍安插自己的人手，如此一来，他们与谋反的淮南王、济北王的行为又有什么不同呢？到这种时候再想做到天下太平，即使是唐尧、虞舜也是治理不了的。

黄帝说："要晒东西就必须趁太阳在正午的时候，要割东西就必须趁刀子在手里的时候。"现在按照这个道理行事，能够顺利完成并且十分安稳，是十分容易的；如果不肯及早行动，过了这个时机，就会毁了骨肉之亲而使他们被杀头，这难道跟秦朝末年有什么不同吗？

各诸侯国加强军备与朝廷抗衡

凭借天子的地位，利用当今的有利时机，靠着上天的帮助，还对把危险转换为安定、把混乱转换为治理的举措有所忌惮；假设陛下处在齐桓公当年的地位，恐怕就不肯集合诸侯而匡正天下的混乱了吧？我又知道陛下一定不会这样做的。假使当今天下的形势就像从前高祖的时候一样，淮阴侯韩信尚在楚国为王，黥布在淮南为王，彭越在梁国为王，韩王信在韩国为王，张敖在赵国为王，贯高在赵国做丞相，卢绾在燕国为王，陈豨封在代郡，假使这六七位王公都健在，在这样的时势下陛下登上天子之位，自己觉得这位子能坐得安稳吗？我有根据知道陛下是不可能觉得坐得很安稳的。秦末天下混乱，高皇帝与上述诸公一起起事，当时高皇帝没有亲族的势力可以依靠，这些王公中最幸运的当时也只不过是中涓的官职，其次的也只不过得到舍人的职位。他们的才能不及高皇帝，而且相差甚远。高皇帝凭借着明圣威武登上天子之位，划出肥沃富饶的土地来封这几位为王，多的有一百多个城邑，少的也有三四十个县，高皇帝对他们的恩德实在是很优厚了。然而在此后的七年当中，反叛的事件就有九起。陛下您与当今的王公们，并非是跟他们亲自较量过才能后才使他们甘心称臣的，又不是您亲自封他们为诸侯王的，高皇帝尚且不能得到一年的安宁，所以臣下我知道陛下是不可能觉得这皇位已经坐得安稳了。

然而还有可以推托的借口，说他们与刘氏的关系疏远，臣下我请求试着说说关系亲近的同姓诸侯王。假使让悼惠王在齐国为王，元王在楚国为王，高皇帝的儿子如意在赵国为王，幽王在淮阳为王，共王在梁国为王，灵王在燕国为王，厉王在淮南为王，这六七位贵人如果都健在，在这样的时势下陛下登基即位，能够做到按自己的意志治理天下吗？臣下我又知道陛下是不能够按自己的意志治理天下的。像这样的诸侯王们，虽然名义上是臣子，实际上都怀有把陛下当做普通兄弟看待的心思，他们没有不想在王国中实行帝制而自己做皇帝的。他们擅自封官赐爵，赦免死罪，更有甚者居然乘坐皇帝才能坐的黄屋车，汉朝法令在他们的王国内不被执行。有的虽然被执行，但是对于行为不守法纪如厉王那样的人，命令他都不肯听从，一旦要召见他，他又怎么会来呢！侥幸被召来了，法令又怎么能够施加到他的身上？如果依法处置了一个亲戚，全国的诸侯王马上会瞪着眼睛愤怒地起来反抗，陛下的臣子中虽然有像冯敬这样勇敢的人，但刚要开口，刺客的匕首已经刺入他的胸膛了。陛下虽然贤明，但又有谁能与您一起治理这些诸侯王呢？所以被疏远的亲属一定是国家的威胁，亲近的也必然给国家造成混乱，这是已经被事实证明了的。那些异姓诸侯王自恃强大而发动叛乱的，汉朝已经侥幸战胜他们了，但又不改变造成他们这种行为的成因与条件。同姓诸侯王沿袭这样的先例而动乱起来，已经有征兆了，他们的势力即使一时遭到削弱，但不久又故态复萌。灾祸的变化，还不知道要向何方转移，圣明的皇帝处在这样的形势下尚且不能使国家安定，后代对付这些又能有什么办法呢！

屠夫坦一个早上可以分解掉十二头牛，而他的刀刃却不钝，是因为他所剖剥、切割的地方，都是顺着肌肉纹理部分，以及关节和骨缝处；至于髋骨、股骨这样的地方，他不是改用小斧，就是换了大斧。仁义恩德，就像君王手中锋利的刀刃；权势法制，如同是君王的大小斧头。如今的诸侯王都是像髋骨、股骨一样坚硬难斫的势力，放弃大小斧头对他们的效用，而用锋利的刀刃去对付他们，我以为最后这把刀不是缺口就是折断。为什么不能用这仁义恩德的刀锋去对付淮南王、济北王呢？因为形势不容许做这样的处置。

贾谊献《治安策》

我私下里考察从前事态发展的轨迹，大抵是强大的诸侯王先反叛。淮阴侯在楚国为王，最强，就最先反叛；韩王信依靠匈奴的支持，则也反叛；贯高依靠赵国的支持和帮助，则也反叛；陈豨部队精良，则也反叛；彭越利用梁国的力量，则也反叛；黥布利用淮南的力量，则也反叛；卢绾的力量最弱小，就最后反叛。长沙王吴芮封地内人口才二万五千户，功劳很小，却保存得最完好；与汉室的关系疏远，却最为忠心，这不仅仅是长沙王的性格不同于别人，也是形势使然。从前如果让樊哙、郦商、周勃、灌婴都占据几十个城邑而封为诸侯王，即使至今他们的势力已经破败衰弱，也是不可以的。如果让韩信、彭越之流只居于彻侯的地位，即使他们至今还存在，也是可以的。既然这样，那么天下的大计就可以知道了。要想让诸侯王们都忠心依附，就不如让他们都像长沙王那样；要想臣子们不至于被剁成肉酱，就不如让他们像樊哙、郦商那样；要想天下能得到长治久安，就不如更多地建立诸侯而减弱他们的力量。力量弱小了，就容易使他们归于道义；封国小了，就不会有什么歪邪的念头。这就使得天下的形势，像身体指使手臂、手臂指使手指一样，没有不受节制而服从的；诸侯王不敢有什么非分的念头，像辐条一齐凑向车轴一样地听从天子的命令。等到就算是小民百姓也知道国家已经太平安定，那么天下人也就都知道陛下的贤明了。分割诸侯国的土地，确定合理的分封制度，使齐、赵、楚各自分为若干小国，使悼惠王、幽王、元王的子孙全部按照世系家谱的次序各自接受祖上的封地，直到把这些封地分完为止；对于燕、梁和其他诸侯国也都一样办理。那些分地多而子孙少的诸侯国，也先分建成若干小诸侯国，可以先让王位空着，等他们又有了子孙，就让他们的子孙来统治这些封国。诸侯国的土地，因为犯罪而将封土削减和没收入朝廷的，或者把这个诸侯迁徙到另一个地方，或者把没收的土地封给他的子孙，把原先的封地如数偿还给他们。一寸土地、一个百姓，天子都不贪图他们的，这实在是为了使天下安定太平、四方皆得治理罢了，所以天下之人也就都知道陛下的廉洁。分地制度一旦确定，宗室子孙没有一个会担心自己是否能成为封国的国君，臣下不会产生背叛的念头，君上也没有诛杀讨伐的意思，所以天下之人就都知道了陛下的仁爱。法度确定而没有人敢触犯，法令推行而没有人敢违抗，贯高、利几之类的阴谋不再会发生，柴奇、开章之类的诡计不再会出现，小民向善，大臣顺从，因而天下之人也就都知道了陛下的正义。这样，即使让幼主当政，天下也是安定的；即使立遗腹子，让臣下只朝拜先帝的衣服，天下也不会动乱。当代得到大治，后世歌颂陛下的圣明。这一项举动就能带来五个方面的功效，陛下还顾虑什么而长期不这样做呢？

如今天下的形势正像患了脚肿的疾病，一只小腿差不多肿得像腰粗，一只脚趾差不多肿得像大腿，就算像往常一样起居都不能弯曲伸展，一两个脚趾抽搐，整个身体就疼得失去了依靠。如果错过了如今的时机而不进行治疗，势必成为不能治疗的顽症，以后即使有扁鹊那样的良医，也是无能为力的了。而且这病还不只是脚肿，又苦于脚掌扭折。元王的儿子是陛下的堂弟，如今继承王位的，是陛下堂弟的儿子；惠王的儿子是陛下亲哥哥的儿子，如今继承王位的，则是陛下的侄孙。您的近亲当中还有没得到封地以使天下安定的，而远亲旁支中却有人控制大权来逼迫天子。臣下我因此说：现在的情形是不但患了脚肿的疾病，又苦于脚掌扭折啊。令人痛哭的，就是因为得了这样的疾病啊！

晁错

（前200 ~前154）

晁错，西汉政治家、政论家，颍川（今河南禹县）人。早年学申商刑名之学，后以通晓文献典故任太常掌故。文帝时为太子舍人，深得太子（后来的景帝）信赖。景帝即位后，任内史，迁御史大夫，主张改革，提倡削减诸侯封地，遭到诸侯王和贵族官僚的强烈反对和嫉恨，吴楚七国叛乱时被政敌袁盎等上书攻击，终于被杀。

论贵粟疏

【题解】

这篇文章节选自《汉书·食货志》。汉文帝十二年，晁错鉴于资财匮乏的现状，向文帝上了一份奏折。这份奏折分析了资财不足的原因，也就是“地有遗利，民有余力”，继而提出了贵粟、固边的政策，认为这样做才能保持国家富强、人民安定。

【原文】

圣王在上而民不冻饥者，非能耕而食之，织而衣之也，为开其资财之道也。故尧、禹有九年之水，汤有七年之旱，而国无捐瘠者[①]，以畜积多而备先具也。

今海内为一，土地人民之众不避禹、汤，加以亡天灾数年之水旱，而畜积未及者，何也？地有余利，民有余力，生谷之土未尽垦，山泽之利未尽出也，游食之民未尽归农也。民贫则奸邪生。贫生于不足，不足生于不农，不农则不地著，不地著则离乡轻家。民如鸟兽，虽有高城深池，严法重刑，犹不能禁也。

夫寒之于衣，不待轻暖；饥之于食，不待甘旨；饥寒至身，不顾廉耻。人情一日不再食则饥，终岁不制衣则寒。夫腹饥不得食，肤寒不得衣，虽慈母不能保其子，君安能以有其民哉？明主知其然也，故务民于农桑，薄赋敛，广畜积，以实仓廪、备水旱，故民可得而有也。

民者，在上所以牧之，趋利如水走下，四方无择也。夫珠玉金银，饥不可食，寒不可衣，然而众贵之者，以上用之故也。其为物轻微易藏，在于把握，可以周海内而亡饥寒之患。此令臣轻背其主，而民易去其乡，盗贼有所劝，亡逃者得轻资也。粟米布帛，生于地，长于时，聚于力，非可一日成也。数石之重，中人弗胜，不为奸邪所利，一日弗得而饥寒至。是故明君贵五谷而贱金玉。

今农夫五口之家，其服役者不下二人，其能耕者不过百亩，百亩之收不过百石。春耕，夏耘，秋获，冬藏，伐薪樵，治官府，给徭役。春不得避风尘，夏不得避暑热，秋不得避阴雨，冬不得避寒冻，四时之间，无日休息；又私自送往迎来，吊死问疾，养孤长幼在其中。勤苦如此，尚复被水旱之灾，急政暴虐，赋敛不时，朝令而暮改。当其有者，半贾而卖，亡者取倍称之息。于是有卖田宅、鬻子孙以偿债者矣。而商贾大者积贮倍息，小者坐列贩卖，操其奇赢，日游都市，乘上之急，所卖必倍。故其男不耕耘，女不蚕织，衣必文采，食必粱肉，亡农夫之苦，有阡陌之得。因其富厚，交通王侯，力过吏势，以利相倾，千里游敖，冠盖相望，乘坚策肥，履丝曳缟[2]。此商人所以兼并农人，农人所以流亡者也。今法律贱商人，商人已富贵矣；尊农夫，农夫已贫贱矣。故俗之所贵，主之所贱也；吏之所卑，法之所尊也。上下相反，好恶乖迕[3]，而欲国富法立，不可得也。

方今之务，莫若使民务农而已矣。欲民务农，在于贵粟，贵粟之道，在于使民以粟为赏罚。今募天下入粟县官，得以拜爵，得以除罪。如此，富人有爵，农民有钱，粟有所渫[4]。夫能入粟以受爵，皆有余者也。取于有余以供上用，则贫民之赋可损，所谓损有余、补不足，令出而民利者也。顺于民心，所补者三：一曰主用足，二曰民赋少，三曰劝农功。今令民有车骑马一匹者，复卒三人。车骑者，天下武备也，故为复卒。神农之教曰："有石城十仞，汤池百步，带甲百万，而亡粟，弗能守也。"以是观之，粟者，王者大用，政之本务。令民入粟受爵，至五大夫以上，乃复一人耳，此其与骑马之功相去远矣。爵者，上之所擅，出于口而无穷；粟者，民之所种，生于地而不乏。夫得高爵与免罪，人之所甚欲也，使天下人入粟于边，以受爵免罪，不过三岁，塞下之粟必多矣。

【注释】

①捐瘠（jí）：饿死的和瘦弱的人。②曳缟（gǎo）：披着丝织长衣。③乖迕（wǔ）：违背。④渫（xiè）：分散。

【译文】

圣明的君主在位百姓就不会受冻挨饿的原因，并不是因为圣明的君主能亲自种粮食以供百姓吃食，亲自织布以供百姓穿戴，而是因为他能够开发天下百姓的增产生财之道啊。因此，尧、禹的时代虽然曾经有过连续九年的水灾，商汤时虽然曾经发生过连续七年的旱灾，可是国内却没有饿死饿瘦的人，这是因为积蓄的粮食丰足，事先就有所准备啊。

当今四海之内皆为一国，土地之广大、人口之众多并不亚于禹、汤的时代，加上没有连年的天灾水旱，但积蓄的粮食却不及禹、汤的时代，这是什么原因呢？是因为土地尚有未被开发的余利，民众尚有未被开发的余力，能生产粮食的土地还没有完全开垦，山林湖沼的资源还没有全部开发出来，游荡求食的民众还没有全部回乡务农。老百姓贫困，那么奸诈邪恶就会滋生。贫困是由于物产不丰足导致的，而物产不丰足是由于不务农产生的，不务农就不能安居乡土，不安居乡土就会轻易地离开家乡。要是百姓像鸟兽一样随处觅食，即使有很高的城墙、很深的护城河、严厉的法令、严酷的刑罚，也是不能禁止他们的。

人受寒挨冻的时候，不是要等到有既轻又暖的衣服才穿；忍饥挨饿的时候，就不会奢求食物的甜美可口。饥寒交迫，就会不顾廉耻。一天吃不上两顿饭就会饥饿，整年都做不上衣服就会受冻，这是人之常情。如果腹中饥饿而得不到食物，身上寒冷而得不到衣服，即使是慈母也不能保全她的儿子，君主又怎能在这种情况下保有他的人民呢？圣明的君主懂得这个道理，所以使百姓致力于农桑，减轻他们的赋税，增加粮食的储备，以充

晁错论贵粟

实仓廪、防备水旱之灾，因此而能够保有人民。

对于百姓，全在君主如何管理和引导他们，他们追求利益，就像水总是往低处流一样，不选择东西南北。珠玉金银，饥饿时不能当食物吃，寒冷时不能当衣服穿，然而大家之所以珍视它，这是因为君主重视它们。这类东西轻便微小，易于收藏，拿在手里，就能遍行海内而无饥寒之忧。它们能使臣子轻易地背叛他的君主，民众轻易地离开他们的家乡，盗贼有了为之铤而走险的东西，逃亡的人则得到了便于携带的资财。粮食布匹，从地里生产出来，按季节成长，靠人力收获，不是在一天内能完成的。几石重的粮食，连中等体魄的人都挑不起来，所以不能成为奸邪之人贪求的东西，但一天得不到，饥饿寒冷就会接踵而至。因此圣明的君主重视五谷而轻视金玉珠宝。

当今五口人的一般农民家庭，成员为公家服役的不少于两人，所能耕种的田地不超过百亩，百亩田地的收获不过百石。春天耕种，夏天锄草，秋天收获，冬天贮藏，还得伐薪砍柴，修缮官署，供给徭役。春天不能避风沙，夏天不能避暑热，秋天不能避阴雨，冬天不能避寒冻，一年四季没有空闲日子可以休息；其间又有迎来送往、吊丧探病、抚养孤老、养育幼儿等诸多事情需要操持。农民已经是如此辛勤劳苦，还要再遭受水旱之灾，应付紧急的政令、暴虐的管制；赋税征敛常常没有定时，早上下达的命令常常是傍晚就要更改。此种形势下，手中有粮的人往往半价出卖以应急用，无粮的人不得不去借取几倍利息的高利贷，于是就有了卖掉田地房屋，甚至卖掉子孙来还债的人。而那些商人中间，资金多的就囤积居奇，放高利贷以成倍地赚取利息；资金少的就坐在集市上贩卖商品，投机取巧，获取高额利润。他们每日游逛于都城集市之上，利用官府的紧急需求，成倍地翻升所卖物品的价格。所以这些人中男人不耕田种地，女人不养蚕织布，但穿的一定是有纹饰华彩的衣服，吃的一定是精米肉食；没有农民的劳苦，却有田间的收获。他们凭借自己的雄厚财富，结交王侯，势力超过官吏，并且常常因为利益而互相倾轧。在他们进行路程长达千里的游览过程中，华贵的衣冠和华丽的伞盖前后呼应，此起彼伏，他们乘的是坚固的车子，骑的是肥壮的马匹，脚踏着丝鞋，身披着绸衣。这就是商人兼并农民，农民流离失所的原因。如今法律把商人看得很卑贱，但商人已经富贵起来了；法律尊重农民，可农民已经变得贫贱了。世俗所尊崇的，正是君主所鄙视的；官吏所瞧不起的，正是法律所尊重的。这样上下颠倒，尊崇的和轻贱的相违背，却想使国家富足、法律有效，那是不可能的。

所以当今的要务，没有比促使百姓从事农业更重要的了。要想使老百姓从事农业，关键在于重视粮食；使粮食得到重视的方法，在于让老百姓用粮食来求赏免罚。现在应该号召天下人向地方官府交纳粮食，让他们可以因此而得到爵位，可以因此而赎免罪行。这样，富人得到爵位，农民则有了钱财，粮食也可以分散到有用的地方去。能通过交纳粮食来得到爵位的人，都是富裕的人；向富裕的人索取粮食，以供朝廷使用，那么贫民的赋税可以得到减少。这样做正是所谓的损有余而补不足，政令发出就能使百姓得益的事情啊！顺应人民的意愿，好处有三方面：一是主上的费用充足，二是百姓的赋税减少，三是农业生产受到鼓励。按照现行的法令：百姓能出一匹驾车的战马的，可以免除三人的兵役。驾车的战马，是国家的军事装备，所以可以使人免除兵役。神农氏的教导说："有七八丈高的石头城，有百步宽、充满沸水的护城河，有带甲的士兵百万，如果没有粮食，也是不能守住的。"由此看来，粮食，是帝王最重要的物资，是施行政治要致力的头等大事。让百姓交纳粮食换取爵位，爵位高到五大夫以上，才能免除一个人的兵役，这同交纳战马受到的益处相差太远了。封爵位，是帝王专有的权力，出于皇上之口而没有限制；粮食，是百姓种出来的，可以从地里不断地生产出来。取得较高的爵位与免除罪罚，都是人们非常渴望的事情，如果让天下的人都向边境交纳粮食，用来换得爵位、免除罪罚，不用三年，边塞的粮食就一定很多了。

邹阳

（生卒年不详）

西汉散文家，齐人。文帝时，为吴王刘濞门客，以文辩名于世。七国之乱时，邹阳上书谏止，吴王不听，因此与枚乘、严忌等人离开吴国，去了梁国，成为梁孝王的门客。邹阳“为人有智略，慷慨不苟合”，后被诬陷入狱，险被处死。他在狱中上书梁孝王，表明自己的一片忠心。梁孝王见书大悦，立命释放，并尊为上客。邹阳有文7篇，现存2篇，即《上书吴王》《于狱中上书自明》。

◎狱中上梁王书◎

【题解】

邹阳本是梁孝王的门客，深得梁孝王器重。同在孝王门下的羊胜、公孙诡嫉妒他的才能，就在梁孝王面前说他坏话，结果邹阳被诬下狱。在狱中，邹阳为了表明自己的清白，给梁孝王写了这篇书。此文先写自己遭受诬陷，后写自己对梁孝王的一片忠心，感情真挚，让人读之落泪。梁孝王读后亦深受感动，不但释放了邹阳，还把他列为上宾。

此文主旨：君臣之间应该以忠信相待，不要受小人谗言的蒙蔽。

【原文】

邹阳从梁孝王游。阳为人有智略，忼慨不苟合，介于羊胜、公孙诡之间。胜等疾阳，恶之孝王。孝王怒，下阳吏，将杀之。阳乃从狱中上书曰：

“臣闻‘忠无不报，信不见疑’，臣常以为然，徒虚语耳。昔荆轲慕燕丹之义，白虹贯日，太子畏之；卫先生为秦画长平之事，太白食昴，昭王疑之。夫精变天地，而信不谕两主，岂不哀哉！今臣尽忠竭诚，毕议愿知，左右不明，卒从吏讯，为世所疑。是使荆轲、卫先生复起，而燕秦不寤也。愿大王熟察之。昔玉人献宝，楚王诛之；李斯竭忠，胡亥极刑。是以箕子阳狂，接舆避世，恐遭此患也。愿大王察玉人、李斯之意，而后楚王、胡亥之听，勿使臣为箕子、接舆所笑。臣闻比干剖心，子胥鸱夷，臣始不信，乃今知之。愿大王熟察，少加怜焉！

“语曰：‘有白头如新，倾盖如故。’何则？知与不知也。故樊于期逃秦之燕，藉荆轲首以奉丹事；王奢去齐之魏，临城自刭，以却齐而存魏。夫王奢、樊于期，非新于齐、秦而故于燕、魏也，所以去二国死两君者，行合于志，慕义无穷也。是以苏秦不信于天下，为燕尾生；白圭战亡六城，为魏取中山。何则？诚有以相知也。苏秦相燕，人恶之燕王，燕王按剑而怒，食以駃騠①；白圭显于中山，人恶之于魏文侯，文侯赐以夜光之璧。何则？两主二臣剖心析肝相信，岂移于浮辞哉！

“故女无美恶，入宫见妒；士无贤不肖，入朝见嫉。昔司马喜膑脚于宋，卒相中山；范雎拉胁折齿于魏，卒为应侯。此二人者，皆信必然之画，捐朋党之私，挟孤独之交，故不能自免于嫉妒之人也。是以申徒狄蹈雍之河，徐衍负石入海。不容于世，义不苟取比周于朝，以移主上之心。故百里奚乞食于道路，缪公委之以政；宁戚饭牛车下，桓公任之以国。此二人者，岂素宦于朝，借誉于左右，然后二主用之哉？感于心，合于行，坚如胶漆，昆弟不能离，岂惑于众口哉？故偏听生奸，独任成乱。昔鲁听季孙之说逐孔子，宋任子冉之计囚墨翟。夫以孔、墨之辩，不能自免于谗谀，而二国以危，何则？‘众口铄金，积毁销骨’

邹阳狱中上书梁王

也。秦用戎人由余而伯中国，齐用越人子臧而强威、宣。此二国岂系于俗，牵于世，系奇偏之浮辞哉？公听并观，垂明当世。故意合则胡、越为兄弟，由余、子臧是矣；不合则骨肉为仇敌，朱、象、管、蔡是矣。今人主诚能用齐、秦之明，后宋、鲁之听，则五伯不足侔[②]，而三王易为也。

“是以圣王觉寤，捐子之之心，而不说田常之贤；封比干之后，修孕妇之墓，故功业覆于天下。何则？欲善无厌也。夫晋文亲其仇，强伯诸侯；齐桓用其仇，而一匡天下。何则？慈仁殷勤，诚加于心，不可以虚辞借也。至夫秦用商鞅之法，东弱韩魏，立强天下，卒车裂之；越用大夫种之谋，禽劲吴而伯中国，遂诛其身。是以孙叔敖三去相而不悔，於陵子仲辞三公为人灌园。今人主诚能去骄傲之心，怀可报之意，披心腹，见情素，堕肝胆，施德厚，终与之穷达，无爱于士；则桀之犬可使吠尧，跖之客可使刺由。何况因万乘之权，假圣王之资乎？然则轲湛七族，要离燔妻子，岂足为大王道哉！

“臣闻明月之珠，夜光之璧，以暗投人于道，众莫不按剑相眄者。何则？无因而至前也。蟠木根柢，轮囷离奇，而为万乘器者，以左右先为之容也。故无因而至前，虽出随珠、和璧，只怨结而不见德；有人先游，则枯木朽株，树功而不忘。今夫天下布衣穷居之士，身在贫羸，虽蒙尧、舜之术，挟伊、管之辩，怀龙逢、比干之意，而素无根柢之容，虽竭精神，欲开忠于当世之君，则人主必袭按剑相眄之迹矣。是使布衣之士，不得为枯木朽株之资也。是以圣王制世御俗，独化于陶钧之上，而不牵乎卑乱之语，不夺乎众多之口。故秦皇帝任中庶子蒙嘉之言以信荆轲，而匕首窃发；周文王猎泾渭，载吕尚归，以王天下。秦信左右而亡，周用乌集而王[③]。何则？以其能越挛拘之语，驰域外之议，独观乎昭旷之道也。今人主沉谄谀之辞，牵帷墙之制，使不羁之士，与牛骥同皂。此鲍焦所以愤于世也。

“臣闻盛饰入朝者，不以私污义；底厉名号者，不以利伤行。故里名‘胜母’，曾子不入；邑号‘朝歌’，墨子回车。今欲使天下寥廓之士，笼于威重之权，胁于位势之贵，回面污行，以事谄谀之人，而求亲近于左右，则士有伏死窟穴岩薮之中耳，安有尽忠信而趋阙下者哉！”

【注释】

① 玦（jué）騠（tí）：良马。② 侔（móu）：相比。③ 乌集：像乌鸦一样聚集。

【译文】

邹阳侍奉梁孝王。邹阳为人聪明而有谋略，正直热情而不苟且迎合流俗，他和羊胜、公孙诡同为梁孝王的门客，羊胜等人嫉恨他，在孝王面前说他的坏话，孝王发怒，把他交给了狱吏，打算杀掉他。邹阳于是就在狱中上书梁孝王，说：

“臣听说过‘忠诚不会不受到报答，信义不会招致怀疑’这样的话，臣常常认为这话说的是对的，现在看来只不过是空话罢了。从前荆轲仰慕燕国太子丹的义气，替他去刺杀秦王，精诚使白虹贯穿了太阳，而太子丹还对他有所疑虑，怕他改变心意；卫先生为秦国谋划长平的战事，他的忠心使得太白星占据了昴宿的位置，而秦昭王对他始终有所怀疑。这两人的精诚都感动了天地，却得不到两位君主的信任，这岂不是令人悲哀的事吗！今天臣竭尽忠诚，毫无保留地讲出我的想法，希望大王了解，而您左右的人却不明白我的意思，还把我交给狱吏审讯，使我被世人怀疑，这就像使荆轲、卫先生再生，而燕、秦两国国君仍旧不能醒悟一样啊！愿大王仔细考察一下我的委屈。从前卞和向楚王献上和氏璧，楚王却砍了他的脚；李斯竭尽忠心侍奉秦国，却被秦二世胡亥处以极刑。正因为君王们不辨忠奸，所以箕子假装疯癫，接舆逃离尘世，他们都是怕遭到那样的祸患，但愿大王您能体察卞和与李斯的心意，不要像楚王和胡亥那样听信谗言，不要让我被箕子、接舆嘲笑。臣听说比干被纣王挖心，伍子胥自杀后尸体被吴王夫差用皮口袋装起来扔到江中，臣起初不信有这等事，今天才懂了，愿大王仔细考察我的委屈，对我稍加怜悯吧。

“俗话说：‘有的人相识多年，直到头发都白了，还好像刚刚认识一样；有的人陌路偶遇，停车交谈，却像老朋友一样。’这是怎么回事？这就是相知与不相知的缘故啊。所以樊于期从秦国逃到燕国，愿意将脑袋交给荆轲，帮助太子丹刺杀秦王；王奢离开齐国逃到魏国，登城自刎，以使齐军撤兵从而保存魏国。那王奢、樊于期与齐、秦并不是新交，与魏、燕也没有什么旧谊，他们之所以离开齐、秦两国而为魏、燕两国国君献上生命，是因为魏、燕两国国君的行为与自己的心愿相合，并且仰慕魏、燕两国国君的义重如山呀。因此，苏秦不能取信于天下，在燕国却成为像尾生一样信守诺言的人。白圭在中山做将领时曾因战败而丧失了六座城池，后来却为魏国攻取了中山。这是为什么？这实在是因为有人了解并且信任他们的缘故啊。苏秦在燕国做相国的时候，有人到燕王那里去讲他的坏话，燕王听了对讲坏话的人按剑而怒，反而更加优待苏秦；白圭因攻取了中山而显耀于魏国，有人到魏文侯那里去讲他的坏话，文侯反而赐给他夜光宝璧。这又是为什么？这两位国君和两位臣子都是肝胆相照、互相信任，难道能因为无根据的瞎说而有所动摇吗！

“所以说女子无论美丑，一入宫中就会有人嫉妒；士人不论贤与不贤，一入朝廷便会受人嫉恨。过去司马喜在宋国被挖去膝盖骨，后来却做了中山国的相国；范雎在魏国被打断了肋骨，打掉了牙齿，后来却被秦王封为应侯。这两个人都深信自己的计划必定能够实现，舍弃结党营私的私心，只结交很少的人，所以不能避免嫉妒之人的诬陷。正因为这样，才有了申徒狄投雍水而死，徐衍背着石块走进海里的事情。他们不为世俗所容，宁可舍生取义也不在朝廷上苟且偷安、上下钻营来改变君主的心意。所以百里奚在路边讨饭，秦穆公却将国政交付给他；宁戚在车下喂牛，齐桓公却将他请来治理国家。这两个人，难道是以往就在朝中做官，依靠左右的人替他们说好话，然后才得到两位国君的重用的吗？只要君臣的心灵互相感知，行为相合，关系就牢固得像胶漆一样，连亲兄弟也不能离间，又怎么会被众人的说长道短迷惑呢？所以偏听偏信就会产生奸邪，让某一人大权独揽就会造成混乱。过去鲁国国君偏听季孙氏的言论而赶走了孔子，宋国国君听用了子冉的计谋而将墨子囚禁起来。以孔子、墨子二人的雄辩，尚且无法使自己避免谗言中伤，致使两国都迫害他们，这是为什么？那就是由于‘众口铄金，积毁销骨’的缘故吧。秦国任用戎人由余而称霸中原，齐国任用越人子臧而使威王、宣王时的国力强盛。此二国的做法，岂是拘泥于世俗的看法，为诡辩偏执的浮华之词所羁绊吗！只有公正地听取意见，多方面地观察事态，才能使自己成为当世的英明君王。所以彼此心意相合，则胡族和越族也可以成为兄弟，由余、子臧就是这样；若是心意不合，则骨肉同胞也可能成为仇敌，丹朱、象、管叔、蔡叔就是这样。如今做君主的如果真能学习齐国和秦国的用人之明，抛弃宋国和鲁国那样的偏听偏信，那么不但可以超过五霸，即使想要成为像三王那样的圣明君主，也是容易做到的。

“因此圣明的君主觉悟了，便会抛弃传位给子之那样的人的心思，而且不喜欢像田常那样的‘贤才’；会封赏像比干那样的忠臣的后代，为被残害的孕妇修建坟墓，这样才能功业覆盖天下。这是为什么呢？就是要持续地推行善政。晋文公能够倾听仇敌的进言，因而得以称霸诸侯；齐桓公能够任用他的仇人为相，因而得以匡正天下。这是为什么？这是因为君主仁慈殷勤，确实能让人心中感动，这不是花哨的空话可以代替得了的。至于秦国用商鞅变法图强，向东削弱了韩、魏等国的力量，成为天下的强国，最后却车裂了商鞅；越王勾践用大夫文种的计谋，力克强大的吴国而称霸中原，随后又诛杀了文种。正因为有这样的事例，因此孙叔敖三次罢相而不悔恨，於陵子仲拒绝了三公的高位而去给人浇地种菜。如今为人主的要是真能去掉骄傲之心，怀着有功必报之意，推心置腹，真诚相待，肝胆相照，厚施恩德，始终与人同甘苦，对士子无所吝惜，那么就可以使夏桀的狗对着唐尧叫，可以让盗跖的门客去刺杀许由。何况您有着万乘大国的权势，依托着圣明君王的恩泽呢！倘若这样，那荆轲不怕连累七族，要离为公子光甘愿妻儿被烧死，这种事又何足为大王道哉！

樊于期自刎助太子

“臣听说明月之珠、夜光之璧，在黑夜里投向路上的行人，人们见了没有不按剑怒目而视的。为什么呢？因为它们无缘无故地出现在面前。弯曲的树根，模样曲折难看，却可以成为天子的器物，这是因为左右的人事先将它加以雕饰了。所以无缘无故来到面前的，即使是随侯珠、和氏璧，也只能结成仇怨而不能显示恩德；假如有人事先加以游说推荐，就是进献枯木朽株，也会被视为建立了功勋而不会被忘怀。现在天下的布衣、穷居的士人，身受穷困饥饿的困扰，他们即使学到了尧、舜般的术道，具有伊尹、管仲那样的雄辩，怀着龙逢、比干一般的忠心，可是他们平素并没有像树根那样经过雕饰，于是虽然竭尽精神，想要前来向当今的国君奉献上自己的一片忠心，但君主势必会承袭前面所说的按剑怒视对方的做法，这就使得布衣之士连枯木朽株的资质都不如了。因此，圣明的君王治理天下、驾驭世俗，会像陶工独自转动圆盘改变器物的形状一样，而不会被鄙陋昏乱的言论所牵制，不会因为众人的七嘴八舌而改变自己的意志。秦始皇因采纳了中庶子蒙嘉的话，从而相信了荆轲，以至遭到匕首的突然袭击；周文王在泾水、渭河边田猎，回来的时候车上载着吕尚，结果统一了天下。秦始皇因听信了左右的话而险些丧命，周文王任用偶然相识的人却成就了王业。这又是为什么？是因为周文王能够超越那些狭隘固执的言词，听取甚至是自己统治地区之外的议论，独自看到了光明宽广的大道！当今的人主沉溺于阿谀之辞、谗佞之语，被近臣妻妾制约牵绊，使得才识高远的贤士受到与牛马等同的待遇。这也就是为什么鲍焦愤恨世道的原因啊。

“臣听说：衣冠穿戴庄重严整而入朝议政的人，不会因为私心而辱没道义；修身养性而使自己树立名声的人，不会因为贪利而损害品行。所以遇到了名叫‘胜母’的里巷，曾子就不肯走进去；有一个城邑名叫‘朝歌’，墨子便掉转车头。现在想要使天下胸襟远大、满怀抱负的士子为威重的权势所笼络，为地位显赫的权贵所逼迫，改换面孔，玷污德行，去侍奉那些阿谀奉承的小人，以此求得亲近主上，那么，贤士们只有老死在岩穴草莽之中了，哪里还会有向君主竭尽忠信，而走进宫廷中的人呢？”

司马相如

（前179～前117）

西汉著名文学家，字长卿，蜀郡成都人。汉景帝时为武骑常侍，后因病免官，为梁孝王门客。汉武帝欣赏他的辞赋，召其为郎，升孝文园令。所作辞赋以《子虚赋》《上林赋》为代表。其作品内容主要围绕田猎盛况、宫苑的豪华壮丽、帝王的权势等而作，是典型的宫廷文学。

上书谏猎

【题解】

这篇文章节选自《汉书·司马相如传》。汉武帝喜欢四处游猎，游猎则难免危险。司马相如见了这种情况，便向武帝上了这篇劝谏之辞。在此文中，司马相如处处为皇帝着想，可谓体贴入微，武帝看过此文后，对相如大加赞赏。

【原文】

相如从上至长杨猎。是时天子方好自击熊豕，驰逐野兽。相如因上疏谏曰："臣闻物有同类而殊能者，故力称乌获，捷言庆忌，勇期贲、育。臣之愚，窃以为人诚有之，兽亦宜然。今陛下好陵阻险，射猛兽，卒然遇逸材之兽[①]，骇不存之地，犯属车之清尘，舆不及还辕，人不暇施巧，虽有乌获、逢蒙之技不得用[②]，枯木朽株尽为难矣。是胡越起于毂下，而羌夷接轸也[③]，岂不殆哉？虽万全而无患，然本非天子之所宜近也。且夫清道而后行，中路而驰，犹时有衔橛之变；况乎涉丰草，骋丘墟，前有利兽之乐，而内无存变之意，其为害也不难矣！夫轻万乘之重，不以为安，乐出万有一危之涂以为娱，臣窃为陛下不取。盖明者远见于未萌，而知者避危于无形，祸固多藏于隐微，而发于人之所忽者也。故鄙谚曰：'家累千金，坐不垂堂。'此言虽小，可以喻大。臣愿陛下之留意幸察。"

【注释】

①逸材：才能超群。②逢蒙：古代善于射箭的人。③轸（zhěn）：车厢底框。

【译文】

司马相如跟随汉武帝到长杨宫打猎。那时天子正喜好亲自射击熊或野猪一类的野兽，常常驱车策马进行追赶，司马相如为此上书规劝说："臣听说事物有虽然同是一类而功能各不相同的说法，所以同是勇士，谈到力气大要数乌获，谈到敏捷要数庆忌，谈到勇猛则要数孟贲、夏育。以臣下的愚陋之见，私下里觉得人类固然有这种现象，野兽也一样。如今陛下喜好跨越险阻，射猎猛兽，万一突然遇上了凶猛异常的野兽，使它在走投无路的境遇下惊慌起来，猛然前来扑袭皇上的车驾，车辆来不及掉头，身边的武将卫士来不

汉武帝在长杨宫游猎

及施展武艺，即使有乌获、逢蒙一样的技艺也派不上用场，再加上枯木朽树都会成为逃避躲闪的障碍。这种情形就好像胡兵越卒突然从车底涌出，羌人夷骑在车后追赶，这难道不是危险的事吗？就算是防护措施周全，万无一失，那些危险的地方也不是天子应该接近的。况且天子外出，即使派人先清理了道路而后行走，在大道上驱驰，尚且有时会发生马咬断嚼子、车子散架的事故；何况涉足在茂密的草丛之中，驰骋在山丘原野之上，眼前有猎杀野兽的乐趣，而心中却没有对发生意外的防备，这样的情况下遭遇危险恐怕是很容易的！放弃天子的尊贵，不顾自己的安全，喜欢在有危险的地方寻欢作乐，我私下以为陛下这样做是不可取的。大凡英明的人都能够在事情尚未萌发之前就有预见，有智慧的人能在危险尚未形成之前便予以避免，灾祸往往隐藏在隐蔽而不易察觉的地方，发生在人们疏忽大意的时候。所以俗话说：'家中富千金，不坐屋檐下。'此话虽然说的是小事情，却可以用来借喻大的事情。臣希望陛下留意明察这一点。"

李陵

（？～前74）

李陵，字少卿，陇西成纪（今甘肃静宁南）人。西汉将领，飞将军李广的孙子。曾多次率军与匈奴作战，后来因战败投降匈奴，汉武帝一怒之下，夷其三族。李陵身负家仇，断绝了与汉朝的关系。李陵一生充满国仇家恨的矛盾，而后世对他的评价也多有分歧。

答苏武书

【题解】

公元前100年，汉朝使臣苏武出使匈奴时被扣。次年，汉朝派大将李陵率五千军马出塞迎击匈奴，结果在矢尽粮绝、后无增援的情况下战败被俘。李陵假意投降了匈奴，不过他在听说一家老小被武帝杀害后，打消了南归的念头。后来，苏武被汉朝使臣救出，回到了故国。由于两人是故交，苏武便写信给李陵，劝他回来。李陵收到信后，给苏武回了一封信，拒绝了他的建议。此文就是信的内容，在这封信里，李陵叙述了自己兵败被俘的经过，还为投降匈奴进行辩解，对汉武帝的残暴寡恩进行了谴责。整篇文章慷慨悲壮，句句都是血泪，让人读之感慨良深。

【原文】

子卿足下：

勤宣令德，策名清时，荣问休畅，幸甚，幸甚！

远托异国，昔人所悲，望风怀想，能不依依！昔者不遗，远辱还答，慰诲勤勤，有逾骨肉，陵虽不敏，能不慨然！

自从初降，以至今日，身之穷困，独坐愁苦。终日无睹，但见异类；韦鞲毳幕[①]，以御风雨；膻肉酪浆，以充饥渴；举目言笑，谁与为欢？胡地玄冰，边土惨裂，但闻悲风萧条之声。凉秋九月，塞外草衰，夜不能寐，侧耳远听，胡笳互动，牧马悲鸣，吟啸成群，边声四起。晨坐听之，不觉泪下。嗟乎，子卿！陵独何心，能不悲哉！

与子别后，益复无聊。上念老母，临年被戮；妻子无辜，并为鲸鲵；身负国恩，为世所悲。子归受荣，我留受辱，命也何如！身出礼义之乡，而入无知之俗；违弃君亲之恩，长为蛮夷之域，伤已！令先君之嗣，更成戎狄之族，又自悲矣！功大罪小，不蒙明察，孤负陵心区区之意，每一念至，忽然忘生。陵不难刺心以自明，刎颈以见志，顾国家于我已矣，杀身无益，适足增羞，故每攘臂忍辱，辄复苟活。左右之人，见陵如此，以为不入耳之欢，来相劝勉。异方之乐，只令人悲，增忉怛耳②。

嗟乎子卿！人之相知，贵相知心。前书仓卒，未尽所怀，故复略而言之。昔先帝授陵步卒五千，出征绝域，五将失道，陵独遇战。而裹万里之粮，帅徒步之师，出天汉之外，入强胡之域，以五千之众，对十万之军，策疲乏之兵，当新羁之马。然犹斩将搴旗，追奔逐北，灭迹扫尘，斩其枭帅。使三军之士视死如归。陵也不才，希当大任，意谓此时，功难堪矣。

李陵受命出征

匈奴既败，举国兴师，更练精兵，强逾十万，单于临阵，亲自合围。客主之形既不相如，步马之势又甚悬绝。疲兵再战，一以当千，然犹扶乘创痛，决命争首。死伤积野，余不满百，而皆扶病，不任干戈。然陵振臂一呼，创病皆起，举刃指虏，胡马奔走。兵尽矢穷，人无尺铁，犹复徒首奋呼，争为先登。当此时也，天地为陵震怒，战士为陵饮血！单于谓陵不可复得，便欲引还，而贼臣教之，遂使复战，故陵不免耳。

昔高皇帝以三十万众，困于平城。当此之时，猛将如云，谋臣如雨，然犹七日不食，仅乃得免。况当陵者，岂易为力哉？而执事者云云，苟怨陵以不死。然陵不死，罪也。子卿视陵，岂偷生之士而惜死之人哉？宁有背君亲、捐妻子而反为利者乎？然陵不死，有所为也。故欲如前书之言，报恩于国主耳。诚以虚死不如立节，灭名不如报德也。昔范蠡不殉会稽之耻，曹沫不死三败之辱，卒复勾践之仇，报鲁国之羞。区区之心，窃慕此耳。何图志未立而怨已成，计未从而骨肉受刑。此陵所以仰天椎心而泣血也！

足下又云："汉与功臣不薄。"子为汉臣，安得不云尔乎！昔萧、樊囚絷，韩、彭菹醢，晁错受戮，周、魏见辜；其余佐命立功之士，贾谊、亚夫之徒，皆信命世之才，抱将相之具，而受小人之谗，并受祸败之辱，卒使怀才受谤，能不得展。彼二子之遐举，谁不为之痛心哉！陵先将军，功略盖天地，义勇冠三军，徒失贵臣之意，到身绝域之表。此功臣义士所以负戟而长叹者也！何谓"不薄"哉？

且足下昔以单车之使，适万乘之虏，遭时不遇，至于伏剑不顾，流离辛苦，几死朔北之野。丁年奉使，皓首而归，老母终堂，生妻去帷，此天下所希闻，古今所未有也。蛮貊之人尚犹嘉子之节，况为天下之主乎？陵谓足下当享茅土之荐，受千乘之赏。闻子之归，赐不过二百万，位不过典属国，无尺土之封加子之勤，而妨功害能之臣尽为万户侯，亲戚贪佞之类悉为廊庙宰。子尚如此，陵复何望哉？

且汉厚诛陵以不死，薄赏子以守节，欲使远听之臣望风驰命，此实难矣，所以每顾而不悔者也。陵虽孤恩，汉亦负德。昔人有言："虽忠不烈，视死如归。"陵诚能安，而主岂复能眷眷乎？男儿生以不成名，死则葬蛮夷中，谁复能屈身稽颡③，还向北阙，使刀笔之吏弄其文墨耶！愿足下勿复望陵。

嗟乎，子卿！夫复何言！相去万里，人绝路殊，生为别世之人，死为异域之鬼，长与足下，生死辞矣！幸谢故人，勉事圣君。足下胤子无恙，勿以为念！努力自爱，时因北风，复惠德音。李陵顿首。

【注释】

① 韦韝（gōu）：皮臂套。毳（cuì）幕：毡帐。② 忉（dāo）怛（dā）：忧伤，悲痛。③ 稽（qǐ）颡（sǎng）：古代的一种跪拜礼，屈膝下拜，以额触地，表示极度的虔诚。

【译文】

子卿足下：

您努力地发扬美德，在政治清明的时代担任官职，荣誉传扬四方，真是太好了！真是太好了！

远离故土而寄身异国，这是古人常常感到悲伤的事情，我望着风儿向南吹，怀想着家乡的故旧亲朋，哪能不让我产生依依眷恋之情呢！感谢您之前对我的不遗弃，从遥远的地方写回信给我，殷勤地安慰和教导我，情意之深超过了亲生骨肉，我虽然为人愚钝，又怎能不感动呢！

自从我当初降归匈奴，直到现在，一个人困窘无聊，常常独坐发愁，苦闷难解。终日里看不见别的，眼前只有异乡异物；抵御风雨用的是皮衣毛毡，充饥解渴吃的是羊肉乳酪；抬眼四望，能跟谁一起谈笑欢乐呢？匈奴居住的地方冰雪覆盖，塞外的土地也因寒冻而龟裂，耳边只听到悲风萧瑟的声音。每逢凉秋九月，塞外的草木枯萎凋零，我时常夜不能寐，于是侧耳细听夜间的声响，远处的胡笳声此起彼伏，牧马在寒夜中悲哀地嘶叫，各种各样的呼啸悲鸣声交织在一起，混合成这特有的边地之声从四面传来。清晨起来坐着，听到这些声音，不觉潸然泪下。唉！子卿啊，我李陵的感情难道和别人有什么不同吗？又怎能不感到悲伤呢！

自从和您分手后，愈发地感到无卿。上念我那老母亲，临到终年还遭到杀戮；我的妻子儿女并无罪过，却也一同惨遭不测。我李陵有负国家的恩义，为世人所耻笑。您回到祖国接受荣誉，我留在这里蒙受耻辱，这是怎样的命运啊！我生长于礼义之乡，却加入未开化的民族中生活，背弃了君主亲人对我的恩德，长久居处在蛮夷的地域，这真是让人悲伤啊！让先父的后嗣，变成了戎狄的族人，想到这里自己就暗自悲伤！我功大罪小，但得不到主上的明察，辜负了我的一片苦心，每当想到此处，就忽然忘了还活在人世。我并不是难于做到在心上刺字来表明自己的心愿，挥剑自刎以昭明自己的意志，只不过想到国家对我已经恩断义绝，自杀不但毫无益处，反而更增加了羞耻，因此每当我感到羞辱之情难以忍受，因为愤慨而捋袖攥拳的时候，又常常是意气消散，苟活了下来。左右的人见到我这个样子，便制造一些我不喜欢的欢乐来安慰鼓励我。这异国人认为的欢乐，只能是让人悲伤，增加忧愁而已。

唉，子卿，人与人的相知，贵在了解对方的心思。前次仓促去信，未能将心中的话尽皆说出，因此这里再简略地说说吧。昔日先帝给了我步兵五千，让我到遥远的地方出征，五名将领都走错了路，唯独我的军队遭遇了敌人，我带着能征战万里的粮食，率领着这些步卒，走出了大汉边境，进入到强悍的匈奴所在的地域；以区区五千之众，对抗敌人十万大军。我指挥着疲劳的战士，抵挡敌人刚刚出营的骑兵。尽管如此，战士们仍然能斩将夺旗，向北追击逃亡的敌人，就像消灭脚印、扫除尘土一样地斩杀敌人的悍将，使得我三军将士，个个视死如归。李陵不才，但也希望担当重任，心想这时的功劳，实在是寻常难以比拟的了。

匈奴战败之后，举国征兵出动，重新挑选精兵超过十万，单于亲自临阵，指挥包围我军。敌我双方的形势不能相比，步兵与骑兵对抗则更显力量悬殊。本已疲惫不堪的士兵再次迎战，一个人要对付上千的敌军，尽管如此，战士们仍然忍着创伤和疼痛，豁却性命不顾，争先恐后地冲向敌阵。死伤的士兵积满荒野，剩下的不足百人，而且都带着伤病，拿不动武器；然而，每当我振臂一呼，身带创伤疾病的士兵皆奋然而起，举起刀剑冲向敌人，吓得敌骑四处奔逃。到最后武器用完，箭支射尽，战士们手无寸铁，身无盔甲，仍然空手昂头奋力呼喊，争先恐后地抢登高地。那时候，天地为我震动发怒，战士为我饮血吞泪！单于认为不可能再捉住我了，便打算撤军。没料到贼臣告诉他我们已是死伤大半、精疲力竭，于是又来与我交战，因此李陵终不免战败被俘啊。

李陵兵败被俘

过去高皇帝率领三十万的军队，还被困在平城。那个时候，他手下猛将如云，谋臣如雨，尚且七天吃不上饭，只不过免于被歼灭。何况抵挡我的是十万大军，难道是容易对付的吗？可是皇上身边人的那些议论，只是一味地怨我不以死报国。我没有为国而死，这是罪过，但子卿你看李陵的为人，难道是贪生怕死的人吗？是那种宁愿背弃君主，撇下妻子和儿女，反而觉得对自己有利的人吗？我所以不死，是想有所作为啊！想像前次书信中说的那样，要报恩于天子罢了。这实在是认为无谓地死去还不如有所建树，毁灭自己不如报答恩德啊。昔日范蠡不为越国在会稽蒙受的耻辱而殉难，曹沫不因为三次战败的耻辱而去死，才最终报了越王勾践的仇，雪了鲁国的耻。我小小的心愿，不过是钦佩并想效仿他们而已。没想到志愿没有达到而怨恨已经形成，计划没有实行而亲人遭到杀戮，这是我仰天捶胸而泣血的原因呀！

足下又说："汉朝对待功臣不薄。"您身为汉臣，怎能不这样说呢！过去萧何、樊哙被逮入狱，韩信、彭越被剁成肉酱，晁错遭到杀戮，周勃、魏其侯被治罪，其余辅佐天子、建立功勋的人士，像贾谊、周亚夫一类的人，都是安邦济世的人才，怀抱将相的才干，但是受到小人的诽谤，都受到了杀戮或是贬黜的耻辱，最终只能是空怀才干而遭受诽谤，能力得不到施展。贾、周二人的死，谁能不为他们痛心呢？我死去的祖父身为将军，功劳和谋略压倒天下，忠义和勇猛居三军之首，只是因为没有迎合富贵权臣的心意，结果自杀在极远的异域。这就是功臣义士背着长戟而叹息的原因啊！又怎么能说朝廷待忠臣不薄呢？

再说，足下过去只凭着单车使者的身份出使到强大的匈奴，因为时机不对，遭遇变故，以至于拔剑自杀，不顾性命，颠沛流离，千辛万苦，几乎死在朔北的荒野上。你壮年奉命出使，到头发尽白才得以回归祖国，母亲已然去世，妻子也改嫁他人，这样的事是天下罕见、古今都没有的。匈奴尚且赞许您的气节，何况身为天下之主的天子呢？李陵本以为足下可以享有封土，接受千乘车马的赏赐，但听说您回国之后，赏钱不过二百万，官位不过是典属国，没有尺寸的封地来嘉奖您的辛劳。而那些妨碍功臣、陷害贤能的奸佞之臣却都做了万户侯，皇亲国戚、贪婪奸邪全都成了朝廷的高官。您尚且如此，我还能有什么指望呢？

再说汉朝因为我没有以死报国而残酷地诛杀我全家，以微薄的赏赐来表彰您的坚守气节，如此这般而想让在远处听命的臣子望风归服、奔波效命，这实在是难以做到的；这就是我每次回首往事而并不后悔的缘故。我虽然辜负了汉朝的恩情，但汉朝也有负德行。以前的人曾经说过："虽然忠诚但并不死节，也能做到视死如归。"我固然能安心地去以死报国，可皇上难道还能怀念我吗？男儿活着不能成就声名，死后就葬在蛮夷的土地上，谁还肯屈身叩头请罪，以求回到朝廷，让刀笔吏舞文弄墨，随意胡说呢！请足下不要再指望我回去了。

唉！子卿，还说什么呢！咱们相隔万里，往来断绝，活着的时候是两个世界的人，死了以后也是不同地域的鬼，永远与足下生离死别而不能相见了！希望将我的谢意带给老朋友们吧，也希望你们能够努力地侍奉圣明的君主。足下的亲生儿子在这里挺好的，请勿挂念。望你多保重自己，时常借着北风，再给我带来你的教诲。李陵顿首拜上。

路温舒

（生卒年不详）

路温舒，字长君，西汉巨鹿（今河北平乡）人。狱吏出身，曾任署奏曹椽、守廷尉史，后官至临淮太守。

尚德缓刑书

【题解】

这篇文章节选自《汉书·路温舒传》。路温舒是汉宣帝时的大臣，他针对汉武帝以来重用酷吏，导致刑狱严厉的情况，向汉宣帝上了一份奏折。这份奏折通过例举秦朝严刑峻法而使百姓痛不欲生的事例，揭露了酷吏给老百姓带来的灾难，劝告皇帝应推广德义、广开言路，对百姓要宽刑厚德。

【原文】

昭帝崩，昌邑王贺废，宣帝初即位。路温舒上书，言宜尚德缓刑。其辞曰：

“臣闻齐有无知之祸，而桓公以兴；晋有骊姬之难，而文公用伯；近世赵王不终，诸吕作乱，而孝文为太宗。由是观之，祸乱之作，将以开圣人也。故桓、文扶微兴坏，尊文、武之业，泽加百姓，功润诸侯，虽不及三王，天下归仁焉。文帝永思至德，以承天心，崇仁义，省刑罚，通关梁，一远近，敬贤如大宾，爱民如赤子，内恕情之所安，而施之于海内，是以囹圄空虚，天下太平。夫继变化之后，必有异旧之恩，此贤圣所以昭天命也。往者，昭帝即世而无嗣，大臣忧戚，焦心合谋，皆以昌邑尊亲，援而立之。然天不授命，淫乱其心，遂以自亡。深察祸变之故，乃皇天之所以开至圣也。故大将军受命武帝，股肱汉国，披肝胆，决大计，黜亡义，立有德，辅天而行，然后宗庙以安，天下咸宁。臣闻《春秋》正即位，大一统而慎始也。陛下初登至尊，与天合符，宜改前世之失，正始受命之统，涤烦文，除民疾，存亡继绝，以应天意。

“臣闻秦有十失，其一尚存，治狱之吏是也。秦之时，羞文学，好武勇，贱仁义之士，贵治狱之吏，正言者谓之诽谤，遏过者谓之妖言。故盛服先生不用于世，忠良切言皆郁于胸，誉谀之声日满于耳，虚美熏心，实祸蔽塞。此乃秦之所以亡天下也！方今天下赖陛下恩厚，亡金革之危、饥寒之患，父子夫妻，戮力安家。然太平未洽者，狱乱之也。夫狱者，天下之大命也，死者不可复生，绝者不可复属[①]。《书》曰：‘与其杀不辜，宁失不经。’今治狱吏则不然，上下相驱，以刻为明，深者获公名，平者多后患。故治狱之吏皆欲人死，非憎人也，自安之道在人之死。是以死人之血流离于市，被刑之徒比肩而立，大辟之计岁以万数，此仁圣之所以伤也。太平之未洽，凡以此也。

“夫人情安则乐生，痛则思死。棰楚之下，何求而不得？故囚人不胜痛，则饰辞以视之；吏治者利其然，则指道以明之。上奏畏却，则锻练而周内之。盖奏当之成，虽咎繇听之[②]，犹以为死有余辜。何则？成练者众，文致之罪明也。是以狱吏专为深刻，残贼而亡极，婨为一切，不顾国患，此世之大贼也。故俗语曰：‘画地为狱，议不入；刻木为吏，期不对。’此皆疾吏之风，悲痛之辞也。故天下之患，莫深于狱；败法乱正，离亲塞道，莫甚乎治狱之吏。此所谓一尚存者也。

“臣闻乌鸢之卵不毁[③]，而后凤皇集；诽谤之罪不诛，而后良言进。故古人有言：‘山薮藏疾，川泽纳污，瑾瑜匿恶，国君含诟。’唯陛下除诽谤以招切言，开天下之口，广箴谏之路，扫亡秦之失，尊文、武之德，省法制，宽刑罚，以废治狱，则太平之风可兴于世，永履和乐，与天亡极，天下幸甚！”上善其言。

【注释】

①属：连续。②咎（gāo）繇（yáo）：即皋陶，相传他曾经被舜任命为掌管刑狱的官员。③乌鸢（yuān）：乌鸦和老鹰。

路温舒谏汉宣帝尚德缓刑

【译文】

汉昭帝逝世，昌邑王被废黜，宣帝刚即位。路温舒上书给皇帝，主张以德治国，放宽刑法，奏章中说：

“臣听说齐国有无知之祸，齐桓公因此而兴起；晋国有骊姬作难，晋文公因此得以称霸诸侯；近世赵王不得善终，吕氏家族作乱，孝文帝才得以成为太宗。由此看来，祸乱的发生，就将引出圣明的君主，所以齐桓公、晋文公扶植弱小，复兴了已经衰败的国家，尊崇周文王、周武王的遗业，施恩德于百姓，功德惠及诸侯，功勋虽不及三王，但天下都因为他们的仁德而归附。汉文帝始终有着深远的思虑和很高的德行，顺应天意，崇尚仁义，减省刑罚，开通关卡桥梁，统一远近各方，敬重贤臣如同敬重贵宾，爱护人民如同爱护初生的婴儿，自己感觉能让百姓心安的事情，就将它广施于天下，因此监狱中空荡无人，天下随之太平。在遭遇世变动乱之后，一定要有不同于过去的恩典，这是圣君贤主用以昭明上天所授使命的表现。过去，昭帝辞世而没有子嗣，大臣们为此忧愁悲伤，焦虑之下共同讨论协商，一致认为昌邑王地位尊贵，与昭帝的血统最为接近，就将他接入宫中拥立为皇帝，然而上天不授予他帝王的使命，迷惑散乱他的心志，终于是自取灭亡了。我深入考察了祸变的由来，发现这实际上是上天要立起一位至德至圣的明君。所以大将军霍光接受汉武帝的遗命，辅佐汉室，披肝沥胆，决策国家之大计，废黜无义之人，拥立有德新君，辅助上天执行天道，从此汉家社稷得以稳定，天下因而皆得安宁。臣听《春秋》上讲，帝王刚即位要更改正朔，这是为了使天下得到一统而谨慎地对待事业的开始。现在，陛下初登皇位，与天意相合，应当改正前代的过失，端正这刚刚接手的国家的纲纪，清除烦琐的政令条文，解除人民的疾苦，使要灭亡的得以生存下来，要断绝的得以延续下去，以顺应上天的旨意。

“臣听说秦朝有十大失误，其中有一条至今为止还存在，那就是有关狱吏的问题。秦朝的时候，贬黜儒术，崇尚武力，轻视仁义之士，重视治狱的官吏，把正义直言当做诽谤，揭发过错视为妖言。所以穿着庄重的儒生不被任用，忠诚恳切、有所补益的意见都郁结在人们的胸中，赞誉阿谀的声音日益充斥双耳，虚伪的赞美迷惑了心灵，实在的危机却被掩盖。这正是秦王朝所以灭亡的原因啊！如今普天之下都依赖陛下的恩德仁厚，没有战乱的危机、饥寒的忧患，百姓们都齐心协力，治理家业。然而还没有完全达到太平和谐的原因，则是治狱的混乱。治狱，是治理天下最重要的事情之一。处死的人不可能再活过来，砍断的肢体不能再接上。《尚书》上说：‘与其错杀无辜的人，宁可不按章法办案。’而当今治狱的官吏却不是这样，他们上下互相驱使，把苛刻当做精明，治狱严酷的获得公正的名声，治狱平和的则多有后患。所以治狱的官吏都想置人于死地，并不是因为他们憎恨别人，而是保全自己的途径正在于置人于死地。所以被处死的人的鲜血染红了集市，受到肉刑的人比比皆是，处以死刑的人每年都数以万计，这正是仁君圣主感到忧伤的原因啊。太平盛世中还有不和谐的地方，大概就在这里吧！

“大凡人之常情，安逸就乐于生存，痛苦则想着去死。在棍棒的拷打之下，还有什么口供得不到呢？所以，被囚禁的人不堪痛苦的折磨，就编造假的供词给狱吏看；狱吏们也利用这一点，诱导囚犯招供，让他们明白不招供是行不通的。他们上奏案情的时候担心被驳回，于是对奏报的文案反复地进行斟酌推敲，罗织种种罪名，使人深陷于罪责。所以大凡罪名一经定案，即使是皋陶来听取汇报，也会认为犯人死有余辜。这是为什么呢？这是因为罗织的罪状很多，而依照法律所应定的罪名也很明白。正因为如此，所以狱吏们专门讲求严酷苛刻，没有限度地残害入狱之人，为了一时的利害，而不顾给国家带来的后患，这真是当世的大害啊！所以俗话说：‘就是在地上画一个监牢出来，也不可进入；即使是木雕的狱吏，也决不能与他争辩。’这些都是因为疾恨狱吏而在民间传唱的歌谣，人们因为悲痛狱治之风而说出的言辞啊。可见天下的祸患，没有比治狱之乱更为深重的了；败坏法律、颠倒黑白，使人骨肉离散，使道义阻塞不行的，没有比治狱的酷吏更厉害的了。这就是上面所说的至今还存在的秦时的失误之一。

棰楚之下，何求而不得？

“臣听说，乌鸦老鹰的卵不被毁坏，然后才有凤凰飞来停留；诽谤之罪不会被诛杀，然后才有人敢直进忠言。古人有句话说：‘山林里藏着毒物，江河湖沼容纳污浊，美玉含有瑕疵，国君忍受辱骂。’希望陛下能免除‘诽谤’的罪名，以招纳恳切真实的言论，让天下人都敢讲话，广开进言劝谏的途径，扫除亡秦的过失，尊崇周文王、周武王的德政，精简法律制度，放宽刑罚，废除冤狱，如此，太平的风气就将在世上兴盛起来，人民永远生活在安定快乐之中，与苍天一样无限长久，这便是天下的大福了。”皇上认为他说得对。

杨恽

（？～前54年）

杨恽字子幼，西汉华阴（今陕西华阴）人。其父杨敞是汉昭帝时的丞相，其母是司马迁的女儿。杨恽素有才干，好结交豪侠，在当时很有名望。汉宣帝时任左曹，因告发霍光子孙谋反有功，升为中郎将，封平通侯，后官至光禄勋。杨恽为人坦率，但好揭人私，得罪权贵甚众。后因被指言语不敬而贬为庶人。杨恽内心不服，有怨言，被下狱治罪。后来又搜到他写给友人孙会宗的信，汉宣帝大怒，以“大逆不道”的罪名将其腰斩于市。

◎报孙会宗书◎

【题解】

本文选自《汉书·杨敞传》。杨恽是西汉后期的大臣，因故失掉爵位。赋闲在家的他没有沉寂下来，而是治理家业，建造房屋，以经营家财为乐。他的朋友安定太守孙会宗得知他的情况，遂写信告诉他，大臣遭到贬黜，应该闭门不出，还要表现得可怜一些，而他的做法有点太过招摇了。杨恽看了此信，也给孙会宗回了一封作答。本文就是此信的内容，杨恽在信中表达了对自己遭罢黜的愤愤不平，可谓酣畅淋漓、慷慨激昂。

【原文】

恽既失爵位家居，治产业，起室宅，以财自娱。岁余，其友人安定太守西河孙会宗，知略士也，与恽书，谏戒之。为言大臣废退，当阖门惶惧，为可怜之意；不当治产业，通宾客，有称誉。恽宰相子，少显朝廷，一朝暗昧，语言见废，内怀不服。报会宗书曰：

“恽材朽行秽，文质无所底[①]，幸赖先人余业，得备宿卫。遭遇时变，以获爵位；终非其任，卒与祸会。足下哀其愚蒙，赐书教督以所不及，殷勤甚厚。然窃恨足下不深推其终始，而猥随俗之毁誉也。言鄙陋之愚心，若逆指而文过；默而息乎，恐违孔氏‘各言尔志’之义。故敢略陈其愚，唯君子察焉。

“恽家方隆盛时，乘朱轮者十人，位在列卿，爵为通侯，总领从官，与闻政事。曾不能以此时有所建明，以宣德化，又不能与群僚同心并力，陪辅朝廷之遗忘，已负窃位素餐之责久矣。怀禄贪势，不能自退，遭遇变故，横被口语，身幽北阙，妻子满狱。当此之时，自以灭夷不足以塞责，岂意得全首领，复奉先人之丘墓乎？伏惟圣主之恩不可胜量。君子游道，乐以忘忧；小人全躯，说以忘罪。窃自私念，过已大矣，行已亏矣，长为农夫以没世矣。是故身率妻子，戮力耕桑，灌园治产，以给公上。不意当复用此为讥议也。

“夫人情所不能止者，圣人弗禁。故君父至尊亲，送其终也，有时而既。臣之得罪，已三年矣。田家作苦，岁时伏腊，烹羊炰羔[②]，斗酒自劳。家本秦也，能为秦声，妇赵女也，雅善鼓瑟，奴婢歌者数人。酒后耳热，仰天拊缶，而呼乌乌。其诗曰：‘田彼南山，芜秽不治，种一顷豆，落而为萁。人生行乐耳，须富贵何时！’是日也，拂衣而喜，奋袖低昂，顿足起舞，诚淫荒无度，不知其不可也。恽幸有余禄，方籴贱贩贵，逐什一之利，此贾竖之事，污辱之处，恽亲行之。下流之人，众毁所归，不寒而栗。虽雅知恽者，犹随风而靡，尚何称誉之有？董生不云乎：‘明明求仁义，常恐不能化民者，卿大夫意也；明明求财利，尚恐困乏者，庶人之事也。’故‘道不同，不相为谋’，今子尚安得以卿大夫之制而责仆哉？

“夫西河魏土，文侯所兴，有段干木、田子方之遗风，凛然皆有节概，知去就之分。顷者，足下离旧土，临安定。安定山谷之间，昆戎旧壤，子弟贪鄙，岂习俗之移人哉？于今乃睹子之志矣！方当盛汉之隆，愿勉旃[③]，毋多谈！”

【注释】

①底：通“抵”，达到。②炰（páo）：裹起来烤。③旃（zhān）：“之焉”的合音。

【译文】

杨恽失掉爵位以后在家闲居，治理产业，建造房宅，以经营家财为自己的乐事。过了一年多的时间，他的朋友安定太守、西河人孙会宗，一位有知识和才略的人，给杨恽写信劝他不要这样。说大臣免职以后，应当关起门来表示不安和恐惧，做出可怜的样子；不应当经营产业，结交宾客，让世人称赞美誉。杨恽是丞相之子，年轻的时候就显赫于朝廷，因为一时糊涂说错了话，被罢免官职，内心很不服气。他回信给孙会宗说：

“我杨恽资质愚钝，行为丑陋，文才、气质都没有到达多高的程度，幸而依靠祖上的余荫，得以充当皇上的侍卫。因为遭遇到时事变故，所以获得了爵位，但这终究不是我能胜任的，终于遭到了这次的灾祸。足下您可怜我的愚钝不开化，赐书信给我，对我没有顾及到的事情加以教导督促，情意恳切深厚；然而，我内心却很遗憾足下您没有深入了解事情的原委，而与世俗同道来对我进行褒贬评论。我想说说自己鄙陋的见解，又怕辜负了您的好意，有文过饰非之嫌；要是把自己的想法憋在心中不说，又恐怕不合孔夫子“各言尔志”的教诲，所以斗胆大略地陈述一下我的愚见，但愿您能了解。

“当初我家势兴盛的时候，家中成员能够坐朱轮车的就有十人，我位在列卿，爵位是通

杨恽作书与孙会宗

侯，统领侍从官员，参与国家政事。可惜没能趁此时机有所建树，也没有什么突出的举动以宣扬道德教化，又不能与同僚们同心协力，为朝廷拾遗补缺，我背负尸位素餐的指责已经很久了，再加上贪图俸禄权势，不能自己引退，于是遭到变故，受到别人毫不负责的诬陷指责。我自己被幽禁在北阙，妻子儿女也都进了监狱。这个时候，自己觉得即使被诛灭了全族，也不足以抵消自己的罪责，谁能够想到还得保全性命，再到祖先的坟上祭祀呢？我伏在地上，想着圣明天子的恩德真是无法计量啊。君子遨游在道义之中，愉快得忘掉忧愁；小人只要保全了性命，就高兴得忘记罪过。我私下里想，自己的罪过已经是够大的了，德行已经有了亏缺，就打算此后当个农夫了此余生了，所以率领着妻儿，努力地耕田养蚕，浇灌菜地，置办田产，用以供给官家的赋税，想不到此事又遭到讥笑议论。

“凡是从人之常情上所不能禁止的事，圣明的人就不会加以禁止。所以，君虽至尊，父虽最亲，而给他们送终服丧，到了一定的时间也就完毕了。我的获罪，到今天已经有三年时间了。田家劳作非常辛苦，逢年过节，要烹制些羊肉，喝上一些酒来自我慰劳。我的老家在秦地，我能唱秦地的歌曲，妻子是赵地的女子，善于弹瑟，又有几个会唱歌的奴婢，每当酒后耳热，就仰着头望天，拍着瓦盆呜呜地唱起来。唱的那首诗是：‘在南山上种田啊，荒芜而不去整治；种下一顷豆啊，落下豆子成豆杆。人生不过行乐啊，等待富贵到何时！’那一天，我高兴地抖动衣服，将袖子高低挥动，踏着步点儿跳起了舞，确实是荒淫无度，但也没觉得这样做有什么不可以的啊。我侥幸有点余财，能买贱卖贵，求得十分之一的盈利；这是小商贩们干的事，是为人所不齿的行业，可我杨恽亲自去做了。我身处下流人的行列里，身受众人的毁谤，感到不寒而栗。就是了解我杨恽的人，尚且随风而动，哪里还会有名誉可言？董仲舒不是说过吗：‘急急忙忙地追求仁义，常担心不能教化百姓的，那是卿大夫的想法；急急忙忙地追求财利，常担心遭受贫穷困乏的，那是老百姓的事儿。’所以‘走的道路不相同的人，就不必互相切磋商讨’，现在您怎么能用卿大夫的规矩来指责我呢？

“那西河魏土，是魏文侯发迹的地方，那里的人还保持着古代贤人段干木、田子方的遗风，清高而有气节，懂得取舍去就的道理。近来，足下离开旧土，去到安定郡。安定位于山谷之间，是昆戎族以前居住的地方，那里的人性格贪婪卑鄙，难道是被他们所影响了吗？现在我可看清您的志尚了！当今正值大汉隆盛之时，愿您努力，不必多谈了！”

《后汉书》

南朝宋范晔撰写，90 卷，其中包括纪 10 卷、传 80 卷。现存于书中的志 30 卷，是西晋司马彪撰。北宋真宗乾兴元年(1022)合刊为一书，共 120 卷，记载了东汉光武帝至汉献帝近 200 年的历史，属于纪传体史书。

光武帝临淄劳耿弇

【题解】

此文选自《后汉书·耿弇传》。耿弇是东汉大将，他随刘秀一块起兵，为汉室的中兴立下了汗马功劳。公元 29 年，耿弇战胜了割据青州的张步，光武帝十分高兴，这篇文章写的就是刘秀慰劳耿弇时的一段话。在此文中，光武帝刘秀不但称赞了耿弇的战功，还不忘怀柔张步，说只要他投降汉朝，汉朝可以既往不咎而赦免他。

【原文】

车驾至临淄，自劳军，群臣大会。帝谓弇曰："昔韩信破历下以开基，今将军攻祝阿以发迹[①]。此皆齐之西界，功足相方。而韩信袭击已降，将军独拔勍敌[②]，其功乃难于信也。又田横烹郦生，及田横降，高帝诏卫尉不听为仇。张步前亦杀伏隆，若步来归命，吾当诏大司徒释其怨，又事尤相类也。将军前在南阳建此大策，常以为落落难合，有志者事竟成也！"

【注释】

① 祝阿（ē）：地名，在今山东历城西南。② 勍（qíng）敌：劲敌。

【译文】

光武帝来到临淄，亲自慰劳军队，群臣都会集于此。光武帝对耿弇说："从前韩信因攻破历下而开创了汉家的基业，现在将军你攻占了祝阿而建立功勋，历下和祝阿都是齐国的西界，你的功绩可以与韩信相比。但是韩信袭击的是已经投降了的齐军，将军却独力战胜了强大的对手，取得这样的功绩就比韩信要困难了。再者，田横烹杀了郦生，等到田横投降的时候，高帝诏告卫尉郦商不要把田横当作仇人。张步从前也曾杀死伏隆，如果张步前来归降，我也要下诏给大司徒伏湛，要他消除仇怨，这件事情又尤其相似。将军早在南阳的时候就提出了这个伟大的策略，我常常以为不切实际而难以实现，如今看来，真是有志者事竟成啊！"

马援

（前 14 ~ 49）

马援，字文渊，东汉初扶风茂陵（在今陕西兴平东北）人。出身于官僚家庭，少有大志，后以纵囚获罪，亡命北地畜牧，宾客多有归附者。新朝末年，为新城大尹（汉中太守），后归附光武帝刘秀。建武十七年（41）任伏波将军，征交阯之乱，平之，封新息侯，后来病死军中。

诫兄子严敦书

【题解】

西汉马援的侄子马严、马敦喜欢议论他人的短处，而且喜好跟游侠之士交往，还经常地批评时政。马援对两位侄子很担心，怕他们沦为浮夸子弟，于是在南征交趾时抽空写了一封家书，寄给两个侄儿。在信中，马援告诫侄儿做人需低调谦虚，不要妄评讥议。这封信语重心长，虽然简短，但字字都寄托着马援对侄儿的关切之情。

【原文】

援兄子严、敦并喜讥议，而通轻侠客。援前在交趾，还书诫之曰：

“吾欲汝曹闻人过失如闻父母之名，耳可得闻，口不可得言也。好议论人长短，妄是非正法，此吾所大恶也，宁死不愿闻子孙有此行也。汝曹知吾恶之甚矣，所以复言者，施衿结缡，申父母之戒，欲使汝曹不忘之耳。

马援修书劝诫侄子

“龙伯高敦厚周慎，口无择言，谦约节俭，廉公有威。吾爱之重之，愿汝曹效之。杜季良豪侠好义，忧人之忧，乐人之乐，清浊无所失，父丧致客，数郡毕至。吾爱之重之，不愿汝曹效也。效伯高不得，犹为谨敕之士[1]，所谓‘刻鹄不成尚类鹜’者也[2]；效季良不得，陷为天下轻薄子，所谓‘画虎不成反类狗’者也。讫今季良尚未可知，郡将下车辄切齿，州郡以为言，吾常为寒心，是以不愿子孙效也。”

【注释】

① 谨敕（chì）：谨慎。② 鹄（hú）：天鹅。

【译文】

马援的侄儿马严、马敦都喜欢讥笑议论别人，而且好结交些轻浮的侠客，马援以前在交趾的时候，写信回来告诫他们说：

“我希望你们听到别人的过失就像听到父母的名字一样，只能是耳朵听见，不能从口中说出。好议论别人的长短，胡乱评论国家的法度，这是我最厌恶的，我宁愿死也不愿听自己的子孙有这种行为。你们知道我对这种行为最是厌恶了，今天之所以又对你们讲起这些，正好像女儿出嫁时父母亲手给她系上佩巾、佩带，重申父母的训诫一样，想教你们终生不忘罢了。

“龙伯高为人敦厚，办事周密谨慎，不说别人的坏话，谦逊节俭，廉洁奉公而有威严。我爱戴他敬重他，希望你们学习他。杜季良为人豪放，很讲义气，忧别人所忧，乐别人所乐，什么样的人他都不疏远，他在父亲出丧时邀请宾客前来，几郡的人都赶来了。我爱戴他尊重他，却不希望你们学习他。学龙伯高不成，还可以做一个谨慎的人，也就是所谓‘刻天鹅不成尚且还像野鸭’；学杜季良不成，就会堕落成为世上的轻薄子弟，所谓‘画虎不成却像狗了’。到今天杜季良前途凶吉还不得而知，郡守一上任便对他切齿痛恨。州郡官员把这事说给我听，我常为他寒心，所以不希望我的子孙学习他。”

诸葛亮

（181 ~ 234）

诸葛亮，字孔明，琅玡阳都（今山东沂南）人。东汉末年，军阀混战，豪强割据，诸葛亮随叔父避乱荆州，隐居于南阳隆中（在今湖北襄阳西），号称“卧龙”。建安十二年（207）得到刘备三顾茅庐的知遇，其后辅佐刘备建立了蜀国，与魏、吴成鼎足之势。公元221年，刘备称帝，拜诸葛亮为丞相。刘备死后，刘禅继位，封诸葛亮为武乡侯，领益州牧。诸葛亮励精图治，东联孙吴，北伐曹魏，后病死于五丈原军中。

前出师表

【题解】

诸葛亮是三国时蜀国的丞相，他当政的时候，曾多次主持北伐，以图恢复汉室河山。公元 227 年，诸葛亮在汉中集结军马，准备北伐。临行前，他向后主刘禅上了一份奏章，就是这篇《前出师表》。诸葛亮在文中告诫刘禅要广开言路，近贤臣远小人，以“收复汉室，还于旧都”，表达了自己忠于汉室、心怀天下的情操。

【原文】

臣亮言：先帝创业未半而中道崩殂，今天下三分，益州疲弊，此诚危急存亡之秋也。然侍卫之臣不懈于内，忠志之士忘身于外者，盖追先帝之殊遇，欲报之于陛下也。诚宜开张圣听，以光先帝遗德，恢宏志士之气，不宜妄自菲薄，引喻失义，以塞忠谏之路也。宫中府中，俱为一体，陟罚臧否[①]，不宜异同。若有作奸犯科及为忠善者，宜付有司论其刑赏，以昭陛下平明之治，不宜偏私，使内外异法也。

侍中、侍郎郭攸之、费祎、董允等，此皆良实，志虑忠纯，是以先帝简拔以遗陛下。愚以为宫中之事，事无大小，悉以咨之，然后施行，必能裨补阙漏[②]，有所广益。将军向宠，性行淑均，晓畅军事，试用于昔日，先帝称之曰能，是以众议举宠以为督。愚以为营中之事，事无大小，悉以咨之，必能使行阵和穆，优劣得所也。亲贤臣，远小人，此先汉所以兴隆也；亲小人，远贤臣，此后汉所以倾颓也。先帝在时，每与臣论此事，未尝不叹息痛恨于桓、灵也。侍中、尚书、长史、参军，此悉贞亮死节之臣也，愿陛下亲之信之，则汉室之隆，可计日而待也。

臣本布衣，躬耕于南阳，苟全性命于乱世，不求闻达于诸侯。先帝不以臣卑鄙，猥自枉屈，三顾臣于草庐之中，咨臣以当世之事，由是感激，遂许先帝以驱驰。后值倾覆，受任于败军之际，奉命于危难之间，尔来二十有一年矣。先帝知臣谨慎，故临崩寄臣以大事也。受命以来，夙夜忧叹，恐托付不效，以伤先帝之明，故五月渡泸，深入不毛。今南方已定，兵甲已足，当奖帅三军，北定中原，庶竭驽钝，攘除奸凶，兴复汉室，还于旧都。此臣之所以报先帝而忠陛下之职分也。

至于斟酌损益，进尽忠言，则攸之、祎、允之任也。愿陛下托臣以讨贼兴复之效，不效，则治臣之罪，以告先帝之灵。若无兴德之言，则责攸之、祎、允之咎，以彰其慢。陛下亦宜自谋，以咨诹善道[③]，察纳雅言，深追先帝遗诏，臣不胜受恩感激。

今当远离，临表涕泣，不知所云。

【注释】

① 陟（zhì）：奖赏。臧（zāng）：善。否（pǐ）：恶。② 裨（bì）：补助。③ 咨诹（zōu）：询问。

【译文】

臣诸葛亮上表进言：先帝创建大业未到一半而中途去世，现在天下三分，而益州地区最为困苦疲惫，这实在是关系到国家存亡的危急时刻了。然而朝中侍卫大臣丝毫不放松懈怠，忠诚有志的将士在外舍身忘死，这是因为他们追念先帝对他们有不同一般的恩遇，想要在陛下身上有所报答啊。陛下实在应当广开言路，光大先帝的遗德，使忠臣志士的精神得以振奋，不应该随便看轻自己，常常言语失当，从而堵塞了忠臣进言规劝的道路啊。宫廷中的近臣和丞相府的官员，都是一个整体，奖善罚恶，不应该有所不同。如果有做奸邪之事、触犯法令的人，以及那些尽忠行善的人，应当交付有关部门评判他们应得的惩罚和奖赏，来表明陛下公正严明的治理方针，不应该有所偏袒，使得内廷外府法度不一。

诸葛亮上《出师表》

侍中、侍郎郭攸之、费祎、董允等人，都是贤良而且实在的人、他们的志向思想忠诚纯正，因此先帝把他们选拔出来留给陛下。我认为宫廷里的事务，事不论大小，都应当先向他们咨询，然后施行，那就一定能弥补缺漏，得到广泛的益处。将军向宠，性格和善，办事公正，精通军事，从前试用他的时候，先帝称赞他有才能，因此大家商议举荐他做中部督。我认为军中的事，不论大小，都应该向他咨询，这样一定能使军中将士和睦相处，才能不同的人能够各得其所。亲近贤臣，疏远小人，这是先汉兴盛的原因；亲近小人，疏远贤臣，这是后汉颓败的原因。先帝在世时，每次和我谈论此事，未尝不对桓、灵二帝表示遗憾、痛恨。侍中、尚书、长史、参军，这些人都是坚贞贤能、能以死殉节的忠臣，希望陛下亲近他们，信任他们，那么汉家的兴盛就可以计日而待了。

臣本来是个平民百姓，在南阳亲自耕田种地，只想乱世中苟且保全性命，不希求在诸侯中间显身扬名。先帝不认为我地位低微、学识浅陋，自己降低身份，三次亲自到草庐中来拜访我，向臣咨询当今的大事，因此我深为感动，于是答应为先帝奔走效劳。后来遭逢战败，我受任于败军之际，奉命于危难之中，到现在已经二十一年了。先帝知道我做事谨慎小心，所以临终之时把国家大事托付给我。我自从接受了先帝的遗命以来，早晚忧虑叹息，惟恐完不成先帝的托付，因而损害了先帝的英明，所以在五月渡过泸水，深入到草木不生的荒凉地带。现在南方已然平定，武器军备已经充足，应当鼓励并率领三军进兵北方，平定中原；我也会竭尽自己愚钝的才能，铲除邪恶势力，兴复汉室，返还到故都去。这就是我用来报答先帝、效忠陛下所应尽的份内之事啊。

至于权衡利弊得失，进献忠言，那就是郭攸之、费祎、董允他们的职责了。希望陛下委托我完成讨伐奸贼、复兴汉室的使命，如果我做不出成效，那就治我的罪，用以上告先帝的英灵。如果没有要您发扬盛德的进言，那就责罚郭攸之、费祎、董允等人的过错，彰明他们的怠慢。陛下也应当自己谋划，征求治国的好办法，审察采纳正确的意见，深切地追念先帝的遗训，臣就受恩感激不尽了。

现在要离开陛下远行了，面对奏表我眼泪落下，不知道说了些什么。

后出师表

【题解】

公元 228 年，曹魏与东吴在石亭交战，结果曹魏大败。诸葛亮趁此机会向后主刘禅上表，请求北伐。因为此前诸葛亮已经上过一次表，所以这次上呈刘禅的表，后人称为《后出师表》。此文分析了蜀汉和魏国的敌我态势，然后提出了北伐的六大理由，表达了自己鞠躬尽瘁、誓死忠心汉室的决心。

【原文】

先帝虑汉、贼不两立，王业不偏安，故托臣以讨贼也。以先帝之明，量臣之才，固知臣伐贼，才弱敌强也。然不伐贼，王业亦亡，惟坐而待亡，孰与伐之？是故托臣而弗疑也。臣受命之日，寝不安席，食不甘味，思惟北征，宜先入南。故五月渡泸，深入不毛，并日而食。臣非不自惜也，顾王业不可偏安于蜀都，故冒危难以奉先帝之遗意，而议者谓为非计。今贼适疲于西，又务于东，兵法乘劳，此进趋之时也。谨陈其事如左：

高帝明并日月，谋臣渊深，然涉险被创，危然后安。今陛下未及高帝，谋臣不如良、平，而欲以长策取胜，坐定天下，此臣之未解一也。

刘繇、王朗，各据州郡，论安言计，动引圣人，群疑满腹，众难塞胸；今岁不战，明年不征，使孙策坐大，遂并江东，此臣之未解二也。

曹操智计，殊绝于人，其用兵也，仿佛孙、吴，然困于南阳，险于乌巢，危于祁连，逼于黎阳，几败北山，殆死潼关[①]，然后伪定一时尔。况臣才弱，而欲以不危而定之，此臣之未解三也。

曹操五攻昌霸不下，四越巢湖不成。任用李服而李服图之，委任夏侯而夏侯败亡。先帝每称操为能，犹有此失，况臣驽下，何能必胜？此臣之未解四也。

自臣到汉中，中间期年耳，然丧赵云、阳群、马玉、阎芝、丁立、白寿、刘郃、邓铜等，及曲长、屯将七十余人，突将无前；賨、叟、青羌散骑、武骑一千余人[②]。此皆数十年之内所纠合四方之精锐，非一州之所有。若复数年，则损三分之二也，当何以图敌？此臣之未解五也。

今民穷兵疲，而事不可息。事不可息，则住与行，劳费正等。而不及早图之，欲以一州之地，与贼持久，此臣之未解六也。

夫难平者，事也。昔先帝败军于楚，当此时，曹操拊手，谓天下已定。然后先帝东连吴越，西取巴、蜀，举兵北征，夏侯授首。此操之失计，而汉事将成也。然后吴更违盟，关羽毁败，秭归蹉跌，曹丕称帝。凡事如是，难可逆料。臣鞠躬尽力，死而后已，至于成败利钝，非臣之明所能逆睹也。

【注释】

① 殆死潼关：曹操在潼关与马超交战，大败，被马超追赶，几乎丧命。② 賨（cóng）、叟、青羌：都是西南地区的少数民族。

【译文】

先帝考虑到汉室和篡汉的奸贼不能同时存在，帝王的事业不能偏安于一州之地，所以临终时托付我讨伐奸贼，凭先帝的英明，揣度我的才干，原本就知道我率兵讨贼，是我的才能薄弱而敌人强大啊。但是不去征伐，帝王的事业也会毁灭，与其坐等灭亡，何不去讨

诸葛亮运筹帷幄

伐他们呢？所以把这事托付给我而不再犹豫。我自受命的那天起，就每日睡眠不安，吃饭也没有味道，思虑着要北伐中原，应该先平定南方。所以五月率兵渡过泸水，深入草木不生的荒凉地带，两天只吃一顿饭。我并非不知自我爱惜，但思虑到王业不能偏安于蜀地，所以冒着艰难险阻来奉行先帝的遗愿，而议论朝政的人却说这并非上计。如今曹贼正在西方疲于奔命，又忙着应付东方的战事，兵法说打击敌人就要趁他疲劳的时候，而现在应该正是前去打击的时候。现在我把讨贼的事恭敬地陈述如下：

汉高帝的英明可与日月相比，周围的谋臣智略深远，但仍然是经历艰险、身受创伤、度过危难之后才得到平安。如今陛下不及高帝，身边的谋臣比不上张良、陈平，而想用长久与敌对峙的策略取得胜利，坐着不动就平定天下，这是我不能理解的的第一点。

刘繇、王朗各据州郡，在那里空谈安危之道，言说计策谋略，动不动就引用圣人的话，大家肚子里满是疑问，众多的难题郁积在胸中，今年不作战，明年不出征，结果使孙策没有任何干扰地强大起来，吞并了江东土地，这是我不能理解的第二点。

曹操的智谋心计超越常人。他在用兵方面，能与古代的孙膑、吴起相提并论，然而还曾被困于南阳，遇险于乌巢，遭受危难于祁连，在黎阳受到逼迫，几乎战败于北山，差点丧命在潼关，然后才取得了暂时的安定。何况是像我这样才疏学浅，而想要不冒危难就能安定天下，这是我不能理解的第三点。

曹操曾五次攻打昌霸而不能取胜，四次越过巢湖攻打孙吴而未能成功。任用李服，李服却图谋害他；委任夏侯渊，夏侯渊却落得个战败身亡。先帝经常称赞曹操是个有才能的人，他尚且有这些失误，何况我才能低下，又怎能保证一定会胜利呢？这是我不能理解的第四点。

自从我来到汉中，已经一年了，其间死了赵云、阳群、马玉、阎芝、丁立、白寿、刘郃、邓铜等人，还有曲长、屯将七十余人，这些都是冲锋陷阵、所向无敌的猛将；还丧失了賨、叟、青羌的散骑、武骑一千多人。这些都是几十年间从四方召集来的精锐，不是益州一州所能有的。如果再经过几年，就会减损三分之二了，到那时还拿什么来对付敌人呢？这是我不能理解的第五点。

如今人民穷困，士兵疲惫，而战事却不能停止。战事不能停止，那么坐着等待敌人的进攻和主动出击，在劳务和费用上其实是相等的。如果不趁早策划去攻打敌人，想用一州的地方跟贼人长久对峙，这是我不能理解的第六点。

最难预料的是战事。过去先帝在楚地战败，那时候，曹操高兴地拍手，说是天下已经平定了。可是后来先帝东面联合孙吴，西面攻取了巴蜀，举兵北伐，斩了夏侯渊的头，这是曹操没有预料到的；而当汉室大业的复兴眼看就要成功的时候，又有了孙吴的背弃盟约，关羽的战败身死，先帝在秭归的挫败，曹丕的篡汉称帝。一切事情就是这样，难以预料。我只有鞠躬尽瘁，死而后已，至于成功或是失败，顺利还是困难，就绝不是我的聪明所能够预见的了。

卷七 六朝唐文

李密

（224 ~ 287）

李密，字令伯，一名虔。西晋犍为武阳（在今四川彭山东）人。年少时师从著名学者谯周，博览五经，以文学见称于当时。曾任蜀国尚书郎，多次出使吴国，极有辩才。晋灭蜀以后，晋武帝司马炎征他为太子洗马，推辞不就。在祖母死后，他才出仕晋朝，官至汉中太守。后因赋诗得罪晋武帝而被免官，卒于家。

陈情表

【题解】

晋武帝征召蜀汉旧臣李密为太子洗马，李密不愿应召，于是写下这篇表文。文章从自己幼年的不幸遭遇写起，说明自己与祖母相依为命的特殊感情，围绕想要“尽孝”的心意陈述不能应召的苦衷，请求不仕而为祖母养老送终。为了免除晋武帝的猜忌，李密在文中还申明自己不奉诏前往，绝非顾念前朝，而是为了尽孝难以远行。全文叙述委婉，辞意恳切，晋武帝看后很受感动，于是应允了他的请求。

【原文】

臣密言：臣以险衅①，夙遭闵凶②。生孩六月，慈父见背。行年四岁，舅夺母志。祖母刘，愍臣孤弱③，躬亲抚养。臣少多疾病，九岁不行，零丁孤苦，至于成立。既无叔伯，终鲜兄弟。门衰祚薄，晚有儿息。外无期功强近之亲，内无应门五尺之童，茕茕孑立④，形影相吊。而刘夙婴疾病，常在床蓐。臣侍汤药，未尝废离。

逮奉圣朝，沐浴清化。前太守臣逵，察臣孝廉。后刺史臣荣，举臣秀才。臣以供养无主，辞不赴命。诏书特下，拜臣郎中，寻蒙国恩，除臣洗马。猥以微贱，当侍东宫，非臣陨首所能上报。臣具以表闻，辞不就职。诏书切峻，责臣逋慢；郡县逼迫，催臣上道；州司临门，急于星火。臣欲奉诏奔驰，则以刘病日笃⑤，欲苟顺私情，则告诉不许。臣之进退，实为狼狈。

伏惟圣朝以孝治天下，凡在故老，犹蒙矜育⑥，况臣孤苦，特为尤甚。且臣少事伪朝，历职郎署，本图宦达，不矜名节。今臣亡国贱俘，至微至陋，过蒙拔擢⑦，岂敢盘桓，有所希冀？但以刘日薄西山，气息奄奄，人命危浅，朝不虑夕。臣无祖母，无以至今日，祖母无臣，无以终余年。母孙二人，更相为命，是以区区不能废远。臣密今年四十有四，祖母刘今年九十有六，是臣尽节于陛下之日长，报刘之日短也。乌鸟私情，愿乞终养。

臣之辛苦，非独蜀之人士及二州牧伯所见明知，皇天后土，实所共鉴。愿陛下矜愍愚诚，听臣微志。庶刘侥幸，卒保余年，臣生当陨首，死当结草。臣不胜犬马怖惧之情，谨拜表以闻。

祖母从小抚养李密

【注释】

①险衅（xìn）：灾难和祸患。②夙（sù）：早。闵凶：凶丧。③愍（mǐn）：怜悯，哀怜。④茕茕（qióng）：形容孤单无依靠。⑤笃（dǔ）：沉重。⑥矜育：怜恤，抚养。⑦拔擢（zhuó）：提拔。

【译文】

臣李密上言：臣因为命运坎坷，幼年便遭到不幸。出生刚六个月，慈父就去世了。长到四岁时，舅父强迫母亲改变了守节的志愿，改嫁他人。祖母刘氏，怜悯臣孤苦弱小，于是亲自抚养臣。臣从小多病，九岁时还不能走路，零丁孤苦，直到长大成人。臣既没有叔伯，也没有兄弟，家门衰微，福分浅薄，到很晚才有儿子；在外没有近支亲戚可以依靠，在内没有家童奴仆可以照看门户。臣孤零零地立身在人世，只有自己的影子作为伴侣；而祖母刘氏早就疾病缠身，常常卧床不起。臣在她旁边端汤送药，从来没有停止、离开过。

到了如今的圣朝，臣受着清明政治教化的熏陶。先是太守逵，察举臣为孝廉；后是刺史荣，推举臣为秀才。臣因为祖母无人供养，因此都推辞而没有受命。陛下特地下达诏书，任命臣为郎中，不久又承蒙国家恩典，授予臣太子洗马的职位。凭臣这样微贱的人，担当侍奉太子的官职，这种恩德不是臣肝脑涂地就能报答的。臣曾将自己的处境上表陈述过，辞谢不去就职。如今诏书又下，急切严厉，责备臣有意回避拖延；郡县上的官员前来逼迫臣，催臣动身上路；州官来到臣的家里催促，比星火还急。臣想要奉诏赶去赴任，但刘氏的病情一天比一天严重；臣想要苟且迁就私情，但申诉又得不到准许。臣的进退处境，实在是狼狈啊。

臣想到圣朝以孝道治理天下，所有在世的遗老，尚且蒙受怜恤抚养，何况臣的孤苦无依，又尤为特别；而且臣年轻时曾在伪朝任职，做过尚书郎等职位，臣本来就想仕途获得显达，并不在乎什么名节。如今，臣是亡国贱俘，是最卑微最鄙陋的，却蒙受主上的破格提拔，臣哪里还敢徘徊不前，有非分的要求呢？只因为刘氏已是日薄西山，气息奄奄，生命垂危，朝不保夕。臣没有祖母，就不能活到今日；祖母没有臣，就无法度完余年。我们祖孙二人，相依为命，所以臣小小的心愿只是不废弃对祖母的奉养，不离开她去远方做官。臣李密今年四十四岁，祖母刘氏九十六岁，这样看来，臣今后为陛下尽忠的日子还很长，而报答刘氏的日子却很短了。我怀着乌鸦反哺的心情，乞求陛下让臣为祖母养老送终。

臣辛酸苦楚的身世，不单为蜀地人士和两州长官所看到和了解，着实是皇天后土所共同见证的。希望陛下怜悯臣的一点愚诚，随了臣的一点微薄心愿，或许刘氏能侥幸平安寿终，臣活着当誓死尽忠，死后变鬼也当结草报德。臣怀着如同犬马对主人一样恐惧的心情，恭恭敬敬地上表奏报陛下。

王羲之

（224～287）

王羲之，字逸少，祖籍琅琊临沂（今山东临沂）人，后迁居会稽山阴（今浙江绍兴），晚年隐居剡县金庭。士族出身，曾任江州刺史、会稽内史、右军将军等职，世称“王右军”，是我国历史上著名的书法家，有“书圣”之称，亦长于诗文。

兰亭集序

【题解】

东晋穆帝永和九年三月三日，当时的一些名士如王羲之、谢安、孙绰、王献之等人，在浙江会稽的兰亭举行了一次盛大的诗酒聚会。参加这次聚会的共有四十一人，他们在溪水旁饮酒赋诗，后来他们把这些诗歌汇编成集，取名为《兰亭集》。本文是王羲之为《兰亭集》所写的序，他在文中描绘了这次聚会的盛况，同时也表达了对人生无常、生命短促的感慨。

【原文】

永和九年，岁在癸丑。暮春之初，会于会稽山阴之兰亭，修禊事也①。群贤毕至，少长咸集。此地有崇山峻岭，茂林修竹，又有清流激湍，映带左右，引以为流觞曲水，列坐其次，虽无丝竹管弦之盛，一觞一咏，亦足以畅叙幽情。是日也，天朗气清，惠风和畅②。仰观宇宙之大，俯察品类之盛，所以游目骋怀，足以极视听之娱，信可乐也！

夫人之相与，俯仰一世。或取诸怀抱，晤言一室之内；或因寄所托，放浪形骸之外。虽取舍万殊，静躁不同，当其欣于所遇，暂得于己，快然自足，曾不知老之将至。及其所之既倦，情随事迁，感慨系之矣。向之所欣，俯仰之间，已为陈迹，犹不能不以之兴怀；况修短随化，终期于尽？古人云："死生亦大矣。"岂不痛哉？

每览昔人兴感之由，若合一契，未尝不临文嗟悼，不能喻之于怀。固知一死生为虚诞，齐彭殇为妄作。后之视今，亦犹今之视昔，悲夫！故列叙时人，录其所述。虽世殊事异，所以兴怀，其致一也。后之览者，亦将有感于斯文。

【注释】

①修禊（xì）：古代春秋两季在水边举行的清除不祥的祭礼。②惠风：和风。

【译文】

永和九年是癸丑年，暮春之初，我们在会稽郡山阴县的兰亭集会，举行禊饮活动。各路贤者才子都来了，老老少少会聚一堂。这里有崇山峻岭，茂林修竹，又有清澈湍急的溪流辉映环绕在左右，我们就将溪水引来以为曲水流觞。大家依次在曲水旁落坐，虽然没有丝竹管弦齐奏的盛大场面，但一边饮酒一边赋诗，也足以畅谈倾吐心中的高雅情怀。这一天，天气晴朗，空气清新，和煦的春风舒缓地吹来，抬起头能看到宇宙的浩浩无垠，俯下身能细察万物的繁荣旺盛，于是放眼观赏，舒展胸怀，这就足以极尽耳目视听的欢娱，真是非常快乐的事情！

说起人与人的相处，低头与抬头之间，便已过了一世。有的人把自己的心中之事倾吐出来，与朋友在小屋里亲切交谈；有的人则把自己的志趣寄托在外物之上，放任自适，快然自得。虽然他们追求的和舍弃的东西千差万别，性格的喜静好动也各不相同，但当遇到让人高兴的事情，暂时地称心如意，就会十分快乐并且感到自足，有时竟忘记了衰老将要到来。等到厌倦了所追求的东西，感情随着事物的变迁而变化，感慨自然而然地从心中流出，与事情关联在一起。以往所为之快乐欣喜的事物，转眼间都变成了前尘故迹，对此心中还不能不有所感慨和触动；更何况人一生的长短只是顺从于造化，终究要归于结束呢？古人说："死生也是件大事情啊。"这怎么能不让人痛心呢？

每当看到前人所以感慨的缘由，和自己的感想竟然像符契一样相合，总难免要在前人的文章面前叹息感伤，心里还不明白为什么会这样。本来就知道把死生视为等同是虚妄的，把长寿的彭祖与夭折的少年看作一样是荒谬的。后人看待今人，也就像今人看待前人一样啊，这真是令人悲伤啊！我因此记下了到会者的姓名，抄录了他们所作的诗篇，虽然时代不同，世事有别，然而引发感慨的缘由大都相同。后世看到这些诗篇的人，也将会有所感慨吧。

陶渊明

（365 ~ 427）

陶渊明，一名潜，字元亮，世称“靖节先生”。他是浔阳柴桑（今江西九江西南）人，出身于没落的仕宦家庭，少年时便博学能文，怀有壮志，曾做过江州祭酒、镇军参军、建威参军、彭泽令等小官。由于不愿受官场的拘束，陶渊明在四十一岁那年弃官归田，在农村过着躬耕隐居的生活。他长于诗文辞赋，诗淡雅自然，散文也很像他的诗，感情真挚，语言质朴自然，表现出一种恬淡适性的意趣，寄托着他超脱尘网、返归自然的心志。有《陶渊明集》。

归去来辞

【题解】

此文写于作者辞去彭泽县令之后。陶渊明生动地描写了弃官归来的喜悦心情，回家后的生活情趣和感受，表达了自己不愿意违心混迹官场，热爱淳朴的农村田园生活的思想感情。

【原文】

归去来兮，田园将芜，胡不归！既自以心为形役，奚惆怅而独悲！悟已往之不谏，知来者之可追。实迷途其未远，觉今是而昨非。舟摇摇以轻扬，风飘飘而吹衣。问征夫以前路①，恨晨光之熹微。乃瞻衡宇，载欣载奔。僮仆欢迎，稚子候门。三径就荒，松菊犹存。携幼入室，有酒盈樽。引壶觞以自酌，眄庭柯以怡颜②，倚南窗以寄傲，审容膝之易安。园日涉以成趣，门虽设而常关。策扶老以流憩，时矫首而遐观。云无心以出岫③，鸟倦飞而知还。景翳翳以将入，抚孤松而盘桓。

归去来兮，请息交以绝游。世与我而相违，复驾言兮焉求？悦亲戚之情话，乐琴书以消忧。农人告余以春及，将有事于西畴。或命巾车，或棹孤舟④，既窈窕以寻壑⑤，亦崎岖而经丘。木欣欣以向荣，泉涓涓而始流。羡万物之得时，感吾生之行休！

已乎矣！寓形宇内复几时，曷不委心任去留？胡为遑遑欲何之？富贵非吾愿，帝乡不可期。怀良辰以孤往，或植杖而耘耔⑥。登东皋以舒啸，临清流而赋诗。聊乘化以归尽，乐夫天命复奚疑！

【注释】

① 征夫：行人。② 眄（miǎn）：斜视。庭柯：庭院中的大树。③ 岫（xiù）：山峰。④ 棹（zhào）：船桨。⑤ 窈（yǎo）窕（tiǎo）：幽深曲折的样子。⑥ 耘耔（zǐ）：翻土除草。

【译文】

回去了啊！田园将要荒芜，为什么还不回去？既然是自己使心灵为形体所奴役，为什么还要惆怅和独自悲伤呢？醒悟了过去的事情再也不能挽回，也知道未来还可以追求。走入迷途还不算太远，觉察到今天的正确和昨天的错误。船儿摇荡着轻快地向前行驶，清风阵阵袭来，吹动着我的衣襟。我向行人询问前面的路程，只恨晨光微弱什么也看不清楚。继而看到了我简陋的房舍，于是满怀喜悦地向前飞奔。家僮仆人欢欢喜喜地出来迎接，孩子们则守候在家门。园中的小路快要被荒草掩盖，松树和菊花依然如往日一样的生存。我拉着孩子们进入屋内，屋里摆着盛满酒浆的酒樽。我拿起酒壶酒樽自斟自饮，看着庭院里地树木，脸上露出了会心的笑颜。靠着南窗寄托傲岸的情怀，我深知这个狭窄的小屋才能让我感到舒适而安稳。平日里在园中漫步成为了我的乐趣，虽然设有园门却时常关闭。拄着拐杖，累了便自由地休憩，也时不时地抬起头来向远方眺望。白云悠闲自在地飘出了山峦，鸟儿飞累了也知道还巢。黄昏日暮时万物都变得昏暗模糊了起来，我抚摸着孤松而流连徘徊。

回去了啊！让我谢绝与那世俗的交游。世道既然与我心相违，我还四处奔波寻求些什么？我喜爱亲戚间充满情意的话语，也乐于沉浸在琴与书中来排遣忧愁。农人们告诉我春天已然来到人间，将要到西边的田地中去耕种劳作。我有时驾着巾车，有时划着小舟。在幽深曲折中探访山谷，在崎岖艰难中访遍了山丘。树木欣欣向荣地生长，泉水开始涓涓地流淌。我羡慕万物生长正得其时，感叹我的一生行将结束。

算了吧！寄身于天地之间还能有多少时日？为什么不顺着心意来决定去留？为什么还这样心神不定地想要追求些什么？富贵荣华既然不是我心所愿，神仙世界也是无处寻求。趁着这大好时光独自闲游，有时也放下手杖下田除草培苗。登上东边的高岗放声长啸，临着清清的流水悠然赋诗。姑且顺随着自然的变化了此一生吧，乐于听从天命还有什么可怀疑！

◎桃花源记◎

【题解】

本文是陶渊明《桃花源诗》的序言。世间到底有没有桃花源这个地方，历来说法不一。不过可以肯定的是，陶渊明借这一人间仙境，表达了自己对美好生活的向往。在这篇游记中，陶渊明虚构了一个没有纷争、人们过着幸福安宁生活的理想世界，这既是一种寄托，又表现了他对当时社会的不满与批判。

【原文】

晋太元中，武陵人捕鱼为业。缘溪行，忘路之远近。忽逢桃花林，夹岸数百步，中无杂树，芳草鲜美，落英缤纷。渔人甚异之，复前行，欲穷其林。

林尽水源，便得一山。山有小口，仿佛若有光，便舍船从口入。初极狭，才通人。复行数十步，豁然开朗。土地平旷，屋舍俨然①，有良田、美池、桑竹之属。阡陌交通②，鸡犬相闻。其中往来种作，男女衣著，悉如外人。黄发垂髫，并怡然自乐。见渔人，乃大惊，问所从来，具答之。便要还家，设酒杀鸡作食。村中闻有此人，咸来问讯。自云先世避秦时乱，率妻子邑人来此绝境，不复出焉，遂与外人间隔。问今是何世，乃不知有汉，无论魏、晋。此人一一为具言所闻，皆叹惋。余人各复延至其家，皆出酒食。停数日，辞去。此中人语云：“不足为外人道也。”

既出，得其船，便扶向路，处处志之。及郡下，诣太守说如此。太守即遣人随其往，寻向所志，遂迷，不复得路。

南阳刘子骥，高尚士也，闻之，欣然规往，未果，寻病终。后遂无问津者。

【注释】

①俨（yǎn）然：形容整齐的样子。②阡（qiān）陌：田间的小路。

【译文】

桃花源

晋太元年间，武陵有个人，以捕鱼为生。一天，他顺着小溪划船前行，也不知走了多远。忽然遇到一片桃花林，沿着溪流两岸延伸了几百步。桃花林中没有别的树，桃树下芳草茵茵，鲜嫩美丽，桃花的花瓣飘落，扬扬洒洒。渔人感到非常诧异，又往前走，想走到这林子的尽头。

桃花林尽处正是这溪水的源头。到了那里就看到一座山，山上有个小洞口，仿佛有些光亮透了出来，渔人便舍了船进入了洞口。刚开始的一段十分狭窄，刚刚能通过一个人。又走了几十步，眼前豁然开朗。土地平坦宽广，房舍整整齐齐，有肥沃的田地、美丽的池塘和桑树竹子之类景物。田间的小路交错相通，鸡鸣狗叫的声音在村落间彼此相应。其中的人们来来往往，耕种劳作。男女的衣着装束，完全和外面的人一样。老人和小孩都也个个安适自在；悠然自得。他们看见了渔人，很是吃惊，问他从哪里来，渔人一五一十地回答了他们。于是就有人邀请渔人到自己家里去，备酒杀鸡做饭菜来款待他。村中的人听说来了这样一个人，都跑来问这问那。他们说祖先为了躲避秦时的祸乱，带领妻子儿女及乡邻来到这与人世隔绝的地方，就再没有出去过了，于是就与外面的人断绝了往来。他们问现在是什么朝代，竟然不知道有过汉朝，更不要说魏和晋了。渔人就把自己的见闻详尽讲给他们听，他们听罢都感叹不已。其余的人又相继邀请渔人到自己家中，都拿出酒饭来招待他。住了几天，渔人便告辞离去了。走的时候那里的人嘱咐他说："不要把这里的情况向外人说呀！"

渔人出来后，找到他的船，就沿着来路回去，一路上处处留下标记。回到郡里，去拜见太守，报告了这些情况。太守立即派人随他前往，寻找前次做的标记，然而竟迷失了方向，再也没找到那条路。

南阳刘子骥是个志趣高尚的名士，听到这件事，便兴致勃勃地前往寻访，但是没有找到，不久便病死了。从此以后，就再也没有问路访求桃花源的人了。

◎五柳先生传◎

【题解】

这篇文章是陶渊明写的一篇具有自传性质的散文。他以史传的笔法，通过对居住环境和生活细节的描写，勾画出一个不慕荣华、不贪功利、怡然自得、安贫乐道的"五柳先生"。文章，语言流畅自然，不加修饰，笔法清淡闲远，意境清新，有陶诗自然优美的特质。

【原文】

先生不知何许人也，亦不详其姓字。宅边有五柳树，因以为号焉。闲静少言，不慕荣利。好读书，不求甚解，每有会意，便欣然忘食。性嗜酒，家贫，不能常得。亲旧知其如此，或置酒而招之。造饮辄尽，期在必醉；既醉而退，曾不吝情去留。环堵萧然，不蔽风日。短褐穿结[1]，箪瓢屡空，晏如也。尝著文章自娱，颇示己志。忘怀得失，以此自终。

赞曰：黔娄有言：不戚戚于贫贱，不汲汲于富贵。其言兹若人之俦乎[2]？衔觞赋诗，以乐其志，无怀氏之民欤？葛天氏之民欤？

【注释】

①短褐（hè）：粗布短衣。结：打结。②俦（chóu）：类。

【译文】

先生不知道是什么地方的人，也不清楚他的姓名和表字。因为他所住的房屋旁边有五棵柳树，就用它做了自己的号。他性格恬淡宁静，沉默少言，不羡慕荣华利禄。喜欢读书，只求理解其中精华，并不着眼于一字一句的解释，每当对书中意旨有所领会的时候，就高兴得忘记了吃饭。他生性嗜酒，但因为家里穷，不能经常得到。亲戚朋友知道他这种情况，有时就摆了酒叫他来喝。他一来就要喝得尽兴，所期望是一醉方休，等到喝醉了就告辞回家，从不拘泥于去留。他简陋的居室里只有空空荡荡的四面墙壁，不能遮蔽风雨和阳光；粗布短衣上面打了许多补丁，锅瓢碗盏经常是空的，可是他安之若素。他经常写文章来消遣时光，文章中很能表达出自己的志趣。他忘记了世俗的得失，愿意就这样直到老死。

赞语说：黔娄曾经说过：不为贫贱而忧心忡忡，不为富贵而奔波劳碌。他说的就是五柳先生这样的一类人吧？一边喝酒一边赋诗，以娱悦自己的心志，他是无怀氏时候的人呢，还是葛天氏时候的人呢？

孔稚珪

（447～501）

孔稚珪，字德璋，会稽山阴（今浙江绍兴）人，南朝齐文学家。少年时就以博学闻名，曾任记室参军、平西长史、南郡太守、太子詹事、加散骑常侍等职。为人清拔不俗，不乐世务，爱好山水自然，善诗文，文思清丽。有《孔詹事集》辑本一卷。

北山移文

【题解】

南朝时，隐逸之风盛行。有些士人往往借山林隐居来标榜清高，以此作为求取高官厚禄的进身之阶。其中有一位叫周颙的“名士”，最初隐居北山，后来收到朝廷的诏令，便欣然应召出仕。孔稚珪对他的假清高十分看不起，后来听说周颙进京，途中路过北山，于是假托山神之名写下这篇移文。移文是古代的一种用作声讨、揭露的文体，与檄文相似。本文用拟人化的手法，将周颙隐居时和出仕后的行为作了鲜明的对比，淋漓尽致地揭露了假隐士的虚伪和丑恶，讥讽之意十分明显。

【原文】

钟山之英，草堂之灵，驰烟驿路，勒移山庭①。

夫以耿介拔俗之标，潇洒出尘之想，度白雪以方洁，干青云而直上，吾方知之矣。若其亭亭物表，皎皎霞外，芥千金而不盼，屣万乘其如脱，闻凤吹于洛浦，值薪歌于延濑，固亦有焉。岂期终始参差，苍黄反复，泪翟子之悲，恸朱公之哭。乍回迹以心染，或先贞而后黩②，何其谬哉。呜呼，尚生不存，仲氏既往。山阿寂寥，千载谁赏。

世有周子，俊俗之士，既文既博，亦玄亦史。然而学遁东鲁，习隐南郭，窃吹草堂，滥巾北岳，诱我松桂，欺我云壑。虽假容于江皋，乃缨情于好爵。

其始至也，将欲排巢父，拉许由，傲百氏，蔑王侯。风情张日，霜气横秋。或叹幽人长往，或怨王孙不游。谈空空于释部，核玄玄于道流。务光何足比，涓子不能俦。及其鸣驺入谷，鹤书赴陇，形驰魄散，志变神动。尔乃眉轩席次，袂耸筵上，焚芰制而裂荷衣[③]，抗尘容而走俗状。风云凄其带愤，石泉咽而下怆，望林峦而有失，顾草木而如丧。

至其纽金章，绾墨绶，跨属城之雄，冠百里之首。张英风于海甸，驰妙誉于浙右。道帙长摈，法筵久埋。敲扑喧嚣犯其虑，牒诉倥偬装其怀。琴歌既断，酒赋无续，常绸缪于结课，每纷纶于折狱。笼张赵于往图，架卓鲁于前录。希踪三辅豪，驰声九州牧。使其高霞孤映，明月独举，青松落荫，白云谁侣。涧户摧绝无与归，石径荒凉徒延伫。至于还飙入幕，写雾出楹，蕙帐空兮夜鹤怨，山人去兮晓猿惊。昔闻投簪逸海岸，今见解兰缚尘缨。

于是南岳献嘲，北陇腾笑，列壑争讥，攒峰竦诮。慨游子之我欺，悲无人以赴吊。故其林惭无尽，涧愧不歇，秋桂遣风，春萝罢月，骋西山之逸议，驰东皋之素谒。

今又促装下邑，浪栧上京。虽情投于魏阙，或假步于山扃[④]。岂可使芳杜厚颜，薜荔蒙耻，碧岭再辱，丹崖重滓。尘游躅于蕙路，污渌池以洗耳。宜扃岫幌，掩云关，敛轻雾，藏鸣湍，截来辕于谷口，杜妄辔于郊端。于是丛条瞋胆，叠颖怒魄，或飞柯以折轮，乍低枝而扫迹。请回俗士驾，为君谢逋客[⑤]。

虽情投于魏阙，或假步于山扃

【注释】

① 勒：刻。② 黩(dú)：污。③ 芰(jì)制：菱叶做成的衣裳，与下面荷衣都是指隐士的服装。④ 山扃(jiōng)：山门。⑤ 逋(bū)客：逃客。

【译文】

钟山的精英，草堂的神灵，从驿路上腾云驾雾地飞驰而来，把移文刻在山庭。

凭着正直而又脱俗的仪表风度，怀着洒脱豁达、超越于尘世之上的理想，品行的纯洁可以和白雪媲美，高尚的志向更在青云之上，我现在是了解这种人了。像那种卓然挺立于世俗之上，干净明亮地站在云霞之外，把千金看作是草芥，看都不看一眼；把当皇位看作是草鞋，随手就能脱掉，在洛水旁静听悦耳的音乐，在长河畔欣赏采薪的山歌的隐士，本来也是有的。哪里想到会有人前后不一，反复无常。真让人为墨子所悲而悲，为杨朱所哭而哭。这些人虽然暂时隐居于山林，而内心却早已被世俗名利所浸染，或者是开始的时候还洁身自好，后来便与世俗同流合污，这是何等的荒唐可笑啊！唉，隐居的尚子平已经不在人世，称病不出的仲长统也永远地离去了，群山寂寥，长久以来，又有谁去欣赏？

当今世上，有位周先生，是个才智超群的人。他既文采四溢，又见识广博；既通晓玄学，又精通历史。可是他却要学东鲁颜阖的遁世，效仿南郭子綦的隐居，冒充避世者在草堂中滥竽充数，戴着隐士巾在北岳假装清高。他迷惑我山中的青松丹桂，欺侮我山中的白云涧壑。虽然是假装寄情于山水，内心却时时牵挂着厚禄高爵。

他刚来的时候，那出世的坚决几乎要推倒巢父，胜过许由；他傲视诸子百家，蔑视将相王侯，气宇风采好像能遮住太阳，神情气概又是胜似霜秋。时而感叹隐者一去不返，时而抱怨公子王孙不来交游。讲论着佛理中的万物皆空，研究着道家学说中的奥妙玄机。务光不能和他相比，涓子不能与他匹敌。然而等到朝廷前来聘他的车马进入山谷，征召的诏书送到北山，他就得意忘形，神魂颠倒，心志散乱。于是在筵席上眉飞袖举，手舞足蹈，烧掉了菱叶裳，撕毁了荷叶衣，表露出庸俗的嘴脸，现出了本来的俗状。风云凄然而满怀怨愤，泉水哽咽而暗自伤悲。远远望去，远处的山林茫然若失；环顾四周，花草树木似乎黯然神伤。

当他佩上金印，系上黑色的绶带，掌管了一个郡中的大县，成为统领一县的县令时，他的英名传扬到了海边，美誉远播于浙江之右。从此道家的典籍被长期抛在一边，谈佛说法的讲台也永久地尘封了起来。拷问审讯的喧嚣干扰着他的思虑，繁杂急迫的公文诉讼塞满了他的胸怀。抚琴歌唱早已中断，饮酒赋诗不再继续。他常常为考核官吏等杂事所束缚，又每每在纷乱不断的审问断案中绞尽脑汁。一心想要超过西汉张敞、赵广汉的功德，超过东汉卓茂、鲁恭的政绩。希望追随三辅贤豪的足迹，让自己的声名在天下官吏中传播。这样，就使北山中的云霞寂寞地掩映在山间，让明月孤独地升起于长夜，青松徒然地洒下清荫，白云又和谁相伴？涧谷石门已然坍塌却不见有人回还，荒芜凄凉的石径只有空空地等待。当狂风吹入草堂的帐幕，云雾喷吐在堂前的柱间，香草帐中却是空空如也，夜间不时传来仙鹤的啼怨，隐居于此的人已经离开，破晓时的猿猴也惊异这千差万别的昨天今日。过去只听说有人弃官而逃往海边隐居，今天却看到有人解下兰佩而系上俗世的冠缨。

于是南山发出嘲讽，北岭响起哄笑，条条沟壑争相讥讽，座座山峰严加指责。既慨叹远行的人欺骗了自己，又悲伤没有人为此前来安慰。因而山中林木羞惭不已，涧底溪水愧悔无及，桂树谢绝了传香的秋风，春萝避开增色的明月，西山宣布隐逸的评论，东皋发出了朴素真挚的见解。

现在周先生又在县里忙于置办行装，催船赶往京城。虽然他钟情于朝廷，但也许还想借此机会重游北山。那么又怎能使杜若厚颜相陪，薜荔蒙受羞耻，碧岭再遭侮辱，丹崖重被玷污？让芳草路上留下尘世的足迹，让清池水因他洗耳而不再清澈？应该拉起山峦的窗帷，紧锁云中的门户，收起轻雾，藏起急流；在谷口挡住他的车子，在郊外堵住他乱闯的马匹。于是簇簇枝条愤怒，繁茂野草扬威，有的扬起枝条去击毁车轮，有的忽然低下枝叶来扫净车迹。请挡回这副俗人的车驾，为北山之神谢绝这个逃跑了的客人。

魏徵

（580 ~ 643）

魏徵，字玄成，魏州曲城（今河北巨鹿）人。少孤贫，曾做过道士。隋末参加李密的起义军，失败后归唐。先辅佐太子李建成，“玄武门之变”后成为唐太宗李世民的重要辅臣。为人有胆识，直言敢谏，以“诤臣”著称于世。历官尚书左丞、秘书监、侍中、左光禄大夫、太子太师等，封爵郑国公。曾主编《群书治要》《隋书》等。他是唐朝初年杰出的政治家和历史学家。

谏太宗十思疏

【题解】

本篇是魏徵于贞观十一年（637）所写的一篇奏议，主要是针对唐太宗在其晚年逐渐趋于骄奢享乐的情况而写的。文中提醒唐太宗应当“居安思危，戒奢以俭”，并具体地提出了十点皇帝须要经常思考的问题。文章的话虽然说得直率，但言辞中肯且委婉有度。唐太宗看过后深受触动，于是亲自写下诏书承认自己的过失。

【原文】

臣闻求木之长者，必固其根本；欲流之远者，必浚其泉源；思国之安者，必积其德义。源不深而望流之远，根不固而求木之长，德不厚而思国之安，臣虽下愚，知其不可，而况于明哲乎？人君当神器之重①，居域中之大，不念居安思危，戒奢以俭，斯亦伐根以求木茂，塞源而欲流长也。

凡昔元首，承天景命，善始者实繁，克终者盖寡。岂取之易，守之难乎？盖在殷忧②，必竭诚以待下；既得志，则纵情以傲物。竭诚，则吴、越为一体；傲物，则骨肉为行路。虽董之以严刑，振之以威怒，终苟免而不怀仁，貌恭而不心服。怨不在大，可畏惟人，载舟覆舟，所宜深慎。

诚能见可欲，则思知足以自戒；将有作，则思知止以安人；念高危，则思谦冲而自牧；惧满盈，则思江海下百川；乐盘游，则思三驱以为度；忧懈怠，则思慎始而敬终；虑壅蔽，则思虚心以纳下；惧谗邪，则思正身以黜恶③；恩所加，则思无因喜以谬赏；罚所及，则思无以怒而滥刑。总此十思，弘兹九德。简能而任之，择善而从之；则智者尽其谋，勇者竭其力，仁者播其惠，信者效其忠。文武并用，垂拱而治。何必劳神苦思，代百司之职役哉？

【注释】

① 神器：指帝位。② 殷忧：深深的忧虑。③ 黜（chù）：排斥。

【译文】

我听说要求树木长得高大，就一定要加固它的根本；想要河水流得长远，就一定要疏通它的源头；想使国家安定，就一定要积聚自己的道德仁义。水源不深却希望水流得长远，根基不牢固却要求树木长得高大，道德不深厚却期望国家能够安定，我虽然十分愚笨，也知道那是不可能的，更何况英明聪慧的人呢！国君承受着统治天下的重任，是威照四方的至尊，不想着要居安思危，戒除奢侈而力行节俭，这也就像砍断树根却要求树木长得茂盛，堵塞泉源却希望水能流得长远一样啊！

凡是古代的君主，承受上天的大命，开始做得好的确实很多，但是能够坚持到底的却很少。难道是取天下易，守天下难吗？大概是他们在忧患深重的创业阶段，必然竭尽诚意对待下属；一旦得志，便放纵情欲，傲视他人。竭尽诚意，那么即使像吴、越那样世代为敌的国家也可以成为一体；傲视部下，就是骨肉至亲也会疏远得像过路人一样。即使用严酷的刑罚监督人们，用雷霆之怒震慑他们，最后也只能使人们暂且免除刑罚，心中却不会感念君王的恩德，表面上态度恭顺，可是心里并不服气。怨恨不在大小，可怕的只是人心的向背。水能载舟，亦能覆舟的道理，陛下真是应该特别谨慎对待啊。

假如真能做到：看见到心爱的东西，就想到知足以警戒自己；将要大兴土木，就想到要适可而止以使百姓安宁；思虑到身居高位会招致危险，就想到要谦虚平和，并且加强自我修养；害怕自己骄傲自满，就想到江海是处于百川的下游，总是不断地接纳着万千支流；喜欢打猎游乐，就想到君王应以每年打猎三次为限度；担心意志懈怠，就想到做事要谨慎地开始慎重地结束；忧虑会受蒙蔽，就想到虚心接纳臣下的意见；害怕被谗佞奸邪所迷惑，就想到端正自身以斥退邪恶小人；加恩于人时，就想到不要因为一时高兴而赏赐不当；施行刑罚时，就想到不要因为正在发怒而滥施刑罚。全部履行上述十个方面，弘扬那九种美德，选拔贤能的人而任用他，选择正确的意见而听从它；那么，聪明的人就会贡献出他们的智谋，勇敢的人就会竭尽他们的气力，仁爱的人就会广施他们的恩惠，诚实的人就会奉献他们的忠诚。这样文武并重，就可以垂衣拱手，无为而治了。何必劳神苦思，代行百官的职责事务呢？

骆宾王

（622～684）

骆宾王，婺州义乌（今属浙江）人。幼年即聪明过人，七岁能诗。高宗朝初为道王府属，后历任奉礼郎、武功主簿、长安主簿、侍御史。因数度上疏言事，获罪下狱，贬临海（今属浙江）丞。后随徐敬业起兵讨武后，作檄斥其罪。敬业兵败，宾王被杀（一说逃亡不知所之）。他与王勃、杨炯、卢照邻诗文齐名，并称为“初唐四杰”。有《骆丞集》传世。

为徐敬业讨武曌檄

【题解】

武则天本是唐高宗的皇后，代高宗决百司奏事。唐高宗死后，她临朝称制，并从公元690年开始改国号为周，称“圣神皇帝”。原来李唐的一些宗亲大臣纷纷起兵讨伐，徐敬业是唐代开国功臣徐世勣的孙子，他打着恢复唐室的旗号，率军讨伐武后，最终兵败被杀。骆宾王当时是徐敬业的幕僚，替他写了这篇檄文。文章采用了抑扬的手法，先贬武后，揭露了她谋权篡位的种种罪行；再扬徐敬业一方的大义凛然，最后号召天下人一起勤王讨伐武氏，写得“声光奕奕，山岳震动”，很有号召力。

【原文】

伪临朝武氏者，性非和顺，地实寒微。昔充太宗下陈，曾以更衣入侍。洎乎晚节[①]，秽乱春宫。潜隐先帝之私，阴图后房之嬖[②]。入门见嫉，蛾眉不肯让人；掩袖工谗，狐媚偏能惑主。践元后于翚翟[③]，陷吾君于聚麀。加以虺蜴为心[④]，豺狼成性，近狎邪僻，残害忠良，杀姊屠兄，弑君鸩母。人神之所同嫉，天地之所不容。犹复包藏祸心，窥窃神器。君之爱子，幽之于别宫；贼之宗盟，委之以重任。呜呼！霍子孟之不作，朱虚侯之已亡。燕啄皇孙，知汉祚之将尽；龙漦帝后，识夏庭之遽衰。

敬业，皇唐旧臣，公侯冢子，奉先君之成业，荷本朝之厚恩。宋微子之兴悲，良有以也；袁君山之流涕，岂徒然哉！是用气愤风云，志安社稷，因天下之失望，顺宇内之推心，爰举义旗，以清妖孽。南连百越，北尽三河，铁骑成群，玉轴相接。海陵红粟，仓储之积靡穷；江浦黄旗，匡复之功何远？班声动而北风起，剑气冲而南斗平。喑呜则山岳崩颓[⑤]，叱咤则风云变色。以此制敌，何敌不摧？以此图功，何功不克？

公等或居汉地，或叶周亲，或膺重寄于话言，或受顾命于宣室。言犹在耳，忠岂忘心？一抔之土未干，六尺之孤何托？倘能转祸为福，送往事居，共立勤王之勋，无废大君之命，凡诸爵赏，同指山河。若其眷恋穷城，徘徊歧路，坐昧先几之兆，必贻后至之诛。请看今日之域中，竟是谁家之天下！

【注释】

①洎（jì）：等到。晚节：这里是年龄稍长的意思。②嬖：受宠的姬妾。③践：登上。元后：皇后。翚（huī）翟（dí）：野鸡，据说野鸡的配偶不乱，象征妇德，所以皇后的车服上绘有野鸡羽毛的图案。④虺（huǐ）：一种毒蛇。蜴：蜥蜴。⑤喑（yīn）呜：怒气郁积。

【译文】

窃居帝位的武氏，生性并非和顺，出身实在寒微。从前她只是太宗宫中听召待用的一

徐敬业讨武曌檄

个才人，曾经利用服侍太宗的机会得到宠幸。到了年纪稍大些以后，又淫乱于太子宫中。她隐藏遮掩与太宗的私情，暗地里图谋在后宫得到专宠。入宫以后她的妒忌成性便表露了出来，依仗容貌美丽而从来不肯位居人后，又善于暗箭伤人，进谗构陷，可狐狸般地妖媚偏偏能迷惑君主。她堂而皇之地窃得了皇后的位置，使我们的君主陷入了丧失人伦的境地。加上她心同蛇蝎，性如豺狼，将一群谗佞奸邪的小人笼络在自己身边，残酷地迫害忠臣良士，诛杀屠戮骨肉亲人，弑杀君王毒死母亲。她的这些行为，让人神为之憎恶，使天地都不能容忍。她还包藏祸心，窥视着帝位，阴谋伺机窃取。先帝的爱子，被她幽禁于别宫；而她的同族死党，却都被委以了重任。唉！霍子孟那样帮助皇室度过传国嗣位之难的忠臣不再产生，朱虚侯那样的诛杀外戚，迎立新君的义士已不存在。童谣中传唱“燕啄皇孙”预示了汉朝气数将尽；而二龙的涎沫生出了褒姒，标志着西周就要衰亡。

敬业，是大唐的旧臣，公侯的嫡孙，继承了先辈开创的功业，蒙受着朝廷的厚恩。宋微子路过殷墟，不由得兴感伤怀，实在是触景生情所致。桓君山每谈到外戚专权就涕泣四流，又岂是无缘无故！因此，愤慨之气撼起了风云，毅然立志要安定社稷，凭借天下百姓对武氏专权的失望之情，顺应四海之内的人心向背，举起义旗，以清除妖孽。南至百越，北到三河，铁骑成群结队，战车首尾相接。海陵的粮仓储粮充足，积蓄的物资不可尽数；江浦一带，黄旗飘舞，匡复天下的成功又怎么会遥远？战马嘶鸣，激起了怒吼的北风；剑气冲天，与南斗比肩平行。士兵们郁积的愤怒可以使山岳崩毁，齐声呐喊就能使风云变色。拿这样的军队去制服敌人，什么样的敌人不能被摧毁？用这样的军队去建功立业，什么样的功业不可以成就？

诸位王公有的是享有大唐的封土，有的是皇室的骨肉至亲，有的在外面肩负重要的使命，有的则领受了君王的临终嘱托。先帝的遗言犹在耳畔，怎能就可以忘记臣子的忠心？先帝坟上的新土还未风干，留下幼小的君主又将托付何人？倘若能转祸为福，送别过世的先帝，侍奉尚幼的新主，共同建立辅佐王室的勋业，不废弃先帝的遗命，那么，一切的封爵赏赐，都可以指山河为证。如果有人仍然眷恋孤单的城池，在歧路上徘徊不定，白白地坐失已经显露的吉兆，必然会招致后到的惩罚。请看今日的国内，究竟是谁家的天下！

王勃

（649 ~ 676）

王勃，字子安，绛州龙门（今山西稷山县）人。出身望族，祖父王通为隋末大儒。王勃自幼聪颖，七岁就能著文。高宗麟德三年（666）应举及第，曾任虢州参军，后往海南探父，溺水受惊而死，年仅二十七岁。“初唐四杰”之一，擅长五言律诗和骈体文赋。

滕王阁序

【题解】

滕王阁位于江西南昌赣江边，是唐高祖李渊的儿子李元婴（滕王）在洪州任刺史时所建。唐高宗时，洪州都督阎某又重新修缮。王勃于高宗末年到交趾去探望父亲，途中路过滕王阁，正好赶上都督阎某重九日在滕王阁大宴宾客。王勃被邀请参加宴会，写下《滕王阁序》。这篇文章先写滕王阁周边秀丽的景色，后面转而抒怀，表达自己怀才不遇的悲凉情感和“穷且益坚”的积极进取的精神。全文声色并陈，情景俱佳，历来为人所传诵。

【原文】

南昌故郡，洪都新府。星分翼轸，地接衡庐。襟三江而带五湖，控蛮荆而引瓯越。物华天宝，龙光射牛斗之墟；人杰地灵，徐孺下陈蕃之榻。雄州雾列，俊彩星驰。台隍枕夷夏之交，宾主尽东南之美。都督阎公之雅望，棨戟遥临；宇文新州之懿范，襜帷暂驻[①]。十旬休暇，胜友如云；千里逢迎，高朋满座。腾蛟起凤，孟学士之词宗；紫电青霜，王将军之武库。家君作宰，路出名区，童子何知，躬逢胜饯。

时维九月，序属三秋。潦水尽而寒潭清，烟光凝而暮山紫。俨骖騑于上路[②]，访风景于崇阿，临帝子之长洲，得仙人之旧馆。层峦耸翠，上出重霄；飞阁流丹，下临无地。鹤汀凫渚，穷岛屿之萦回；桂殿兰宫，列冈峦之体势。披绣闼，俯雕甍[③]，山原旷其盈视，川泽盱其骇瞩。闾阎扑地，钟鸣鼎食之家；舸舰迷津，青雀黄龙之轴。虹销雨霁，彩彻云衢，落霞与孤鹜齐飞，秋水共长天一色。渔舟唱晚，响穷彭蠡之滨；雁阵惊寒，声断衡阳之浦。

遥吟俯畅，逸兴遄飞，爽籁发而清风生，纤歌凝而白云遏。睢园绿竹，气凌彭泽之樽；邺水朱华，光照临川之笔。四美俱，二难并。穷睇眄于中天[④]，极娱游于暇日。天高地迥，觉宇宙之无穷。兴尽悲来，识盈虚之有数。望长安于日下，指吴会于云间。地势极而南溟深，天柱高而北辰远。关山难越，谁悲失路之人？萍水相逢，尽是他乡之客。怀帝阍而不见[⑤]，奉宣室以何年？

呜乎！时运不齐，命途多舛。冯唐易老，李广难封。屈贾谊于长沙，非无圣主；窜梁鸿于海曲，岂乏明时？所赖君子安贫，达人知命。老当益壮，宁移白首之心？穷且益坚，不坠青云之志。酌贪泉而觉爽，处涸辙以犹欢。北海虽赊，扶摇可接；东隅已逝，桑榆非晚。孟尝高洁，空怀报国之心；阮籍猖狂，岂效穷途之哭！

勃，三尺微命，一介书生。无路请缨，等终军之弱冠；有怀投笔，慕宗悫之长风。舍簪笏于百龄，奉晨昏于万里。非谢家之宝树，接孟氏之芳邻。他日趋庭，叨陪鲤对；今晨捧袂，喜托龙门。杨意不逢，抚凌云而自惜；钟期既遇，奏《流水》以何惭？

呜呼！胜地不常，盛筵难再。兰亭已矣，梓泽丘墟。临别赠言，幸承恩于伟饯；登高作赋，是所望于群公。敢竭鄙诚，恭疏短引，一言均赋，四韵俱成。请洒潘江、各倾陆海云尔：滕王高阁临江渚，佩玉鸣鸾罢歌舞[⑥]。画栋朝飞南浦云，珠帘暮卷西山雨。闲云潭影日悠悠，物换星移几度秋。阁中帝子今何在？槛外长江空自流。

【注释】

①襜（chān）帷：车子的帷幔。②骖（cān）騑（fēi）：驾车的马。③甍（méng）：屋脊。④睇（dì）眄（miǎn）：斜视。⑤帝阍（hūn）：皇宫的大门，这里指京城。⑥鸣鸾：车上的鸾铃声。

【译文】

南昌是旧时豫章郡的郡治，现在称洪都府。它处在翼、轸二星的分野，所处地域与庐山和衡山相接。它以三江作衣领，以五湖环绕作衣带，是楚地的中枢，更连接着闽越。这个地方汇聚了万物的精华，上天的瑰宝，在此地发掘的宝剑的光芒直冲到了牛、斗二星之间；可以说是人中多俊杰，大地有灵秀，徐孺子就曾经使太守陈蕃为他特设卧榻。雄伟的州城在烟雾中若隐若现，杰出的人才像流星一样来往飞驰。洪州城坐落在荆楚和华夏交接的地方，宾客和主人都是东南一带的俊杰。声名远播的阎都督，打着仪仗远道而来；德行美好的新州宇文刺史，乘着车驾到此地暂作停留。此时正逢十日的休假，才华出众的友人们云集于此；相隔千里的客人前来相聚，大家欢欢喜喜坐满宴席。蛟龙腾跃，凤凰飞舞，那是文坛领袖孟学士文章的轻灵美妙；紫电剑急如雷霆，清霜剑寒气逼人，那是王将军的精湛武艺。家父到交趾出任县令，曾经路过这个地方；我一个小孩子懂得什么，竟也亲遇了这样盛大的宴会。

王勃登临滕王阁

眼下正值九月，从季节的顺序上说已经是深秋了。雨后的积水已随夏天的过去而消失殆尽，清澈的潭水在秋光中略显寒冷；烟光雾气的凝结中，晚山笼罩在一片苍茫紫色当中。我在大道旁收拾起车马，在崇山峻岭中遍访风景，来到滕王的长洲之上，瞻拜了他主持修建的这座阁楼。重叠的山峦托起一片苍翠，高高的山峰向上直指云霄。凌空架起的高阁仿佛将朱红的油彩溶散到了风中，高高在上更觉遗世独立而看不见地面。仙鹤栖宿的平滩和野鸭聚集的小洲，极尽岛屿曲折回环的景致；桂树与木兰建成的宫殿，高高低低地呈现出山峦起伏的态势。打开精美的阁门，俯瞰华丽的屋脊，辽阔的山原充满视野，迂回的湖河让人瞠目。屋廊房舍错落重叠的，是钟鸣鼎食的权贵人家；船帆舟舸密布纵横，都装饰着青雀黄龙的船首。彩虹退尽，雨过天晴，夕阳将云朵映得缤纷绚烂，落霞与孤飞的野鸭一齐翱翔，秋水与无边的天空浑然一色。渔舟唱晚而归，歌声响遍鄱阳湖畔；雁阵因寒而叫，叫声消失在衡阳水边。

放声长吟，登高俯瞰，豪情逸致畅然奔涌。洞箫发出清脆的声音，引来阵阵清风；轻柔舒缓的歌声仿佛凝住不散，白云也为它停留。像睢园竹林的饮宴，狂饮的气概压过了陶渊明；像邺水曹植咏荷花那样的才气，文采可以和谢灵运媲美。良辰、美景、赏心、乐事，四件美事同时齐备，贤主、嘉宾，两种难得的人欢聚一堂。放眼远望长空，在闲暇的日子里尽情欢乐。天高地远，感到宇宙的无穷无尽；兴尽悲来，认识到事物的兴衰成败有所定数。远望长安在夕阳下，遥看吴越在云海间。地势倾斜，直到南海岸；天柱高耸，直指北极星。关山难以越过，谁能怜惜失意之人？萍水相逢，都是他乡来客。思念皇帝的宫阙却不能看见，像贾谊那样在宣室奉召，将要等到何年？

唉！时运不济，命途多有坎坷。冯唐容易衰老，李广终难封侯。贾谊被贬到长沙，其时并非没有圣明的君主；梁鸿到海边隐居，岂是没碰到政治清明的时代？所依赖的是君子能够安于贫贱，通达的人能够知道自己的命运。年纪虽老，志气应当更为旺盛，谁能理解白头都不曾改变的心思？处境艰难意志却更加坚定，决不放弃远大崇高的理想。喝了贪泉的水，仍然觉得心清气爽；处在干涸的车辙中，还能保持乐观豁达的心情。北海虽然遥远，乘着旋风仍可以到达；少年的时光虽然已经流逝，珍惜将来的岁月还不算太晚。孟尝品行高洁，却空怀着一腔报国的热情；阮籍狂放不羁，又怎能效法他那样在无路可走时便恸哭而返！

我王勃，只是腰带三尺的小官，一介书生而已。没有门路请缨报国，现在已和终军的年龄相同；有投笔从戎的志向，也仰慕宗悫“乘风破浪”的壮心。舍弃一生的功名富贵，到万里之外去早晚侍奉双亲。不敢说是谢玄那样的人才，却也从小交从于诸位名家。即将要到父亲跟前，恭敬地聆听他的教诲；今天奉陪各位，高兴得像鲤鱼跳上了龙门。司马相如倘若没有遇上杨得意，只好拍着他的赋而叹息；我今天遇上了钟子期那样的知音，奏一曲高山流水又有什么羞愧呢？

唉！名胜不能长存，盛宴难以再逢。兰亭的聚会已经成了过去，繁华的金谷园也成了废墟。离别时写几句话作纪念，有幸蒙受恩惠而参加了这次宴会；登高作赋，只能期望在座的诸公了。冒昧地用尽鄙陋的诚心，恭敬地写下了这篇小序；每人都要赋诗一首，四韵八句成篇。请在座诸位施展潘岳、陆机一样的才笔，各自谱写瑰丽的诗篇吧：滕王高阁坐落在江边，佩玉声动，鸾铃鸣响，这里宴散人空。早晨，南浦的云霞飞上画栋；晚上，西山的风雨卷起了珠帘。闲走的浮云，潭中的倒影，都在阳光静静的照射下悠然自在；星移斗转，世事变迁，这其中又不知道流过了多少的时间。当年盖起这座高阁的龙子龙孙今日却在哪里？只有这栏杆下的江水空自长流。

李白

（701～762）

李白，字太白，号青莲居士。祖籍陇西成纪（今甘肃秦安东），幼时随父迁居绵州昌隆县（今四川江油）青莲乡。二十五岁起辞亲远游。天宝初供奉翰林，因遭权贵谗毁，仅一年余即离开长安。安史之乱中，曾为永王李璘幕僚，李璘兵败被杀，李白受累入狱，不久流放夜郎；中途遇赦东还。晚年投奔其族叔当涂令李阳冰，于其寓所病逝。有《李太白文集》30卷行世。

与韩荆州书

【题解】

唐玄宗朝的荆州长史韩朝宗，是一个有识人慧眼，好提携后进之士的官员，曾举荐过崔宗之、严武等人，在当时士子中享有很高的声誉。李白想有一番作为，就向韩朝宗毛遂自荐，写下这封请求引荐的信。在这封信中，李白先是赞赏了韩荆州的举贤任能，进而表明自己的才智和雄心，希望韩朝宗能援引举荐自己。李白素来对自己的才学充满自信，他认为自己正是值得举荐的人才，表示准备进献自己平日的著作给韩朝宗品评。虽然这是封恳求他人的信，却写得不卑不亢，通篇跌宕起伏，在委婉曲折中有一股昂扬豪迈的气势。

【原文】

白闻天下谈士相聚而言曰：“生不用封万户侯，但愿一识韩荆州。”何令人之景慕一至于此？岂不以周公之风，躬吐握之事，使海内豪俊，奔走而归之，一登龙门，则身价十倍！所以龙蟠凤逸之士，皆欲收名定价于君侯。君侯不以富贵而骄之，寒贱而忽之，则三千之中有毛遂，使白得颖脱而出，即其人焉。

白，陇西布衣，流落楚汉。十五好剑术，遍干诸侯。三十成文章，历抵卿相。虽长不满七尺，而心雄万夫。皆王公大人许与气义。此畴曩心迹①，安敢不尽于君侯哉？君侯制作侔神明②，德行动天地，笔参造化，学究天人。幸愿开张心颜，不以长揖见拒。必若接之以高宴，纵之以清谈，请日试万言，倚马可待。今天下以君侯为文章之司命，人物之权衡，一经品题，便作佳士。而今君侯何惜阶前盈尺之地，不使白扬眉吐气，激昂青云耶？

昔王子师为豫州，未下车即辟荀慈明，既下车又辟孔文举；山涛作冀州，甄拔三十余人，或为侍中、尚书，先代所美。而君侯亦一荐严协律，入为秘书郎。中间崔宗之、房习祖、黎昕、许莹之徒，或以才名见知，或以清白见赏。白每观其衔恩抚躬，忠义奋发。白以此感激，知君侯推赤心于诸贤之腹中，所以不归他人，而愿委身国士。倘急难有用，敢效微躯。

且人非尧舜，谁能尽善？白谟猷筹画，安敢自矜？至于制作，积成卷轴，则欲尘秽视听。恐雕虫小技，不合大人。若赐观刍荛[3]，请给纸笔，兼之书人，然后退扫闲轩，缮写呈上。庶青萍、结绿，长价于薛、卞之门。幸推下流，大开奖饰，唯君侯图之。

【注释】

① 畴曩（nǎng）：往昔。② 侔（móu）：相等。③ 刍（chú）荛（ráo）：割草打柴的人，此指草野之民。

【译文】

我听到天下喜欢议论的读书人相聚时总会说：“人生在世不一定要封作万户侯，但愿能够结识一下韩荆州。”您怎么令人景仰爱慕到这种程度呢？还不是因为您能以像周公那样的风度，亲身力行“吐哺”“握发”那样的美德，才使得天下的豪杰才俊之士，都愿意前来投奔，归附在您的门下；就好像鲤鱼一旦跃上龙门，身价便陡然增长。所以，那些尚未显达，还在蛰伏之中的士人，都渴望在您那里得到名声，得到您对于他们的评价。您既不因为自己地位尊贵而傲视他们，也不因为他们的寒酸贫贱而忽视他们，那么，在您的三千门客之中，必然会有毛遂，如果能使李白脱颖而出，我就是您的毛遂了。

我是陇西的一个普通人，流落在楚汉一带。十五岁爱好剑术，到处谒见各地的地方官；三十岁时文章就开始有名气，屡次拜访过公卿相国。我身高虽不满七尺，却有超越万夫的雄心。王公大臣都很赞许我的节操和义气。这是我从前的思想和行迹，怎么敢不全部向君侯倾吐呢！君侯的功绩可与神明相比，德行感动天地，文章参透了造化之功，学识穷尽了天人之理。但愿您能心情舒畅，神色愉快，不拒绝我以长揖之礼前往谒见。假若一定要用盛大的筵席接待我，容我高谈阔论，那就请您以一日作万言之文的题目来考察我，我想我是可以在很短的时间内完成的。如今，天下人都把您看作是品评文章的权威，对于一个人各方面的权衡品评，只要得到您的称赞，那么这个人马上就会成为声名远扬的优秀人才，您又何必吝惜台阶前那尺寸之地，不接见我，使我不能扬眉吐气，青云直上而大展才略呢？

过去，王子师在豫州作刺史，赴任时车子还没有到官署就征用了荀慈明，到任后又聘用了孔文举；山涛任冀州刺史时，选拔了三十多人，有的被任命为侍中，有的被任命为尚书，这些都得到了前人的赞美。您也曾推荐过严武作秘书郎，又引荐过崔宗之、房习祖、黎昕、许莹等人，他们或者因为才华出众而为您所知，或者因为品行高洁而为您赏识，我常常看到他们感念您的恩德，确实是发自肺腑，而后这感激之情又变成了忠义之心奋发而出。我也常常因此而感动，知道您对这些贤人是推心置腹、以赤诚相待的，我因而不去

十五好剑术

依附他人，而愿意把自己托付给您，您在急难中如有用得着我的地方，我愿意贡献出我微薄的力量。

而且，人不是尧舜，谁能尽善尽美？在运筹策划方面，我哪敢妄自尊大？至于写诗撰文，我倒是积累了一些卷轴，想烦劳您过目。只恐这些雕虫小技不能受到您的赏识。如若您愿意看看山野之人的这些文章，那么，请赐给我纸笔和抄写人员，我便回来打扫闲舍，誊写清楚后呈献给您。以便这些诗赋像青萍宝剑和结绿宝石一样，能通过薛烛、卞和的举荐提升价值。我这个地位低下的人希望能得到您的推举和褒扬，请君侯考虑我的请求吧！

◎春夜宴桃李园序◎

【题解】

这篇文章的原题是《春夜宴诸从弟桃李园序》。此文是李白用骈体文写成的一篇脍炙人口的抒情小品，生动地记述了李白和众兄弟在春夜聚会于桃李芬芳的名园，饮酒赋诗，高谈阔论的情景。文章抒发了作者热爱生活、热爱自然，以及对兄弟们和睦友爱的喜悦之情，同时也寄托了对人生短促的感慨和及时行乐的思想。虽然文章流露出“浮生若梦、为欢几何”的感伤情绪，但整体基调是积极向上的。

【原文】

夫天地者，万物之逆旅[①]。光阴者，百代之过客。而浮生若梦，为欢几何？古人秉烛夜游，良有以也[②]！况阳春召我以烟景，大块假我以文章。会桃李之芳园，序天伦之乐事。群季俊秀，皆为惠连；吾人咏歌，独惭康乐。幽赏未已，高谈转清。开琼筵以坐花，飞羽觞而醉月[③]。不有佳作，何伸雅怀？如诗不成，罚依金谷酒数。

【注释】

①逆旅：客舍。②良：确实。以：原因。③觞（shāng）：古代酒器。

【译文】

天地啊！是万物的客舍；光阴啊！是百代的过客。虚浮的人生恍若一场大梦，欢乐的时光又能延续多久？古人拿着蜡烛在夜里游赏，确实是有原因的啊！况且，温暖的春天用烟花美景召唤我们，天地万物赐给了我们一派锦绣风光。我们在桃李芬芳的园中相会，一起畅叙兄弟间的乐事。诸位弟弟都是俊杰才智之士，个个比得上谢惠连，我们作诗吟咏，惟独我惭愧自己的才情不如谢康乐。幽雅的赏玩还没结束，高谈阔论已转为清雅絮语。坐在花丛中摆开豪华的筵席，觥筹交错，尽情欢乐，要和明月同醉在这良辰美景当中。如此情形，没有好的作品，怎能抒发高雅的情怀？如果诗文没有即席作成的，就依照金谷园宴饮的旧例罚酒三杯。

李华

（715～766）

李华，字遐叔，赵州赞皇（今河北赞皇）人。玄宗开元二十三年（735）进士，历官监察御史、右补阙。安史之乱时，被叛军俘获，接受凤阁台舍人一职。两京克复后，被贬为杭州司户参军。后又任职朝廷，充检校吏部元外郎一职，终因病弃官隐居。著有《李遐叔文集》4卷。

吊古战场文

【题解】

本篇通过详细描绘古战场上空旷荒凉、阴森可怖的情景，以及回顾昔日战争的激烈残酷，对战争中阵亡的将士表示了痛惜，传达出作者对朝廷穷兵黩武政策的不满和厌战、反战的思想感情。

【原文】

浩浩乎平沙无垠，敻不见人①。河水萦带，群山纠纷。黯兮惨悴，风悲日曛②。蓬断草枯，凛若霜晨。鸟飞不下，兽铤亡群③。亭长告余曰："此古战场也，常覆三军。往往鬼哭，天阴则闻。"伤心哉！秦欤？汉欤？将近代欤？

吾闻夫齐、魏徭戍，荆、韩召募。万里奔走，连年暴露。沙草晨牧，河冰夜渡。地阔天长，不知归路。寄身锋刃，腷臆谁诉？秦汉而还，多事四夷。中州耗斁，无世无之。古称戎、夏，不抗王师。文教失宣，武臣用奇。奇兵有异于仁义，王道迂阔而莫为。

呜呼噫嘻！吾想夫北风振漠，胡兵伺便。主将骄敌，期门受战。野竖旄旗，川回组练。法重心骇，威尊命贱。利镞穿骨，惊沙入面。主客相搏，山川震眩，声析江河，势崩雷电。至若穷阴凝闭，凛冽海隅；积雪没胫，坚冰在须，鸷鸟休巢，征马踟蹰，缯纩无温，堕指裂肤。当此苦寒，天假强胡，凭陵杀气，以相剪屠。径截辎重，横攻士卒。都尉新降，将军覆没。尸填巨港之岸，血满长城之窟。无贵无贱，同为枯骨，可胜言哉！

鼓衰兮力尽，矢竭兮弦绝，白刃交兮宝刀折，两军蹙兮生死决④。降矣哉？终身夷狄。战矣哉？骨暴沙砾。鸟无声兮山寂寂，夜正长兮风淅淅，魂魄结兮天沉沉，鬼神聚兮云幂幂。日光寒兮草短，月色苦兮霜白。伤心惨目，有如是耶？

吾闻之：牧用赵卒，大破林胡，开地千里，遁逃匈奴。汉倾天下，财殚力痡⑤。任人而已，其在多乎？周逐猃狁，北至太原，既城朔方，全师而还。饮至策勋，和乐且闲，穆穆棣棣，君臣之间。秦起长城，竟海为关，荼毒生灵，万里朱殷。汉击匈奴，虽得阴山，枕骸遍野，功不补患。

苍苍蒸民，谁无父母？提携捧负，畏其不寿。谁无兄弟，如足如手？谁无夫妇，如宾如友？生也何恩？杀之何咎？其存其没，家莫闻知。人或有言，将信将疑。悁悁心目，寝寐见之。布奠倾觞，哭望天涯。天地为愁，草木凄悲。吊祭不至，精魂何依？必有凶年，人其流离。呜呼噫嘻！时耶？命耶？从古如斯。为之奈何？守在四夷。

【注释】

① 敻（xiòng）：空旷。② 曛（xūn）：昏暗。③ 铤（tǐng）：急奔。④ 蹙（cù）：迫近。⑤ 痡（pū）：病。

【译文】

辽阔啊，平旷的沙漠无边无垠，天高地远，不见人迹。黄河如带子一般曲折盘绕，群山交错纵横，暗淡凄惨，风声悲号，日色昏暗。野草枯黄，天气寒冷得像是下过霜的早晨。飞鸟疾飞而过，不做停留；野兽仓皇奔逃，离散失群。亭长对我说："这里就是古时的战场，常常有军队在这里覆没。天阴下雨的时候，常常听见鬼哭的声音。"令人痛心啊！这里是秦时的战场？汉时的战场？还是近代的战场呢？

我听说战国时齐国、魏国征兵戍守边境，楚国、韩国广开兵源，招募士卒。士兵们万里迢迢地奔赴战场，连年暴露于日晒雨淋之下，清晨在风沙四起的草场上放牧，深夜从结了冰的河面上穿渡。天地辽阔广大，不知哪里才是归路。把生命交给刀刃枪锋，满怀的愁绪向谁倾诉？自秦汉以来，边境常有战事，中原凋敝破败，没有哪个朝代不是这样。古人说边境上如戎、夏一类的少数民族是不抗拒朝廷的仁义之师的；而现实中却是礼仪教化不为所用，武将的奇谋却屡屡得以施展。用兵的诡道奇谋与仁义道德不同，用礼仪教化来安抚四方被认为是迂阔的空谈而荒废不用。

唉，可叹啊！我想，当北风席卷沙漠的时候，胡兵便伺机进犯。主将骄傲轻敌，在辕门仓促应战。旷野中竖起军旗，军队往来部署。军法严厉，士卒们心中恐惧；将帅们威风凛凛，士卒们的性命却十分微贱。锋利的箭头射穿了骨头，猛烈的风沙迎面袭来。敌我相搏的惨烈场景，让山川为之瞠目震惊，喊杀声震裂江河，气势迅猛如同惊雷闪电。至于在天气阴沉、彤云密布的日子里，凛冽的寒风肆虐在边塞之地，积雪没过了小腿，胡须上结满了冰碴，猛禽都藏进了窝里，战马也徘徊不前，士卒们的冬衣棉服内毫无暖气，天气已经到达了能冻掉手指、冻裂肌肤的程度。这让人无法忍受的寒冷，正是老天对于强悍的胡人的帮助，他们凭借这肃杀之气，前来抢劫屠杀。他们肆无忌惮地劫取军用物资，侧面袭击士卒。边地传来的消息往往是都尉刚刚投降，将军又战死疆场；士兵的尸体躺遍了大河两岸，鲜血注满了长城的洞窟。人死了就已谈不上谁贵谁贱了，都是一并化为枯骨，那悲惨的状况，还能说得完吗？

鼓声衰落下来啊，战士的力量已经用尽，箭矢射完了啊，弓弦也在厮杀中断绝，白刃相搏啊宝刀折断，两军相迫啊生死相决。投降吧，将终身沦为夷狄；拼死吧，尸骨也将暴露在沙场。鸟无声啊，群山寂寂，夜正长啊，寒风凄凄，魂魄不散啊，天色阴沉，这个地方是鬼来神往啊，阴云密布。日光惨淡啊百草不长，月色悲凉啊映着白霜。世上还有什么像这样让人伤心、不忍目睹的景象吗？

我听说，战国时赵国名将李牧曾经率领赵军大败林胡，开辟国土千里，使匈奴败走奔逃；而汉朝倾全国之力抗击匈奴，结果却落得个国家钱财用尽，老百姓疲困不堪的下场。这其中的关键只在用人罢了，哪里是在于军队的多少呢？周朝驱逐猃狁，把他们赶到北面的太原，在北方筑起了城墙，军队全胜而还。回来后饮宴欢庆，记录战功；君臣之间和乐安闲，彼此爱护。秦朝修筑长城，关塞直到海边，而生灵为之涂炭，长城脚下累死的百姓尸骨数也数不完。汉朝攻打匈奴，虽然取得了阴山，但是终究是死伤惨重、横尸遍野，功劳弥补不了灾患。

天下这么多的百姓，谁人没有父母？尽力供养，还怕他们不能长寿。谁人没有兄弟，彼此相爱，如同手足？谁人没有夫妻，彼此相敬如宾，相爱如友？活下来是谁的恩？战死了又是谁的错？是生是死，家人却不得而知，偶尔听到些传言，也仍然是将信将疑。他们内心充满了忧郁，只能在梦中和亲人相聚。亲人们洒酒祭奠，望着天边哭泣。天地为他们哀愁，草木为他们悲泣。吊祭之情如果不能到达，战死的孤魂将在何处依附？大战之后，必有凶年，百姓也将要流离失所。唉！可悲啊！是时世造成的呢？是命运造成的呢？自古以来就是如此，这又能怎么办呢？只有施行仁政，用礼仪教化来归化四夷，才能让他们为天子守卫疆土。

古战场

刘禹锡

（772 ~ 842）

刘禹锡，字梦得，洛阳人。德宗贞元九年（793）登进士第，登博学宏词科。顺宗时任屯田员外郎，参与“永贞革新”，不久失败，被贬为朗州司马，迁连州刺史。后因裴度力荐，任太子宾客。武宗初，加检校礼部尚书衔。世称“刘宾客”“刘尚书”。以诗文著称，与柳宗元齐名，并称“刘柳”，晚年与白居易并称“刘白”。其文主要是散体古文，善于说理叙事。有《刘宾客集》。

陋室铭

【题解】

本文通篇不足一百字，却紧扣“陋室不陋”这一主旨。以山水、室外景物、室内人、室内事来说明“陋室不陋”，再以诸葛庐、子云亭和孔子的话来比赞陋室。文笔简练，洋溢淡雅的意趣。

【原文】

山不在高，有仙则名；水不在深，有龙则灵。斯是陋室，唯吾德馨。苔痕上阶绿，草色入帘青。谈笑有鸿儒，往来无白丁。可以调素琴，阅金经①。无丝竹之乱耳，无案牍之劳形②。南阳诸葛庐，西蜀子云亭。孔子云：“何陋之有？”

【注释】

① 金经：用泥金颜料书写的经书。② 案牍（dú）：指官府的文书。

【译文】

山不在高，有仙人居住就能出名；水不在深，有龙潜藏就能降福显灵。这是间简陋的屋子，好在我有美好的德行。绿色的苔藓滋生到了台阶上面，芳草把帘内映得碧青。在这里谈笑的是饱学多识的学者，相往来的没有无知识的俗人。在这里可以弹奏素朴无华的古琴，阅读金色字迹的佛经；没有世俗的音乐扰乱两耳，没有官府公文劳累身形。它如同南阳诸葛亮的茅庐，好似西蜀扬子云的草玄亭。孔子说：“有什么简陋的呢？”

斯是陋室，唯吾德馨

杜牧

（803～852）

杜牧，字牧之，京兆长安（今陕西西安）人，祖居长安下杜樊乡（今陕西长安市东南），世称“杜樊川”。文宗大和二年（828）登进士第，登贤良方正能直言极谏科，授弘文馆校书郎。曾为江西观察使、宣歙观察使沈传师和淮南节度使牛僧孺的幕僚。历任监察御史、黄州、池州、睦州诸州刺史。后入为司勋员外郎，官终中书舍人。晚唐杰出的诗人与散文家，与李商隐齐名，时号“小李杜”。有《樊川文集》。

◎阿房宫赋◎

【题解】

这篇文章写于唐敬宗宝历元年（825）。唐敬宗在位期间，大兴土木，广修宫室，给人民造成了沉重负担。杜牧因此作《阿房宫赋》，借秦始皇穷奢极欲导致亡国的史事，告诫统治者不要重蹈覆辙。文末一句“后人哀之而不鉴之，亦使后人而复哀后人也”，点明了此文的旨意。

【原文】

六王毕，四海一。蜀山兀，阿房出。覆压三百余里，隔离天日。骊山北构而西折，直走咸阳。二川溶溶，流入宫墙。五步一楼，十步一阁，廊腰缦回，檐牙高啄，各抱地势，钩心斗角。盘盘焉，囷囷焉[①]，蜂房水涡，矗不知其几千万落。长桥卧波，未云何龙？复道行空，不霁何虹？高低冥迷，不知西东。歌台暖响，春光融融；舞殿冷袖，风雨凄凄。一日之内，一宫之间，而气候不齐。

妃嫔媵嫱，王子皇孙，辞楼下殿，辇来于秦。朝歌夜弦，为秦宫人。明星荧荧，开妆镜也；绿云扰扰，梳晓鬟也。渭流涨腻，弃脂水也；烟斜雾横，焚椒兰也。雷霆乍惊，宫车过也；辘辘远听，杳不知其所之也。一肌一容，尽态极妍，缦立远视，而望幸焉。有不得见者三十六年。

燕、赵之收藏，韩、魏之经营，齐、楚之精英，几世几年，取掠其人，倚叠如山。一旦不能有，输来其间。鼎铛玉石[②]，金块珠砾，弃掷逦迤[③]，秦人视之，亦不甚惜。

嗟乎！一人之心，千万人之心也。秦爱纷奢，人亦念其家。奈何取之尽锱铢，用之如泥沙？使负栋之柱，多于南亩之农夫；架梁之椽，多于机上之工女；钉头磷磷，多于在庾之粟粒；瓦缝参差，多于周身之帛缕；直栏横槛，多于九土之城郭；管弦呕哑，多于市人之言语。使天下之人，不敢言而敢怒；独夫之心，日益骄固。戍卒叫，函谷举，楚人一炬，可怜焦土！

呜呼！灭六国者，六国也，非秦也。族秦者，秦也，非天下也。嗟夫！使六国各爱其人，则足以拒秦；秦复爱六国之人，则递三世可至万世而为君，谁得而族灭也？秦人不暇自哀，而后人哀之。后人哀之而不鉴之，亦使后人而复哀后人也！

【注释】

①囷囷（qūn）：曲折回旋。②铛（chēng）：一种平底浅锅。③逦（lǐ）迤（yí）：连续不断。

【译文】

六国覆灭，天下统一。蜀山中的树木被砍光了，阿房宫建成了。它覆盖了三百多里的地面，几乎遮蔽了天日。从骊山北面建起，折向西面的咸阳。渭水和樊川清波荡漾，缓缓流进了宫墙。五步一座高楼，十步一座亭阁，长廊如腰带，回环萦绕，屋檐高挑，像鸟嘴一样的向上啄起，亭台楼阁各依地势，向心交错。盘盘绕绕，曲曲折折，像蜂房那样密集，像水涡那样起伏，巍峨耸立，不知道它们有几千万个院落。那长桥横卧在水面上，没有云聚风起，却怎么像有蛟龙飞腾？那阁道架在半空中，并非雨过天晴，却怎么像有长虹横空？亭榭池苑高低错落，使人辨不清南北东西。楼台上歌声响起，让人感到春天里的融融暖意；大殿里舞袖挥动，带起一片风雨凄迷。同一天内，同一宫中，气候冷暖竟截然不同。

那六国的妃嫔姬妾、王子皇孙，辞别了故国的楼阁宫殿，乘着辇车来到秦国。日夜歌唱弹琴，成为了秦皇的宫人。宫苑中星光闪烁啊，那是美人们打开了梳妆的明镜，又看见绿云纷纷，那是她们对镜晨妆时散开的秀发。渭水上泛起了油腻啊，那是妆成后泼下的脂水；烟雾弥漫啊，是她们焚烧的椒兰。雷霆声忽然震天响起，原来是皇帝的车辇从这里经过；辘辘的车轮声渐行渐远了，不知道它驶向何方。这时候，每一种身姿，每一份容颜，都要费劲心思地显示出娇好，表现出妩媚；她们久久地伫立着，眺望着，希望皇帝能驾临。有的人三十六年未得见皇帝一面。

燕国、赵国的收藏，韩国、魏国珍宝，齐国、楚国的精品，都是多少年、多少代靠搜刮本国的百姓而聚敛起来的，可谓是堆积如山。一朝国家灭亡，不能再占有，便都被运到了阿房宫中。神鼎当作铁锅，宝玉当作石头，黄金当成土块，珍珠视为砂砾，随处丢弃，遍地可见。秦人看着，也不觉得很可惜。

唉！一个人心之所向，也正是千万人心之所向啊。秦始皇喜欢豪华奢侈，可百姓也眷念着自己的家呀。为什么搜刮财宝的时候连一分一厘也不放过，挥霍起来却把它当作泥沙一样毫不珍惜呢？使得支撑宫梁的柱子，比田里的农夫还多；架在屋梁上的椽子，比织机上的织女还多；钉头闪闪，比粮仓的谷粒还多；长长短短的瓦缝，比百姓遮体的丝缕还多；栏杆纵横，比天下的城池还多；管弦齐鸣的嘈杂声，比集市的人声还要喧闹。使天下的人虽然口不敢言，心中却充满了愤怒；使独断专行、天下唯我的暴君之心日益骄横顽固。终于有一天几个被征发戍边的士卒振臂一呼，函谷关便应声陷落，项羽的一把大火，可惜啊，那豪华的宫殿就变成了一片焦土！

唉！消灭六国的是六国自己，不是秦国；使秦国覆灭的是秦人自己，不是天下的人。唉！假如六国的国君能各自爱护自己的百姓，就足以抵抗秦国；如果秦能爱惜六国的百姓，那就可以传位到三世，以至传到万世而永为君王，谁能够使它覆灭呢？秦人来不及哀叹自己的灭亡，而后人为他们哀叹；如果后人哀叹它却不引以为戒，那么又就要让更后来的人来哀叹后人了。

据史书记载，阿房宫始建于秦始皇三十五年（前212），秦二世胡亥元年（前209）继续修建。秦末项羽入关，付之一炬，化为灰烬。阿房宫遗址在今陕西省西安市西郊15千米的阿房村一带，建筑规模宏大，东西五百步，南北五十丈，殿上可坐万人，殿下可树五丈高的大旗。整个工程征用民工和刑徒达数十万之多，劳役的苛重是激起秦末大起义的直接原因之一。

韩愈

（768 ~ 824）

韩愈，字退之，河内河阳（今河南孟州市）人。其郡望在昌黎，世称“韩昌黎”。德宗贞元八年（792）登进士第，其后任节度推官、监察御史等职。贞元十九年（803），因言关中旱灾，触怒权臣，贬阳山令。宪宗元和元年（806）召拜国子博士。元和十四年（819），上表谏迎佛骨，贬潮州刺史，后历任国子祭酒、吏部侍郎、京兆尹等职。韩愈是唐代著名的思想家和文学家，一生以弘扬儒家道统，排斥佛老为己任。在文学上，他竭力反对骈偶体制和浮华文风，提倡效法先秦两汉的古文。他的文章个性强烈，气势逼人，句式参差交错，结构变化开阖，苏轼赞之为“文起八代之衰”。

◎原　道◎

【题解】

唐宪宗笃信佛教，当时佛教的发展已成泛滥趋势，社会中成了一批拥有田产、兼并土地，剥削农民的僧侣地主阶层。韩愈是传统的士大夫，坚持儒家道统，反对宪宗佞佛。本篇是韩愈论述社会政治伦理的代表作。文中力排佛、道，阐述佛、道盛行给社会带来的沉重负担，强调二教对君主制度下的社会结构、秩序带来的冲击，推崇儒家的仁义道德，强调儒学在维系社会安定，务实于社会发展方面的重要意义。

【原文】

博爱之谓仁，行而宜之之谓义，由是而之焉之谓道，足乎己无待于外之谓德。仁与义为定名，道与德为虚位。故道有君子小人，而德有凶有吉。老子之小仁义，非毁之也，其见者小也。坐井而观天，曰天小者，非天小也。彼以煦煦为仁，孑孑为义[①]，其小之也则宜。其所谓道，道其所道，非吾所谓道也；其所谓德，德其所德，非吾所谓德也。凡吾所谓道德云者，合仁与义言之也，天下之公言也；老子之所谓道德云者，去仁与义言之也，一人之私言也。

周道衰，孔子没，火于秦。黄、老于汉，佛于晋、魏、梁、隋之间。其言道德仁义者，不入于杨，则入于墨；不入于老，则入于佛。入于彼，必出于此。入者主之，出者奴之；入者附之，出者污之。噫！后之人其欲闻仁义道德之说，孰从而听之？老者曰：“孔子，吾师之弟子也。”佛者曰：“孔子，吾师之弟子也。”为孔子者，习闻其说，乐其诞而自小也，亦曰“吾师亦尝师之”云尔。不惟举之于其口，而又笔之于其书。噫！后之人虽欲闻仁义道德之说，其孰从而求之？甚矣，人之好怪也！不求其端，不讯其末，惟怪之欲闻。

古之为民者四，今之为民者六。古之教者处其一，今之教者处其三。农之家一，而食粟之家六；工之家一，而用器之家六；贾之家一，而资焉之家六[②]。奈之何民不穷且盗也？古之时，人之害多矣。有圣人者立，然后教之以相生相养之道，为之君，为之师，驱其虫蛇禽兽而处之中土。寒然后为之衣，饥然后为之食。木处而颠，土处而病也，然后为之宫室。为之工以赡其器用，为之贾以通其有无，为之医药以济其夭死，为之葬埋祭祀以长其恩爱，为之礼以次其先后，为之乐以宣其湮郁[③]，为之政以率其怠倦，为之刑以锄其强梗。相欺也，为之符、玺、斗斛、权衡以信之；相夺也，为之城郭甲兵以守之。害至而为之备，患生而为之防。今其言曰：“圣人不死，大盗不止；剖斗折衡，而民不争。”呜呼！其亦不思而已矣。

如古之无圣人，人之类灭久矣。何也？无羽毛鳞介以居寒热也，无爪牙以争食也。

是故君者，出令者也；臣者，行君之令而致之民者也；民者，出粟米麻丝，作器皿，通货财，以事其上者也。君不出令，则失其所以为君；臣不行君之令而致之民，则失其所以为臣；民不出粟米麻丝，作器皿，通货财以事其上，则诛。今其法曰："必弃而君臣，去而父子，禁而相生相养之道。"以求其所谓清净寂灭者。呜呼！其亦幸而出于三代之后，不见黜于禹、汤、文、武、周公、孔子也；其亦不幸而不出于三代之前，不见正于禹、汤、文、武、周公、孔子也。

帝之与王，其号虽殊，其所以为圣一也。夏葛而冬裘，渴饮而饥食，其事虽殊，其所以为智一也。今其言曰："曷不为太古之无事？"是亦责冬之裘者曰："曷不为葛之之易也？"责饥之食者曰："曷不为饮之之易也？"传曰："古之欲明明德于天下者，先治其国；欲治其国者，先齐其家；欲齐其家者，先修其身；欲修其身者，先正其心；欲正其心者，先诚其意。"然则古之所谓正心而诚意者，将以有为也。今也欲治其心，而外天下国家，灭其天常，子焉而不父其父，臣焉而不君其君，民焉而不事其事。孔子之作《春秋》也，诸侯用夷礼，则夷之；进于中国，则中国之。经曰："夷狄之有君，不如诸夏之亡。"《诗》曰："戎狄是膺，荆舒是惩。"今也，举夷狄之法，而加之先王之教之上，几何其不胥而为夷也？

夫所谓先王之教者，何也？博爱之谓仁，行而宜之之谓义，由是而之焉之谓道，足乎己无待于外之谓德。其文，《诗》《书》《易》《春秋》；其法，礼、乐、刑、政；其民，士、农、工、贾；其位，君臣、父子、师友、宾主、昆弟、夫妇；其服，麻、丝；其居，宫、室；其食，粟米、果蔬、鱼肉。其为道易明，而其为教易行也。是故以之为己，则顺而祥；以之为人，则爱而公；以之为心，则和而平；以之为天下国家，无所处而不当。是故生则得其情，死则尽其常。郊焉而天神假，庙焉而人鬼飨④。曰："斯道也，何道也？"曰："斯吾所谓道也，非向所谓老与佛之道也。尧以是传之舜，舜以是传之禹，禹以是传之汤，汤以是传之文、武、周公，文、武、周公传之孔子，孔子传之孟轲。轲之死，不得其传焉。荀与扬也，择焉而不精，语焉而不详。由周公而上，上而为君，故其事行。由周公而下，下而为臣，故其说长。"然则如之何而可也？曰："不塞不流，不止不行。人其人，火其书，庐其居，明先王之道以道之，鳏寡孤独废疾者有养也⑤，其亦庶乎其可也。"

【注释】

① 孑孑（jié）：谨小慎微。② 资：依赖。③ 湮（yān）郁：心中的郁闷。④ 飨（xiǎng）：通"享"。⑤ 鳏（guān）：没有妻子的老人。

【译文】

博爱叫作仁，行为得当叫作义，从仁义出发去立身行事叫作道，本身就具有的，并且不需要后天灌输的就是德了。仁与义有确实的意义，而道与德则是从不同的内容和准则中抽象出来的不确实的名称。因此道有君子之道和小人之道，德则分为凶德与吉德。老子藐视仁义，并不是诋毁仁义，而是他所见短浅。正如那些坐井观天，于是说天很小的人一样；这并不是因为天真的狭小。他把表面上的和乐悠闲让人看作是仁，把谨小慎微看作是义，那么他藐视仁义也是应当的。他所说的道，是把他对道的理解当作道，不是我所说的道；他所说的德，是把他对德的理解当作德，也不是我所说的德。我所说的道德，是结合着仁与义的实际意义来讲的，是天下的公论；老子所说的道德，是离开了仁与义的实际内容而讲的，是他个人的见解。

周道衰微，孔子去世，秦代焚书。黄老的学说兴盛于汉代，晋、魏、梁、隋几朝之间又盛行佛教。那时谈论道德仁义的人，不是归入杨朱学派，便是归入墨翟学派；不是归入道教，便是归入佛教。信奉了这一家，必然脱离另一家。加入了哪一派就极力地推崇那派的学说，从哪派之中退出来就对那一派加以贬低排斥；加入哪派就附和哪派的观点，从哪一派中退出来就加以诋毁和攻击。唉！后世之人想要了解仁义道德的学说，究竟该听从谁的呢？信奉老子学说的人说："孔子，是我们的祖师的弟子。"信奉佛教的人说："孔子，是我们祖师的弟子。"信奉孔子学说的人，听惯了这些话，又因为喜欢听他们那些新奇怪诞的言论而轻视自己，也跟着说起了"我们的老师也曾经向他们学习过"这样的话。而且还不单单是在口头上说说，甚至把这些写进了书里。唉！后世之人即使想了解仁义道德的学说，又该从哪里去探求它们呢？人们对于新奇怪诞的言论与事物的喜好也太过分了吧！不问它的起源，不追问它的流变，只要是怪诞的就想要听到。

韩愈作《原道》

古代的百姓分为四类，今天的百姓分为六类。古代施行教化的人只是其中的一类，今天施行教化的人却占了六类中的三类。种田的只有一家，而吃粮的却有六家；做工的只有一家，而使用器具的却有六家；经商的人只有一家，而靠其流通商品而得到方便的却有六家。老百姓怎能不因为困穷而盗窃呢？古时候，人们所受的灾害很多，后来有圣人出现了，这才把互相依赖以求生存、互相供养以求延续的方法教给人们，做他们的首领，当他们的老师，把那些虫蛇禽兽之类的伤人物类驱赶出中原地带，让人民安居于此。天气冷了，就带领大家制衣御寒；肚子饿了，就教给人们获取食物的方法。在树上筑巢而居常常会掉落下来，住在地下的洞穴里又很容易患病，于是便教人们建筑房屋。为人们设置了工匠，供应人们日常所需的器具，又教人们如何经商做买卖以流通有无。教人们使医用药以防治病亡，为人们制定了丧葬祭祀之礼以促进人们之间的恩爱之情，为人们规定出礼仪规范使人们有了尊卑长幼之序，创造出音乐使人们能抒发宣泄出胸中的抑郁之情。制定了政令，以带动起那些懈怠懒惰的人；设立了刑法，以铲除那些强暴为害之徒。为了防止相互欺骗，制作出了符玺、斗斛、权衡来作为凭信；为了防止互相争夺，就为人们筑起了城墙、成立了军队以帮助他们守卫家园。灾害将要到来就为他们做好准备，祸患将要发生就为他们做好防范。现在他们却说："圣人不死掉，大盗便不会停止；毁掉那些称量器具，人民便不再有争夺。"唉！那也是不加思考的话罢了。假若古代没有圣人，那么人类已经灭绝很久了。为什么呢？因为人类既没有羽毛鳞甲来对付寒热，也没有利爪坚牙来争夺食物啊。

因此，君主是发布政令的；臣子是推行君主之令并将它实施于民众之中的；民众是生产粟、米、丝、麻，制作器皿，流通财货，以供奉位在他们之上的人的。君主不发布政令，便丧失了他作为君主的职能；臣子不推行君主之令，并将它们实施到民众之中，便丧失了他做臣子的职能；民众不生产粟、米、丝、麻，制作器皿，流通财货以侍奉位于他们之上的人，就要受到惩罚。现在他们主张："必须抛弃你们君臣之礼，舍去你们的父子之纲，禁止你们相生相养的方法。"来追求他们所谓的清净寂灭的境界。唉！幸而他们出生在三代之后，才没有受到夏禹、商汤、周文王、周武王、周公、孔子等人的贬斥；也很不幸，他们没有出生在三代之前，所以他们的想法未能被夏禹、商汤、周文王、周武王、周公和孔子纠正。

那些被人们所尊崇的古代帝王，其称号虽然不同，他们之所以是圣人的原因是一样的。夏天穿葛布衣，冬天穿皮裘，渴了喝水，饿了吃饭，这些事虽然不同，但它们所以称之为聪明举动的原因都是一样的。现在他们却说："为什么不实行上古的无为而治呢？"这也就好比责怪冬天穿皮衣的人说："为什么不穿葛布衣？那样多简单？"又好比责怪饿了吃饭的人说："为什么不喝水？那样多简单？"《礼记》上说："古代想要将完美德行显示于天下的人，先要治理好他的国家；想要治理好国家，就必须先安顿好他的家庭；想要安顿好家庭，就必须先提高自身的修养；想要提高自身的修养，就必须先端正思想；想要端正思想，就必须先做到心意诚恳。"那么，古时候认为思想端正、心意诚恳的人，是要有所作为的。如今想修身养性，却将天下国家置之度外，把天理伦常抛在一边，儿子不把父亲当作父亲，臣子不把君主当作君主，民众不做他们该做的事情。孔子作《春秋》的时候，诸侯中那些使用夷狄礼仪的，都把他们看作夷狄；夷狄中使用中原礼仪的，都把他们看作是中原国家。《论语》上说："夷狄虽有君主，也不如华夏的没有君主。"《诗经》上说："讨伐夷狄，惩治荆舒。"现在呢，却要将夷狄的法度凌驾于先王的教化之上，那么用不了多久不就都变成夷人了吗？

所谓先王之教到底是什么呢？博爱叫做仁，行为得当叫做义，从仁义出发去立身行事叫做道，本身就具有的，并且不需要后天灌输的就是德了。它的文献是《诗》《书》《易》《春秋》；它的法度是礼仪、音乐、刑法、政治；它对于人民的分类是士兵、农民、工人、商人；它将人们之间的关系定为君臣、父子、师友、宾主、兄弟、夫妇；它将人们所穿的衣服分为麻布、丝绸；它规定人们的住所应该是房屋；它把食物的范围圈定在粟、米、瓜果、蔬菜、鱼肉之内。它作为道理，让人容易明白理解；它作为教化，也是容易施行的。因此，用它修身，就能和顺吉祥；用它待人，就能仁爱而公正；用它来治心，就能和乐而平静；用它来治理天下国家，没有什么地方会感到施行不能得当。因此，人活着的时候能言行合乎情理，死去的时候也是尽完了天理伦常而死去。用它来祭天，就能使天神降临；用它来祭祖，则祖先的灵魂就前来享用。也许有人问："这个道是什么道呀？"回答说："这是我所说的道，不是刚才说的老子与佛教的道。"尧将它传给舜，舜将它传给禹，禹将它传给汤，汤将它传给文王、武王、周公，文王、武王、周公将它传给了孔子，孔子又将它传给了孟轲。孟轲死后，就没能再继续传下去。荀况与扬雄，对它的继承有所提炼，但不精粹，对它的谈论也不详尽。从周公往上，传道的人都是做国君的人，所以王道得以顺利推行。自周公以下都是做臣子的人，所以王道学说才得以流传。那么，需要采取什么措施才能使王道流传呢？回答说："佛老的邪说不加堵塞，先王之道便不能流传；佛老的谬论不加禁止，先王之道便不能施行。让那些僧道还俗，将他们的经籍焚毁，将他们的寺观改为民房，阐明先王之道以教导他们，让鳏夫、寡妇、孤儿、孤老、残疾人都能得到供给赡养，那也就差不多可以了吧？"

◎原　毁◎

【题解】

"原毁"的意思是推究毁谤的由来。韩愈所生活的中唐时代，士大夫中普遍存在着一种嫉贤妒能的恶劣风气，于人求全责备，于己则务求宽容。韩愈以古今君子在待己和待人两方面的不同表现作为对比，分析了毁谤产生的思想根源在于懈怠和嫉妒。文中高度赞扬了古代的君子"责己也重以周，待人也轻以约"的处世态度，抨击了当时士大夫"责人也详，待己也廉"的风气。这篇文章的目的在于让当权者认识到毁谤之风的严重性并采取措施纠正。

【原文】

古之君子，其责己也重以周①，其待人也轻以约②。重以周，故不怠；轻以约，故人乐为善。闻古之人有舜者，其为人也，仁义人也。求其所以为舜者，责于己曰："彼，人也，予，人也。彼能是，而我乃不能是。”早夜以思，去其不如舜者，就其如舜者。闻古之人有周公者，其为人也，多才与艺人也。求其所以为周公者，责于己曰：“彼，人也，予，人也。彼能是，而我乃不能是。”早夜以思，去其不如周公者，就其如周公者。舜，大圣人也，后世无及焉。周公，大圣人也，后世无及焉。是人也，乃曰：“不如舜，不如周公，吾之病也。”是不亦责于身者重以周乎？其于人也，曰：“彼人也，能有是，是足为良人矣。能善是，是足为艺人矣。”取其一，不责其二；即其新，不究其旧。恐恐然惟惧其人之不得为善之利。一善，易修也，一艺，易能也，其于人也，乃曰：“能有是，是亦足矣。”曰：“能善是，是亦足矣。”不亦待于人者轻以约乎？

今之君子则不然。其责人也详，其待己也廉。详，故人难于为善；廉，故自取也少。己未有善，曰：“我善是，是亦足矣。”己未有能，曰：“我能是，是亦足矣。”外以欺于人，内以欺于心，未少有得而止矣。不亦待其身者已廉乎？其于人也，曰：“彼虽能是，其人不足称也；彼虽善是，其用不足称也。”举其一，不计其十；究其旧，不图其新，恐恐然惟惧其人之有闻也③。是不亦责于人者已详乎？夫是之谓不以众人待其身，而以圣人望于人，吾未见其尊己也。

虽然，为是者，有本有原，怠与忌之谓也。怠者不能修，而忌者畏人修。吾尝试之矣，尝试语于众曰：“某良士，某良士。”其应者，必其人之与也④，不然，则其所疏远，不与同其利者也，不然，则其畏也。不若是，强者必怒于言，懦者必怒于色矣。又尝语于众曰：“某非良士，某非良士。”其不应者，必其人之与也，不然，则其所疏远，不与同其利者也，不然，则其畏也。不若是，强者必说于言，懦者必说于色矣。是故事修而谤兴，德高而毁来。呜呼，士之处此世，而望名誉之光，道德之行，难已！

将有作于上者，得吾说而存之，其国家可几而理欤！

【注释】

①责：要求。周：全面。②约：简略。③闻：声誉，名望。④与：朋友。

【译文】

古时候的君子，要求自己严格而且全面，对待别人宽容而且简约。因为对己要求严格全面，所以从不懈怠；因为对人宽容简约，所以别人就都乐于做善事。他们听说古代有位叫舜的人，听说他的为人乃是大仁大义，于是在分析过舜之所以为舜的原因之后，责问自己说：“舜是个人，我也是个人，他能做到的，我怎么就做不到呢？”于是日夜思考，想去掉自己不如舜的方面，发扬那些与舜相似的方面。又听说古代有个叫周公的人，周公这个人，可以用多才多艺来形容，他们于是在分析过周公之所以成为周公的原因之后，责问自己说：“周公是人，我也是人，周公能做到的，我怎么就做不到呢？”于是日夜加以思考，去掉自己不如周公的方面，发扬与周公相似的方面。舜是伟大的圣人，后代的人没有赶上他的。周公也是个伟大的圣人，后代的人也没有赶上他的。所以这些人便说：“我不如舜，不如周公，这就是我的缺陷啊！”这不就是对自己要求既全面而又严格吗？他们对待别人，总是说：“人家能做到这点，就足以算得上是个贤能的人了；能擅长这个，就足以称得上是个多才多艺的人了。”肯定人家一个方面，而不苛求其他方面；只看别人今天的表现，而不追究他的过去。小心翼翼地惟恐人家得不着做善事应得的回报。做一件好事是容易的，掌握一种技能也是容易的；而他们对于这样有些许良善作为的人总是说：“能这样，也就足够了。”又说：“能擅长这个，也就可以了。”这不就是对待别人既宽容又简约吗？

现在的君子却不是这样。他们对别人的要求是多而详细的，对自己的要求却是很低的。求全责备，所以别人就难以做好事；对自己要求很低，所以他自己的收益就很少。自己并没有什么善行，却说："我能这样，也就可以了。"自己并没有什么才能，却说："我能做这个，也就足够了。"对外是蒙蔽了别人，对内是欺骗了本心，还没有什么进步便已经停止不前了。这不是现在的君子要求自己很少很低的表现吗？可是他对待别人，却说："那个人虽然能这样，但他的为人并不足够为人们所称道。那个人虽擅长这个，但这点儿本事也没什么了不起的。"抓住人家某个方面的缺点，就不考虑他其他方面的优点；追究人家的过去，而不考虑他今日的表现，小心翼翼地惟恐别人得到了好名声。这不是现今君子要求别人太多太细的表现吗？这就叫不用一般人的标准来要求自身，却按照圣人的标准去要求别人，我可看不出来他这是尊重自己。

事修而谤兴，德高而毁来

虽然这样，这样做的人是有他的根源的，那就是他们的懈怠和妒忌。懈怠的人，就不可能修养自己的道德学问；妒忌别人的人，是生怕别人的道德学问得到了提高。我曾经试验过，我曾试着在众人面前说："某某是个不错的人，某某是个不错的人。"那些赞同我的，必定是这个人的朋友，要不就是跟他关系疏远，没有利害冲突的人，不然就是畏惧他的人。如果不是这样，那么，强者一定会愤怒地说些反对的话，软弱的人也必定会在脸上流露出不满的神情。我还试着在众人面前说："某某不怎么样，某某不怎么样。"那些不赞同我的人，必定是这人的朋友，要不就是跟他疏远没有利害冲突的人，不然就是畏惧他的人。如果不是这样，那么，强者一定会高兴说些赞同的话，软弱的人也必然在脸上流露出喜悦、赞同的神情。正因为这样，所以一个人的事业成功了，诽谤也就随之产生了；一个人的德信树立了，对他的攻击也就随之而来。唉，士人生活在这种世道当中，而希望名誉能够传扬，道德能够推广，实在是太难了！

想要有所作为高高在上的人们，听到我上面的话，就将这些牢牢记在心里，那么差不多就可以把国家治理好了吧！

◎获麟解◎

【题解】

麟是传说中的仁兽。韩愈在这篇文章中阐述麒麟出现时"必有圣人在乎位"，如果没有圣人在位而出现，就会被称为不祥的兽，以此来比喻自己的困境。本文托物寓意，曲折地表达了作者怀才不遇、生不逢时的感慨，以及对有人能慧眼识珠，发现自己才能的期盼。

【原文】

麟之为灵，昭昭也[①]。咏于《诗》，书于《春秋》，杂出于传记、百家之书。虽妇人小子，皆知其为祥也。

然麟之为物，不畜于家，不恒有于天下。其为形也不类，非若马、牛、犬、豕、豺、狼、麋、鹿然[②]。然则虽有麟，不可知其为麟也。角者，吾知其为牛；鬣者[③]，吾知其为马；犬、豕、豺、狼、麋鹿，吾知其为犬、豕、豺、狼、麋鹿；惟麟也不可知。不可知，则其谓之不祥也亦宜。

虽然，麟之出，必有圣人在乎位，麟为圣人出也。圣人者，必知麟。麟之果不为不祥也。

又曰：麟之所以为麟者，以德不以形。若麟之出不待圣人，则谓之不祥也亦宜。

【注释】

①昭昭：明白。②豕（shǐ）：猪。③鬣（liè）：马颈上的长毛。

【译文】

麒麟是灵异的动物，这是很明白的事情。它被《诗经》所歌颂，为《春秋》所记载，在传记和诸子百家的书里有各种各样对它的记录；即使是妇女儿童，也都知道麒麟代表的是一种祥瑞。

然而麒麟作为一种动物，不能畜养在家中，也不经常在天下出现，从外形上看它不属哪个种类，不像人们常见的马、牛、狗、猪、豺、狼、麋鹿那样。因此，虽有麒麟这东西，人们也不知道它就是麒麟。头上长角的我知道它是牛，长着长长的鬃毛的我知道它是马。狗、猪、豺、狼和麋鹿，我看到它们就知道是狗、猪、豺、狼和麋鹿。唯独麒麟是不能知道的。不能知道它的模样，那么说它是个不祥之物也是可以的。

虽然这样，但麒麟出现的时候，必是有圣人在位。麒麟是为圣人出现的，圣人也必定是认得麒麟的，所以麒麟确实不是不祥之物啊！

又有人说：麒麟之所以是麒麟，是凭着它的德行，而不是因为它的外形。倘若麒麟真的没等圣人在位就出现，那么说它是不祥之物也是可以的。

◎杂说一◎

【题解】

韩愈写了四篇《杂说》，这是其中的第一篇。在此文中，韩愈以龙和云相互依靠的道理，暗喻君臣之间的关系。

【原文】

龙嘘气成云[①]，云固弗灵于龙也。然龙乘是气，茫洋穷乎玄间，薄日月[②]，伏光景，感震电，神变化，水下土，汨陵谷[③]。云亦灵怪矣哉！

云，龙之所能使为灵也。若龙之灵，则非云之所能使为灵也。然龙弗得云，无以神其灵矣，失其所凭依，信不可欤。

异哉！其所凭依，乃其所自为也。《易》曰："云从龙。"既曰龙，云从之矣。

【注释】

①嘘（xū）：吹。②薄：迫近。③汨（gǔ）：淹没。

【译文】

龙吐出来的气变成云，云本来就不比龙灵异。但是龙乘着这云，可以自由往来于天地之间，它逼近日月，能遮蔽日月的光芒，它的感应能撼起雷电，变化神奇莫测，于是使雨水降落于大地之上，奔流于山谷之间。云也是奇异灵怪的呀！

云，龙能使它变得灵异；而像龙那样的灵异，就不是云能使它那样的了。但是龙如果得不到云，也就无从使它的灵气显示出来。失去它所凭借的东西，是真的不行啊！

奇怪呀！龙所依靠的东西，竟然是它自己所创造出来的。《易经》上说："云跟随着龙。"既然叫龙，云自然会跟从着它了。

杂说四

【题解】

人才问题是每个时代都关注的话题。韩愈这篇文章名义上说的是“马”，其实是说人才，“伯乐”也是暗喻那些专门负责选拔人才的人。此文借千里马的埋没与否完全取决于伯乐这一现象，讽刺了中唐以来对人才的压抑。

【原文】

世有伯乐，然后有千里马。千里马常有，而伯乐不常有。故虽有名马，只辱于奴隶人之手，骈死于槽枥之间[①]，不以千里称也。

马之千里者，一食或尽粟一石。食马者不知其能千里而食也。是马也，虽有千里之能，食不饱，力不足，才美不外见。且欲与常马等不可得，安求其能千里也？

策之不以其道，食之不能尽其材，鸣之而不能通其意，执策而临之曰：“天下无马！”呜呼！其真无马邪？其真不知马也！

【注释】

① 骈（pián）死：一起死去。枥（lì）：马槽。

【译文】

世上先是有了伯乐，然后才有了千里马。千里马是经常有的，而伯乐却不是常有的。所以虽有名马在世，也常常是屈辱于庸夫的手中，和普通的马一同死在马厩里，不会因为日行千里而著称于世。

千里马，一顿饭可能要吃光一石的粮食。喂马的人，不知道它能日行千里，因而不把它当作千里马来喂养。这样的千里马，虽有日行千里的能力，却因吃不饱而力量不足，它的能耐和俊美就显露不出来。况且如此情形之下想要让它有与普通的马一样的表现还不能够，又怎能要求它日行千里呢？

驾驭它，不能因其本性而加以驾驭；喂养它，不能满足它发挥神骏本色所需要的食物；听到它鸣叫，不能理解它的意思；却拿着鞭子走到它跟前对着它说：“天下没有好马！”唉！难道是真的没有好马吗？还是人们真的不认识好马呢？

卷八 唐文

师说

【题解】

尊师重道是自古传下来的美德。韩愈所处的时代，正值唐朝中期，当时的士大夫多以向别人从师学习为耻辱。针对这一风气，韩愈写下此文予以批判。《师说》从先从正面论说了老师的作用和从师的必要性，之后又重点批判了士大夫耻于从师的恶习，试图纠正这个不正之风。

【原文】

古之学者必有师。师者，所以传道、受业、解惑也①。人非生而知之者，孰能无惑？惑而不从师，其为惑也，终不解矣。生乎吾前，其闻道也，固先乎吾，吾从而师之；生乎吾后，其闻道也，亦先乎吾，吾从而师之。吾师道也，夫庸知其年之先后生于吾乎②？是故无贵无贱，无长无少，道之所存，师之所存也。

嗟乎！师道之不传也久矣，欲人之无惑也难矣。古之圣人，其出人也远矣，犹且从师而问焉；今之众人，其下圣人也亦远矣，而耻学于师。是故圣益圣，愚益愚。圣人之所以为圣，愚人之所以为愚，其皆出于此乎！爱其子，择师而教之，于其身也，则耻师焉，惑矣！彼童子之师，授之书而习其句读者也，非吾所谓传其道解其惑者也。句读之不知，惑之不解，或师焉，或不焉，小学而大遗，吾未见其明也。巫医、乐师、百工之人，不耻相师。士大夫之族，曰师曰弟子云者，则群聚而笑之。问之，则曰："彼与彼年相若也，道相似也！"位卑则足羞，官盛则近谀。呜呼！师道之不复，可知矣。巫医、乐师、百工之人，君子不齿，今其智乃反不能及，其可怪也欤！

圣人无常师。孔子师郯子、苌弘、师襄、老聃。郯子之徒，其贤不及孔子。孔子曰："三人行，则必有我师。"是故弟子不必不如师，师不必贤于弟子，闻道有先后，术业有专攻，如是而已。

李氏子蟠，年十七，好古文，六艺经传皆通习之，不拘于时，学于余。余嘉其能行古道，作《师说》以贻之③。

【注释】

①受：通"授"。②庸：何必。③贻：赠。

【译文】

古时候求学的人一定要有老师。老师，是来传授道理、教授学业和解答疑难问题的。人不是生下来就什么都知道的，谁能没有疑难问题呢？有了疑难问题不向老师请教，那些疑难问题就永远不能解决了。出生在我之前的，他懂得道理本来就比我早，我向他学习，拜他为师；出生在我之后的，如果懂得道理要是也比我早，我也向他学习，拜他为师。我是从师学习道理，何必管他的年纪是比我大还是比我小呢？因此不论高贵与卑贱，年长与年幼，道理在哪里，老师就在哪里。

唉！从师的风尚不在世上流传已经很久了！要想使人们没有疑难困惑也很难了。古时候的圣人，他们超出一般人是很多的，尚且还向老师求教；现在的一般人，他们比圣人差得是很多了，反而以向老师学习为羞耻。因此圣人越来越圣明，愚人也越来越无知。圣人之所以为圣人，愚人之所以为愚人，原因大概就在这里吧！人们爱护自己的孩子，就选择老师来教他，可是对于自己，却以向老师求教为羞耻，这太糊涂了！那孩子们的老师，是教孩子们读书，教他们如何断句的人，并非我所说的传授道理、教授学业、解答疑难问题的人。读书不能断句，有疑难的问题不能解决，不能断句就向老师请教，有疑难问题却不向老师请教，小的事情学习了，大的事情反而遗弃了，我看不出他的高明在什么地方。巫医、乐师和各种手工工人，不以互相学习为羞耻。士大夫这一类的人，一旦有以“老师”“弟子”相称的，就聚在一起讥笑人家。问他们为什么笑，他们就说：“他跟他年岁差不多呀，懂得的道理也不相上下呀。”以地位低的人为师，就感到羞耻，以官职高的人为师，就认为是谄媚。唉！从师学道的风尚不能恢复的原因，由此可以明白了。巫医、乐师、各种手工工人这些人，是士大夫们所看不起的，如今士大夫们的才智反而赶不上这些人，这是不是太奇怪了！

圣人并没有固定的老师。孔子曾向郯子、苌弘、师襄、老聃求教。他们的学问道德并不如孔子。孔子说：“三个人一起行走，其中一定有可以做我老师的人。”所以学生不一定样样不如老师，老师也不一定样样都比学生高明，懂得道理有早有晚，专业各异，擅长不同，如此而已。

李家的孩子名叫蟠的，十七岁了，喜好古文，对六经的经文和传注都做了全面的研习，他不受当时耻于从师的不良风气影响，跟从我学习。我赞许他能够遵循古人从师学习的做法，因此作了这篇《师说》送给他。

◎进学解◎

【题解】

这篇文章写于唐宪宗元和八年(813)，正在做国子监的博士。进学，是勉励学生刻苦学习，求取进步的意思；解，即解说、分析。文章构造了先生劝学、学生发问、先生再予以回答的情节，故名《进学解》。面对学生们的问难，国子先生以孟子、荀子的不得志自况，表现了自己清高自守、不与世俗同流合污的高尚情操。这篇文章中的“国子先生”就是韩愈自己，他以第三人称写事，更具故事性和说服力。这篇文章实际是自叹怀才不遇，抒发愤懑之作。

【原文】

国子先生晨入太学，招诸生立馆下，诲之曰：“业精于勤，荒于嬉；行成于思，毁于随。方今圣贤相逢，治具毕张，拔去凶邪，登崇俊良。占小善者率以录，名一艺者无不庸。爬罗剔抉，刮垢磨光。盖有幸而获选，孰云多而不扬？诸生业患不能精，无患有司之不明。行患不能成，无患有司之不公。”

言未既，有笑于列者曰：“先生欺余哉！弟子事先生，于兹有年矣。先生口不绝吟于六艺之文，手不停披于百家之编，纪事者必提其要，纂言者必钩其玄。贪多务得，细大不捐。焚膏油以继晷①，恒兀兀以穷年②。先生之业，可谓勤矣。觝排异端，攘斥佛老。补苴罅漏，张皇幽眇。寻坠绪之茫茫，独旁搜而远绍。障百川而东之，回狂澜于既倒。先生之于儒，可谓劳矣。沉浸酞郁[③]，含英咀华，作为文章，其书满家。上规姚姒，浑浑无涯，周《诰》殷《盘》，佶屈聱牙[④]，《春秋》谨严，《左氏》浮夸，《易》奇而法，《诗》正而葩。下逮《庄》《骚》，太史所录，子云、相如，同工异曲。先生之于文，可谓闳其中而肆其外矣。少始知学，勇于敢为。长通于方，左右具宜。先生之于为人，可谓成矣。然而公不见信于人，私不见助于友，跋前踬后，动辄得咎。暂为御史，遂窜南夷。三年博士，冗不见治。命与仇谋，取败几时。冬暖而儿号寒，年丰而妻啼饥。头童齿豁，竟死何裨？不知虑此，反教人为？"

先生曰："吁，子来前！夫大木为杗[⑤]，细木为桷，欂栌、侏儒[⑥]，椳、闑、扂、楔[⑦]，各得其宜，施以成室者，匠氏之工也。玉札、丹砂，赤箭、青芝，牛溲、马勃，败鼓之皮，俱收并蓄，待用无遗者，医师之良也。登明选公，杂进巧拙，纡余为妍，卓荦为杰，校短量长，惟器是适者，宰相之方也。昔者孟轲好辩，孔道以明，辙环天下，卒老于行。荀卿守正，大论是弘，逃谗于楚，废死兰陵。是二儒者，吐辞为经，举足为法，绝类离伦，优入圣域，其遇于世何如也。今先生学虽勤而不由其统，言虽多而不要其中，文虽奇而不济于用，行虽修而不显于众。犹且月费俸钱，岁縻廪粟，子不知耕，妇不知织，乘马从徒，安坐而食，踵常途之役役，窥陈编以盗窃。然而圣主不加诛，宰臣不见斥，非其幸欤！动而得谤，名亦随之。投闲置散，乃分之宜。若夫商财贿之有亡，计班资之崇庳，忘己量之所称，指前人之瑕疵，是所谓诘匠氏之不以杙为楹[⑧]，而訾医师以昌阳引年，欲进其豨苓也。"

【注释】

①晷（guǐ）：日影。②兀兀（wū）：劳苦。③酞（nóng）郁：浓厚。④佶（jí）屈聱（áo）牙：指文字晦涩难解，不通顺畅达。⑤杗（máng）：房屋的大梁。⑥欂（bó）栌（lú）：柱顶上承托栋梁的方木。侏儒：短椽。⑦椳（wēi）：门枢。闑（niè）：门橛，古代门中央所竖短木。扂（diàn）：门栓。楔（xiē）：门两旁所竖的长木柱。⑧杙（yì）：小木桩。楹（yíng）：厅堂前部的柱子。

【译文】

国子先生清晨走进太学，召集学生们站在讲堂下面，教导他们说："学业要靠勤奋才能至于精深，嬉戏玩乐就会荒废；德行的完善要经过反复的深思自省才能够完成，随随便便就会败毁。如今是圣主与贤臣遇到了一起，法律政令完善而又注重执行，朝廷能够铲除奸邪的小人，提拔杰出贤能的人士。人只要有点儿德行的，就会被录取；有一技之长的，没有不被任用的。朝廷还努力地搜寻筛选、培养造就人才。只有因为侥幸获得选拔的，哪里有多才多艺却得不到施展的人呢？你们这些学生，只须担心你们自己不能精于学业，用不着担心有关部门不能明察你们的才能。只须担心你们的德行没有完善，用不着担心有关官员会对你们有所不公！"

话还没说完，队列中有个人笑着说："先生是在欺骗我们吧。弟子们跟着先生学习，到现在也有多年了。先生嘴里不停地吟诵《六经》的文章，手里也不停地翻着诸子百家的著作，记述事情的一定要预先写出它的纲领，发表议论的一定探究出深藏的事理。您是不厌其多，致力于有所收获，兼收并蓄，博采众家之长。太阳下山了，就点上油灯，一年到头都是孜孜不倦地研究。先生对于学业，可以说是勤奋了吧。您抵制异端邪说，贬斥佛道之理，补充完善儒学的遗漏与不足，阐明其中深奥隐微的道理。寻找那些失落已久的儒学道统，一个人广泛地发掘圣人的遗风并加以继承。您想让天下的学人都不再坠入异端，一齐向儒学靠拢；想要在其他学说将儒学彻底冲垮之前力挽狂澜，使天下归于儒道。先生对于儒学，可以说是有功劳了。您常常沉浸在醇厚如酒的典籍中细细品味其中的精华，写起文章来，一屋子堆得都是书籍。您向上效法虞夏的著作，那是多么的深广无边，周朝的诰文、殷朝的盘铭，又是何其晦涩拗口，《春秋》的用词严谨，《左传》的铺张夸大，《易经》的奇妙而有法可循,《诗经》的感情真挚而文词华丽。下及《庄子》《离骚》,司马迁的《史记》,扬雄和司马相如的辞赋,它们虽然风格不同,却有异曲同工之妙。先生在文章方面,可以说是内容深博而文采恣肆奔放。您少年时代开始懂得了进学求道,那时也是敢作敢为。成年后通晓了处世的道理和规矩,处理问题也是上下得当。先生的为人,也可以说是老成了。然而办理公事不能使别人信任,办理私事又不见有人来帮您,常常是处境困顿,进退两难。您又动不动就被上边责怪,当了御史没多久,就被贬逐到遥远的南方!当了三年的博士,也只是散官闲职,无从表现自己的政治才能。命运好像是和仇敌共谋算计自己,自己因而不断地遭受挫败和打击。即使是温暖的冬天,孩子们也会因为没有御寒的衣物而叫冷;年景很好的时候,妻子也因为粮食不足而哭哭啼啼。您头发没了,牙齿掉了,到了死又于事何补呢?您不想想这些,还来教训别人,这是干什么呢?"

焚膏继晷,进德修业

先生说:"喂,你过来!这粗木料作房梁,细木料当椽子、短柱、短椽,做门枢、门橛、门栓、门柱等等,各自有各自的用处,使它们构成房屋的,那是工匠们的技术。地榆、朱砂、天麻、龙芝、牛尿、马勃菌、破鼓皮,兼收并蓄,一概备用而无所遗漏,这是医师的良术。明断无误地提拔人才,公正无私地举贤进士,各种人才一齐进用,然后以内敛平和作为美德的标准,超群出众作为俊杰的象征,衡量优劣长短,根据才能合理使用,这是宰相的方略。从前孟子喜好辩论,孔子的学说得以被阐明发扬,他的车迹遍于天下,却终于在奔走中度过了一生。那荀子坚守正道,儒家的大道才得以弘扬光大,可他却因为躲避谗言而出奔楚国,最终被废为平民,死在兰陵。这两位儒者,说出来的话都被视为经典,举手投足都被看作是标准,他们远远超出常人,已经达到圣人的境界,但他们在世上的遭遇又是如何的呢?今天先生我虽然勤奋治学,但还不能继承道统;言论虽多,却抓不住要害;文章虽然奇妙出众,却少有实用;举动虽然有些修养,但还不是十分的超群出众。这样还能按月得到俸禄,年年耗费国家的粮食,儿子不知道耕作,妻子不知道纺织,出门是骑着马并且有人跟随,安坐在这里却有吃有喝。我不过是谨慎地追随着世俗之道,看看古书而东抄西摘。然而圣明的君主不加以惩罚,宰相大臣不加以斥责,这难道不是先生我的幸运吗?虽然动不动就遭人的毁谤,但名气也随之大了起来。被放到了闲散的官职上面,也是理所应当。至于考虑俸禄的多少,计较官职的高低,忘了自己的才能与什么样的位置相称,却批评当政者的过失,这就好比质问工匠为什么不用小木块来代替大柱子,责怪医师把菖蒲当作延年益寿的良药,想把自己的猪苓推荐上去代替一样吗?"

◎圬者王承福传◎

【题解】

圬者,就是泥瓦匠。韩愈此文为泥瓦匠王承福作传,实际上是借王承福的身世和其所持的观点,来阐释他本人对于社会的分工、处世的哲学、做人的原则等问题的一些看法。此文先介绍王承福的身世和人品,接着说他的职业态度,最后谈他不成家的缘故,对他独善其身、不与世俗同流的态度表示认同。

【原文】

圬之为技①，贱且劳者也。有业之，其色若自得者。听其言，约而尽。问之，王其姓，承福其名，世为京兆长安农夫。天宝之乱，发人为兵，持弓矢十三年，有官勋，弃之来归。丧其土田，手镘衣食②，余三十年。舍于市之主人，而归其屋食之当焉。视时屋食之贵贱，而上下其圬之佣以偿之。有余，则以与道路之废疾饿者焉。

又曰："粟，稼而生者也；若布与帛，必蚕绩而后成者也。其他所以养生之具，皆待人力而后完也，吾皆赖之。然人不可遍为，宜乎各致其能以相生也。故君者，理我所以生者也，而百官者，承君之化者也③。任有大小，惟其所能，若器皿焉。食焉而怠其事，必有天殃。故吾不敢一日舍镘以嬉。夫镘，易能，可力焉。又诚有功，取其直。虽劳无愧，吾心安焉。夫力，易强而有功也；心，难强而有智也。用力者使于人，用心者使人，亦其宜也。吾特择其易为而无愧者取焉。

"嘻！吾操镘以入富贵之家有年矣。有一至者焉，又往过之，则为墟矣；有再至、三至者焉，而往过之，则为墟矣。问之其邻，或曰：'噫！刑戮也。'或曰：'身既死而其子孙不能有也。'或曰：'死而归之官也。'吾以是观之，非所谓食焉怠其事而得天殃者邪？非强心以智而不足，不择其才之称否而冒之者邪？非多行可愧，知其不可而强为之者邪？将富贵难守，薄功而厚飨之者邪？抑丰悴有时，一去一来而不可常者邪？吾之心悯焉，是故择其力之可能者行焉。乐富贵而悲贫贱，我岂异于人哉？"

又曰："功大者，其所以自奉也博。妻与子，皆养于我者也，吾能薄而功小，不有之可也。又吾所谓劳力者，若立吾家而力不足，则心又劳也。一身而二任焉，虽圣者不可为也。"

愈始闻而惑之，又从而思之，盖贤者也，盖所谓独善其身者也。然吾有讥焉，谓其自为也过多，其为人也过少。其学杨朱之道者邪？杨之道，不肯拔我一毛而利天下。而夫人以有家为劳心，不肯一动其心以畜其妻子，其肯劳其心以为人乎哉？虽然，其贤于世之患不得之而患失之者，以济其生之欲，贪邪而亡道，以丧其身者，其亦远矣！又其言有可以警余者，故余为之传，而自鉴焉。

【注释】

①圬（wū）：泥瓦活儿。②镘（màn）：泥瓦匠抹墙的工具。③承：通"丞"，辅佐。

【译文】

泥水匠这门手艺，卑贱而且辛苦。有个干这行的人，看他的样子很是自得其乐，听他讲起来，话不多，想要表达的意思却很明白。问他，他说自己姓王，名叫承福，世代都是京师长安的农民。天宝年间的那场战乱，朝廷向老百姓征兵，他也被征入了军队，拿了十三年的弓箭。他因为立下战功而得了官爵，自己却弃掉不要跑回老家来。以前的土地已经在战乱中丧失了，于是拿起瓦刀来养活自己，已经三十多年了。他平时借住在街市里的一户人家，付给这家主人价格合适的房租、饭钱；并且视房租、饭钱的涨落而调整给人家做工的工钱，以来偿付；如果还有剩余，就送给街道上那些残废或忍受病痛饥饿的人。

他又说："粮食，要种植才能从土地中生出；布和丝绸，一定要经过养蚕、纺织才能做成。其他人们生活所需的东西，都是要等到人进行生产加工之后才能完成，这些东西都是我维持生计所依赖的。但是一个人不能什么都干，应当各尽其能、各出其力以满足相互的需要。所以做人君的责任是治理我们，使我们能够生存下去；而对于百官来讲，则应该奉行皇帝的教化。职责有大有小，只是要各尽其能，这就像器皿一样，各有各的用处。饱食终日却怠慢自己应做的事情，就必定会有天降的灾祸。所以我一天也不敢放下瓦刀去进行娱乐。泥瓦工不难学，可以凭力气做好，还确实能干出成绩、拿到工钱；虽然辛劳，但心中无愧，感觉心安理得。体力活是可以咬咬牙就能干好的，而动脑子的事就不是使死劲儿就能表现出高超智慧的；所以做体力劳动的人供人使用，做脑力劳动的人使用别人，也理应如此。我只不过是选择了那种容易做并且能问心无愧取得报酬的行业。

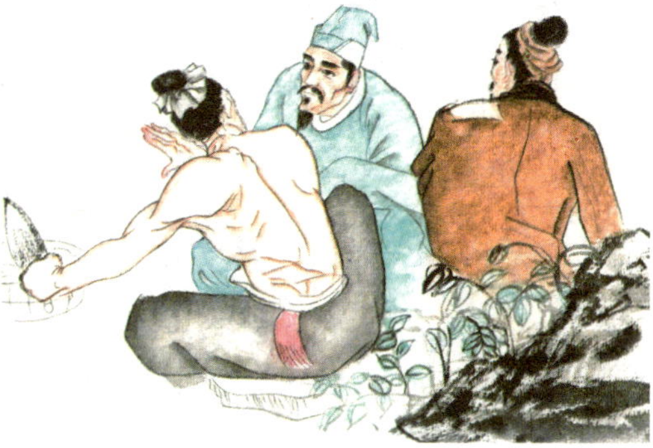

泥瓦匠王承福言说从业心得

“唉！我拿着瓦刀到富贵人家干活也有不少年头了。有去过一次，第二次再去的时候，那里就已经变成了废墟的；有去过两三次，以后再去，也变成了废墟的。问那里的邻居，有的说：‘唉！被判刑处死了。’有的说：‘本人死了，儿孙保不住产业。’有的说：‘死后产业就被官府没收了。’我由此看出，这不就是饱食终日而怠慢职责，因此招致天祸降临的那些人吗？这不就是勉强自己去做才智达不到的事，不管能力才干是否相称，就强行冒进的人吗？这不就是做多了有愧于心的事，明知道不能去做，还强要去做的人吗？这不就是守不住富贵，功劳不大却受了丰厚赏赐的人吗？也许贫富贵贱都有自己的时间，有去有来，不会一成不变的吧？面对这些我心中又不免产生了悲戚怜悯之情，因此我就选择力所能及的事情来做。至于乐于富贵而悲悯贫贱，我和别人又有什么不同？”

他还说：“功劳大的人，能使自己享受的东西也就多。妻子儿女都是要靠我一个人来养活，我能力薄浅，功劳微小，所以没有妻儿也是可以的。而且我又是所谓干力气活的。如果成了家而能力不足以养活妻儿，就还得操心，如此便是又劳力又操心，即使是圣人也做不来了。”

我刚开始听他的话的时候还感到迷惑，接着又想了一下，觉得这大概是一位贤者，大概就是人们常说的独善其身的人吧。但我对他还是有所讥议，认为他为自己打算得过多，为他人考虑得过少，难道是学杨朱之道的人吗？杨朱之道，是不肯拔自己一根汗毛而利天下人的。这个人认为有家室是让人操心的事，不肯为养活妻子儿女费一点儿心思，那他岂肯为别人考虑呢？即使是这样，他比起世上那些唯恐得不到利益又唯恐丧失一点儿利益的人，比那些只求满足人生在世的种种欲望，贪婪邪恶而没有道德，因而丢掉性命的人，那可要好得多了。况且他的言论中也有可以让我有所警醒的东西，因此我就为他写了这篇传记文，用来对照、自省。

讳 辩

【题解】

韩愈欣赏李贺的才学，鼓励他参加进士考试。但是因为李贺父亲之名为晋肃，其中“晋”跟进士的“进”同音，所以有人说李贺参加进士考试会触犯名讳，阻止他考试。韩愈遂写下这篇《讳辩》来进行反驳。韩愈先是引用《礼记》中的“二名律”和“嫌名律”对反对者的话进行还击；然后又考证避讳的历史，从反面证明这么做是没有历史根据的；最后斥责了反对之人，说他们的做法很像是“宦官宫妾”之举，讽刺了对方的荒谬。

【原文】

愈与李贺书，劝贺举进士。贺举进士有名，与贺争名者毁之，曰：“贺父名晋肃，贺不举进士为是，劝之举者为非。”听者不察也，和而倡之，同然一辞。皇甫湜曰："若不明白，子与贺且得罪。”愈曰："然。”

律曰:“二名不偏讳。”释之者曰:“谓若言‘征’不称‘在’,言‘在’不称‘征’是也。”律曰："不讳嫌名[①]。”释之者曰："谓若‘禹’与‘雨’,‘邱’与‘蓲’之类是也。”今贺父名晋肃,贺举进士,为犯二名律乎？为犯嫌名律乎？父名晋肃,子不得举进士。若父名“仁”,子不得为人乎？

夫讳始于何时？作法制以教天下者，非周公、孔子欤？周公作诗不讳，孔子不偏讳二名，《春秋》不讥不讳嫌名。康王钊之孙,实为昭王。曾参之父名皙,曾子不讳“昔”。周之时有骐期,汉之时有杜度,此其子宜如何讳？将讳其嫌,遂讳其姓乎？将不讳其嫌者乎？汉讳武帝名“彻”为“通”,不闻又讳车辙之“辙”为某字也；讳吕后名“雉”为“野鸡”,不闻又讳治天下之“治”为某字也。今上章及诏,不闻讳“浒”“势”“秉”“机”也。惟宦者宫妾,乃不敢言“谕”及“机”,以为触犯。士君子立言行事，宜何所法守也？今考之于经，质之于律，稽之以国家之典，贺举进士为可邪？为不可邪？

凡事父母，得如曾参，可以无讥矣。作人得如周公、孔子，亦可以止矣。今世之士，不务行曾参、周公、孔子之行，而讳亲之名则务胜于曾参、周公、孔子，亦见其惑也。夫周公、孔子、曾参，卒不可胜。胜周公、孔子、曾参，乃比于宦官宫妾。则是宦官宫妾之孝于其亲，贤于周公、孔子、曾参者邪？

【注释】

①嫌名：指与人姓名字音相近的字。

【译文】

我写信给李贺，劝他参加进士科的考试。李贺要考应该能考中，但与他争名的人攻击他，说："李贺的父亲名晋肃，李贺不参加进士科的考试是对的，劝李贺的参加科考的人错了。”听到这话的人也不加以考察，便都随声附和，俨然形成了一致的论调。皇甫湜对我说："如果不把这事说清楚，你和李贺都是罪责难逃啊。”我说："是这样啊。”

古人对于君主和尊长的名字，必须避免直接说出或写出

《礼记》上说："名字的两个字不必都避讳。”解释的人说："孔子的母亲名‘征在’，如果说‘征’则不说‘在’，说‘在’而不说‘征’那样。”《礼记》上又说："人名所用的字，声音相近的不避讳。”解释的人说："就像说‘禹’和‘雨’、‘丘’和‘蓲’一类的字。”李贺的父亲名晋肃，李贺参加进士科考试，是违反了名字的两个字不必都避讳的礼法呢？还是犯了名字声音相近的不避讳的礼法？父亲名叫晋肃，儿子就不能参加进士科考试，如果父亲名“仁”，儿子就不得做人了吗？

避讳是从什么时候开始的？制定礼法制度来教化天下百姓的，不是周公、孔子吗？周公作诗时不避讳，两个字的名字，孔子只避讳其中的一个字。《春秋》对于人名声音相近是不避讳的，不加以讥讽。周康王名钊，他的孙子，谥号昭王。曾参的父亲名皙，曾子不避讳“昔”字。周朝有叫骐期的，汉朝有叫杜度的，那他们的儿子应当如何避讳？是为了避讳与名同音的字，连姓也改了吗？还是不避讳与名同音的字呢？汉朝因为避讳汉武帝的名，所以改“彻”为“通”，可也没听说因为避讳而把“车辙”的“辙”改成别的字；又避讳吕后的名“雉”，所以将“雉”改为野鸡，但都没听说因为避讳而把治理天下的“治”改成别的字。现在上奏章和下诏书，没有听说避讳“浒”“势”“秉”“机”一类字的。只有宦官和宫女，才不敢说“谕”字和“机”字，把这当作是触犯天子。士人君子著书行事，应该遵守怎样的法则呢？今天我们从经籍中考察，在典律中探究核对，李贺参加进士科考试，是可以呢？还是不可以呢？

大凡侍奉父母能像曾参那样的，便无可指责。做人能像周公、孔子那样的，就算是做到极致了。当今的士人，不效法曾参、周公、孔子的行为，而在避讳亲长的名字上却要超过他们，这也能看出他们的糊涂了。那周公、孔子、曾参，终究是不能超过的。在避讳上超过周公、孔子、曾参，那就是将自己与宦官、宫女相比了。那么宦官、宫女孝顺亲长父母，能胜于周公、孔子、曾参吗？

◎争臣论◎

【题解】

“争臣”是诤臣的意思。唐德宗的时候，谏议大夫阳城身兼进谏规劝的责任，却不问政事得失，不去劝谏皇帝的不当，而是超然物外、荒废职守。这时，二十五岁的韩愈刚刚考中进士，他看到此状，遂写下这篇《争臣论》，在文中对阳城不向皇帝进谏之举进行指责。据说阳城看到此文后幡然醒悟，还在德宗面前为遭到陷害的大臣陆贽申冤。

【原文】

或问谏议大夫阳城于愈：“可以为有道之士乎哉？学广而闻多，不求闻于人也。行古人之道，居于晋之鄙。晋之鄙人，薰其德而善良者几千人。大臣闻而荐之，天子以为谏议大夫。人皆以为华，阳子不色喜。居于位五年矣，视其德如在野，彼岂以富贵移易其心哉！

愈应之曰：“是《易》所谓恒其德贞，而夫子凶者也。恶得为有道之士乎哉？在《易·蛊》之上九云：‘不事王侯，高尚其事。’《蹇》之六二则曰：‘王臣蹇蹇[①]，匪躬之故。’夫亦以所居之时不一，而所蹈之德不同也。若《蛊》之上九，居无用之地，而致匪躬之节；以《蹇》之六二，在王臣之位，而高不事之心。则冒进之患生，旷官之刺兴；志不可则，而尤不终无也。今阳子在位，不为不久矣；闻天下之得失，不为不熟矣；天子待之，不为不加矣。而未尝一言及于政。视政之得失，若越人视秦人之肥瘠，忽焉不加喜戚于其心。问其官，则曰：‘谏议也。’问其禄，则曰：‘下大夫之秩也。’问其政，则曰‘我不知也。’有道之士，固如是乎哉？且吾闻之：‘有官守者，不得其职则去；有言责者，不得其言则去。’今阳子以为得其言乎哉？得其言而不言，与不得其言而不去，无一可者也。阳子将为禄仕乎？古之人有云：‘仕不为贫，而有时乎为贫。’谓禄仕者也。宜乎辞尊而居卑，辞富而居贫，若抱关击柝者可也。盖孔子尝为委吏矣，尝为乘田矣，亦不敢旷其职，必曰：‘会计当而已矣。’必曰：‘牛羊遂而已矣。’若阳子之秩禄，不为卑且贫，章章明矣，而如此其可乎哉？”

或曰：“否，非若此也。夫阳子恶讪上者，恶为人臣招其君之过而以为名者。故虽谏且议，使人不得而知焉。《书》曰：‘尔有嘉谟嘉猷[②]，则入告尔后于内，尔乃顺之于外，曰：斯谟斯猷，惟我后之德。’夫阳子之用心，亦若此者。”

愈应之曰：“若阳子之用心如此，滋所谓惑者矣。入则谏其君，出不使人知者，大臣宰相者之事，非阳子之所宜行也。夫阳子，本以布衣隐于蓬蒿之下，主上嘉其行谊，擢在此位。官以谏为名，诚宜有以奉其职，使四方后代知朝廷有直言骨鲠之臣，天子有不僭赏、从谏如流之美。庶岩穴之士，闻而慕之，束带结发，愿进于阙下而伸其辞说。致吾君于尧舜，熙鸿号于无穷也。若《书》所谓，则大臣宰相之事，非阳子之所宜行也。且阳子之心将使君人者恶闻其过乎？是启之也。"

或曰："阳子之不求闻而人闻之，不求用而君用之，不得已而起，守其道而不变，何子过之深也？"

韩愈作《争臣论》

愈曰："自古圣人贤士皆非有求于闻用也。闵其时之不平，人之不乂[3]，得其道，不敢独善其身，而必以兼济天下也。孜孜矻矻，死而后已。故禹过家门不入，孔席不暇暖，而墨突不得黔。彼二圣一贤者，岂不知自安佚之为乐哉？诚畏天命而悲人穷也。夫天授人以贤圣才能，岂使自有余而已，诚欲以补其不足者也。耳目之于身也，耳司闻而目司见。听其是非，视其险易，然后身得安焉。圣贤者，时人之耳目也；时人者，圣贤之身也。且阳子之不贤，则将役于贤以奉其上矣。若果贤，则固畏天命而闵人穷也，恶得以自暇逸乎哉？"

或曰："吾闻君子不欲加诸人，而恶讦以为直者[4]。若吾子之论，直则直矣，无乃伤于德而费于辞乎？好尽言以招人过，国武子之所以见杀于齐也，吾子其亦闻乎？"

愈曰："君子居其位，则思死其官；未得位，则思修其辞以明其道。我将以明道也，非以为直而加人也。且国武子不能得善人，而好尽言于乱国，是以见杀。《传》曰：'惟善人能受尽言。'谓其闻而能改之也。子告我曰：'阳子可以为有道之士也。'今虽不能及已，阳子将不得为善人乎哉？"

【注释】

①蹇蹇（jiǎn）：忠心的样子。②谟（mó）：谋略。猷（yóu）：计划。③乂（yì）：治理。④讦（jié）：攻击别人。

【译文】

有人对我提到谏议大夫阳城，说："他可以算是有道之士了吧？学问广博，见识也多，却不求显身扬名。奉行古人的道德，居住在晋地的边境。晋地边境受到他道德熏染因而从善的人近千。大臣听到了这件事便举荐了他，天子任命他为谏议大夫。人们都认为这是他的荣耀，他却没有喜色。他居于谏议大夫之位已经有五年了，行为操守仍和隐居时一样。他是不会因为富贵而改变自己的志尚的！"

我回答说："这正是《周易》所说的，长久地保持一种德操而不知变通，对男子来说是危险的，怎能算是有道的人呢？《周易》蛊卦上九爻辞说：'不侍奉王侯，高尚自己的节操。'而蹇卦六二爻辞则说：'君王有难，臣子应该奋不顾身地去救助。'这两种说法的不同是因为所处的时势不同，所以要奉行的准则也就不一样。如果像蛊卦的上九所说的处于没被任用的境地，却表现出奋不顾身的节操；像蹇卦六二所说的处于人臣的地位，却以不侍奉王侯为高尚。那么，前者就会产生钻营利禄的祸害，后者就会引来玩忽职守的指责；这两种做法都是不可效法的，而且这样做引来罪责也是在所难免的。如今阳子居官位不能说不久了，了解朝政的得失不能说不清楚，天子待他也不能说不优厚，而他却从没有说过一句涉及朝政的话。他看待朝政的得失，就像越国人看待秦国人的胖瘦一样，毫不在意，忧喜无动于衷。问他的官职，就说：'谏议大夫。'问他的俸禄，就说：'下大夫的官俸。'问他有关朝政的事情，则说：'我不知道。'有道的人，原本是这样的吗？况且我听说过：'有官职的人，不能忠于职守就应该辞去官职；有进谏规劝责任的人，不能进谏规劝则也应该辞官。现在阳子尽到进谏规劝的责任了吗？有要进谏的言论而不说，与不能尽到进谏的职责，这两样都是不可取的。阳子是为了俸禄而做官的吧？古人说过：'做官不是因为贫穷，但也有因为贫穷而做官的。'这正是说的那些为了俸禄而做官的人。这样的人就应当辞高官而就卑职，辞富贵而守贫寒，做守门巡夜一类差使就差不多了。孔子曾做过管仓库的小官，也当过管理畜场的小官，然而还不敢玩忽职守，必说：'账目都清清楚楚了。'必说：'要使牛羊肥壮才行。'像阳子这样的官阶和俸禄，不低微也不贫苦，这是明摆着的，而他却如此行事，难道可以吗？"

君子居其位，则思死其官

有人又说："不对，不是这样的。阳子不爱讥讽君上，不喜欢身为臣子而以揭露君上的过错来成就自己的声名。所以虽然进言了，并且议论了朝政得失，只是不愿让人知道而已。《尚书》上说：'你有好的谋略建议，就进入后庭告诉你的君主，然后出来在外面附和着说：这些谋略都是出于主上的英明。'阳子的用心，也是这样的。"

我回答说："如果阳子的用心果真如此，那就更加使人迷惑不解了。进去对君主进谏，出来不让他人知道，这是大臣宰相们的事，不是阳子所应该做的。阳子本是平民，隐居在乡村草野之中，主上赞赏他的品行，提拔他到这个位子上。官职的名称是谏议，当然应该有与职位相称的行动，让天下之人、后世的子孙都知道朝廷有刚正不阿、敢于直言进谏的臣子，天子有不滥赏、从谏如流的美称。使得山林中的隐士，听到后产生仰慕之情，于是整理衣带，扎好头发，愿意奔赴朝廷而陈说自己的主张，使我们君主的圣明能比得上尧、舜，美名流传于千秋万世之后。至于《尚书》所说的，那是大臣宰相的事，不是阳子所应该做的。况且阳子那种用心，将会使为人君者不喜欢听到自己的过失，这样就使得君主开始文过饰非啊！"

又有人说："阳子不求名扬天下却有很多人知道他，不求被君主任用而君主却任用了他，他是在不得已的情况下出来做了官，仍能坚持自己的操守而不变，您为什么要如此苛刻地去责备他呢？"

我说："自古圣人贤士都不是追求名扬天下和为君主所用。他们是哀怜世道的不平，民事得不到治理，自己有了道德学问，不敢独善其身，而一定要让天下也跟着受益；为此他们是孜孜不倦，死而后已。所以大禹治水，路过家门口却不进去；孔子回家，席子还没有坐暖就又离开了；墨子回家，饭还没有得就又出门了。这两位圣人一位贤人，难道不知道自己享受闲逸是乐事吗？实在是因为敬畏天命并且同情百姓的贫苦才如此奔波劳碌的。上天把贤德和才能赐给一个人，哪里是只让他个人生活宽裕就算了，实在是想让他以此来裨补别人的不足啊！耳目在身体上的用处，是耳朵负责听，眼睛负责看；听明了是与非，看清了安与险，然后身体才能得以平安。圣贤就是世人的耳目，世人就是圣贤的身体。假如阳子不贤，就应当被贤人役使以侍奉主上；如果是贤人，就应当敬畏天命而同情百姓的贫苦，怎能只图个人的安逸呢？"

还有人说："我听说，君子不会有凌驾于他人之上的念头，而且厌恶以揭露别人的短处作为的梗直的表现。像您这样的议论，直率倒还直率，但是未免有损于道德，并且是空费口舌吧？国武子在齐国被杀的缘由，您大概也听说过吧？"

我回答说："君子在他的官位上，就要准备以身殉职；没有得到官位的，就想着著书立说来阐明自己的主张。我要做的是阐明圣贤之道，并不是要自命梗直而凌驾于他人之上。况且国武子是因为没有遇到贤良的人，并且在政治混乱的国情下又喜好将肚子里的话全都说出来，因此才遭到杀身之祸。《国语》上说：'只有贤良的人才能接受毫无保留的进言。'这是说那些贤良的人听到劝谏之后就能改正过失。你对我说：'阳子可以算得上是有道之人了吧！'我看，他现在虽然还算不上，但阳子不能做一个贤良的人吗？"

◎后十九日复上宰相书◎

【题解】

唐德宗十一年（795）正月初七，韩愈向当时的宰相写信自荐，但是一直未能得到回复。韩愈便接着又写了一封信去表明自己的心迹。这篇文章就是第二次写的信，在信中，韩愈先说写这封信的原因，而后分析求救者和施援者的心态，这其实是暗讽宰相不重视人才，最后又表达了自己渴望得到举荐的迫切心情。整篇文章大起大落，情辞恳切而不卑不亢。

【原文】

二月十六日，前乡贡进士韩愈，谨再拜言相公阁下。

向上书及所著文后，待命凡十有九日，不得命。恐惧不敢逃遁，不知所为。乃复敢自纳于不测之诛，以求毕其说，而请命于左右。

愈闻之，蹈水火者之求免于人也，不惟其父子兄弟之慈爱，然后呼而望之也。将有介于其侧者，虽其所憎怨，苟不至乎欲其死者，则将大其声疾呼而望其仁之也。彼介于其侧者，闻其声而见其事，不惟其父兄子弟之慈爱，然后往而全之也。虽有所憎怨，苟不至乎欲其死者，则将狂奔尽气，濡手足[①]，焦毛发，救之而不辞也。若是者何哉？其势诚急而其情诚可悲也。

愈之强学力行有年矣。愚不惟道之险夷，行且不息，以蹈于穷饿之水火，其既危且亟矣，大其声而疾呼矣，阁下其亦闻而见之矣。其将往而全之欤，抑将安而不救欤？有来言于阁下者曰，有观溺于水而爇于火者[②]，有可救之道而终莫之救也。阁下且以为仁人乎哉？不然，若愈者，亦君子之所宜动心者也。

或谓愈："子言则然矣，宰相则知子矣，如时不可何？"愈窃谓之不知言者，诚其材能不足当吾贤相之举耳。若所谓时者，固在上位者之为耳，非天之所为也。前五六年时，宰相荐闻[③]，尚有自布衣蒙抽擢者，与今岂异时哉？且今节度、观察使，及防御、营田诸小使等，尚得自举判官，无间于已仕未仕者[④]，况在宰相，吾君所尊敬者，而曰不可乎？古之进人者，或取于盗，或举于管库，今布衣虽贱，犹足以方于此。

情隘辞蹙，不知所裁，亦惟少垂怜焉。愈再拜。

【注释】

①濡（rú）：沾湿。②爇（ruò）：烧。③荐闻：举荐奏闻。④间：区别。

【译文】

二月十六日，前乡贡进士韩愈，谨向宰相阁下再次叩拜进言。

前些日子呈上书信及所著的文章后，已经等待了十九天了，一直没有得到您的指示。

我惶恐不安而又不敢逃避，不知如何是好。只得斗胆甘冒那不可预料的责罚，以求把自己想说的话说完，请求得到您的指示。

我听说，遭遇到水火灾害的人向别人求救，不是先考虑对方与自己是否有着父兄子弟间的慈爱之情，然后才去呼喊他们前来，期待他们救助的。他们希望能得到旁边人的救助，即使平时有些怨恨，只要还不至于希望自己毙命于水火之中，也会向他大声疾呼，期望他出于仁慈怜悯之心而帮助自己。那个在他旁边的人，听到他呼救的声音，看到这刻不容缓的态势，也不是先考虑那人是不是与自己有着父子兄弟的慈爱之情，然后才去将他从水火中救出来的。即使与那受灾之人有些怨恨，只要还不至于想要他死，就会拼命地跑过去，弄湿了自己的手脚，烧焦自己毛发，也要前去搭救他而不推辞。像这样是为什么呢？那是因为当时的形势真的是万分紧急，并且那受灾之人的处境实在是让人不能无动于衷啊！

我刻苦学习，努力地实践所学已经有好多年了。因为性情愚笨，所以不曾考虑道路的艰险或平坦，就这样一直不停止地向前走着，以至于陷入了穷困饥饿的水深火热之中，处境是危险而且急迫啊，我大声疾呼来寻求援助，这阁下也是听到看到的了。您是打算将我从水深火热之中救出来呢？还是想要无动于衷地站在一边而不伸援手？有人来向阁下禀告说，有人看见别人溺水或困于火中，有能够相救的办法，但最终却没有加以救助。阁下认为这是有仁爱之心的人吗？如果认为不是，那么像我这样的处境，也是仁人君子所应当动怜悯之心的啊！

有人对我说："你讲得不错，宰相也是了解你的，但是当前时机不允许，有什么办法呢？"我私下里认为，那些不明道理的人，他们的才能确实不足以得到我们贤明的宰相的举荐。如果说到时机，这本是身居高位的人所造就的，并不是上天造就出来的。五六年前，宰相举荐人才，还有从平民百姓中挑选提拔的，与今天相比，从时机上说难道有什么两样吗？况且今天的节度使、观察使以及负责防御、营田等事务的小官吏，尚且能够自己举荐判官，对于所举荐的人是不是已经踏入仕途也不加区分，何况您位居宰相，是我们君主所尊敬的人，难道会说出些拒绝举荐人才的话吗？古时候推举人才，有从小偷中择人提拔的情况，有从管理仓库的人中择人举荐的情况，现在我这样的平民虽然身份卑微，但比起那些人来还是绰绰有余的。

我心中郁结不畅，言辞因此急切，不知该怎样斟酌，也只是希望能稍稍得到您的一点儿照顾怜惜罢了。韩愈再拜。

◎后廿九日复上宰相书◎

【题解】

韩愈向丞相连写了两封信，却一直没得到的回复，于是又写了第三封信，即是本文。本文一改前两封信的婉转曲折，显得十分慷慨激昂。在信中，韩愈以古鉴今，用古代周公求贤若渴的风范，与当今宰相对待人才"默默而已"的无作为相比较，衬托出宰相的庸碌，颇有警诫意义；同时，此文也寄托了作者报国无门的失望和愤慨，在正面说理中暗含讽刺。

【原文】

三月十六日，前乡贡进士韩愈，谨再拜言相公阁下。

愈闻周公之为辅相，其急于见贤也，方一食，三吐其哺，方一沐，三握其发。当是时，天下之贤才，皆已举用；奸邪谗佞欺负之徒，皆已除去；四海皆已无虞，九夷、八蛮之在荒服之外者，皆已宾贡；天灾时变、昆虫草木之妖，皆已销息；天下之所谓礼、乐、刑、政教化之具，皆已修理；风俗皆已敦厚；动植之物、风雨霜露之所霑被者，皆已得宜；休征嘉瑞、麟凤龟龙之属，皆已备至。而周公以圣人之才，凭叔父之亲，其所辅理承化之功，又尽章章如是。其所求进见之士，岂复有贤于周公者哉？不惟不贤于周公而已，岂复有贤于时百执事者哉？岂复有所计议，能补于周公之化者哉？然而周公求之如此其急，惟恐耳目有所不闻见，思虑有所未及，以负成王托周公之意，不得于天下之心。如周公之心，设使其时辅理承化之功，未尽章章如是，而非圣人之才，而无叔父之亲，则将不暇食与沐矣，岂特吐哺握发为勤而止哉？维其如是，故于今颂成王之德，而称周公之功不衰。

今阁下为辅相亦近耳。天下之贤才，岂尽举用？奸邪谗佞欺负之徒，岂尽除去？四海岂尽无虞？九夷、八蛮之在荒服之外者，岂尽宾贡？天灾时变、昆虫草木之妖，岂尽销息？天下之所谓礼、乐、刑、政教化之具，岂尽修理？风俗岂尽敦厚？动植之物、风雨霜露之所霑被者，岂尽得宜？休征嘉瑞、麟凤龟龙之属，岂尽备至？其所求进见之士，虽不足以希望盛德，至比于百执事，岂尽出其下哉？其所称说，岂尽无所补哉？今虽不能如周公吐哺握发，亦宜引而进之，察其所以而去就之，不宜默默而已也。

愈之待命，四十余日矣。书再上，而志不得通。足三及门，而阍人辞焉①。惟其昏愚，不知逃遁，故复有周公之说焉，阁下其亦察之。

古之士，三月不仕则相吊，故出疆必载质。然所以重于自进者，以其于周不可，则去之鲁，于鲁不可，则去之齐，于齐不可，则去之宋，之郑，之秦，之楚也。今天下一君，四海一国，舍乎此则夷狄矣，去父母之邦矣。故士之行道者，不得于朝，则山林而已矣。山林者，士之所独善自养，而不忧天下者之所能安也。如有忧天下之心，则不能矣。故愈每自进而不知愧焉，书亟上②，足数及门而不知止焉。宁独如此而已，惴惴焉惟不得出大贤之门下是惧。亦惟少垂察焉。渎冒威尊③，惶恐无已。愈再拜。

【注释】

①阍（hūn）人：看门人。②亟（qì）：屡次。③渎：没有礼貌。

【译文】

三月十六日，前科乡贡进士韩愈，谨向宰相阁下再次叩拜进言。

我听说周公担任辅佐君王的宰相时，他是急切地想要接见贤士啊，以至于吃一顿饭，要三次吐出口中的食物以会见客人；洗一次头，要三次握住散开了的头发来接见到访的宾客。就在那个时候，天下的贤才都已经被举荐选用了；奸邪谗佞、欺君负恩的小人，都已经清除出去了；四海之内都已经太平无事了；九夷、八蛮等居住在边远地区的部族也都来朝见进贡；天灾和那些不可预知的变故，以及昆虫草木的反常现象，都已经销声匿迹了；天下的所谓礼仪、音乐、刑法、政令等教化工具，都已经完备了；人们的风俗习惯都已经趋于朴实敦厚了；那些靠着风雨霜露的润泽才得以繁衍生长的动植物，都已经是各得其所了；吉祥的征兆，如麒麟、凤凰、灵龟、神龙之类的事物也尽皆出现了。而周公以他圣人的才智，凭借着身为天子叔父的至亲关系，他所辅佐君王、治理国家、秉承先王德治、教化百姓的功绩又都是如此的卓越显著。那些请求进见周公的人，难道还有比周公更加贤能的吗？不仅仅是不能比周公更加贤能，他们中难道还有能够比当时周公手下

后廿九日复上宰相书

各种各样办理具体事务的官吏们更加贤能的吗？难道他们还有什么谋略主张能够对周公的教化有所补益吗？然而周公求贤是如此之急切，唯恐有自己的耳朵眼睛还有没听到没看到的，思虑有没涉及到的地方，从而辜负了周成王托付他辅助治国的一番心意，得不到天下百姓的拥护。像周公这样的用心，假设他当时辅佐治理、秉承先王德治教化的功绩没有如此卓越显著，而他也没有圣人的才智，没有作为君王叔父的至亲关系，那么，恐怕连吃饭、洗头的功夫都没有了，难道只是止于“吐哺握发”吗？正因为如此，所以直到今天，人们还不断地在歌颂成王的德行，而称道周公的功绩啊！

如今阁下做宰相，身份与周公很相近。天下的贤才，难道都已经举荐选用了？奸邪谗佞、欺君负恩的小人，难道都已经清除了吗？四海之内难道都已经是太平无事了吗？九夷、八蛮等居住在边远地区的部族，难道都已经前来朝见进贡了吗？天灾与无可预知的变故，昆虫草木的反常现象，难道都已经销声匿迹了吗？天下的所谓礼仪、音乐、刑法、政令等教化工具，难道都已完备了吗？人们的风俗习惯难道都已经变得朴实淳厚了吗？那些靠着风雨霜露的润泽才得以繁衍生长的动植物，难道都已经各得其所了吗？吉祥的征兆，如麒麟、凤凰、灵龟、神龙之类的事物，难道都已经出现了吗？那些请求进见的人，虽然不足以希望他们有极为高尚的德行，但和您手下各种各样办理具体事务的官吏们相比，才能难道就都在他们之下吗？他们所提出的主张言论，难道一点补益的作用都起不到吗？如今您虽然不能像周公那样为求贤士而吐哺握发，也应该引进、举用他们，考察他们的实际情况后决定辞退或留用，不应该无声无息，不闻不问呀！

我等待您的指示已经四十多天了，一再地呈上书信，而心意却未能得到您的了解体察。三次到达您的府门前，却都被守门人挡了回来。只是我生性愚笨迟钝，不知逃避，所以才又有了关于周公的言论，阁下也能明察其中之意吧！

古时候的士人，三个月不能出仕做官，便要相互慰问，所以他们离开本国而前往他国时，车上一定载着进见时用的礼品。然而他们重视自荐的原因，是因为如果在周朝不被任用，他们就前往鲁国；在鲁国不被任用，就前往齐国；在齐国不被任用，就前往宋国，前往郑国，前往秦国，前往楚国。如今天下只有一个天子，四海之内只有一个国家，舍掉这个国家，就只能去夷狄蛮邦去求仕了，是离开自己的祖国了。所以想要施展自己的抱负主张的士人，不能被朝廷任用，就只有山林隐居一条路了。山林隐居，是士人中那些独善其身，从不为国计民生忧虑的人才能够安心接受的道路。如果还有为天下的事情担忧的心思，就不能安然隐居。所以我每次自荐而不知羞愧，一再上书，不断地登门而不知停止。岂止如此而已，我还惴惴不安，唯恐不能从您这样的大贤人门下求得出身，也希望您能对我稍加理解和体谅。亵渎冒犯了您的威望尊严，心中惶恐不已。韩愈再拜。

◎与于襄阳书◎

【题解】

公元802年，也就是唐贞元十八年，身为国子博士的韩愈向襄州刺史写了一封信，请他资助和举荐自己。韩愈在信中先说“先达之士”和“后进之士”的依存关系，目的在于解释“士之能享大名，显当世”的原因；之后称赞刺史是当世的英才，希望自己能得到他的举荐；最后韩愈又透露了自己的困境。韩愈写作此文虽是有求于别人，口吻却拿捏得当，措辞立意显得谦恭而不谄媚。

【原文】

七月三日，将士郎、守国子四门博士韩愈，谨奉书尚书阁下。

士之能享大名，显当世者，莫不有先达之士、负天下之望者为之前焉。士之能垂休光，照后世者，亦莫不有后进之士、负天下之望者为之后焉。莫为之前，虽美而不彰；莫为之后，虽盛而不传。是二人者，未始不相须也[1]。然而千百载乃一相遇焉，岂上之人无可援，下之人无可推欤？何其相须之殷而相遇之疏也？其故在下之人负其能不肯谄其上，上之人负其位不肯顾其下。故高材多戚戚之穷，盛位无赫赫之光。是二人者之所为皆过也。未尝干之，不可谓上无其人；未尝求之，不可谓下无其人。愈之诵此言久矣，未尝敢以闻于人。

侧闻阁下抱不世之才，特立而独行，道方而事实，卷舒不随乎时，文武唯其所用，岂愈所谓其人哉？抑未闻后进之士，有遇知于左右，获礼于门下者，岂求之而未得邪？将志存乎立功，而事专乎报主，虽遇其人，未暇礼邪？何其宜闻而久不闻也？

愈虽不材，其自处不敢后于恒人。阁下将求之而未得欤，古人有言："请自隗始。"愈今者惟朝夕刍米仆赁之资是急[2]，不过费阁下一朝之享而足也。如曰："吾志存乎立功，而事专乎报主，虽遇其人，未暇礼焉。"则非愈之所敢知也。世之龊龊者[3]，既不足以语之，磊落奇伟之人，又不能听焉，则信乎命之穷也！谨献旧所为文一十八首，如赐览观，亦足知其志之所存。愈恐惧再拜。

【注释】

① 未始：未尝。须：等待。② 刍（chú）：喂牲畜的草。③ 龊龊（chuò）：拘谨无远见的人。

【译文】

七月三日，将士郎、守国子监四门学博士韩愈，谨向尚书阁下呈上此信。

士人能享有盛大的声名，显达于当世的，没有一个不是靠有地位的先辈，为天下人所敬仰的长者为之推荐引导的。士人能留下美名、光照后世的，也没有一个不是靠后起之秀、为天下人所仰望的晚辈来将他们的功业继续发扬光大的。如果后者得不到前者的推荐导引，那他虽有美好的才华和操行，也是不能彰明于世的；如果前者没有后者对其功业进行继承和发扬，那他虽然名盛一时，但也终不能流芳于后世。这两种人，未尝不是相互等待的。然而二者千百年才能相遇一次，难道是身处高位的人中没有可以攀附的，身处低位的人中没有可以引荐的吗？为什么二者都是殷切地等待对方的出现却又总是难以相遇呢？这其中的缘故大概是身处低位的人恃才傲物，不肯冒阿谀献媚之嫌去寻求援引；身处高位的人也为其身份官职所束缚，不肯对身居下位的士人有所关照。因此饱学之士常常是郁郁不得志，身居显位的人也不能光照千古。这两种人的行为都是有过错的啊。没有去请求援引，就不可以说上面没有能举贤使能的人；没有去寻求，就不能说下面没有值得推荐的人。我默念这些话已经很久了，但从未曾敢对别人说起过这些。

我从旁听说阁下身怀世所罕有的才能，特立独行，道德方正而且注重于务实，屈伸去就不是因为迎合潮流而动，文韬武略运用自如，难道您不正是我所说的那种为天下人所敬仰的前辈长者吗？可是又未曾听说哪位晚辈得到您的赏识，受到您的礼遇。难道是因为没有寻求到合适的人才吗？还是志在建功立业，把精力全部放到了报效君主上面，虽然遇到了可以举荐的人才，但却无暇以礼相待呢？为什么本应该听到您为国举贤的事迹，却久久没有听到呢？

我虽然没什么才能，但对自己的要求却不敢落后于一般人。阁下如果是希望寻得人才但没有找到合适的，那么古人曾有这样的话："请从我郭隗开始吧！"我现在只为早晚的柴草、粮食、仆役和租金等费用着急，而这些只不过有阁下一顿早餐的费用就足以应付了。如果阁下说："我的志向是建功立业，把精力全部放到了报效君主上面，虽然遇到了可以举荐的人才，但却无暇以礼相待。"那就不是我敢去了解的了。世上那些目光短浅、器量狭小的人，不值得我把这些话告诉他，而那些光明磊落、雄奇伟岸的人又不能倾听我的诉说，那么我就只能相信我命运的不通达了！谨向阁下献上过去所写的十八篇文章，如蒙过目，就足以了解我的志向所在。我诚惶诚恐，再拜。

◎与陈给事书◎

【题解】

"陈给事"指的是唐德宗朝的门下省给事中陈京。韩愈写这封信是希望陈给事能重新了解自己，恢复昔日的友谊。他委婉地倾诉了几次进见的情况，陈述自己的苦衷。一路顿挫跌宕，波澜层叠。

【原文】

愈再拜：愈之获见于阁下有年矣。始者亦尝辱一言之誉，贫贱也，衣食于奔走，不得朝夕继见。其后阁下位益尊，伺候于门墙者日益进。夫位益尊，则贱者日隔；伺候于门墙者日益进，则爱博而情不专。愈也道不加修，而文日益有名。夫道不加修，则贤者不与；文日益有名，则同进者忌。始之以日隔之疏，加之以不专之望，以不与者之心，而听忌者之说。由是阁下之庭无愈之迹矣。

去年春，亦尝一进谒于左右矣①。温乎其容，若加其新也；属乎其言，若闵其穷也。退而喜也，以告于人。其后如东京取妻子，又不得朝夕继见。及其还也，亦尝一进谒于左右矣。邈乎其容②，若不察其愚也；悄乎其言，若不接其情也。退而惧也，不敢复进。

今则释然悟，翻然悔曰：其邈也，乃所以怒其来之不继也；其悄也，乃所以示其意也。不敏之诛，无所逃避。不敢遂进，辄自疏其所以，并献近所为《复志赋》以下十首，为一卷，卷有标轴。《送孟郊序》一首，生纸写，不加装饰，皆有揩字注字处③。急于自解而谢，不能俟更写。阁下取其意，而略其礼可也。愈恐惧再拜。

【注释】

① 进谒（yè）：前去拜见。② 邈（miǎo）：此处当冷淡、疏远讲。③ 揩（kāi）：涂抹。

【译文】

韩愈再拜：我有幸与阁下结交已经有些年头了。开始也曾承蒙您夸奖过一两句，但我由于贫贱，为了衣食而到处奔走，所以不能时常来拜见您。之后阁下的地位变得愈加尊贵，在您的门前墙下侍奉的人也越来越多。地位愈是尊贵，就会与贫贱者日益疏远；侍奉在门前墙下的人越多，则变得越加博爱和感情不专注。我在道德修养方面没有什么提高，而文章却日益有名。道德修养没有提高，那么贤者就不屑于同我交往；文章日益有名，那么跟我一同寻求援引的人便会产生妒忌。起初您和我由于不常见面而变得关系疏远，加上您对我并不专注的期望，怀着不愿与人交往的心态，又听见了妒忌者对我的恶语相讥。这样阁下的门庭也就难见韩愈的足迹了。

去年春天，我也曾拜谒过您一次。您神情温和，好像接待新交的朋友一样；您的言语殷切热情，好像是怜悯我的穷困失意。告辞回家，我心情十分高兴，便把这些告诉了别人。此后，我前往东京去接妻小，因而又不能时常去拜见您。等到我回来，也曾拜谒过您一次。

您的表情冷淡，好像是不体察我的愚衷；少言寡语，好像并不领会我的情意。告辞回家，我心中惶恐不安，于是不敢再来拜见您了。

现在我则是如释重负，幡然悔悟到：您的表情冷淡，正是恼怒我没有时常来看望您；您少言寡语，正是用以表达这样的心意。对于我生性愚钝的责怪，我是无所逃避的了。我不敢就这样冒昧地去见您，因此写信来向您陈述情由，并献上近来所作的《复志赋》以下十篇文章，作为一卷，卷端有标记。《送孟郊序》一篇，用生纸写成，不加装饰，各篇都有涂改添字的地方，因为急于剖白自己并向您谢罪，于是等不到重新誊写清楚之后才向您呈上。希望阁下能接受我的情意而不计较礼节方面的不周。韩愈诚惶诚恐，再拜。

韩愈三十三岁时回京师待选，两年后为四门博士，这段时间收留了侄子韩老成一家，养家十分困难，所以希望得到他人资助，此篇《与陈给事书》，正是基于这样的情况而写的

◎应科目时与人书◎

【题解】

唐朝的科举制规定，考中进士的举子不能直接授予官职，还得参加分科考试，考完后朝廷再封给官职。韩愈考中进士后，于次年参加了博学宏词科的考试。在考试之前，他写了这封给韦舍人的信，希望对方能帮他做些宣传。在此文中，韩愈把自己比喻成“怪物”，它困于涸泽，却有很美好的愿望，即想有朝一日能在碧水清波之中大显身手。这篇文章表现了韩愈渴望能有一番作为的志向。

【原文】

月、日，愈再拜：天池之滨，大江之溃[①]，曰有怪物焉，盖非常鳞凡介之品汇匹俦也。其得水，变化风雨，上下于天不难也。其不及水，盖寻常尺寸之间耳。无高山、大陵、旷途、绝险为之关隔也，然其穷涸，不能自致乎水，为猵獭之笑者[②]，盖十八九矣。如有力者，哀其穷而运转之，盖一举手、一投足之劳也。然是物也，负其异于众也，且曰：“烂死于沙泥，吾宁乐之。若俯首帖耳，摇尾而乞怜者，非我之志也。”是以有力者遇之，熟视之若无睹也。其死其生，固不可知也。

今又有有力者当其前矣。聊试仰首一鸣号焉，庸讵知有力者不哀其穷[③]，而忘一举手、一投足之劳，而转之清波乎？其哀之，命也。其不哀之，命也。知其在命，而且鸣号之者，亦命也。愈今者实有类于是。是以忘其疏愚之罪，而有是说焉。阁下其亦怜察之。

【注释】

①溃（fén）：水边。②猵（biān）獭（tǎ）：生活在水边的小兽，善游泳，捕鱼为食。③庸讵（jù）：怎，岂。

【译文】

某月某日，韩愈再拜：天池的水边，长江的岸旁，据说有一种怪物，它不是普通的鳞

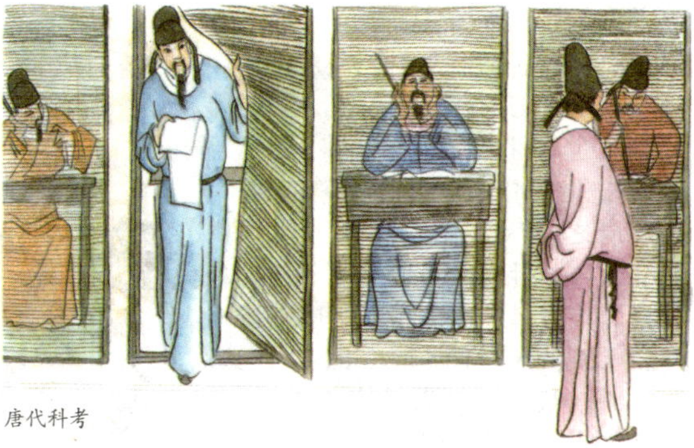
唐代科考

甲类动物所能相比的。它得到水，就能呼风唤雨，上天下地都不困难。如果没有得到水，恐怕只能在很小的范围内活动。虽然没有高高的山脉、巨大的丘陵、宽广的道路、特别的险阻成为阻碍，然而它也只能在干涸的水泽里挣扎，不能使自己到达有水的地方，十有八九会成为水獭所嘲笑的对象。这时候如果有一位有力气的人，因为哀怜它的困顿而帮它移动迁徙，也许只是举手投足之劳就可以完成了。但此物却因其与众不同而自负，还说："烂死在泥沙中，我也甘愿。要我俯首帖耳，摇尾乞怜，就绝非我的本愿。"所以即使是有力气的人遇到他，也是熟视无睹。这怪物到底是死是活，实在是不能知道的了。

现在又有一位有力者出现在它的面前，它想暂且试着抬头号叫一次吧，怎知道这位有力量的人不会哀怜它的困顿，而不计较一举手、一投足的劳动，把它转移到水中去呢？有力量的人哀怜它，是命运的安排；不哀怜它，也是命运的安排。明白一切都是命中注定的，但还是想号叫一声的，这也是命运所致吧。我目前的处境，实在与它有类似处。因此也就不顾自己的疏忽与愚笨的罪过，说出以上的言论，希望阁下也能对我的处境有所体察。

送孟东野序

【题解】

孟东野即孟郊，中晚唐著名诗人。他一生贫寒，四十六岁才中进士，五十四岁出为溧阳县尉。远离家乡，到一个小县做官，这自然不是得意的事情。韩愈写下这篇文章作为对孟郊的临别赠言，以劝导宽解他。文中充满了对孟郊的同情和对当权者不能任用人才的不满。

【原文】

大凡物不得其平则鸣。草木之无声，风挠之鸣。水之无声，风荡之鸣。其跃也，或激之；其趋也①，或梗之②；其沸也，或炙之。金石之无声，或击之鸣。人之于言也亦然，有不得已者而后言，其歌也有思，其哭也有怀。凡出乎口而为声者，其皆有弗平者乎！

乐也者，郁于中而泄于外者也，择其善鸣者而假之鸣。金、石、丝、竹、匏、土、革、木八者，物之善鸣者也。维天之于时也亦然，择其善鸣者而假之鸣。是故以鸟鸣春，以雷鸣夏，以虫鸣秋，以风鸣冬。四时之相推夺，其必有不得其平者乎！其于人也亦然，人声之精者为言，文辞之于言，又其精也，尤择其善鸣者而假之鸣。

其在唐、虞，咎陶、禹，其善鸣者也，而假以鸣。夔弗能以文辞鸣，又自假于《韶》以鸣。夏之时，五子以其歌鸣。伊尹鸣殷。周公鸣周。凡载于《诗》《书》六艺，皆鸣之善者也。周之衰，孔子之徒鸣之，其声大而远。传曰："天将以夫子为木铎。"其弗信矣乎？其末也，庄周以其荒唐之辞鸣。楚，大国也，其亡也，以屈原鸣。臧孙辰、孟轲、荀卿，以道鸣者也。杨朱、墨翟、管夷吾、晏婴、老聃、申不害、韩非、慎到、田骈、邹衍、尸佼、孙武、张仪、苏秦之属，皆以其术鸣。秦之兴，李斯鸣之。汉之时，司马迁、相如、扬雄，最其善鸣者也。其下魏、晋氏，鸣者不及于古，然亦未尝绝也。就其善者，其声清以浮，其节数以急，其辞淫以哀，其志弛以肆。其为言也，乱杂而无章。将天丑其德莫之顾邪？何为乎不鸣其善鸣者也？

唐之有天下，陈子昂、苏源明、元结、李白、杜甫、李观，皆以其所能鸣。其存而在下者，孟郊东野始以其诗鸣。其高出魏、晋，不懈而及于古③，其他浸淫乎汉氏矣。从吾游者，李翱、张籍其尤也。三子者之鸣信善矣。抑不知天将和其声而使鸣国家之盛邪？抑将穷饿其身，思愁其心肠，而使自鸣其不幸邪？三子者之命，则悬乎天矣。其在上也，奚以喜？其在下也，奚以悲？东野之役于江南也，有若不释然者，故吾道其命于天者以解之。

孟郊赴任

【注释】

①趋：奔流。②梗（gěng）：阻塞。③不懈：无懈可击。

【译文】

大凡事物失去其固有的平稳状态就要开始鸣叫。草木本身不能发出声音，风去扰动它的时候就会发出声响。水本身不能发出声音，风去激荡它的时候就会发出声响。水的奔腾激跃是由于受到了阻碍，哗哗急流是因为受到了堵塞，沸腾滚开是因为有火在烧煮。金石自己不能发出声音，但敲击它就能鸣响。人与语言之间的关系也是一样，有了不得已的事情然后才张嘴说话，那么他的歌唱也是暗含情思的，他的哭泣也是情深所致。凡是出于口而发为声音的，大概都有不平的地方吧！

音乐，是将郁结在心中的喜怒哀乐抒发出来，选择善于鸣响的东西并且凭借它来发出鸣叫。金、石、丝、竹、匏、土、革、木这八类东西，是器物中善于鸣响的东西。天对于四时也是这样，选择善于鸣响的东西并且凭借它来发出鸣叫。所以用鸟来鸣春天，用雷来鸣夏天，用虫来鸣秋天，用风来鸣冬天。四时的推移交替，其中必定有什么不得平衡的地方吧！对于人来说也是一样。人类声音的精华是语言，文辞对于语言来说，又是语言中的精华，所以尤其选择那些善于鸣的从而凭借他们来鸣。

在唐尧、虞舜的时代，咎陶、禹是善于鸣的，就凭借他们来鸣。夔不能用文辞来鸣，就借着自己制作的《韶》乐来鸣。夏代的时候，太康的五个兄弟用他们的歌来鸣。伊尹鸣于殷代。周公鸣于周代。凡是记载在《诗》《书》六艺中的，都是鸣得最好的。周朝衰败了，孔子师徒便鸣了起来，他们的鸣声洪大而又长远。《论语》上记载说："天将以夫子作为晓喻众人的木铎。"这能不相信吗？到了周朝末年，庄周用他那宏大玄虚的文辞来鸣。楚国，乃是大国，它快要灭亡的时候，就通过屈原来鸣。臧孙辰、孟轲、荀卿等人，都是用他们的学说来鸣的。杨朱、墨翟、管夷吾、晏婴、老聃、申不害、韩非、慎到、田骈、邹衍、尸佼、孙武、张仪、苏秦这一类人，都是用他们各自的主张来鸣。秦朝兴起，李斯为它而鸣。汉朝的时候，司马迁、司马相如、扬雄，是其中最善于鸣的了。下面的魏晋时期，鸣的人不及古代的人，但也从未断绝。就其中善鸣的人看，他们的声音清越而浮泛，节奏紧密而急促，文辞靡丽而哀伤，思想空疏而放纵，至于所发表的言论，则是杂乱无章。这莫非是上天憎恶他们的德行而不肯眷顾他们吗？为何不让善于鸣的人来鸣呢？

唐得天下以来，陈子昂、苏源明、元结、李白、杜甫、李观，都用他们各自擅长的来鸣。现在活在世上而且处于下位的善鸣者，就得说最初用诗来鸣的孟郊东野了。他在诗歌上的成就已经高出了魏、晋时代的文人，其中精妙的已经达到了上古诗歌的水平，其他的作品也接近汉代的水平了。跟我交游的人中，以李翱、张籍最为杰出。这三位先生鸣得实在是很好。但不知道上天是将和谐他们的声音而让他们来鸣国家的兴盛呢？还是想使他们挨饿受穷，愁绪满怀，因此歌唱他们自己的不幸呢？这三位先生的命运如何，就完全取决于上天的安排了。他们身居高位，又有什么可喜的？身处下位，又有什么可悲的？东野这次去江南任职，心中好像还有放不下的愁事，所以我跟他讲讲命由天定的道理来宽解他。

送李愿归盘谷序

【题解】

唐德宗贞元十六年（800），韩愈因谏迎佛骨一事，得罪了德宗皇帝，遭到罢黜。丢官后的韩愈闲居在洛阳，郁郁寡欢。适逢韩愈的好友李愿要到盘谷隐居，韩愈为他写下这篇送归之作。此文大部分是引述李愿自己的言语，介绍盘谷的地理概况；不过，韩愈写作此文另有深意，他是想寄托自己的生不逢时，不愿再为名利奔波，情愿隐居山林。

【原文】

太行之阳有盘谷。盘谷之间，泉甘而土肥，草木丛茂，居民鲜少。或曰："谓其环两山之间，故曰'盘'。"或曰："是谷也，宅幽而势阻，隐者之所盘旋。"友人李愿居之。

愿之言曰："人之称大丈夫者，我知之矣。利泽施于人，名声昭于时。坐于庙朝，进退百官，而佐天子出令。其在外，则竖旗旄，罗弓矢，武夫前呵，从者塞途，供给之人，各执其物，夹道而疾驰。喜有赏，怒有刑，才俊满前，道古今而誉盛德，入耳而不烦。曲眉丰颊，清声而便体，秀外而惠中，飘轻裾，翳长袖，粉白黛绿者，列屋而闲居。妒宠而负恃，争妍而取怜。大丈夫之遇知于天子，用力于当世者之所为也。吾非恶此而逃之，是有命焉，不可幸而致也。

"穷居而野处，升高而望远。坐茂树以终日，濯清泉以自洁①。采于山，美可茹②；钓于水，鲜可食。起居无时，惟适之安。与其有誉于前，孰若无毁于其后；与其有乐于身，孰若无忧于其心。车服不维，刀锯不加，理乱不知，黜陟不闻。大丈夫不遇于时者之所为也，我则行之。

"伺候于公卿之门，奔走于形势之途，足将进而趑趄③，口将言而嗫嚅④。处污秽而不羞，触刑辟而诛戮。侥幸于万一，老死而后止者，其于为人贤不肖何如也？"

昌黎韩愈，闻其言而壮之，与之酒而为之歌曰："盘之中，维子之宫；盘之土，可以稼；盘之泉，可濯可沿；盘之阻，谁争子所？窈而深，廓其有容；缭而曲，如往而复。嗟盘之乐兮，乐且无央。虎豹远迹兮，蛟龙遁藏；鬼神守护兮，呵禁不祥。饮且食兮寿而康，无不足兮奚所望？膏吾车兮秣吾马，从子于盘兮，终吾身以徜徉。"

【注释】

① 濯（zhuó）：洗涤。② 茹（rú）：食。③ 趑（zī）趄（jū）：想前进而又不敢前进。④ 嗫（niè）嚅（rú）：想说而又吞吞吐吐不敢说出来。

【译文】

太行山的南面有个叫盘谷的地方，盘谷之间，泉水甘甜而且土地肥沃，草木葱郁茂盛，

盘谷景色图

居民稀少。有人说："因为它处于两山环抱之间，所以称之为'盘'。"有人说："这个山谷，环境幽静而地势险阻，是隐者徘徊逗留的地方。"我的朋友李愿就隐居在这里。

李愿曾经说过这样的话："世人所说的那些大丈夫，我是知道的。他们把恩惠施给别人，让名声显扬于当世。他们坐在朝廷之上，决定百官的进退，辅佐天子颁布政令。他们到了外地，就树起旗帜，排列弓箭，武士在前面吆喝开道，随从挤满了所经路途，供应服侍的人，拿着各自的东西，在道路两边往来飞奔。他们高兴的时候就赏赐，发怒的时候就惩罚，贤才俊杰站满了身前，又是谈古论今又是歌功颂德，满耳都是赞誉之声而不觉得厌烦。那些眉毛弯弯，脸颊丰腴，声音清脆，体态轻盈，秀外慧中的美人们，飘动着轻柔的衣襟，拖着长长的袖子，脸上施了白粉而眉毛画成黛绿，闲住在一列列的房屋里。她们嫉妒别人得宠，又都认为自己才色无双，为了博取主人的爱怜而斗美争妍。这就是那些被天子所赏识，为治理当今天下而出力的大丈夫们的所作所为啊。我并非厌恶这些而故意逃避，只是人各有命，是不能靠侥幸取得的。

"隐居草野之间，过着清贫的生活，登临高处，极目远望。终日坐在茂密的树林里，用清澈的泉水洗浴以保持自己的清洁。从山上采来的果蔬，甘美可口；从水中钓得的鱼虾，鲜嫩可食。起居没有一定的时间，只求舒适安闲。与其当面听到赞誉之辞，不如背后不遭人毁损；与其身体感官得到娱乐刺激，不如内心无忧无虑快然自足。不受功名利禄的束缚，也没有遭到刑罚罪责的危险；天下是得到治理还是混乱无序不去了解，仕途上谪贬升迁诸事一概不闻不问。这是那些生不逢时的大丈夫所做的，我就这样去做。

"至于那些侍奉在公卿门前，奔走于权势显贵中间，脚刚迈出而又踌躇不前，口刚张开而又犹豫不语，处于污秽之中而不知羞耻，触犯刑法而遭诛戮，为了侥幸得到时机，直到老死才肯罢休的人，他们的为人究竟是贤呢？还是不贤？"

昌黎韩愈听了这番话而不觉心中澎湃，为他敬酒并且为他唱了一首歌说："盘谷中间，有你的家园；盘谷的土地，可以栽种庄稼；盘谷的清泉，可以洗浴其中，又可顺流闲游；盘谷的地势险阻，又有谁来争夺您的住所？这里的环境幽静而深远，宽阔而空旷；山路萦回而曲折，向前走却不觉回到了原处。盘谷中的乐趣啊，快乐而没有穷尽。虎豹远离这里，蛟龙遁逃躲藏；神鬼守护着这里，驱走不祥与祸殃。边饮边食啊长寿康健，没有不满足啊又能有什么奢望？给我的车上油啊，喂好我的马，跟随您去盘谷啊，让我终生在那里徜徉。"

送董邵南序

【题解】

董邵南是韩愈的好友，他任侠好学，却一生怀才不遇，多次考进士都没有考中，于是想到藩镇割据的河北寻找机遇。在临行之前，韩愈写了这篇文章当作临行前的赠言。文中对友人怀才不遇的处境深表同情，并以委婉精妙的语言劝友人留在长安为朝廷效力。

【原文】

燕赵古称多感慨悲歌之士。董生举进士，连不得志于有司，怀抱利器[①]，郁郁适兹土。吾知其必有合也。董生勉乎哉！

夫以子之不遇时，苟慕义强仁者皆爱惜焉。矧燕赵之士[②]，出乎其性者哉！然吾尝闻风俗与化移易，吾恶知其今不异于古所云邪？聊以吾子之行卜之也[③]。董生勉乎哉！

吾因之有所感矣。为我吊望诸君之墓，而观于其市，复有昔时屠狗者乎？为我谢曰："明天子在上，可以出而仕矣！"

【注释】

① 利器：指杰出的才能。② 矧（shěn）：何况。③ 聊：姑且。卜：估计。

【译文】

燕、赵一带自古以来就称说多有慷慨悲歌的豪侠义士。董生考进士，一连几次都不能被主考官所赏识，他怀抱着卓越的才能，带着烦闷的心情前往这个地方。我想他此行一定能有所遇合。董生，努力吧！

像您这样怀才不遇的人，只要是崇尚道义、力行仁德的人都会对您产生怜惜之情。何况燕、赵一带的豪侠义士，惺惺相惜乃是他们的本性使然呢！然而我也听说风俗是会随着教化的变化而变化的，我怎么能知道那里现今的情况和古时候所称说的没有不同呢？那么，姑且以您此行来验证一下吧。董生，努力啊！

我因您此次远行而有所感慨。到了那里以后，请代我去凭吊一下望诸君乐毅的墓，然后到集市上去看看，还有没有像从前高渐离那样靠卖狗肉为生的豪侠之士了？如果有，就代我致意，告诉他们："如今圣明的天子在位，可以出来为朝廷效力了。"

◎送杨少尹序◎

【题解】

杨少尹，名巨源，是唐代德宗时的少尹，因德高望重，深受时人的称赞。杨少尹退休时，韩愈为他写了一篇赠言以作称颂。本文举出了汉代疏广、疏受的例子，疏广、疏受两人是叔侄，他们都曾做官，且都是一到年老就主动退休。韩愈以二人举例是为了衬托杨少尹功成身退的美德。

【原文】

昔疏广、受二子，以年老，一朝辞位而去。于时公卿设供张，祖道都门外，车数百两。道路观者，多叹息泣下，共言其贤。汉史既传其事，而后世工画者又图其迹，至今照人耳目，赫赫若前日事。

国子司业杨君巨源，方以能《诗》训后进，一旦以年满七十，亦白丞相去归其乡。世常说古今人不相及，今杨与二疏，其意岂异也？

予忝在公卿后[①]，遇病不能出。不知杨侯去时，城门外送者几人、车几两、马几匹，道边观者亦有叹息知其为贤与否，而太史氏又能张大其事，为传继二疏踪迹否，不落莫否。见今世无工画者，而画与不画，固不论也。然吾闻杨侯之去，丞相有爱而惜之者，白以为其都少尹，不绝其禄，又为歌诗以劝之。京师之长于诗者，亦属而和之[②]。又不知当时二疏之去，有是事否。古今人同不同，未可知也。

中世士大夫以官为家，罢则无所于归。杨侯始冠，举于其乡，歌《鹿鸣》而来也。今之归，指其树曰：“某树吾先人之所种也，某水某丘，吾童子时所钓游也。”乡人莫不加敬，诫子孙以杨侯不去其乡为法。古之所谓乡先生，没而可祭于社者，其在斯人欤？其在斯人欤？

韩愈作《送杨少尹序》

【注释】

①忝：谦词，有愧于。②属：写文章。

【译文】

从前疏广、疏受两位先生，因为年纪大了，终于有一天辞去官职，离开了朝廷。当时朝中的公卿大臣在都门设宴为他们饯行，送行的车子多达数百辆。在路边观看的人多是叹息落泪，都在称道他们的贤良。《汉书》已经记载了这件事，而后世擅长绘画的人又画了这个动人的场面，那画卷至今还光彩照人，清清楚楚的就好像是前几天发生的事情一样。

国子司业杨君臣源先生，精通《诗经》并以此教导学生。一到年满七十，也禀告丞相请求辞职还乡。世人常说今人不能与古人相比，如今杨先生与二疏相比，他们的志趣难道有什么不同吗？

我当时也在朝中任职，碰上有病没能去送行。不知杨先生离京的时候，有多少人到城门外去送行，去送行的车辆有多少，马匹有多少；路边观看的人是否也在叹息，是否知道他的贤良；当朝史官是否宣扬了这件事，是否能为其作传以承继二疏的事迹，而不至于让他受到冷落？现今世上没有擅长绘画的人，不过画与画且先不论；然而，我听说杨先生辞官离京，丞相曾表示怜惜叹惋，上表举荐他担任家乡的少尹，不中断他的俸禄，还作了诗劝勉他。京城中那些擅长写诗的人，也都作诗奉和。也不知道当年二疏辞官离京的时候，有这样的事没有。古人与今人相同还是不同，是不能知道的了。

中古时候的士大夫，以官府为家，一旦离职就无处可以归宿。现今则不同。杨先生刚成年的时候，通过乡试中举，在《鹿鸣》的歌乐声中前来京城为官。如今归去，指着某些山水树木说：“这树是我的先人种的。那条河、那个山丘，是我儿童时钓鱼玩耍的地方。”家乡的人无不更加敬重他，告诫子孙要以杨先生不忘怀故里的美德为榜样。古时候所说的“乡先生”，就是那种死后可以在社庙里享受祭祀的人，我想就是杨先生这样的人吧！就是杨先生这样的人吧！

送石处士序

【题解】

石处士名叫石洪，他曾做过黄州录事参军，后又隐居洛阳十年，不再出仕。公元801年，河阳节度使乌重胤为了平定成德节度使王承宗的叛乱，特意征召石洪入他的幕府出谋划策，石洪欣然接受。此文就是韩愈为石处士此行写的送别之文。本文开头写乌氏求贤若渴，石洪才学渊博、志节品高，这是为石洪入乌氏幕府做铺垫；然后再写石洪出仕的三大理由，以及自己对乌氏、石洪的一番忠告，即“惟义终归”，也就是让他们做忠义之士。

【原文】

河阳军节度、御史大夫乌公为节度之三月，求士于从事之贤者。有荐石先生者。公曰："先生何如？"曰："先生居嵩、邙、瀍、谷之间[1]，冬一裘，夏一葛；食，朝夕饭一盂，蔬一盘。人与之钱，则辞；请与出游，未尝以事免；劝之仕，不应。坐一室，左右图书。与之语道理，辨古今事当否，论人高下，事后当成败，若河决下流而东注，若驷马驾轻车就熟路，而王良、造父为之先后也，若烛照，数计而龟卜也。"大夫曰："先生有以自老，无求于人，其肯为某来邪？"从事曰："大夫文武忠孝，求士为国，不私于家。方今寇集于恒，师环其疆，农不耕收，财粟殚亡。吾所处地，归输之涂，治法征谋，宜有所出。先生仁且勇，若以义请而强委重焉，其何说之辞？"于是撰书词，具马币，卜日以授使者，求先生之庐而请焉。

先生不告于妻子，不谋于朋友，冠带出见客，拜受书礼于门内。宵则沐浴，戒行李，载书册，问道所由，告行于常所来往。晨则毕至张上东门外[2]，酒三行，且起。有执爵而言者曰："大夫真能以义取人，先生真能以道自任，决去就。为先生别。"又酌而祝曰："凡去就出处何常？惟义之归。遂以为先生寿。"又酌而祝曰："使大夫恒无变其初，无务富其家而饥其师，无甘受佞人而外敬正士，无昧于谄言，惟先生是听。以能有成功，保天子之宠命。"又祝曰："使先生无图利于大夫，而私便其身图。"先生起拜祝辞曰："敢不敬早夜以求从祝规？"于是东都之人士，咸知大夫与先生果能相与以有成也。遂各为歌诗六韵，遣愈为之序云。

【注释】

①嵩：嵩山。邙（máng）：邙山。瀍（chán）：中国河南省北部的一条河，向东流入洛河。谷：水名，洛河的支流。②张（zhàng）：为宴会设置器具。

【译文】

河阳军节度使、御史大夫乌公，担任节度使的第三个月，就向幕僚中贤能的人访求人才。有人推荐了石先生。乌公问道："石先生是怎么样的？"回答说："石先生住在嵩、邙两山与瀍、谷两水之间，冬天披一件皮裘，夏天穿一身葛衫。每天吃早晚两顿饭，都是粗饭一碗，蔬菜一盘。别人给他钱，他辞谢不收；邀请他一起出游，从没有借故推辞；劝他出来做官，却不肯答应。他常坐在一间房子里，左右都是图书。与他谈论道理，分析古今事情的是非得失，评论人物的高下短长，探讨事情的成败之由，他的言论就像河水决口而奔流向东；如同四匹马拉着轻车，走在熟悉的道路上，而且有王良、造父这样的驾车能手在前后驾驭；又像烛光照耀那样明亮，像蓍草算卦、龟甲占卜那样灵验准确。"乌大夫说："石先生有志隐居终老，无求于人，他肯来为我效力吗？"幕僚说："大夫文武双全，忠正仁孝，访求贤士是为了国家，不是为了自家的私利。当今叛匪聚集在恒州，军队环围在恒州的疆界，他们使农民不能耕种收获，钱财粮食都要消耗殆尽。我们所处的地方，是输送粮食财物的要道，治理的方法，征讨的谋略，应该有人来统筹。石先生仁义而有胆识，若以大义相请并且强委重任给他，他还有什么可说的呢？"于是撰写好书信，准备了马匹、财物，选择吉日交付给使者，让他们寻访石先生的住处以请他出山。

石先生闻讯后，没有告诉妻子，没有同朋友商议，便穿戴整齐地出来见客，在屋里恭敬地接受了书信和礼物，当夜就沐浴、准备行李、装载书籍，打听好前往的道路，向常有往来的朋友告别。第二天清晨，朋友们都到了东门外为他饯行。酒斟了三次，石先生就要起身上路，有人端着酒杯致辞说："乌大夫真能以道义取人，先生也真能以道义自任，决定进退。这杯酒为先生送别。"又斟了一杯酒，祝愿说："大凡出仕或者隐退，有什么一成不变的标准呢？全由道义决定吧。这杯酒祝先生长寿。"又斟了一杯酒祝愿说："但愿乌大夫永远不改变他的初衷，不要只顾自家富足而让士兵挨饿，不要内心喜欢听阿谀逢迎之人的奉承而只在表面敬重正直的人，不要被谗言所蒙蔽，而要专一听从先生的意见。这样才能获得成功，保住天子对自己的恩宠。”又祝愿说：“希望先生不要到大夫那里图谋私利，利用便利来满足私欲。”石先生起身拜谢这些祝词，说：“我怎敢不从早到晚都恭敬地遵照诸位祝词中的规劝去做？”于是东都的人士都知道乌大夫与石先生一定能相互协作而有所成就。于是每人都作了一首六个韵的诗，并叫我为它们作序。

◎送温处士赴河阳军序◎

【题解】

温处士名叫温造，他的际遇跟石洪相似，也曾一度隐居洛阳，后来亦入了乌重胤的幕府。这篇文章的主旨是庆贺温处士受到乌重胤的礼聘。韩愈在文章开头以伯乐相马比喻乌氏善于选拔人才，继而以诙谐的口吻称颂乌氏重视人才，并表达了自己对温造的依依不舍之情。

【原文】

伯乐一过冀北之野，而马群遂空。夫冀北马多天下，伯乐虽善知马，安能空其群邪？解之者曰：“吾所谓空，非无马也，无良马也。伯乐知马，遇其良，辄取之，群无留良焉。苟无良，虽谓无马，不为虚语矣。”

东都，固士大夫之冀北也。恃才能深藏而不市者，洛之北涯曰石生，其南涯曰温生。大夫乌公，以𫓧钺镇河阳之三月①，以石生为才，以礼为罗，罗而致之幕下。未数月也，以温生为才，于是以石生为媒，以礼为罗，又罗而致之幕下。东都虽信多才士，朝取一人焉，拔其尤；暮取一人焉，拔其尤。自居守河南尹，以及百司之执事，与吾辈二县之大夫，政有所不通，事有所可疑，奚所咨而处焉？士大夫之去位而巷处者，谁与嬉游？小子后生，于何考德而问业焉？缙绅之东西行过是都者，无所礼于其庐。若是而称曰：“大夫乌公一镇河阳，而东都处士之庐无人焉。”岂不可也？

温处士赴河阳军

夫南面而听天下，其所托重而恃力者，惟相与将耳。相为天子得人于朝廷，将为天子得文武士于幕下，求内外无治，不可得也。愈縻于兹②，不能自引去，资二生以待老。今皆为有力者夺之，其何能无介然于怀邪？生既至，拜公于军门，其为吾以前所称，为天下贺；以后所称，为吾致私怨于尽取也。留守相公首为四韵诗歌其事，愈因推其意而序之。

【注释】

①𫓧（fū）钺（yuè）：执行军法时用以杀人的斧子。②縻（mí）：束缚牵制。

【译文】

伯乐一经过冀北的原野，马群于是就没有了。冀北是天下产马最多的地方，伯乐虽然善于相马，怎能使马群都没有了呢？解释的人说："我所说的没有，不是说没有马了，而是说没有好马了。伯乐善于相马，遇到好马，立即就把它挑走了，所以马群中就没剩下什么好马了。如若马群中没有好马了，即使说没有马，也不算是虚言妄语吧。"

东都洛阳，本是士大夫的"冀北"啊。自负有才而隐逸山林不肯出来做官的，洛水之北有石生，洛水之南有温生。御史大夫乌公，以节度使的身份镇守河阳的第三个月，认为石生是个人才，用礼遇作为罗致的方式，把他罗致到自己的幕下。没过几个月，又认为温生是个人才，于是以石生为媒，用礼遇作为罗致的方式，又把温生罗致到自己到幕下，东都洛阳虽然确实是人才会集的地方，但早上挑走一个，选拔出其中突出的；晚上挑走一个，又选拔出其中突出的，人才能不被选空吗？这样一来，从东都留守、河南府尹，到各个部门的官员，以及我们这些洛阳、河南二县的官员，碰到不好处理的政事，事情有了疑难，到哪儿去咨询请教从而妥善处理呢？离职闲居在家的士大夫，跟谁去交游呢？青年后辈，到哪儿去考究德行、请教学业呢？东来西往路过东都的官员，也无法登门拜访他们了。像这样的情况，人们称赞说："御史大夫乌公一镇守河阳，东都隐居之士的居所便没人居住了。"难道不能这样说吗？

天子治理天下，他所能托付国家大事，并且依靠其力量的人，只有宰相与大将而已。宰相为天子罗致人才到朝廷，大将为天子罗致文人武士于幕下，若是这样，即便是想让朝廷内外得不到治理，也是不可能的。我羁留在此地做县令，不能自行引退，想要依赖石、温二人得以相守终老。如今他们都被有权势的人夺走了，我心中怎能毫不介意呢？温生到任，在辕门之前拜见了乌公，就如我前面所说的那样，这是让天下都为之庆贺的喜事；就如我后面所说的那样，因为人才都被选空而招致了我个人的埋怨。东都留守相公首先作了一首四韵诗来歌颂起这件事，我顺着他的意思推演，写了这篇序文。

◎祭十二郎文◎

【题解】

本篇是韩愈悼念侄子的祭文。十二郎是韩愈次兄韩介之子，过继给韩愈的长兄韩会，在其家族中排行十二。韩愈三岁丧父，由长兄韩会、嫂郑氏抚养，自幼与侄儿十二郎同窗共读，相依相伴，感情很深。韩愈离开家乡出仕做官以后，与十二郎聚少离多，他本打算一切安定下来以后再把侄子接来同住，不料十二郎青年夭折。韩愈怀着万分沉痛的心情写下了这篇祭文，此文被誉为祭文中的"千年绝调"。

【原文】

年月日，季父愈闻汝丧之七日，乃能衔哀致诚，使建中远具时羞之奠，告汝十二郎之灵：

呜呼！吾少孤，及长，不省所怙[①]，惟兄嫂是依。中年，兄殁南方，吾与汝俱幼，从嫂归葬河阳。既又与汝就食江南，零丁孤苦，未尝一日相离也。吾上有三兄，皆不幸早世。承先人后者，在孙惟汝，在子惟吾。两世一身，形单影只。嫂尝抚汝指吾而言曰："韩氏两世，惟此而已！"汝时尤小，当不复记忆；吾时虽能记忆，亦未知其言之悲也！

吾年十九，始来京城。其后四年，而归视汝。又四年，吾往河阳省坟墓，遇汝从嫂丧来葬。又二年，吾佐董丞相于汴州，汝来省吾，止一岁，请归取其孥[②]。明年，丞相薨，吾去汴州，汝不果来。是年，吾佐戎徐州，使取汝者始行，吾又罢去，汝又不果来。吾念，汝从于东，东亦客也，不可以久，图久远者，莫如西归，将成家而致汝。呜呼！孰谓汝遽去吾而殁乎？

吾与汝俱少年，以为虽暂相别，终当久相与处，故舍汝而旅食京师，以求斗斛之禄。

诚知其如此，虽万乘之公相，吾不以一日辍汝而就也！

悲闻十二郎去世

去年，孟东野往，吾书与汝曰："吾年未四十，而视茫茫，而发苍苍，而齿牙动摇。念诸父与诸兄，皆康强而早世，如吾之衰者，其能久存乎？吾不可去，汝不肯来，恐旦暮死，而汝抱无涯之戚也。"孰谓少者殁而长者存，强者夭而病者全乎？呜呼！其信然邪？其梦邪？其传之非其真邪？信也，吾兄之盛德而夭其嗣乎？汝之纯明而不克蒙其泽乎？少者强者而夭殁，长者衰者而存全乎？未可以为信也！梦也，传之非其真也，东野之书，耿兰之报，何为而在吾侧也？呜呼！其信然矣！吾兄之盛德而夭其嗣矣！汝之纯明宜业其家者，不克蒙其泽矣！所谓天者诚难测，而神者诚难明矣！所谓理者不可推，而寿者不可知矣！

虽然，吾自今年来，苍苍者或化而为白矣，动摇者或脱而落矣，毛血日益衰，志气日益微，几何不从汝而死也。死而有知，其几何离？其无知，悲不几时，而不悲者无穷期矣。汝之子始十岁，吾之子始五岁，少而强者不可保，如此孩提者，又可冀其成立邪？呜呼哀哉！呜呼哀哉！

汝去年书云："比得软脚病，往往而剧。"吾曰："是疾也，江南之人常常有之。"未始以为忧也。呜呼，其竟以此而殒其生乎？抑别有疾而致斯乎？

汝之书，六月十七日也；东野云，汝殁以六月二日；耿兰之报无月日。盖东野之使者，不知问家人以月日；如耿兰之报，不知当言月日。东野与吾书，乃问使者，使者妄称以应之耳。其然乎？其不然乎？

今吾使建中祭汝，吊汝之孤与汝之乳母。彼有食可守以待终丧，则待终丧而取以来；如不能守以终丧，则遂取以来。其余奴婢，并令守汝丧。吾力能改葬，终葬汝于先人之兆，然后惟其所愿。

呜呼！汝病吾不知时，汝殁吾不知日，生不能相养以共居，殁不能抚汝以尽哀，敛不凭其棺，窆不临其穴③。吾行负神明，而使汝夭。不孝不慈，而不得与汝相养以生，相守以死。一在天之涯，一在地之角，生而影不与吾形相依，死而魂不与吾梦相接，吾实为之，其又何尤！"彼苍者天"，"曷其有极"！

自今以往，吾其无意于人世矣！当求数顷之田于伊、颍之上，以待余年。教吾子与汝子，幸其成；长吾女与汝女，待其嫁。如此而已。

呜呼！言有穷而情不可终，汝其知也邪？其不知也邪？呜呼哀哉！尚飨。

【注释】

①怙（hù）：依靠。②孥（nú）：妻子和儿女的统称。③窆（biǎn）：埋葬。

【译文】

某年某月某日，叔父韩愈在听到你去世消息的第七天，才得以强忍哀痛，倾诉衷肠，派建中从远方备办了应时的佳肴作为祭品，祭告于十二郎的灵前：

唉！我很小的时候就成了孤儿，等到长大，不知道该依靠谁，只有兄嫂能够与之相依。

哥哥才到中年就客死南方，那时我和你都还年幼，跟随嫂嫂把哥哥归葬在河阳。后来又和你到江南谋生，零丁孤苦，不曾有一天分开啊。我上面有三个哥哥，都不幸早逝。能继承先人而作为后嗣的，在孙子辈中只有你，在儿子辈中只有我。子孙两代各剩一人，真是形单影孤啊。嫂嫂曾经一手抚着你，一手指我说："韩家两代人，就只剩你们两个了！"你当时比我更小，应当是不会记得了；我当时虽然能记事了，但并不能明白嫂嫂的话中蕴含着多少的悲凉啊！

我十九岁那年，才初次来到京城。过了四年，我回去看过你。又过了四年，我前往河阳祖坟凭吊，碰上你护着嫂嫂的灵柩前来安葬。又过了两年，我在汴州做董丞相的助手，你来探望我，住了一年，便要求回去接妻子。第二年，董丞相去世，我离开汴州，你没有来成。这一年，我到徐州协理军务，派去接你的人刚动身，我又离职，你又没能来成。我思忖着，就算你跟着我到东边来，也是客居在这里，不是长久之计；如果从长远打算，不如等我回到西边，先安好家然后再接你过来。唉！谁能料到你突然离开我而死去了呢？

当初我和你都年轻，以为尽管暂时分别，终会长久地住在一起，所以我才丢下你跑到京城来求取功名，以求微薄的俸禄。要是早知道会是这样的结果，即使是做极为尊贵的宰相公卿，我也不会有一天离开你而去就任啊！

去年孟东野到你那边去，我捎信给你说："我虽然还不到四十岁，可是视力已经模糊，头发已经斑白，牙齿也有松动的了。想到我的叔伯父兄都是身体强健但却早早地死去，像我这样身体衰弱的人，能活得长久吗？我离不开这里，你又不肯前来，我是深恐有朝一日我放手人寰，你就将陷入无边无际的悲哀啊！"谁知年轻的先死去了而年长的还活着，强健的夭折而病弱的却保全了呢？唉！这是真的呢？还是做梦呢？还是传来的消息不真呢？如果是真的，我哥哥美好的德行反而会使他的儿子夭折吗？像你这样的纯正聪明却不能承受先人的恩泽吗？年轻的、强健的反而夭折，年长的、衰弱的反而保全，这真是让人不能相信的啊！如果是在做梦，是传来的消息不真实；可是，东野的书信，耿兰的报丧，为什么又在我的身边呢？唉！这是真的啊！我哥哥有品行美好而他的儿子却夭折了！你纯正聪明，最适合继承家业，却不能承受先人的恩泽了！这就是所谓的天命实难预测，神旨实难明白呀！所谓的天理没法推究，寿命不能知晓呀！

虽然如此，我自今年以来，斑白的头发已经变成全白了，动摇的牙齿有的已经脱落了，身体愈加的衰弱，精神日益衰减，没有多久也要随你同去了！如果你地下有知，那我们的分离又还能有多久呢？如果你长眠地下，不再有任何的知觉，那我也就悲伤不了多少时日，而不悲伤的日子倒是无穷无尽啊！你的儿子刚十岁，我的儿子刚五岁，年轻而强健的尚不能保全，像这样的小孩子，又能期望他们长大成人吗？唉！实在可悲啊！实在可悲啊！

你去年来信说："近来得了软脚病，时常发作得厉害。"我回信说："这种病，江南的人常常有。"并未因此而开始忧虑。唉！难道这种病竟然夺去了你的生命吗？还是另有疾病而导致如此的结局呢？

你的信，是六月十七日写的；东野来信说，你死于六月二日；耿兰报丧没有说过世的日期。大约东野的使者没有想到要向家人问明死期；耿兰报丧，不知道要讲明死期。东野写信给我，才问使者，使者就信口编了一个应付。是这样呢？还是不是这样呢？

如今我派建中去祭奠你，慰问你的儿子和你的乳母。他们如果有粮食可以守丧到丧期终了，就等到丧满以后再把他们接过来；如果无法守到丧期终了，那我现在就把他们接过来。其余的奴婢，就让他们为你守丧吧。等到我有能力改葬你的时候，一定把你的灵柩迁回到祖先的墓地安葬，这样做了，才算了却我的心愿。

唉！你生病我不知道是什么时候，你死了我不知道是哪个日子，健在的时候不能互相照顾、同住一起；你死以后不能抚摸你的遗体来表达我的哀思；入敛的时候不能紧靠你的棺木扶灵，下葬的时候不能亲临你的墓穴。我的德行有负于神灵，因而使你夭折。我对上不能孝顺，对下不能慈爱，因而不能和你互相照顾以为生，相依相守直至死。一个在天涯，一个在地角，活着的时候你的影子不能与我的身形相依，死去之后你的灵魂又不曾来到我的梦中；这实在都是我造成的,还能怨谁呢！“茫茫无际的苍天啊”“我的悲痛哪里有尽头”！

从今以后，我对人世没有什么可留恋的了！应当在伊水、颍水旁边买几顷田，打发我剩余的时光。教育我的儿子和你的儿子，期望他们长大成才；抚养我的女儿和你的女儿，等待她们受聘出嫁。如此而已。

唉！话有说尽的时候，而感情却没有终止的地方，你是知道呢？还是什么都不知道了呢？唉！悲哀呀！请享用我的祭品吧！

◎祭鳄鱼文◎

【题解】

唐宪宗元和十四年（819），时任刑部侍郎的韩愈因谏迎佛骨被贬为潮州刺史。潮州当时多鳄鱼，掠食人畜物产，危害甚大。针对这种情况，韩愈写下了这篇对鳄鱼的最后通牒，要它们自行迁往海边，远离人群，否则便将其尽数消灭。《新唐书·韩愈传》载，韩愈以此文祭过鳄鱼之后，鳄鱼西徙六十里，从此潮州不再有鳄鱼为患。

【原文】

维年月日，潮州刺史韩愈，使军事衙推秦济，以羊一、猪一投恶溪之潭水，以与鳄鱼食，而告之曰：昔先王既有天下，列山泽，罔绳擉刃，以除虫蛇恶物为民害者，驱而出之四海之外。及后王德薄，不能远有，则江、汉之间，尚皆弃之，以与蛮、夷、楚、越。况潮，岭海之间，去京师万里哉？鳄鱼之涵淹卵育于此①，亦固其所。今天子嗣唐位，神圣慈武，四海之外，六合之内，皆抚而有之，况禹迹所揜②，扬州之近地，刺史、县令之所治，出贡赋以供天地宗庙百神之祀之壤者哉？鳄鱼其不可与刺史杂处此土也！

刺史受天子命，守此土，治此民，而鳄鱼睅然不安溪潭③，据处食民、畜、熊、豕、鹿、獐，以肥其身，以种其子孙，与刺史亢拒，争为长雄。刺史虽驽弱，亦安肯为鳄鱼低首下心，伈伈睍睍④，为民吏羞，以偷活于此邪？且承天子命以来为吏，固其势不得不与鳄鱼辨。

鳄鱼有知，其听刺史言：潮之州，大海在其南。鲸、鹏之大，虾、蟹之细，无不容归，以生以食。鳄鱼朝发而夕至也。今与鳄鱼约，尽三日，其率丑类南徙于海，以避天子之命吏。三日不能，至五日；五日不能，至七日；七日不能，是终不肯徙也，是不有刺史，听从其言也。不然，则是鳄鱼冥顽不灵，刺史虽有言，不闻不知也。夫傲天子之命吏，不听其言，不徙以避之，与冥顽不灵而为民物害者，皆可杀。刺史则选材技吏民，操强弓毒矢，以与鳄鱼从事，必尽杀乃止。

【注释】

①涵（hán）淹：潜伏。②揜（yǎn）：覆盖。③睅（hàn）然：凶狠地瞪着眼睛。④伈伈（xǐn）：恐惧。睍睍（xiàn）：因为害怕不敢正视。

【译文】

在某年某月某日，潮州刺史韩愈，派遣军事衙推秦济，把一只羊、一只猪投到恶溪的潭水里，给鳄鱼吃，并且对鳄鱼说：在古代，先王拥有天下以后，封锁山林湖泽，结网捕，用刀刺，把那些祸害人民的虫蛇恶兽驱逐到四海之外。到了后来，有些君主恩德薄浅，不

祭鳄鱼

能拥有远处的土地，连长江、汉江之间的地方尚且都丢给蛮、夷、楚、越，更何况潮州地处五岭和南海之间，距离京城有万里之遥呢？鳄鱼在这里潜伏繁衍，也算是很适宜的场所。当今的天子，继承了大唐的皇位，神圣仁慈而又威武，四海之外，宇宙之内，全在他的统辖之下，更何况大禹行迹所至，古时扬州的近邻，刺史、县令所治理，进贡纳税以供天地宗庙百神祭祀的潮州呢？鳄鱼啊，你们不能和我这个刺史一同居住在这片土地上啊！

刺史奉天子的命令，镇守此地，治理这里的人民，而鳄鱼却凶狠地睁着眼睛，不安居在潭水里，侵占土地，吞食人、畜、熊、豕、鹿、獐，从而养肥它们的身体，繁殖它们的子孙，与刺史抗衡争雄。我这个刺史虽然愚钝软弱，但岂能在鳄鱼面前低头拜服，战战兢兢，不敢正视，让治民的官吏蒙受耻辱，自己苟且偷生于此呢？况且我奉受天子之命来此为官的，情势上不能不与鳄鱼分个高下。

鳄鱼如果能通人意的话，就听刺史说：潮州这地方，大海就在它的南边，鲸、鹏之类的大动物，虾、蟹之类的小生命，无不被接纳收容，供它们生存，供它们食物。鳄鱼早晨从这里出发，晚上就可以到达那里了。现在与鳄鱼约定：限三天之内，率领你们的同类向南迁徙到海边去，避开天子任命的刺史。三天不够，就五天；五天不够，就七天。如果到了七天还不见行动，那就是终不肯迁移了！那就是目无刺史，不肯听从刺史的劝告了。要不然，就是鳄鱼冥顽而无灵性，刺史虽有言在先，它们却听不见，弄不懂了！凡是藐视天子任命的刺史的，不听他的告诫，不迁走以回避的，还有那些冥顽而无灵性，成为人民牲畜祸害的，都可以杀掉。刺史于是要挑选技艺高强的官吏民众，操起强弓毒箭，和鳄鱼进行战斗，直到斩尽杀绝才肯罢休。你们可别后悔呀！

◎柳子厚墓志铭◎

【题解】

墓志铭是一种悼念死者的文体，包括“志”和“铭”两个部分。“志”一般用散文写出死者的姓名、籍贯、生平。“铭”则以韵文安慰、赞颂死者，统括全篇。本文是韩愈为故去好友柳宗元所写的墓志铭。

【原文】

子厚讳宗元。七世祖庆，为拓跋魏侍中，封济阴公。曾伯祖奭，为唐宰相，与褚遂良、韩瑗俱得罪武后，死高宗朝。皇考讳镇，以事母弃太常博士，求为县令江南。其后以不能媚权贵，失御史。权贵人死，乃复拜侍御史。号为刚直，所与游，皆当世名人。

子厚少精敏，无不通达。逮其父时，虽少年，已自成人。能取进士第，崭然见头角，众谓柳氏有子矣。其后以博学宏词，授集贤殿正字。俊杰廉悍，议论证据今古，出入经史百子，踔厉风发①，率常屈其座人，名声大振，一时皆慕与之交。诸公要人，争欲令出我门下，交口荐誉之。

贞元十九年，由蓝田尉拜监察御史。顺宗即位，拜礼部员外郎。遇用事者得罪，例出为刺史。未至，又例贬永州司马。居闲，益自刻苦，务记览，为词章，泛滥停蓄，为深博无涯涘②，而自肆于山水间。元和中，尝例召至京师，又偕出为刺史，而子厚得柳州。既至，叹曰："是岂不足为政邪？"因其土俗，为设教禁，州人顺赖。其俗以男女质钱，约不时赎，子本相侔③，则没为奴婢。子厚与设方计，悉令赎归。其尤贫力不能者，令书其佣，足相当，则使归其质。观察使下其法于他州，比一岁，免而归者且千人。衡湘以南为进士者，皆以子厚为师。其经承子厚口讲指画为文词者，悉有法度可观。

其召至京师而复为刺史也，中山刘梦得禹锡亦在遣中，当诣播州。子厚泣曰："播州，非人所居，而梦得亲在堂，吾不忍梦得之穷，无辞以白其大人，且万无母子俱往理。"请于朝，将拜疏，愿以柳易播，虽重得罪，死不恨。遇有以梦得事白上者，梦得于是改刺连州。呜呼，士穷乃见节义。今夫平居里巷相慕悦，酒食游戏相征逐，诩诩强笑语以相取下，握手出肺肝相示，指天日涕泣，誓生死不相背负，真若可信。一旦临小利害，仅如毛发比，反眼若不相识，落陷阱，不一引手救，反挤之又下石焉者，皆是也。此宜禽兽夷狄所不忍为，而其人自视以为得计，闻子厚之风，亦可以少愧矣。

子厚前时少年，勇于为人，不自贵重顾藉，谓功业可立就，故坐废退。既退，又无相知有气力得位者推挽，故卒死于穷裔。材不为世用，道不行于时也。使子厚在台、省时，自持其身，已能如司马、刺史时，亦自不斥。斥时有人力能举之，且必复用不穷。然子厚斥不久，穷不极，虽有出于人，其文学辞章，必不能自力以致必传于后如今，无疑也。虽使子厚得所愿，为将相于一时，以彼易此，孰得孰失，必有能辨之者。

子厚以元和十四年十一月八日卒，年四十七。以十五年七月十日归葬万年先人墓侧。子厚有子男二人，长曰周六，始四岁；季曰周七，子厚卒乃生。女子二人，皆幼。其得归葬也，费皆出观察使河东裴君行立。行立有节概，重然诺④，与子厚结交，子厚亦为之尽，竟赖其力。葬子厚于万年之墓者，舅弟卢遵。遵，涿人，性谨慎，学问不厌。自子厚之斥，遵从而家焉，逮其死不去。既往葬子厚，又将经纪其家，庶几有始终者。

铭曰：是惟子厚之室，既固既安，以利其嗣人。

【注释】

①踔（chuō）厉风发：精神奋发，议论纵横。②涯涘（sì）：水的边际。③相侔（móu）：相等。④重然诺：讲信用。

【译文】

子厚，名宗元。他的七世祖柳庆，是北魏的侍中，封济阴公。曾伯祖柳奭，在唐朝曾出任宰相，与褚遂良、韩瑗一同得罪了武后，在高宗时期死去。父亲柳镇，为了侍奉母亲，放弃了太常博士的职位，请求到江南去做县令。后来又因为不能献媚于权贵，失去了御史的官职。直到那个权贵死了，才重新被任命为侍御史。他为人以刚正耿直著称，所交往的都是当时的名士。

子厚小时候就聪敏非常，通晓百事。当他父亲还在世时，他虽然年轻，却已经自立成人。能够考中进士，崭露头角，众人都说柳家有个成器的儿子。以后又通过了博学宏词科的考试，授集贤殿正字。他才智出众，端方刚勇，发表议论时旁征博引，精通经传史籍以及诸子百家的著作；他意气风发，议论深刻犀利而有见地，经常使在座的人为之折服，声名因此而大振，一时间人们都向往与他交往。那些公卿显要们，争着想要把他收作自己的门生，并且一致推荐称赞他。

祭柳子厚

贞元十九年，他由蓝田县尉晋升为监察御史。顺宗即位后，升至礼部员外郎。这时遇上了与他关系密切的当权者获罪，他也按例被遣出朝廷去做刺史。还未到任，又按例再被贬为州司马。他闲居散职却更加刻苦用功，专心记诵，博览群书。他写的诗词文章，文笔汪洋恣肆，气韵雄浑内敛，精深博大有如江海之无边无际，但只能纵情于山水之间罢了。元和年间，朝廷曾将他和一道被贬的人召回京城，又将他们一道遣放出京去做刺史，子厚被分派到柳州。到任之初，他曾经感叹说："这里难道就不值得施行政教吗？"于是根据当地的风俗，推行教化，制定禁令，柳州民众于是顺从并且信赖他。当地的风俗是向人借钱时以儿女作为抵押，如不能按约定的期限将人赎回，等到应付的利钱与本钱相等时，就没收为奴婢。子厚为借钱的人筹划万全之策，让他们全都能将子女赎回。其中尤其贫穷而实在无力赎取的，就让债主把被质押的人每天的工钱记录下来，等到工钱足以抵销借款的本利时，便要债主归还人质。观察使把这个办法颁行到其他的州，刚到一年，免除了奴婢身份而归家的人就有近千人之多。衡山和湘水以南考进士的人，都把子厚当作老师。那些经过子厚亲自指点而写文章的人，文章中都可以看到很好的写作法度。

当子厚被召回京城而又复出为刺史的时候，中山人刘梦得禹锡也在遣放之列，应当前往播州。子厚流着眼泪说："播州，不是人所适宜居住的地方，而梦得还有老母在堂，我不忍心看到梦得的处境困窘，以至无法对母亲说这件事，况且也绝没有让母子同赴播州的道理。"于是向朝廷请求，上书皇帝，愿以柳州换播州，即使因此再次获罪，虽死无恨。此时正好又有人将梦得的事禀报了皇帝，梦得因此改做连州刺史。唉！士人在困窘时才最能表现出节义。当今的人们平日里同居于街巷之中，互相敬慕要好，竞相设宴邀客游戏娱乐，强作笑颜以示谦卑友好，握手倾诉以表明要肝胆相照，指着苍天太阳痛哭流涕，发誓要生死与共，不相背离。情之真、语之切好像这一切皆发自肺腑。然而一旦碰上小的利害冲突，哪怕小得仅如毛发一般，就会反目相向，好像从来都不认识一样。若是你落入陷阱，他不但不伸手援救，反而乘机排挤，往下丢石头，这样的人到处都是。这都是禽兽和野蛮民族都不忍心去做的，而那些人却自以为自己的算计很是成功。当他们听到子厚的为人风度，也可以稍稍知道羞愧了吧。

子厚过去年轻，为人不顾一切，不知道保重和顾惜自己，以为可以很快地成就功名事业，因此遭到牵连而被贬黜。被贬以后，又缺少了解自己并且正得其位的权贵推荐提携，所以最终死在穷乡僻壤之间，才能不为当世所用，抱负也未能得到施展。假使子厚在御史台和尚书省的时候，能够对自己的言行有所把握，像后来做司马、刺史时候一样，也就不会遭受贬斥了。假使遭受贬斥之后，有人能够极力保举他，也一定会重新得到起用而不致陷入穷困的境地。然而子厚被贬斥的时间如果不长，其穷困如果没有到达极点，他虽然能在功业上超越别人，而他的文学辞章，必定不会因为自己的刻苦不息而传诵于后世，这一点是确定无疑的。即便是子厚满足了个人心愿，在一个时期内出将入相，但用那个交换这个，

韩愈作《柳子厚墓志铭》

哪个是得，哪个是失，人们是能明辨的。

子厚于元和十四年十一月八日去世，享年四十七岁。他的灵柩于元和十五年七月十日迁回万年县祖坟安葬。子厚有两个儿子，长子名叫周六，刚刚四岁；次子名叫周七，子厚死后才出生。还有两个女儿，都还幼小。子厚能归葬于祖坟，费用皆出自现任观察使的河东人裴行立。行立有节操气概，讲求信守诺言，和子厚交情很深，子厚对他也是尽心尽力，最后全靠他出力料理。把子厚安葬在万年县祖坟的，是他的表弟卢遵。卢遵是涿州人，生性谨慎，做起学问来孜孜不倦。自从子厚被贬斥以来，卢遵就一直跟他住在一起，直到他去世，从没有离开过。送子厚归葬以后，又准备安排料理子厚的家事，他可以说是一位有始有终的人了。

铭文：这里是子厚安息的地方，既稳固又安宁，但愿一切有利于他的后代。

卷九 唐宋文

柳宗元

（773 ~ 819）

柳宗元，字子厚，河东解（今山西省运城市盐湖区解州镇）人，世称柳河东。贞元九年（793）中进士，贞元十四年（798）考取博学宏词科，先后任集贤殿正字、蓝田县尉和监察御史里行。因参加主张革新政治的王叔文集团而被贬为永州司马。后迁柳州（今属广西）刺史，故又称“柳柳州”。与韩愈皆倡导古文运动，并称“韩柳”，同列入“唐宋八大家”中。有《河东先生集》。

驳《复仇议》

【题解】

唐朝武则天年间，同州下邽县尉赵师韫害死了该地平民徐爽。徐元庆见父亲被杀，便杀死了赵师韫，事后自首谢罪。此事发生后，诗人陈子昂写了一篇文章《复仇议》，主张应当先处死徐元庆，以正国法；不过，在他死后，也应当表彰他的孝行。一百多年后，柳宗元对此事有不同看法，他觉得徐元庆杀赵师韫是有原因的，不能枉杀，遂写下此文，反驳陈子昂的《复仇议》。在本文中，柳宗元认为赏罚不能并举，应该断定好这件事的是非曲直，才可以进行赏或是罚。此文强调儒家的礼仪观念，认为它是评定善恶黑白的标准，这也是此文的主旨。

【原文】

臣伏见天后时，有同州下邽人徐元庆者，父爽为县尉赵师韫所杀，卒能手刃父仇，束身归罪。当时谏臣陈子昂建议诛之而旌其闾，且请“编之于令，永为国典”。臣窃独过之。

臣闻礼之大本，以防乱也。若曰无为贼虐，凡为子者杀无赦。刑之大本，亦以防乱也。若曰无为贼虐，凡为治者杀无赦。其本则合，其用则异。旌与诛莫得而并焉。诛其可旌，兹谓滥，黩刑甚矣。旌其可诛，兹谓僭[①]，坏礼甚矣。果以是示于天下，传于后代，趋义者不知所向，违害者不知所立，以是为典可乎？

盖圣人之制，穷理以定赏罚，本情以正褒贬，统于一而已矣。向使刺谳其诚伪[②]，考正其曲直，原始而求其端，则刑礼之用，判然离矣。何者？若元庆之父，不陷于公罪，师韫之诛，独以其私怨，奋其吏气，虐于非辜；州牧不知罪，刑官不知问，上下蒙冒，吁号不闻。而元庆能以戴天为大耻，枕戈为得礼，处心积虑，以冲仇人之胸，介然自克，即死无憾，是守礼而行义也。执事者宜有惭色，将谢之不暇，而又何诛焉？

其或元庆之父，不免于罪，师韫之诛，不愆于法[③]。是非死于吏也，是死于法也。法其可仇乎？仇天子之法，而戕奉法之吏，是悖骜而凌上也[④]。执而诛之，所以正邦典，而又何旌焉？

且其议曰："人必有子，子必有亲，亲亲相仇，其乱谁救？"是惑于礼也甚矣。礼之所谓仇者，盖其冤抑沉痛而号无告也，非谓抵罪触法，陷于大戮。而曰："彼杀之，我乃杀之。"不议曲直，暴寡胁弱而已。其非经背圣，不亦甚哉！

《周礼》："调人，掌司万人之仇。凡杀人而义者，令勿仇，仇之则死。有反杀者，邦国交仇之。"又安得亲亲相仇也？《春秋公羊传》曰："父不受诛，子复仇可也。父受诛，子复仇，此推刃之道，复仇不除害。"今若取此以断两下相杀，则合于礼矣。且夫不忘仇，孝也；不爱死，义也。元庆能不越于礼，服孝死义，是必达理而闻道者也。夫达理闻道之人，岂其以王法为敌仇者哉？议者反以为戮，黩刑坏礼，其不可以为典，明矣。

请下臣议附于令。有断斯狱者，不宜以前议从事。谨议。

【注释】

① 僭（jiàn）：超越本分。② 刺：探察。谳（yàn）：审判定罪。③ 愆（qiān）：失误。④ 悖（bèi）骜（ào）：违背和轻视。

【译文】

臣从记载上看到天后在位的时候，在同州下邽县有个叫徐元庆的人，父亲徐爽被县吏赵师韫杀害，他最后能够亲手杀死父亲的仇人，然后自缚其身，投案认罪。当时谏臣陈子昂建议将他处死，而后在他家乡予以表彰，并且请求将这种处理方式"编入法令，永远作为国家法典"。臣个人认为这是不对的。

我听说礼的根本作用，是用以防止暴乱。如果说不许杀人行凶，凡是做儿子的不应复仇而复仇的，要处以死刑而不赦免。刑法的根本作用也是为了防止暴乱，如果说不许杀人行凶，那么凡是做官的，杀害了无辜的人，也是要处以死刑而不能赦免的。礼与刑的本质相同，而具体运用的对象和方法却有不同。因此，表彰和诛杀是不能够同时并行的。杀掉应当表彰的人，这就叫滥杀，这是太过滥用刑法的表现；表彰那应该杀掉的人，这就叫错赏，是严重破坏礼仪规范的。如果真的以这种做法来示范天下，并将其传给后代子孙，那么，追求正义的人就会迷失方向，避免祸患的人就会不知道怎样立身处世了，用这个建议来做为国家的法典，行吗？

大凡圣人的原则，是彻底弄清事理以决定赏罚，根据情由来正确地加以褒贬，无非是把礼和刑结合在一起而已。假使调查、审定了这个案件的真假，考察、辨明了它的是非，研究了案子的发端并探求了它的起因，那么刑与礼的运用，就能明确地加以区别了。为什么呢？如果徐元庆的父亲并没有违法犯罪，赵师韫对他的诛杀，就只是因为个人的仇怨，仗着他做官的蛮横气焰，暴虐地对待无辜的人。州里的长官不去治赵师韫的罪，执法的官员不去过问这件事，上下都蒙骗包庇，对喊冤叫屈的呼声充耳不闻。然而徐元庆能够认为容

柳宗元作文驳《复仇议》

忍杀父的仇人是奇耻大辱，以为身带武器时刻准备报仇是合乎礼义，处心积虑地想要刺穿仇人的胸膛，坚定不移地克制自己，即使丧命也不遗憾；这正是遵守礼而实行义啊。执政的官员对此应该感到惭愧，向徐元庆道歉还来不及，又怎么能去处死他呢？

或者徐元庆的父亲确实有罪，赵师韫杀了他，并不违背法律。这就不是死在官吏的手中，而是死于法律啊。法律难道是可以仇视的吗？仇视天子的法令，而杀害奉行法令的官吏，这是悖逆犯上的行为。抓起来处死他，正是以此来明正国法的行为，又怎么能去表彰他呢？

而且陈子昂的奏议中说："人必定会有儿子，儿子也必定有父母，如果因为爱自己的亲人而互相仇杀，这种混乱的状况谁来解救呢？"这是太不明礼了。礼所说的"仇"，指的是蒙冤受屈，悲痛呼号而无处申诉的情况啊，并不是指触犯法律之后以身抵罪而被处死这种情况。现在却说："他杀了人，我就得杀死他。"这只是不评判是非曲直，欺负胁迫孤单力弱的人罢了。这种论调违反经典、背离圣人之训不是很严重了吗？

《周礼》上说："调人的职务就是负责调解人们之间的怨仇。凡是杀人而符合义的，规定死者的亲属不许报仇，报仇者要判处死刑。有为报复而杀人的，全国的人都仇视他！"这样，又怎么会发生因爱自己的亲人而互相仇杀的现象呢？《春秋·公羊传》上说："父亲罪不当死而被杀，儿子报仇是可以的；父亲按罪当死，儿子报仇，这是会引起不断地互相仇杀的行为，这种复仇不能免除彼此仇杀下去的祸害。"现在如果能采取上述原则来判定赵师韫、徐元庆双方的仇杀，就合乎礼了。况且不忘父仇，这是孝；不吝惜性命，这是义。徐元庆能不越出礼的规范，尽了孝道并为义而死，他一定是个通达事理而明白道义的人。通达事理明白道义的人，难道他会把王法作为仇视的对象吗？可是评议这件事的人反而主张把他处死，这是亵渎刑法、破坏礼义的意见，它不能列为国家法典，是十分清楚的了。

请求把我的意见附于律令之后颁发下去。有审理这类案件的，不应当按照从前的意见去处理。谨对此发表上述看法。

◎桐叶封弟辩◎

【题解】

西周初年，周成王说封给幼弟桐叶，其实这只是一句玩笑话。周公忙来恭贺，并说天子的言辞是不能更改的，成王只好把唐地封给了幼弟。后世评说此事，多支持周公的观点，但是柳宗元却持不同看法，他认为帝王的言辞如果不适合，是可以更改的。文章以周成王桐叶封弟的故事开头，然后再对此事进行发挥，指出帝王言行如果不得当，更改多次也是正常的；然后柳宗元又阐述了为臣之道，即让君王的言行归于正大适中之道；最后柳宗元指出，桐叶封弟的故事是不可信的。

【原文】

古之传者有言：成王以桐叶与小弱弟戏，戏曰："以封汝。"周公入贺。王曰："戏也。"周公曰："天子不可戏。"乃封小弱弟于唐。

吾意不然。王之弟当封邪，周公宜以时言于王，不待其戏而贺以成之也；不当封邪，周公乃成其不中之戏，以地以人与小弱弟者为之主，其得为圣乎？

且周公以王之言不可苟焉而已，必从而成之邪？设有不幸，王以桐叶戏妇、寺[①]，亦将举而从之乎？凡王者之德，在行之何若。设未得其当，虽十易之不为病；要于其当，不可使易也，而况以其戏乎！若戏而必行之，是周公教王遂过也。

吾意周公辅成王，宜以道，从容优乐[②]，要归之大中而已，必不逢其失而为之辞。又不当束缚之，驰骤之，使若牛马然，急则败矣。且家人父子尚不能以此自克，况号为君臣者邪？是直小丈夫䂮䂮者之事③，非周公所宜用，故不可信。

或曰："封唐叔，史佚成之。"

桐叶封弟

【注释】

① 寺：宦官。② 从容：举止行动。优乐嬉戏，开玩笑。③ 䂮䂮（quē）：耍小聪明的样子。

【译文】

古代的记事者有这样的说法：周成王拿着一片桐叶和年幼的弟弟开玩笑，说："拿这个封赏你。"周公跑进来祝贺。成王说："只是个玩笑。"周公说："天子是不可以随便开玩笑的。"于是把唐地封给了这个幼小的弟弟。

我认为事情不当如此。如果成王的弟弟应当得到封地的话，周公就应该及时地向成王进言；不应当等到成王开玩笑的时候才去祝贺和促成这件事；如果不该受封，周公就是成全了一句不恰当的戏言，将土地和人民交给年幼的弟弟去主宰，还能称之为圣人吗？

再说周公只是认为君王说话不能随随便便罢了，有必要一定去顺从促成成王的戏言吗？万一不凑巧，成王拿着桐叶跟妃嫔宦官开玩笑，也打算表示赞同并且完全照办吗？一般说到君王的德行，在于他行事的方向是什么样的。如果行事的方向并不正确恰当，即使更改十次也不为过；务必要使行为得当，得当之后便不再更改，何况桐叶封弟这个行为只是一个玩笑呢？倘若玩笑也一定要奉行，这就成了周公教成王成全自己的过失了。

我认为周公辅佐成王，应当用正确的原则加以引导，让他的休闲娱乐也都能归于正大适中之道就行了，一定不能迎合他的错误并且为他掩饰。也不应当束缚他，驱迫他，使他像牛马一样终日忙碌；催逼得太紧，不免坏事。再说家人父子之间尚且不能用这种方式来加以约束，何况是君主和臣子呢？这不过是庸人和耍小聪明的人干的事，不是周公应当采用的办法，所以是不足相信的。

也有人说："成王封唐地给叔虞这件事，是太史尹佚促成的。"

箕子碑

【题解】

箕子是商纣王的叔父，因封地在箕地而得名。箕子忠直耿介，因不满纣王的暴行，劝说了几句，结果被囚禁起来做了奴隶。周朝建立后，箕子帮助周朝治理国家，获得人们的称赞。柳宗元的这篇文章，就是为纪念箕子而写。在文中，柳宗元先是肯定箕子的"大人之道"，接着把微子和比干与箕子比较，烘托箕子的正直和崇高，然后以具体的事例证明箕子的"正蒙难""法受圣"和"化及民"，最后述及写这篇文章的缘由。

【原文】

凡大人之道有三：一曰正蒙难，二曰法授圣，三曰化及民。

殷有仁人曰箕子，实具兹道以立于世。故孔子述六经之旨，尤殷勤焉。当纣之时，大道悖乱，天威之动不能戒，圣人之言无所用。进死以并命，诚仁矣，无益吾祀，故不为。委身以存祀，诚仁矣，与亡吾国，故不忍。具是二道，有行之者矣。是用保其明哲，与之俯仰，晦是谟范[①]，辱于囚奴，昏而无邪，隤而不息[②]。故在《易》曰："箕子之明夷。"正蒙难也。及天命既改，生人以正，乃出大法，用为圣师。周人得以序彝伦而立大典。故在《书》曰："以箕子归作《洪范》。"法授圣也。及封朝鲜，推道训俗，惟德无陋，惟人无远，用广殷祀，俾夷为华，化及民也。率是大道，丛于厥躬，天地变化，我得其正，其大人欤？

呜呼！当其周时未至，殷祀未殄，比干已死，微子已去。向使纣恶未稔而自毙[③]，武庚念乱以图存，国无其人，谁与兴理？是固人事之或然者也。然则先生隐忍而为此，其有志于斯乎？

唐某年，作庙汲郡，岁时致祀。嘉先生独列于《易》象，作是颂云。

【注释】

① 谟（mó）范：谋略和原则。② 隤（tuì）：跌倒。③ 稔（rěn）：成熟。

【译文】

一般说来，伟大人物立身处世的原则有三个方面：一是灾难临头仍能坚持正道，二是将治理天下的法典传授给圣明的君主，三是使教化遍及万民。

柳宗元为汲郡箕子庙撰写了碑文

商代有位贤人叫箕子，他的确是具备了这三方面的德行，以此在世上立身行事，所以孔子在阐述《六经》的要义时，对他是推崇备至。在纣王的时代，大道被颠倒混淆，天威的震动不能予以制止，圣人的教诲不起作用。那时，冒死进谏，不顾性命，确实是一种"仁"了，但无益于殷人宗祀的延续，因此箕子不去这样做；委曲求全以求先人宗祀的保存，确实也是一种"仁"了，只是这样无异于参与了灭亡自己国家的行动，故而箕子也不忍心这样去做。这两条路，都有人走了。因此箕子保存了自己的明哲睿智，暂且与世浮沉，隐藏自己的见解和主张，辱身于囚犯奴隶中间，貌似糊涂却心中无邪，形同柔弱却自强不息。所以在《易》中说："箕子将明智隐藏在平和的外表之下。"这就是灾难临头却仍能坚持正道啊。等到天命更改了，百姓的生活纳入了正轨，箕子便献出了他的治国大法，因此成为圣君的老师；而周人们也借此来规范社会的伦理道德，创立了典章制度。因此《尚书》中说："因箕子归来而著作了《洪范》。"这便是将治理天下的法典传授给圣明的君主啊。等到箕子到朝鲜受封以后，在那里推行道义、训化民俗，崇尚德行而不论出身是否卑微，看中人的能力而不论关系的亲疏远近；因而扩大了殷人享受祭祀的范围，使夷族接受了华夏文化，使教化广施于民众之中。他遵循大道，将所有崇高的品德都集于一身，天地间事物变化发展，而自己却能始终坚持正道，这就是伟大的人吧？

唉！当那周朝的时运尚未到来，殷朝宗庙的香火还没有断绝，比干已经死掉，微子已经离去；假如纣王还没有恶贯满盈就自己死去了，他的儿子武庚能为暴乱而忧虑并力图保存社稷，这时国中要是没有箕子这样的人才，谁和武庚一起复兴并治理国家呢？这本来也是人事中可能发生的情况啊。这样来看箕子能忍辱含屈到这种地步，大概是在这方面有所期待吧！

唐朝的某一年，在汲郡修建了箕子庙，逢年遇节便祭祀他。我钦佩他能单独被写进《易经》的卦象中，便写了这篇颂。

◎捕蛇者说◎

【题解】

柳宗元被贬为永州司马后，发现很多地方百姓靠捕蛇为生，其中有很多人因此而丧命。这篇文章通过一个姓蒋的捕蛇者的自述，揭示了他自己一家犯险捕蛇的缘由：为了躲避官家繁重的赋役。本文从侧面反映了中唐社会的黑暗，表达了对生活在水深火热中的贫苦百姓的同情。

【原文】

永州之野产异蛇，黑质而白章。触草木，尽死，以啮人，无御之者。然得而腊之以为饵[①]，可以已大风、挛踠、瘘、疠，去死肌，杀三虫。其始太医以王命聚之，岁赋其二。募有能捕之者，当其租入。永之人争奔走焉。

有蒋氏者，专其利三世矣。问之，则曰："吾祖死于是，吾父死于是，今吾嗣为之十二年，几死者数矣。"言之，貌若甚戚者。余悲之，且曰："若毒之乎？余将告于莅事者，更若役，复若赋，则何如？"蒋氏大戚，汪然出涕曰："君将哀而生之乎？则吾斯役之不幸，未若复吾赋不幸之甚也！向吾不为斯役，则久已病矣。自吾氏三世居是乡，积于今六十岁矣。而乡邻之生日蹙，殚其地之出，竭其庐之入，号呼而转徙，饥渴而顿踣[②]。触风雨，犯寒暑，呼嘘毒疠，往往而死者相藉也。曩与吾祖居者[③]，今其室十无一焉；与吾父居者，今其室十无二三焉；与吾居十二年者，今其室十无四五焉。非死则徙尔，而吾以捕蛇独存。悍吏之来吾乡，叫嚣乎东西，隳突乎南北，哗然而骇者，虽鸡狗不得宁焉。吾恂恂而起[④]，视其缶，而吾蛇尚存，则弛然而卧。谨食之，时而献焉。退而甘食其土之有，以尽吾齿。盖一岁之犯死者二焉，其余则熙熙而乐，岂若吾乡邻之旦旦有是哉！今虽死乎此，比吾乡邻之死，则已后矣，又安敢毒邪？"

余闻而愈悲。孔子曰："苛政猛于虎也。"吾尝疑乎是。今以蒋氏观之，犹信。呜呼！孰知赋敛之毒，有甚于是蛇者乎！故为之说，以俟夫观人风者得焉。

【注释】

①腊（xī）：风干。饵：药品。②顿踣（bó）：困顿跌倒。③曩（nǎng）：从前。④恂恂（xún）：小心谨慎的样子。

【译文】

永州的郊野出产一种奇异的蛇，黑色的身体，白色的斑纹。它碰到草木，草木全要死掉；咬了人，就没有医治的办法。但把它捉了来，风干之后制成药饵，却可以治好麻风、肢体僵硬、脖子肿和癞疮等恶性疾病；还可以消除坏死的肌肉，杀死人体内的寄生虫。起初，太医奉皇帝的命令征集这种蛇，每年征收两次，招募能捕捉它的人，用蛇抵应缴的税赋。永州的老百姓都争着去干这件差事。

有个姓蒋的人家，专享这种捕蛇抵税的好处有三代了。我问他，他却说："我爷爷死在捕蛇上，我父亲死在捕蛇上，我接着干这件差事已经十二年了，有好几次险些送了命。"说这话的时候，表情似乎显得很悲伤。我同情他，并且说："你怨恨这件差事吗？我打算告诉

捕蛇者说

主管这事的人，免掉你这件差事，恢复你的赋税，你认为怎么样？”蒋氏听了更显悲苦，眼泪汪汪地说：“您想可怜我，让我活下去吗？可我干这件差事的不幸，还不像恢复我缴税的不幸那么厉害啊。要是过去我不干这件差事，那早就困苦不堪了。从我家祖孙三代定居在这个村子，算起来，到现在有六十年了。乡邻们的生活一天比一天困苦，他们缴光地里的出产，缴光家里的收入，哭号着四处逃亡，又饥又渴，常常跌倒在地，顶着狂风暴雨，冒着严寒酷暑，吸着有毒疠瘴气，常常是死者一个压着一个。从前跟我爷爷住一块儿的，如今这些人家十户中连一户也没有了；跟我父亲住一块儿的，十户中没剩下两三户，跟我一块儿住了十二年的人家中，如今十户中也不到四五户了。不是死光就是逃荒去了。可是我却靠着捕蛇而独自活了下来。凶暴的官吏一到我们村子来，就到处乱闯乱嚷，吓得人们哭天喊地，甚至连鸡狗也不得安宁啊。我提心吊胆地爬起身来，看看那瓦罐子，我的蛇还在里面，这才安心地睡下。我小心地喂养它，到了时候把它交上去。回来后，就可以香甜地吃着我地里出产的东西，来过完我的余年。大约我一年里冒生命危险只有两次，其余的时间却能舒舒坦坦地过日子，哪里像我的邻居们天天都受到死亡的威胁呢！如今即使死在捕蛇上，比起我那些死去的乡邻已经是死得晚的了，又怎么敢怨恨这件差事呢？”

我听了这些话而愈加感到悲痛。孔子说：“横征暴敛比老虎还要凶狠啊。”我曾经怀疑过这句话。现在从蒋氏的遭遇来看，才相信了。唉！谁能想到横征暴敛的毒害比这种毒蛇还要厉害呢！所以我为此事写了这篇《捕蛇者说》，留待那些考察民情的人以为参考。

◎种树郭橐驼传◎

【题解】

唐朝自安史之乱发生后，元气大伤，老百姓的赋税负担很重。柳宗元认为，要想中兴唐朝，唯有与民休息才可，于是写下了这篇寓言式的传记散文，它的主人公是善于种树的郭橐驼。在文中，柳宗元介绍了郭橐驼的事迹和种树之道，提出“顺木之天，以致其性”的道理。本文其实是以郭橐驼种树暗喻统治者与百姓的关系，柳宗元在文末点明了主旨，即为政之道在于顺乎自然，不要用繁重的政令扰民，这样国家才会恢复元气。

【原文】

郭橐驼，不知始何名。病偻，隆然伏行，有类橐驼者，故乡人号之“驼”。驼闻之曰：“甚善，名我固当。”因舍其名，亦自谓“橐驼”云。

其乡曰丰乐乡，在长安西。驼业种树，凡长安豪家富人为观游及卖果者，皆争迎取养。视驼所种树，或迁徙，无不活，且硕茂，蚤实以蕃。他植者虽窥伺效慕，莫能如也。有问之，对曰：“橐驼非能使木寿且孳也，能顺木之天，以致其性焉尔。凡植木之性，其本欲舒，其培欲平，其土欲故，其筑欲密。既然已，勿动勿虑，去不复顾。其莳也若子[①]，其置也若弃。则其天者全而其性得矣。故吾不害其长而已，非有能硕茂之也；不抑耗其实而已，非有能蚤而蕃之也。他植者则不然，根拳而土易。其培之也，若不过焉则不及。苟有能反是者，则又爱之太殷，忧之太勤，旦视而暮抚，已去而复顾。甚者爪其肤以验其生枯，摇其本以观其疏密，而木之性日以离矣。虽曰爱之，其实害之；虽曰忧之，其实仇之。故不我若也，吾又何能为哉！”

问者曰：“以子之道，移之官理可乎？”驼曰：“我知种树而已，官理非吾业也。然吾居乡，见长人者好烦其令，若甚怜焉，而卒以祸。旦暮吏来而呼曰：‘官命促尔耕，勖尔植[②]，督尔获，蚤缫而绪[③]，蚤织而缕，字而幼孩，遂而鸡豚。’鸣鼓而聚之，击木而召之。吾小人辍飧饔以劳吏者，且不得暇，又何以蕃吾生而安吾性邪？故病且怠。若是，则与吾业者其亦有类乎？”

问者嘻曰：“不亦善夫！吾问养树，得养人术。”传其事以为官戒也！

【注释】

①莳（shì）：种，栽。②勖（xù）：勉励。③缫（sāo）：抽茧出丝。

【译文】

郭橐驼，不知道他原名叫什么。他患有佝偻病，整天驼着背，脸朝着地行走，就像骆驼一样，所以乡里人叫他“驼”。橐驼听到后说：“很不错，用这个名字称呼我很恰当。”因此他竟然放弃了原名，也自称起“橐驼”来。

他的家乡叫丰乐乡，在长安城西边。郭橐驼以种树为生，凡是长安那些栽种树木以供玩赏的豪富人家，以及那些种植果树靠卖水果为生的人，都争着把他接到家里去供养。平日里看那橐驼所种的树，即使是移植的，也没有不成活的，而且长得高大茂盛，果实往往结得又早又多。别的种树人虽然暗中观察模仿，也没有谁能比得上他的。有人问他其中的奥秘，他回答说：“橐驼并不能使树木活得长久和旺盛繁殖，只是能顺应树木的天性，让它按照自己的本性生长罢了。树木的本性是：它需要根能得以舒展，它需要培土均匀，它喜欢已经习惯了的土壤，四周的土要捣结实。这样做了之后，就不要再去动它，也不必去为它操心，种好后可以连头也不回地离开。栽种时要像抚育子女一样的细心，种完后要像把它丢弃了一样地不再照看。这样它的天性才能得以保全，它也会按照自己的本性健康成长。所以我只不过是不妨害它生长罢了，并不是能使它长得高大茂盛；只不过是不抑制延缓它果实的生长罢了，并不是能使它的果实结得又早又多。别的种树人就不是这样，他们种树时没有让树根得以伸展，又让它离开了已经习惯了的土壤。他们培土，不是土多了就是土不够。如果有能不同于这样种植的，则又爱护得过分，总是想着它，早晨去看看，晚上去摸摸，离开之后又跑来看一下。更有甚者竟然抓破树皮来验查它是死是活，摇动根株来观察栽得是松是紧；这样的话，树木就会一天天地偏离它生长的本性了。这些人虽说是爱它，其实是害它；虽说是担心它，其实是与它为敌。所以他们种树都比不上我，其实我又有什么特殊能耐呢？”

问的人说：“把你种树的道理，转用到做官治理百姓上，可以吗？”橐驼说：“我只知道种树而已，做官治理百姓不是我的职业。但是我住在乡里的时候，看见那些当官的喜好颁布繁多琐碎的命令，好像很

柳宗元与种树者郭橐驼言

怜惜老百姓，结果却给百姓们带来灾祸。早晚都有差役跑来大喊：‘长官命令，催促你们耕地，鼓励你们种植，督促你们收割，早些缫你们的丝，早些织你们的布，抚养好你们的小孩，喂大你们的鸡和猪。’时不时地敲起鼓将大家聚到一起，打着梆子将大家招来。我们这些小老百姓，就算晚饭和早饭都不吃而去招待那些差役都忙不过来，又怎能使我们人丁兴旺，生活安定呢？所以我们是如此的贫困而且疲惫。这些与我所从事的职业有一些相似之处吧？”

问的人说：“这不是很好吗！我问种树，却得到了治理百姓的方法。”于是，我把这件事记载下来，作为官吏们的鉴戒。

◎梓人传◎

【题解】

这篇文章跟上篇《种树郭橐驼传》结构相似，都是以譬喻的手法，揭示治国的道理。此文写梓人杨潜才能出众，他善于全面规划，对群工指挥得当，这实际是暗示了贤明宰相的治国之道。

【原文】

裴封叔之第，在光德里。有梓人款其门[①]，愿佣隙宇而处焉。所职寻引、规矩、绳墨，家不居砻斫之器[②]。问其能，曰：“吾善度材，视栋宇之制，高深、圆方、短长之宜，吾指使而群工役焉。舍我，众莫能就一宇。故食于官府，吾受禄三倍；作于私家，吾收其直大半焉。”他日，入其室，其床阙足而不能理，曰：“将求他工。”余甚笑之，谓其无能而贪禄嗜货者。

其后，京兆尹将饰官署，余往过焉。委群材，会众工。或执斧斤，或执刀锯，皆环立向之。梓人左持引，右执杖，而中处焉。量栋宇之任，视木之能举，挥其杖曰：“斧！”彼执斧者奔而右。顾而指曰：“锯！”彼执锯者趋而左。俄而，斤者斫，刀者削，皆视其色，俟其言[③]，莫敢自断者。其不胜任者，怒而退之，亦莫敢愠焉。画宫于堵，盈尺而曲尽其制，计其毫厘而构大厦，无进退焉。既成，书于上栋曰：“某年某月某日某建”，则其姓字也，凡执用之工不在列。余圜视大骇，然后知其术之工大矣。

继而叹曰：彼将舍其手艺，专其心智，而能知体要者欤！吾闻劳心者役人，劳力者役于人。彼其劳心者欤？能者用而智者谋，彼其智者欤？是足为佐天子相天下法矣，物莫近乎此也。

彼为天下者本于人。其执役者，为徒隶，为乡师、里胥，其上为下士，又其上为中士，为上士，又其上为大夫，为卿，为公。离而为六职，判而为百役。外薄四海，有方伯、连率。郡有守，邑有宰，皆有佐政。其下有胥吏，又其下皆有啬夫、版尹，以就役焉，犹众工之各有执技以食力也。彼佐天子相天下者，举而加焉，指而使焉，条其纲纪而盈缩焉，齐其法制而整顿焉，犹梓人之有规矩、绳墨以定制也。择天下之士，使称其职；居天下之人，使安其业。视都知野，视野知国，视国知天下，其远迩细大，可手据其图而究焉。犹梓人画宫于堵而绩于成也。能者进而由之，使无所德；不能者退而休之，亦莫敢愠。不衒能，不矜名，不亲小劳，不侵众官，日与天下之英才讨论其大经，犹梓人之善运众工而不伐艺也。夫然后相道得而万国理矣。

相道既得，万国既理，天下举首而望曰：“吾相之功也。”后之人循迹而慕曰：“彼相之才也。”士或谈殷周之理者，曰伊、傅、周、召，其百执事之勤劳而不得纪焉，犹梓人自名其功而执用者不列也。大哉相乎！通是道者，所谓相而已矣。

其不知体要者反此。以恪勤为公，以簿书为尊，衒能矜名，亲小劳，侵众官，窃取六职百役之事，听听于府庭，而遗其大者远者焉。所谓不通是道者也。犹梓人而不知绳墨之曲直、规矩之方圆、寻引之短长，姑夺众工之斧斤刀锯以佐其艺，又不能备其工，以至败绩，用而无所成也，不亦谬欤？

或曰："彼主为室者，傥或发其私智，牵制梓人之虑，夺其世守而道谋是用，虽不能成功，岂其罪邪？亦在任之而已。"余曰："不然。"夫绳墨诚陈，规矩诚设，高者不可抑而下也，狭者不可张而广也。由我则固，不由我则圮[4]。彼将乐去固而就圮也，则卷其术，默其智，悠尔而去，不屈吾道，是诚良梓人耳。其或嗜其货利，忍而不能舍也，丧其制量，屈而不能守也，栋桡屋坏[5]，则曰："非我罪也。"可乎哉？可乎哉？

余谓梓人之道类于相，故书而藏之。

梓人，盖古之审曲面势者，今谓之"都料匠"云。余所遇者，杨氏，潜，其名。

【注释】

①梓（zǐ）人：木匠。②砻（lóng）：磨。斫（zhuó）：削。③俟（sì）：等待。④圮（pǐ）：倒塌。⑤桡（ráo）：弯曲变形。

【译文】

裴封叔的宅第在长安光德里。一天，有个木匠来敲他的门，希望租几间空屋居住。这位木匠随身携带着量尺、规矩、绳墨，居室中却不存放磨砺、砍削的工具。我问他有什么能耐，他说："我善于估算木材，审察房屋的规模，根据房屋高深、圆方、短长的具体情况，来指使工匠们干活。没有我，人再多也盖不出来一间房子。所以如果是替官府干活儿，我的工钱是一般工匠的三倍；如果是替私人干活儿，我就要领取工钱的一大半儿。"一次，我走进他的房中，见他的床缺了脚，他自己却不能修理，说什么要请另外的工匠来修。我对他深为嘲笑，认为他是个没有能耐却贪财嗜货的人。

后来，京兆尹准备要整修官署，我前去观看。只见那里堆积了许多木材，聚集了很多工匠。有的拿着斧头，有的拿着刀锯，都围着那个木匠站着。那木匠左手拿着尺，右手拿着杖，站在人群中间。他估量着房屋的规模，掂量着木材的承受能力，然后将手中的杖一挥，说："斧子！"那些拿斧的工匠便跑到右边去砍。又回头指着左边说："锯！"那些拿锯的人便跑到左边去锯。一会儿，拿斧头的工匠砍起来，拿刀的削起来，都看着他的眼色，等待着他的吩咐，没有敢自作主张的。其中那些不能胜任的工匠，他便发着脾气将他们辞退了，也没有谁敢表露不满和怨恨。他在墙上画出的房屋的设计图，图不过一尺见方却能周详地表现出房屋的规模，在他的精细计算下大厦建成完工，各部位紧凑结合，竟没有半点儿出入。官署修成后，他在屋梁上写上"某年某月某日某建"，署名是自己，而那些干活的工匠都不列名。我吃惊得瞪大了眼睛，这才懂得他的技术是多么的精深高超。

梓人古之审曲面势者

接着我又感叹地说：那个木匠大概是一个舍弃具体手艺，致力于发挥自己心智，因而能够掌握事物关键的人吧？我听说劳心者使唤别人，劳力者被人使唤。那个木匠应该是个劳心者吧？有能耐的人得到重用，有智慧的人参与谋划，那个木匠应该是个有智慧的人吧！这足可以为辅佐天子治理国家的人效法了，再没有比这更相似的事情了。

治理国家在于以人为根本。那些从事具体工作的人，是徒隶，是乡师、里胥，他们的上面是下士，下士上面是中士、上士，再往上是大夫，是公，是卿。大略上可以分为六种职别，又可以细分为各种差事。国都以外，直到四方边境，有方伯、连率这样的封疆大吏。每个郡有郡守，每个县有县令，而且都有副手辅助行政。下面有胥吏，再往下还有啬夫、版尹来担当职役，就像工匠们各怀技能，靠劳力而吃饭一样。那些辅佐天子治理天下的人，提拔任用他们，指挥役使他们，制定治理国家的纲要并且加以调整，规范法制而加以整顿。这就像那位木匠有规矩、绳墨来确定规模一样。选择天下的人才，使他们各称其职；安顿天下的百姓，使他们安居乐业。看了京城便能了解乡村的情况，看了乡村便能了解封地的情况，看了封地便能了解全国的情况。至于远处、近处、小事、大事，都可以凭借手中的地图推究出来，就好像那位木匠在墙上绘制房屋图样而后按图使工程完工一样。举荐有才能的人并且任用他们，不要使他们感激谁的恩德；斥退没有才能的人，让他们离开职位，也没有谁会怨恨。不炫耀自己的才能，不夸大自己的名声，不亲自去干各种琐碎的事情，不干涉各级官员的职权，每天与天下的杰出人士讨论国事政策；就像那个木匠善于指挥各种工匠而不夸耀自己的技能一样。这样做，就符合宰相的职责，整个国家也就得到了治理。

符合了宰相的职责，国家得到了治理之后，全国人都会抬头仰望说："这便是我们宰相的功劳啊！"后世人遵循他的业迹而满怀仰慕之情地说："这都是因为那个宰相的才能啊！"现在的士人有时谈起殷、周之治的时候，一定要称赞伊尹、傅说、周公、召公；而那些从事各种具体事务的官员虽然勤劳，却不能被记载下来。这就像那位木匠在屋梁上写下自己的姓名一样，而那些干活的工匠却不能列名一样。伟大啊！宰相。通晓这些道理的，便是大家说的宰相了。

那些不懂得事物的要领根本的人与此相反。他们将谨慎恭顺、勤勤恳恳当作要务，把处理公文当作万事之首。炫耀自己的能力，夸大自己的声名，亲自去处理琐碎的事务，干涉各级官员的职权，暗自包揽各种繁杂差事，在殿堂之上与人争辩不休，却将国家的长远大计放在了一边；这便是不通晓为相之道的人啊。就像木匠不知绳墨的曲直，规矩的方圆，寻引的短长，胡乱地夺过工匠们的斧头刀锯来帮他们干活，但又不能完成他们的工作，以至于将事情弄糟，因而没有什么成就；这岂不是荒谬吗？

有人说："如果那主管房屋建造的人，倘若想实行他自己的想法，牵制那木匠的计划，舍弃历代相传的经验，却采用过路人的意见，致使房屋不能建成，这难道是木匠的过失吗？成功与否，不过在主管建房的人是否信任那木匠罢了。我说："不能这样说。"如果绳墨、规矩已经确定，应该高的地方就不能压低，应该窄的地方就不能拓宽。按照我的意见办，房屋就能坚固；不按照我的意见办，房屋就会倒塌。如果那个主事的人甘心放弃坚固而选择倒塌，那木匠就应该收起自己的技术，藏起自己的智慧，远远地离开，坚持自己的主张而不屈从。这才是个真正的好木匠啊。如果他贪图财物，一味忍让而不离去，那就丧失了原则，是屈从而不能坚持自己的职守啊。到了栋梁折断、房屋倒塌的时候，却说："不是我的过错。"这是可以的吗？这是可以的吗？

我认为那木匠营造房屋的方法与做宰相的有相似之处，所以写了这篇文章保存起来。

那位木匠大概就是古代审察各种材料的曲直和形状的人。现在称之为"都料匠"。我遇到的那位木匠姓杨，名潜。

愚溪诗序

【题解】

柳宗元因为支持王叔文的政治革新，被贬为永州司马。在永州，柳宗元写了不少山水诗和山水游记，其中有一篇题为《八愚诗》的诗序，写得较为新奇。在这篇诗序中，作者既描写了当地的山水景色，又阐明将溪水更名为“愚”的原因，表现出他对奇山异水的喜爱，也从中透露出自己被贬而不能有所作为的愤懑之情。通篇借愚溪来比喻自己，借景抒发不平之情，趣味隽永。

【原文】

灌水之阳有溪焉，东流入于潇水。或曰：“冉氏尝居也，故姓是溪为冉溪。”或曰：“可以染也，名之以其能，故谓之染溪。”余以愚触罪，谪潇水上，爱是溪，入二三里，得其尤绝者家焉。古有愚公谷，今余家是溪，而名莫能定，士之居者犹龂龂然①，不可以不更也，故更之为愚溪。

愚溪之上，买小丘，为愚丘。自愚丘东北行六十步，得泉焉，又买居之，为愚泉。愚泉凡六穴，皆出山下平地，盖上出也。合流屈曲而南，为愚沟。遂负土累石，塞其隘，为愚池。愚池之东为愚堂，其南为愚亭，池之中为愚岛。嘉木异石错置，皆山水之奇者，以余故，咸以愚辱焉。

夫水，智者乐也。今是溪独见辱于愚，何哉？盖其流甚下，不可以灌溉，又峻急，多坻石，大舟不可入也。幽邃浅狭，蛟龙不屑，不能兴云雨。无以利世，而适类于余，然则虽辱而愚之，可也。

宁武子“邦无道则愚”，智而为愚者也；颜子“终日不违如愚”，睿而为愚者也。皆不得为真愚。今余遭有道，而违于理，悖于事，故凡为愚者，莫我若也。夫然，则天下莫能争是溪，余得专而名焉。

溪虽莫利于世，而善鉴万类，清莹秀澈，锵鸣金石②，能使愚者喜笑眷慕，乐而不能去也。余虽不合于俗，亦颇以文墨自慰，漱涤万物，牢笼百态，而无所避之。以愚辞歌愚溪，则茫然而不违，昏然而同归，超鸿蒙，混希夷，寂寥而莫我知也。于是作《八愚诗》，记于溪石上。

【注释】

① 龂龂（yín）：争辩的样子。② 锵（qiāng）鸣金石：指水能发出金石般的响声。

【译文】

灌水的北面有一条小溪，向东流入潇水。有人说：“曾经有位姓冉的人在这儿住过。所以把这条溪称为冉溪。”又有人说：“这溪水可以用来染色，依据它的功用来命名，所以称它为染溪。”我因为愚昧无知而得罪，被贬谪到潇水边来，喜爱上了这条溪水，沿着溪水上溯两三里，发现了一个风景极佳的地方，就在这里安了家。古时候有个愚公谷，如今我在这条溪旁安家，而溪水的名字到现在还没有确定下来，当地居民还在为此争论不休；看来不能不给它改个名字了，我因此改称它作愚溪。

我在愚溪的上游买下一个小山丘，我把它叫做愚丘。从愚丘向东北行走六十步，寻得了一处泉水，我又将它买了下来，把它叫做愚泉。愚泉总共有六个泉眼，都分布在山丘下面的平地上，原来泉水都是从这里向上涌出的。几支泉水相汇合后便弯弯曲曲地往南流走，形成了一条水沟，我叫它愚沟。于是挑来泥土，堆起石块儿，把溪流狭窄的地方堵塞起来，积成水池，叫它愚池。愚池的东边是愚堂，南面有愚亭，水池中央的是愚岛。秀美的树木和奇异的石头重叠错落，这些都是山水中不可多得的景致，因为我的缘故，它们都被愚字所玷辱了。

流水，是聪明的人所喜爱的。现在这条溪水却独独被愚字所辱没，这是为什么呢？原来是它的水位很低，不能用来灌溉；又因为它水流湍急，多有浅滩和石头，大船开不进来。它地处偏僻，水浅而溪狭，蛟龙不屑居住在这里，因为溪水不足以让它兴云作雨。这溪水对世人没有什么益处可言，这恰好和我相似，所以虽然玷辱了它，以愚字为它冠名，也是可以的。

灌水之阳有溪焉

宁武子“在国家政治昏乱的时候，便显得很愚笨”。那是聪明人装作愚人。颜回“整天不发表不同的见解，好像很愚蠢”，那是通达的人貌似愚钝。他们都不是真的愚蠢。我如今遇上清明的时代，立身行事却有违事理，所以愚人中再没有像我这样愚蠢的了。正因为如此，所以天下的人谁也不能和我争这条溪水，我是可以专断地给它命名的。

愚溪虽然对世人没有什么用处，但它善于映照万物，它又是如此的清莹透澈，能发出金石般悦耳的声响。它能使愚人心情愉快，笑口常开；让他们爱慕它、眷恋它以至不能离去。我虽然不能与世俗合流，平素也还能书写文章来安慰自己；刻画各种事物，捕捉它们的千姿百态而不用回避些什么。我用愚笨的文辞来歌颂愚溪，就会感到茫然自失而不觉有违事理，昏昏然之间又好像与它同归一处，超越了鸿蒙，融入一片寂静当中，在寂寥间达到了忘我的境界。于是我写了《八愚诗》，记在溪边的石头上。

◎永州韦使君新堂记◎

【题解】

永州刺史韦彪修建了一处新堂，柳宗元亲自到场参观了这个新堂，并为它写下这篇文章。此文先写名胜难得，作下铺垫；而后写新堂没有修建前十分荒芜，与修建之后的形象形成鲜明对比；然后写新堂的景致优美；最后作者赞扬韦彪的仁义，希望后继者能够效法他。

【原文】

将为穹谷、嵁岩、渊池于郊邑之中①，则必辇山石，沟涧壑，陵绝险阻，疲极人力，乃可以有为也。然而求天作地生之状，咸无得焉。逸其人，因其地，全其天，昔之所难，今于是乎在。

永州实惟九疑之麓。其始度土者，环山为城。有石焉，翳于奥草；有泉焉，伏于土涂。蛇虺之所蟠，狸鼠之所游。茂树、恶木，嘉葩、毒卉，乱杂而争植，号为秽墟。

韦公之来，既逾月，理甚无事。望其地，且异之。始命芟其芜②，行其涂。积之丘如，蠲之浏如。既焚既酾，奇势迭出，清浊辨质，美恶异位。视其植，则清秀敷舒；视其蓄，则溶漾纡余。怪石森然，周于四隅。或列或跪，或立或仆，窍穴逶邃，堆阜突怒。乃作栋宇，以为观游。凡其物类，无不合形辅势，效伎于堂庑之下[3]。外之连山高原，林麓之崖，间厕隐显，迩延野绿，远混天碧，咸会于谯门之内。

已，乃延客入观，继以宴娱。或赞且贺曰："见公之作，知公之志。公之因土而得胜，岂不欲因俗以成化？公之择恶而取美，岂不欲除残而佑仁？公之蠲浊而流清，岂不欲废贪而立廉？公之居高以望远，岂不欲家抚而户晓？夫然，则是堂也，岂独草木土石水泉之适欤？山原林麓之观欤？将使继公之理者，视其细，知其大也。"

宗元请志诸石，措诸壁，编以为二千石楷法。

【注释】

①穹（qióng）谷：深谷。嵁（kān）岩：凸凹不平的山岩。②芟（shān）：割除。③庑（wǔ）：堂下周围的廊屋。

【译文】

如果要在城邑中营造幽谷、峭壁和深池，那就必须用车子运来山石，开凿山涧沟壑，逾越险阻，耗尽人力，才可以办到。然而想以此得到那种天造地设的景观，还是不能完全做到。不必耗费人力，因地制宜，且能保全其天然之美，这种过去很难做到的事情，如今却在永州这里实现了。

延客入观，继以宴娱

永州实际上是九嶷山的余脉，最早来这里测量规划的人，环绕着山麓建起了城市。这里有山石，却被深深地遮蔽在杂草丛中；这里有泉水，却被掩埋在污泥之下。成了一个毒蛇盘踞、狸鼠出没的地方。嘉树与恶木，鲜花与毒草，混杂在一处，竞相生长。因此被称为是荒凉污秽的地方。

韦公来到永州任刺史已经有一个多月了，因为治理颇见成效，所以现在也就没有很多的事情了。他望见这块地方，感到很不寻常，这才派人割除荒草，开通道路。割除的杂草堆积如山，疏浚后的泉水晶莹清澈。等到将割下的杂草全部焚烧干净，泉水也浚通完毕，才感觉到奇妙的景致层出不穷，清与浊分辨开了，美与丑不再混杂。这时再来看那树木，青翠秀丽，挺拔舒展；看那泉水，微波荡漾，萦回曲折。奇形怪状的石头林立，环绕四周。有的排列成行，有的如同跪拜，有的站立，有的卧倒。洞穴曲折深邃，石山堆叠突兀。于是在这里建造起厅堂，作为观赏游览的地方。所有这些景物，无不是与地势山形完美地结合搭配在一起，似乎要在堂屋廊檐前献出它们的技艺。城外连绵的山脉和宽广的高原，林木覆盖的山脚，也或隐或现地参加进来，和近处绿色的原野连接在一起，与高远的碧蓝的天空混成一色，这一切，仿佛都一齐会聚到城内来了。

新堂建成后，便邀请客人们前来参观，接着又设宴娱乐。有人边赞美边祝贺说："看到韦公您的这番作为，便知道您的志向。您因地制宜而得如此胜景，难道不是意味着要顺应本地的民风来推行教化吗？您铲除恶木毒草而保留嘉树鲜花，难道不是意味着要去除残暴而保护善良吗？您清除污浊而使水流变得清澈，难道不是意味着要惩治腐败而提倡廉洁吗？您登高而望远，难道不是想要千家万户的百姓都得到安抚并被告知您的政令吗？如果是这样，那么这座大堂又岂止是草木、土石、清泉令人惬意，只有远山、高原、丛林和山麓供人观赏呢？它将使继您之后来治理永州的人，都能够从这精巧的景致中悟出为政的大道理啊！”

我请求上述内容铭刻在石碑上，嵌于墙中，并编辑成册以作为刺史们效法的楷模。

◎钴鉧潭西小丘记◎

【题解】

柳宗元因为支持新政，被贬到永州做司马。在永州任上，柳宗元职务清闲，常常寄情于山水，写下了不少富有闲情逸致的诗文，其中就有著名的“永州八记”。八篇游记既有关联，又能独立成篇，这篇文章就是“永州八记”其中的一篇。在文中，柳宗元介绍了小丘的位置、丘上的怪石景观，并在观景时发现不少乐趣。结尾处柳宗元对这座小丘曾经遭闲置表示感叹，抒发了自己遭贬黜、怀才不遇的苦闷。

【原文】

得西山后八日，寻山口西北道二百步，又得钴鉧潭。西二十五步，当湍而浚者为鱼梁。梁之上有丘焉，生竹树。其石之突怒偃蹇[①]，负土而出，争为奇状者，殆不可数。其嵚然相累而下者，若牛马之饮于溪；其冲然角列而上者，若熊罴之登于山。

丘之小不能一亩，可以笼而有之。问其主，曰：“唐氏之弃地，货而不售。”问其价，曰：“止四百。”余怜而售之。李深源、元克己时同游，皆大喜，出自意外。即更取器用，铲刈秽草，伐去恶木，烈火而焚之。嘉木立，美竹露，奇石显。由其中以望，则山之高，云之浮，溪之流，鸟兽之遨游，举熙熙然回巧献技，以效兹丘之下。枕席而卧，则清泠之状与目谋，瀯瀯之声与耳谋[②]，悠然而虚者与神谋，渊然而静者与心谋。不匝旬而得异地者二[③]，虽古好事之士，或未能至焉。

噫！以兹丘之胜，致之沣、镐、鄠、杜，则贵游之士争买者，日增千金而愈不可得。今弃是州也，农夫渔父过而陋之，价四百，连岁不能售。而我与深源、克己独喜得之，是其果有遭乎？

书于石，所以贺兹丘之遭也。

【注释】

①偃（yǎn）蹇（jiǎn）：形容山石错综盘踞的样子。②瀯瀯（yíng）：水流声。③不匝（zā）：不满。旬：十天。

【译文】

寻得西山后的第八天，沿着山口向西北走上二百步，又发现了钴鉧潭。潭西二十五步远，那水深流急的地方是鱼梁。鱼梁上有个小土丘，上面生长着竹子树木；小丘上的岩石，突起耸立，起伏错杂，好像是从地下拱出来的一样，它们争着做出各种奇形怪状的，多得数不清。那些后高前低重叠着延伸向下的，就像牛马在溪边饮水；

钴鉧潭西小丘记

那些猛然前突，像兽角一样排列向上的，就像熊罴向山上攀登。

这小丘小得不足一亩，似乎可以把它装在一个小笼子里。我问小丘的主人关于小丘的情况，他回答说："这是姓唐的人家的弃地，想卖却卖不出去。"我问他价格，他回答说："只四百文银子。"我怜惜小丘而买下了它。当时李深源、元克己二人与我同游，都喜出望外，觉得是意想不到的收获。当下我们便轮流拿来各种工具，铲除杂草，砍掉难看的树木，并放火将它们烧掉。于是美好的树木挺立了出来，秀美的竹林露出了本来的容颜，奇异的山石也凸现出各自的面貌。从小丘中央四外望去，只见山峰高峻，云彩飘浮，溪水清流，鸟兽遨游其间；万物都快乐地呈现出巧妙的姿态，献出各自的技艺，在小丘之下表演着。铺开席子卧在上面，山水清凉明爽的状貌映入眼帘，潺潺的流水声又传入耳中，悠远空阔的天空撩动遐思，幽深静谧的环境与心灵相合。我不满十天就寻得了两处胜景，即使是古代喜欢游历的人，也未必能做到这样啊！

唉！以小丘这样的美景，如果把它放到长安附近的沣、镐、鄠、杜等地，那么，爱好游乐的贵族富人们一定是争相购买，它的身价也会日增千金却越发不能购得。现在它被废弃在这永州，农人渔夫经过而对它不屑一顾，价钱只有四百文，却多年卖不出去；而我与深源、克己偏偏是因为得到了它而欣喜，这小丘是注定有这样的运气吗？

我将这些写在石头上，用来庆贺这座小丘的好运气。

小石城山记

【题解】

本文是"永州八记"中的第八篇，在文中，作者描绘了小石城的地形、景色，感叹这样的美好的景致却被造物主安置在偏僻的蛮荒之地。文章借景抒情，曲折表现了自己怀才不遇的苦闷。

【原文】

自西山道口径北，逾黄茅岭而下，有二道。其一西出，寻之无所得；其一少北而东，不过四十丈，土断而川分，有积石横当其垠①。其上为睥睨梁欐之形②，其旁出堡坞，有若门焉。窥之正黑，投以小石，洞然有水声，其响之激越，良久乃已。环之可上，望甚远。无土壤而生嘉树美箭③，益奇而坚。其疏数偃仰，类智者所施设也。

噫！吾疑造物者之有无久矣。及是，愈以为诚有。又怪其不为之于中州，而列是夷狄。更千百年不得一售其伎，是固劳而无用。神者倘不宜如是，则其果无乎？或曰："以慰夫贤而辱于此者。"或曰："其气之灵，不为伟人，而独为是物，故楚之南少人而多石。"是二者，余未信之。

【注释】

①垠：边界。②睥（bì）睨（nì）：城上的矮墙。梁欐（lì）：栋梁。③箭：小竹子。

【译文】

从西山路口一直往北，越过黄茅岭下去，有两条路：一条向西，沿着这条路寻去，一无所获；另一条路稍微偏北又向东伸展，往前不过四十丈，土地断裂，中间被一条河流分开，有一个由积石构成的小山岗横立在河岸上。山的上面有石块垒积，好像城上的矮墙，又像一座座小房屋。山岗的旁边，耸出一座天然的石堡，石堡上还有一道像门的洞口。向里面望，黑漆漆的，扔一块小石头进去，听到"扑通"一声的水响；那回声激扬清越，隔了许久才消失。绕着小山环行而上便可以到达它的顶部，在那里能望见很远的地方。这里虽然没有土壤，却生长着嘉树美竹，显得格外的奇异坚挺。竹木的疏密高低恰到好处，好像是有智慧的人精心设计的。

啊！我怀疑造物主的有无已经很久了。到了这里，越发地相信真的是有的。但又奇怪它为什么不把这些景物造在中原，却安放在这夷狄的蛮荒之地。这样恐怕经历了千百年也不能向人们一展它们的美好姿态和技艺，这实是劳而无功啊。造化神明倘若不应该这样，那么它果真是不存在的吗？有人说："把景致安放在这里是用来安慰那些被贬官到此地的贤人的。"又有人说："天地间的灵秀之气不造就伟人，却独独钟情于物类。所以楚地的南部少伟人而多奇石。"对于这两种说法，我都不相信。

◎贺进士王参元失火书◎

【题解】

王参元是唐朝进士，他本来家境殷实，却因为一场火灾家财化为乌有。柳宗元听说这一事后，写了这篇文章。在本文中，柳宗元对王家失火一事的态度，经历了由骇到疑，再到大喜的变化，表达了作者对世道的讽刺。

【原文】

得杨八书，知足下遇火灾，家无余储。仆始闻而骇，中而疑，终乃大喜，盖将吊而更以贺也。道远言略，犹未能究知其状，若果荡焉泯焉而悉无有，乃吾所以尤贺者也。

足下勤奉养，乐朝夕，惟恬安无事是望也。今乃有焚炀赫烈之虞①，以震骇左右，而脂膏滫瀡之具②，或以不给，吾是以始而骇也。

凡人之言皆曰：盈虚倚伏，去来之不可常。或将大有为也，乃始厄困震悸，于是有水火之孽，有群小之愠；劳苦变动，而后能光明，古之人皆然。斯道辽阔诞漫，虽圣人不能以是必信，是故中而疑也。

以足下读古人书，为文章，善小学，其为多能若是，而进不能出群士之上，以取显贵者，盖无他焉。京城人多言足下家有积货，士之好廉名者，皆畏忌不敢道足下之善，独自得之，心蓄之，衔忍而不出诸口。以公道之难明，而世之多嫌也。一出口，则嗤嗤者以为得重赂。

仆自贞元十五年见足下之文章，蓄之者盖六七年未尝言。是仆私一身而负公道久矣，非特负足下也。及为御史尚书郎，自以幸为天子近臣，得奋其舌，思以发明足下之郁塞。然时称道于行列，犹有顾视而窃笑者。仆良恨修己之不亮，素誉之不立，而为世嫌之所加，常与孟几道言而痛之。

乃今幸为天火之所涤荡，凡众之疑虑，举为灰埃。黔其庐，赭其垣，以示其无有。而足下之才能，乃可以显白而不污，其实出矣，是祝融、回禄之相吾子也。则仆与几道十年之相知，不若兹火一夕之为足下誉也。宥而彰之，使夫蓄于心者，咸得开其喙③；发策决科者，授子而不栗。虽欲如向之蓄缩受侮，其可得乎？于兹吾有望于子，是以终乃大喜也。

古者列国有灾，同位者皆相吊。许不吊灾，君子恶之。今吾之所陈若是，有以异乎古，故将吊而更以贺也。颜、曾之养，其为乐也大矣，又何阙焉？

【注释】

①炀（yáng）：这里指焚烧。②滫（xiǔ）瀡（suǐ）：用淀粉拌和食物使之柔滑。③喙（huì）：嘴。

【译文】

贺进士王参元失火

接到杨八的来信，得知您遭遇了火灾，家里什么积蓄都没有了。我刚刚听到这个消息的时候，感到非常的震惊，接着又有所疑惑，最后却感到非常高兴。因此把本想对您的安慰改成向您祝贺了。路途遥远而书信中话语简略，我还没能确知火灾的真实情况，如果真的烧得一干二净，什么也没有剩下了，那我就更要向你祝贺了。

您平素总是殷勤地侍奉双亲，早晚宁静安乐，只期望着能恬淡平安地过日子。如今却遇到了大火的灾害，使您受到惊吓，甚至连煮饭做菜的用具，都难以得到供给，我刚开始是因为这才大为震惊的。

一般人总是说：盈虚相依，福祸相倚，它们都是来去无常的。一个人将要大有作为，开头会遭到种种惊吓困厄，于是有遭受水灾火难的，有遭到小人怨恨的；经受过劳苦变故，而后才能走上光明大道，古代的人都是这样。这里面的道理玄虚荒诞，不着边际，即使古代的圣人也不能认为是确实可靠的，因此我随即又发生了怀疑。

像您这样熟读古人书籍的人，能著作文章，精通“小学”，有如此多的才学，而做官却不能超出众人之上，不能以广博的才学获得显赫的地位，实在是没有别的原因。京城里的人很多都说您家里广积财富，所以，士人中那些喜欢好名声的人对此都畏惧忌讳，不敢称道您的优点，只是自己知道您的优点，却把它藏在心里，说不出口。这是因为公道难以彰明，世情又多是猜忌嫌疑，一旦说出称赞您的话，那么那些惯于讥讽别人的人就会认为他必是得了您非常大的好处。

我从贞元十五年就读到您的文章，放在心里大约有六七年没有向人谈起过。这是我只考虑自己的得失而长久地违背了公道呀。不是只对不起您一个人，等到我做御史、礼部员外郎的时候，自以为有幸作为天子的近臣，得到了说话的机会，想着要找机会向上说明您被压抑的才能。但当我在同僚中称道您的时候，仍然有相视而暗笑我的。我实在是痛恨自己的品德修养还没有光亮到为世人所见，清白的名声还没能确立，因而遭到世俗的猜疑。我经常与孟几道谈起这些，也总是为此痛心不已。

现在好了。您的家财被天火烧得精光，众人的疑虑，也随之化为灰烬了。房子烧焦了，墙壁烧红了，显示您已经是一无所有了。这样您本身的才能，就能明白的显露出来而不为其他东西所污损，这是真实地展现才能的时候，是火神给予您的莫大资助。我与孟几道十年来与您的相知，还不及这火一晚上给你带来的好名声呢。从此以后，人们都会谅解您、称颂您，使心里藏着对您的称誉的人敢开口说话，使那些负责推举选拔人才的官员，也可以授给您官职而不必害怕了。即使是你还想像过去那样瑟缩的怕受到讥笑，难道还能做得到吗？在这一点上我对您抱了很大的期望，所以最后才会非常高兴。

在古代，有哪一个诸侯国遇到灾害，其他诸侯国都会前来慰问的。春秋时，许国不去慰问发生火灾的邻国，于是君子们便厌恶它。如今我之所以说了这样的话，情况与古代有所不同，所以将本来的慰问变成了祝贺。像颜回、曾参那样奉养父母，是一件很快乐的事情。物质上虽有所欠缺，又算得了什么呢？

王禹偁

（954 ~ 1001）

王禹偁，字元之，济州钜野（今山东巨野）人。北宋太宗太平兴国八年（983）进士，历官右拾遗、翰林学士、知制诰。为人忠直敢言，三经贬黜。他不仅是北宋最早要求改革弊政的政治家之一，也是北宋文坛最早提倡扫除浮艳靡丽文风的文学家之一。他文崇韩愈、柳宗元，诗学杜甫、白居易。所作诗文简淡古雅，清丽晓畅。著有《小畜集》。

◎待漏院记◎

【题解】

待漏院是古代宰相等候上早朝的地方。古代宫中常用漏壶滴水的方式报时，存放漏壶的院子就被称为待漏院。王禹偁的这篇《待漏院记》，不写景物写人事，他通过描写贤相、奸相、庸相这三类宰相在院中等待早朝时的心理活动，揭示出宰相的职责应该是勤政爱民，而不应以权谋私或是尸位素餐。

【原文】

天道不言，而品物亨、岁功成者[①]，何谓也？四时之吏、五行之佐，宣其气矣。圣人不言，而百姓亲，万邦宁者，何谓也？三公论道，六卿分职，张其教矣。是知君逸于上，臣劳于下，法乎天也。古之善相天下者，自咎、夔至房、魏，可数也。是不独有其德，亦皆务于勤耳。况夙兴夜寐，以事一人，卿大夫犹然，况宰相乎！

朝廷自国初，因旧制，设宰相待漏院于丹凤门之右，示勤政也。乃若北阙向曙，东方未明，相君启行，煌煌火城。相君至止，哕哕鸾声[②]。金门未辟，玉漏犹滴。撤盖下车，于焉以息。待漏之际，相君其有思乎？

其或兆民未安，思所泰之；四夷未附，思所来之；兵革未息，何以弭之；田畴多芜，何以辟之；贤人在野，我将进之；佞人立朝，我将斥之；六气不和，灾眚荐至，愿避位以禳之；五刑未措，欺诈日生，请修德以厘之。忧心忡忡，待旦而入。九门既启，四聪甚迩。相君言焉，时君纳焉。皇风于是乎清夷，苍生以之而富庶。若然，则总百官，食万钱，非幸也，宜也。

其或私仇未复，思所逐之；旧恩未报，思所荣之；子女玉帛，何以致之；车马玩器，何以取之；奸人附势，我将陟之；直士抗言，我将黜之；三时告灾，上有忧色，构巧词以悦之；群吏弄法，君闻怨言，进谄容以媚之。私心慆慆，假寐而坐。九门既开，重瞳屡回。相君言焉，时君惑焉。政柄于是乎隳哉，帝位以之而危矣。若然，则死下狱，投远方，非不幸也，亦宜也。

是知一国之政，万人之命，悬于宰相，可不慎欤？复有无毁无誉，旅进旅退，窃位而苟禄，备员而全身者[③]，亦无所取焉。

棘寺小吏王禹偁为文，请志院壁，用规于执政者。

【注释】

① 亨：顺利生长。② 哕哕（huì）：有节奏的铃声。鸾：通“銮”，车铃。③ 备员：充数。

【译文】

天道并不说话，而万物却能顺利成长，庄稼却能丰收，这是为什么呢？就是由于掌管四时和统辖五行的天官们，使四时风雨顺畅通达的结果。国君不说话，却能使百姓亲睦，万邦安宁，这是为什么呢？这是由于三公商讨了国家大计，六卿分别掌管着自己的职责，推广了君主教化的结果。由此可知，君主在上面安逸，臣子在下面辛劳，是取法于天道的缘故啊！古代善于治理天下的人，从虞舜时的皋陶、夔到唐代的房玄龄、魏徵，历历可数。他们不仅是自己有着高尚的德行，而且都把勤勉辅国当作自己的要务。再说早起晚睡以侍奉天子，卿大夫尚且是这样，更何况是宰相呢！

朝廷自建国之初，沿袭前代的制度，在丹凤门的右边设置了一座宰相待漏院，表示要勤于政务。当皇宫北面的宫阙刚刚露出一丝曙光，东方还没有大亮的时候，宰相就要动身上朝了。那仪仗中众多的灯烛火把凑在一起如同一座煌煌火城！等宰相到了待漏院，车马停了下来，那一阵阵有节奏的鸾铃声还在回响。那时，宫门尚未打开，玉漏还在滴水，于是撤掉伞盖，走下车来，在待漏院中稍做休息。在等待早朝的时候，宰相大概有许多考虑吧？

也许考虑的是百姓还没有安居乐业，怎样才能使他们享受太平；考虑四方的异族部落还没有归附，怎样才能使他们前来归顺；考虑战争还没有停止，怎样才能使战乱平定；考虑农田还有很多荒芜的，怎样才能将它们开垦出来；考虑有贤能的人还在山林隐居，怎样才能将他们选拔上来；考虑奸邪的小人还待在朝廷里，怎样才能把他们驱逐出去；考虑节气不调、灾祸不断，自己愿意辞掉相位，向上天祷告来消除灾难；考虑各种刑罚还没有废弃，欺诈行为经常发生，要请君主修养德行、加以治理。就这样忧心忡忡，等待天亮上朝。当皇宫的大门打开，四方八面的消息便顺畅地传入天子的耳中。宰相向天子奏报了他的想法，君主予以采纳。国家风气因此而清平，人民生活因此而富裕。如果这样，那么宰相统率百官，享受很高的俸禄，便不是侥幸受宠，而是十分应该的啊！

而有人也许考虑的是私仇还没有报复，怎样才能驱逐自己的仇敌；旧恩还没有报答，怎样才能使自己的恩人荣耀起来；金钱美女，用什么方法才能搜罗到手；车马古玩，怎样才能尽皆取来；奸邪小人攀附我的权势，我将提拔他；正直的人直言抗争，我就要贬黜他；春夏秋三季发生灾情，报告上来，皇上忧虑，我要编些花言巧语来让他高兴；官吏们贪赃枉法，皇上听到了怨声，我要用谄媚的姿态来蒙混过去。私心纷乱不息，坐着假装打瞌睡。当皇宫的大门打开，皇帝屡次注视。于是宰相进言，皇帝受到蒙蔽，政权因此毁坏，皇位也因此而发生危险。如果这样，那么宰相被下狱处死，或者被流放到边远的地方，也不能算是他的不幸，也是应该的！

因此可以明白，一个国家的政治，万人的性命，都掌握在宰相手里，能够不小心谨慎地对待吗？此外，还有那种既没受到毁谤，也没人称赞，随大流进退，窃居高位，享受俸禄，在朝中充数而只知道保全自己的人，也是毫不可取的。

大理寺的小吏王禹偁作这篇文章，希望书写在待漏院的墙壁上，用以劝诫执政的人。

黄冈竹楼记

【题解】

王禹偁是宋初名臣，他敢于直谏言事，仕途较为坎坷。宋真宗咸平元年（998），他被贬为黄州刺史。他在黄州修建了两座竹楼，楼成后写作此文。文章主要记了竹楼的景致，自己登楼玩赏时的种种乐趣，表现了自己在谪居中寓情山水、豁达自适、随遇而安的生活态度。

【原文】

黄冈之地多竹，大者如椽，竹工破之，刳去其节[①]，用代陶瓦，比屋皆然，以其价廉而工省也。

子城西北隅，雉堞圮毁②，蓁莽荒秽。因作小楼二间，与月波楼通。远吞山光，平挹江濑，幽阒辽敻，不可具状。夏宜急雨，有瀑布声；冬宜密雪，有碎玉声；宜鼓琴，琴调和畅；宜咏诗，诗韵清绝；宜围棋，子声丁丁然；宜投壶，矢声铮铮然。皆竹楼之所助也。

公退之暇，被鹤氅衣，戴华阳巾，手执《周易》一卷，焚香默坐，消遣世虑。江山之外，第见风帆沙鸟，烟云竹树而已。待其酒力醒，茶烟歇，送夕阳，迎素月，亦谪居之胜概也。

彼齐云、落星，高则高矣；井幹、丽谯，华则华矣。止于贮妓女，藏歌舞，非骚人之事，吾所不取。

吾闻竹工云，竹之为瓦，仅十稔。若重覆之，得二十稔。噫！吾以至道乙未岁，自翰林出滁上，丙申移广陵，丁酉又入西掖，戊戌岁除日，有齐安之命，己亥闰三月到郡。四年之间，奔走不暇，未知明年又在何处，岂惧竹楼之易朽乎？后之人与我同志，嗣而葺之③，庶斯楼之不朽也。

【注释】

① 刳（kū）：剖，挖空。② 雉（zhì）堞（dié）：古代城墙上掩护守城人用的矮墙。③ 嗣：接续。葺（qì）：修缮。

【译文】

黄冈地区盛产竹子，大的竹子像椽子那样粗。竹工破开它，削去竹节，用来代替陶瓦。家家户户都用它盖房子，因为它便宜而且省工。

黄冈子城西北角的城垛子都塌毁了，野草丛生，荒芜污秽。我清理了那里，盖了两间小竹楼，与月波楼互相连通。登上竹楼，远山的风光尽收眼底，平望出去，能看到江中的浅水流沙。那幽静寂寥、高远空阔的景致，实在无法一一描绘出来。夏天适宜听急雨，雨声有如瀑布之飞流直下；冬天适宜听密雪，雪花坠落发出玉碎之声；适宜抚琴，琴声和畅悠扬；适宜吟诗，诗韵清新绝俗；适宜下棋，棋子落盘有丁丁清响；适宜投壶，箭入壶中铮铮动听。这些美妙的声音，都是因为竹楼才得以听到。

公事办完后的闲暇时间里，披着鹤氅衣，戴着华阳巾，手持一卷《周易》，焚香默坐，驱散尘世中的种种杂念。除了水色山光之外，只见到风帆沙鸟、烟云竹树罢了。等到酒意退去，煮茶的烟火熄灭，便送走夕阳，迎来皓月，这正是谪居生活的快乐之处啊。

那齐云楼、落星楼，高是很高了；井幹楼、丽谯楼，华丽是很华丽了。但它们只不过是用来储藏妓女和能歌善舞的人罢了，这不是诗人应做的事，是我所不屑去做的。

我听竹工说，竹子做屋瓦，只能用十年，如果覆盖两层竹瓦，可以支持二十年。唉！我在至道乙未那一年，由翰林学士而贬到滁州，丙申年又调到扬州，丁酉年又到中书省任职，戊戌年的除夕，奉命调到齐安，己亥年闰三月才到了齐安郡城。四年之中，奔走不停，还不知道明年又在何处，难道还会怕竹楼容易朽坏吗？希望后来的人跟我志趣相同，能继我之后接着修整它。或许这座竹楼就永远不会朽坏了吧！

李格非

（约 1045 ~约 1001）

李格非，字文叔，山东济南历下人，女词人李清照之父，北宋著名学者。幼时聪敏警俊，刻苦攻读经学，著《礼记说》数十万言。宋神宗熙宁九年（1076）中进士，初任冀州（今河北省衡水市冀州区）司户参军、试学官，后为郓州（今山东东平）教授。宋代有兼职兼薪制度，郡守见他清贫，让他兼任其他官职，他断然谢绝，表明了廉洁清正的志向。

书《洛阳名园记》后

【题解】

李格非曾写过《洛阳名园记》一书，里面对洛阳城十九座名园的盛景进行了记载。这篇文章是写在《洛阳名园记》后面的一篇跋，从洛阳名园的兴废联想到洛阳城的盛衰，而洛阳城的盛衰又标志着天下的治乱。他列举了唐朝王公贵戚奢侈淫乐导致亡国的事迹，告诫统治者要引以为戒。

【原文】

洛阳处天下之中，挟殽、黾之阻[1]，当秦、陇之襟喉，而赵、魏之走集[1]，盖四方必争之地也。天下当无事则已，有事则洛阳必先受兵。予故尝曰："洛阳之盛衰，天下治乱之候也。"

唐贞观、开元之间，公卿贵戚开馆列第于东都者，号千有余邸。及其乱离，继以五季之酷。其池塘竹树，兵车蹂蹴[2]，废而为丘墟；高亭大榭，烟火焚燎，化而为灰烬，与唐共灭而俱亡，无余处矣。予故尝曰："园囿之兴废[3]，洛阳盛衰之候也。"

且天下之治乱，候于洛阳之盛衰而知；洛阳之盛衰，候于园囿之兴废而得。则《名园记》之作，予岂徒然哉！

呜呼！公卿大夫方进于朝，放乎一己之私，自为之，而忘天下之治忽，欲退享此，得乎？唐之末路是已。

【注释】

① 走集：往来必经的要地。② 蹂（róu）蹴（cù）：蹂躏。③ 囿（yòu）：园林。

【译文】

洛阳地处天下的中央，挟着崤山、黾隘的险阻，正当着秦地、陇地的要害，是赵、魏之间的必经要道，因此成为天下四方的必争之地。天下太平无事则罢了，如果有事，则洛阳必先遭受兵乱。所以我曾经说过："洛阳的盛衰，是天下太平与混乱的征兆啊。"

唐贞观、开元年间，公卿贵戚在东都洛阳营造馆舍府第的，号称有一千多处。到了唐末，就变成了一派散乱破败的样子，接下来又遭受了五代残酷的战祸。洛阳的池塘竹树在兵车的践踏之下成了土堆废墟，高亭大榭也都在战火的焚燎中化为了灰烬，它们都随着唐朝的灭亡而一道消失了，找不出什么幸存的。所以我曾经说："园林池苑的兴废，是洛阳盛衰的征兆啊。"

既然天下的太平与混乱，看了洛阳的盛衰就可以知道；洛阳的盛衰，看了那里的园林池苑的兴废就能知道。那么我作的《名园记》，又怎么是没有用处的呢？

唉！公卿大夫刚到朝廷任职，就一味放纵自己的私欲，一切只为了自己，忘记天下的太平与动乱，想引退下来享受这园林池苑带来的惬意，可以吗？唐朝的灭亡就是这样的呀。

洛阳名园

范仲淹

（989 ~ 1052）

范仲淹，字希文，祖籍邠州（今陕西省彬州市），移居吴县（今江苏苏州）。少时贫困力学，真宗大中祥符八年（1015）进士。官至枢密副使、参知政事。范仲淹是北宋著名的政治家和文学家，曾积极推行“庆历新政”，为人廉洁公正，奉行“先天下之忧而忧，后天下之乐而乐”的做人准则。有《范文正公集》。

◎严先生祠堂记◎

【题解】

严先生本姓庄，名光，字子陵，是光武帝刘秀的同学。光武帝钦佩他的才能，在登基为帝后，征召严先生入朝做谏议大夫。严先生没有接受官职，而是回睦州富春山隐居起来，耕田为生，垂钓为乐，深为时人称颂。严先生死后，睦州百姓为纪念他，年年向他祭祀。北宋中期，范仲淹当了睦州知州，他为严先生修建了一座祠堂，并作了这篇记文。本文通过写严先生婉拒光武帝的邀请，隐居田园山林，赞扬了严先生不慕荣利的崇高品质。

【原文】

先生，光武之故人也。相尚以道。及帝握《赤符》，乘六龙[①]，得圣人之时，臣妾亿兆，天下孰加焉？惟先生以节高之。既而动星象，归江湖，得圣人之清。泥涂轩冕，天下孰加焉？惟光武以礼下之。

在《蛊》之上九，众方有为，而独“不事王侯，高尚其事”，先生以之。在《屯》之初九，阳德方亨，而能“以贵下贱，大得民也”，光武以之。盖先生之心，出乎日月之上；光武之量，包乎天地之外。微先生不能成光武之大[②]，微光武岂能遂先生之高哉？而使贪夫廉，懦夫立，是大有功于名教也。

仲淹来守是邦，始构堂而奠焉。乃复为其后者四家，以奉祠事，又从而歌曰：云山苍苍，江水泱泱。先生之风，山高水长。

【注释】

① 乘六龙：天子车驾的代称。② 微：假如不是。

【译文】

严先生，是光武帝的老朋友。两个人以道义而相互推崇。到了光武帝得到《赤符》的祥瑞，乘着六龙的阳气而称帝，得到了圣人奉行天道的时机，统治着亿兆的臣民，普天之下有谁能超过他？只有先生凭着自己的节操而高出其上。后来先生因为与光武帝交情甚密而震动了天上的星象，先生于是退隐江湖，达到了圣人清高脱俗的境界。先生视名禄如粪土，普天之下又有谁能超过他？只有光武帝能够以礼而敬重他。

严先生祠堂

《易经》上《蛊卦》"上九"爻，正当其他各爻都正在有所作为的时候，这一爻却偏偏是"不事奉王侯，保持自己品德的高尚"。先生就是这样做的。《易经》上《屯卦》的"初九"一爻，表示阳德正在亨通，因而能"以尊贵之身礼遇卑贱的人，大得民心"。光武帝正是这样做的。所以先生的高尚情操，比日月还要高出；光武帝的宽阔胸襟，能包容大到天地之外事物。没有先生，就不能成就光武帝气量的弘大；没有光武帝，又怎能促成先生的高尚节操？先生的作为让贪婪的人变得廉洁，让怯懦的人变得自强自立，这真是对名教的莫大功劳啊。

我到本州任职后，才建造了祠堂来祭奠先生。然后又免除了先生后代子孙四家的赋役，让他们专心管理祭祀的相关事宜，还因此作了歌颂扬道：云与山莽莽苍苍啊，江水浩浩荡荡。先生的高风亮节啊，如山高，如水长！

岳阳楼记

【题解】

范仲淹是北宋名臣，在庆历朝做过参知政事，还主持了新政。"庆历新政"最终失败，范仲淹被贬为邓州知州。范仲淹在邓州期间，被贬到岳州巴陵郡的滕子京重修了岳阳楼，他写信嘱托范仲淹为岳阳楼记。以表示纪念本文通过写岳阳楼的景色，以及阴雨和晴朗时带给人的不同感受，揭示了"不以物喜，不以己悲"的古仁人之心，也表达了自己"先天下之忧而忧，后天下之乐而乐"的爱国爱民情怀。

【原文】

庆历四年春，滕子京谪守巴陵郡。越明年，政通人和，百废具兴。乃重修岳阳楼，增其旧制，刻唐贤、今人诗赋于其上，属予作文以记之。

予观夫巴陵胜状，在洞庭一湖。衔远山，吞长江，浩浩汤汤，横无际涯；朝晖夕阴，气象万千。此则岳阳楼之大观也，前人之述备矣。然则北通巫峡，南极潇湘，迁客骚人①，多会于此，览物之情，得无异乎？

若夫霪雨霏霏，连月不开，阴风怒号，浊浪排空，日星隐曜，山岳潜形，商旅不行，樯倾楫摧，薄暮冥冥，虎啸猿啼。登斯楼也，则有去国怀乡，忧谗畏讥，满目萧然，感极而悲者矣。

至若春和景明②，波澜不惊，上下天光，一碧万顷，沙鸥翔集，锦鳞游泳，岸芷汀兰，郁郁青青。而或长烟一空，皓月千里，浮光耀金，静影沉璧；渔歌互答，此乐何极！登斯楼也，则有心旷神怡，宠辱皆忘，把酒临风，其喜洋洋者矣。

嗟夫，予尝求古仁人之心，或异二者之为，何哉？不以物喜，不以己悲。居庙堂之高，则忧其民；处江湖之远，则忧其君。是进亦忧，退亦忧。然则何时而乐耶？其必曰"先天下之忧而忧，后天下之乐而乐"欤！噫！微斯人，吾谁与归！

【注释】

①迁客：遭贬迁的官员。骚人：诗人。②景：日光。

【译文】

庆历四年的春天，滕子京被贬为巴陵郡太守。到了第二年，政事顺畅，人民和睦，各种荒废了的事业都兴办起来了。于是重新修建岳阳楼，扩展它原来的规模，把唐代贤士和今人的诗赋刻在上面，并嘱咐我写一篇文章来记述这件事。

我看巴陵郡的美景，全在这洞庭湖上。它连接远山，吞吐长江，浩浩荡荡，无边无际；

于洞庭湖岳阳楼上观巴陵盛状

早晨的霞光，傍晚的夕照，气象万千。这些就是岳阳楼的壮丽景象，前人已经描述得很详尽了。它北面通向巫峡，南面直达潇水和湘水，被降职外调的官员和不得志的诗人常常在这里聚会，他们观赏这里景物时的心情，难道会没有差别吗？

在那细雨连绵不断，一连数月不晴的时候，阴惨惨的风怒吼着，浑浊的浪涛翻腾到空中；日月星辰失去了光辉，山岳也隐藏在阴霾之中；来往的客商无法通行，桅杆歪斜，船桨折断；到了傍晚，暮霭沉沉，天色昏暗，老虎长啸，猿猴悲啼。这时登上这座楼，就会产生离开京城，怀念家乡，担心遭到诽谤和讥议的心情，满目都是萧条的景象，心中感慨万分而十分悲伤了。

待到春风和煦，景色明媚的日子，湖面平静，水天一色，碧绿的湖水一望无际；沙鸥时而展翅高飞，时而落下聚集在一起；五光十色的鱼儿游来游去，岸上的香芷和小洲上的兰花，香气浓郁，颜色青青。有时天空中云雾完全消散，皎洁的月光一泻千里，湖面上金光闪烁，月亮的倒影犹如沉落的玉璧，静静地躺在水中；渔人互相唱和应答，这样的快乐是何等无穷无尽！这时登上这座楼，就会感到心旷神怡，把一切荣辱得失都忘记了，于是端着酒杯临风畅饮，沉浸在无限的欢乐当中。

唉！我曾经探究过古代仁德之士的思想感情，或许他们和上面说的那两种情况有所不同，这是什么缘故呢？是因为他们不因为外物的美好而高兴，不因为个人的失意而悲伤；在朝廷为官的时候就为百姓忧虑；退隐江湖、远离朝廷的时候就替君主忧虑。这样看来，是在朝为官也忧虑，不在朝为官也忧虑。然而他们什么时候才会感到快乐呢？他们一定会说“忧在天下人之前，乐在天下人之后”吧！唉！除了这样的人，我还能与谁同道呢！

司马光
（1019 ~ 1086）

司马光，字君实，陕州夏县（今山西省夏县北）涑水乡人，世称“涑水先生”。北宋著名政治家、文学家，曾任天章阁待制兼侍讲、知谏院、龙图阁直学士、翰林学士。因反对王安石变法，出知永兴军（今陕西西安），旋判西京御史台，后拜尚书左仆射兼门下侍郎主持朝政，尽废新法。死后赠太师、温国公，谥“文正”。主编有《资治通鉴》，著有《司马文正公文集》。

◎谏院题名记◎

【题解】

谏官是劝谏皇帝的官员。谏院是谏官办公的场所。北宋仁宗年间，司马光做了知谏院，也就是谏官的首长，他为勉励谏官做好本职工作，于是立了一座碑，上面刻上谏官的名字，这个碑刻就是谏官石刻。本文就是为谏官石刻而写的，叙述了谏官的来历，阐明了谏官的责任和应具备的品德，以及谏官石刻的由来，告诫谏官们要恪尽职守。

【原文】

古者谏无官，自公、卿、大夫至于工、商，无不得谏者。汉兴以来，始置官。夫以天下之政，四海之众，得失利病，萃于一官使言之，其为任亦重矣。居是官者，当志其大，舍其细，先其急，后其缓，专利国家，而不为身谋。彼汲汲于名者，犹汲汲于利也。其间相去何远哉？

天禧初，真宗诏置谏官六员，责其职事。庆历中，钱君始书其名于版，光恐久而漫灭，嘉祐八年，刻著于石。后之人将历指其名而议之曰：某也忠，某也诈，某也直，某也曲。呜呼！可不惧哉？

司马光为谏院作记

【译文】

在古代没有设置专门负责进谏的官职，从官居高位的公、卿、大夫到平常的工匠、商人，没有不能够进谏的。等到汉朝兴起，才设立了这个官职。将天下所有的政事，四海之内的百姓，治理国家的利弊得失，都通过一个人的嘴说出来，他的责任是相当重大的啊！位居这个官职的人，应当时常想着那些关系全局的方面，舍弃琐碎的细节；先就紧急的事情加以进谏，把不是很紧急的事情放在后面；行事的时候应该只求有利于国家，而不考虑如何为自己谋得利益。那些急切追求声名的人，就像那些迫切追求私利的人一样。他们和谏官中间的差距可谓太远了吧！

天禧初年，真宗下诏设置谏官六名，命他们恪守职责。庆历年间，钱君开始将谏官的名字写在木板上，我恐怕日子长了名字会磨灭掉，因此在嘉佑八年的时候，将谏官的名字刻在了石头上。如此，后世的人就可以逐个指着他们的名字议论：这个人是忠臣，这个人是奸臣；这个人正直，这个人奸邪。唉！怎能不心存戒惧呢？

钱公辅

（1021 ~ 1072）

钱公辅，字君倚，武进（今江苏常州）人。宋代诗人。少从胡翼之学，有名吴中。仁宗皇祐元年（1049）进士。历通判越州、知明州，擢知制诰。英宗即位，谪滁州团练使。神宗立，拜天章阁待制知邓州，复知制诰，知谏院。熙宁四年（1071），由知江宁府徙知扬州。

◎义田记◎

【题解】

范仲淹乐善好施，他曾设置“义田”，养济族人，使他们能够丰衣足食。钱公辅是仁宗朝的进士，他对范仲淹设置“义田”的做法很欣赏。这篇文章正是为称赞范仲淹的这一善举而写的。本文叙述了范仲淹设置“义田”之事，引用春秋时晏子的事迹与范仲淹作对比，赞扬了范仲淹的仁义之举。

【原文】

范文正公，苏人也。平生好施与，择其亲而贫、疏而贤者，咸施之。

方贵显时，置负郭常稔之田千亩[①]，号曰“义田”，以养济群族之人。日有食，岁有衣，嫁娶凶葬皆有赡。择族之长而贤者主其计，而时共出纳焉。日食，人一升。岁衣，人一缣，嫁女者五十千，再嫁者三十千，娶妇者三十千，再娶者十五千，葬者如再嫁之数，葬幼者十千。族之聚者九十口，岁入给稻八百斛。以其所入，给其所聚，沛然有余而无穷。屏而家居俟代者与焉，仕而居官者罢莫给。此其大较也。

初，公之未贵显也，尝有志于是矣，而力未逮者二十年。既而为西帅，及参大政，于是始有禄赐之入，而终其志。公即殁，后世子孙修其业，承其志，如公之存也。公虽位充禄厚，而贫终其身。殁之日，身无以为敛，子无以为丧。惟以施贫活族之义，遗其子而已。

昔晏平仲敝车羸马，桓子曰：“是隐君之赐也。”晏子曰：“自臣之贵，父之族，无不乘车者；母之族，无不足于衣食者；妻之族，无冻馁者；齐国之士，待臣而举火者三百余人。如此，而为隐君之赐乎？彰君之赐乎？”于是齐侯以晏子之觞，而觞桓子。予尝爱晏子好仁，齐侯知贤，而桓子服义也。又爱晏子之仁有等级，而言有次第也。先父族，次母族，次妻族，而后及其疏远之贤。孟子曰：“亲亲而仁民，仁民而爱物。”晏子为近之。今观文正之义田，贤于平仲。其规模远举，又疑过之。

呜呼！世之都三公位，享万钟禄，其邸第之雄，车舆之饰，声色之多，妻孥之富，止乎一己而已。而族之人不得其门者，岂少也哉？况于施贤乎！其下为卿，为大夫，为士，廪稍之充，奉养之厚，止乎一己而已。而族之人，操壶瓢为沟中瘠者[②]，又岂少哉？况于它人乎！是皆公之罪人也。

公之忠义满朝廷，事业满边隅，功名满天下，后世必有史官书之者，予可无录也。独高其义，因以遗其世云。

【注释】

① 常稔（rěn）：收成好。② 瘠（jí）：指饿死在沟渠里面。

【译文】

范文正公，是苏州人士。他平生喜欢布施，选择那些与他交好而又贫穷的，与他关系疏远却又贤良的人，对他们都给予周济。

正当他显贵的时候，购置了靠近城郭而且常年有好收成的田地千亩，称作“义田”，用来供养周济全族的人。使他们天天有饭吃，年年有衣穿，婚丧嫁娶都有所资助和贴补。选择族中年龄大而又有德行的人主管账目，按时供给出纳。每天的口粮，是每人一升；每年的衣料，是每人一匹绸绢。嫁女儿的给钱五十千，改嫁的给钱三十千；娶媳妇的给钱三十千，再娶的给钱十五千；办丧事给的钱和改嫁的数目一样，葬小孩的给钱十千。族中住在一起达到九十口人的，从每年的收入中支出八百斛粮食。用田产的收入供给这些聚居的族人，绰绰有余而没有困乏的时候。那些罢了官回家乡居住，等候缺额的人，就周济他们；已经出来做官的就停止供给。这是义田的大概情况。

当初文正公还没有显贵的时候，就曾经有志于此，然而二十年都没能有能力创办下这义田。后来他出任陕西经略安抚招讨副使，参与商议国政，这时俸禄和赏赐的收入才足以实现了他的愿望。后来文正公去世，他的后世子孙经管着他的产业，继承了他的遗志，就像他在世的时候一样。文正公虽居高职，俸禄丰厚，但始终过着清贫简朴的生活，直至去世。死的时候还没有棺木盛敛他的尸身，他的儿子也没有钱办理丧事。他只是将周济贫困，养活亲族的道义，传给了他的子孙。

从前的晏平仲，坐着简陋的车子，骑着瘦弱的马匹。桓子对他说："你这样做，是要隐藏君上对你的赏赐吗？"晏子回答说："自从我显达以来，父亲一族的人，没有不坐着车子的；母亲一族的人，没有不丰衣足食的；妻子一族的人，没有受冻挨饿的；齐国的士人，靠着我才能生火做饭的，有三百多人。像这样，是隐瞒君王对我的赏赐吗？还是彰明君王对我的赏赐？齐侯听到这话，便把罚晏子吃的酒，罚给桓子吃。我过去敬佩晏子的好仁，齐侯的知贤，桓子的服义。我还敬佩晏子的仁爱有等级，讲话有伦次。先说父亲的一族，再说母亲一族，其次说到妻子一族，最后才说到那些关系疏远却贤能的人。孟子说："亲爱自己的亲人才能对人民仁爱，对人民仁爱才能爱惜万物。"晏子差不多就是这样的人。现在看文正公的义田，感觉他比晏子还要贤良。他遍及恩惠的范围广大，影响深远，我又感觉这方面他恐怕要胜过晏子。

范仲淹置义田

唉！世上有些位列三公、享受万钟俸禄的人，他们宅第的雄伟，车辆的豪华，歌伎舞女的众多，妻妾儿女的阔绰，都只是自己一个人享受而已。而亲族中不能踏进他们家门的人，难道还少吗？更不要说去布施那些贤能的人了！在三公以下的那些做卿、做大夫、做士的人，粮食充足，俸禄丰厚，也只是个人享用而已。而亲族中手拿水壶饭碗讨饭，饿死在沟渠中的人，又难道会少吗？也就更不用说还要去照顾其他的人了！他们都是文正公的罪人啊！

文正公的忠义著称于朝野，他的事业遍布于边疆，功劳声名传遍天下，后代必定有史官会记载下来的，我可以不用去记录；但唯独敬佩他的仁义，因此记录下来留传后世。

李觏

(1009 ~ 1059)

李觏，字泰伯，建昌军南城（今江西南城）人。北宋著名学者。少时家贫好学，一生以教学为主。因南城在盱江边，所以人称他"盱江先生"。宋仁宗皇祐初年，被范仲淹推荐为太学助教，后任直讲等职。著有《盱江文集》。

袁州州学记

【题解】

北宋初年，统治者大力提倡儒学，命令各地设立学馆。祖无泽担任袁州知州后，大力兴办州学，作者正是因为此事写下这篇文章。此文叙述了祖无泽兴办州学的经过，称颂了祖无泽的善行，并借历史上的故事，说明兴办学馆、推行儒家教化的重要性。

【原文】

皇帝二十有三年，制诏州县立学。惟时守令有哲有愚。有屈力殚虑，祗顺德意[①]；有假官借师，苟具文书。或连数城，亡诵弦声。倡而不和，教尼不行[②]。

三十有二年，范阳祖君无泽知袁州。始至，进诸生，知学宫阙状，大惧人材放失，儒效阔疏，亡以称上意旨。通判颍川陈君侁，闻而是之，议以克合。相旧夫子庙，狭隘不足改为，乃营治之东。厥土燥刚[③]，厥位面阳，厥材孔良。殿堂门庑，黝垩丹漆，举以法。故生师有舍，庖廪有次。百尔器备，并手偕作。工善吏勤，晨夜展力，越明年成。

舍菜且有日，盱江李觏谂于众曰："惟四代之学，考诸经可见已。秦以山西鏖六国，欲帝万世，刘氏一呼而关门不守，武夫健将卖降恐后，何耶？《诗》《书》之道废，人惟见利而不闻义焉耳。孝武乘丰富，世祖出戎行，皆孳孳学术[④]。俗化之厚，延于灵、献。草茅危言者，折首而不悔。功烈震主者，闻命而释兵。群雄相视，不敢去臣位，尚数十年。教道之结人心如此。今代遭圣神，尔袁得圣君，俾尔由庠序践古人之迹。天下治，则谭礼乐以陶吾民。一有不幸，尤当仗大节，为臣死忠，为子死孝。使人有所赖，且有所法，是惟朝家教学之意。若其弄笔墨以徼利达而已[⑤]，岂徒二三子之羞？抑亦为国者之忧。"

【注释】

① 祇（zhī）：恭敬。② 尼：阻止。③ 厥：其。④ 孳孳（zī）：孜孜。⑤ 徼（yāo）：通"邀"，谋求。

【译文】

皇帝即位的第二十三年，下诏命每州每县都设立学馆。当时的太守、县令，有的贤明，有的昏昧。对于设立学馆这件事，有人尽心竭力，恭顺地遵从皇上的旨意；有人只是虚张声势地兴办一下，然后随便写个奉诏文书了事。有些地方一连几座城都听不到读书的声音。上面倡导而下面却不响应，教化的推行受到阻止。

皇帝即位的第三十二年，范阳的祖无泽出任袁州知州。刚到任，他就召见当地的儒生，得知当地的学馆残缺破败的情况后，他非常担心这样会造成人才流失，担心儒学的影响会日渐淡薄，并且因此而不能顺应皇帝的旨意。通判颍川人陈侁，听说后很赞同祖无泽的说法，两人的意见很一致。他们看了原有的孔庙，觉得那里太过狭窄，没有改建成学馆的必要了，于是就商定在它的东面营造新的学馆。那里的土壤干燥坚硬，地势向阳，使用的材料也很精良。学馆的殿堂、大门、走廊涂成青白红黑各种颜色，都是按照前代的规矩，所以儒生和老师有自己的房舍，厨房和库房也都错落有序。等到各项准备工作都做完了，大家便齐心协力地破土动工了。工匠技艺娴熟，官吏勤劳恳干，大家白天黑夜不停地施工，过了一年，学馆便建成了。

学馆开学祭祀先师孔子的日子到了，盱江的李觏劝勉大家说："虞、夏、商、周四代兴学教民的事情，只要考察一下各种经书就可以知道了。秦国凭着崤山以西的地方与六国鏖战而统一了天下，想要千秋万代的延续帝位；但刘邦振臂一呼，关塞的大门便守不住了，武臣勇将争相投降，唯恐落后，这是为什么呢？是因为废弃了《诗》《书》的道理，使得人们只见利而忘了义。汉武帝在国富民丰的时候登基，光武帝出身军旅，他二人都是孜孜不倦地倡导儒学。民风教化的淳厚，一直延续到灵帝、献帝的时代。那时身在草野而敢于直言进谏的人，虽招致杀身而不悔恨。那些功高盖主的豪杰，一听到皇帝的命令就放弃兵权。汉末虽然群雄并起，也没有谁敢脱离臣子的位置，这种局面尚且维持了几十年。儒家教化的维系人心，竟然能达到这种地步。如今遇到了圣明的皇帝，你们袁州又得到了这样一位贤明的知州，使你们能够通过在学馆中读书而实践效法古人的事迹。天下太平，就谈论礼乐以熏陶我们的人民；一旦遇到祸乱，就更应该依靠道义节操，为臣的要勇于效忠献身，为子的要勇于尽孝而死。使百姓有所信奉，有所效法，这就是朝廷兴学教民的根本用意。若是只舞文弄墨而想侥幸成就显达，这岂是你们这几个人的羞耻吗？同样也是治国者的忧虑啊！"

欧阳修

(1007 ~ 1072)

欧阳修，字永叔，自号醉翁，晚号六一居士，吉州庐陵(今江西吉安)人。幼年丧父，由寡母教养成人。仁宗天圣八年(1030)进士。历官知制诰、翰林学士、枢密副使、参知政事等。早年支持范仲淹，要求政治改良，因此屡遭贬谪。晚年思想趋于保守，反对王安石变法。神宗熙宁四年(1071)，以太子少师致仕。卒赠太子太师，谥文忠。北宋诗文革新运动的领袖，苏洵父子、曾巩、王安石皆出其门下。为“唐宋八大家”之一，在散文、诗、词方面都卓有成就，开创了北宋文学的新面貌。他的文风变化多端、开阖自如，语言自然晓畅，富于韵律感。他的写景抒情文和文论史论都代表了成熟的宋代散文的清新自然的风格，真是“文备众体，变化开阖，因物命意，各尽其工”(吴充《欧阳公行状》)。曾与宋祁等合修《新唐书》，并独撰《新五代史》。有《欧阳文忠公集》一百五十卷。

◎朋党论◎

【题解】

北宋仁宗庆历年间，范仲淹针对当时国家积贫积弱的现状，进行了一次政治革新，史称“庆历新政”。不过，这次革新遭到保守派的阻扰，他们以“朋党”之名来加以攻击、诬陷。欧阳修支持范仲淹的政治革新，他针对这种情况，写下此文进行反驳。本文列举历史上的事例，指出“朋党”是自古就有的，但有君子与小人的区别，论述兴亡治乱与“朋党”的关系，阐明君主要“退小人之伪朋，用君子之真朋”。

【原文】

臣闻朋党之说，自古有之，惟幸人君辨其君子小人而已。大凡君子与君子，以同道为朋；小人与小人，以同利为朋。此自然之理也。

然臣谓小人无朋，惟君子则有之，其故何哉？小人所好者，利禄也；所贪者，货财也。当其同利之时，暂相党引以为朋者，伪也。及其见利而争先，或利尽而交疏，则反相贼害，虽其兄弟亲戚，不能相保；故臣谓小人无朋，其暂为朋者，伪也。君子则不然。所守者道义，所行者忠信，所惜者名节。以之修身，则同道而相益；以之事国，则同心而共济。终始如一，此君子之朋也。故为人君者，但当退小人之伪朋，用君子之真朋，则天下治矣。

尧之时，小人共工、驩兜等四人为一朋，君子八元、八恺十六人为一朋。舜佐尧，退四凶小人之朋，而进元、恺君子之朋，尧之天下大治。及舜自为天子，而皋、夔、稷、契等二十二人并列于朝，更相称美，更相推让，凡二十二人为一朋，而舜皆用之，天下亦大治。《书》曰：“纣有臣亿万，惟亿万心；周有臣三千，惟一心。”纣之时，亿万人各异心，可谓不为朋矣，然纣以亡国。周武王之臣三千人为一大朋，而周用以兴。

后汉献帝时，尽取天下名士囚禁之，目为党人。及黄巾贼起，汉室大乱，后方悔悟，尽解党人而释之，然已无救矣。

唐之晚年，渐起朋党之论。及昭宗时，尽杀朝之名士，或投之黄河，曰：“此辈清流，可投浊流。”而唐遂亡矣。

夫前世之主，能使人人异心不为朋，莫如纣；能禁绝善人为朋，莫如汉献帝；能诛戮清流之朋，莫如唐昭宗之世。然皆乱亡其国。更相称美推让而不自疑，莫如舜之二十二臣，舜亦不疑而皆用之，然而后世不诮舜为二十二人朋党所欺[①]，而称舜为聪明之圣者，以能辨君子与小人也。周武之世，举其国之臣三千人共为一朋，自古为朋之多且大莫如周。然周用此以兴者，善人虽多而不厌也。

嗟呼！治乱兴亡之迹，为人君者可以鉴矣！

君子以同道为朋

【注释】

① 诮（qiào）：讥讽。

【译文】

臣听说关于朋党的言论，自古就是有的，但只是希望君主能分清他们是君子还是小人而已。大凡君子与君子，是因为所坚持的道义相同才结为朋党；而小人与小人，则是因为所要贪图的利益相同才结为朋党，这是很自然的道理。

但是臣以为小人并无朋党，只有君子才有，这是什么原因呢？小人所喜好的，是功名利禄；所贪图的，是货币财物。当他们利益相同的时候，就暂时地互相勾结成为朋党，这是虚假的朋党。等到他们见到利益而争先恐后，或者利益已尽而相互疏远的时候，就会反过来互相残害，即使是他们的兄弟亲戚也在所不惜；所以臣说小人无朋党，他们暂时结为朋党，也是虚假的。君子就不是这样，他们坚守的是道义，履行的是忠信，珍惜的是名节。用这些来修身，则志同道合而互相能有所补益；用这些来为国家做事，则能齐心协力、同舟共济。始终如一，这就是君子的朋党啊。所以做君主的，只要能贬斥小人的假朋党，任用君子的真朋党，那么天下就可以太平安定了。

唐尧的时候，小人共工、驩兜等四人结为一个朋党，君子八元、八恺等十六人结为一个朋党。舜辅佐尧，斥退四凶结成的小人朋党，而任用八元、八恺结成的君子朋党，唐尧的天下因此得到大治。等到虞舜自己做了天子，皋陶、夔、稷、契等二十二人同时列位于朝堂之上；他们互相颂扬，互相推让，一共二十二人结为一个朋党。但是虞舜全都任用了他们，天下也因此得到太平安定。《尚书》上说："商纣有臣亿万，是亿万条心；周有臣三千，却是一条心。"纣王的时候，亿万人各存异心，可以说是没有朋党了，但是纣王因此而亡国。周武王的臣子，三千人结成一个大朋党，但周朝却因此而兴盛。

后汉献帝的时候，把天下名士尽皆关押起来，把他们视作朋党。等到黄巾贼揭竿而起，汉室大乱，方才悔悟，全数释放了所谓的朋党，可是国家却已经陷入了无可挽救的地步。

唐朝末年，逐渐兴起了关于朋党的议论。到了昭宗的时候，杀尽了朝中的名士，有的被投入黄河，说："这些人自命为清流，应当把他们投到浊流中去。"唐朝也随之而灭亡了。

前代的君主，能使人人异心不结为朋党的，谁也不及商纣王；能禁绝贤人结为朋党的，谁也不及汉献帝；能诛戮清流结成的朋党的，哪个朝代也不及唐昭宗之时。然而他们的国家都因为动乱灭亡了。互相颂扬、推让而不自相猜疑的，谁也不及虞舜的二十二位大臣，虞舜也不猜疑他们而尽皆举用；但是后世并不讥笑虞舜被二十二人的朋党所蒙蔽，却赞美虞舜是聪明圣贤的君主。原因就在于他能辨别君子和小人。周武王时，举国上下的臣子三千人结成一个朋党，自古以来结成的朋党，人数和规模谁也不及周朝。然而周朝因此而兴盛，原因就在于贤能的人是多多益善啊。

唉！这些历史上兴衰成败的事迹，做君王的可以作为借鉴啊！

○纵囚论○

【题解】

唐太宗贞观六年（632），李世民释放关在牢狱中的死囚犯人共三百九十人，让他们出狱探亲，到期如数返回。最后，犯人果然如期而至。这件事一直被后人认为是“施恩德”和“知信义”的典范。欧阳修却认为此举不可以作为常法，因为这是“上下交相贼，以成此名”，一为求取仁德的美名，一为求得赦免，两者是相互利用的。

【原文】

信义行于君子，而刑戮施于小人。刑入于死者，乃罪大恶极，此又小人之尤甚者也。宁以义死，不苟幸生，而视死如归，此又君子之尤难者也。

方唐太宗之六年，录大辟囚三百余人[①]，纵使还家，约其自归以就死。是以君子之难能，期小人之尤者以必能也。其囚及期，而卒自归无后者，是君子之所难；而小人之所易也，此岂近于人情哉？或曰：“罪大恶极，诚小人矣，及施恩德以临之，可使变而为君子。盖恩德入人之深，而移人之速，有如是者矣。”

曰：太宗之为此，所以求此名也。然安知夫纵之去也，不意其必来以冀免，所以纵之乎？又安知夫被纵而去也，不意其自归而必获免，所以复来乎？夫意其必来而纵之，是上贼下之情也[②]。意其必免而复来，是下贼上之心也。吾见上下交相贼以成此名也，乌有所谓施恩德与夫知信义者哉？不然，太宗施德于天下，于兹六年矣，不能使小人不为极恶大罪；而一日之恩，能使视死如归，而存信义，此又不通之论也。

然则何为而可？曰：纵而来归，杀之无赦。而又纵之，而又来，则可知为恩德之致尔。然此必无之事也。若夫纵而来归而赦之，可偶一为之尔。若屡为之，则杀人者皆不死，是可为天下之常法乎？不可为常者，其圣人之法乎？是以尧、舜、三王之治[③]，必本于人情，不立异以为高，不逆情以干誉。

【注释】

①大辟：死刑。②贼：窥测。③三王：指夏禹、商汤、周代的文王及武王。

【译文】

信义只适用于君子，而刑罚诛戮则要施加于小人。按刑法应当处死的，是罪大恶极的人，是小人中尤其恶劣的。宁可舍生取义也不肯苟且偷生，并且能视死如归的，这是君子也很难做到的事情。

贞观六年，唐太宗审查了三百多名死刑犯人，放他们回家，又约定期限，让他们按期自己回来受刑。这是君子都难于做到的事情，期待小人中尤其顽劣的一定能做到。而那些囚犯到了期限，终于都自动回来了，没有一个超过期限的，这是君子难于做到的；小人却

贞观纵囚

轻易做到了，这难道近乎人情么？有人说："罪大恶极的，诚然是小人，但将恩德施于他们，可以使其变为君子；所以恩德的感人之深，移人性情之快，竟能如此。"

但我得说：太宗所以这样做，正是为了求得名声。然而怎能知道放他们回家，不是因为意料到他们会回来而且是希望得到赦免的，所以才放他们回去呢？又怎能知道他们被放回家，不是因为自己想着自己主动回来必定能得到赦免，所以才回来的呢？料到他们必然回来才放了他们，是居上位的人窥测到了囚犯们的心思；想着自己必能得到赦免而回来，是囚犯们对于居上位者意图的猜测。我只看到他们上下互相窥探揣摩而成就了各自的美名，哪里真有所谓的施恩德和知信义的事呢？不然的话，太宗施恩德于天下，到这时已经六年了，不能使小人不再犯极恶大罪；然而一天的恩德，就能使他们视死如归，心存信义，这又是根本说不通的道理。

那么怎样做才是可以的呢？我说：放回去而自己主动归来，杀而不赦。再放回去而又自己主动归来，则是可以知道是恩德使然了。然而这在现实中是绝不可能的。如果放回去而自己主动归来，然后就赦免了他们，这样做只能是偶尔的行为。如果屡次这样做，那么杀人的人都不被处死，这可以成为天下的常法么？如果不能做为常法，能算是圣明天子制定的法度么？因此尧、舜、禹三王对于天下的治理，一定是从人情出发，不把标新立异看作是高明，不违背情理以求得名誉。

◎释秘演诗集序◎

【题解】

秘演和尚是欧阳修的好友，善于写诗，欧阳修为他的诗集作序。文中叙述了秘演和尚的生平，赞美他不合世俗、崇尚气节，是一个有能力却不得施展的奇男子，寄寓了作者对人才被埋没的慨叹。

【原文】

予少以进士游京师，因得尽交当世之贤豪。然犹以谓国家臣一四海，休兵革，养息天下以无事者四十年，而智谋雄伟非常之士，无所用其能者，往往伏而不出，山林屠贩，必有老死而世莫见者。欲从而求之不可得。

其后得吾亡友石曼卿。曼卿为人，廓然有大志。时人不能用其才，曼卿亦不屈以求合。无所放其意，则往往从布衣野老，酣嬉淋漓，颠倒而不厌。予疑所谓伏而不见者，庶几狎而得之①，故尝喜从曼卿游，欲因以阴求天下奇士。

浮屠秘演者②，与曼卿交最久，亦能遗外世俗，以气节自高。二人欢然无所间。曼卿隐于酒，秘演隐于浮屠，皆奇男子也。然喜为歌诗以自娱。当其极饮大醉，歌吟笑呼，以适天下之乐，何其壮也！一时贤士皆愿从其游，予亦时至其室。十年之间，秘演北渡河，东之济、郓，无所合，困而归。曼卿已死，秘演亦老病。嗟夫！二人者，予乃见其盛衰，则予亦将老矣。

夫曼卿诗辞清绝，尤称秘演之作，以为雅健有诗人之意。秘演状貌雄杰，其胸中浩然。既习于佛，无所用，独其诗可行于世，而懒不自惜。已老，胠其橐③，尚得三四百篇，皆可喜者。

曼卿死，秘演漠然无所向。闻东南多山水，其巅崖崛嵂，江涛汹涌，甚可壮也，遂欲往游焉。足以知其老而志在也。于其将行，为叙其诗，因道其盛时以悲其衰。

秘演和尚

【注释】

①狎：亲近，接近。②浮屠：和尚。③胠（qū）：打开。橐（tuó）：囊，口袋。

【译文】

我年轻时考中了进士，游历了京城，因而有机会遍交当世的贤者豪杰。不过我还认为朝廷统御四海，停止战事，休养生息天下太平无事四十年了，而那些有智慧、懂谋略、雄奇伟岸、非同一般的人士，还是难以施展才能，往往是蛰伏而不能被举用。在那些隐居山林、从事屠宰贩运的人中间，必定有老死而不被世人发现的超群出众之士。我想要去寻找他们，却找不到。

后来认识了我那已故的朋友石曼卿。曼卿的为人，胸怀开阔而志向远大。当时的人不能发挥他的才能功用，曼卿也不肯委屈自己而去迎合他们。他无处抒发自己的心意，就往往与布衣野老相处在一起。他们饮酒嬉戏，常常是醉倒发颠但却不感到厌倦。因此我怀疑所谓蛰伏而不被发现的人，或许可以在与这些人亲密的交往中得到。所以我常常喜欢跟从曼卿游历，想通过他来暗中访求天下奇士。

和尚秘演和曼卿交往最久，他也是能够超越尘俗的人，并且认为自己的气节高出常人。他们两个人相处愉快、亲密无间。曼卿隐伏在酒中，秘演隐伏在寺庙里，所以都是奇男子；然而又都喜欢作诗来自我娱乐。当他们狂饮至大醉之时，又唱又吟，欢笑狂呼，从而极尽世上所能享受到的快乐，这是多么的豪迈啊！当时的贤士，都愿意与他们交游，我也常常到他们的住处。十年之间，秘演北渡黄河，东到济州、郓州，但都无所遇合，潦倒困顿而归。这时曼卿已死，秘演也是年老多病。唉！这两个人，我是看着他们从壮年而至衰老的，那么我自己也将衰老了吧！

曼卿的诗辞清妙绝伦，可他更称道秘演的作品，认为写得优雅刚健，有诗人的意趣。秘演的气质相貌雄伟杰出，胸中存着浩然正气。但是既然已经学了佛，也就没有可用之处了，只有他的诗歌能够流传于世。可是他懒散而不能爱惜自己的作品，现在已经老了，打开他的箱子，还能找到三四百首，都是值得玩味的好作品。

曼卿死了以后，秘演寂寞茫然，不知该往何处去才好。他听说东南多有名山大川，山的高峻巍峨，水的波涛汹涌，都是极为的壮观，于是就很向往到那边去游历。从这里也足以看出他虽然年老，但胸中的志向还在。我于是在他将要启程之前，为他的诗集作了序，以此来回顾他盛年时的情景并悲叹他的衰老。

卷十 宋文

梅圣俞诗集序

【题解】

梅圣俞即北宋著名诗人梅尧臣，他的诗清新质朴，开一代之诗风，但是他一生穷困，怀才不遇，未能施展自己的抱负。欧阳修与梅尧臣同时代，而且两人又是知交好友，梅尧臣死后，欧阳修为他的诗集作了这篇序，以示纪念。此文写梅尧臣人穷而诗工，表达了作者对梅尧臣才能的欣赏，以及对他一生不遇的同情和感慨。

【原文】

予闻世谓诗人少达而多穷①，夫岂然哉？盖世所传诗者，多出于古穷人之辞也。凡士之蕴其所有而不得施于世者，多喜自放于山巅水涯之外，见虫鱼草木、风云鸟兽之状类，往往探其奇怪。内有忧思感愤之郁积，其兴于怨刺，以道羁臣寡妇之所叹，而写人情之难言，盖愈穷则愈工。然则非诗之能穷人，殆穷者而后工也。

予友梅圣俞，少以荫补为吏，累举进士，辄抑于有司②，困于州县，凡十余年。年今五十，犹从辟书，为人之佐，郁其所蓄不得奋见于事业。其家宛陵，幼习于诗。自为童子，出语已惊其长老。既长，学乎六经仁义之说。其为文章，简古纯粹，不求苟说于世，世之人徒知其诗而已。然时无贤愚，语诗者必求之圣俞。圣俞亦自以其不得志者，乐于诗而发之。故其平生所作，于诗尤多。世既知之矣，而未有荐于上者。昔王文康公尝见而叹曰："二百年无此作矣！"虽知之深，亦不果荐也。若使其幸得用于朝廷，作为《雅》《颂》以歌咏大宋之功德，荐之清庙，而追商、周、鲁《颂》之作者，岂不伟欤？奈何使其老不得志而为穷者之诗，乃徒发于虫鱼物类、羁愁感叹之言？世徒喜其工，不知其穷之久而将老也。可不惜哉！

圣俞诗既多，不自收拾。其妻之兄子谢景初，惧其多而易失也，取其自洛阳至于吴兴以来所作，次为十卷。予尝嗜圣俞诗，而患不能尽得之，遽喜谢氏之能类次也，辄序而藏之。其后十五年，圣俞以疾卒于京师，余既哭而铭之，因索于其家，得其遗稿千余篇，并旧所藏，掇其尤者六百七十七篇③，为一十五卷。呜呼！吾于圣俞诗，论之详矣，故不复云。

【注释】

①穷：不得志。②辄（zhé）：总是。③掇：选取。

【译文】

我听到世人常说，诗人显达的少，困厄的多。难道真是这样吗？大概是由于世上所流传的诗歌，很多都是出自古代困厄之士的笔下的缘故吧。大凡胸怀才能抱负而不能施展于当世的人，大都喜欢放任自适于山颠水边，看见虫鱼草木、风云鸟兽等事物，往往探究它们的怪异之处。内心郁积着忧思、感慨和愤懑，因而产生了怨恨和讥讽，道出了逐臣寡妇的哀叹，写出了人所难于诉说的情感。诗人越是困厄，写出来的诗就越是技巧高明。如此说来，并非写诗使人困厄，原来是困厄之后才能写出好诗来。

梅圣俞

我的朋友梅圣俞，年轻时凭借着祖先的荫庇做了官，但屡次去参加进士考试，总是不为主考官所赏识，困厄在州县上，已经十多年了。今年他已经五十岁了，还要靠别人下聘书，去做别人的幕僚，他胸中怀藏的本领受到压抑，不能在事业上充分地展现出来。他的家乡在宛陵县，幼年时就学习写诗。当他还是个孩童的时候，作的诗就已经让父老长辈们惊奇了。等他长大，学习了六经仁义的学问，他作文章，简约、古朴而纯正，不求苟且取悦于世人，因此世人只知道他的诗罢了。然而当时的人们不论贤愚，谈论诗歌必然会向圣俞请教。圣俞也喜欢把自己不得志的心情通过诗歌抒发出来，因此他平生所写的东西，诗歌尤其多。世人虽然知道他善于诗赋，却没有人向朝廷推荐他。从前王文康公曾看到他的作品，慨叹说："二百年没有这样的作品了！"但虽然知道他的可贵，可还是没有加以举荐。假若使他有幸被朝廷任用，写出《雅》《颂》那样的作品，来歌颂大宋的功业恩德，献于宗庙之上，上追《商颂》《周颂》《鲁颂》等作者，难道不是伟大的贡献吗？为什么他到老也不能得志，写的是困厄者的诗歌，只能徒然地写些描述虫鱼物类的诗，再不就是抒发羁旅、愁闷之情的作品呢？世人只喜欢他作诗的技巧，却不知道他困厄已久并且将要老死了，怎能让人不觉得可惜呢？

圣俞的诗很多，自己却不收拾整理。他的妻子的兄弟谢景初，担心诗篇众多而容易散失，于是选取他从洛阳到吴兴这段时间的作品，编为十卷。我曾经酷爱圣俞的诗作，担心不能全部得到，十分高兴谢氏能为它分类排序，就为之作序并且珍藏起来。从那以后过了十五年，圣俞因病在京城去世，我痛哭着为他写了墓志铭，又向他家索求他的作品，得到他的遗稿一千多篇，连同以前所收藏的，选取其中特别好的共六百七十七篇，编成了十五卷。唉！我对圣俞的诗歌已经评论得很多了，因此就不再重复了。

◎送杨寘序◎

【题解】

杨寘是欧阳修的好友，他虽有一身才华，却郁郁不得志，多次参加进士考试却没能考中，只是蒙受恩荫才补了一个剑浦县尉这样的小官。杨寘身体孱弱，欧阳修担心他到了剑浦后不适应那里的水土，遂送他一把古琴，还写下此文作为赠言。在此文中，欧阳修写自己隐居时弹琴修身，以致自己的心灵得到了净化，说明送给杨寘琴的缘由，即以琴音陶冶性情。

【原文】

予尝有幽忧之疾，退而闲居，不能治也。既而学琴于友人孙道滋，受宫声数引，久而乐之，不知其疾之在体也。

夫琴之为技小矣，及其至也，大者为宫，细者为羽，操弦骤作，忽然变之，急者凄然以促，缓者舒然以和，如崩崖裂石，高山出泉，而风雨夜至也。如怨夫寡妇之叹息，雌雄雍雍之相鸣也。其忧深思远，则舜与文王、孔子之遗音也；悲愁感愤，则伯奇孤子、屈原忠臣之所叹也。

喜怒哀乐，动人必深，而纯古淡泊，与夫尧舜三代之言语、孔子之文章、《易》之忧患、《诗》之怨刺无以异。其能听之以耳，应之以手，取其和者，道其湮郁，写其幽思，则感人之际，亦有至者焉。

予友杨君，好学有文，累以进士举，不得志。及从荫调，为尉于剑浦，区区在东南数千里外，是其心固有不平者。且少又多疾，而南方少医药，风俗饮食异宜。以多疾之体，有不平之心，居异宜之俗，其能郁郁以久乎？然欲平其心以养其疾，于琴亦将有得焉。故予作琴说以赠其行，且邀道滋酌酒，进琴以为别。

【译文】

我曾经患了忧郁的病症，因而退职闲居，也没能治好。后来向友人孙道滋学琴，他向我传授了几支曲子，久而久之我便爱上了抚琴，不觉得自己身上还有病。

琴艺不过是小技，但有了很高的造诣以后，声音宏亮的是宫声，声音尖细的是羽声，骤然拨动琴弦，忽而又变化声调，声急的时候凄楚而紧促，声缓的时候舒展而柔和，像山崩石裂，高山上喷涌出泉水，深夜风雨大作，像怨夫寡妇的叹息，雌雄鸟儿的合鸣。琴声中的那份深远的忧思，如同是舜与周文王、孔子的遗音；琴声中的悲愁感愤，就像是孤儿伯奇、忠臣屈原的叹息。

琴声中所蕴含的喜怒哀乐，感人至深；琴意的纯粹、淡泊和古雅，与尧、舜三代的言语、孔子的文章、《周易》中的忧患、《诗经》里的怨刺没什么两样。如果能用耳去听，用手相应，采取那些平和的声调，疏导心中的郁结，抒发自己的幽情，那么它感动人的时候，就会达到这种境界。

我的朋友杨君，好学而有才，多次去考进士，都未能考中。等到由于祖先的恩庇而得到补缺的机会，才做了剑浦的县尉。小小的剑浦在东南数千里地之外，因此他的心中固然会感到不平。何况他自幼多病，南方又缺医少药，风俗饮食也不能让他适应。以他多病的身体，所怀的不平的心情，居住在风俗习惯不能适应的地方，能这样郁闷忧愁地长久支持下去吗？然而，要想平静他的心境，养好他的疾病，那么从琴中也许可以得到益处。因此，我写了这篇谈琴的文章来为他送行，还邀请道滋一同饮酒，送上瑶琴一张以为道别。

◎五代史伶官传序◎

【题解】

五代后唐时期，庄宗李存勖宠幸优伶，这些伶人参与朝政，败坏朝纲，还发动叛乱，使后唐由盛转衰。这篇文章就是对伶人乱政作的一番评论，它节选自《新五代史·伶官传》。欧阳修在文中除了叙说这段史事之外，还总结出“忧劳可以兴国，逸豫可以亡身”的历史教训。

【原文】

呜呼！盛衰之理，虽曰天命，岂非人事哉！原庄宗之所以得天下[①]，与其所以失之者，可以知之矣。

世言晋王之将终也，以三矢赐庄宗而告之曰：“梁，吾仇也。燕王，吾所立；契丹，与吾约为兄弟，而皆背晋以归梁。此三者，吾遗恨也。与尔三矢，尔其无忘乃父之志！”庄宗受而藏之于庙。其后用兵，则遣从事以一少牢告庙，请其矢，盛以锦囊，负而前驱，及凯旋而纳之。

方其系燕父子以组，函梁君臣之首，入于太庙，还矢先王，而告以成功。其意气之盛，可谓壮哉！及仇雠已灭，天下已定，一夫夜呼，乱者四应，仓皇东出，未见贼而士卒离散。君臣相顾，不知所归，至于誓天断发，泣下沾襟，何其衰也！岂得之难而失之易欤？抑本其成败之迹②，而皆自于人欤？

《书》曰 ：“满招损，谦得益。”忧劳可以兴国，逸豫可以亡身③，自然之理也。故方其盛也，举天下之豪杰莫能与之争；及其衰也，数十伶人困之而身死国灭，为天下笑。夫祸患常积于忽微，而智勇多困于所溺，岂独伶人也哉？

李存勖三矢承遗命

【注释】

① 原：推究。庄宗：即五代时后唐庄宗李存勖。② 本：考察。③ 逸豫：安逸享乐。

【译文】

唉！盛衰的规律，虽说是天命决定的，难道不是也与人事有关吗？探究后唐庄宗所以得天下及其后来失天下的原因，就可以知道了。

世间传说晋王将要去世的时候，把三枝箭赐给庄宗，并且告诉他说 ：“梁国，是我的仇家。燕王，是我帮他成就了今天的事业；契丹同我曾约为兄弟。可是他们都背叛了晋国而归附了梁。这三者，是我的遗恨！现在给你三枝箭，你千万不要忘记你父亲未了的心愿！”庄宗接受了这三枝箭并把它们保存在宗庙里。其后每逢出征作战，就派手下的官员用一猪一羊去宗庙祭告，并请出那些箭，用锦囊装了，让人背着，走在队伍的前面。等到凯旋归来后，再把箭放回原处。

当他用绳索捆绑起燕王父子，用匣子盛了梁国君臣的首级，献入宗庙，把箭放在先王的灵位前，向先王的在天之灵禀报得胜的消息的时候，可谓是意气风发，雄壮得很了。等到仇敌已经消灭，天下已经平定，然而一个军士在夜间一声呼喊，叛乱者就四处响应，以致自己仓皇向东逃出，没见到贼寇而军队已经离散了。君臣们互相看着，不知该向何处去，逼得自己剪断头发，对天发誓，眼泪沾湿了衣裳，这是何等的衰败啊！难道是因为取得天下艰难而失去容易吗？还是成败的转换，都出自人为的原因呢？

《尚书》上说 ：“自满招致灾祸，谦虚得到益处。”忧虑和勤劳可以振兴国家，安逸和享乐可以使自身灭亡，这是当然的道理啊。因此当庄宗兴盛的时候，全天下的豪杰，没有能与他争雄的；到他衰败的时候，几十个优伶来围困他，就使他身死国灭，被天下所讥笑。祸患常常是从细微小事上积聚起来的，而聪明勇敢的人又常常是被自己所溺爱的人逼入困境，难道仅是优伶能造成祸患吗？

◎五代史宦者传论◎

【题解】

这篇文章是《新五代史·宦官传》评论中的一部分，此文以唐昭宗被宦官幽禁的史事，告诫人君要警惕宦官，不要渐积养祸。

【原文】

自古宦者乱人之国，其源深于女祸。女，色而已，宦者之害，非一端也。

盖其用事也近而习，其为心也专而忍，能以小善中人之意，小信固人之心，使人主必信而亲之。待其已信，然后惧以祸福而把持之。虽有忠臣硕士列于朝廷，而人主以为去己疏远，不若起居饮食、前后左右之亲为可恃也。故前后左右者日益亲，则忠臣硕士日益疏，而人主之势日益孤。势孤，则惧祸之心日益切，而把持者日益牢。安危出其喜怒，祸患伏于帷闼[①]，则向之所谓可恃者，乃所以为患也。

患已深而觉之，欲与疏远之臣图左右之亲近，缓之则养祸而益深，急之则挟人主以为质。虽有圣智，不能与谋。谋之而不可为，为之而不可成，至其甚，则俱伤而两败。故其大者亡国，其次亡身，而使奸豪得借以为资而起，至抉其种类[②]，尽杀以快天下之心而后已。此前史所载宦者之祸常如此者，非一世也。

夫为人主者，非欲养祸于内，而疏忠臣硕士于外，盖其渐积而势使之然也。夫女色之惑，不幸而不悟，则祸斯及矣。使其一悟，捽而去之可也[③]。宦者之为祸，虽欲悔悟，而势有不得而去也，唐昭宗之事是已。故曰"深于女祸"者，谓此也。可不戒哉？

【注释】

①闼（tà）：指门内。②抉（jué）：挖出。③捽（zuó）：揪出。

【译文】

自古以来，宦官扰乱国家，比女人造成的祸患还要严重。女人，只不过是使君主沉溺于美色罢了，而宦官的危害可不止一条。

宦官所担当的职责就是侍奉在君主身边，容易与君主形成亲密关系，他们的用心专一并且毒辣，他们能用微小的好处来迎合别人的心意，能用小忠小信获得君主的信任，使人君必然信任、亲近他们。等到获得了君主的完全信任，然后就用祸福来恐吓他、挟制他。这时候虽然有忠臣贤士在朝中，但君主认为他们和自己关系疏远，不如侍奉他起居饮食，成天在自己左右侍奉自己的亲随那样可靠。所以君主与成天在左右侍奉自己的人日益亲密，而对忠臣贤士们则日益疏远，君主便会日益地变得势单力孤。势单力孤，则惧怕发生祸患的心理就更加严重。而挟持自己的人的地位就会更加牢固。君主的安危，决定于这些人的喜怒；而祸患就潜伏在他的内廷之

五代宦官

中。于是过去认为可以依靠的人，正是现在为患的根源。

当发觉祸患已深的时候，想要和平日里疏远的大臣们一起除掉左右的亲随，行动慢了就会使祸患日益严重；操之过急，又会使那些亲随挟持自己作为人质。这时候即使是智慧再高的人，也不能与他共商对策了。就算是能够商议对策，也很难实际着手去做。即使做了，也有可能不成功，到了最严重的时候，很可能发生两败俱伤的后果。祸患大的可以亡国，次一点的会让自己丧命，并且会使世上的奸雄们以此为借口乘机而起，把宦官与其同党尽皆除掉，大快天下人心后才算完。过去历史上记载的宦官之祸往往如此，而且不止一代。

作为君主，并不是故意要在宫中养虎成患，在朝堂之上疏远忠臣贤士，这是日积月累逐步发展而成的，是形势发展使他自然而然地走入此途的。所以沉迷于女色，如果不幸一直执迷不悟，那么祸患就要随之降临了；但是一旦醒悟，把她们撵出去就行了。而宦者造成的祸患，虽然有所悔悟，但已经形成的形势使得自己没有办法把他们除掉；唐昭宗的事就是这样。所以说"比女人造成的祸患还要严重"，就是指这些，怎能不有所戒惧呢？

相州昼锦堂记

【题解】

北宋名臣韩琦官至宰相，可谓荣耀之至，当他因病回故乡做知州的时候，建起了一座昼锦堂，意在告诫自己不要计较个人荣辱得失。欧阳修闻听此事，写了这篇文章。此文写世俗人以"荣华富贵，衣锦还乡"为荣，并用苏秦、朱买臣等炫耀富贵的庸俗行为，烘托出韩琦不以此为荣而以此为戒，志在"德被生民而功施社稷"的高尚德行。

【原文】

仕宦而至将相，富贵而归故乡，此人情之所荣，而今昔之所同也。盖士方穷时，困厄闾里①，庸人孺子皆得易而侮之。若季子不礼于其嫂，买臣见弃于其妻。一旦高车驷马，旗旄导前，而骑卒拥后，夹道之人相与骈肩累迹②，瞻望咨嗟；而所谓庸夫愚妇者，奔走骇汗，羞愧俯伏，以自悔罪于车尘马足之间。此一介之士得志于当时，而意气之盛，昔人比之衣锦之荣者也。

惟大丞相魏国公则不然。公，相人也。世有令德，为时名卿。自公少时，已擢高科，登显士。海内之士，闻下风而望余光者，盖亦有年矣。所谓将相而富贵，皆公所宜素有。非如穷厄之人，侥幸得志于一时，出于庸夫愚妇之不意，以惊骇而夸耀之也。然则高牙大纛，不足为公荣；桓圭衮裳，不足为公贵。惟德被生民③，而功施社稷，勒之金石，播之声诗，以耀后世而垂无穷，此公之志，而士亦以此望于公也。岂止夸一时而荣一乡哉？

公在至和中，尝以武康之节，来治于相，乃作昼锦之堂于后圃。既又刻诗于石，以遗相人。其言以快恩仇、矜名誉为可薄，盖不以昔人所夸者为荣，而以为戒。于此见公之视富贵为何如，而其志岂易量哉？故能出入将相，勤劳王家，而夷险一节。至于临大事，决大议，垂绅正笏，不动声色，而措天下于泰山之安，可谓社稷之臣矣。其丰功盛烈，所以铭彝鼎而被弦歌者，乃邦家之光，非闾里之荣也。

余虽不获登公之堂，幸尝窃诵公之诗，乐公之志有成，而喜为天下道也。于是乎书。

【注释】

①闾（lǘ）：乡里。②骈：并。③被：施加。

【译文】

做官做到出将入相，富贵显达之后返回故乡，这是人情上觉得荣耀的事情，从古到今都是如此。大概士人在仕途不顺畅的时候，困居乡里，那些庸人甚至小孩，都能轻易地欺侮他。就像苏秦不被他的嫂嫂尊敬，朱买臣被他的妻子抛弃了一样。可是一旦坐上了四匹马拉的高大车子，旌旗在前面开道，骑着马和徒步行走的随从在后面簇拥着，道路两旁的人比肩接踵，都伸着脖子观看并且赞叹；而那些庸夫愚妇们，惊恐地奔跑，汗水淋漓，羞愧地跪在地上，在车轮马蹄扬起的尘土中悔过谢罪。这么个普通的士人，一时得了志，那趾高气扬的样子，前人将其比作穿着锦绣衣裳一样的荣耀。

只有大丞相魏国公不是如此。魏国公，相州人士。世代有美德，都是当时有名的公卿。魏国公在年轻时就已考中了科举中的高等科目，担任了显要的职务。全国的士人们，听闻他的风貌，仰望他的高风亮节，大概也有好多年了。所谓出将入相，富贵荣耀，都是魏国公早就应该有的。并不像那些困厄的士人，侥幸得志于一时，出乎庸夫愚妇的意料之外，使他们惊骇而向他们夸耀自己。如此说来，威严的仪仗，不足以成为魏国公的光荣；三公的地位，不足以显示魏国公的高贵。只有将恩德施于百姓，有功于社稷，在金石上刻下自己的功业，让诗歌将自己的事迹传播于四方，功德照耀后世而无穷无尽，这才是魏国公的大志所在，而士人们也是以此来寄希望于魏国公的。岂止是为了夸耀于一时，荣耀于一乡呢?

魏国公在至和年间，曾经以武康节度使的身份来治理过相州，在官邸的后花园建造了昼锦堂。后来又在石碑上刻诗，把它留给了相州百姓。诗里认为那些恩仇得报而后快、夸耀名誉以为乐的人和事是鄙陋浅薄的，这大概是因为魏国公不把以前人们对自己的夸耀当作光荣，却以此为鉴戒。从这里就可以看出魏国公视富贵为何物了，而他的志向又怎能轻易地丈量呢？因此能够出将入相，辛勤劳苦地侍奉皇家；不论平安危险，气节始终如一。至于遇到重大事件，裁决重大问题的时候，他总是垂着衣带，拿着玉笏，不动声色，而将国家安排得如泰山一样的安稳，真可称得上是安邦定国之臣啊。他的丰功伟绩被铭刻在钟鼎之上，流传于弦歌之中，这是国家的光荣，而不只是一乡的光荣啊。

我虽然没有获得登上昼锦堂的机会，却有幸读了他的诗歌，为他的志向能够实现而高兴，并且乐于讲给天下人听，于是写了这篇文章。

◎丰乐亭记◎

【题解】

本篇是欧阳修任滁州刺史时所作。文中生动描绘了滁州的山水景致，并由滁州在五代时为用武之地追述到宋王朝统一天下的功业，继而称扬有宋以来与民休养生息的政策，描写承平世道自己与民同游山水的快乐，言说为亭起名“丰乐”的原由。

【原文】

修既治滁之明年，夏，始饮滁水而甘。问诸滁人，得于州南百步之近。其上则丰山，耸然而特立；下则幽谷，窈然而深藏；中有清泉，滃然而仰出[①]。俯仰左右，顾而乐之。于是疏泉凿石，辟地以为亭，而与滁人往游其间。

滁于五代干戈之际，用武之地也。昔太祖皇帝尝以周师破李璟兵十五万于清流山下，生擒其将皇甫晖、姚凤于滁东门之外，遂以平滁。修尝考其山川，按其图记，升高以望清流之关，欲求晖、凤就擒之所。而故老皆无在者，盖天下之平久矣。自唐失其政，海内分裂，豪杰并起而争，所在为敌国者，何可胜数？及宋受天命，圣人出而四海一。向之凭恃险阻，铲削消磨，百年之间，漠然徒见山高而水清。欲问其事，而遗老尽矣。今滁介江淮之间，舟车商贾、四方宾客之所不至，民生不见外事，而安于畎亩衣食②，以乐生送死。而孰知上之功德，休养生息，涵煦于百年之深也。

修之来此，乐其地僻而事简，又爱其俗之安闲。既得斯泉于山谷之间，乃日与滁人仰而望山，俯而听泉，掇幽芳而荫乔木③，风霜冰雪，刻露清秀，四时之景无不可爱。又幸其民乐其岁物之丰成，而喜与予游也。因为本其山川，道其风俗之美，使民知所以安此丰年之乐者，幸生无事之时也。

夫宣上恩德，以与民共乐，刺史之事也。遂书以名其亭焉。

【注释】

①滃（wēng）然：形容水盛而涌出的样子。②畎（quǎn）亩：田地。③掇（duō）：采取。

【译文】

欧阳修于丰乐亭赏景

我到滁州任知州的第二年夏天，才饮到滁州甘甜的泉水。向滁州人打听泉水的出处，在州城南百步远近的地方找到了泉源。上有丰山高耸而挺立，下有溪谷幽冥而深邃，其中一道清冽的泉水，水势盛大，向上喷涌。我上下左右观看，很喜欢这个地方。于是凿开岩石，疏通泉水，开辟出一块地方修建亭子，与滁州的人们一道在这里游赏。

滁州在五代战乱的时候，是一个经常用兵的地方。当年，太祖皇帝曾率领周朝的军队在清流山下大破李璟的十五万兵马，在活捉南唐将领皇甫晖、姚凤，于是平定了滁州。我曾经考察过当地的山川，按照地图的记载，登上高处瞭望清流关，想找到皇甫晖、姚凤被活捉的地方。但当年亲历战事的人都不在了，或许是因为天下平定已经很久了吧。唐代政治昏乱，天下四分五裂，英雄豪杰并起而相互争斗。互相对峙、成为敌国的国家，数也数不清。到了大宋承受天命，圣人出世，而后四海才归于统一。以前在战争中凭借险阻获胜的国家，都逐渐地被铲除削平了。百年之间，太平无事，所见的景象只是山高水清。想问问当年的战事，而经历过的人都已经死去了。今天的滁州位于江淮之间，是一个船只车辆、商贾游客都很少到的地方。百姓生下来就不接触外界的事情，安心于耕田种地，穿衣吃饭，无忧无虑地度过一生。而有谁能知道是皇上的功德，才使得百姓得以休养生息，如雨露滋润、阳光普照般地哺育了他们达百年之久呢！

我来到这里，喜欢它地处偏僻而政事简明，又爱它民风的恬淡悠闲。既已在山谷间找到这样的甘泉，便每天同滁州的人们仰望高山，低首听泉，春天采摘幽香的花草，夏天在大树下休息，等到风霜冰雪来临的时候，山川则更加显得轮廓清晰、明丽秀美；一年四季的景色无一不令人喜爱。又因为民众也为年年谷物丰收而高兴，愿意与我同游。于是我本着这里的山形地貌，叙述这里风俗的美好。使民众知道能够安享丰年的欢乐，是因为有幸生于这太平的圣朝。

宣扬皇上的恩德，和民众共享欢乐，这本是刺史的职责。于是便写了这篇文章，并给亭子起名为“丰乐”。

醉翁亭记

【题解】

欧阳修因支持范仲淹的新政，被贬为滁州太守，这篇文章是他在滁州任上写的一篇山水游记。本文主要写了醉翁亭名字的由来、醉翁亭附近的景色、滁州百姓游山玩水，还有自己与宾客宴饮时的场景，表达了作者与民同乐的情怀。作者虽然是被贬谪到滁州的，却没有意志消沉，而是乐观豁达、坦荡自若，这是难能可贵的。

【原文】

环滁皆山也。其西南诸峰，林壑尤美。望之蔚然而深秀者，琅玡也。山行六七里，渐闻水声潺潺，而泻出于两峰之间者，酿泉也。峰回路转，有亭翼然临于泉上者，醉翁亭也。作亭者谁？山之僧智仙也。名之者谁？太守自谓也。太守与客来饮于此，饮少辄醉，而年又最高，故自号曰"醉翁"也。醉翁之意不在酒，在乎山水之间也。山水之乐，得之心而寓之酒也。

若夫日出而林霏开[①]，云归而岩穴暝，晦明变化者，山间之朝暮也。野芳发而幽香，佳木秀而繁阴，风霜高洁，水落而石出者，山间之四时也。朝而往，暮而归，四时之景不同，而乐亦无穷也。

至于负者歌于涂，行者休于树，前者呼，后者应，伛偻提携，往来而不绝者，滁人游也。临溪而渔，溪深而鱼肥。酿泉为酒，泉香而酒洌[②]。山肴野蔌，杂然而前陈者，太守宴也。宴酣之乐，非丝非竹。射者中，弈者胜，觥筹交错，起坐而喧哗者，众宾欢也。苍颜白发，颓乎其中者，太守醉也。

已而夕阳在山，人影散乱，太守归而宾客从也。树林阴翳[③]，鸣声上下，游人去而禽鸟乐也。然而禽鸟知山林之乐，而不知人之乐；人知从太守游而乐，而不知太守之乐其乐也。醉能同其乐，醒能述以文者，太守也。太守谓谁？庐陵欧阳修也。

【注释】

①霏（fēi）：弥漫的云气。②洌（liè）：清澄。③翳（yì）：遮蔽。

【译文】

滁州四面环山。那西南面的几座山峰，树林和山谷尤其秀美。放眼望去，那郁郁葱葱、幽深秀丽的地方，就是琅琊山了。顺着山路走上六七里，渐渐地听到水声潺潺，从两座山峰之间倾泻而出的，是酿泉。走过曲折的山路，绕过回环的山峰，看见有一座亭檐儿像飞鸟展翅一样翘起，小亭临于泉边，那是醉翁亭。建造亭子的人是谁呢？是山上的智仙和尚。给它取名的又是谁呢？就是自号"醉翁"的那个太守。太守和他的宾客们来这儿饮酒，只喝一点儿就醉了，而且年纪又是最大，所以自号"醉翁"。其实醉翁的心意并不在酒上，而在山水之间。游山赏水美景的乐趣，是领略在心里，而寄托在酒中的啊。

如果太阳升起，山林中的云雾便尽皆消散了；若是烟云归集，山中的岩穴就又变得幽冥昏暗。这昏暗与明亮的交替变化，是山中的黎明与黄昏。野花怒放而清香，树木深秀而繁茂；秋风高爽，秋霜洁白；溪水下落，山石便显露出来。这就是山间四季景致的变化。清晨前往，黄昏归来，四季的景色不同，这其中的乐趣也是无穷无尽的。

至于背负着东西的人在路边欢唱，往来的行人在树下休息，前面的招呼，后面的答应，老老少少，搀扶提携，往来不断，那是滁州民众来这里游玩。在溪边钓鱼，溪深而鱼肥；

用泉水酿酒，泉香而酒洌。还有各种山珍和野菜，横七竖八地摆在面前，那是太守所设的宴席。宴饮酣畅的乐趣，不在于琴弦箫管。投壶的投中了，下棋的下赢了，只见酒杯与筹码杂乱交错，人们时起时坐、大声喧闹，那是宾客们欢乐极了。那个苍颜白发，颓然坐在人群中的老者，是喝醉的太守。

不久就到了夕阳西下的时候。只见人影散乱，那是宾客们跟随太守回去了。树林逐渐昏暗下来，上上下下鸣叫呼应，那是游人离开后鸟儿开始快乐起来了。然而鸟儿只知道山林中的快乐，却不知道人们的快乐。人们只知道跟随太守游玩的快乐，却不知道太守是因为他们快乐而快乐啊。醉了的时候能同他们一起快乐，醒了之后又能用文章把这些记述下来的，是太守啊。太守是谁呢？是庐陵欧阳修啊。

秋声赋

【题解】

本文是悲秋作品中的传世名篇，作者写此文时已年逾五旬，饱尝仕途险恶。文章以秋声起兴，继而引出对每到秋天世间万物皆归于肃杀零落情状的描写，而后抒发了作者对人事忧劳、生命凋萎的深沉叹息，反映出作者惨淡忧愁的心态。

【原文】

欧阳子方夜读书，闻有声自西南来者，悚然而听之，曰："异哉！"初淅沥以潇飒，忽奔腾而砰湃，如波涛夜惊，风雨骤至。其触于物也，鏦鏦铮铮①，金铁皆鸣；又如赴敌之兵，衔枚疾走，不闻号令，但闻人马之行声。予谓童子："此何声也？汝出视之。"童子曰："星月皎洁，明河在天，四无人声，声在树间。"

予曰："噫嘻，悲哉！此秋声也，胡为乎来哉？盖夫秋之为状也，其色惨淡，烟霏云敛；其容清明，天高日晶；其气栗冽，砭人肌骨；其意萧条，山川寂寥。故其为声也，凄凄切切，呼号奋发。丰草绿缛而争茂②，佳木葱茏而可悦。草拂之而色变，木遭之而叶脱。其所以摧败零落者，乃一气之余烈。

"夫秋，刑官也，于时为阴；又兵象也，于行为金。是谓天地之义气，常以肃杀而为心。天之于物，春生秋实，故其在乐也，商声主西方之音，夷则为七月之律。商，伤也，物既老而悲伤；夷，戮也，物过盛而当杀。

"嗟夫！草木无情，有时飘零。人为动物，惟物之灵。百忧感其心，万事劳其形，有动乎中，必摇其精，而况思其力之所不及，忧其智之所不能。宜其渥然丹者为槁木③，黟然黑者为星星。奈何以非金石之质，欲与草木而争荣？念谁为之戕贼，亦何恨乎秋声？"

童子莫对，垂头而睡。但闻四壁虫声唧唧，如助予之叹息。

【注释】

① 鏦鏦（cōng）铮铮（zhēng）：金属相碰撞的声音。② 绿缛（rù）：绿草茂盛。③ 渥（wò）然：色泽红润的样子。槁（gǎo）木：指枯木。

【译文】

我正在夜间读书，听到有声音从西南传来，我惊悚地侧耳倾听，惊道："奇怪啊！"开始的时候那声音淅沥而萧飒，忽而又奔腾而澎湃，好似波涛骤起黑夜，风雨忽然降临。听它碰在物体上，鏦鏦铮铮，像金属互相撞击发出的声音；又好像夜袭敌阵的战士正衔枚急走，听不见号令，只听见人马行进的声音。我对书童说："这是什么声音，你出去看看吧！"

欧阳修悲秋

书童回来说："月亮和星星皎洁明亮，浩瀚的银河，悬挂在中天；四周寂静，人声悄然，那声音好像是从树间传来的。"

我说："哦，哦，悲伤啊！这是秋声，为什么要来呢？说起秋天的样子，它的色调惨淡苍凉，烟雾消散，云气收敛；它的容貌清新明朗，天高气爽，阳光灿烂；它的气流凛冽寒冷，刺人肌骨；它的神情萧条寥落，山河空廓。因此它发出来的声音，凄凄切切，呼啸激昂。秋风未到的时候，草儿葱郁，竞相繁茂；树木葱郁，惹人喜爱。然而秋风一至，吹过茂草而茂草枯黄，吹过树木而树木尽凋。那使万物凋落飘零的，只是秋气的一点余威罢了。

"秋天是行刑的季节，在季节上属阴；它又是战争的象征，在五行中属金。这就是所谓天地间的义气，常常以肃杀作为主旨。自然对于万物，是春天使它们生长，秋天让它们结果。因此秋天在音乐上属于商声，商声是主管西方的音调；而夷则是七月的音律。商，就是悲伤的意思，万物衰老就会悲伤；夷，是杀戮的意思，万物过盛就当杀戮。

"唉！草木无情，尚且按时凋零。人是动物，是万物之灵。许多忧愁动摇着他的心绪，许多事情劳累着他的身体，心中有所触动，必然会动摇精神，何况还要思虑那些力量和智慧所不能办到的事情。这就必然会使他红润的脸色变得如同枯木，乌黑黑的头发变得花白。为什么要用不是金石的身躯，去和草木争奇斗胜呢？想想吧！是谁伤害了自己，又何必去怨恨那不相关的秋声呢？"

书童没有回答，低垂着头已经睡着了。只听得四周墙壁上虫声唧唧，好像是在附和我的叹息。

◎祭石曼卿文◎

【题解】

石曼卿名延年，是欧阳修的好友，精通诗文书法，可惜他一生不遇，又愤世嫉俗，纵情饮酒，结果在四十八岁的时候就病死了。此文是欧阳修为石曼卿写的一篇悼文，他在文中说了三次"呜呼曼卿"，第一次是感叹他的声名卓然不朽，第二次是悲叹石曼卿的坟墓满目凄凉，第三次是表达自己的伤感。纵观整篇文章，可谓轩昂跌宕、突兀峥嵘，字里行间都流露着作者对友人之逝的哀思。

【原文】

维治平四年七月日，具官欧阳修，谨遣尚书都省令史李敭，至于太清，以清酌庶羞之奠[①]，致祭于亡友曼卿之墓下，而吊之以文曰：

呜呼曼卿！生而为英，死而为灵。其同乎万物生死，而复归于无物者，暂聚之形。不与万物共尽，而卓然其不朽者，后世之名。此自古圣贤莫不皆然。而著在简册者，昭如日星。

呜呼曼卿！吾不见子久矣，犹能仿佛子之平生。其轩昂磊落，突兀峥嵘而埋藏于地下者，意其不化为朽壤，而为金玉之精。不然，生长松之千尺，产灵芝而九茎。奈何荒烟野蔓，荆棘纵横，风凄露下，走磷飞萤？但见牧童樵叟，歌吟而上下，与夫惊禽骇兽，悲鸣踯躅而咿嘤[②]？今固如此，更千秋而万岁兮，安知其不穴藏狐貉与鼯鼪？此自古圣贤亦皆然兮，独不见夫累累乎旷野与荒城！

呜呼曼卿！盛衰之理，吾固知其如此。而感念畴昔，悲凉凄怆，不觉临风而陨涕者，有愧夫太上之忘情。尚飨[③]！

【注释】

①庶羞：各色食品。奠：祭品。②踯（zhí）躅（zhú）：徘徊。咿（yī）嘤：禽兽的鸣叫声。③飨（xiǎng）：享用。

【译文】

治平四年七月某日，具官欧阳修，恭敬地委派尚书都省令史李敭来到太清，用清酒和丰盛的佳肴作为祭品，在墓前祭奠亡友石曼卿，同时献上这篇祭文以为悼念：

唉！曼卿，你生是英杰，死作神灵。那同万物一样有生有死，而后又回归到虚无中的东西，只是短暂聚在一起的人形。不与万物一同消散，卓然挺立而永远不朽的东西，是流传于后世的英名。自古以来的圣贤莫不是这样的。而他们被记载在史册当中的名字，明亮得就如同日月星辰。

唉！曼卿，我已经很久没有见你了，但还依稀记得你在世时的样子。那气度轩昂、光明磊落、超群脱俗而现在埋葬在地下的人，想必不会化为腐朽的泥土，而会化作金玉的精华。不然的话，也会长成千尺的苍松，九茎的灵芝；奈何这里却到处是荒烟野草，荆棘丛生，风声凄厉，寒霜落下，磷火幽幽，飞萤乱舞；你的墓前也只见到牧童樵夫往来歌唱，受惊的鸟兽徘徊而悲鸣；现在已经是这个样子，再过上千秋万代，又怎能知道你的墓穴里不藏着狐貉与鼠类呢？自古以来圣贤们也都是这样，难道没看到那一片连着一片的旷野荒坟吗！

唉！曼卿，盛衰的道理，我本来就知道是这样的，可一想起往昔岁月，就感到悲凉凄怆，禁不住临风洒泪，惭愧自己不能像圣人那样的忘情。曼卿，请享用祭品吧！

泷冈阡表

【题解】

这是欧阳修为已逝的父母写的一篇碑文。欧阳修四岁丧父，由母亲把他抚养成人。欧阳修四十七岁时，母亲离开人世，欧阳修写了一篇《先君墓表》追述母亲的言行。在欧阳修六十四岁时，正值其父逝世六十周年，欧阳修在《先君墓表》的基础上增改部分内容，写成此文。此文凭借母亲的口述，道出了父亲的仁孝与母亲的贤淑，表达了对二老的思念和追忆。

【原文】

呜呼！惟我皇考崇公，卜吉于泷冈之六十年，其子修始克表于其阡。非敢缓也，盖有待也。

修不幸，生四岁而孤。太夫人守节自誓，居穷，自力于衣食，以长以教，俾至于成人。太夫人告之曰："汝父为吏，廉而好施与，喜宾客，其俸禄虽薄，常不使有余，曰：'毋以是为我累。'故其亡也，无一瓦之覆、一垄之植以庇而为生，吾何恃而能自守耶？吾于汝父，知其一二，以有待于汝也。自吾为汝家妇，不及事吾姑，然知汝父之能养也。汝孤而幼，吾不能知汝之必有立，然知汝父之必将有后也。吾之始归也，汝父免于母丧方逾年。岁时祭祀，则必涕泣曰：'祭而丰，不如养之薄也。'间御酒食，则又涕泣曰：'昔常不足，而今有余，其何及也！'吾始一二见之，以为新免于丧适然耳。既而其后常然，至其终身未尝不然。吾虽不及事姑，而以此知汝父之能养也。汝父为吏，尝夜烛治官书，屡废而叹。吾问之，则曰：'此死狱也，我求其生不得耳。'吾曰：'生可求乎？'曰：'求其生而不得，则死者与我皆无恨也。矧求而有得耶[①]？以其有得，则知不求而死者有恨也。夫常求其生，犹失之死，而世常求其死也！'回顾乳者抱汝而立于旁，因指而叹曰：'术者谓我岁行在戌将死，使其言然，吾不及见儿之立也，后当以我语告之。'其平居教他子弟，常用此语，吾耳熟焉，故能详也。其施于外事，吾不能知，其居于家，无所矜饰，而所为如此，是真发于中者耶！呜呼！其心厚于仁者耶！此吾知汝父之必将有后也。汝其勉之。夫养不必丰，要于孝；利虽不得博于物，要其心之厚于仁。吾不能教汝，此汝父之志也。"修泣而志之不敢忘。

先公少孤力学，咸平三年进士及第，为道州判官，泗、绵二州推官，又为泰州判官，享年五十有九，葬沙溪之泷冈。太夫人姓郑氏，考讳德仪，世为江南名族。太夫人恭俭仁爱而有礼，初封福昌县太君，进封乐安、安康、彭城三郡太君。自其家少微时，治其家以俭约，其后常不使过之。曰："吾儿不能苟合于世，俭薄所以居患难也。"其后修贬夷陵，太夫人言笑自若，曰："汝家故贫贱也，吾处之有素矣。汝能安之，吾亦安矣。"

自先公之亡二十年，修始得禄而养。又十有二年，列官于朝，始得赠封其亲。又十年，修为龙图阁直学士、尚书吏部郎中，留守南京。太夫人以疾终于官舍，享年七十有二。又八年，修以非才入副枢密，遂参政事。又七年而罢。自登二府，天子推恩，褒其三世。盖自嘉祐以来，逢国大庆，必加宠锡。皇曾祖府君，累赠金紫光禄大夫、太师、中书令；曾祖妣[②]，累封楚国太夫人；皇祖府君，累赠金紫光禄大夫、太师、中书令兼尚书令；祖妣，累封吴国太夫人；皇考崇公，累赠金紫光禄大夫，太师、中书令兼尚书令；皇妣，累封越国太夫人。今上初郊，皇考赐爵为崇国公，太夫人进号魏国。

于是小子修泣而言曰："呜呼！为善无不报，而迟速有时，此理之常也。惟我祖考，积善成德，宜享其隆。虽不克有于其躬，而赐爵受封，显荣褒大，实有三朝之锡命。是足以表见于后世，而庇赖其子孙矣。"乃列其世谱，具刻于碑。既又载我皇考崇公之遗训，太夫人之所以教而有待于修者，并揭于阡。俾知夫小子修之德薄能鲜，遭时窃位，而幸全大节，不辱其先者，其来有自。

熙宁三年，岁次庚戌，四月，辛酉朔，十有五日乙亥，男推诚、保德、崇仁、翊戴功臣，观文殿学士，特进，行兵部尚书，知青州军州事兼管内劝农使，充京东路安抚使，上柱国，乐安郡开国公，食邑四千三百户，食实封一千二百户，修表。

【注释】

① 矧（shěn）：何况。② 妣（bǐ）：指祖母和祖母辈以上的女性祖先。

【译文】

唉！我的先父崇国公，选择吉地安葬在泷冈之后六十年，他的儿子欧阳修才能为他在墓道上立碑。这并不是我有意延迟，而是有所等待呀。

我实在是不幸，生下来四岁就失去了父亲。母亲自己发誓守节，因为家境贫困，她得自己动手劳动来谋得衣食。她抚养我、教导我，使我长大成人。母亲告诉我说："你父亲为官清廉并且乐善好施，喜欢结交宾客，他的俸禄虽然微薄却不求有剩余，说：'不要让金钱成为我的拖累。'因此他去世后，没有留下一间房子、一垄田地以让我们得以庇护、赖以生存。那么我靠什么安贫自守呢？是我知道一些你父亲的事情，所以我把期望寄托在了你的身上。自我嫁到你家，我没能赶上侍奉我的婆婆，可我知道你父亲是个能尽力奉养父母的人。

随母祭父

你现在没有父亲，年纪又小，我不能预料你将来是否能有所建树，但我相信你的父亲一定会后继有人。我当初嫁来的时候，你父亲服完母丧刚过一年。每逢年节祭祀，他一定会哭着说：‘祭品无论怎样丰厚，也不如父母在世时对他们的微薄奉养。’有时有些好酒好菜，他也会落泪，说：‘以前家用常常不足，现在能有剩余，却再也无法孝敬父母了。’起初一两次，我还以为他是刚刚服完母丧才会这样，可是后来见他常常这样，一直到去世也没有改变。我虽然没有赶上侍奉婆婆，可是通过这些事情，就知道你父亲是能尽力奉养父母的。你父亲为官时，曾经在夜里点着蜡烛审阅案卷，我见他屡屡停下来叹息，就问他怎么了。他说：‘这个人是判死刑的，我想救他不死却没有办法。’我说：‘能让他不死吗？’他说：‘我尽力为他寻找生路，如果不成，那么死者和我也就都没有遗憾了。况且我设法做些努力，也许还能让他免于死刑。因为这样做了，有的人就得以生存下来，所以我知道不替他们寻求活路就让他们去死的人是有遗憾的。就算经常尽量为判死罪的人寻求生路，仍然免不了有人被误判处死，何况世上的刑官狱吏大多是要致人于死地的呢！’他回过头来，看到奶妈正抱着你站在旁边，于是指着你叹息说：‘算命的人说我在岁星行经戌年的时候就会死去，如果真像他说的那样，我就看不到儿子长大成人了。将来一定要把我的话告诉他。’他平时教导别家的晚辈也常说这些话，我听熟了，所以能详细地给你讲述。他在外面办的事，我无从知道，但他在家里，没有一点虚伪做作的地方，所作所为都是这样。这是真正发自内心的啊。唉！他的心肠比仁者还宽厚！这就是我知道你父亲肯定会后继有人的根据，你千万要努力按他的话去做。奉养双亲不一定要衣食丰厚，最重要的是要有孝心；做的事情虽然不能对所有人都有好处，但重要的是要有深厚的仁爱之心。我没什么可以教导你的，这些都是你父亲的心愿。”我流着眼泪牢牢记下了这些话，时刻不敢忘记。

先父是幼年丧父。通过刻苦攻读，在咸平三年进士及第。先后做过道州判官和泗、绵两州的推官，还做过泰州的判官，享年五十九岁，葬在沙溪的泷冈。先母姓郑，她的父亲名德仪，世代都是江南有名的大族。母亲为人恭敬勤俭，仁爱有礼，最初封为福昌县太君，后又进封为乐安、安康、彭城三郡太君。从家境贫寒时开始，她就节俭持家，后来也总是不让家用超过这个限度。她说：“我儿子不能苟合于当世。平时节俭，是为了准备度过困难的日子。”后来我被贬官至夷陵，母亲仍是谈笑自若，说：“你家原来就贫贱，所以我早已习惯这样的日子了。你能安于这种生活，我也就安心了。”

自先父过世后二十年，我才开始得到俸禄来奉养母亲。又过了十二年，我在朝廷做官以后，才得以赠封亲属。又过了十年，我升任龙图阁直学士、尚书吏部郎中，留守南京。母亲因病在官舍中去世，享年七十二岁。又过了八年，没什么才能的我被任命为枢密院副使，接着担任参知政事，七年后被罢免。自从我进入枢密院和中书省以来，天子广推恩德，褒奖我家三代。自嘉祐年间以来，每逢国家大典，必定给予恩赐封赏。先曾祖父先后受赠为金紫光禄大夫、太师、中书令；先曾祖母先后受封，最后至楚国太夫人；先祖父先后受赠为金紫光禄大夫、太师、中书令兼尚书令；先祖母先后受封，最后至吴国太夫人；先父崇国公先后受赠为金紫光禄大夫、太师、中书令兼尚书令；先母一再受封，最后至越国太夫人。当今皇帝即位后初次郊祀时，赐与先父崇国公的爵位，先母则进封为魏国太夫人。

于是我流着泪说："唉！行善绝不会没有回报的，只不过是时间有早有晚罢了，这真是世上的常理啊。我的祖辈父辈，积累善行而成就仁德，理应享受丰厚的报答。虽然他们在世时没能亲身得到，但是身后能够赐爵受封，显扬荣耀，受到褒扬推崇，确实享有仁宗、英宗、神宗三朝颁赐的诏命，这就足以显扬于后世，使子孙受到庇护了。"我于是排列世系家谱，刻在石碑上。然后又将先父崇国公的遗训，母亲对我的教诲和期待，全都详尽地刻在墓表上，使人们知道我德薄才浅，只是赶上好时机而窃居高位，能有幸保全大节而不辱没祖先，是有原由的。

熙宁三年，岁次庚戌年，四月初一辛酉日，十五乙亥日，子推诚、保德、崇仁、翊戴功臣、观文殿学士、特进、行兵部尚书、知青州军州事兼管内劝农使、充京东路安抚使、上柱国、乐安郡开国公，食邑四千三百户，实封食邑一千二百户，欧阳修谨立此表。

苏洵

（1009 ~ 1066）

苏洵，字明允，眉州眉山（今四川眉山）人。宋仁宗嘉祐初年与两个儿子苏轼、苏辙同到京师，为欧阳修、韩琦所称重，荐之于朝廷，任秘书省校书郎、文安县主簿等职，留京参与编撰《太常因革礼》，书成而卒。苏洵的文章深受《孟子》《战国策》的影响，长于策论，其政论、史论纵横开阖、辞风颖锐，行文简洁而有情致。"唐宋八大家"之一，与其子苏轼、苏辙合称"三苏"。有《嘉祐集》。

管仲论

【题解】

此文是苏洵写的一篇关于齐国丞相管仲的史论。本文一反前人的观点，对管仲提出了质疑和责备。苏洵认为，管仲使齐国强盛，却未能使齐国的强盛长久维持，原因就在于他临终的时候没有向桓公推荐贤才代替自己，导致齐桓公被小人迷惑，所以才导致齐国陷入内乱。

【原文】

管仲相威公，霸诸侯，攘夷狄，终其身齐国富强，诸侯不敢叛。管仲死，竖刁、易牙、开方用，威公薨于乱，五公子争立，其祸蔓延，讫简公，齐无宁岁。

夫功之成，非成于成之日，盖必有所由起；祸之作，不作于作之日，亦必有所由兆。故齐之治也，吾不曰管仲，而曰鲍叔。及其乱也，吾不曰竖刁、易牙、开方，而曰管仲。何则？竖刁、易牙、开方三子，彼固乱人国者，顾其用之者，威公也。夫有舜而后知放四凶，有仲尼而后知去少正卯。彼威公何人也？顾其使威公得用三子者，管仲也。仲之疾也，公问之相。当是时也，吾以仲且举天下之贤者以对，而其言乃不过曰"竖刁、易牙、开方三子，非人情，不可近"而已。

呜呼！仲以为威公果能不用三子矣乎？仲与威公处几年矣，亦知威公之为人矣乎？威公声不绝于耳，色不绝于目，而非三子者，则无以遂其欲。彼其初之所以不用者，徒以有仲焉耳。一日无仲，则三子者可以弹冠而相庆矣。仲以为将死之言可以絷威公之手足耶[①]？

夫齐国不患有三子，而患无仲。有仲，则三子者，三匹夫耳。不然，天下岂少三子之徒哉？虽威公幸而听仲，诛此三人，而其余者，仲能悉数而去之耶？呜呼！仲可谓不知本者矣。因威公之问，举天下之贤者以自代，则仲虽死，而齐国未为无仲也。夫何患三子者？不言可也。

五伯莫盛于威、文。文公之才，不过威公，其臣又皆不及仲。灵公之虐，不如孝公之宽厚。文公死，诸侯不敢叛晋。晋袭文公之余威，犹得为诸侯之盟主百余年。何者？其君虽不肖，而尚有老成人焉。威公之薨也，一败涂地，无惑也，彼独恃一管仲，而仲则死矣。

苏洵善于总结历史的经验教训，以古为鉴

夫天下未尝无贤者，盖有有臣而无君者矣。威公在焉，而曰天下不复有管仲者，吾不信也。仲之书，有记其将死论鲍叔、宾胥无之为人，且各疏其短。是其心以为数子者皆不足以托国，而又逆知其将死②，则其书诞谩不足信也。吾观史鳅，以不能进蘧伯玉而退弥子瑕，故有身后之谏。萧何且死，举曹参以自代。大臣之用心，固宜如此也。夫国以一人兴，以一人亡。贤者不悲其身之死，而忧其国之衰，故必复有贤者，而后可以死。彼管仲者，何以死哉？

【注释】

①絷（zhí）：束缚。②逆知：预料。

【译文】

管仲做了齐桓公的相国，齐国因而能称霸诸侯，排斥夷狄。一直到他死，齐国都很富强，诸侯也不敢背叛。管仲死后，竖刁、易牙、开方掌权，齐桓公在内乱中死去，五个公子争夺王位。祸患蔓延开来，一直到齐简公的时候，齐国没有一年安宁过。

功业的完成，不是完成在宣告成功的那一天，一定会有它成功的缘由；灾祸的发生，不是发生在它实际发生的那一天，也一定有它的由来和征兆。所以齐国得到治理，我不说功在管仲，而要说功在推荐管仲的鲍叔。后来齐国发生了动乱，我不说是因为竖刁、易牙、开方掌权所致，而说过在管仲。为什么这样说呢？竖刁、易牙、开方三个人，他们固然是使国家混乱的奸佞，但是起用他们的人，则是齐桓公。有了虞舜，然后才知道放逐四凶；有了孔子，然后才知道除掉少正卯。那个齐桓公是个什么人呢？使齐桓公起用这三个人的，是管仲啊。管仲卧病不起的时候，桓公问他谁可以继他为相。这个时候，我本想管仲会列举天下的贤才来回答齐桓公，但他说的只不过是："竖刁、易牙、开方这三个人不合人情，不可与他们亲近"而已。

唉！管仲以为齐桓公当真不会任用这三个人吗？管仲与桓公相处好年了，也应当知道桓公的为人吧。桓人的耳朵一刻也离不了音乐，眼睛一刻也离不了女色。若不是这三个人，桓公便无从满足他的欲望。桓公当初之所以不起用他们，只不过是因为有管仲在罢了。管仲一日不在，那么这三个人就可以弹着官帽，彼此庆贺高升了。管仲难道以为临终前的几句话能捆住桓公的手脚吗？齐国不担心有这么三个人，担心的是失去了管仲。管仲在世，那么这三个人，只不过是匹夫而已。如果不是这样，天下难道缺少像竖刁、易牙、开方这三个小人的人吗？即使桓公幸而听从了管仲的意见，杀了这三个人，但是剩下的奸佞之徒，管仲能悉数除去吗？唉！管仲可以说是个不知道从根本上着眼的人。如果借桓公问话的机会，荐举天下的贤才来替代自己当政，那管仲虽然死去，齐国并不是没有另一个管仲啊，这三个人又有什么可怕的呢，不说也可以明白啊！

春秋五霸中没有能胜过齐桓公、晋文公的了。晋文公的才能不如齐桓公，他的臣子又都不如管仲。晋灵公的暴虐，不能与齐孝公的待人宽厚相比。然而晋文公死后，诸侯不敢背叛晋国，晋国承袭晋文公的余威，还能在文公死后的一百多年时间里充当诸侯的盟主。这是为什么呢？晋国后来的国君虽然不成器，却还有老成干练的大臣存在；而齐桓公一死，齐国就一败涂地，这是毫无疑问的。因为他仅仅依靠一个管仲，可是管仲却已经死了。

天下并不是没有贤能的人，然而往往是存在着贤臣却没有圣明的君主。桓公在世的时候，说天下不再有管仲这样的人才了，我不相信。管仲著的《管子》一书中，记载着管仲临终前评论鲍叔、宾胥无的为人，并且分别列举了他们各自的缺点。在管仲的心中，认为鲍叔等几个人都不足以托付国家重任；而管仲又预料到自己快要死了。那么《管子》这部书实在是荒诞，不足以相信。我看春秋时卫国大夫史鳅，由于不能进用蘧伯玉，去掉弥子瑕，所以在死后用尸首进行劝谏；汉丞相萧何临终之前，推荐曹参来替代自己。大臣的用心，本来就应该是这样的啊。一个国家往往由于一个人兴盛，由于一个人而衰亡。贤者并不悲伤自己的死去，而是忧虑国家因为自己的死去而衰败，所以一定要再有贤者接替自己，然后才能心安理得地死去。那管仲，凭什么就这样撒手而去了呢？

◎辨奸论◎

【题解】

这篇文章向来都认为是苏洵为攻击王安石而作，但后人有的认为是由南宋邵伯温所写。这篇文章列举了王安石的一系列“不近人情”的举措，指出他是祸国殃民的奸臣，并不是所谓的贤相。此文观点尽管有失偏颇，但是议论雄辩有力，如滔滔江水汹涌而来，势不可挡。

【原文】

事有必至，理有固然。惟天下之静者，乃能见微而知著。月晕而风，础润而雨[①]，人人知之。人事之推移，理势之相因，其疏阔而难知，变化而不可测者，孰与天地阴阳之事？而贤者有不知，其故何也？好恶乱其中，而利害夺其外也。

昔者，山巨源见王衍，曰：“误天下苍生者，必此人也。”郭汾阳见卢杞，曰：“此人得志，吾子孙无遗类矣。”自今而言之，其理固有可见者。以吾观之，王衍之为人，容貌言语，固有以欺世而盗名者。然不忮不求[②]，与物浮沉。使晋无惠帝，仅得中主，虽衍百千，何从而乱天下乎？卢杞之奸，固足以败国，然而不学无文，容貌不足以动人，言语不足以眩世。非德宗之鄙暗，亦何从而用之？由是言之，二公之料二子，亦容有未必然也。

今有人，口诵孔、老之言，身履夷、齐之行，收召好名之士、不得志之人，相与造作言语，私立名字，以为颜渊、孟轲复出，而阴贼险狠，与人异趣。是王衍、卢杞合而为一人也，其祸岂可胜言哉？夫面垢不忘洗，衣垢不忘浣，此人之至情也。今也不然，衣臣虏之衣，食犬彘之食，囚首丧面，而谈诗书，此岂其情也哉？凡事之不近人情者，鲜不为大奸慝[③]，竖刁、易牙、开方是也。以盖世之名，而济其未形之患，虽有愿治之主，好贤之相，犹将举而用之。则其为天下患，必然而无疑者，非特二子之比也。

孙子曰："善用兵者，无赫赫之功。"使斯人而不用也，则吾言为过，而斯人有不遇之叹，孰知祸之至于此哉？不然，天下将被其祸，而吾获知言之名，悲夫！

【注释】

① 础：垫在房屋柱子下的石头。② 忮（zhì）：忌恨。③ 慝（tè）：奸恶。

【译文】

事情有必然要发展到的阶段，道理有本该如此的根源。天下只有那些冷静观察事物的人，才能见微而知著。月亮周围起了晕圈，就意味着要刮风了；房屋的柱石开始潮湿，就意味着要下雨了。这些是人人都知道的。人事的变迁转换，道理的互为因果，虽然空洞难知、变幻莫测，但又怎么能比得上天地阴阳变化的难知呢？可是贤明的人却有不明白的地方，原因是什么呢？原来是他个人的爱憎好恶扰乱了他的心绪，利害得失支配了他的行动。

宋神宗接见王安石

从前，山巨源看见王衍，说："将来危害天下苍生的，一定是这个人！"郭汾阳看见了卢杞，说："这个人要是得了志，我的子孙都要被他赶尽杀绝！"如今说起来，这样的推论有事前可以预料的地方。不过据我看来，王衍的为人、容貌语言，固然有欺世盗名的地方，但他不妒忌、不贪求，只是与世浮沉罢了。假使晋朝没有惠帝，只要能有一个资质平庸的皇帝，即使有成百上千个王衍，又从何而使天下动乱呢？卢杞那样的奸佞，确实可以使一个国家衰败，然而他不学无术，不通文章，容貌不足以打动别人，言语不足以让人迷惑信服。要不是唐德宗这样没有见识、昏庸无能的君主，又怎么会任用他呢？这样说来，山涛、郭汾阳对于王衍、卢杞两个人的预言，或许未必准确。

现在有这样一个人：嘴里念着孔子、老子的言论，履行着伯夷和叔齐的清高行为，招纳追求名声和不得志的人，一起制造舆论、自我标榜，把自己说成是颜回在世，孟子复生；而实际上他却阴险毒辣，与常人走的是两条路。这是将王衍、卢杞合成一个人了，这个人将要造成的祸患难道还能说得完么？脸脏了不忘记去洗净，衣服脏了不忘记去洗涤，这是人之常情。现在，他却不是这样，穿着奴仆的衣服，吃着猪狗的食物，头发像囚犯一样披散着，脸脏得像在给谁守丧，却谈诗论书，这难道合乎人情吗？凡是做事不近人情的人，很少有不成为大奸贼的，竖刁、易牙、开方就是这样的人。用盖世的声望，来帮助他实现还没有成形的祸患，那么虽然有愿意天下得到大治的君主，尚贤使能的宰相，都还是会提拔他，任用他的。那么，有朝一日他成为天下的祸患，就是毫无疑问的了，不只是王衍和卢杞可以比得上的。

孙子说："善于用兵的人，并没有赫赫战功。"假使这个人不被重用，那么我的话便是说错了，而这个人也有怀才不遇的慨叹，但又有谁知道他所造成的灾难会大到如此地步？如果不是这样，天下就要遭受他所造成的祸乱，而我却能得到有先见之明的声誉，这是令人悲哀的呀！

◎心　术◎

【题解】

本文是一篇研究战略战术的军事论文，是苏洵的军事论文集《权书》中的一篇。此文介绍了用兵、作战、将士同心、知己知彼等多方面的内容，而以治心为主脑，意在说明为将者的用兵之道。

【原文】

为将之道，当先治心。泰山崩于前而色不变，麋鹿兴于左而目不瞬[①]，然后可以制利害，可以待敌。

凡兵上义；不义，虽利勿动。非一动之为利害，而他日将有所不可措手足也。夫惟义可以怒士，士以义怒，可与百战。

凡战之道，未战养其财，将战养其力，既战养其气，既胜养其心。谨烽燧，严斥堠，使耕者无所顾忌，所以养其财；丰犒而优游之，所以养其力；小胜益急，小挫益厉，所以养其气；用人不尽其所欲为，所以养其心。故士常蓄其怒，怀其欲而不尽。怒不尽则有余勇，欲不尽则有余贪。故虽并天下，而士不厌兵，此黄帝之所以七十战而兵不殆也。不养其心，一战而胜，不可用矣。

凡将欲智而严，凡士欲愚。智则不可测，严则不可犯，故士皆委己而听命，夫安得不愚？夫惟士愚，而后可与之皆死。

凡兵之动，知敌之主，知敌之将，而后可以动于险。邓艾缒兵于蜀中，非刘禅之庸，则百万之师可以坐缚，彼固有所侮而动也。故古之贤将，能以兵尝敌，而又以敌自尝，故去就可以决。

凡主将之道，知理而后可以举兵，知势而后可以加兵，知节而后可以用兵。知理则不屈，知势则不沮，知节则不穷。见小利不动，见小患不避。小利小患，不足以辱吾技也。夫然后有以支大利大患。夫惟养技而自爱者，无敌于天下。故一忍可以支百勇，一静可以制百动。

兵有长短，敌我一也。敢问："吾之所长，吾出而用之，彼将不与吾校；吾之所短，吾蔽而置之，彼将强与吾角，奈何？"曰："吾之所短，吾抗而暴之[②]，使之疑而却；吾之所长，吾阴而养之，使之狎而堕其中，此用长短之术也。"

善用兵者，使之无所顾，有所恃。无所顾，则知死之不足惜；有所恃，则知不至于必败。尺棰当猛虎，奋呼而操击；徒手遇蜥蜴，变色而却步。人之情也。知此者，可以将矣。袒裼而案剑[③]，则乌获不敢逼；冠胄衣甲，据兵而寝，则童子弯弓杀之矣。故善用兵者以形固。夫能以形固，则力有余矣。

【注释】

①瞬（shùn）：眨眼睛。②抗：高举。暴（pù）：显露。③袒（tǎn）裼（xī）：露臂赤膊。案：通"按"。

【译文】

作为将帅的原则，应当先增强自己的心理素质。要做到泰山崩塌在眼前而面不改色，麋鹿突然从身边跑过而眼睛不眨，之后才能谈到可以控制战局的利害得失，谈到对付敌人。

军事崇尚正义，不合乎正义，即使局面对自己有利也不要轻举妄动。这不是因为一旦行动就会有立竿见影的利害显露出来，而是因为这样会给将来造成无法应付的局面。只有正义，才能让士兵产生斗志，而士兵一旦因为正义而产生斗志，就会跟从你经历百战、出生入死。

凡是用兵之道，在于战争之前要着重于蓄积财力物力；临战时要养精蓄锐，提高战斗力；

一旦开战就要使军队保持旺盛的士气；胜利之后则要赏功罚过，以此来保养人心。要谨慎认真地做好烽燧预警工作，加强各种侦察敌情的措施，使种田的人没有顾忌，以此来蓄积财力物力；要丰厚地犒劳士兵，让他们在平常的日子里生活舒适，以此来养精蓄锐，提高战斗力；打了小胜仗，更要振作精神，受到了小挫折，更要给予激励，以此来保持旺盛的士气；用人时不要让他们把自己所想做的都做完，以此来保持他的斗志。因此，士兵能长时间地保持旺盛的斗志，怀着强烈的欲望而没有止境。斗志长存，就会有多余的勇气；欲望无止境，就会产生多余的贪心。所以，虽然兼并了天下，而士兵们却不会厌恶战争；这就是黄帝经历大小七十多次战争，士兵仍然不懈怠的原因。如果不保养人心，即使打了一次胜仗，这支军队也不能再用了。

为将之道，当先治心

凡是做将帅的，要足智多谋、从严治军。凡是做士兵的，要尽量贡献出自己的愚忠。足智多谋，就让人无法推知；从严治军，就能使人感到不可冒犯。因此士兵都会将身心交付给将领而听从命令，这样又怎会不贡献出自己的愚忠呢？只有士兵贡献出自己的愚忠之后，才能与将帅一起出生入死。

大凡出兵打仗，要了解敌方君主、敌方将领的情况，然后才可以采取冒险的行动。三国时，邓艾用绳子把士兵吊下悬崖去偷袭蜀国，要不是刘禅的昏庸无能，那么即使有百万大军，也可能束手就擒；而邓艾必定是看透了蜀中已无能人才敢采取如此冒险的行动。所以古代贤能的将领，能够用自己的兵力去试探敌方的虚实，又能够根据与敌交锋的情况，正确地估计自己的力量，如此，是征是讨是进是退就可以决定了。

作为主将的原则是：要在通晓作战之理后才可以出兵；要看清敌我双方的形势后才可以与之交战；要懂得对军队进行约束节制后才可以用兵。通晓作战之理就不会轻易屈服；看清了敌我双方的形势就不会轻易感到沮丧；懂得如何对军队进行约束节制就不会陷于困境。看见了小利而不轻举妄动；看见了小患而不仓皇逃避。因为小利小患，不值得自己去施展本领。只有做到这一步，然后才有可能去应付大利大患。只有那些不断充实修练自己的技能战法，而又能自爱的人，才能在天下没有敌手。所以，一时的忍耐，可以为上百次的勇敢行为做好准备；冷静一下，可以控制上百次的轻举妄动。

军队各有长处和短处，这在敌方和我方是一样的。冒昧地问一句：“我方的长处，我拿出来使用它，可是敌方却不同我在这些方面进行较量；我方的短处，我掩盖起来，搁置起来，可是敌方一定要同我在这些方面进行较量，怎么办呢？”回答说：“我方的短处，我公开地把它暴露出来，使敌方疑惑并且退却；我方的长处，我遮蔽起来，并且加以蓄积，从而使敌人轻率大意而落入圈套当中。这就是运用长处、短处的方法啊。”

善于用兵的人，应该使士兵无所顾忌，但有所依靠。无所顾忌，就是明白战死也没什么可惜的；有所依靠，就是知道不至于失败。手中即使只有尺把长的木棍，遇见了猛虎，也可以大吼一声，拿起木棍去打它；可是如果空着手遇到了蜥蜴，就会被吓得变了色而却步不前。这是人之常情。知道这个道理的，就可以带兵了。露臂赤膊、紧握着剑柄，那么，即使是乌获那样的大力士，也不敢靠近；如果带着头盔、穿着铠甲，抱着武器睡觉，那么，小孩也可以拉弓杀死他。所以善于用兵的人，能利用各种条件来巩固自己的力量，而能利用各种条件巩固自己力量的人，他的力量则是没有穷尽的。

张益州画像记

【题解】

张益州，即张方平，字道安。宋仁宗时，他曾成功地治理了益州（今四川成都）的混乱局面，当地百姓感念他的恩德，要为他画像并供于庙内。本文便是作者为这件事所写的记文。

【原文】

至和元年秋，蜀人传言有寇至边。边军夜呼，野无居人。妖言流闻，京师震惊。方命择帅，天子曰："毋养乱，毋助变。众言朋兴，朕志自定。外乱不作，变且中起。既不可以文令，又不可以武竞，惟朕一二大吏。孰为能处兹文武之间，其命往抚朕师。"乃推曰："张公方平其人。"天子曰："然。"公以亲辞，不可，遂行。冬十一月，至蜀。至之日，归屯军，撤守备。使谓郡县："寇来在吾，无尔劳苦。"明年正月朔旦，蜀人相庆如他日，遂以无事。又明年正月，相告留公像于净众寺。公不能禁。

眉阳苏洵言于众曰："未乱易治也，既乱易治也。有乱之萌，无乱之形，是谓将乱。将乱难治。不可以有乱急，亦不可以无乱弛。惟是元年之秋，如器之攲[①]，未坠于地。惟尔张公，安坐于其旁，颜色不变，徐起而正之。既正，油然而退，无矜容。为天子牧小民不倦，惟尔张公。尔繄以生，惟尔父母。且公尝为我言：'民无常性，惟上所待。人皆曰蜀人多变，于是待之以待盗贼之意，而绳之以绳盗贼之法。重足屏息之民，而以砧斧令，于是民始忍以其父母妻子之所仰赖之身，而弃之于盗贼，故每每大乱。夫约之以礼，驱之以法，惟蜀人为易。至于急之而生变，虽齐、鲁亦然。吾以齐、鲁待蜀人，而蜀人亦自以齐、鲁之人待其身。若夫肆意于法律之外，以威劫齐民，吾不忍为也。'呜呼！爱蜀人之深，待蜀人之厚，自公而前，吾未始见也。"皆再拜稽首曰："然。"

苏洵又曰："公之恩在尔心，尔死，在尔子孙。其功业在史官，无以像为也。且公意不欲。如何？"皆曰："公则何事于斯？虽然，于我心有不释焉。今夫平居闻一善，必问其人之姓名与其邻里之所在，以至于其长短、小大、美恶之状，甚者或诘其平生所嗜好，以想见其为人。而史官亦书之于其传，意使天下之人，思之于心，则存之于目。存之于目，故其思之于心也固。由此观之，像亦不为无助。"苏洵无以诘，遂为之记。

公南京人，为人慷慨有大节，以度量雄天下。天下有大事，公可属。系之以诗曰：天子在祚，岁在甲午。西人传言，有寇在垣。庭有武臣，谋夫如云。天子曰嘻，命我张公。公来自东，旗纛舒舒[②]。西人聚观，于巷于涂。谓公暨暨[③]，公来于于[④]。公谓西人："安尔室家，无敢或讹。讹言不祥，往即尔常。春尔条桑，秋尔涤场。"西人稽首，公我父兄。公在西囿，草木骈骈。公宴其僚，伐鼓渊渊。西人来观，祝公万年。有女娟娟，闺闼闲闲。有童哇哇，亦既能言。昔公未来，期汝弃捐。禾麻芃芃[⑤]，仓庾崇崇。嗟我妇子，乐此岁丰。公在朝廷，天子股肱。天子曰归，公敢不承？作堂严严，有庑有庭。公像在中，朝服冠缨。西人相告，无敢逸荒。公归京师，公像在堂。

【注释】

① 攲（qī）：倾斜。② 纛（dào）：古时军队或仪仗队的大旗。③ 暨暨（jì）：果敢坚决的样子。④ 于于：行动舒缓自得的样子。⑤ 芃芃（péng）：草木茂美的样子。

【译文】

至和元年秋，蜀人传言有敌寇来到了边境。戍边的军队夜里惊呼，城外也没人敢居住了。谣言流传开来，京师震动。正准备命令选派将帅前去征讨的时候，天子说："不要使祸乱酿成，也不要助使变故发生！尽管各种谣言传闻蜂起，但朕自有主张。外患不足畏惧，只怕内乱要从中兴起。这件事既不能用文教的方式去感召他们，也不能用武力同他们较量，只需要我的一二个大臣去妥善处理。谁可于文于武都能妥善处理，我就派谁前往安抚我的军队。"于是大家推荐说："张公方平就是这样的人。"天子说："好吧。"张公以要奉养亲人为由推辞，但天子没有准奏，于是就出发了。这年冬天十一月，他到了蜀地。到的那天，就撤回驻扎的军队，解除了边境的守备，并派人谕告各郡县说："敌寇来了，责任全在我，用不着劳累你们。"第二年的正月初一，蜀地的百姓互相庆贺新年，就像往常一样，也没有发生什么乱子。第三年正月，大家商定，要把张公的画像留在净众寺里，张公没法禁止。

张方平受到蜀地人民爱戴

眉阳人苏洵对人们说："没有发生变乱的时候是容易治理的，已经发生变乱的时候也是容易治理的，但有变乱的迹象，而还没有形成规模，这是所谓的将乱。将乱难治啊！既不能像发生变乱时那样急于治理，也不能像清平无事时那样疏于治理。至和元年秋天的局势，就好像器物已经倾斜但还没有倒在地上。只有你们的张公，安坐在它的旁边，泰然自若，慢慢地将它扶正。扶正之后，又从容地退了下去，丝毫没有炫耀的神情。帮助天子治理百姓而孜孜不倦的，只有你们的张公。你们全靠他的庇护才得以繁衍生息，他就是你们的父母。而且张公曾经对我说过：'百姓没有一成不变的秉性，只是要看上边如何对待他们。人们都说蜀地的人善变，对待他们时常怀着对待盗贼的心思，用处置盗贼的法令来处置他们。对于本来已经小心翼翼的百姓，却用严厉的刑法去管理。于是百姓才忍心拿他们父母妻子所仰赖的身体去投靠盗贼，所以才经常有大的混乱发生。如果用礼教来约束他们，用法令来驱使他们，治理蜀人却是很容易的。至于操之过急、逼迫过甚而使他们发生变乱，即使是在礼乐之乡的齐地、鲁地也会这样。我用对待齐鲁百姓的办法来对待蜀人，而蜀人自然会用齐地、鲁地人的标准来约束自己。超出法度之外的肆意妄为，用权势威逼百姓，是我不忍心做的啊！'唉！爱护蜀人的深厚，对待蜀人的宽仁，在张公以前，我还没有见过。"大家听了，都再拜叩首说："是这样的啊。"

苏洵又说："张公的恩德在你们的心中，你们死了，就在你们子孙的心中。他的功业将由史官记载下来，无须用什么画像了。况且张公自己也不愿意你们这样做。怎么办呢？"大家都说："张公本来不在乎画像。虽然这样，我们心里却实感不安。现在就是平常日子里听到别人做了一件好事，都一定要问那人的姓名和他所住的地方，以至于连他的身材高矮，年岁大小，容貌美丑都想知道，甚至有的人还要问他的生平和嗜好，以此来想见他的为人。而史官也会为他写下传略，把这些记载在其中，想让天下的人心里记着他，眼睛看到他。眼睛里留着他的容貌，就会在心中铭记很久。如此看来，画像也不是没有用的。"苏洵无以反驳，于是替他们写了这篇画像记。

张公是南京人，为人慷慨而有高尚的节操，以度量宏阔而闻名于天下。国家遇到大事，张公是可以委托的。我在文章末尾用一首诗来记述他的事迹：天子端居皇位，事发甲午那年。蜀人传来谣言，有敌寇进犯边境。朝有文臣武将，谋士多如流云。天子听从众意，命我张公往蜀。张公自东而来，旌旗迎风舒展。蜀人聚集观看，大街小巷站满。都说张公果敢，又能镇静从容。张公告知蜀人："妥善安顿家室，不要听信谣言。谣言常不吉祥，你们要和往常一样。春天种养桑树，秋天清扫谷场。"蜀人连连叩头，视张公为父兄。张公来到园林，园林草木茂盛。张公宴请同僚，击鼓咚咚作响。蜀人前来看望，祝公万寿无疆。今日蜀女靓丽，闲居闺阁之中。又有婴儿咿呀，如今也能说话。当初张公未到，本想抛弃他们。如今庄稼丰茂，粮仓高高立起。蜀地妇女儿童，都因丰年欢乐。张公昔在朝野，是为天子股肱。天子召他回去，他又怎能不从？兴建庄严大殿，有廊还有庭院。张公画像其间，朝服冠带整齐。蜀人互相劝勉，不再懒惰放荡。张公回到京城，画像永留大堂。

苏轼

（1036～1101）

苏轼，字子瞻，号东坡居士，眉州眉山（今四川眉山）人。仁宗嘉祐二年（1057）进士，神宗时因与王安石政见不合请求外调，历任杭州通判与密、徐、湖三州知州。因作诗讽刺新法，被贬为黄州团练副使。哲宗朝，召为翰林学士，新党再度执政，又贬惠州，再贬琼州（今海南岛）。徽宗即位，赦还，途中卒于常州。"唐宋八大家"之一，宋代四大书法家之一，他的诗、词、文均代表了北宋文学的最高水平。

刑赏忠厚之至论

【题解】

这篇文章是苏轼在宋仁宗嘉祐二年（1057）考进士时的论文题目。古代科举考试，论文题目多出自四书五经，这篇题目出自《尚书》中孔安国关于"罪疑为轻，功疑为重"一句作的注解，即"刑疑附轻，赏疑从重，忠厚之至"。此文以"赏疑从与，罚疑从去"为中心，通过引用古代的典故，以论证这一道理，说明只有按照这一原则进行赏罚，才符合忠厚仁义的道理。

【原文】

尧、舜、禹、汤、文、武、成、康之际，何其爱民之深，忧民之切，而待天下以君子长者之道也！有一善，从而赏之，又从而咏歌嗟叹之，所以乐其始而勉其终。有一不善，从而罚之，又从而哀矜惩创之，所以弃其旧而开其新。故其吁俞之声，欢忻惨戚，见于虞、夏、商、周之书。成、康既没，穆王立而周道始衰，然犹命其臣吕侯，而告之以祥刑。其言忧而不伤，威而不怒，慈爱而能断，恻然有哀怜无辜之心，故孔子犹有取焉。

传曰："赏疑从与，所以广恩也。罚疑从去，所以慎刑也。"当尧之时，皋陶为士，将杀人。皋陶曰杀之三，尧曰宥之三[①]。故天下畏皋陶执法之坚，而乐尧用刑之宽。四岳曰："鲧可用。"尧曰："不可，鲧方命圮族。"既而曰："试之。"何尧之不听皋陶之杀人，而从四岳之用鲧也？然则圣人之意，盖亦可见矣。

《书》曰："罪疑惟轻，功疑惟重。与其杀不辜，宁失不经。"呜呼！尽之矣。可以赏，可以无赏，赏之过乎仁；可以罚，可以无罚，罚之过乎义。过乎仁，不失为君子；过乎义，则流而入于忍人。故仁可过也，义不可过也。古者，赏不以爵禄，刑不以刀锯。赏之以爵禄，是赏之道行于爵禄之所加，而不行于爵禄之所不加也；刑以刀锯，是刑之威施于刀锯之所及，而不施于刀锯之所不及也。先王知天下之善不胜赏，而爵禄不足以劝也；知天下之恶不胜刑，而刀锯不足以裁也。是故疑则举而归之于仁，以君子长者之道待天下，使天下相率而归于君子长者之道，故曰忠厚之至也。

《诗》曰："君子如祉②，乱庶遄已。君子如怒，乱庶遄沮③。"夫君子之已乱岂有异术哉？制其喜怒，而无失乎仁而已矣。《春秋》之义，立法贵严而责人贵宽，因其褒贬之义以制赏罚，亦忠厚之至也。

苏轼作《刑赏忠厚之至论》

【注释】

①宥（yòu）：赦免。②祉（zhǐ）：福，引申为喜悦。③遄（chuán）：迅速。

【译文】

唐尧、虞舜、夏禹、商汤，周文王、武王、成王、康王的时候，他们爱护人民是何等之深，为人民忧虑又是何等之切，用君子长者的道德来对待天下。发现一点善行，就及时地奖励，并且及时地歌颂、赞美这样的善行，为的是用这种办法使人们开始乐于行善，并且勉励他们要坚持到底；发现了一点错误，就及时地处罚，又及时地怜惜同情有过之人，为的是帮助他改过自新。所以嗟叹赞许的声音，欢乐悲伤的情绪，在虞、夏、商、周的书上都能见到。成王和康王死后，穆王即位，周朝的道统开始衰败，但是穆王还吩咐他的臣子吕侯，告诉他要慎用刑罚。穆王的话忧虑却不悲伤，威严而无怒气，慈爱并且果断，流露出同情无罪者、为他们感到难过的情感。所以孔子对穆王还有所肯定。

《书》上说："赏赐与否难以确定时就奖赏，这是为了推广恩德；惩罚与否难以确定时就不加惩罚，这是为了慎用刑罚。"尧的时候，皋陶做狱官，准备处决一个罪犯。皋陶多次下令说杀，尧却多次下令赦免。所以天下人都畏惧皋陶执法的坚决，而喜欢尧的用刑宽仁。四方的诸侯说："鲧是可用之人。"尧说："不行，鲧违抗命令，败坏了同族的人。"后来又说："试试他吧。"为何尧不听从皋陶杀人的主张，而同意四方诸侯对于任用鲧的建议呢？圣人的心意，由这里就可以看到了。

《书》上说："如果罪行难于确定，就从轻发落；如果功劳难于确定，就从重赏赐。与其错杀一个无罪者，宁愿自己承担不遵守成法的过失。"唉！赏罚的道理全在这几句话里了。可以赏也可以不赏的，赏他就是超过了仁的范围；可以罚可以不罚的，罚他就是越过了义的规定。超过了仁的范围，还不失为君子；越过了义的规定，便要沦为残忍的人了。所以仁的范围是可以超过的，义的规定却是不可以超过的。古时候不用爵位和俸禄作为赏赐，不用刀子和锯子来实行刑罚。用爵位和俸禄作为赏赐，这样的赏赐只能施及到得到爵位和俸禄的人身上，却不能施及到没有得到爵位和俸禄的人身上；刑罚用上了刀子和锯子，这样的刑罚只能施加到被行刑的人身上，却不能影响到没有受刑的人。先王知道天下的善人善事赏赐不尽，所以爵位和俸禄也不足以起到鼓励作用；又知道天下的坏人坏事不能全都处罚到，所以刀子和锯子也不足以形成制裁。因此赏罚不能确定的时候，就根据仁的原则来处理；用君子长者的道德来对待天下，使天下人统统为君子长者的道德所影响。所以说这是忠厚到了极点啊。

《诗》上说："君子如果乐于听到忠言，祸乱就会马上停止；君子如果怒责小人的谗言，祸乱就会马上停止。"君子对于结束祸乱，难道还有什么更为奇特的办法吗？只不过是控制自己喜怒爱憎，不违背仁的原则就是了。《春秋》的本意是：立法贵在从严，而处罚人贵在从宽。按照它褒贬的原则来制定赏与罚，这也是忠厚到了极点啊！

◎范增论◎

【题解】

这篇文章是苏轼关于项羽的谋臣范增的一段评论。在本文中，苏轼并没有讨论范增的功过是非，而是就他该在何时离开项羽而展开评说。文章在开始的时候引入《史记·项羽列传》中的叙述作为本文的材料，后面的"独恨其不早尔"是全文叙述的中心，之后层层推进，得出了"明去就之分"的道理。

【原文】

汉用陈平计，间疏楚君臣。项羽疑范增与汉有私，稍夺其权。增大怒曰："天下事大定矣，君王自为之，愿赐骸骨归卒伍。"归未至彭城，疽发背死①。苏子曰："增之去善矣。不去，羽必杀增，独恨其不早耳。"

然则当以何事去？增劝羽杀沛公，羽不听，终以此失天下，当于是去耶？曰："否。"增之欲杀沛公，人臣之分也。羽之不杀，犹有君人之度也。增曷为以此去哉？《易》曰："知几其神乎！"《诗》曰："相彼雨雪，先集维霰②。"增之去，当于羽杀卿子冠军时也。陈涉之得民也，以项燕、扶苏。项氏之兴也，以立楚怀王孙心。而诸侯叛之也，以弑义帝。且义帝之立，增为谋主矣。义帝之存亡，岂独为楚之盛衰，亦增之所与同祸福也。未有义帝亡而增独能久存者也。羽之杀卿子冠军也，是弑义帝之兆也。其弑义帝，则疑增之本也。岂必待陈平哉？物必先腐也，而后虫生之；人必先疑也，而后谗入之。陈平虽智，安能间无疑之主哉？

吾尝论义帝天下之贤主也。独遣沛公入关，不遣项羽；识卿子冠军于稠人之中，而擢以为上将。不贤而能如是乎？羽既矫杀卿子冠军，义帝必不能堪。非羽弑帝，则帝杀羽。不待智者而后知也。增始劝项梁立义帝，诸侯以此服从；中道而弑之，非增之意也。夫岂独非其意，将必力争而不听也。不用其言而杀其所立，羽之疑增，必自是始矣。

方羽杀卿子冠军，增与羽比肩而事义帝，君臣之分未定也。为增计者，力能诛羽则诛之，不能则去之，岂不毅然大丈夫也哉？增年已七十，合则留，不合则去。不以此时明去就之分，而欲依羽以成功名，陋矣！虽然，增，高帝之所畏也。增不去，项羽不亡。呜呼，增亦人杰也哉！

【注释】

①疽（jū）：毒疮。②霰（xiàn）：小雪珠。

【译文】

汉高祖用陈平的计策，离间楚国君臣，使他们相互疏远。项羽怀疑范增与汉私通，就

范增常劝项羽做事三思而后行

逐渐削减他的权力。范增大怒说："天下的事已经基本定局了，以后君王您自己处理吧，希望您开恩把这把老骨头赐给我，让我回乡去吧。"可是他还没有回到彭城，就背上生毒疮死了。苏轼说："范增走得很对呀。如果不走，项羽必定会杀掉他。只是遗憾他没有早些走掉。"

那么，应该借什么事离开呢？范增曾劝项羽杀掉刘邦，项羽不听，最终因此而失掉了天下。那么范增应当在这个时候离开吗？回答说："不是的。"范增想要杀掉刘邦，这才是做臣子的本分使然。项羽不同意杀刘邦，也还是有君主的度量的。范增为什么要因为这件事而离去呢？《易经》上说："能知道事情的微小征兆，难道不是神明吗？"《诗经》上说："看那雨雪将降的情景，先凝聚起来的是微小的雪珠。"范增应该在项羽杀宋义的时候离开。陈胜之所以得到人民拥护，是因为以受人尊敬的项燕和扶苏的名义来号召起义的。项羽的兴起，是因为立了楚怀王的孙子熊心为义帝；而后诸侯反叛他，是因为他杀了义帝。况且立义帝，范增是主谋，义帝的存亡，岂止是关系到楚国的盛衰，它与范增的祸福也是联系在一起的啊。没有义帝死了而范增能独自长久存在的道理。项羽杀死宋义，是杀义帝的先兆；而他杀害义帝，则是对范增产生怀疑的开始，还用得着一定要等陈平来离间吗？东西一定是先腐烂了，然后才生出虫子来；人一定是先有了疑心，然后才会听信谗言。陈平虽然聪明，又怎么能够离间用人不疑的君主呢？

我曾评论义帝是天下的贤主，他只派刘邦率兵入关，而不派项羽去；从众人之中发现了宋义，提拔他为上将。不贤的话能够这样吗？项羽既然假托义帝的命令杀了宋义，义帝对此一定是不能忍受的。不是项羽杀掉义帝，就是义帝杀掉项羽，这是不需要等待有智慧的人分析就能知道的。范增起初劝项梁拥立义帝，诸侯因此服从命令；而中途杀死义帝，这不是范增的意思。这不仅不是他的意思，他必将极力反对此事，而项羽却不听从他的意见。不听他的意见而杀死了他所立的义帝，项羽对范增的怀疑，必定是从这个时候开始的。

当项羽杀死宋义的时候，范增与项羽并肩侍奉义帝，君臣的名分还没有确定。为范增考虑，如果力量允许杀掉项羽就杀掉他，不能杀掉他就离开他，这难道不是刚毅果敢的大丈夫吗？当时范增已经是七十多岁的年纪了，能与项羽在一起就在一起，不能与他在一起就离开他。不在这时候弄清去还是留，而想要倚仗项羽而功成名就，这是见识短浅啊！虽然如此，范增，也是高祖刘邦所畏惧的。范增不离开，项羽就不能灭亡。唉！范增也是人杰呀！

留侯论

【题解】

留侯指的是汉初名臣张良，他因辅佐刘邦建立汉朝有功而被封在留这个地方，故称为"留侯"。这篇文章是苏轼关于张良的一篇史论，苏轼认为，圯上老人之所以授书给张良，在于张良能"忍"，也就是"忍小忿而就大谋"。

【原文】

古之所谓豪杰之士，必有过人之节，人情有所不能忍者。匹夫见辱，拔剑而起，挺身而斗，此不足为勇也。天下有大勇者，卒然临之而不惊，无故加之而不怒，此其所挟持者甚大，而其志甚远也。

夫子房受书于圯上之老人也，其事甚怪。然亦安知其非秦之世有隐君子者，出而试之?观其所以微见其意者，皆圣贤相与警戒之义；而世不察，以为鬼物，亦已过矣。且其意不在书。当韩之亡、秦之方盛也，以刀锯鼎镬待天下之士①，其平居无事夷灭者，不可胜数。虽有贲、育，无所获施。夫持法太急者，其锋不可犯，而其势未可乘。子房不忍忿忿之心，以匹夫之力，而逞于一击之间。当此之时，子房之不死者，其间不能容发，盖亦危矣。千金之子，不死于盗贼，何哉?其身可爱，而盗贼之不足以死也。子房以盖世之才，不为伊尹、太公之谋，而特出于荆轲、聂政之计，以侥幸于不死，此圯上老人所为深惜者也。是故倨傲鲜腆而深折之②。彼其能有所忍也，然后可以就大事。故曰“孺子可教也”。

楚庄王伐郑，郑伯肉袒牵羊以迎。庄王曰："其主能下人，必能信用其民矣。"遂舍之。勾践之困于会稽，而归臣妾于吴者，三年而不倦。且夫有报人之志，而不能下人者，是匹夫之刚也。夫老人者，以为子房才有余而忧其度量之不足，故深折其少年刚锐之气，使之忍小忿而就大谋。何则?非有平生之素，卒然相遇于草野之间，而命以仆妾之役，油然而不怪者，此固秦皇之所不能惊，而项籍之所不能怒也。

观夫高祖之所以胜，项籍之所以败者，在能忍与不能忍之间而已矣。项籍唯不能忍，是以百战百胜而轻用其锋。高祖忍之，养其全锋而待其敝，此子房教之也。当淮阴破齐而欲自王，高祖发怒，见于词色。由是观之，犹有刚强不能忍之气，非子房其谁全之?

太史公疑子房以为魁梧奇伟，而其状貌乃如妇人女子，不称其志气。呜呼！此其所以为子房欤!

【注释】

① 镬（huò）：烹人的大锅。② 倨（jù）傲：傲慢。鲜：少。腆（tiǎn）：丰厚，美好。

【译文】

古代被称为豪杰的人，一定有超过常人的气度节操，能承受一般人在感情上不能忍受的事。一个普通人一旦受到侮辱，就要拔剑而起，挺身相斗，这些是不足以称为有大勇的。天下那些有大勇的人士，突然遇到意外而不惊慌，无故受到侮辱而不愤怒。这是因为他们所怀的抱负很大，所怀的志向高远的缘故呀!

当年张良从那位坐在桥上的老人手里接过书，这件事想来很是奇怪，然而又怎么知道这不是秦朝的某位隐居的贤人来故意试探张良呢?看那老人隐约表示的心意，都是圣贤们相互警惕戒备的道理，而世人却不明白，以为桥上老人是鬼怪。这已经是错误的了。而且老人的真实用意也并不在授书上。当韩国灭亡，秦国正强大的时候，用刀、锯、鼎、镬来迫害天下的士人，那些安分守己而无故被杀的人，数也数不清。这时即使有孟贲、夏育那样的勇士，也没有办法施展他们的本领。执法过于严厉的国家，它的锋芒不可触犯，而形势也还没有可乘之机。但张良忍不住愤怒的情绪，凭借着匹夫之勇，在一次对秦始皇的伏击中逞能冒险。当时，张良虽然没有被杀死，但也已经处在死亡的边缘了，真是危险到了极点啊。富贵人家的子弟，不会轻易死在盗贼的手里，为什么呢?是因为他们的生命珍贵，不值得因为与盗贼相斗而死去。张良以盖世的才能，不去像伊尹、姜太公一样谋划定国安邦的策略，却只用荆轲、聂政那样行刺的办法，靠着侥幸才得以不死，这正是桥上那位老人为他感到深深叹息的啊！因此用傲慢的态度深深地挫辱他，使他能够有忍耐之心，然后才可以成就大业。所以老人说“这小伙子是可以造就的。”

楚庄王讨伐郑国，郑襄公袒露着身体，牵着羊去迎接。楚庄王说：“郑国的国君能够这样屈己尊人，必定能获得人民的信任。”于是就放弃了进攻郑国的计划。越王勾践被吴军围困在会稽山上，于是向吴国投降，做吴王的奴仆，三年下来都勤勉而不倦怠。如果有报仇的志向，却不能忍辱负重，这只是普通人的刚强。那位老人认为张良才能有余，但担心他度量不足，所以深深挫折他年轻人的刚锐之气，使他能忍住小的愤怒而成就大的事业。为什么呢？老人和张良素不相识，在野外突然相遇而命令他做奴仆做的事，而张良却能毫不在意照办，丝毫没有怨怪的意思，这个人确实是秦始皇不能使之惊恐，项羽不能使之发怒的人呀。

张良为刘邦出谋划策

考察汉高祖刘邦之所以能最终取胜，而项羽最终落败的原因，是在能忍与不能忍之间啊！项羽不能忍，所以百战百胜却轻易地消耗了军力；高祖能够忍，所以积蓄全力而等待项羽由盛转衰的时机，这是张良教给他的呀。当淮阴侯韩信大破齐国而想要自立为齐王的时候，高祖发怒，气愤之情溢于言表。由此看来，他还有刚强而不能忍耐的意气，不是张良，又有谁能成全他呢？

太史公司马迁曾经猜想张良是一个身材魁梧、仪表奇伟的人，而他的神态表情又像是妇人女子，认为与他的志向和气概很不相称。唉！这不正是张良之所以为张良吗？

贾谊论

【题解】

贾谊怀才不遇、英年早逝的遭遇历来为人所叹惋，本篇别具新意，认为贾谊的不幸遭遇应该归咎于他性格和为人处世方面的弱点与不足。篇末还论述了人君应如何对待类似贾谊这样的人才的问题，形成了一个关于避免贤才遭埋没的完整主题。

【原文】

非才之难，所以自用者实难。惜乎！贾生，王者之佐，而不能自用其才也。

夫君子之所取者远，则必有所待；所就者大，则必有所忍。古之贤人，皆负可致之才[①]，而卒不能行其万一者，未必皆其时君之罪，或者其自取也。

愚观贾生之论，如其所言，虽三代何以远过？得君如汉文，犹且以不用死，然则是天下无尧、舜，终不可有所为耶？仲尼圣人，历试于天下，苟非大无道之国，皆欲勉强扶持，庶几一日得行其道[②]。将之荆，先之以冉有，申之以子夏。君子之欲得其君，如此其勤也。孟子去齐，三宿而后出昼，犹曰：“王其庶几召我。”君子之不忍弃其君，如此其厚也。公孙丑问曰：“夫子何为不豫？”孟子曰：“方今天下，舍我其谁哉？而吾何为不豫？”君子之爱其身，如此其至也。夫如此而不用，然后知天下果不足与有为，而可以无憾矣。若贾生者，非汉文之不能用生，生之不能用汉文也。

贾谊向汉文帝建议改革

夫绛侯亲握天子玺而授之文帝，灌婴连兵数十万，以决刘吕之雌雄。又皆高帝之旧将，此其君臣相得之分，岂特父子骨肉手足哉？贾生，洛阳之少年，欲使其一朝之间尽弃其旧而谋其新，亦已难矣。为贾生者，上得其君，下得其大臣，如绛、灌之属，优游浸渍而深交之，使天子不疑，大臣不忌，然后举天下而唯吾之所欲为，不过十年，可以得志。安有立谈之间，而遽为人“痛哭”哉？观其过湘，为赋以吊屈原，萦纡郁闷③，趯然有远举之志④。其后以自伤哭泣，至于夭绝。是亦不善处穷者也。夫谋之一不见用，则安知终不复用也？不知默默以待其变，而自残至此。呜呼！贾生志大而量小，才有余而识不足也。

古之人，有高世之才，必有遗俗之累。是故非聪明睿智不惑之主，则不能全其用。古今称苻坚得王猛于草茅之中，一朝尽斥去其旧臣，而与之谋。彼其匹夫略有天下之半，其以此哉！愚深悲生之志，故备论之。亦使人君得如贾生之臣，则知其有狷介之操⑤，一不见用，则忧伤病沮，不能复振；而为贾生者，亦谨其所发哉！

【注释】

① 致：成就功业。② 庶几：希望。③ 萦（yíng）：曲折回旋。④ 趯（tì）然：心情激荡跳跃的样子。⑤ 狷（juàn）介：正直孤傲，洁身自好。

【译文】

人要有才并不难，难的是怎样使自己的才能得以运用。可惜呀！贾谊虽然能辅佐帝王，却不知道如何运用自己的才能啊！

君子如果想要达到长远的目标，就必须有所等待；想要成就大的事业，就必须有所忍耐。古时候的贤人，都怀有可以建功立业的才能，而终于不能施展才能的万分之一的原因，未必都是当时君主的过错，也许是他们自己造成的。

我看了贾谊的论文，像他所想要创建的太平盛世，即使是夏、商、周三代，又怎能超过？他遇到了像汉文帝一样贤德的君主，但还是因为不被重用郁郁而终，那岂不是意味着如果天下没有尧、舜那样的圣君，他就注定会终生无所作为吗？孔子是位圣人，曾游历天下，想要试行自己的政治主张，只要不是过于无道的国家，都想勉强去扶持，希望有朝一日能实现自己的主张。他想要前往楚国的时候，先派冉有前去申明自己的想法主张，又派子夏前去重新申明，君子想要得到他的君主，竟然是如此的殷切勤恳啊！孟子离开齐国的时候，曾经在边境上的昼邑住了三个晚上才离开，还说：“齐王也许还会召见我。”君子不忍离弃他的君主，是如此的感情深厚。公孙丑问：“先生为什么不愉快啊？”孟子说：“当今天下，除了我还有谁能让国家得到大治？我又怎么会不愉快呢？”君子爱惜自己，达到了这样的程度。像这样的人都得不到重用，便知道天下真的没有能让自己施展才能的君主了，可以没有遗憾了。而像贾谊这样的，并不是汉文帝不能重用他，而是他自己不能为汉文帝所用呀！

周勃曾亲自捧着天子的玉玺，把它交给汉文帝；灌婴曾经联合数十万兵马，以决定刘氏和吕氏到底谁来掌管天下。他们又都是高祖旧日的部将，这种君臣之间互相信任的情分，难道只是父子兄弟之间才有的吗？贾谊，是洛阳的一个年轻人，想要用一个早上的时间让汉文帝全部废弃旧的制度而谋划新的制度，这也太难了吧！如果作为贾谊，向上能得到赏识他的君主，向下能得到像周勃、灌婴这样的大臣支持他，自然而然地和他们建立深厚的友谊，使天子不猜疑，大臣不嫉妒，然后让整个天下施行我想要施行的主张，用不了十年，就可以实现自己的抱负。哪有在短暂地交谈之后，就突然对人痛哭的道理呢？看他路经湘水时作赋吊念屈原，心情复杂而郁闷，远走引退的意思跃然纸上，后来因为暗自伤感而常常哭泣，以至于夭折。这也是不善于忍受困厄啊。谋略一次不被采用，怎知道永远都不会被采用呢？不懂得隐忍以待形势的变化，却把自己糟蹋成这样。唉！贾谊志向远大而度量太小，才能有余而见识不足啊！

古代的人，如果有高出世人的才能，就必然会有因为清高孤傲遗弃世俗而给自己带来的包袱。所以若不是聪明睿智的君主，就不能完全发挥他们的才能。从古至今人们都称道苻坚从平民中发现了王猛，一时间尽皆疏远了他的旧臣，凡事只与王猛商量谋划。像他那样的普通人，竟也能够占据了中国的一半，不就是因为这个缘故吗！我深深地为贾谊平生的志向感到悲伤，所以对此事加以详细的评论。也想使人君知道，如果得到了像贾谊这样的臣子，就应该知道他们有清高孤傲的操守和性格，一旦不被任用，就会忧伤沮丧，积郁成疾，再也不能振作起来；而贾谊这样的人，也应该谨慎地对待自己立身处世的原则啊！

晁错论

【题解】

本篇分析晁错在提议“削藩”以及应对“七国之乱”事件中的失误，认为他行事操之过急，且临危之时谋求自全，不能舍身报君，所以才会因他人挑拨而为景帝所杀。

【原文】

天下之患，最不可为者，名为治平无事，而其实有不测之忧。坐观其变，而不为之所，则恐至于不可救。起而强为之，则天下狃于治平之安①，而不吾信。惟仁人君子豪杰之士，为能出身为天下犯大难，以求成大功。此固非勉强期月之间，而苟以求名之所能也。天下治平，无故而发大难之端，吾发之，吾能收之，然后有辞于天下。事至而循循焉欲去之，使他人任其责。则天下之祸，必集于我。

昔者晁错尽忠为汉，谋弱山东之诸侯。山东诸侯并起，以诛错为名。而天子不之察，以错为之说。天下悲错之以忠而受祸，不知错有以取之也。

古之立大事者，不惟有超世之才，亦必有坚忍不拔之志。昔禹之治水，凿龙门，决大河，而放之海。方其功之未成也，盖亦有溃冒冲突可畏之患。惟能前知其当然，事至不惧，而徐为之图，是以得至于成功。夫以七国之强，而骤削之，其为变岂足怪哉？错不于此时捐其身，为天下当大难之冲而制吴、楚之命，乃为自全之计，欲使天子自将而己居守。且夫发七国之难者谁乎？己欲求其名，安所逃其患？以自将之至危，与居守之至安，己为难首，择其至安，而遗天子以其至危，此忠臣义士所以愤惋而不平者也。当此之时，虽无袁盎，亦未免于祸。何者？己欲居守，而使人主自将，以情而言，天子固已难之矣，而重违其议，是以袁盎之说得行于其间。使吴、楚反，错以身任其危，日夜淬砺②，东向而待之，使不至于累其君，则天子将恃之以为无恐。虽有百盎，可得而间哉？

嗟夫！世之君子，欲求非常之功，则无务为自全之计。使错自将而讨吴、楚，未必无功。惟其欲自固其身，而天子不悦，奸臣得以乘其隙。错之所以自全者，乃其所以自祸欤！

【注释】

① 狃（niǔ）：习惯于。② 淬（cuì）：把金属工件加热到一定温度，然后突然浸在水或油中使其冷却，以增加硬度。砺：磨。

晁错劝说汉景帝取消封国

【译文】

天下的祸患，最难于解决的，是表面上国家大治、清平无事，而实际上却有难以预料的隐患。如果坐视祸患的发展演变而无所作为，那就可能发展到无法挽救的地步；如果强行加以解决，那么天下的人就会由于习惯过太平生活而不相信我的主张。只有仁人君子、豪杰之士，才能挺身而出，为了天下的大治冒大风险，以求成就大的功业。这绝不是在短时间内勉强行事，只想着谋求声名的人所能做到的。天下太平的时候，无缘无故发起大的事端，我能发起，我也能收拾，然后才能对天下人有话说。如果事到临头，却想有条不紊地避开它，让别人来承担责任，那么，天下的灾祸必定就会集中到自己的身上。

从前晁错为了汉朝竭尽忠心，谋划着要削弱殽山以东各诸侯的势力。殽山以东的诸侯们闻风皆起，借着诛杀晁错的名义发动叛乱。而天子却不加明察，用杀掉晁错的办法来向诸侯们交待。天下人都为晁错忠诚侍奉君主却被诛杀感到悲痛，不知道晁错也有自取其祸的地方。

古代成大事的人，不只是具有超出世人的才能，还有坚韧不拔的意志和决心。当年大禹治水，凿开龙门，疏通黄河，将洪水引入大海。当他大功尚未告成之时，应该也有大水冲毁堤坝的危险情况发生。只是他能预见到必然会有这种情况发生，临事毫不退缩畏惧，而是一步一步地加以解决，靠着这样的方式和精神才得以成功。七国那样强盛，却想要骤然削弱它们，在这种情况下发生变乱难道还会让人感到奇怪吗？晁错不在此时豁出自己的性命，舍身去为天下担当这场大灾难的要冲，而控制吴、楚七国的命运，却想着要保全自己，想要让皇上亲自带兵出征而自己在后方留守。况且发起这七国叛乱的事端的又是谁呢？自己既然想要求得声名，又为什么要逃避这场祸患呢？因为自己带兵出征会非常危险，在后方留守则非常安全。自己已经挑起了事端，但又选择十分安全的事情来做，把最危险的事情留给皇上，这是忠臣义士愤怨而不能平的原因。在那个时候，即使没有袁盎，也未必能免除杀身之祸。为什么这样说呢？自己想留守后方，而想要人君亲自带兵出征，从情理上来说，皇上本来就难以接受了，因而心中很反感他的建议。所以袁盎的话才能在中间起作用。假使吴、楚反叛，晁错能挺身出来承担危险，日夜做好准备，向东严阵以待，不使事情发展到连累君主的地步，那么天子就将依靠他而无所畏惧，虽然有一百个袁盎，谁又能得以从中离间？

唉！世上的君子想要谋求不同寻常的大功，就务必不要为自己谋划自我保全的计策。假使晁错亲自率兵征讨吴、楚，未必就不能成功。只是他总想着要使自身得以安稳，天子因此而不悦，奸臣就得以趁着这个时机挑拨离间。晁错用来保全自己的计策，正是他自取其祸的计策啊！

卷十一　宋文

上梅直讲书

【题解】

本篇是苏轼考中进士后写给当时的考试参评官梅尧臣的信，在表达了对他和欧阳修的感激之情的同时，畅谈了士得遇知己的快乐，通篇贯穿着一个“乐”字。

【原文】

轼每读《诗》至《鸱鸮》，读《书》至《君奭》，常窃悲周公之不遇。及观《史》，见孔子厄于陈、蔡之间，而弦歌之声不绝，颜渊、仲由之徒相与问答。夫子曰：“‘匪兕匪虎，率彼旷野。’吾道非耶？吾何为于此？”颜渊曰：“夫子之道至大，故天下莫能容。虽然，不容何病？不容然后见君子。”夫子油然而笑曰：“回，使尔多财，吾为尔宰①。”夫天下虽不能容，而其徒自足以相乐如此。乃今知周公之富贵，有不如夫子之贫贱。夫以召公之贤，以管、蔡之亲，而不知其心，则周公谁与乐其富贵？而夫子之所与共贫贱者，皆天下之贤才，则亦足以乐乎此矣。

轼七八岁时，始知读书，闻今天下有欧阳公者，其为人如古孟轲、韩愈之徒；而又有梅公者，从之游而与之上下其议论。其后益壮，始能读其文词，想见其为人，意其飘然脱去世俗之乐而自乐其乐也。方学为对偶声律之文，求升斗之禄，自度无以进见于诸公之间。来京师逾年，未尝窥其门②。今年春，天下之士群至于礼部，执事与欧阳公实亲试之，轼不自意获在第二。既而闻之，执事爱其文，以为有孟轲之风，而欧阳公亦以其能不为世俗之文也而取，是以在此。非左右为之先容，非亲旧为之请属，而向之十余年间闻其名而不得见者，一朝为知己。退而思之，人不可以苟富贵，亦不可以徒贫贱。有大贤焉而为其徒，则亦足恃矣！苟其侥一时之幸，从车骑数十人，使闾巷小民聚观而赞叹之，亦何以易此乐也！传曰：“不怨天，不尤人③。”盖“优哉游哉，可以卒岁”。执事名满天下，而位不过五品，其容色温然而不怒，其文章宽厚敦朴而无怨言，此必有所乐乎斯道也，轼愿与闻焉。

【注释】

①宰：家臣。②窥其门：登门拜访。③尤：归咎。

【译文】

我每次读《诗经》读到《鸱鸮》的时候，读《尚书》读到《君奭》的时候，常常暗自伤感周公的不被人了解。等到看《史记》的时候，脑海中又出现了孔子困厄于陈国、蔡国之间，却还继续弹琴、歌唱，与颜回、仲由这些学生互相问答的场面。孔子说：“‘不是犀牛，不是老虎，却要在旷野上奔波！’我的主张难道有什么不对吗？我为什么落到今天这步田地呢？”颜回说：“先生的主张是至大之道，所以天下容不下啊。虽然如此，容不下又有什

苏轼给考试参评官梅尧臣写信

么值得担忧的呢？正因为容不下，而后才能看出你是君子啊。”孔子温和地笑着说：“颜回，如果你有很多财产，我替你管账。”天下不能容纳，而孔子和他的徒弟却能自感满足、相处快乐到如此地步。于是现在我知道周公的富贵也有比不上孔子贫贱的地方啊。像召公这样的贤人，管叔、蔡叔这样的亲属，都不能知晓周公的心思，那么周公又能同谁一起享受他的富贵呢？而与孔子同守贫贱的，都是天下的贤才，所以单凭这一点也就足够快乐的了。

我七八岁的时候，才开始知道读书，听说当今天下有个欧阳公，他的为人像古时候的孟子、韩愈一样；还有一位梅公，他与欧阳公交游，和他上下古今地展开议论。后来自己日益长大，才开始读到先生们的文章辞赋，想见他们的为人，领会他们飘然离俗的快乐，而自己也因为感受到他们的快乐而快乐。我当时刚刚开始学着作诗文，也希望谋到个一官半职，自己思量着没有什么才能进见诸公。来到京师一年多了，也未曾登门拜访过。今年春天，天下的士人群集在礼部，您和欧阳公亲自主持考试，我出乎意料地得了个第二名。后来又听说，您很喜欢我的文章，认为有孟子的风格，而欧阳公也因为我能作出不同于世俗的文章而录取了我，因此我才留在了这里。这既非先生左右亲近的人为我事先疏通关系，也非亲朋故旧为我请托，而在以往的十几年间只听说过却从未见过的人，竟然很快地成为了知己。私下里思考这件事，觉得人是不能苟安于富贵的，但也不能空守着贫贱。有大贤人作为徒弟，当然是足以依靠的了。那些凭着一时侥幸，使得自己有几十个车骑随从，使得街巷之中的平民百姓聚在一起观看并且赞叹，又怎能替代这种快乐呢！古书上说：“不埋怨上天，不责怪别人。”“从容自得，可以度完我的余年。”您的美名遍布天下，但是官位不过五品，对此您的反映是平淡温和而无怒容，文章是宽厚纯朴而无怨言。您这样必定是有所乐于此道，我很希望能听您讲讲这些。

喜雨亭记

【题解】

喜雨亭位于陕西凤翔，是苏轼担任凤翔签判时修建的。苏轼为说明喜雨亭得名的缘由，特意写了这篇文章。此文写凤翔久旱后下雨，百姓欢欣鼓舞，苏轼于是修建了喜雨亭，与百姓同乐。

【原文】

亭以雨名，志喜也[①]。古者有喜则以名物，示不忘也。周公得禾，以名其书；汉武得鼎，以名其年；叔孙胜敌，以名其子。其喜之大小不齐，其示不忘一也。

予至扶风之明年，始治官舍。为亭于堂之北，而凿池其南，引流种树，以为休息之所。是岁之春，雨麦于岐山之阳，其占为有年。既而弥月不雨，民方以为忧。越三月，乙卯乃雨，甲子又雨，民以为未足。丁卯大雨，三日乃止。官吏相与庆于庭，商贾相与歌于市，农夫相与忭于野[②]，忧者以喜，病者以愈，而吾亭适成。

于是举酒于亭上，以属客而告之曰：“五日不雨可乎？曰：‘五日不雨则无麦。’十日不雨可乎？曰：'十日不雨则无禾。'无麦无禾，岁且荐饥，狱讼繁兴而盗贼滋炽[③]。则吾与二三子，虽欲优游以乐于此亭，其可得耶？今天不遗斯民，始旱而赐之以雨，使吾与二三子得相与优游而乐于此亭者，皆雨之赐也，其又可忘耶？"

既以名亭，又从而歌之，曰："使天而雨珠，寒者不得以为襦；使天而雨玉，饥者不得以为粟。一雨三日，伊谁之力？民曰太守，太守不有，归之天子；天子曰不然，归之造物；造物不自以为功，归之太空。太空冥冥，不可得而名。吾以名吾亭。"

【注释】

①志：记。②忭（biàn）：高兴。③滋炽：滋生势盛。

【译文】

这座亭子以雨命名，是为了记载一件喜事。古人逢到喜事，便要在器物上铭刻下来，以示不忘。周公得禾，便以《嘉禾》作他的书名；汉武帝得鼎，便以元鼎作他的年号；叔孙得臣打败狄人侨如，便以"侨如"作自己儿子的名字。他们的喜事虽然大小不同，但是表示永不忘记的用意却是一样的。

我到扶风的第二年才开始建造官舍。在厅堂北面筑了一座亭子，在南面开了一口池塘，引来了水，种上了树，作为休息的地方。这年春天，岐山南面的下起了麦雨，占卜后认为是丰年之兆。接着又整月不下雨，人们开始为此而忧虑。过了三月，四月的乙卯日下起了雨，隔了九天的甲子日又下了雨，可是人们还是觉得不够。丁卯那天下起了大雨，三天三夜才停止。官吏在厅堂上相互庆贺，商人在市场上相互唱和，农人在田头欢舞，忧虑的人变得高兴，患病的人转为康复，而我的亭子也在这个时候建成了。

苏轼为喜雨亭作记

于是我在亭上摆开酒宴，向客人劝酒并告诉他们说："如果五天不下雨，行么？你们一定说：'五天不下雨，麦子就长不成了。'要是十天都不下雨呢？你们一定会说：'十天不下雨，稻子就长不成了。'无麦无稻，就会产生连年的饥荒，诉讼就会日益增多，而盗贼也会猖獗起来。这样，我和诸位即使想悠闲在这亭中宴饮欢乐，能办得到么？如今上天不遗弃这里的人民，刚开始干旱便赐下了雨水，使我与诸位能够悠闲而快乐地在这亭中欢乐，这都是雨的恩赐啊！又怎么可以忘记呢？"

给亭子命名之后，接着又作了歌，歌词说："假使天下落下的是珍珠，受冻的人不能用它做棉衣；假使上天下落下的是宝玉，挨饿的人不能拿它当粮食。如今一连三日大雨，这是谁的力量？百姓说是太守，太守不敢承担这样的称誉，把它归功于皇上；皇上说不是这样，把它归功于造物主；造物主不认为是自己的功劳，把它归功于太空。太空高邈难测，不能命名，我就用'雨'来为我的亭子命名。"

◎凌虚台记◎

【题解】

凌虚台建于宋仁宗嘉祐八年（1063），由凤翔知府陈希亮建成。陈希亮嘱托当时正在凤翔任职的苏轼，让他为凌虚台写篇记文。本文介绍了凌虚台的外貌特征，建造凌虚台的原因，游赏凌虚台时的乐趣，苏轼借此表达了对古往今来兴废成毁以及人世得失的感慨。

【原文】

国于南山之下①，宜若起居饮食与山接也②。四方之山，莫高于终南，而都邑之丽山者，莫近于扶风。以至近求最高，其势必得。而太守之居，未尝知有山焉。虽非事之所以损益，而物理有不当然者，此凌虚之所为筑也。

方其未筑也，太守陈公杖履逍遥于其下。见山之出于林木之上者，累累如人之旅行于墙外而见其髻也，曰："是必有异。"使工凿其前为方池，以其土筑台，高出于屋之檐而止。然后人之至于其上者，恍然不知台之高，而以为山之踊跃奋迅而出也。公曰："是宜名凌虚。"以告其从事苏轼，而求文以为记。

轼复于公曰："物之废兴成毁，不可得而知也。昔者荒草野田，霜露之所蒙翳，狐虺之所窜伏。方是时，岂知有凌虚台耶？废兴成毁，相寻于无穷，则台之复为荒草野田，皆不可知也。尝试与公登台而望，其东则秦穆之祈年、橐泉也，其南则汉武之长杨、五柞③，而其北则隋之仁寿、唐之九成也。计其一时之盛，宏杰诡丽，坚固而不可动者，岂特百倍于台而已哉！然而数世之后，欲求其仿佛，而破瓦颓垣无复存者，既已化为禾黍荆棘丘墟陇亩矣，而况于此台欤！夫台犹不足恃以长久，而况于人事之得丧、忽往而忽来者欤？而或者欲以夸世而自足，则过矣。盖世有足恃者，而不在乎台之存亡也。"

既以言于公，退而为之记。

【注释】

①国：都城。②宜若：似乎。③长杨、五柞（zuò）：汉代宫名。

【译文】

城邑建在终南山下，好像起居饮食都不能与山分离。四方的山，没有高于终南山的，而周围的城邑，也没有比扶风更靠近终南山的了。凭借离山位置最近的优势而从视觉上求得最高的山势，这是必然能够得到的。但太守居于此地，却还不知道有高山。这虽说不会对任何事情产生影响，但也有情理上说不过去的地方，这就是建造凌虚台的原因。

在凌虚台还没有修筑之前，太守陈公，曾经拄着拐杖，悠闲地走在那里。看见高于林木之上的山峰，重重叠叠的，好像人们只是在它的墙外行走而只看见了它的发髻，陈公说："这后面一定有奇异的景致。"于是派遣工匠在树林的前面挖了一个方池，用挖出来的土筑成高台。台子筑到高出屋檐的时候便停止了。而后有人到了台上，恍惚间不知道是因为台高，而以为那些山峦是突然间冒出来的。陈公说："就叫它凌虚台吧。"并且将他的意思告诉了他的佐吏苏轼，请他写一篇文章来记叙。

苏轼答复陈公说："事物的兴废成毁，是不能够预知的。从前这里是荒草野田，为霜露所覆盖遮蔽，狐狸、毒蛇在这里出没潜行；那时候，怎能知道这里会筑起凌虚台呢？兴废成毁的变化，循环无穷，于是这高台日后是否又会变为荒草野田，都是不能知道的。我曾经跟从您登台而望，东面是秦穆公的祈年宫和橐泉宫，南面是汉武帝的长杨宫和五柞宫，北面是隋代的仁寿宫和唐代的九成宫。推想它们当年的盛况，气势的宏伟以及不可动摇的坚固，岂是比这高台要强上百倍！然而几代之后，想要寻求它们当年的模样，却只能看到破砖乱瓦、残垣断壁了，如今都已变成了长满庄稼的田地、遍布荆棘的荒野了，何况这凌虚台呢？连这样的高台都不足以保证它长期地存在，又何况人事的得失、忽往忽来的变迁呢？世上的一些人想以修筑高台来炫耀于世、满足己欲，这是错误的啊。大概世上是有足以依靠的东西的，但不在于台的存亡啊！”

登临凌虚台

我对陈公讲了这番话之后，回来就作了这篇记。

超然台记

【题解】

这篇文章写于苏轼在密州做知州之时。苏轼在文章开头说世间万物“皆有可乐”，这个“乐”字总揽全篇。苏轼通过写自己在密州的生活和政绩，表达了其超然物外、无往不乐的人生态度。

【原文】

凡物皆有可观。苟有可观，皆有可乐，非必怪奇伟丽者也。铺糟啜醨[①]，皆可以醉。果蔬草木，皆可以饱。推此类也，吾安往而不乐？

夫所为求福而辞祸者，以福可喜而祸可悲也。人之所欲无穷，而物之可以足吾欲者有尽。美恶之辨战于中，而去取之择交乎前，则可乐者常少，而可悲者常多。是谓求祸而辞福。夫求祸而辞福，岂人之情也哉？物有以盖之矣。彼游于物之内，而不游于物之外。物非有大小也，自其内而观之，未有不高且大者也。彼挟其高大以临我，则我常眩乱反复，如隙中之观斗，又乌知胜负之所在？是以美恶横生，而忧乐出焉，可不大哀乎！

予自钱塘移守胶西，释舟楫之安，而服车马之劳；去雕墙之美，而庇采椽之居[②]；背湖山之观，而行桑麻之野。始至之日，岁比不登，盗贼满野，狱讼充斥，而斋厨索然，日食杞菊，人固疑予之不乐也。处之期年，而貌加丰，发之白者日以反黑。予既乐其风俗之淳，而其吏民亦安予之拙也。于是治其园囿，洁其庭宇，伐安丘、高密之木，以修补破败，为苟完之计。而园之北，因城以为台者旧矣，稍葺而新之。

时相与登览，放意肆志焉。南望马耳、常山，出没隐见，若近若远，庶几有隐君子乎？而其东则庐山，秦人卢敖之所从遁也。西望穆陵，隐然如城郭，师尚父、齐威公之遗烈，犹有存者。北俯潍水，慨然太息，思淮阴之功，而吊其不终[③]。台高而安，深而明，夏凉而冬温。雨雪之朝，风月之夕，予未尝不在，客未尝不从。撷园蔬，取池鱼，酿秫酒，瀹脱粟而食之[④]，曰：“乐哉游乎！”

方是时，予弟子由适在济南，闻而赋之，且名其台曰“超然”。以见予之无所往而不乐者，盖游于物之外也。

【注释】

①铺（bū）：食，吃。糟：酒糟。啜（chuò）：饮。醨（lí）：淡酒。②采椽（chuán）：指简陋的房屋。③吊：哀伤，感怀。④瀹（yuè）：煮。

【译文】

大凡事物都有值得观赏的地方。只要有值得观赏的地方，就一定存在着乐趣，不一定非要奇怪、伟丽的东西不可。食酒糟、饮淡酒，都能醉人；瓜果蔬菜，都能让人吃饱。以此类推，我在哪里寻不到快乐呢？

人们之所以要寻求幸福，躲避灾祸，是因为幸福让人欣喜，灾祸让人悲哀。人的欲望是无穷无尽的，而事物满足人们欲望的程度却是有限的。如果心中总存在着美与丑的斗争，眼前总存在着取与舍的抉择，那么能够有的快乐常常是很少的，而忧愁悲伤的事常常是很多的。这就是所谓的追求祸患而告别幸福。追求祸患和告别幸福，难道是人之常情吗？这是外物对人有所蒙蔽啊！那些人是活在事物的里面，而没有活在它们的外面。事物并没有大小的分别，但如果在它的内部看它，没有不觉得它是又高又大的。它倚仗着它的高大来俯视我，那我就会常常昏乱反复，如同从缝隙中观看别人打斗，又怎能知道决定胜负的因素在哪里？所以美好和丑恶交替产生，忧愁和快乐也就出现了。这不是让人非常悲哀的事情吗？

我从钱塘调任密州知州以后，放弃了乘舟船的安逸，而忍受车马的奔波劳苦；辞别了华丽的厅堂，却栖身于简陋的房屋；离开了湖光山色的美好景致，而来到这遍种桑麻的田野之中。刚来的时候，庄稼连年歉收，盗贼到处都是，诉讼案件充斥着官府，而厨房中却空空如也，天天就吃些枸杞、菊花之类的东西。别人必定会认为我是不快乐的。但是在这个地方住了一年，容颜却变得愈加的丰润，头上的白发也在日益返黑。我已经喜欢上了这里的淳朴民风，而这里的吏民也习惯了我的笨拙。于是我整理园林，清扫庭院，砍伐安丘、高密的树木，来修补破败的地方，作为暂时修缮这园林的办法。在园的北边，靠着城墙所著的高台已经很是破旧了，我将它稍加修缮，使它为之一新。

有时和朋友宾客们一起登台玩赏，在那里放飞自己的思绪，让自己的心志自由驰骋。向南能望见马耳山、常山，它们若隐若现，若近若远，我想那山里应该会有隐居的君子吧？向东望去则能看见庐山，那是秦人卢敖遁世隐居的地方。向西望有穆陵，隐隐约约的像一座城郭，姜太公、齐桓公的丰功伟业，还在那里保存着的。向北能俯视潍水，观之令人慨然叹息，回想起淮阴侯韩信的赫赫战功，为他的不得善终而哀叹。这个台子高大而且安稳，深广而且明亮，夏凉而冬暖。雨雪的天气，清风明月的夜晚，我没有不在这里的时候，宾客也没有不跟从我到这里来的。于是采摘园中的菜蔬，捕捞池塘中的鲜鱼，酿了黄米酒，煮了粗米饭，边品尝边说："在这里游赏是多么的快乐啊！"

这个时候，我的弟弟子由正在济南，听到了这情景便作了一篇赋，给这个台子起名叫作"超然台"。以此来表示我无论去到哪里都能十分的快乐，大概是因为我超然于物外的缘故。

◎放鹤亭记◎

【题解】

这篇文章是苏轼在徐州做知府时写的。本文先叙述放鹤亭的由来、四周的景色，然后又说国君纵酒好鹤会导致亡国，而隐士纵酒好鹤却可以怡情自娱。作者通过此文，表达的是自由自在的隐逸乐趣。

【原文】

熙宁十年秋，彭城大水。云龙山人张君之草堂，水及其半扉。明年春，水落，迁于故居之东，东山之麓。升高而望，得异境焉，作亭于其上。彭城之山，冈岭四合，隐然如大环，独缺其西一面，而山人之亭，适当其缺。春夏之交，草木际天，秋冬雪月，千里一色。风雨晦明之间，俯仰百变。山人有二鹤，甚驯而善飞，旦则望西山之缺而放焉，纵其所如，或立于陂田①，或翔于云表，暮则傃东山而归②，故名之曰“放鹤亭”。

郡守苏轼，时从宾佐僚吏往见山人，饮酒于斯亭而乐之。挹山人而告之曰：“子知隐居之乐乎？虽南面之君，未可与易也！《易》曰：‘鸣鹤在阴，其子和之。’《诗》曰：‘鹤鸣于九皋，声闻于天。’盖其为物清远闲放，超然于尘埃之外，故《易》《诗》人以比贤人君子。隐德之士，狎而玩之，宜若有益而无损者，然卫懿公好鹤则亡其国。周公作《酒诰》，卫武公作《抑》戒，以为荒惑败乱，无若酒者，而刘伶、阮籍之徒，以此全其真而名后世。嗟夫！南面之君，虽清远闲放如鹤者，犹不得好，好之则亡其国。而山林遁世之士，虽荒惑败乱如酒者，犹不能为害，而况于鹤乎？由此观之，其为乐未可以同日而语也。”

山人欣然而笑曰：“有是哉！”乃作放鹤、招鹤之歌曰：“鹤飞去兮，西山之缺。高翔而下览兮，择所适。翻然敛翼，宛将集兮，忽何所见，矫然而复击。独终日于涧谷之间兮③，啄苍苔而履白石。鹤归来兮，东山之阴。其下有人兮，黄冠草履，葛衣而鼓琴。躬耕而食兮，其余以汝饱。归来归来兮，西山不可以久留。”

【注释】

①陂（bēi）：水边。②傃（sù）：向。③涧：水流。

【译文】

熙宁十年秋，彭城发了大水。云龙山人张君的草堂，被水淹到了房门的一半。到了第二年的春天，大水落去，山人迁到了故居的东边，东山的脚下。登高远望，发现了一个奇异的地方，于是在那里修建起一座亭子。彭城那里的山，山冈、山岭四面合抱，隐隐约约的像个大圆圈，惟独缺了西边的一面，而山人的亭子，正好在那个缺口之上。春夏之交，这里草木繁茂，与天相接；秋月落白、冬雪覆盖之下，地方千里变成浑然一色。风起雨落、明暗交替之间，景物瞬息万变。山人有两只鹤，驯服而且善于飞翔，早晨的时候向着西山的缺口将它们放飞，任凭它们自由往来，它们或者站在水边田里，或者飞翔在云气之上，到了太阳下山的时候就朝着东山飞回来，因此，这座亭子被命名为“放鹤亭”。

郡守苏轼，时常带着宾客随从前往拜望山人，在放鹤亭上饮酒取乐。他常常酌酒给山人并告诉他说：“你知道隐居的快乐吗？即使是面南背北的君位，也是不会拿去交换的。《易经》上说：‘鹤在隐蔽幽深的地方鸣叫，小鹤就会随声应和。’《诗经》上说：‘鹤在沼泽的深处鸣叫，它的叫声能传到九天之上。’大概是鹤这种动物性情清高而又散漫悠闲，很是超然于尘世之外，所以作《易经》《诗经》的人常用它来比拟贤人、君子。有德的隐士，亲近它并且玩赏它，应当是有益而无害的，然而卫懿公却因为好鹤而亡了国。周公作了《酒诰》，卫武公作了《抑》以为劝戒，认为使人迷乱荒废，疏于朝政国事的东西，没有再比酒更厉害的了，可是刘伶、阮籍之类的人，却因为酒而成全了他们秉性的纯真，并且名传于后世。唉！面南背北的君主，即使是清高闲逸得如鹤一样，还不能去喜好，喜好了就会亡国。而山林中遁世的隐者们，即使是像酒一样让人意乱神迷、荒废疏怠的东西，也可以不被它所损害，何况是鹤呢？从这件事上看来，做君主的快乐和做隐士的快乐是不能同日而语啊！”

山人听了这番话高兴地笑着说：“正是这个道理啊！”于是我作了放鹤、招鹤的歌，歌词中说：“鹤向西山的缺口飞去，高飞俯瞰选择安适的地方。翻然收起翅膀，好像准备降落下来，忽然像是看到了什么，又矫健地冲向长空。它一天到晚生活在山涧与峡谷的中间啊，口啄青苔而脚踏白石。鹤归来啊，飞到东山的北面。东山下面有人啊，戴着黄帽子，穿着草鞋，身披着葛衣在抚琴。自己耕种食物自己吃啊，剩下的让你吃个饱。回来吧，回来吧，西山那个地方不可以久留。”

◎石钟山记◎

【题解】

这篇文章写于作者由黄州到汝州的途中。苏轼到达彭蠡的时候，游了一趟石钟山，此文写的就是苏轼游石钟山引发的感慨。文章在开头，先对郦道元、李渤关于石钟山的记载提出质疑，而后写自己游览石钟山时的所见所闻，最后写自己的感慨，也就是“事不目见耳闻而臆断其有无”，告诫人们对于没有亲身体验的事物，不要轻易下结论。所以，本文有十分可贵的教育意义。

【原文】

《水经》云：“彭蠡之口有石钟山焉。”郦元以为下临深潭，微风鼓浪，水石相搏，声如洪钟。是说也，人常疑之。今以钟磬置水中，虽大风浪不能鸣也，而况石乎。至唐李渤始访其遗踪，得双石于潭上。扣而聆之，南声函胡，北音清越，枹止响腾①，余韵徐歇。自以为得之矣。然是说也，余尤疑之。石之铿然有声者，所在皆是也，而此独以钟名，何哉？

元丰七年六月丁丑，余自齐安舟行适临汝，而长子迈将赴饶之德兴尉。送之至湖口，因得观所谓石钟者。寺僧使小童持斧，于乱石间择其一二扣之，硿硿然。余固笑而不信也。至其夜，月明，独与迈乘小舟至绝壁下。大石侧立千尺，如猛兽奇鬼，森然欲搏人。而山上栖鹘，闻人声亦惊起，磔磔云霄间②。又有若老人咳且笑于山谷中者，或曰，此鹳鹤也。余方心动欲还，而大声发于水上，噌吰如钟鼓不绝③。舟人大恐。徐而察之，则山下皆石穴罅④，不知其浅深，微波入焉，涵澹澎湃而为此也。舟回至两山间，将入港口，有大石当中流，可坐百人，空中而多窍，与风水相吞吐，有窾坎镗鞳之声⑤，与向之噌吰者相应，如乐作焉。因笑谓迈曰：“汝识之乎？噌吰者，周景王之无射也；窾坎镗鞳者，魏庄子之歌钟也。古之人不余欺也！”

事不目见耳闻，而臆断其有无，可乎？郦元之所见闻殆与余同，而言之不详；士大夫终不肯以小舟夜泊绝壁之下，故莫能知；而渔工水师虽知而不能言。此世所以不传也。而陋者乃以斧斤考击而求之，自以为得其实。余是以记之，盖叹郦元之简，而笑李渤之陋也。

【注释】

①枹（fú）：本意鼓槌，这里作敲击讲。②磔磔（zhé）：鸟鸣声。③噌（cēng）吰（hóng）：形容钟声洪亮。④罅（xià）：裂缝，缝隙。⑤窾（kuǎn）坎镗（tāng）鞳（tà）：象声词，形容钟鼓的声音。

【译文】

《水经》上说：“彭蠡湖的湖口，有一座石钟山。”郦道元认为是石钟山下临深潭，每当微风吹动波浪，那波浪冲击着山石，于是发出像洪钟一样的声响。这种说法，人们常常有所怀疑。现在将钟、磬放在水中，即使大风浪也不能使他们鸣响，何况是石头呢！到了唐朝，李渤开始寻访郦道元所记述的石钟山的遗址，在深潭之上得到了两块石头，将两块石头相叩击，然后侧耳聆听，只觉得南边的声音模糊不清，北边的声音清脆悠扬。停止叩击后，还是余音袅袅，许久才消失。李渤自以为解得了石钟之说的奥秘所在。但是他的这种说法，我还是有所怀疑。能够发出铿然之声的石头，比比皆是，但是只有此地以钟为名，这是为什么？

元丰七年六月丁丑这一天，我从齐安乘舟到临汝去，而大儿子苏迈将要到饶州德兴县去任县尉。我送他送到了湖口，因而得以看到了所谓的石钟山。临近庙里的僧人让小童拿着斧头，在乱石中选择了一两块，互相叩击，发出了硿硿的响声。我当然是觉得可笑，并不相信这就是石钟山名字的由来。到了那天夜里，月光明亮，我只带了迈儿乘着小舟来到绝壁之下。那巨大的石壁耸立在水边，高达千尺，如同猛兽奇鬼一样，阴森森的好像要向人扑来。而在山上栖息的鹘鸟，听到人的声音也惊叫着飞了起来，在云霄间磔磔地叫着。山谷中还传来像老人一边咳嗽一边笑的声音，有人说这是鹳鹤。我刚刚有些觉得害怕而想要回去的时候，水上忽然发出了巨大的响声，声音洪亮如同钟鼓齐鸣，连续不断。船夫十分惊恐。缓慢地靠近并且考察缘由，原来是山的下面都是些孔洞石缝，不能知道它们的深浅，微波冲入其中，荡漾澎湃之间便发出了这种声音。船回到两山之间，将要进入港口的时候，有一块大石头横在水中间，它的上面能坐一百个人，中空而多孔，与风和水互相吞吐，发出窾坎镗鞳的声音，与方才听到的钟鼓之声互相应和，好似演奏音乐一般。我因此笑着对迈儿说：“你知道吗，发出如钟鼓一样声响的，是周景王的无射大钟；发出窾坎镗鞳声音的，是魏献子的编钟。古代的人真是没有欺骗我们啊！”

苏轼夜访石钟山

凡事不目见耳闻就主观决断它的有无，这可以吗？郦道元的所见所闻大概和我的相同，但是没有详细记述下来；士大夫始终不肯夜泊小舟于绝壁之下，所以不能知晓；渔人船夫虽然知道真相，但却不能记述。这就是石钟山名字的由来不能流传于世的原因。而见识浅薄的人竟然用斧头一类的东西敲击石头来探求钟声，自己还以为是得到了真相。我因此把这些记录了下来，是叹惜郦道元记事的简略，讥笑李渤的见识浅陋啊！

潮州韩文公庙碑

【题解】

韩文公是韩愈的谥号。韩愈曾在潮州为官，深受百姓爱戴，后世为纪念他的勤政爱民，在潮州修建了韩文公庙。宋哲宗元祐七年（1092），潮州百姓对该地的韩文公庙进行了重修，潮州知州特意嘱托苏轼，让他为韩文公庙写一篇庙碑，这就是此文的由来。在文中，苏轼对韩愈在儒学及文学上的成就进行了高度评价，也赞颂了韩愈在潮州的政绩。文章中间部分的一句“文起八代之衰，道济天下之溺”，是本文的纲目，体现了韩愈的崇高地位。

【原文】

匹夫而为百世师，一言而为天下法，是皆有以参天地之化，关盛衰之运。其生也有自来，其逝也有所为。故申、吕自岳降，傅说为列星。古今所传，不可诬也。

孟子曰：“我善养吾浩然之气。”是气也，寓于寻常之中，而塞乎天地之间。卒然遇之，则王公失其贵，晋、楚失其富，良、平失其智，贲、育失其勇，仪、秦失其辩。是孰使之然哉？其必有不依形而立，不恃力而行，不待生而存，不随死而亡者矣。故在天为星辰，在地为河岳，幽则为鬼神，而明则复为人。此理之常，无足怪者。

自东汉以来，道丧文弊，异端并起，历唐贞观、开元之盛，辅以房、杜、姚、宋而不能救。独韩文公起布衣，谈笑而麾之[①]，天下靡然从公，复归于正，盖三百年于此矣。文起八代之衰，而道济天下之溺，忠犯人主之怒，而勇夺三军之帅，此岂非参天地、关盛衰、浩然而独存者乎？

盖尝论天人之辨，以谓人无所不至，惟天不容伪。智可以欺王公，不可以欺豚鱼；力可以得天下，不可以得匹夫匹妇之心。故公之精诚，能开衡山之云，而不能回宪宗之惑；能驯鳄鱼之暴，而不能弭皇甫镈、李逢吉之谤[②]；能信于南海之民，庙食百世，而不能使其身一日安于朝廷之上。盖公之所能者天也，其所不能者人也。

始潮人未知学，公命进士赵德为之师。自是，潮之士皆笃于文行，延及齐民，至于今，号称易治。信乎孔子之言："君子学道则爱人，小人学道则易使也。"

潮人之事公也，饮食必祭，水旱疾疫，凡有求必祷焉。而庙在刺史公堂之后，民以出入为艰。前太守欲请诸朝作新庙，不果。元祐五年，朝散郎王君涤来守是邦，凡所以养士治民者，一以公为师。民既悦服，则出令曰："愿新公庙者听。"民欢趋之。卜地于州城之南七里，期年而庙成。

或曰："公去国万里而谪于潮，不能一岁而归。没而有知，其不眷恋于潮也审矣。"轼曰："不然。公之神在天下者，如水之在地中，无所往而不在也。而潮人独信之深，思之至，焄蒿凄怆，若或见之，譬如凿井得泉，而曰水专在是，岂理也哉？"

元丰元年，诏封公昌黎伯，故榜曰"昌黎伯韩文公之庙"。潮人请书其事于石，因作诗以遗之，使歌以祀公。其辞曰：公昔骑龙白云乡，手抉云汉分天章。天孙为织云锦裳[③]，飘然乘风来帝旁，下与浊世扫秕糠。西游咸池略扶桑，草木衣被昭回光。追逐李、杜参翱翔，汗流籍、湜走且僵，灭没倒影不能望。作书诋佛讥君王，要观南海窥衡、湘，历舜九嶷吊英、皇。祝融先驱海若藏，约束蛟鳄如驱羊。钧天无人帝悲伤，讴吟下招遣巫阳。犦牲鸡卜羞我觞[④]，于粲荔丹与蕉黄。公不少留我涕滂，翩然被发下大荒。

【注释】

① 麾（huī）：通"挥"。② 弭（mǐ）：息止。皇甫镈、李逢吉：此二人都是唐宪宗时的重臣，他们都对韩愈进行过中伤和陷害。③ 天孙：织女。④ 犦（bào）牲：祭祀用的牲畜。

【译文】

一个普通人能够成为百代的师表，说出一句话便能成为天下的规范，这都是因为他们有与天地化育万物相等同，与国家盛衰命运相关联的地方。他们的降生是有由来的，他们即使死去也会有所作为。所以申伯、吕侯是山神降世，傅说死后化成了天上的星宿。这些古今的传说，不能说是虚论妄谈啊！

孟子说："我善于修养我的浩然正气。"这种正气，是寄托在寻常的事物当中，而充满了天地之间的。突然与之相遇，则王公大臣显不出他们的尊贵，晋、楚这样的国家显不出它们的富庶，张良、陈平这样的谋士显不出他们的智慧，孟贲、夏育这样的勇者显不出他们的勇猛，张仪、苏秦这样的辩才显不出他们的雄辩。是什么使这种正气能够如此呢？它必定是有不依靠形体而自立，不依靠勇力而运行，不因为生而存在，不因为死而灭亡的东西。所以它在天上是星辰，在地上是山河，在冥界是鬼神，在世间就又化而为人。这是常理，没有什么值得奇怪的地方。

自东汉以来，儒道丧失，文风衰颓，各种异端邪说竟相而起。虽然经过了唐朝贞观、开元的盛世，又加上房玄龄、杜如晦、姚崇、宋璟的辅助治理，还是不能挽救过来。惟独韩文公出身于平民，谈笑间一挥手，天下人便尽皆响应，重新回到了正道上，保持这个传统至今，约有三百年了。韩文公的文章从八代相续的颓靡文风中异军突起，他的道德救助了天下那些沉沦的人，他的直进忠言常常使龙颜震怒，他的智勇则超过了三军的统帅，这难道不是与天地化育万物相等同，与国家盛衰命运相关联的浩然正气吗？

我曾谈到天道与人事的不同，认为人没有做不到的事情，只是天道不容虚伪。智谋可以骗过王公贵戚，但是不能欺骗水中的豚和鱼；勇力可以得到天下，但是得不到普通老百姓的拥护之心。所以韩文公的精诚，能够使衡山的云雾消散，却不能扭转唐宪宗的迷惑；能使残暴的鳄鱼为之驯服，但不能止息皇甫镈、李逢吉对他的诽谤；能取信于南海的人民，在那里百世享受香火，而不能让自己在朝廷之上得到一天的安宁。大概是韩文公所能行的是天道，而不善于处理人事啊！

起初的时候潮州人是不知道学习礼乐文章的，韩文公就命令进士赵德做他们的老师。从那时候开始，潮州的士人们都潜心学习做文章和修养自己的品行，当地的普通百姓也为这样的风气所熏陶，一直到今天，潮州还被称为是容易治理的地方。这真是像孔子所说的："君子学习了儒道之后就能有仁爱之心，小人学习了儒道就变得易于驱使。"

潮州人对于韩文公的供奉，是每餐必祭；碰到了水旱瘟疫以及有求于神灵的事情，就去向他祷告。他的庙在刺史公堂的后面，民众认为出入不方便。前任太守想要请求朝廷建造新庙，却没有了下文。元祐五年，朝散郎王君涤来到此地任太守，凡是用来培养士人和治理百姓的方法，一律效法韩文公。在人民对这一系列政策心悦诚服之后，又下令说："愿意建新的韩公庙的听我的命令。"于是，百姓们都兴高采烈地前去听命。经过占卜选定了州城以南七里的一块土地作为建庙的地点，一年以后，新庙就建成了。

有人说："韩文公被谪贬到距国都万里之遥的潮州，没到一年就回去了。如果死后有灵的话，他不会对潮州有所眷恋是很明白的事情。"苏轼说："不是这样的。韩文公的英灵在天地间，就好像是地下的水，无所不往，无处不在；然而惟独潮州人对他信任至深，思念至甚，因而为他修建了庙堂。庙堂中香气缭绕让人伤感，恍惚中好像又见到了他一样，这就如同挖井挖出了泉水，就说这泉水只在这里才有，这能称之为道理吗？"

元丰元年，皇帝下诏，封韩文公为昌黎伯，所以匾上写着"昌黎伯韩文公之庙"。潮州人请我把韩文公的事迹写在石头上，于是我写下了一首诗留给他们，让他们歌唱，以此来祭祀韩文公。歌词说："文公从前骑龙遨游在白云乡，用手将混沌的银河分成了天空中的点点繁星。织女用云彩为他织了锦绣衣裳，他乘风飘然来到了皇帝的身旁，下凡到污浊的尘世来清扫鄙陋的文章。他西游到咸池，又经过了扶桑，恩泽遍及天下，草木也蒙上了辉光。他追随李白、杜甫，与他们并肩翱翔，让同时代的张籍、皇甫湜追逐得汗流浃背，几乎晕倒；可在他让人无法仰望的光辉下，这些人却连自己的影子都留不下来。他作书抨击佛教，讽劝君王，却因此遭到贬黜，谪迁到了南海，路过了衡山和湘江；游历了九嶷舜墓，凭吊了女英与娥皇。祝融为他开道，海中鬼怪为之躲藏，他将蛟龙、鳄鱼约束，好像是在驱使着羔羊。天宫中少了栋梁让天帝悲伤，派遣巫阳下凡歌唱，咿咿呀呀地招他回到身旁。潮州百姓杀牛宰鸡进献酒浆，还有鲜红的荔枝和黄色的香蕉要请您品尝。韩公不能稍作停留让我悲伤落泪，但愿您披着头发，轻快地游向大荒。

潮州韩文公庙碑

◎乞校正陆贽奏议进御札子◎

【题解】

奏议是古代臣子写给帝王的公文，它一般侧重说理，风格明快直白。自汉朝以来，文笔流畅、用意警策的奏议层出不穷，陆贽的奏议就是其中著名的一篇。

陆贽是唐朝德宗年间的宰相，他为人耿直，办事干练，曾写下了不少见解精辟的奏议，深为后世推崇。宋哲宗元祐年间，苏轼、吕希哲、范祖禹等人上书哲宗，请求校正陆贽的奏折，以供御览。本文上来先以医生用药作比喻，说明上札子的原因。然后说明陆贽的治国之才。最后指出皇上应该对陆贽的奏议细心揣摩，这就为校正陆贽的奏议提出了理由。

【原文】

臣等猥以空疏[①]，备员讲读。圣明天纵，学问日新。臣等才有限而道无穷，心欲言而口不逮，以此自愧，莫知所为。窃谓人臣之纳忠，譬如医者之用药。药虽进于医手，方多传于古人。若已经效于世间，不必皆从于己出。

伏见唐宰相陆贽，才本王佐，学为帝师。论深切于事情，言不离于道德。智如子房而文则过，辩如贾谊而术不疏。上以格君心之非，下以通天下之志。但其不幸，仕不遇时。德宗以苛刻为能，而贽谏之以忠厚；德宗以猜忌为术，而贽劝之以推诚；德宗好用兵，而贽以消兵为先；德宗好聚财，而贽以散财为急。至于用人听言之法，治边御将之方，罪己以收人心，改过以应天道，去小人以除民患，惜名器以待有功[②]，如此之流，未易悉数。可谓进苦口之药石，针害身之膏肓。使德宗尽用其言，则贞观可得而复。

臣等每退自西阁，即私相告，以陛下圣明，必喜贽议论。但使圣贤之相契，即如臣主之同时。昔冯唐论颇、牧之贤，则汉文为之太息。魏相条晁、董之对，则孝宣以致中兴。若陛下能自得师，则莫若近取诸贽。

夫六经、三史、诸子百家，非无可观，皆足为治。但圣言幽远，末学支离[③]，譬如山海之崇深，难以一二而推择。如贽之论，开卷了然，聚古今之精英，实治乱之龟鉴。臣等欲取其奏议，稍加校正，缮写进呈。愿陛下置之坐隅，如见贽面，反复熟读，如与贽言。必能发圣性之高明，成治功于岁月。

臣等不胜区区之意，取进止。

【注释】

①猥：谦词，辱。②名器：指官爵。③末学：指诸子的书和史书。

【译文】

臣等以粗浅鄙陋的才学，担任侍读和侍讲之职。陛下的圣明乃是上天所赋予的，学问每天都有所进步。臣等才学有限而圣人的道德学问却是无穷无尽的，心里想说但语言却不能表达明白。臣等因此而自觉惭愧，不知道如何是好。私下里想着人臣向君王进谏忠言，就好像医生用药，药虽然是经过医生的手而进献上来的，而药方却多是古人所传。若是药方的功效已为世人所承认，那就不必全都再由医生自己来研配了。

我们觉得唐朝的宰相陆贽，论才能他本就应该成为辅佐君王的人，论学问他可以成为皇帝的老师。他的言论中透露着对于事情的深刻见解，他的话语总是带着对于道德的精辟论述，他的智慧如同张良而文才却要超过他，他的雄辩如同贾谊而所提的主张却不像他那样空疏难行。对上，他能纠正君王思想中的错误；对下，他能知晓天下人的心愿。但他也很不幸运，仕途上总没能碰上好的时运。唐德宗以苛刻为能事，而陆贽劝他要忠厚；德宗以猜忌作为统御之术，而陆贽劝他要推广诚信；德宗崇尚武力，而陆贽认为减少战争才是当时的首要任务；德宗喜欢聚敛财物，而陆贽认为散财于民才是当务之急。至于用人纳谏的方法，治理边事、统御将领的方略，以及凡事要归罪于自己以收人心，改正自己的过失来顺应天道，去掉奸佞小人以消除人民的祸患，珍惜官爵宝器以封赏有功的人；像这样的劝谏，数不胜数。可谓是进献苦口的良药，治疗危害身体的重疾。假使唐德宗能尽皆采纳他的进言，那么贞观之治就可以重现了。

臣等每次从西阁退出来，就私下里谈论，以陛下的圣明，必定会喜欢陆贽的议论。只要圣主和贤臣之间意见能够相合，那就如同君臣同处一世。从前冯唐谈论廉颇、李牧的贤能，汉文帝就因为这样的贤才难寻而叹息；魏相列举陈述了晁错、董仲舒的对策，汉宣帝因此而实现了中兴。若是陛下想自己找到老师，则没有比就近从陆贽那里取得教益更好的了。

六经、三史、诸子百家，不是没有观看的必要，它们都蕴含着治理国家的良方；只是圣人们的话语隐晦、用意深远，诸子百家和史学的理论又支离零散，好像山岳一样高渺，大海一样深邃，很难根据一两点可读之处就对其进行选择和推崇。但像陆贽的言论，一看就能明了。它聚集了古今的精华，的确是治理乱世的参考和极好的借鉴。臣等想要选取他的奏议，稍加校正，抄写下来以呈献给陛下。希望陛下能把它放在座位的旁边，就好像见到了陆贽一样；将它反复熟读，就好像和陆贽谈论一样。这样做，必能启发出天子生性高明的地方，在很短时间内完成天下大治的功业。

臣等不能将诚恳的心意完全表达出来，请陛下裁夺。

◎前赤壁赋◎

【题解】

宋神宗年间，苏轼因为“乌台诗案”，被贬谪到黄州，担任黄州团练副使。在此期间，他游览附近山水，写下不少名篇，《前赤壁赋》就是这个时期写的。赤壁是三国时的古战场，苏轼所去的黄州赤壁矶，并非赤壁之战的原址，只是名字相同罢了。《前赤壁赋》记述的是，作者与客人在月夜泛舟赤壁，沉浸在赤壁美好的景色之中，在与客人的一问一答中，阐发了一些人生体验，体现了对人生意义的关怀，也表现了苏轼旷达洒脱的哲学感悟。

【原文】

壬戌之秋，七月既望，苏子与客泛舟游于赤壁之下。清风徐来，水波不兴。举酒属客[①]，诵《明月》之诗，歌《窈窕》之章。少焉，月出于东山之上，徘徊于斗牛之间。白露横江，水光接天。纵一苇之所如，凌万顷之茫然。浩浩乎如冯虚御风，而不知其所止；飘飘乎如遗世独立，羽化而登仙。

于是饮酒乐甚，扣舷而歌之。歌曰：“桂棹兮兰桨，击空明兮溯流光。渺渺兮予怀，望美人兮天一方。”客有吹洞萧者，依歌而和之。其声呜呜然，如怨如慕，如泣如诉，余音嫋嫋，不绝如缕。舞幽壑之潜蛟，泣孤舟之嫠妇。

苏子愀然[②]，正襟危坐而问客曰：“何为其然也？”客曰：“‘月明星稀，乌鹊南飞’，此非曹孟德之诗乎？西望夏口，东望武昌，山川相缪，郁乎苍苍。此非孟德之困于周郎者乎？方其破荆州，下江陵，顺流而东也，舳舻千里[③]，旌旗蔽空，酾酒临江，横槊赋诗，固一世之雄也，而今安在哉？况吾与子渔樵于江渚之上，侣鱼虾而友麋鹿，驾一叶之扁舟，举匏樽以相属。寄蜉蝣于天地，渺沧海之一粟，哀吾生之须臾，羡长江之无穷。挟飞仙以遨游，抱明月而长终。知不可乎骤得，托遗响于悲风。”

苏子曰：“客亦知夫水与月乎？逝者如斯，而未尝往也；盈虚者如彼，而卒莫消长也。盖将自其变者而观之，则天地曾不能以一瞬；自其不变者而观之，则物与我皆无尽也，而又何羡乎？且夫天地之间，物各有主，苟非吾之所有，虽一毫而莫取。惟江上之清风，与山间之明月，耳得之而为声，目遇之而成色，取之无禁，用之不竭。是造物者之无尽藏也，而吾与子之所共适。”

游赤壁图

客喜而笑，洗盏更酌。肴核既尽，杯盘狼藉。相与枕藉乎舟中，不知东方之既白。

【注释】

① 属：敬酒，劝酒。② 愀（qiǎo）然：形容神色变得严肃。③ 舳（zhú）舻（lú）：泛指船只。

【译文】

壬戌年的秋天，七月十六日，我和客人泛舟于赤壁之下。清风徐徐地吹来，水面上没有波浪。举起酒杯，邀客人同饮，吟诵起《明月》诗篇的“窈窕”一章。一会儿，月亮从东山上升起，徘徊在斗宿、牛宿之间，白濛濛的雾气笼罩着江面，波光闪动的水面遥接着天边。我们任凭小舟自由漂流，游走在浩淼无垠的江面上。江水浩瀚啊，船儿像凌空驾风而行，而不知道将停留在什么地方；人儿飘飘啊，像独自站在了尘世之外，要生出翅膀飞升成仙。

这时候，喝着酒，心中更加的快乐，便敲着船舷唱起歌来。歌词说：“桂木做的棹啊兰木做的桨，拍击着清澈明亮的江水啊，在月光浮动的江面上逆水行走。我的情思悠远深沉啊，心中思念的美人，却在遥远的地方。”客人中有会吹洞箫的，随着歌声吹奏起来，那箫声呜咽，像在埋怨，像在思慕，像在抽泣，像在倾诉。一曲奏完，余音悠长，像轻丝一样不能断绝。深渊里潜藏的蛟龙为之起舞，孤舟中的悲凉的寡妇为之哭泣。

我不禁黯然神伤，于是整理好衣襟，端坐起来，问客人说：“为什么奏出这样悲凉的音乐呢？”客人回答说：“‘月光明亮，星儿稀少，乌鹊向南飞去。’这不是曹孟德的诗句吗？从这里向西望去是夏口，向东望去是武昌，山水相缠绵，景色郁郁苍苍，这不就是曹操被周瑜打败的地方吗？当他夺取荆州，攻下江陵，顺江东下的时候，战船连接千里，旌旗遮蔽天空；他把酒临江，横握长矛赋诗，那真是一世的豪杰啊，可如今却在哪里呢？何况我和你在江中的小洲上捕鱼砍柴，以鱼虾为伴，以麋鹿为友，驾着一叶小舟，举着酒杯互相劝酒，将如同蜉蝣一样短暂的生命寄托于天地之间，渺小得像大海里的一粒米，悲叹我们生命的短暂，羡慕长江的不尽东流。愿与神仙相伴而遨游，也想同明月相守而长存。知道这样的愿望是不能突然实现的，于是只能借着箫声将这无穷的遗恨寄托在悲凉的风中。”

我对客人说：“你也知道那水和月的道理吗？江水是这样不停地流走，可它依然存在啊；月亮时而圆时而缺，但它始终是那个月亮，并没有消损和增长。如果从变化的角度去看，那么天地间的万事万物，没有一刻能够保持不变；如果从不变的角度去看，那么事物和我们本身都不会有穷尽的时候，又有什么可羡慕的呢？再说那天地之间的万事万物都有自己的主宰，如果不是我们的东西，即使是一丝一毫也不能得到。只有江上的清风与山间的明月，耳朵听到了，就成为了声音，眼睛看到了，就成为了色彩，得到它们没有人禁止，享用它们没有竭尽的时候。这是大自然无穷无尽的宝藏啊，是我和你可以共同享受的东西。”

客人们听了这番话都高兴地笑了起来，于是洗净了酒杯，重斟再饮。菜肴和水果都已经吃完，酒杯和盘子杂乱地放着。我与客人们相互枕着靠着在船里睡着了，不知不觉中东方已然发白。

后赤壁赋

【题解】

苏轼在秋夜游赏过赤壁之后，于当年的冬天再次游览此地，并写下了这篇文章。此文上来先写再次游赤壁的原因，然后写泛舟、登览赤壁时的见闻，最后写梦中见到羽化成仙的道士，借以表达自己超然脱俗的感想。本文与《前赤壁赋》呼应，都体现了苏轼旷达超脱的人生境界。

【原文】

是岁十月之望，步自雪堂，将归于临皋。二客从予，过黄泥之坂。霜露既降，木叶尽脱，人影在地，仰见明月。顾而乐之，行歌相答。已而叹曰："有客无酒，有酒无肴。月白风清，如此良夜何？"客曰："今者薄暮，举网得鱼，巨口细鳞，状如松江之鲈。顾安所得酒乎？"归而谋诸妇。妇曰："我有斗酒，藏之久矣，以待子不时之需。"

苏轼登临赤壁

于是携酒与鱼，复游于赤壁之下。江流有声，断岸千尺，山高月小，水落石出。曾日月之几何，而江山不可复识矣！予乃摄衣而上，履巉岩①，披蒙茸，踞虎豹，登虬龙②，攀栖鹘之危巢，俯冯夷之幽宫，盖二客不能从焉。划然长啸，草木震动，山鸣谷应，风起水涌。予亦悄然而悲，肃然而恐，凛乎其不可留也。反而登舟，放乎中流，听其所止而休焉。时夜将半，四顾寂寥。适有孤鹤，横江东来，翅如车轮，玄裳缟衣，戛然长鸣，掠予舟而西也。

须臾客去，予亦就睡。梦一道士，羽衣蹁跹，过临皋之下，揖予而言曰："赤壁之游乐乎？"问其姓名，俯而不答。"呜呼噫嘻！我知之矣。畴昔之夜③，飞鸣而过我者，非子也耶？"道士顾笑，予亦惊寤。开户视之，不见其处。

【注释】

①巉(chán)：险峻。②虬龙：指形状像虬龙的树木。③畴昔：往日，这里指昨日。

【译文】

这一年的十月十五日，我从雪堂走来，准备回到临皋去。有两位客人跟从着我，经过黄泥坂。这时，霜露已经降下，树叶完全脱落了，我看见了地上的人影，于是抬起头来，看到了一轮明月已经赫然挂在天上。我和客人们相视而笑，便一边走一边唱和着。过了一会儿，我不禁叹息说："有客没有酒，有酒没有菜，月儿这么亮，风儿这么清，叫我们如何消受这美好的夜晚呢？"一位客人说："今天黄昏的时候，我网到了一条鱼，大大的嘴巴，小小的鳞片，样子很像是松江鲈鱼。可是到哪里去弄到酒呢？"我回到家后去与妻子商议。妻子说："我有一斗酒，保存好久了，就是用以应付你临时的需要的。"

于是带了酒和鱼，又去赤壁下面游赏。江里的流水发出声响，江岸上的峭壁高达千尺。山峰高耸，月亮显得很小；江水落去，江石显露了出来。这才过了多少时日啊，而这江与山的面貌却变了很多，都让人认不出了。我于是撩起衣襟，舍舟上岸，走在险峻的山路之上，拨开杂乱的野草；一会儿坐在形如虎豹的山石上，一会儿又爬上状如虬龙的古树，攀到高高的鹘鸟栖宿的窝，低头看水神冯夷的宫府。那两位客人竟不能跟上来。我放声长啸，啸声划过长空，草木为之震动，高山为之鸣响，深谷为之呼应，风为之吹起，水为之奔涌。我也默默地感到有些悲伤，随之又肃然而感到恐惧，再也不想在这阴森肃杀的地方停留。于是我们返回到江边小舟之上，把船撑到了江心，听凭它随水漂流，它停在哪里我们就在哪里休息。这时将近半夜了，环顾四周，江山一片寂寥。恰巧有一只白鹤，横穿大江，从东飞来，翅膀有如车轮大小，黑裙白衣，戛然长鸣了一声，便掠过我的小船向西飞去了。

一会儿，客人走了，我也沉沉睡去。梦中见到了一个道士，穿着羽毛做的衣服，轻快地从临皋亭下经过，他向我拱手行礼说："这次的赤壁之游尽兴吗？"我问他的姓名，他低着头不回答。"唉呀！我知道了。昨天晚上，一边叫一边飞过我的小船的，不是你吗？"道士回头对我笑了笑，我也从梦中惊醒。打开房门一看，哪里还有他的踪影。

三槐堂铭

【题解】

三槐堂是北宋王祐家中的厅堂，因他曾植三株槐树于庭院而得名。三槐在古代象征着朝廷官职最高的三公。本文通过叙述王氏一家三代功德富贵的传承，论述了天数有定、果报不爽的观点。

【原文】

天可必乎？贤者不必贵，仁者不必寿。天不可必乎？仁者必有后。二者将安取衷哉[①]？

吾闻之申包胥曰："人定者胜天，天定亦能胜人。"世之论天者，皆不待其定而求之，故以天为茫茫。善者以怠，恶者以肆。盗跖之寿，孔、颜之厄，此皆天之未定者也。松柏生于山林，其始也，困于蓬蒿，厄于牛羊；而其终也，贯四时、阅千岁而不改者，其天定也。善恶之报，至于子孙，则其定也久矣。吾以所见所闻考之，而其可必也审矣。

国之将兴，必有世德之臣厚施而不食其报，然后其子孙能与守文太平之主，共天下之福。故兵部侍郎晋国王公，显于汉、周之际，历事太祖、太宗，文武忠孝，天下望以为相，而公卒以直道不容于时。盖尝手植三槐于庭，曰："吾子孙必有为三公者。"已而其子魏国文正公，相真宗皇帝于景德、祥符之间，朝廷清明、天下无事之时，享其福禄荣名者十有八年。今夫寓物于人，明日而取之，有得有否。而晋公修德于身，责报于天，取必于数十年之后，如持左契，交手相付，吾是以知天之果可必也。

吾不及见魏公，而见其子懿敏公。以直谏事仁宗皇帝，出入侍从将帅三十余年，位不满其德。天将复兴王氏也欤？何其子孙之多贤也？世有以晋公比李栖筠者，其雄才直气，真不相上下。而栖筠之子吉甫、其孙德裕，功名富贵略与王氏等，而忠恕仁厚，不及魏公父子。由此观之，王氏之福，盖未艾也。

懿敏公之子巩与吾游，好德而文，以世其家，吾以是铭之。铭曰：呜呼休哉！魏公之业，与槐俱萌。封植之勤，必世乃成。既相真宗，四方砥平②。归视其家，槐阴满庭。吾侪小人③，朝不及夕，相时射利，皇恤厥德？庶几侥幸，不种而获。不有君子，其何能国？王城之东，晋公所庐，郁郁三槐，惟德之符。呜呼休哉！

【注释】

①衷：通“中”。②砥（dǐ）：磨刀石。③侪（chái）：辈。

【译文】

天道是一定的吗？可是贤德的人不一定显贵，仁善的人不一定长寿。天道不是一定的吗？可仁善的人却必然后继有人。这两种说法取哪种才算恰当呢？

我听申包胥说：“人要是下了决心就能打破天道，天道要是确定了也能胜过人为的努力。”世上谈论天道的人，不等天道落定便去要求它的灵验，所以认为天道茫茫，难于预测。善良的人因此而懈怠，邪恶的人因此放肆。像从前盗跖的长寿，孔子、颜回的困厄，这都是天道尚未落定啊。松柏生在山林当中，开始的时候，它们困厄在蓬蒿野草当中，遭到牛羊的践踏蹂躏；可是到了最后，它们能四季常青，经历千年而青翠如初，这就是因为天道已然落定。善恶的报应，将会一直延续到子孙后代，由此看来天道的落定是一件长久的事情。我以所见所闻来考察其中的规律，发现天道落定的必然之势是十分清楚明白的。

一个国家将要兴起，就一定有德惠遍施于世人的大臣尽力贡献而不求报答，然后他的子孙才能与恪守成法、保有太平盛世的君主一同享受天下的福禄。已故的兵部侍郎晋国王公，显达于后汉、后周的时候，曾经接连侍奉过太祖、太宗两位皇帝，能文能武，亦孝亦忠，天下人都盼望他能担任宰相之职，然而王公终究因为为人耿直而不能与时世相融合。他曾经在自己的庭院中栽下了三棵槐树，说：“我的子孙一定有位列三公的人。”后来他的儿子魏国文正公，担任了真宗皇帝景德、祥符年间的宰相，正逢上朝廷政治清明，天下太平无事的好时候，他享有福禄荣名共十八年。如果今天托物给别人，明天就往回要，那么可能能要回来，也可能要不回来。而晋公修养自身的德行，向上天求取报答，那么必是数十年之后才能得到报答，那时候就好像是拿着契约两联中的一联，亲手与上天进行交割一样。我是因为这些才知道天道的灵验果真是必然的。

我没有赶上亲眼看到魏公，只是见到了他的儿子懿敏公。懿敏公以敢于直言进谏来侍奉仁宗皇帝，在朝廷中出入侍奉皇帝、外出统兵打仗有三十多年了，他的官位并没有与他的功德相称。这是上天想要让王氏复兴吗？为什么王氏的子孙有如此多的贤良之才呢？世上的人有把晋公比作李栖筠的，论雄才伟略、为人正直等方面，他们真是不相上下。李栖筠的儿子吉甫、孙子德裕，享受的功名富贵与王氏一族差不多，但是若说到忠诚宽厚、仁善朴实等方面，却不如魏公父子。由此看来，王氏一族的福分，还没有到达鼎盛的时候啊！

三槐堂前感怀

懿敏公的儿子巩与我交游，他

崇尚道德而且文才卓越，以此来继承他家的传统。我因此把这些铭记了下来。铭文说："多么美好啊！魏公的丰功伟业，与槐树一起萌芽成长。勤劳地添土栽植，必然要经过一代的时间才能成长起来。他成为真宗皇帝的宰相后，天下四方因此而平安无事。回来后看到自己的家园，已经是槐荫满庭了。我辈小人，等不到清晨变成黄昏，就忙着寻找时机，追求名利，哪有时间去顾及自己的品德？只是希望能够凭着侥幸，不劳而获罢了。如果没有你们这样的君子，又怎能使国家得到治理？都城的东面，有晋公的居所，郁郁葱葱的三棵槐树，就象征着晋公一家的贤德。多么美好啊！"

◎方山子传◎

【题解】

本篇是元丰四年（1081）苏轼在黄州时所作。传记的主人方山子姓陈名慥，字季常，少年时嗜酒好剑，挥金如土，以豪土自居。后发奋读书，有志用世，但无所遇合，晚年放弃家财，隐居光州、黄州之间。《方山子传》折射出历经坎坷后的苏轼的心态，写方山子实际上是自悲身世。

【原文】

方山子，光、黄间隐人也。少时慕朱家、郭解为人，闾里之侠皆宗之①。稍壮，折节读书，欲以此驰骋当世，然终不遇。晚乃遁于光、黄间，曰岐亭。庵居蔬食，不与世相闻。弃车马，毁冠服，徒步往来山中，人莫识也。见其所著帽，方耸而高，曰："此岂古方山冠之遗像乎？"因谓之"方山子"。

余谪居于黄，过岐亭，适见焉。曰："呜呼！此吾故人陈慥季常也，何为而在此？"方山子亦矍然问余所以至此者②。余告之故。俯而不答，仰而笑，呼余宿其家。环堵萧然，而妻子奴婢皆有自得之意。

余既耸然异之。独念方山子少时，使酒好剑，用财如粪土。前十九年，余在岐山，见方山子从两骑，挟二矢游西山。鹊起于前，使骑逐而射之，不获。方山子怒马独出，一发得之。因与余马上论用兵及古今成败，自谓一时豪士。今几日耳，精悍之色，犹见于眉间，而岂山中之人哉？

然方山子世有勋阀，当得官，使从事于其间，今已显闻。而其家在洛阳，园宅壮丽，与公侯等。河北有田，岁得帛千匹，亦足以富乐。皆弃不取，独来穷山中，此岂无得而然哉。

余闻光、黄间多异人，往往佯狂垢污，不可得而见，方山子傥见之欤？

【注释】

①闾（lǘ）里：乡里。②矍（jué）然：惊视的样子。

【译文】

方山子，是光州、黄州一带的隐者。他年轻的时候仰慕朱家、郭解的为人，乡里的游侠都尊崇他。他稍微长大些以后，改变了志趣而去读书，想要以此来驰骋当世，但是始终没有实现这个理想。到了晚年他就在光州、黄州之间一个叫岐亭的地方避世隐居，住在草庐里，吃些蔬菜素食，不与世人往来。他抛弃了车马，毁掉了书生的衣帽，徒步往来于山间。山里的人没有与他相识的，只是看到他戴的帽子又方又高，说："这不是古代方山冠遗留下来的模样吗？"于是就叫他"方山子"。

我谪居在黄州，有一次路过岐亭，正好碰到了他。我说："哎呀，这不是我的老朋友陈慥季常吗，怎么会在此地居住呢？”方山子也非常惊讶地问我为何到了这里，我告诉了他原因。他开始是低着头不说话，而后又仰面而笑，招呼我到他家里去住宿。我到了他家，看见他家中四壁空空如也，而妻子儿女、奴仆婢妾都显露出悠然自得的神情。

方山子

我感到十分的诧异。自己想着方山子少年的时候，喜欢喝酒舞剑，挥金如土的情景。十九年前，我在岐山，看到方山子带着两个骑着马的随从，挟着两支箭，在西山游猎。忽然看到有乌鹊从前面飞起，他叫随从追上去射下，但没有射中。方山子独自跃马而出，一箭便将其射落；因而又同我在马上谈论用兵之道以及古今成败之事，自认为是一代的豪杰。这才多少时日，英武勇猛的神气，还能在他的眉间看到，他怎么能是个山中的隐士呢？

方山子的家族世代都有功勋，他应当谋求一个官职。假如他一直为朝廷办差，左右逢源的话，现在也应该已经显达了。而他的家在洛阳，园林房屋雄伟壮丽，与公侯们的不相上下。他在河北有田产，每年能得到帛千匹之多，也是足以享受富贵安乐了；可这些他都不要，惟独来到山中。如果没有自得之乐的话，他会这样做吗？

我听说光州、黄州一带有很多奇异人士，他们往往是蓬头垢面，佯装疯狂，我一直没有见到，方山子或许能见到他们吧？

苏辙

（1039～1112）

苏辙，字子由，眉州眉山（今属四川）人。嘉祐二年（1057）与其兄苏轼同登进士科。神宗朝为制置三司条例司属官，因反对王安石变法，出为河南推官。哲宗时，召为秘书省校书郎。元祐元年（1086）为右司谏，历官御史中丞、尚书右丞。后因上书反对时政出知汝州、再谪雷州安置，移循州。崇宁三年（1104）在颍川定居，自号“颍滨遗老”，以读书著述、默坐参禅为事。死后谥文定。“唐宋八大家”之一，与父洵、兄轼齐名，合称“三苏”。

六国论

【题解】

本篇是苏辙为应制举所进二十五篇策论中的一篇。文章认为六国为秦所灭亡的原因在于山东六国没有互助，背盟败约，互相残杀，从而导致了最后的灭亡。

【原文】

尝读六国世家，窃怪天下之诸侯以五倍之地、十倍之众发愤西向，以攻山西千里之秦，而不免于灭亡。常为之深思远虑，以为必有可以自安之计，盖未尝不咎其当时之士，虑患之疏而见利之浅，且不知天下之势也。

夫秦之所与诸侯争天下者，不在齐、楚、燕、赵也，而在韩、魏之郊；诸侯之所与秦争天下者，不在齐、楚、燕、赵也，而在韩、魏之野。秦之有韩、魏，譬如人之有腹心之疾也。韩、魏塞秦之冲而蔽山东之诸侯，故夫天下之所重者，莫如韩、魏也。昔者范雎用于秦而收韩，商鞅用于秦而收魏。昭王未得韩、魏之心而出兵以攻齐之刚、寿，而范雎以为忧，然则秦之所忌者可以见矣。

秦之用兵于燕、赵，秦之危事也。越韩过魏而攻人之国都，燕、赵拒之于前，而韩、魏乘之于后，此危道也。而秦之攻燕、赵，未尝有韩、魏之忧，则韩、魏之附秦故也。夫韩、魏，诸侯之障，而使秦人得出入于其间，此岂知天下之势耶？委区区之韩、魏，以当强虎狼之秦，彼安得不折而入于秦哉？韩、魏折而入于秦，然后秦人得通其兵于东诸侯，而使天下遍受其祸。

夫韩、魏不能独当秦，而天下之诸侯藉之以蔽其西，故莫如厚韩亲魏以摈秦[①]。秦人不敢逾韩、魏以窥齐、楚、燕、赵之国，而齐、楚、燕、赵之国因得以自完于其间矣。以四无事之国，佐当寇之韩、魏，使韩、魏无东顾之忧，而为天下出身以当秦兵。以二国委秦，而四国休息于内，以阴助其急，若此可以应夫无穷。彼秦者将何为哉？不知出此，而乃贪疆埸尺寸之利，背盟败约，以自相屠灭。秦兵未出，而天下诸侯已自困矣。至于秦人得伺其隙以取其国，可不悲哉？

【注释】

① 摈（bìn）：排斥。

【译文】

我读过《史记》中六国世家的篇章，私下里感到奇怪的是：全天下的诸侯，凭着大于秦国五倍的土地，十倍于秦国的兵力，发愤向西攻打殽山西边方圆只有千里的秦国，却不免于灭亡。我常常认真思考这件事，认为一定有能够使他们得以保全的计策。因此我总是责怪那时候的谋士，认为他们考虑忧患的时候是很不周详的，看到的利益也只是表面上的一些小利，而并不知道天下的形势。

秦国和诸侯争夺天下的要害，不是在齐、楚、燕、赵，而是在韩、魏的城郊；诸侯要和秦国争夺天下的要害，不是在齐、楚、燕、赵，而是在韩、魏的野外。韩国和魏国的存在对于秦国而言，就好像人的心腹得了疾病一样。韩国和魏国位于秦国出入关中的要冲之上，蔽护着殽山以东的诸侯；所以在全天下所看重的国家当中，地位没有超过韩国、魏国的了。从前范雎为秦国所用，秦国因此收服了韩国；商鞅为秦国所用，秦国因此收服了魏国。秦昭王没有得到韩国、魏国的真心归附，就出兵去攻打齐国的刚地、寿地，范雎为此而担忧，于是秦国所顾忌的事情就能够看到了。

秦国如果对燕国、赵国用兵，这对秦国来讲是件危险的事情。越过韩、魏两国而去攻打别人的国都，燕国、赵国在前面抵抗，而韩国、魏国趁机在背后偷袭，这是非常危险的做法。而秦国攻打燕国、赵国却没有担心韩、魏两国偷袭的忧虑，这是因为韩、魏两国归附了秦国的缘故啊。韩、魏两国是诸侯们的屏障，却使秦国可以在它们的国土上任意出入往来，这难道是知道天下的形势吗？让小小的韩、魏两国，来抵挡如虎狼一样的秦国，他们怎能不屈从而归附秦国呢？而后秦国得以出兵攻打殽山以东的诸侯出兵攻打，使天下遍受它所带来的灾祸。

韩国和魏国不能独自抵挡秦国，而天下的诸侯却要凭借它们来屏蔽西面的秦国，所以不如与韩、魏两国亲好以排斥秦国。秦国人不敢越过韩、魏两国以窥视齐、楚、燕、赵等国，

秦人攻灭六国

而齐、楚、燕、赵等国因而得以在其间自我保全。四个太平无事的国家，协助抵挡敌人的韩、魏两国，使韩、魏两国没有东顾之忧，而为天下挺身而出，抵挡秦兵。让韩、魏两国对付秦国，而四国在后方休养生息，并且暗中帮助韩、魏两国应对危难，如果这样就可以应付一切事情，那秦国又能有什么办法呢？六国诸侯不知道要采用这种策略，却只贪图边境上些微土地的利益，违背盟约，自相残杀。秦国的军队还没有出动，天下的诸侯自己就已经疲倦了。直到秦国人乘虚而入，吞并了他们的国家，这怎不令人悲哀呀？

上枢密韩太尉书

【题解】

韩太尉指的是北宋名臣韩琦，他威望极高，在当时深为世人尊重。苏辙在宋仁宗嘉祐二年（1057）考中了进士，之后不久写信给韩琦，委婉表达了希望得到韩琦接见的愿望。本文先叙述自己的文学见解，以孟子的“浩然正气”和司马迁的“奇气”说明文学与志气之间的关系；然后写自己在学问上所处的困境，以及表达对韩琦的崇敬和尊重；文末，点明上书的本意，期望得到韩琦的重视和指教。

【原文】

太尉执事：辙生好为文，思之至深。以为文者气之所形，然文不可以学而能，气可以养而致。孟子曰：“我善养吾浩然之气。”今观其文章，宽厚宏博，充乎天地之间，称其气之小大。太史公行天下，周览四海名山大川，与燕、赵间豪俊交游，故其文疏荡，颇有奇气。此二子者，岂尝执笔学为如此之文哉？其气充乎其中而溢乎貌，动乎其言而见乎其文，而不自知也。

辙生十有九年矣。其居家所与游者，不过其邻里乡党之人，所见不过数百里之间，无高山大野可登览以自广。百氏之书，虽无所不读，然皆古人之陈迹，不足以激发其志气。恐遂汩没[①]，故决然舍去，求天下奇闻壮观，以知天地之广大。过秦、汉之故都，恣观终南、嵩、华之高，北顾黄河之奔流，慨然想见古之豪杰。至京师，仰观天子宫阙之壮，与仓廪、府库、城池、苑囿之富且大也，而后知天下之巨丽。见翰林欧阳公，听其议论之宏辩，观其容貌之秀伟，与其门人贤士大夫游，而后知天下之文章聚乎此也。太尉以才略冠天下，天下之所恃以无忧，四夷之所惮以不敢发，入则周公、召公，出则方叔、召虎。而辙也未之见焉。

且夫人之学也，不志其大，虽多而何为？辙之来也，于山见终南、嵩、华之高，于水见黄河之大且深，于人见欧阳公，而犹以为未见太尉也。故愿得观贤人之光耀，闻一言以自壮，然后可以尽天下之大观而无憾者矣。

辙年少，未能通习吏事。向之来，非有取于斗升之禄，偶然得之，非其所乐。然幸得赐归待选，使得优游数年之间[②]，将以益治其文，且学为政。太尉苟以为可教而辱教之，又幸矣。

【注释】

① 汩没：埋没。② 优游：生活得十分闲适。

【译文】

太尉阁下：我生性喜好写作，对于作文章进行过深入的思考。我认为文章是作者气质、性格的表现，然而文章不是光靠增长学问就能写好的，气质却可以通过加强修养而得到。孟子说："我善于培养我的浩然正气。"现在看他的文章，宽厚宏博，充满于天地之间，和他的浩然正气是相称的。太史公游遍天下，博览了全国的名山大川，与燕、赵之间的俊士豪杰交游，所以他的文章疏朗洒脱，颇有奇伟的气概。这两个人，难道是曾经拿着笔学过写这样的文章吗？这是因为他们的浩气充满胸中，流露到他们的形貌之外，反映在他们的言语里，表现在他们的文章中，但他们自己并不曾觉察到。

苏辙我出生已经十九年了。我住在家中时，所交游的不过是乡间邻里的人，见到的不过是方圆几百里之内的事物，没有高山旷野可供登览以广博自己的见识。诸子百家的书，虽然无所不读，然而那些都是古人的陈迹，不足以激发我的志气。我担心因此而埋没了自己，所以毅然离开了故乡，去寻求天下的奇闻壮观，以了解天地的广大。我曾路过秦、汉的故都，尽情观赏了终南山、华山、嵩山的高峻，向北望见了黄河的奔流，感慨之余想起了古代的豪士俊杰。到了京师之后，瞻仰了天子宫殿的雄伟壮丽，以及粮仓、府库、城池、苑囿的富足和巨大，这才知道天下的广大和壮丽。我见到了翰林学士欧阳公，听到了他的宏大而雄辩的议论，看到了他秀美而伟丽的容貌，同他门下的贤士大夫交游，这才知道天下的文章都聚集在这里。太尉以雄才伟略著称于天下，天下民众仰仗您才得以平安无忧，四方异族惧怕您从而不敢侵扰。您在朝廷之内就像周公、召公一样辅佐君王，您出镇边疆就如同方叔、召虎一样威震四方；然而苏辙我却还未曾见到您啊。

况且，一个人求学，如果不立志在远大的方面，即使学识高又有什么用呢？我这一次来，于山，看见了终南、嵩山、华山的高峻；于水，看到了黄河的博大渊深；于人，我看到了欧阳公。但是，我因为没有见到太尉而感到遗憾。所以希望能够看到贤人的风采，听到您一句话以使自己得到激励，然后才能算是尽览了天下的盛大景象，而不会有什么遗憾了。

苏辙我还年轻，尚未通晓为官之事。当初到京都来，并不是为了谋取个一官半职，就算是偶然得到，也不是我的志趣所在；然而有幸得到恩赐，让我回家等待朝廷的选用，使得我能悠闲几年。我将进一步钻研学业，并学习从政之道。太尉如果认为我还可以教诲而愿意屈尊指教我的话，就更使我感到荣幸了。

◎黄州快哉亭记◎

【题解】

元丰二年（1079），苏轼因"乌台诗案"贬黄州（今湖北黄冈），苏辙因上书营救苏轼而获罪，被贬往筠州（治所在今江西高安），兄弟二人时有书简往来，以诗文互慰。元丰六年（1083），与苏轼同谪居黄州的张梦得为观览江流，在住所西南建造了一座亭子，苏轼为它取名为"快哉亭"，本篇则是苏辙为快哉亭作的记文，寄托了作者不以得失为怀的思想感情。

【原文】

江出西陵，始得平地，其流奔放肆大，南合湘、沅，北合汉、沔，其势益张。至于赤壁之下，波流浸灌，与海相若。清河张君梦得谪居齐安，即其庐之西南为亭，以览观江流之胜。而余兄子瞻名之曰“快哉”。

苏轼与朋友在快哉亭观赏江流

盖亭之所见，南北百里，东西一舍，涛澜汹涌，风云开阖。昼则舟楫出没于其前，夜则鱼龙悲啸于其下，变化倏忽①，动心骇目，不可久视。今乃得玩之几席之上，举目而足。西望武昌诸山，冈陵起伏，草木行列，烟消日出，渔夫、樵父之舍，皆可指数。此其所以为“快哉”者也。至于长洲之滨，故城之墟，曹孟德、孙仲谋之所睥睨②，周瑜、陆逊之所驰骛③，其流风遗迹，亦足以称快世俗。

昔楚襄王从宋玉、景差于兰台之宫，有风飒然至者，王披襟当之，曰：“快哉，此风！寡人所与庶人共者耶？”宋玉曰：“此独大王之雄风耳，庶人安得共之？”玉之言，盖有讽焉。夫风无雄雌之异，而人有遇不遇之变。楚王之所以为乐，与庶人之所以为忧，此则人之变也，而风何与焉？

士生于世，使其中不自得，将何往而非病？使其中坦然，不以物伤性，将何适而非快？今张君不以谪为患，收会稽之余，而自放山水之间，此其中宜有以过人者。将蓬户瓮牖，无所不快，而况乎濯长江之清流，挹西山之白云④，穷耳目之胜以自适也哉？不然，连山绝壑，长林古木，振之以清风，照之以明月，此皆骚人思士之所以悲伤憔悴而不能胜者，乌睹其为快也哉？

【注释】

①倏忽：很快地。②睥（bì）睨（nì）：窥伺。③驰骛（wù）：驰骋。骛：疾驰。④挹（yì）：汲取。

【译文】

长江从西陵峡流出才开始进入平阔的原野，它的流势变得奔放浩大，南面汇合了湘水和沅水，北面汇合了汉水和沔水，声势愈显恢弘。等到了赤壁之下，波涛吞吐汹涌，和大海相似。清河张梦得君贬官后居住在齐安，在他住宅的西南方修建了一座亭子，用来观赏江水奔流的盛景。我的兄长子瞻给这座亭子起名为“快哉”。

从亭中观望，能看到南北百里之遥，东西三十里之远，波浪起伏翻腾，风云聚散无常。白天有船只出没于亭前，夜晚有鱼龙在亭下哀鸣，景物瞬息万变，动人心魄，使人瞠目而不能长时间地观看。如今，我才得以坐在亭中几席之上，尽情玩赏，放眼看个够。向西遥望武昌一带的群山，冈峦起伏，草木布列于山上，当云烟散尽，太阳出来的时候，渔人、樵夫的房子，都能清清楚楚地指点出来。这就是把它叫做“快哉”的原由啊。至于那狭长的沙洲沿岸，故城的废墟，曾是曹孟德、孙仲谋所窥视，周瑜、陆逊所驰骋的地方，那些流传下来的传说和遗迹，也足以让世俗的人为之称快了。

从前楚襄王和宋玉、景差在兰台宫游玩，有一阵清风飒然吹来，襄王敞开衣襟迎着风说：“痛快呀，这阵风！这是我和平民百姓所共享的吗？”宋玉说：“这只不过是大王的雄风罢了，百姓怎能与您共享呢？”宋玉的话大概是有所讥讽吧。风并没有雌雄的分别，而人却有得志与不得志之分。楚王之所以感到快乐，平民百姓之所以感到忧虑，都是因为人的境遇有所不同，跟风有什么关系呢？

士人生活在世间，假如他的内心不能自得其乐，那么到了哪里能感到快乐呢？假使自己心中坦然，不会被外物损伤了自己的性情，那么到了什么地方会不快乐呢？如今张君不以贬官作为自己的忧患，在办理完钱财税赋等公务之后寄情于山水之间，这大概是因为他心中有过人的地方。即使以蓬草编门，以破瓮作窗，也没有什么不快乐的，何况于长江清澈的流水中濯洗，招引西山上的白云为伴，竭尽耳目所能取得的快乐而使自己舒畅呢？如果不是这样，那么，连绵的群山，幽深的峡谷，茂盛的山林，古老的树木，当清风吹动它们，当明月照映它们，这些都是满怀愁思的人为之悲伤憔悴而不能承受的景色，哪里会看到它们而感到快乐呢？

曾巩

（1019 ~ 1083）

曾巩，字子固，建昌南丰（今江西南丰）人。少有文名，十八岁入京赴试，与王安石交游。宋仁宗庆历元年（1041）太学肄业，为欧阳修所赏识。宋仁宗嘉祐二年（1057）进士，长期担任地方官职，政绩卓著。擅长散文，是欧阳修倡导的诗文革新运动的积极参与者，文章论证委曲周详，风格简练厚重，布局完整谨严，节奏舒缓闲雅，长于说理而短于抒情。为“唐宋八大家”之一。

◎寄欧阳舍人书◎

【题解】

宋仁宗庆历六年（1046），欧阳修为曾巩已经逝世的祖父写了一篇墓志铭，曾巩为表示自己的感激之情，写下这篇文章，作为感谢信寄给了欧阳修。此文先说写信的缘由及自己此时的心情，然后比较史传和墓志铭的异同，其意在于感谢欧阳修对曾巩祖父的夸耀；最后表达对欧阳修的推崇和谢意。

【原文】

去秋人还，蒙赐书及所撰先大父墓碑铭，反复观诵，感与惭并。

夫铭志之著于世，义近于史，而亦有与史异者。盖史之于善恶无所不书，而铭者，盖古之人有功德、材行、志义之美者，惧后世之不知，则必铭而见之。或纳于庙，或存于墓，一也。苟其人之恶，则于铭乎何有？此其所以与史异也。

其辞之作，所以使死者无有所憾，生者得致其严。而善人喜于见传，则勇于自立；恶人无有所纪，则以愧而惧。至于通材达识、义烈节士，嘉言善状，皆见于篇，则足为后法。警劝之道，非近乎史，其将安近？

及世之衰，人之子孙者，一欲褒扬其亲而不本乎理。故虽恶人，皆务勒铭以夸后世。立言者，既莫之拒而不为，又以其子孙之请也，书其恶焉，则人情之所不得，于是乎铭始不实。后之作铭者，当观其人。苟托之非人，则书之非公与是，则不足以行世而传后。故千百年来，公卿大夫至于里巷之士莫不有铭，而传者盖少。其故非他，托之非人，书之非公与是故也。

然则孰为其人而能尽公与是欤？非畜道德而能文章者无以为也。盖有道德者之于恶人，则不受而铭之；于众人则能辨焉。而人之行，有情善而迹非，有意奸而外淑，有善恶相悬而不可以实指，有实大于名，有名侈于实。犹之用人，非畜道德者，恶能辨之不惑，议之不徇？不惑不徇，则公且是矣。而其辞之不工，则世犹不传，于是又在其文章兼胜焉。故曰非畜道德而能文章者无以为也。岂非然哉？

然畜道德而能文章者，虽或并世而有，亦或数十年或一二百年而有之。其传之难如此，其遇之难又如此。若先生之道德文章，固所谓数百年而有者也。先祖之言行卓卓，幸遇而得铭其公与是，其传世行后无疑也。而世之学者，每观传记所书古人之事，至于所可感，则往往衋然不知涕之流落也[①]，况其子孙也哉？况巩也哉？其追晞祖德而思所以传之之由，则知先生推一赐于巩而及其三世。

曾巩作文寄欧阳修

其感与报，宜若何而图之？抑又思若巩之浅薄滞拙，而先生进之，先祖之屯蹶否塞以死[②]，而先生显之；则世之魁闳豪杰不世出之士[③]，其谁不愿进于门？潜遁幽抑之士[④]，其谁不有望于世？善谁不为？而恶谁不愧以惧？为人之父祖者，孰不欲教其子孙？为人之子孙者，孰不欲宠荣其父祖？此数美者，一归于先生。

既拜赐之辱，且敢进其所以然。所论世族之次，敢不承教而加详焉？愧甚，不宣。

【注释】

① 衋（xì）然：悲伤痛苦的样子。② 屯蹶（jué）否塞：不得志，不顺利。屯：艰难。蹶：跌倒。③ 魁闳（hóng）：气量宏大。④ 幽抑：不显达，不得志。

【译文】

去年秋天有人回来，承蒙您赐给书信并为先祖父撰写了墓碑铭文，我反复地观看诵读，感动与惭愧一并生出。

墓志铭所以著称于世，因为它的意义与史传相近，但也有与史传不同的地方。大概是史传对于善事恶事无不记录，而墓志铭，大概是古人中那些有美好的功德、才能、操行、志向和气节的人，怕后人对此不能知晓，于是一定要作铭文来彰明于世。他们或者将墓志铭供奉在庙堂之中，或者将它存于坟墓之内，其用意都是一样的。如果这个人是邪恶的，那又有什么值得铭记的呢？这就是墓志铭与史传的区别。

墓志铭的撰写，是为了让死者没有遗憾，让生者得以表达敬意。有善行的人喜欢让自己的事迹流传后世，于是就勇于作为；坏人没有什么可以载入铭文的，因此就会因为惭愧而惧怕。至于那些无所不通、见识广博的忠贞英烈之士，他们美好的言谈和光辉的事迹都会在墓志铭中有所显现，足以为后人所效法。警醒劝诫的作用，不与史书相近，又与什么相近呢？

到了世道衰微的时候，人们的子孙变得只想要颂扬自己的亲人而不遵循作墓志铭的原则。所以虽然是坏人，也都醉心于刻下铭文向后世夸耀。而撰写铭文的人，没有拒绝推辞的，而且还受到了他子孙的委托。这种情况下，如果写出他的恶行，那么人情上就有说不过去的地方，于是这墓志铭就开始有了不实的言词。后代想给死者作铭文的人，应当事先观察撰写铭文的是一个什么人。如果托付了一个不适当的人，那么写出的铭文就会不公正而且不合于事实，这样的铭文就不能流传于后世。所以千百年来，上至公卿大夫，下至街巷之士，都是有墓志铭的，而流传于世的却很少，没有别的原因，只是因为他们将撰写铭文这件事托付给了不适当的人，于是撰写出来的铭文就变得不公正，不符合事实了。

然而谁能做到彻底的公正和符合事实呢？如果不是道德修养很高并且文章出众的人是不能做到的。一般来讲，有道德的人对于那些坏人，是不会接受他们的委托而帮其撰写铭文的；对于一般的人，他也能明辨善恶。而人们一生的行为，有性情善良而事迹不好的；有内心奸邪可是貌似贤淑的；有集善恶于一身却不能指明哪些是善，哪些是恶的；有实际的功绩要大过所得的名声的；有名过其实的。这就好像用人，不是道德修养很高的人，怎能明辨善恶而不被迷惑，公正评论而不徇私情呢？不被迷惑而能不徇私情，这就能做到铭文的公正而且符合事实了。然而如果文章写作的技巧不高，还是不会流传于后世的，于是又必须在文章上胜人一筹。所以说不是道德修养很高而且文章出众的人是难于做到的。难道不是这样吗？

然而道德修养很高而又文章出众的人虽然有时会同时出现，但也有可能数十年或一二百年才出现一个。铭文的传世已经是如此困难了，而遇到合适作铭文的人又是更加困难。像先生这样的道德、文笔，是可以称为数百年才有一个的。我先祖的言行很是杰出，他有幸得到了公正而且符合事实的铭文，那么这铭文能流传于后世是无疑的了。而世上的学者，每当看到传记上所记述的古人的事迹，看到感人的地方，往往是悲伤得不知不觉落下眼泪，何况那些古人的子孙和我呢？我追念仰慕先祖的德行，并且思考铭文能够流传于后世的原因，然后明白先生赐给我碑铭，这是遍及我们祖孙三代的恩德啊！我的感动和想要报答的心情，应当怎样来向您表示呢？平静下来想想，我曾巩浅薄愚笨而先生举荐我，先祖穷困潦倒而死，而先生颂扬他，那么世上的那些俊士豪杰，有谁不愿意投在先生门下呢？那些潜伏避世、忧郁不得志的人士，有谁不会因此而对世道产生希望呢？善事有谁会不想去做，而作恶者有谁不因为惭愧而恐惧呢？作为父亲、祖父的，有谁不想教育自己的子孙？作为子孙的，有谁不想使自己的父亲、祖父更加荣耀呢？这些好的影响，都要归功于先生啊！

既然已经荣幸地受到了您的恩赐，又冒昧地说出了感激您的原因，那么您所论及的我的家族世系，怎敢不遵照您的教诲而详细地加以考究呢？惭愧万分，书不尽意。

◎赠黎安二生序◎

【题解】

蜀地的士子黎生补江陵司法参军，临行之际向曾巩言及家乡人笑自己与安生二人迂阔，请曾巩解惑。曾巩于是写下本篇以为辩驳，并勉励黎、安二生坚持走自己的道路。

【原文】

赵郡苏轼，予之同年友也。自蜀以书至京师遗予，称蜀之士曰黎生、安生者。既而黎生携其文数十万言，安生携其文亦数千言，辱以顾予。读其文，诚闳壮隽伟[①]，善反复驰骋，穷尽事理。而其材力之放纵，若不可极者也。二生固可谓魁奇特起之士，而苏君固可谓善知人者也！

顷之，黎生补江陵府司法参军。将行，请予言以为赠。予曰："予之知生，既得之于心矣，乃将以言相求于外邪？"黎生曰："生与安生之学于斯文，里之人皆笑以为迂阔[②]。今求子之言，盖将解惑于里人。"予闻之，自顾而笑。

夫世之迂阔，孰有甚于予乎？知信乎古，而不知合乎世；知志乎道，而不知同乎俗。此予所以困于今而不自知也。世之迂阔，孰有甚于予乎？今生之迂，特以文不近俗，迂之小者耳，患为笑于里之人。若予之迂大矣，使生持吾言而归，且重得罪，庸讵止于笑乎[③]？然则若予之于生，将何言哉？谓予之迂为善，则其患若此，谓为不善，则有以合乎世，必违乎古，有以同乎俗，必离乎道矣。生其无急于解里人之惑，则于是焉必能择而取之。

遂书以赠二生，并示苏君，以为何如也？

【注释】

①隽（juàn）：意味深长，引人入胜。②迂阔：指思想行为不切实际。③庸讵（jù）：难道。

【译文】

赵郡的苏轼，是与我同年进士及第的好友。他从蜀地写信给在京师的我，信中称赞蜀地的士人黎生和安生。不久黎生携带着他的文章几十万字，安生携带着他的文章几千字，屈尊来访。读他们的文章，确实觉得气势宏大俊伟，行文善于纵横驰骋，深究事理。在文章中，他们恣意挥洒才学，显露出深厚的功底。这两个人真称得上是不同寻常的杰出人士，而苏君也真可以说是善于知人啊！

曾巩作文赠黎、安二生

前不久，黎生去补江陵府司法参军的缺。临行的时候，请我送他几句话以为赠别。我说："我知道你，是从心里懂你，还用得着以语言表达出来吗？"黎生说："我和安生对道德文章的学习，常常被乡里的人讥笑为迂阔。今天想求您几句话，去解除乡里人对我们的误解。"我听了，自己想想，不由得笑了。

世人的迂阔，有谁比我更甚呢？只知道信服古人的言论，而不知道迎合世道；只知道以圣贤之道作为自己的志向所在，而不知道合于流俗。这就是我所以困顿至今还不自知的原因啊。世人的迂阔，有谁能比我更甚呢？如今黎生的迂阔，只是文章不合于流俗，这只是迂阔中的小迂罢了，然而还担心被乡里的人讥笑。像我这样的迂阔，就是大迂了。如果让黎生带了我的话回去，一定会得罪更多的乡里人，那时候得到的岂止是讥笑呢？但是现在我对黎生，应当说些什么呢？说我的迂阔是好的、对的，可是却要有这样的担忧；说我的迂阔是不好的、不对的，那倒是可以迎合世俗了，但有悖于古法，偏离了圣贤之道。黎生、安生你们不要急于解除乡里人对你们的误解，那么在这一点上就一定能做出自己的选择。

于是写了这些话赠给黎生和安生，并且转请苏君观看，认为如何呢？

王安石

（1021 ~ 1068）

王安石，字介甫，晚号半山，抚州临川（今江西抚州）人。仁宗庆历二年（1042）进士。嘉祐三年（1058）上万言书，主张改革政治。神宗熙宁二年（1069）为参知政事，次年拜相，积极推行新法，并取得了一定成就。由于保守派的反对，熙宁七年罢相，熙宁八年再相，次年被迫辞职，后退居金陵，封荆国公，世称王荆公。他的文章议论宏大，言简意赅，条理分明，形成锋利峭拔的艺术风格。“唐宋八大家”之一。著有《临川先生文集》。

◎读《孟尝君传》◎

【题解】

孟尝君是战国时齐国的王族，是“战国四公子”之一，以善于招贤纳士著称。孟尝君出访秦国的时候，身处险境，多亏他手下的“鸡鸣狗盗”之徒，才得以脱身。后世说到此事，多赞赏孟尝君珍惜人才。王安石却对此不以为然，他写下这篇文章，对“孟尝君能得士”的传统观点提出质疑，可谓见解独到。

【原文】

世皆称孟尝君能得士，士以故归之。而卒赖其力以脱于虎豹之秦。

嗟乎！孟尝君特鸡鸣狗盗之雄耳，岂足以言得士。不然，擅齐之强[①]，得一士焉，宜可以南面而制秦，尚何取鸡鸣狗盗之力哉？鸡鸣狗盗之出其门，此士之所以不至也。

【注释】

①擅：占有。

【译文】

世人都说孟尝君善于收揽人才，人才也因此而尽归于他的门下，最终孟尝君也依靠他们的力量逃离了像虎豹一样残暴的秦国。

唉！孟尝君也只是鸡鸣狗盗之徒的首领而已，怎能称得上是善于收揽人才呢？不是这样的话，凭借着齐国强大的国力，得到一个真正的人才，就应该南面称王，从而制服秦国，哪里还用依靠那些鸡鸣狗盗之徒的力量呢？鸡鸣狗盗之徒出入他的门下，这正是真正的人才不投奔他的原因啊。

◎同学一首别子固◎

【题解】

这是王安石写给曾巩的一篇文章，后面还附《同学》诗一首，此文以作者与曾巩、孙正之三人“既相似又相信不疑”，勉励三人一起遵守中庸之道。同时，文末还对三人不能经常聚首表示遗憾和感慨。

【原文】

江之南有贤人焉，字子固，非今所谓贤人者，予慕而友之。淮之南有贤人焉，字正之，非今所谓贤人者，予慕而友之。

二贤人者，足未尝相过也，口未尝相语也，辞币未尝相接也[①]。其师若友，岂尽同哉？予考其言行，其不相似者何其少也。曰：学圣人而已矣。学圣人，则其师若友必学圣人者。圣人之言行，岂有二哉？其相似也适然。

予在淮南，为正之道子固，正之不予疑也。还江南，为子固道正之，子固亦以为然。予又知所谓贤人者，既相似又相信不疑也。子固作《怀友》一首遗予，其大略欲相扳，以至乎中庸而后已。正之盖亦尝云尔。

夫安驱徐行，輴中庸之庭而造于其室[②]，舍二贤人者而谁哉？予昔非敢自必其有至也，亦愿从事于左右焉尔，辅而进之其可也。

噫！官有守，私有系[③]，会合不可以常也。作《同学》一首别子固，以相警，且相慰云。

【注释】

①辞：相互往来的书信文词。币：礼品。②輴（lìn）：车轮碾过。③系：牵累，束缚。

【译文】

王安石对正之说起子固

长江之南有一位贤人，字子固，他不是当今世俗所谓的贤人，我仰慕他并且和他交上了朋友。淮河之南有一位贤人，字正之，他也不是当今世俗所谓的贤人，我仰慕他并且和他交上了朋友。

这两位贤人，没有走在一起过，没有相互说过话，没有互相赠送过礼品。他们的老师和朋友，难道是相同的吗？我考察过他们的言行，为什么不一样的地方是这样的少啊！回答说：学习圣人罢了。学习圣人，那么他的老师和朋友就一定都是学习圣人的人。圣人的言行，会有两样吗？那么他们言行相似也就是理所应当的了。

我在淮南，对正之说起子固的事情，正之不怀疑我的话。我回到江南，对子固说起正之的事情，子固也是认为正之就是我说的那个样子。于是我又知道被称为圣人的人，既言行相似，彼此间又是信任不疑的。子固作了一篇《怀友》给我，大略是说要互相帮助，要达到中庸的标准才可以停止。正之也曾这样对我说过。

安稳地驱着车子，缓慢的行走着，走到中庸的庭院里并进入它的室内，除了这两位贤人还能有谁能做到这样呢？我以前从不敢认为我一定能到达那中庸的庭院，但也愿意跟从着他们两位，在他们的帮助下，或许是能够达到的。

唉！为官的各自有自己的职守，作为个人来讲，每个人也都有私事的牵累。我们之间不能常常相聚，我作了《同学》一篇辞别子固，用来互相警醒，并且互相慰勉。

游褒禅山记

【题解】

这是一篇借游赏来说理的文章。前面写褒禅山的得名由来，以及跟几位友人一起游褒禅山前后二洞的经历；后面转而说理，指出要想欣赏世间的奇伟瑰怪，就要有百折不饶的精神。作者由游山延伸到治学，他告诫学子，要想搞好学问，就必须有志气，有毅力，坚持不懈，同时，对待古代文献要深思而慎取。

【原文】

褒禅山亦谓之华山。唐浮图慧褒始舍于其址[①]，而卒葬之。以故，其后名之曰褒禅。今所谓慧空禅院者，褒之庐冢也。距其院东五里，所谓华山洞者，以其乃华山之阳名之也。距洞百余步，有碑仆道，其文漫灭，独其为文犹可识曰“花山”。今言“华”如“华实”之“华”者，盖音谬也。

其下平旷，有泉侧出，而记游者甚众，所谓“前洞”也。由山以上五六里，有穴窈然[②]，入之甚寒，问其深，则其好游者不能穷也，谓之“后洞”。予与四人拥火以入，入之愈深，其进愈难，而其见愈奇。有怠而欲出者，曰：“不出，火且尽。”遂与之俱出。盖予所至，比好游者尚不能十一，然视其左右，来而记之者已少。盖其又深，则其至又加少矣。方是时，予之力尚足以入，火尚足以明也。既其出，则或咎其欲出者，而予亦悔其随之，而不得极乎游之乐也。

于是予有叹焉：古人之观于天地、山川、草木、虫鱼、鸟兽，往往有得，以其求思之深而无不在也。夫夷以近，则游者众；险以远，则至者少。而世之奇伟、瑰怪、非常之观，常在于险远，而人之所罕至焉，故非有志者不能至也。有志矣，不随以止也，然力不足者，亦不能至也。有志与力，而又不随以怠，至于幽暗昏惑而无物以相之[③]，亦不能至也。然力足以至焉，于人为可讥，而在己为有悔。尽吾志也而不能至者，可以无悔矣，其孰能讥之乎？此予之所得也。

予于仆碑，又有悲夫古书之不存，后世之谬其传而莫能名者，何可胜道也哉？此所以学者不可以不深思而慎取之也。

四人者：庐陵萧君圭君玉，长乐王回深父，予弟安国平父、安上纯父。

【注释】

① 浮图：和尚。② 窈然：幽深的样子。③ 相（xiàng）：辅助。

【译文】

褒禅山也叫华山。唐代和尚慧褒当初在这里筑室居住，死后又葬于此地。因为这个缘故，后人就称这座山为褒禅山。今天人们所说的慧空禅院，就是慧褒和尚的房舍和坟墓。距离那禅院东边五里的地方，就是人们所说的华山洞，因为它在华山南面，所以这样命名。距离山洞一百多步，有一座石碑倒在路旁，碑上的文字模糊不清，只有“花山”两个字还能勉强辨认出来。

褒禅山

现在读“华”字，如同“华实”的“华”，大概是读音上的错误吧。

山下平坦而空阔，有一股山泉从旁边涌出，在这里来游览、题记的人很多，这就是人们说的“前洞”。由山路向上五六里的地方，有个洞穴，一派幽深的样子，进去便感到很是寒冷，问它的深度，说是即使是那些喜欢游历探险的人也没能走到尽头，这就是人们所说的“后洞”。我与四个人拿着火把走进去，入洞越深，前进的道路就变得越加的难于行走，而所见到的景象也越奇妙。有个疲倦而想要出来的人说：“再不出去，火把就要烧完了。”于是便跟着他一同出来了。我们走进去的深度，比起那些喜欢游历探险的人来说，大概还不足他们的十分之一；然而看看左右的洞壁，来到这里题记的人已经很少了，大概洞内更深的地方，到达的人就更少了。这个时候，我的体力还足以深入下去，火把也足够继续照明。我们出洞以后，就有人埋怨那个想要出来的人，我也后悔跟他出来，而未能极尽游洞的乐趣。

于是我有所感慨：古人观察天地、山川、草木、虫鱼、鸟兽，往往有所心得，这是因为他们探究思考得深入而且广泛周密。那些平坦而又容易到达的地方，游览的人会很多；那些险阻而又偏远的地方，游览的人便会很少。但是世上那些奇妙雄伟、瑰丽而非同寻常的景观，常常在那险阻僻远、人迹罕至的地方，所以不是有志的人是不能到达的。有志向，不盲从别人而停止，但是体力不足的，也不能到达。有了志向与体力，也不盲从别人而有所懈怠，但到了那幽深昏暗、令人迷惑的地方，却没有必要的物件来支持，也是不能到达的。然而在力量足以到达的时候却没有达到，在别人看来是可以讥笑的，对自己来说也是有所悔恨的。已经尽了自己的努力而仍然未能达到的，便可以没有悔恨了，谁还能讥笑他呢？这就是我这次游山的心得。

我对于倒在地上的石碑，又产生了些许感慨。古代书籍文献的散失，后世的人以讹传讹，竟无法说明，这样的事情还说得完吗？这就是做学问的人为什么不可以不深入思考、慎重取舍的原因啊。

同游的四人是：庐陵的萧君圭，字君玉，长乐县的王回，字深父，我的弟弟安国，字平父，安上，字纯父。

泰州海陵县主薄许君墓志铭

【题解】

这篇文章是王安石为泰州海陵主簿许平写的一篇墓志铭。许平有才略却不得施展，王安石对他的大材小用表示惋惜，而且还对许平的年龄、埋葬地点以及家庭情况进行了介绍。此文表达了作者对选才不公的质疑。

【原文】

君讳平，字秉之，姓许氏。余尝谱其世家，所谓今泰州海陵县主簿者也。君既与兄元相友爱称天下，而自少卓荦不羁[①]，善辩说，与其兄俱以智略为当世大人所器。宝元时，朝廷开方略之选，以招天下异能之士，而陕西大帅范文正公、郑文肃公争以君所为书以荐，于是得召试，为太庙斋郎，已而选泰州海陵县主簿。

贵人多荐君有大才，可试以事，不宜弃之州县。君亦尝慨然自许，欲有所为。然终不得一用其智能以卒。噫！其可哀也已。

士固有离世异俗，独行其意，骂讥、笑侮、困辱而不悔，彼皆无众人之求，而有所待于后世者也，其龃龉固宜[②]。若夫智谋功名之士，窥时俯仰，以赴势利之会，而辄不遇者，乃亦不可胜数。辩足以移万物，而穷于用说之时；谋足以夺三军，而辱于右武之国，此又何说哉？嗟乎！彼有所待而不悔者，其知之矣。

君年五十九，以嘉祐某年某月某甲子，葬真州之杨子县甘露乡某所之原。夫人李氏。子男瑰，不仕；璋，真州司户参军；琦，太庙斋郎；琳，进士。女子五人，已嫁二人，进士周奉先、泰州泰兴令陶舜元。

铭曰：有拔而起之，莫挤而止之。呜呼许君！而已于斯，谁或使之？

吊唁泰州海陵主簿许平

【注释】

① 卓荦（luò）：卓越，突出。② 龃（jǔ）龉（yǔ）：上下齿不相合，指不合时宜。

【译文】

先生名平，字秉之，姓许。我曾经为他家编过家谱，他就是现今泰州海陵县的主簿。许先生和他的兄长许元互相友爱而被天下人所称颂，而且先生从小卓越出众，豪放不羁，善于辩说，和他的兄长都以智略出众而为当世的大人物所器重。宝元年间，朝廷开设方略科，以此招收天下有特殊才能的人。陕西大帅范文正公以及郑文肃公争着拿先生的著作去推荐，于是先生得以被召往参加考试。后来先生做了太庙太郎，而后又被选任为泰州海陵县主簿。

地位尊贵的人很多都举荐说先生有大才，可以用一些事务来试用他，不应该将他遗弃在州县。先生也常常慷慨地自我期许，想要有所作为，然而最终也没能让自己的才智为朝廷所用，就这样去世了。唉！这真让人悲哀呀！

士人中固然有偏离世俗，我行我素，受到咒骂、讥讽、嘲笑、侮辱和困厄而不后悔的人，他们全无一般人对于现世的欲望和要求，只是对后世的人有所期待。他们的不合时宜也是很正常的。而那些长于智谋，希望取得功名的士人，窥察时机，左右周旋以求得到权势利禄，然而总是不得志，这样的人也是数不胜数的。雄辩足以说动万物，而有些人在需要雄辩的时代却遭受困厄；有些人谋略足以镇服三军，却辱没在崇尚武力的国家，这种现象又该怎样解释呢？唉！先生是有所期待、遭穷困而不悔恨的人，大概懂得这个道理吧。

先生终年五十九岁，于嘉祐某年某月某甲子日葬在真州杨子县甘露乡某处的墓地。夫人姓李。儿子许瑰，没有官职；许璋，是真州司户的参军；许琦，是太庙斋郎；许琳，是进士。有女儿五人，有两个已经出嫁了。女婿分别是进士周奉先和泰州泰兴县县令陶舜元。

铭文说："有提拔举用您的人，没有人排挤阻拦您。唉！许先生，最终落到这种地步，是谁使你这样的呢？

卷十二 明文

宋濂

（1310 ~ 1381）

宋濂，明初文学家，字景溪，号潜溪，浦江（今浙江金华）人。自幼好学，早年师从散文大家吴莱、柳贯等人，元至正九年（1349）被荐为翰林编修，他固辞不就，隐居山中。朱元璋称帝后，任命他为文学顾问、江南儒学提举，给太子讲经。洪武二年（1369）奉旨修《元史》。晚年受孙子宋慎牵连被贬茂州（今四川茂县），途中病故。长于散文，被明太祖称为“开国文臣之首”。

送天台陈庭学序

【题解】

赠序是唐宋以来兴起的一种文体，它最初是专门为诗文集而写的，后来演变成了一种临别时写的赠言。本文是宋濂为陈庭学而写的赠序，他先写山水的“奇”和“险”，突出蜀地的“难”，再写陈庭学到蜀地后，“诗益工”“气愈充”“语愈壮”“志意愈高”，文末作者自愧没能远游以增长见闻，反衬陈庭学蜀地之游的收获颇大，并且还勉励陈庭学能像颜渊、原宪一样提高自身修养，体现了一个长者对晚辈的关怀。

【原文】

西南山水，惟川蜀最奇，然去中州万里。陆有剑阁栈道之险，水有瞿唐、滟滪之虞。跨马行，则竹间山高者，累旬日不见其巅际；临上而俯视，绝壑万仞，杳莫测其所穷，肝胆为之悼栗①。水行，则江石悍利，波恶涡诡，舟一失势尺寸，辄糜碎土沉②，下饱鱼鳖。其难至如此，故非仕有力者，不可以游；非材有文者，纵游无所得；非壮强者，多老死于其地。嗜奇之士恨焉。

天台陈君庭学，能为诗，由中书左司掾，屡从大将北征，有劳，擢四川都指挥司照磨，由水道至成都。成都，川蜀之要地，扬子云、司马相如、诸葛武侯之所居，英雄俊杰战攻驻守之迹，诗人文士游眺饮射赋咏歌呼之所，庭学无不历览。既览必发为诗，以纪其景物时世之变。于是其诗益工。越三年，以例自免归，会予于京师，其气愈充，其语愈壮，其志意愈高，盖得于山水之助者侈矣。

予甚自愧，方予少时，尝有志于出游天下，顾以学未成而不暇。及年壮可出，而四方兵起，无所投足。逮今圣主兴而宇内定，极海之际，合为一家，而予齿益加耄矣。欲如庭学之游，尚可得乎？

然吾闻古之贤士，若颜回、原宪，皆坐守陋室，蓬蒿没户③，而志意常充然，有若囊括于天地者，此其故何也？得无有出于山水之外者乎？庭学其试归而求焉？苟有所得，则以告予，予将不一愧而已也。

【注释】

① 悼栗：因惊恐而战栗。② 糜：碎，烂。③ 蓬蒿：野草。

【译文】

西南地区的山水，只有四川最奇特，可是却与中原有万里之遥。要到那里，陆路有剑阁栈道的险阻，水路有瞿塘峡、滟滪堆的忧虑。骑马前往，那竹林间的崇山峻岭，接连走上十几天也看不到它的颠峰和边际；从山顶上向下俯视，只见深达万仞的幽谷，黑漆漆的无法测知它的尽头，令人胆战心惊。如果从水路前往，江水悍猛，礁石尖利，波涛险恶，漩涡诡异；行船稍有差错，就会粉身碎骨，沉入水中，让鱼鳖们饱餐。前往那里的道路如此之难，所以不是有能力的官员，不可以到那里去游历；不是有文采的贤才，即使游历了那里也不会有什么收获；不是身体强壮的人，大多老死在那个地方。这些常常让那些喜好奇异景观的人感到遗憾！

陈庭学出游

天台陈君庭学，能做诗，任中书左司掾。他屡次随大将北征，因为有功劳，被提拔为四川都指挥司照磨，从水路到成都。成都，是四川的要地。那扬子云、司马相如、诸葛武侯的故居，英雄俊杰们战斗攻伐，驻扎守卫的遗址，诗人文士游赏眺望，饮酒射覆，赋诗吟咏，歌唱呼啸的地方，庭学无不去游览。每次游览完毕，都要将感受写成诗文，用以记述那些景物和时世的变化。于是他作诗的技法就变得愈加的高妙。过了三年，他依照惯例辞官回家，在京师见到了我。他的精神更加的饱满，他的语言更加的豪壮，他的志向更加的高远，看来是从山水当中获得了很多的助益啊！

我自己很惭愧，当我年轻的时候，曾经有志向想要游历天下，但是因为学业未成而没有空闲的时间。等到壮年能够去出游历了，国内却战事四起，没有一块地方可以去。到现在圣主兴起，天下平定，四海之内合成一家，可我的年纪却越来越老了！想要像庭学那样地游历，还能做得到吗？

然而我听说古代的贤人，像颜回、原宪那样的人，都是坐守在简陋的屋子里，野草遮蔽了门户，可是志气意趣却总是很充沛的，好像能包罗天地，这是为什么呢？莫非有超出于山水之外的东西么？庭学是要回去探求这方面的东西吗？如果有什么收获，就把它告诉我，我也会不仅是惭愧一阵儿就完了的呀！

◎阅江楼记◎

【题解】

阅江楼位于金陵城西北的狮子山，是明朝开国皇帝朱元璋为游览山水而修建的一处高楼。这篇文章是宋濂接受朱元璋的旨意而写下的一篇记文。在文中，宋濂写阅江楼的胜景，其意在于点缀盛世，为明朝歌功颂德。同时，宋濂还希望帝王能安抚内外、体恤民生，融入了忠君忧民的思想，与范仲淹的《岳阳楼记》有异曲同工之妙。

【原文】

金陵为帝王之州。自六朝迄于南唐，类皆偏据一方，无以应山川之王气。逮我皇帝定鼎于兹，始足以当之。由是声教所暨[①]，罔间朔南，存神穆清，与天同体，虽一豫一游，亦可为天下后世法。

京城之西北有狮子山，自卢龙蜿蜒而来。长江如虹贯，蟠绕其下。上以其地雄胜，诏建楼于巅，与民同游观之乐，遂锡嘉名为“阅江”云。

登览之顷，万象森列，千载之秘，一旦轩露。岂非天造地设，以俟夫一统之君，而开千万世之伟观者欤？当风日清美，法驾幸临，升其崇椒，凭阑遥瞩，必悠然而动遐思。见江汉之朝宗，诸侯之述职，城池之高深，关阨之严固[②]，必曰：“此朕栉风沐雨、战胜攻取之所致也。中夏之广，益思有以保之。”见波涛之浩荡，风帆之上下，番舶接迹而来庭，蛮琛联肩而入贡，必曰：“此朕德绥威服，覃及内外之所及也[③]。四陲之远，益思有以柔之。”见两岸之间、四郊之上，耕人有炙肤皲足之烦，农女有捋桑行馌之勤，必曰：“此朕拔诸水火，而登于衽席者也。万方之民，益思有以安之。”触类而思，不一而足。臣知斯楼之建，皇上所以发舒精神，因物兴感，无不寓其致治之思，奚止阅夫长江而已哉！

彼临春、结绮，非不华矣；齐云、落星，非不高矣。不过乐管弦之淫响，藏燕、赵之艳姬，不旋踵间而感慨系之，臣不知其为何说也。虽然，长江发源岷山，委蛇七千余里而入海，白涌碧翻。六朝之时，往往倚之为天堑。今则南北一家，视为安流，无所事乎战争矣。然则果谁之力欤？逢掖之士，有登斯楼而阅斯江者，当思圣德如天，荡荡难名，与神禹疏凿之功同一罔极。忠君报上之心，其有不油然而兴耶？

臣不敏，奉旨撰记。欲上推宵旰图治之功者[④]，勒诸贞珉。他若留连光景之辞，皆略而不陈，惧亵也。

【注释】

①暨（jì）：及，到。②阨（è）：险要的地方。③覃（tán）：延。④宵旰（gàn）：宵衣旰食，即天不亮就穿衣起床，天晚了才吃饭歇息。

【译文】

金陵是帝王的住处。从六朝到南唐，在这里定都的君主大抵都是偏安一方，不能够应合这里山川间蕴含的帝王之气。到了我朝皇帝定都于此，才足以与这王气相称。从此声威和教化到达的地方，不分南北，神明前来定居，气象淳和清明，与天地融为一体；即使是一次游赏一次娱乐，也足以为天下后世所效法。

京城的西北有座狮子山，从卢龙山弯弯曲曲地延伸过来，长江如虹霓一样在它下面盘曲环绕。皇上因为这个地方雄伟壮丽，下令在山顶建起高楼，同百姓一道享受游览江山的乐趣。于是赐给了它一个美妙的名字，叫作“阅江楼”。

登临游览的那一瞬间，万千景象便依次地罗列开来，金陵上千年来被称为帝王之洲的奥秘，豁然显露了出来。这难道不是天造地设，来等待一统天下的君主，届时展示千秋万代的雄伟景观吗？每当风和日丽的时候，天子的车驾亲临此地，他登上这高高的山顶，倚着栏杆向远方眺望，一定会悠然心动而引发遐想。看到江汉之水向东流入大海，万国诸侯来此述职，看到城池的高深，关塞的牢固，一定会说：“这都是我顶风冒雨，战胜攻取才得到的啊。中华大地如此广阔，更感到要想办法去保全它。”看到波涛浩浩荡荡，风帆上下往来，番邦的船只接连不断地前来朝见，蛮族的珍宝络绎不绝地贡入京师，一定会说：“这是我用恩德安抚，用威严震慑，恩泽遍及四海内外才达到的啊。如今四方的边境如此遥远，更感到要想办法去以怀柔的方式笼络那里的人们。”看到长江两岸，京师四郊的原野之上，种田的人有烈日炙烤皮肤、寒风皲裂手脚的劳苦；农家妇女有采摘桑叶、给田里人送饭的辛勤，一定会说："这是我把他们从水火中拯救出来，安置在床席上的啊。对于天下的百姓，更感到要想办法使他们过上安定的生活。"触及到类似的事情，就会引发联想，不止是在某一两个方面。我知道这座楼的建造，是皇上用来振奋精神，借外物来引起各种各样的感想的，无处不寄寓着他要让天下得到大治的思想，哪里仅仅是为了观赏长江呢？

那临春楼、结绮楼，不是不华丽啊；那齐云楼、落星楼，也不是不高峻啊。不过它们不过是用来演奏靡靡之音，藏匿燕、赵的艳丽女子的地方，都是没有多久就成为陈迹，让人们慨叹罢了，我不知道应当怎样来解释这些事情。虽然如此，那长江发源于岷山，曲曲折折地流经了七千多里才注入大海，白浪汹涌，碧波翻腾，六朝的时候，往往依靠它做天然的壕堑。如今南北一家，它也被看作是平静安宁的水流，没有什么战事上的意义了。那么，这究竟是谁的力量呢？读书人登上这座高楼而去看这江的，他们应当感念皇上的恩德有如苍天一样，广阔浩大而难以形容，可与大禹疏浚江河的功劳相等同，是无穷无尽的。此情此景，忠君报主的心情，怎能不油然而生呢？

我为人愚钝，奉了圣旨来撰写这篇记，希望借此列述主上日夜辛勤、励精图治的功业，铭刻在精美的碑石上面。至于那些留连风光景物的辞句，都省略而不再陈说，怕亵渎了主上建造这座楼的本意啊！

刘基

（1310～1381）

刘基，字伯温，谥曰文成，青田县南田乡（今属浙江省文成县）人，故时人称他"刘青田"，明洪武三年（1370）封诚意伯，人们又称他"刘诚意"。武宗正德九年被追赠太师，谥文成，后人又称他刘文成、文成公。元末明初军事家、政治家及诗人，通经史、晓天文、精兵法。他以辅佐朱元璋完成帝业、开创明朝并尽力保持国家的安定，因而驰名天下，被后人比作为诸葛武侯。著有《诚意伯文集》二十卷。

◎司马季主论卜◎

【题解】

这篇文章出自《郁离子·天道篇》，主要写的是东陵侯向司马季主问卜，司马季主则对他表明了天道无常、人灵于物的观点。此文借助二人的对话，反映了刘基重人事而轻鬼神的进步思想。

【原文】

东陵侯既废，过司马季主而卜焉。

季主曰："君侯何卜也？"东陵侯曰："久卧者思起，久蛰者思启，久懑者思嚏。吾闻之，蓄极则泄，闷极则达，热极则风，壅极则通。一冬一春，靡屈不伸；一起一伏，无往不复。仆窃有疑，愿受教焉。"季主曰："若是，则君侯已喻之矣，又何卜为？"东陵侯曰："仆未究其奥也，愿先生卒教之。"

季主乃言曰："呜呼！天道何亲？惟德之亲；鬼神何灵？因人而灵。夫蓍，枯草也；龟，枯骨也，物也。人灵于物者也，何不自听而听于物乎？且君侯何不思昔者也？有昔必有今日。是故碎瓦颓垣，昔日之歌楼舞馆也；荒榛断梗，昔日之琼蕤玉树也[①]；露蚕风蝉，昔日之凤笙龙笛也；鬼磷萤火，昔日之金釭华烛也；秋荼春荠[②]，昔日之象白驼峰也；丹枫白荻，昔日之蜀锦齐纨也[③]。昔日之所无，今日有之不为过；昔日之所有，今日无之不为不足。是故一昼一夜，华开者谢；一秋一春，物故者新。激湍之下，必有深潭；高丘之下，必有浚谷。君侯亦知之矣，何以卜为？”

司马季主论卜

【注释】

①琼蕤（ruí）：美好的花朵。蕤：草木花下垂。②荼（tú）：一种苦菜。荠（jì）：荠菜，一种野菜。③纨（wán）：细致洁白的薄绸。

【译文】

东陵侯已经废黜后，去拜访司马季主，请求占卜。

季主说：“君侯要占卜什么呢？”东陵侯说：“长久卧床的人想要起来，长久潜伏的人想要出来，长久憋闷的人想要打喷嚏。我听说，蓄积到极点了就要泄漏，闭塞到极点了就要通畅，热到极点了就要生风，阻塞到极点了就要贯通。一冬一春，不会总是屈而不伸；一起一伏，不会总是去而不返。我私下里有所疑惑，愿意得到先生的教诲。”季主说：“这样说来，君侯已经明白了，还要占卜什么呢？”东陵侯回答说：“我没有弄清其中的深奥道理，愿先生彻底地开导我一下。”

季主就说：“唉！天道会亲近什么人呢？只亲近有道德的人；鬼神有什么灵验呢？它是根据不同的人来显灵的。蓍草，只是枯草；龟壳，只是枯骨，都是物而已。人比任何物都要灵，为什么不相信自己却去相信这些物表现出来的征兆呢？并且君侯为什么不想想过去呢？有了过去就必定会有现在。所以碎瓦残墙，原是往日的歌楼舞馆；枯树断枝，原是往日的琼花玉树；露蚕秋蝉，原是往日的悦耳笙歌；鬼磷流萤，原是往日的辉煌灯火；苦菜荠菜，原是往日的美味佳肴；红枫白荻，原是往日的绫罗绸缎。往日没有的，现今有了不算过分；往日有的，现今没了也不能算不足。所以一昼一夜，盛开的花儿便会凋谢；一春一秋，已经陈旧了的事物便要更新。急流下面一定有深潭，高山下面一定有深谷。这些，君侯也早已知道了，为什么还占卜呢？”

◎卖柑者言◎

【题解】

这是刘基的一篇讽世短文。他先写杭州卖柑者所卖的柑外表好看，其实是“败絮其中”，而后引出寓意，也就是为官者外强中干。最后再以卖柑者的语言做结，有所寄托，无情地讽刺了元末官吏的欺世盗名，可谓发人深省，耐人寻味。

【原文】

杭有卖果者，善藏柑，涉寒暑不溃，出之烨然[①]，玉质而金色。剖其中，干若败絮。

卖柑者

予怪而问之曰："若所市于人者，将以实笾豆，奉祭祀，供宾客乎？将衒外以惑愚瞽乎[②]？甚矣哉！为欺也。"

卖者笑曰："吾业是有年矣。吾业赖是以食吾躯。吾售之，人取之，未闻有言，而独不足子所乎？世之为欺者不寡矣，而独我也乎？吾子未之思也。今夫佩虎符、坐皋比者，洸洸乎干城之具也，果能授孙、吴之略耶？峨大冠，拖长绅者，昂昂乎庙堂之器也，果能建伊、皋之业耶？盗起而不知御，民困而不知救，吏奸而不知禁，法斁而不知理[③]，坐糜廪粟而不知耻。观其坐高堂，骑大马，醉醇醴而饫肥鲜者，孰不巍巍乎可畏、赫赫乎可象也？又何往而不金玉其外，败絮其中也哉！今子是之不察，而以察吾柑！"

予默默无以应。退而思其言，类东方生滑稽之流[④]。岂其忿世嫉邪者耶？而托于柑以讽耶？

【注释】

①烨（yè）然：光彩鲜明的样子。②衒（xuàn）：炫耀，卖弄。瞽（gǔ）：瞎子。③斁（dù）：败坏。④滑（gǔ）稽：指幽默机智，能言善辩。

【译文】

杭州有个卖水果的人，善于贮藏柑子，他贮藏的柑子经过严寒酷暑也不腐烂，拿出来仍然是光彩鲜艳，有着像玉石一样的质地、黄金般的颜色。可是把柑子剖开一看，里面却干枯得像破旧的棉絮。我很奇怪，就问他："你卖给人家的柑子，是要使它来充实人家的器皿，去供奉神灵、招待宾客呢，还是只想炫耀它的外表，用来迷惑傻子和瞎子呢？你这种欺骗手段也太过分了！"

卖水果人笑着说："我干这行当已经多年了，我依靠这行当来养活自己。我卖这些柑子，人家买它，从来没有听到过有什么议论，为什么惟独不能满足您的需要呢？世上耍弄欺骗手段的人不算少呀，仅仅是我一个人吗？您没有考虑过这些吧。现在那些佩虎符、坐在虎皮椅上的人，看那威武的样子，好像是真能保卫国家的将才，可当真能够拿出孙武、吴起那样的韬略吗？那些峨冠博带的文臣，看那气宇不凡的样子，好像真的是在朝廷之上辅助君王的重臣，可他们当真都能够建立像伊尹、皋陶那样的功业吗？盗匪四起却不知如何治理，百姓困苦却不知如何解救，官吏作奸犯科却不知如何禁止，法制败坏却不知如何整饬，白白地耗费国家的粮食却不感到羞耻。看他们坐在高堂之上，骑着高头大马，沉醉在美酒当中，饱食大鱼大肉，哪一个不是看起来高不可攀，使人敬畏，光明磊落得值得人们效法呀？然而他们又何尝不是些外表像金玉、内容却像破絮的人呢！今天您对这些都视而不见，却来挑剔我的柑子！"

我沉默无语，不能回答。回来想想他这番话，觉得他像是东方朔那样诙谐善辩的一类人。难道他是个愤恨世道、痛恶奸邪的人而假借柑子来进行讥讽？

方孝孺

（1357～1402）

方孝孺，字希直，宁海（今浙江象山）人，号逊志，人称“正学先生”。他师从宋濂，洪武二十五年（1392）授汉中府教授。建文朝历官翰林侍讲、文学博士。他力主复古改制，对建文朝政影响较大。“靖难之役”中，他辅助建文帝对抗燕王朱棣。燕王夺位后，命他起草登基诏书，他誓死不从，被灭十族。

深虑论

【题解】

方孝孺是明初的名臣，他曾写了十篇《深虑论》，以此来总结各朝各代的兴衰教训。这篇文章是其中的一篇，方孝孺认为历代的君王片面吸取前代灭亡的教训时，往往忽略了另外一些被掩盖的问题，因此不能长治久安。由此得出“祸常发于忽微之中，而乱常起于不足疑之事”的结论，但他又强调治理天下不能依赖人的智术，而把一切归之于飘渺的“天道”。

【原文】

虑天下者，常图其所难，而忽其所易；备其所可畏，而遗其所不疑。然而祸常发于所忽之中，而乱常起于不足疑之事。岂其虑之未周与？盖虑之所能及者，人事之宜然，而出于智力之所不及者，天道也。

当秦之世，而灭诸侯，一天下，而其心以为周之亡在乎诸侯之强耳，变封建而为郡县①。方以为兵革可不复用，天子之位可以世守，而不知汉帝起陇亩之中，而卒亡秦之社稷。汉惩秦之孤立，于是大建庶孽而为诸侯②，以为同姓之亲可以相继而无变，而七国萌篡弑之谋。武、宣以后，稍剖析之而分其势，以为无事矣，而王莽卒移汉祚。光武之惩哀、平，魏之惩汉，晋之惩魏，各惩其所由亡而为之备，而其亡也，皆出于所备之外。唐太宗闻武氏之杀其子孙，求人于疑似之际而除之，而武氏日侍其左右而不悟。宋太祖见五代方镇之足以制其君，尽释其兵权，使力弱而易制，而不知子孙卒困于敌国。此其人皆有出人之智，盖世之才，其于治乱存亡之几，思之详而备之审矣。虑切于此而祸兴于彼，终至乱亡者何哉？盖智可以谋人，而不可以谋天。

良医之子，多死于病；良巫之子，多死于鬼。彼岂工于活人而拙于活己之子哉？乃工于谋人而拙于谋天也。

古之圣人，知天下后世之变非智虑之所能周，非法术之所能制，不敢肆其私谋诡计，而唯积至诚、用大德以结乎天心，使天眷其德，若慈母之保赤子而不忍释。故其子孙虽有至愚不肖者足以亡国，而天卒不忍遽亡之。此虑之远者也。夫苟不能自结于天，而欲以区区之智笼络当世之务，而必后世之无危亡，此理之所必无者也，而岂天道哉！

【注释】

①封建：分封疆土建立诸侯。②庶孽：指亲族。

【译文】

考虑天下大事的人，常常谋求解决那些困难的问题，而忽视了那些容易解决的问题；防备让自己畏惧的事情，而将自己深信不疑的事情丢在一边不管。然而祸患常常发生在他所忽视的事情当中，动乱也常常发起于他认为不足疑虑的事情上。难道是他的考虑不周详吗？大概是因为人们所能考虑到的，是人世间本来就应当如此的事情，而超出人们的智力所能考虑到的范围的，是天道。

方孝孺作《深虑论》

当年的秦朝，灭亡了诸侯，统一了天下，秦始皇心中认为周朝的灭亡是由于诸侯的强大所致，因此将分封诸侯的做法改成了郡县制。正当他认为武器衣甲可以不再使用，皇帝之位能子孙万代永保的时候，却不知道汉高祖已在田野之间崛起，最终灭亡了秦朝的江山社稷。汉朝把秦朝中央政权的孤立无援作为前车之鉴，于是大肆分封子弟做诸侯王，认为同姓的血缘关系能让汉家的江山社稷世代继承下去，不会再出现变乱了，可是吴、楚等七国却萌生了篡位弑君的图谋。武帝、宣帝以后，逐渐分割了诸侯王的封地，削弱了他们的势力，认为可以太平无事了，可是王莽却终于夺取了汉家的皇位。汉光武帝把哀帝和平帝衰亡作为教训，曹魏将东汉的衰亡作为教训，晋朝将曹魏的衰亡作为教训，他们各自都把前朝衰亡的原因作为教训，并针对这些制定了防范的措施；然而他们的衰亡，又都因为所防范的事情以外的原因。唐太宗听说有个姓武的人将来要杀他的子孙，就要四处搜索有嫌疑的人并加以清除，但武则天每日侍奉在他的左右，他竟不能觉察。宋太祖看到五代时四方藩镇的力量足以挟制君主，于是就全部解除藩镇的兵权，使他们力量薄弱而易于控制，却没料到自己的子孙最终被敌国困扰以致于灭亡。这些人都有超出常人的智慧，盖世的才能，他们对于治乱存亡的细微迹象，都能详细地加以思考并且制定出周密的防范措施；可是他们详细地考虑了这里而祸患却发生在那里，终究导致乱起国灭。这是为什么呢？大概是因为智力只可以谋划人事，却不能够谋划天道。

良医的子女大多死于疾病，良巫的子女大多死于鬼神。难道是他们善于救活别人却不善于救活自己的子女吗？他们实际上是善于谋划人事，却不善于测知天道啊。

古代的圣人，懂得天下后世的变化，不是人智所能考虑周全的，不是刑法、权术所能控制的。因此不敢放纵自己的私谋诡计，而只是积聚自己的至诚之心，用盛大的德行来扣合天心，使上天眷顾他美好的德行，像慈母保护婴儿一样不忍舍弃他。所以他的子孙虽然有非常愚蠢、不成才，并且足以使国家灭亡的，可是上天终究不忍一下子让他们的国家灭亡。这是考虑得非常深远的啊。如果不能让自己的德行扣合天心，却想靠小小的智谋控制和驾驭当代的事务，还认为自己的后代一定没有危亡的忧患，这在道理上是绝对说不通的，难道还会符合天道吗？

豫让论

【题解】

战国时的豫让因为舍身为主报仇而被视为忠义之士，历来为人所颂扬。本文作者却作翻案文章，认为豫让身为智伯所倚重的臣子，应该尽到自己劝谏的职责，帮助智伯弭祸于未然。而在智伯因祸亡身后去为他报仇，凭着血气之勇刺杀赵襄子，并不值得称道。

【原文】

士君子立身事主，既名知己，则当竭尽智谋，忠告善道，销患于未形，保治于未然，俾身全而主安。生为名臣，死为上鬼，垂光百世，照耀简策，斯为美也。苟遇知己，不能扶危于未乱之先，而乃捐躯殒命于既败之后，钓名沽誉，眩世炫俗，由君子观之，皆所不取也。

盖尝因而论之。豫让臣事智伯，及赵襄子杀智伯，让为之报仇，声名烈烈，虽愚夫愚妇莫不知其为忠臣义士也。呜呼！让之死固忠矣，惜乎处死之道有未忠者存焉。何也？观其漆身吞炭，谓其友曰："凡吾所为者极难，将以愧天下后世之为人臣而怀二心者也。"谓非忠可乎？及观斩衣三跃，襄子责以不死于中行氏而独死于智伯，让应曰："中行氏以众人待我，我故以众人报之；智伯以国士待我，我故以国士报之。"即此而论，让有余憾矣。

段规之事韩康，任章之事魏献，未闻以国士待之也，而规也、章也，力劝其主从智伯之请，与之地以骄其志，而速其亡也。郄疵之事智伯[①]，亦未尝以国士待之也，而疵能察韩、魏之情以谏智伯，虽不用其言以至灭亡，而疵之智谋忠告，已无愧于心也。让既自谓智伯待以国士矣，国士，济国之士也。当伯请地无厌之日，纵欲荒暴之时，为让者，正宜陈力就列，谆谆然而告之曰[②]："诸侯大夫，各安分地，无相侵夺，古之制也。今无故而取地于人，人不与，而吾之忿心必生；与之，则吾之骄心以起。忿必争，争必败；骄必傲，傲必亡。"谆切恳告，谏不从，再谏之，再谏不从，三谏之，三谏不从，移其伏剑之死，死于是日。伯虽顽冥不灵，感其至诚，庶几复悟，和韩、魏，释赵围，保全智宗，守其祭祀。若然，则让虽死犹生也，岂不胜于斩衣而死乎？让于此时，曾无一语开悟主心，视伯之危亡犹越人视秦人之肥瘠也。袖手旁观，坐待成败，国士之报曾若是乎？智伯既死，而乃不胜血气之悻悻[③]，甘自附于刺客之流，何足道哉？何足道哉？

虽然，以国士而论，豫让固不足以当矣。彼朝为仇敌，暮为君臣，腼然而自得者，又让之罪人也。噫！

【注释】

①郄（xī）疵（cī）：智伯的家臣。②谆谆（zhūn）：恳切耐心的样子。③悻悻（xìng）：恼怒怨恨。

【译文】

士人君子要想立身于世，侍奉君主，既然被称作知己，就应当竭尽自己的智慧和谋略，忠诚地劝告，巧妙地开导，在祸患没有形成以前就消除它，在动乱发生之前就维护社会的安定，使自己得到保全，使君主没有危险。在世的时候是一代名臣，死了之后成为尊贵的鬼魂，荣誉流传百代，光辉照耀史册，这才是值得赞美的。如果遇到知己，却不能在灾祸发生前匡扶危乱，而是在失败之后献身自尽，沽名钓誉，迷惑世人，向世俗夸耀；这些在君子看来，都是不可取的。

因此我曾评论过豫让。豫让做智伯的家臣，等到赵襄子杀了智伯之后，豫让为他报仇，声名烈烈，即使是那些没有知识的平民百姓，也没有不知道他是忠臣义士的。唉！豫让的死固然算是忠义之举，可惜他这种死的方式还存在不忠的成分。为什么这样说呢？他漆身吞炭，改变了容貌声音之后，对他的朋友说："我要做的事情是极难的，将要使天下后世那些身为人臣却怀有二心的人感到惭愧。"这能说他不忠吗？他连续三次跳起来，用剑斩赵襄子的衣服，赵襄子责备他不为中行氏而死，却惟独替智伯而死的时候，豫让回答说："中行氏把我当作一般人看待，所以我用一般人的行为报答他；智伯把我当作国士看待，所以我用国士的行为报答他。"就这方面来评论，豫让就有不足之处了！

段规侍奉韩康子，任章侍奉魏献子，也没听说韩康子、魏献子把他们当作国士看待，可段规、任章却极力奉劝他们的主人应答智伯的无理要求，给智伯土地使其意志骄傲，从而加速智伯的灭亡。郄疵侍奉智伯，智伯也不曾把他当作国士看待，可是郄疵却能够洞察韩、魏的实际企图来劝谏智伯。虽然智伯不肯采纳他的意见因而招致灭亡，然而郄疵献出了他的智谋和忠告，已经是无愧于心了。豫让既然说智伯是把自己当作国士一样地看待，而国士是能够匡济国家危难的人。当智伯贪得无厌地向别国索地的时候，放纵私欲、荒淫暴虐的时候，豫让应当贡献才力，尽到自己的职责，恳切地劝告智伯说："诸侯大夫，各自安守自己的封地，不要互相侵夺，这是自古以来的规矩。现在我们无缘无故地向别人索取土地，人家不给我，我必定产生忿恨之心；如果给了我，我的骄横之心必定会因此而滋长。忿恨就一定会去争夺，争夺就一定会造成失败；骄横就一定会使自己目中无物，目中无物就一定会亡国。"恳切真挚地劝谏，一次不听，再劝谏他；再劝谏不听，就第三次劝谏他；三次劝谏不听，就把自己伏剑自杀的时间移到这一天。智伯虽然愚钝无知，但因为被他的至诚所感动，也许会重新醒悟，同韩、魏两家和好，解除对赵氏的围困，保全智氏的宗族，使智氏宗庙中的香火供奉不至断绝。如果这样，那么豫让是虽死犹生，难道不比那斩衣而死强吗？但豫让在这个时候，却不曾说过一句话去开导主人的思想，他看着智伯的危亡，就像越国人看秦国人的胖瘦一样啊，只是袖手旁观，坐待成败。国士对于主上的报答，何曾是这样的呢？智伯已经死了，却禁不住一时的血气冲动，情愿把自己加入到刺客一类人的行列里，这有什么值得称道的呢？这有什么值得称道的呢？

虽然这样，以国士而论，豫让固然是不够标准的。但那些早晨是仇敌，晚上就变成了君臣，厚着脸皮自以为得意的人，就又是豫让的罪人了！唉！

王鏊

（1357 ~ 1402）

王鏊，字齐之，吴县（今江苏苏州）人。历官侍讲学士、少詹事、吏部右侍郎、户部尚书文渊阁大学士，加少傅兼太子太傅。因刘瑾专权，归乡隐居，累征不出，卒于家中。他博学有见识，文章典雅方正，议论明畅。

◎亲政篇◎

【题解】

本文写于嘉靖初年，是王鏊写给明世宗的奏章。明朝中期以来，皇帝大多不上早朝，宦官趁机窃取大权，危机加深。王鏊向皇帝上奏章，是想让皇帝"恢复古时内朝之法，尽铲近世壅隔之弊"。在文中，他建议皇帝跟贤明之士经常沟通，交换意见。这是作者针对时弊而开出的药方，精辟独到，见识不凡。

【原文】

《易》之《泰》曰："上下交而其志同。"其《否》曰："上下不交而天下无邦。"盖上之情达于下，下之情达于上，上下一体，所以为"泰"。下之情壅阏而不得上闻①，上下间隔，虽有国而无国矣，所以为"否"也。

交则泰，不交则否，自古皆然，而不交之弊，未有如近世之甚者。君臣相见，止于视朝数刻；上下之间，章奏批答相关接，刑名法度相维持而已。非独沿袭故事，亦其地势使然。何也？国家常朝于奉天门，未尝一日废，可谓勤矣。然堂陛悬绝，威仪赫奕②，御史纠仪，鸿胪举不如法，通政司引奏，上特视之，谢恩见辞，惴惴而退，上何尝治一事，下何尝进一言哉？此无他，地势悬绝，所谓堂上远于万里，虽欲言无由言也。

愚以为欲上下之交，莫若复古内朝之法。盖周之时有三朝：库门之外为正朝，询谋大臣在焉；路门之外为治朝，日视朝在焉；路门之内曰内朝，亦曰燕朝。《玉藻》云："君日出而视朝，退适路寝听政。"盖视朝而见群臣，所以正上下之分；听政而适路寝，所以通远近之情。汉制：大司马、左右前后将军、侍中、散骑诸吏为中朝，丞相以下至六百石为外朝。唐皇城之北南三门曰承天，元正、冬至受万国之朝贡，则御焉，盖古之外朝也。其北曰太极门，其西曰太极殿，朔、望则坐而视朝，盖古之正朝也。又北曰两仪殿，常日听朝而视事，盖古之内朝也。宋时常朝则文德殿，五日一起居则垂拱殿，正旦、冬至、圣节称贺则大庆殿，赐宴则紫宸殿或集英殿，试进士则崇政殿。侍从以下，五日一员上殿，谓之轮对，则必入陈时政利害。内殿引见，亦或赐坐，或免穿靴，盖亦有三朝之遗意焉。盖天有三垣，天子象之。正朝，象太极也；外朝，象天市也；内朝，象紫微也。自古然矣。

国朝圣节、正旦、冬至大朝会则奉天殿，即古之正朝也。常日则奉天门，即古之外朝也。而内朝独缺。然非缺也，华盖、谨身、武英等殿，岂非内朝之遗制乎？洪武中如宋濂、刘基，永乐以来如杨士奇、杨荣等，日侍左右；大臣蹇义、夏元吉等，常奏对便殿。于斯时也，岂有壅隔之患哉？今内朝未复，临御常朝之后，人臣无复进见，三殿高閟③，鲜或窥焉。故上下之情，壅而不通；天下之弊，由是而积。孝宗晚年，深有慨于斯，屡召大臣于便殿，讲论天下事。方将有为，而民之无禄，不及睹至治之美，天下至今以为恨矣。

惟陛下远法圣祖，近法孝宗，尽铲近世壅隔之弊。常朝之外，即文华、武英二殿，仿古内朝之意，大臣三日或五日一次起居，侍从、台谏各一员上殿轮对。诸司有事咨决，上据所见决之，有难决者，与大臣面议之。不时引见群臣，凡谢恩辞见之类，皆得上殿陈奏。虚心而问之，和颜色而道之，如此，人人得以自尽。陛下虽深居九重，而天下之事灿然皆陈于前。外朝所以正上下之分，内朝所以通远近之情。如此，岂有近世壅隔之弊哉？唐、虞之时，明目达聪，嘉言罔伏，野无遗贤，亦不过是而已。

【注释】

① 阏（è）：阻塞。② 赫奕（yì）：显耀盛大的样子。③ 閟（bì）：关闭。

【译文】

《易经》中的《泰》卦说："上下沟通，他们的志向就会相同。"它的《否》卦说："上下阻隔，天下就不会成为国家了。"上面的想法能够传达到下面，下面的意见能够传达到上面，上下成为一个整体，所以叫做"泰"。如果下面的意见被阻塞，不能传到上面，上下之间有了隔阂，虽然名义上有国家，实质上也是没有国家的，所以称为"否"。

上下沟通就吉利，上下不沟通就不吉利，自古以来都是这样；然而上下不沟通的弊病，没有像近代这样厉害的了。君臣见面，只是在皇帝上朝听政的那么一会儿；君臣之间，不过是通过奏章、批复相联系，用刑名规定和法令制度彼此维持罢了。这不仅仅是沿袭旧的典章制度，也是相互之间的地位悬殊所造成的。为什么这样说呢？皇上常常在奉天门举行朝会，没有一天间断过，可说是勤于政事了；但是那殿堂前台阶高耸，皇帝的威仪显赫盛大，御史纠察百官朝见的礼仪，鸿胪卿检举那些不合规矩的行动，通政司导引奏事，皇上只是看看罢了，臣子就谢恩告辞，惴惴不安地退了下来。皇上何尝处理过一件事，臣子又何尝进过一言呢？这不是别的原因，只不过是上下地位悬殊所致，正是所谓的君臣同处一堂却相隔远过万里。做臣子的虽然想进言，却无从说起啊。

我认为要做到上下沟通，不如恢复古代内朝的制度。周代的时候有三个设朝的地方：库门的外面所设的是正朝，顾问大臣守候在这里；路门的外面所设的是治朝，皇上每天在这里举行朝会；路门的里面是内朝，也叫燕朝。《礼记·玉藻》上说："君主在日出的时候上朝，退朝以后到路寝听政。”大概在朝堂之上接见群臣，是为了端正上下的名分；听政却要到路寝进行，是为了通晓远近的情况。汉朝的制度：皇帝接见大司马、左右前后将军、侍中、散骑等文武官吏称中朝，接见丞相以下到六百石的官员称外朝。唐代皇城北面靠南的第三门是承天门，每年的元旦和冬至，皇帝到这里接受各国的朝拜和进贡，这大概就是古时候的外朝。它的北面是太极门，它的西面是太极殿，每月的初一和十五，皇帝就在这里坐朝，接见群臣，这大概就是古时候的正朝。再往北面就是两仪殿，皇帝平日就在这里听朝和处理政事，这大概就是古时候的内朝了。宋朝时候，皇帝平日在文德殿坐朝，臣子们每五天一次对皇帝的问候则在垂拱殿进行；元旦、冬至以及皇帝的生日，皇帝要在大庆殿接受朝贺；如果是赐宴的话就在紫宸殿或者集英殿举行；面试进士则在崇政殿。自侍从官以下，每五天有一名官员上殿面见皇帝，称为轮对，他必须进来陈说当时政治的得失。在内殿引见臣属时，有时是赐坐，有时是免穿朝靴。这大概还保留有三朝制度的遗风吧。因为上天有三垣，天子于是仿效它：正朝，仿效太极垣；外朝，仿效天市垣；内朝，仿效紫微垣。自古以来就是这样的。

王鏊谏亲政

到了本朝，皇帝生日、元旦、冬至等大型朝会在奉天殿举行，这便是古时候的正朝；平日在奉天门设朝，这便是古时候的外朝。可是惟独缺少内朝。然而实际上内朝并不缺少，华盖、谨身、武英等殿，难道不是内朝遗制么？洪武年间，如宋濂、刘基，永乐以来，如杨士奇、杨荣等大臣，每天都侍奉在皇帝身边；大臣蹇义、夏元吉等人，经常在便殿启奏应答政事。在这个时候，哪里有阻塞隔绝的忧患呢？现在内朝制度没有恢复，皇上临驾平时的朝会以后，臣子就不能再进见了。三殿高高的大门关闭着，很少有人到这里来瞅一眼。所以上下的意见阻塞不通，天下的弊病因此而越积越多。孝宗晚年，在这方面深有感慨，他屡次在便殿召见大臣，谈论天下的事情，正要有所作为便去世了。百姓没有福气，不能看到天下大治的美好光景。直到现在，天下的人还都为之感到遗憾。

希望皇上远的效法圣祖，近的效法孝宗，彻底铲除近代上下阻塞隔绝的弊病。除日常的朝会之外，就到文华、武英二殿，仿效古代内朝的意思，大臣每隔三天或五天进来请一次安，侍从和台谏各派官员一名上殿轮对。各部门有事请求决断，皇上根据自己的看法决断它，有难于决断的，就和大臣当面商讨解决办法。不时地引见群臣，凡是谢恩、辞行这类情况，都可以上殿陈奏。皇上虚心地询问他们，和颜悦色地开导他们，如此一来，人人都能够毫无保留地说出自己的意见；皇上虽然深居皇宫，可是天下的事情却全都清清楚楚地展现在眼前。外朝用来端正上下的名分，内朝用来了解远近的情况。像这样，哪里会有近代的阻塞隔绝的弊病呢？唐尧、虞舜的时候，他们目明耳聪，好的言论没有被埋没的，民间没有遗漏的贤人，也不过是这样罢了。

王守仁

（1472 ~ 1528）

王守仁，字伯安，号阳明。孝宗弘治十二年（1499）进士，历任南京鸿胪寺卿、南京兵部尚书。他精于军事，曾多次成功地镇压了农民及少数民族起义。《明史》评价说："终明之世，文臣用兵制胜，未有如守仁者。"王守仁确立了心学理论体系，认为人心是宇宙的本体，提倡"悟格物致知，当自求诸心，不当求诸事物"。有《王文成公全书》38卷。

◎尊经阁记◎

【题解】

尊经阁是绍兴会稽山阴书院中的一座楼阁。明朝武宗时，山阴县令吴瀛对原来的稽山书院进行了重建，并盖了这座尊经阁。尊经阁建成后，绍兴知府南大吉请王守仁为它写下记文。在这篇文章中，王守仁把儒家的《六经》视为宇宙万物永恒的真理，他还坚持"心外无物""心外无理"的观点，说《六经》的实质存在于人的内心之中，主张人们若想寻觅《六经》的真谛，就应该从内心出发。

【原文】

经，常道也[①]。其在于天谓之"命"，其赋于人谓之"性"，其主于身谓之"心"。心也，性也，命也，一也。通人物，达四海，塞天地，亘古今，无有乎弗具，无有乎弗同，无有乎或变者也，是常道也。

其应乎感也，则为恻隐，为羞恶，为辞让，为是非；其见于事也，则为父子之亲，为君臣之义，为夫妇之别，为长幼之序，为朋友之信。是恻隐也，羞恶也，辞让也，是非也；是亲也，义也，序也，别也，信也，一也，皆所谓心也，性也，命也。

通人物，达四海，塞天地，亘古今，无有乎弗具，无有乎弗同，无有乎或变者也，是常道也。以言其阴阳消息之行，则谓之《易》；以言其纪纲政事之施，则谓之《书》；以言其歌咏性情之发，则谓之《诗》；以言其条理节文之著，则谓之《礼》；以言其欣喜和平之生，则谓之《乐》；以言其诚伪邪正之辨，则谓之《春秋》。是阴阳消息之行也，以至于诚伪邪正之辨也，一也，皆所谓心也，性也，命也。

通人物，达四海，塞天地，亘古今，无有乎弗具，无有乎弗同，无有乎或变者也，夫是之谓六经。六经者非他，吾心之常道也。是故《易》也者，志吾心之阴阳消息者也；《书》也者，志吾心之纪纲政事者也；《诗》也者，志吾心之歌咏性情者也；《礼》也者，志吾心之条理节文者也；《乐》也者，志吾心之欣喜和平者也；《春秋》也者，志吾心之诚伪邪正者也。君子之于六经也，求之吾心之阴阳消息而时行焉，所以尊《易》也；求之吾心之纪纲政事而时施焉，所以尊《书》也；求之吾心之歌咏性情而时发焉，所以尊《诗》也；求之吾心之条理节文而时著焉，所以尊《礼》也；求之吾心之欣喜和平而时生焉，所以尊《乐》也；求之吾心之诚伪邪正而时辨焉，所以尊《春秋》也。

盖昔圣人之扶人极，忧后世，而述六经也。犹之富家者之父祖，虑其产业库藏之积，其子孙者或至于遗亡散失，卒困穷而无以自全也，而记籍其家之所有以贻之，使之世守其产业库藏之积而享用焉，以免于困穷之患。故六经者，吾心之记籍也，而六经之实，则具于吾心。犹之产业库藏之实积，种种色色，具存于其家，其记籍者，特名状数目而已。而世之学者，不知求六经之实于吾心，而徒考索于影响之间，牵制于文义之末，硁硁然以为是六经矣。是犹富家之子孙，不务守视享用其产业库藏之实积，日遗亡散失，至为窭人丐夫[②]，而犹嚣嚣然指其记籍曰："斯吾产业库藏之积也。"何以异于是？

呜呼！六经之学，其不明于世，非一朝一夕之故矣。尚功利，崇邪说，是谓乱经；习训诂，传记诵，没溺于浅闻小见，以涂天下之耳目，是谓侮经；侈淫词，竞诡辩，饰奸心盗行，逐世垄断，而犹自以为通经，是谓贼经。若是者，是并其所谓记籍者而割裂弃毁之矣，宁复知所以为尊经也乎？

越城旧有稽山书院，在卧龙西冈，荒废久矣。郡守渭南南君大吉，既敷政于民，则慨然悼末学之支离，将进之以圣贤之道，于是使山阴令吴君瀛拓书院而一新之。又为尊经之阁于其后，曰："经正则庶民兴，斯无邪慝矣[③]。"阁成，请予一言以谂多士[④]。予既不获辞，则为记之若是，呜呼！世之学者得吾说而求诸其心焉，则亦庶乎知所以为尊经也已！

【注释】

① 常道：经久不变的真理。② 窭（jù）人：贫穷的人。③ 慝（tè）：邪念。④ 谂（shěn）：规谏。

【译文】

尊经阁

儒家的经典，是永恒的真理。它存在于天时叫做"命"，赋予人时叫做"性"，主宰人的身体行动时叫做"心"。心、性、命，其实是一个东西。它沟通了人与万物，遍及了四海八方，充斥在天地之间，横贯于往来古今，无所不有，无所不同，不会发生任何的变化；这就是永恒的真理！

它反应在情感上，就表现为同情之心、羞耻之心、谦让之心、明辨是非之心；它反应在事情上，就表现为父子之间的亲爱、君臣之间的忠义、夫妇之间的区别、长幼之间的次序、朋友之间的信义；这同情呀、羞耻呀、谦让呀、是非呀，这亲爱呀、忠义呀、次序呀、区别呀、信义呀，都是一回事，就是前面所说的心、性、命。

沟通人与万物，遍及四海八方，充斥在天地之间，横贯于往来古今，无所不有，无所不同，不会发生任何变化的，就是永恒的真理啊！用它来解释阴阳消长变化规律的，就是《易》；用它来阐述典章法制政事的实施的，就是《书》；用它来记述抒发性情歌唱吟咏的，就叫做《诗》；用它来谈论礼仪规章的建立的，就叫做《礼》；用它来表达欢愉平和之音形成的，就叫做《乐》；用它来指出诚实和虚伪、奸邪和正直的辨析的，就叫作《春秋》。从阴阳消长的变化规律，一直到诚伪邪正的辨析，其实都是一个东西，都是前面所说的心、性、命。

沟通人与万物，遍及四海八方，充斥在天地之间，横贯于往来古今，无所不有，无所不同，不会发生任何变化；这就叫做六经。六经不是别的什么东西，它是我心灵中永恒的规范啊。所以《易》是记述我心里的阴阳变化的，《书》是记述我心里的典章法制政事的，《诗》是记述我心里抒发性情的歌咏的；《礼》是记述我心里的礼仪规章的，《乐》是记述我心里的欢愉平和的，《春秋》是记述我心里对于诚伪邪正的辨析的。君子对于六经，探求自己心里的阴阳变化并且时时地加以实行，便是尊崇《易》；探求自己心里的典章法制政事，及时去实施，便是尊崇《书》；能从自己心中探求歌咏性情，并时常地抒发它，便是尊崇《诗》；探求自己心里的各种不同礼仪规范，及时去表现，便是尊崇《礼》；探求自己心里的欢愉和平，及时去抒发，便是尊崇《乐》；探求自己心里的诚伪邪正，及时去辨析，便是尊崇《春秋》。

从前圣人为了树立做人的最高道德准则，考虑后世，因而著述了六经。正像有钱人家的先辈，担心他产业积蓄到他的子孙那代也许会遗亡散失，最终落入穷困而不能够保全自己；因此就把他全家所有的财产登记在簿子上传给子孙，使他们能世代保有这些产业和积蓄，以资享用，从而免除穷困的忧患。所以六经是我心里的帐簿，六经的实质，却全都存在我的心里。这就像产业和库藏中的实物是形形色色的，都储存在他的家里，那账簿上记载的，只是它们的名称、式样、数量罢了。可是世上做学问的人，不知道从自己心里探求六经的实质，却白费力气地在无根据的传闻和注疏中考证探索，被文义中的一些细碎枝节所牵制，还固执地认为这就是六经了。这正像那有钱人家的子孙，不尽力去保有和享用他的产业和积蓄，却日益将它们遗失殆尽，直到自己落为穷人、乞丐，却还得意地指着他的帐簿说："这便是我的产业和库藏的积蓄呢！"某些人对待六经，跟这种情况有什么不同？

唉！六经的学问，它在世上不能发扬光大，已经不是一天两天的事情了！看重功利，崇尚邪说，这叫做"乱经"；钻研注疏，传习记诵，沉溺在浅见陋识之中，以此来堵塞天下人的耳目，这叫做"侮经"；大放邪说，竞相诡辩，掩饰自己奸邪的心思和丑恶的行为，追随世俗，像商人一样投机取巧，却还自认为精通经典，这叫做"毁经"。像这种人，是连同他的所谓账簿也割裂毁弃掉了，哪里还会懂得尊崇儒家经典的道理呢？

越城从前有座稽山书院，在卧龙冈的西面，荒废很久了。郡守渭南人南大吉，在对百姓施行政教之余，慨叹近代末流之学的支离破碎，想要把人们引向圣贤之道，于是派出阴县令吴君瀛来扩充稽山书院，使它面目一新。又在它的后面筑了一座尊经阁，说道："六经的道理一旦被正确理解了，那么百姓就会兴旺，这里也就不再会有奸邪藏匿了。"尊经阁筑成后，请我写一篇文章来规劝那些读书人。我既然不能推辞，就替他做了这样一篇记。唉！世上学习儒家经典的人得到我的这一番议论，还要在心中对它进行印证，那么也许就能够知道怎么样才算是尊重六经了吧！

◎象祠记◎

【题解】

象是舜同父异母的兄弟，舜没有当天子的时候，他曾和母亲多次陷害舜，但都没有成功。舜却不予计较，继位后，仍是以德报怨，封他做了有鼻国国君。这篇文章以苗人翻修象祠一事开头，然后推断象后来可能改过自新，从而引发出"天下无不可化之人"的观点，以此劝勉世人修身重德。本文通过对话，肯定了人性的向善，这就是王守仁思想中的"致良知"的体现。

【原文】

灵博之山，有象祠焉。其下诸苗夷之居者，咸神而祠之。宣尉安君因诸苗夷之请，新其祠屋，而请记于予。予曰："毁之乎，其新之也？"曰："新之。""新之也何居乎？"曰："斯祠之肇也，盖莫知其原。然吾诸蛮夷之居是者，自吾父、吾祖溯曾、高而上，皆尊奉而禋祀焉，举而不敢废也。"予曰："胡然乎？有鼻之祀，唐之人盖尝毁之。象之道，以为子则不孝，以为弟则傲。斥于唐，而犹存于今；坏于有鼻，而犹盛于兹土也，胡然乎？"

我知之矣：君子之爱若人也，推及于其屋之乌，而况于圣人之弟乎哉？然则祠者为舜，非为象也。意象之死，其在干羽既格之后乎？不然，古之骜桀者岂少哉[1]？而象之祠独延于世。吾于是盖有以见舜德之至，入人之深，而流泽之远且久也。

《二十四孝》中记载，舜的父母行为恶劣，弟弟桀骜，但舜性行至孝。舜的孝行感动了天帝，他在厉山耕种时，大象替他耕地，鸟代他锄草。

象之不仁，盖其始焉耳，又乌知其终之不见化于舜也？《书》不云乎："克谐以孝，烝烝乂，不格奸。""瞽瞍亦允若[2]。"则已化而为慈父。象犹不弟，不可以为谐。进治于善，则不至于恶。不底于奸，则必入于善。信乎象盖已化于舜矣。《孟子》曰："天子使吏治其国"。象不得以有为也。斯盖舜爱象之深而虑之详，所以扶持辅导之者之周也。不然，周公之圣，而管、蔡不免焉。斯可以见象之见化于舜，故能任贤使能，而安于其位，泽加于其民，既死而人怀之也。诸侯之卿，命于天子，盖《周官》之制，其殆仿于舜之封象欤？

吾于是盖有以信人性之善，天下无不可化之人也。然则唐人之毁之也，据象之始也；今之诸苗之奉之也，承象之终也。斯义也，吾将以表于世。使知人之不善虽若象焉，犹可以改；而君子之修德，及其至也，虽若象之不仁，而犹可以化之也。

【注释】

① 骜（ào）桀（jié）：暴戾不驯。② 瞽瞍（sǒu）：舜的父亲。

【译文】

灵博山上有一座象祠。那山下住着的苗民，都把象当作神灵来祭祀。宣慰使安君，应那些苗民的请求，翻修了祠堂，同时请我做一篇记。我说："是拆毁它呢，还是翻修它呢？"宣慰使说："是翻修它。"我说："翻修它？有什么理由吗？"宣慰使说："这座祠堂的来历，大概是没有什么人知晓了。然而居住在这里的苗民，从我的父亲、祖父，一直追溯到曾祖父、高祖父以上，都是尊奉象，祭祀象，一直沿袭而不敢荒废。"我说："为什么这样呢？有鼻那地方的象祠，唐代的人就曾经毁掉过。象的为人，作为儿子他不孝顺，作为弟弟他骄傲狂妄。对他的祭祀在唐代受到贬斥，可是还存留到现在；现在有鼻被废弃了，可是还盛行于此地。为什么这样呢？"

我懂得了：君子喜爱这个人，会把这种喜爱延及到爱他屋上的乌鸦，更何况是圣人的弟弟呢？所以兴建这座祠堂是因为舜的缘故，并不是因为象啊！想那象的死去，大概是在舜用德政感化了苗族之后吧？不然的话，从古到今桀骜不驯的人难道还少吗？可是象的祠堂却独独能延续到今世，我于是从这里得以看到舜的德行的至大至盛，浸入人心之深，以及他的恩泽流传的广远和长久。

象的不仁德，大概只在于开始的时候，怎见得他不是最终被舜感化了呢？《书》上不是说过吗："舜能用他的孝顺使家庭和睦，使家人日益向善上进，不至于走到邪路上去。""瞽瞍也表示顺从。"最终因为舜的感化而成为了慈祥的父亲。如果象还是不敬爱哥哥，就不能够说是全家和睦了。不断地向善的标准进步并且调整自己，就不会沦于邪恶；不往邪路上迈步，就一定会向善的标准靠近。象最终为舜所感化这是真实可信的啊。孟子说："天子派遣官吏去治理象的封国，象于是不能有所作为。"这大概是舜深爱着象，并且为他做了周详的考虑，所以用来扶持他、辅导他的办法也就很周到啊。不是这样的话，那么即使有像周公那样的圣明，可是管叔、蔡叔也不能避免被诛杀放逐。从这里能够看到象是被舜所感化了，所以能够任贤使能，安稳地坐在他的位子上，使他的恩德遍及百姓，所以死了以后才有人怀念他。诸侯的卿，都是由天子任命的，周代的这种制度，大概是仿效舜封象以后的做法吧！

我因此能够相信，人的本性是善良的，天下没有不能够被感化的人。那么唐朝人拆毁象的祠堂，是根据象开始的表现；如今这些苗民尊奉他，是根据他后来的表现。这其中的道理，我将要向世人阐明，使人们知道：人的不善良，即使像象一样，还是可以改正的；君子修养自己的德行，到了至大至盛的时候，即使有人像象一样不仁善，也还是能够感化他的。

◎瘗旅文◎

【题解】

明武宗正德元年（1506），王守仁因得罪了大太监刘瑾，被贬到贵州做了龙场驿丞。在去龙场的路上，王守仁亲眼看见掌管文书的吏目和他的儿子、仆人先后客死在蜈蚣坡下，使他产生了“同是天涯沦落人”的感慨。所以，王守仁亲自率人把三位死者埋葬在路旁，并写了这篇祭文。

【原文】

维正德四年秋月三日，有吏目云自京来者，不知其名氏，携一子一仆将之任，过龙场，投宿土苗家。予从篱落间望见之，阴雨昏黑，欲就问讯北来事，不果。明早，遣人觇之[①]，已行矣。薄午，有人自蜈蚣坡来，云：“一老人死坡下，傍两人哭之哀。”予曰：“此必吏目死矣，伤哉！”薄暮，复有人来云：“坡下死者二人，傍一人坐哭。”询其状，则其子又死矣。明日，复有人来云：“见坡下积尸三焉。”则其仆又死矣。呜呼伤哉！

念其暴骨无主，将二童子持畚、锸往瘗之[②]，二童子有难色然。予曰：“噫！吾与尔犹彼也。”二童闵然涕下，请往。就其傍山麓为三坎，埋之。又以只鸡、饭三盂，嗟吁涕洟而告之曰：

“呜呼伤哉！繄何人？繄何人？吾龙场驿丞余姚王守仁也。吾与尔皆中土之产。吾不知尔郡邑，尔乌乎来为兹山之鬼乎？古者重去其乡，游宦不逾千里，吾以窜逐而来此，宜也。尔亦何辜乎？闻尔官，吏目耳，俸不能五斗，尔率妻子躬耕可有也，胡为乎以五斗而易尔七尺之躯？又不足，而益以尔子与仆乎？呜呼伤哉！尔诚恋兹五斗而来，则宜欣然就道，胡为乎吾昨望见尔容蹙然，盖不胜其忧者？夫冲冒霜露，扳援崖壁，行万峰之顶，饥渴劳顿，筋骨疲惫，而又瘴疠侵其外[③]，忧郁攻其中，其能以无死乎？吾固知尔之必死，然不谓若是其速，又不谓尔子、尔仆亦遽然奄忽也。皆尔自取，谓之何哉！吾念尔三骨之无依而来瘗耳，乃使吾有无穷之怆也。呜呼伤哉！纵不尔瘗，幽崖之狐成群，阴壑之虺如车轮，亦必能葬尔于腹，不致久暴露尔。尔既已无知，然吾何能为心乎？自吾去父母乡国而来此，三年矣，历瘴毒而苟能自全，以吾未尝一日之戚戚也。今悲伤若此，是吾为尔者重，而自为者轻也，吾不宜复为尔悲矣。吾为尔歌，尔听之！”

歌曰：“连峰际天兮飞鸟不通，游子怀乡兮莫知西东。莫知西东兮维天则同，异域殊方兮环海之中。达观随寓兮莫必予宫，魂兮魂兮无悲以恫。”

又歌以慰之曰：“与尔皆乡土之离兮，蛮之人言语不相知兮。性命不可期，吾苟死于兹兮，率尔子仆，来从予兮。吾与尔遨以嬉兮，骖紫彪而乘文螭兮[④]，登望故乡而嘘唏兮。吾苟获生归兮，尔子、尔仆尚尔随兮，无以无侣悲兮。道傍之冢累累兮，多中土之流离兮，相与呼啸而徘徊兮。餐风饮露，无尔饥兮。朝友麋鹿，暮猿与栖兮。尔安尔居兮，无为厉于兹墟兮。”

【注释】

①觇（chān）：暗中察看。②畚（běn）锸（chā）：畚箕和铁锹。瘗（yì）：埋葬。③瘴（zhàng）疠（lì）：南方山林间湿热蒸郁可致人疾病之气。④骖（cān）：此处作“驾驭”讲。文螭（chī）：有花纹的无角龙。

【译文】

正德四年秋季某月的初三，有一个自称是从京城里来的吏目，不知道他的姓名，带着一个儿子一个仆人前去赴任。经过龙场的时候，投宿在当地的苗人家里。我从篱笆的缝隙中看到了他，这时阴雨绵绵，天色昏暗，我想去询问北方近来的情况，没有去成。第二天早晨，派人去看他，他们已经走了。将近中午的时候，有人从蜈蚣坡来，说：“有个老人死在坡下，旁边有两个人哭得很是悲痛。”我说：“这一定是那个吏目死了。令人悲伤呀！”傍晚的时候，又有人来说：“坡下有两个死人，有一个人坐着在旁边哭泣。”我询问当时的状况，则推知他的儿子也死了。第二天，又有人来说：“看见蜈蚣坡下堆积着三具尸体。”那是他的仆人也死了，哎，真是令人悲伤啊！

我想到他们暴尸荒野，无人收殓，就带了两个童子，拿着畚箕和铁锹前去埋葬他们。两个童子面露难色。我说：“唉！我和你们就和他们一样啊！”两个童子悲伤地落下眼泪，愿意同去。我们在尸体旁的山脚下挖了三个坑，埋葬了他们。又用一只鸡、三碗饭祭奠，叹息流泪，祭告他们说：

“唉，令人悲伤呀！你是什么人？你是什么人？我是龙场驿丞，余姚人王守仁啊。我和你都生长在中原，我不知道你是哪里人，你为什么要来做这座山的鬼呢？古人不轻易离开家乡，出外做官不超过千里，我因为贬官而被放逐到这里，是应该的。你又有什么罪过呢？听说你的官位不过是个吏目罢了，俸禄不足五斗，你带领妻子儿女亲自耕种也是能够得到的呀！为什么要因为这五斗米的俸禄而换去了你堂堂七尺的身躯呢？这还不够，还要加上你的儿子和仆人呢？唉，令人悲伤呀！你要真是因为贪恋这五斗米而来，就应当欣然上路，为什么我昨天看见你满面愁容，好像不胜忧伤的样子呢？你们冒着风霜寒露，在陡峭的山路上攀援，翻过无数的山峰，又饥又渴，劳累困顿，身体疲惫，又有瘴气瘟疫在外侵扰，忧愁苦闷在心中郁积，这怎能不死去呢？我本来知道你一定会死，但没有料到你会死得这样快，更没料到你的儿子、仆人也都很快地相继死去！这都是你自己招来的祸殃啊，还能说什么呢！我想到你们的尸骨无人收敛，所以前来埋葬，这使我产生了无穷的悲伤啊！唉，令人悲伤啊！纵然我不埋葬你，这荒僻山崖上的狐狸成群，晦暗深谷中的毒蛇大如车轮，也一定会把你们吞入腹中，不会使你们长久地暴尸山野啊。你已经没有感知了，可是我又于心何忍？自从我离开了父母家乡，来到这里已经三年了，经受了瘴疠毒气的侵扰却能苟且保全，是因为我不曾有一天的忧伤啊。今天如此悲伤，大半因为你，很少是因为我自己呀。我不应当再替你悲伤了。我为你做了一首歌，你听吧！”

歌词是：“连绵的山峰与天相接啊，连飞鸟也不能通过。羁泊他乡的游子怀念故土啊，辨不清西和东。

悼念吏目

辨不清东和西呀，只有天空在哪里都是一样的。他乡异地啊，也是环抱在四海之中。达观的人四海为家啊，不一定非要有固定的住处。魂啊，魂啊，不要伤心悲痛！”

又作了一支歌来安慰他说：“我和你都是远离故乡的人啊，蛮族的言语一点儿也听不懂。寿命的长短真的不可预料啊，我如果死在这里，你就带着儿子和仆人来和我在一起。我和你遨游嬉戏啊，驾驭着紫色的猛虎，坐在斑斓的蛟龙上面。登高眺望故乡的遥远啊，发出长长的叹息！我若能活着回去啊，你还有儿子和仆人跟随，不会因为孤独无伴而伤悲。路旁那累累的坟头啊，多是流离至此的中原人士安睡其中。大家相互招呼叫喊呀，一起在这里徘徊不去。餐清风而饮甘露啊，你就不会饥饿。早晨与麋鹿结成伙伴，晚上与猿猴一同栖息。你可以安心地居在这里呀，不要危害这里的村落！”

唐顺之

（1507 ~ 1560）

唐顺之，字应德，武进（今属江苏常州）人。嘉靖八年（1529）会试第一，官翰林编修，后调兵部主事。当时倭寇屡犯沿海，唐顺之督师浙江，曾亲率兵船破倭寇于海上。后升右佥都御史、代凤阳巡抚，至通州（今南通）去世。世称“荆川先生”。有《荆川先生文集》。

◎信陵君救赵论◎

【题解】

战国末年，秦国围攻赵都邯郸，赵王向魏国求助。魏王派了将军晋鄙去营救赵国，但晋鄙害怕秦军强大，在邯郸附近徘徊不进。魏国公子信陵君为救赵国，就偷走了晋鄙指挥军队的兵符，还杀死了晋鄙，之后率领魏军进攻秦军，取得大胜。这件事一直被后世引为佳话，但是唐顺之却一反前人的观点，针对这件事提出了自己的见解。他认为信陵君做出此举，是出于私心，这种做法危害了魏国的利益，而且还无视魏王的权威，是该杀的。这篇文章标新立异，写法也大开大合，极其壮观，但他对古人的评价，可能有失公允。

【原文】

论者以窃符为信陵君之罪[①]，余以为此未足以罪信陵也。夫强秦之暴亟矣，今悉兵以临赵，赵必亡。赵，魏之障也；赵亡，则魏且为之后。赵、魏，又楚、燕、齐诸国之障也；赵、魏亡，则楚、燕、齐诸国为之后。天下之势，未有岌岌于此者也。故救赵者，亦以救魏；救一国者，亦以救六国也。窃魏之符以纾魏之患[②]，借一国之师以分六国之灾，夫奚不可者？

然则信陵果无罪乎？曰：“又不然也。”余所诛者，信陵君之心也。信陵一公子耳，魏固有王也。赵不请救于王，而谆谆焉请救于信陵，是赵知有信陵，不知有王也。平原君以婚姻激信陵，而信陵亦自以婚姻之故，欲急救赵，是信陵知有婚姻，不知有王也。其窃符也，非为魏也，非为六国也，为赵焉耳。非为赵也，为一平原君耳。使祸不在赵，而在他国，则虽撤魏之障，撤六国之障，信陵亦必不救。使赵无平原，或平原而非信陵之姻戚，虽赵亡，信陵亦必不救。则是赵王与社稷之轻重，不能当一平原公子；而魏之兵甲所恃以固其社稷者，只以供信陵君一姻戚之用。幸而战胜，可也；不幸战不胜，为虏于秦，是倾魏国数百年社稷以殉姻戚，吾不知信陵何以谢魏王也。

夫窃符之计，盖出于侯生，而如姬成之也。侯生教公子以窃符，如姬为公子窃符于王

信陵君说服如姬窃兵符

之卧内，是二人亦知有信陵，不知有王也。余以为信陵之自为计，曷若以唇齿之势，激谏于王；不听，则以其欲死秦师者而死于魏王之前，王必悟矣。侯生为信陵计，曷若见魏王而说之救赵；不听，则以其欲死信陵君者而死于魏王之前，王亦必悟矣。如姬有意于报信陵，曷若乘王之隙而日夜劝之救；不听，则以其欲为公子死者而死于魏王之前，王亦必悟矣。如此，则信陵君不负魏，亦不负赵；二人不负王，亦不负信陵君。何为计不出此？信陵知有婚姻之赵，不知有王。内则幸姬，外则邻国，贱则夷门野人，又皆知有公子，不知有王，则是魏仅有一孤王耳。

呜呼！自世之衰，人皆习于背公死党之行，而忘守节奉公之道。有重相而无威君，有私仇而无义愤。如秦人知有穰侯，不知有秦王；虞卿知有布衣之交，不知有赵王。盖君若赘旒久矣。由此言之，信陵之罪，固不专系乎符之窃不窃也。其为魏也，为六国也，纵窃符犹可；其为赵也，为一亲戚也，纵求符于王，而公然得之，亦罪也。

虽然，魏王亦不得为无罪也。兵符藏于卧内，信陵亦安得窃之？信陵不忌魏王，而径请之如姬，其素窥魏王之疏也。如姬不忌魏王，而敢于窃符，其素恃魏王之宠也。木朽而蛀生之矣。古者人君持权于上，而内外莫敢不肃。则信陵安得树私交于赵？赵安得私请救于信陵？如姬安得衔信陵之恩？信陵安得卖恩于如姬？履霜之渐，岂一朝一夕也哉！由此言之，不特众人不知有王，王亦自为赘旒也。

故信陵君可以为人臣植党之戒，魏王可以为人君失权之戒。《春秋》书“葬原仲”“翚帅师”。嗟夫！圣人之为虑深矣！

【注释】

①符：兵符。②纾（shū）：解除。

【译文】

评论史事的人把窃取魏王兵符看作是信陵君的罪过，我认为这并不足以怪罪信陵君。强秦的暴虐咄咄逼人，现在出动全国的军队侵入赵国，赵国一定灭亡。赵国是魏国的屏障，赵国灭亡了，魏国也会随之而灭亡。赵国和魏国，又是楚国、燕国、齐国等几个国家的屏障，赵国、魏国灭亡了，那么楚国、燕国、齐国等几个国家就要步它们的后尘。天下的形势，从未像此刻这样危急过。所以救赵也就是救魏，救一国也就是救六国。窃取魏王的兵符来解除魏国的祸患，借助一国的兵力来化解六国的灾难，这有什么不可以的呢？

然而信陵君果真没有罪过吗？我说：“又不是这样。”我所要指责的，是信陵君的私心啊。信陵君不过是一个公子罢了，魏国本来是有君主的啊！赵国不向魏王求救，却恳切地向信陵君求救，这是赵国只知道有信陵君，却不知道有魏王啊。平原君利用姻亲的关系去激发信陵君，而信陵君自己也是因为姻亲的缘故，才急于援救赵国，这是信陵君只知道有姻亲关系，而不知道有魏王啊。他窃取兵符，不是为了魏国，不是为了六国，只是为了赵国罢了；也不能说是为赵国，应该说只是为一个平原君罢了。假使祸患不在赵国，而是在别的国家，那么即使撤去了魏国的屏障，撤去了六国的屏障，信陵君也一定不会去相救；假使赵国没有平原君，或者平原君不是信陵君的姻亲，那么即使赵国灭亡了，信陵君也必定不会去相救。这是赵王和国家社稷的轻重，还抵不上一个平原公子；而魏国用以保卫国家的军队，也不过是供信陵君为自己的一个姻亲而使用。幸而打了胜仗，还算可以，如果不幸打了败仗，做了秦国的俘虏，这就是倾覆了魏国几百年的江山社稷来给姻亲做殉葬品啊！我真不知道信陵君那时该拿什么向魏王谢罪！

窃取兵符的计策，是侯生提出，而由如姬完成的。侯生教信陵公子去窃取兵符，如姬在魏王的卧室里为信陵公子窃取了兵符。这两个人心中也只知道有信陵君，而不知道有魏王啊。我认为信陵君替自己打算，不如用魏、赵两国唇齿相依的情势，激切地向魏王进谏。如果魏王不听，就用他要跟秦军拼命的决心，死在魏王的面前，那么魏王一定会醒悟的。侯生替信陵君出谋划策，不如进见魏王，劝说他援救赵国。如果魏王不听，就用自己以死报效信陵君的决心，死在魏王的面前，魏王也一定会醒悟的。这样，信陵君不会有负于魏国，也不会有负于赵国，侯生和如姬两个人不会有负于魏王，也不会有负于信陵君。为什么不从这方面去想办法呢？信陵君只知道与自己有婚姻关系的赵国，不知道有魏王。在内的宠姬，在外的邻国，地位卑贱的夷门野人，又都只知道有公子，不知道有魏王，那么这魏国只有一个孤立的君王罢了！

唉！自从世道衰败以来，人们都习惯了那些不顾公事、为私党尽死力的行为，却忘记了坚守节操、奉行公事的道理。有权倾朝野的宰相，却没有威加海内的国君；有狭隘的私仇，却没有正义的愤怒。就像秦国人只知道有穰侯，而不知道有秦王；虞卿只知道有布衣之交，而不知道有赵王一样。大概君王像连缀在大旗上的穗带装饰一样，大权旁落已经很久了啊。如此说来，信陵君的罪过，确实不只是在于偷不偷兵符啊。如果他是为了魏国，为了六国，纵然是窃取兵符，也是可以的；如果他只是为赵国，为一个亲戚，即使是向魏王求取兵符，公开地得到了它，也是有罪的。

虽然如此，魏王也不能说是没有罪过的。兵符在卧室里藏着，信陵君怎么能将它偷得出来呢？信陵君忌惮魏王，却直接向如姬请求帮助，这是平时就看出了魏王的疏漏。如姬不怕魏王，而敢于偷取兵符，是她一贯依恃着魏王对自己的宠爱。树木朽腐了，蛀虫才能生长出来。古代的君主在上面掌握着大权，里里外外没有敢不肃然起敬的。如此，信陵君哪里能够同赵国私自交往，赵国又怎能私下里向信陵君求救呢？如姬又怎能够常常想着要报答信陵君的恩德，信陵君又怎能施恩于如姬呢？寒冬的到来，难道是一朝一夕的功夫么？如此说来，不只是大家心中没有魏王，魏王也是自愿做在大旗上的穗带装饰啊！

所以信陵君可以作为臣子结党营私的鉴戒，魏王可以作为君主失去权力的鉴戒。《春秋》记载了“葬原仲”“翚帅师”两件事。唉！圣人的思虑，真是深远啊！

宗臣

（1525 ~ 1560）

宗臣，字子相，号方城山人，扬州兴化（今属江苏）人。嘉靖二十九年（1550）进士，初授刑部主事，改吏部员外郎，因作文祭奠杨继盛而得罪严嵩，被贬为福州布政使司左参议，后因率众击退倭寇有功，迁提学副使。他能诗善文，著有《宗子相集》。

◎报刘一丈书◎

【题解】

明朝嘉靖年间，严嵩父子弄权，朝政腐败，不少官员为升官发财，就依附于严嵩父子，一时间贿赂成风。宗臣对这一现象十分痛恨，他借给长辈刘一丈回信之机，就来信中的“上下相孚”一语进行发挥，揭露官员贿赂门房的行径，并对他们巴结权贵的行为进行讽刺。最后表明自己绝不同流合污的心迹。

【原文】

数千里外，得长者时赐一书，以慰长想，即亦甚幸矣；何至更辱馈遗①，则不才益将何以报焉？书中情意甚殷，即长者之不忘老父，知老父之念长者深也。

至以“上下相孚②，才德称位”语不才，则不才有深感焉。夫才德不称，固自知之矣；至于不孚之病，则尤不才为甚。且今之所谓孚者何哉？日夕策马候权者之门，门者故不入，则甘言媚词作妇人状，袖金以私之。即门者持刺入，而主人又不即出见，立厩中仆马之间，恶气袭衣袖，即饥寒毒热不可忍，不去也。抵暮，则前所受赠金者出，报客曰：“相公倦，谢客矣，客请明日来。”即明日又不敢不来，夜披衣坐，闻鸡鸣即起盥栉③，走马推门。门者怒曰：“为谁？”则曰：“昨日之客来。”则又怒曰：“何客之勤也，岂有相公此时出见客乎？”客心耻之，强忍而与言曰：“亡奈何矣，姑容我入。”门者又得所赠金，则起而入之。又立向所立厩中。幸主者出，南面召见，则惊走匍匐阶下。主者曰：“进！”则再拜，故迟不起，起则上所上寿金。主者故不受，则固请。主者故固不受，则又固请。然后命吏纳之。则又再拜，又故迟不起，起则五六揖始出。出揖门者曰：“官人幸顾我，他日来，幸无阻我也！”门者答揖。大喜奔出，马上遇所交识，即扬鞭语曰：“适自相公家来，相公厚我，厚我！”且虚言状。即所交识亦心畏相公厚之矣。相公又稍稍语人曰：“某也贤，某也贤。”闻者亦心计交赞之。此世所谓上下相孚也。长者谓仆能之乎？

前所谓权门者，自岁时伏腊一刺之外，即经年不往也。间道经其门，则亦掩耳闭目，跃马疾走过之，若有所追逐者。斯则仆之褊衷。以此长不见悦于长吏，仆则愈益不顾也。每大言曰：“人生有命，吾惟守分而已。”长者闻之，得无厌其为迂乎？

【注释】

①馈（kuì）遗（wèi）：赠送。②孚：信任。③盥（guàn）栉（zhì）：梳洗。

【译文】

几千里以外，时常得到您老人家的来信，安慰我长久思念之心，已经是十分幸运的事情了；怎能更劳您馈赠礼品，这叫我更用什么来报答您啊！您的书信中情意甚是殷切，可见您没有忘记我的老父亲，也明白了我的老父亲为什么这样深深想念您。

至于信中用“上下之间要互相信任，才能与品德要与职位相称”的话来教导我，我有非常深的感触。我的才能品德与职位不相称，我自己本来就知道这一点的；至于上下互不信任这一弊病，则在我身上表现得尤为突出。再说，现今所讲的“信任”是什么呢？那就是：一个人从早到晚骑着马恭候在当权者的门口，看门的人故意不进去通报时，就甜言蜜语并且作出女人一样的媚态，把藏在袖子里的银钱拿出来偷偷塞给他。等看门人拿了名帖进去通报了，可是主人又不立刻出来接见，自己只好站在马棚里的仆人和马匹中间，臭气熏着衣袖，即使饥饿寒冷或闷热到难以忍受，也不肯离开。到了太阳落山的时候，先前收了赂金的看门人出来，对他说："相公疲倦了，今日谢客。请客人明日再来。"到了第二天，自己又不敢不来。从头天夜里开始就披着衣服坐着，听到鸡叫便起来梳洗，然后骑马跑去推门。守门人发怒问："是哪个？"他回答说："就是昨天来的那一个。"守门人又怒气冲天地说："客人为什么这样勤快呢？难道相公会在这个时候出来见客吗？"他心里感到受了羞辱，但还是强忍着对看门人说："没有办法呀，姑且让我进去吧。"守门人于是又得了他的银钱，就起身让他进来，他于是还是站在昨天站过的马棚里。幸好主人出来，朝南坐着召见他。他战战兢兢地走进来，匍匐在台阶下。主人说："进来！"他就拜了两拜，故意迟迟不起来，起来以后便献上进见的礼物。主人故意不接受，他就再三请求，主人故意再三不接受，他又再三请求。然后主人叫手下将礼物收了起来。他就又拜了两拜，又故意迟迟不起来，起来后有作了五六个揖，然后才退出来。出来后，他给看门人作揖说："请官人多多关照！以后再来，请不要阻拦我啊！"看门人回了他一个揖。他喜出望外地跑出来，骑马碰到了相识的人，就扬着马鞭子得意地说："刚刚从相公家出来，相公很看重我，很看重我！"并且夸大其词地说起自己如何受到厚待。即便是与他相识的人，也因为相公看重他而对他产生了敬畏之心。相公又间或地向人提起："某人不错啊！某人不错啊！"听到的人便挖空心思地交口称赞他。这就是现在世上所说的"上下之间互相信任"吧。您老人家认为我能这样做吗？

宫员谄媚权贵

前面提到的当权的人，我除了过年过节投上一个名帖以外，就常年不去了。偶然路经他的门前，便捂了耳朵，闭上眼睛，催马疾驰而过，就好像有人追赶我一样。这就是我狭隘的心胸，我也为此长久地不被上司喜欢；但我却更加地不管不顾，并且常常夸口说："人各有命，我只是安守自己的本分罢了！"您老人家听了这番话，不会讨厌我的迂阔不通情吧？

归有光
（1506 ~ 1571）

归有光，字熙甫，号震川，昆山（今属江苏）人，世称震川先生。嘉靖年间进士，官至南京太仆寺丞。推崇唐宋作家，反对当时文坛领袖王世贞的"文必秦汉"，认为"文章至于宋元诸名家，其力足以追数千载之上而与之颉颃"。著有《震川文集》四十卷。

◎《吴山图》记◎

【题解】

明朝嘉靖年间，魏用晦做了江苏吴县的县令。他当政期间，吴县百姓安居乐业，所以口碑颇好。当魏用晦离任时，吴县百姓为了感谢他，就送了他一幅描绘吴山风景的《吴山图》。归有光与魏用晦交好，他听说此事后，写了这篇《吴山图》记。本文以山水画为线索，通过介绍吴县的名山古迹，以及魏用晦对吴县百姓的恩泽，赞颂了魏用晦的贤明。

【原文】

吴、长洲二县，在郡治所，分境而治。而郡西诸山，皆在吴县。其最高者，穹窿、阳山、邓尉、西脊、铜井；而灵岩，吴之故宫在焉，尚有西子之遗迹。若虎丘、剑池，及天平、尚方、支硎，皆胜地也。而太湖汪洋三万六千顷，七十二峰沉浸其间，则海内之奇观矣。

余同年友魏君用晦为吴县，未及三年，以高第召入为给事中。君之为县有惠爱，百姓扳留之不能得，而君亦不忍于其民，由是好事者绘《吴山图》以为赠。

夫令之于民诚重矣。令诚贤也，其地之山川草木亦被其泽而有荣也；令诚不贤也，其地之山川草木亦被其殃而有辱也。君于吴之山川，盖增重矣。异时吾民将择胜于岩峦之间，尸祝于浮屠、老子之宫也，固宜。而君则亦既去矣，何复惓惓于此山哉[①]？昔苏子瞻称韩魏公去黄州四十余年而思之不忘，至以为思黄州诗，子瞻为黄人刻之于石。然后知贤者于其所至，不独使其人之不忍忘而已，亦不能自忘于其人也。

君今去县已三年矣，一日与余同在内庭，出示此图，展玩太息，因命余记之。噫！君之于吾吴，有情如此，如之何而使吾民能忘之也？

【注释】

①惓（quán）惓：恳切诚挚。

【译文】

吴县和长洲两县，都在吴郡郡治所在地，只是划界而治。郡西的那许多山，都在吴县境内。其中最高的，有穹窿、阳山、邓尉、西脊、铜井；而灵岩山上，还留存着春秋时吴国的宫殿，那里至今还有西施的遗迹。至于虎丘、剑池，以及天平、尚方、支硎各山，都是游览胜地。还有那广阔无边、三万六千顷的太湖，七十二座山峰沉浸在湖中，堪称是海内的奇观了！

我的同年好友魏用晦做了吴县县令，不到三年，因为政绩显著而被召入朝中任给事中。魏君做县令，布恩惠德爱于百姓之中，百姓想挽留他却终不能如愿，而魏君也不忍心撇下百姓而入朝中，因此热心的人便画了一张《吴山图》来作为赠别留念。

县令对于百姓真是非常的重要啊。县令如果贤明，那他所管辖地方的山川草木也蒙受他的恩泽而焕发光彩；县令如果不贤明，那他所管辖地方的山川草木也会遭到他的祸害而蒙受耻辱。魏君对于吴县的山川，应该说是增添了光彩。将来我们吴县的百姓要选择一个风景胜地，把他的牌位放在佛寺道观里供奉起来，那是理所当然的。然而魏君则又已经离开了吴县，为什么还对那里的山水人情久久不能忘怀呢？从前苏轼称赞韩琦离开黄州四十多年，仍然思念那里而不能忘记，以至于作了《思黄州》的诗篇，苏轼为黄州人将诗刻在石碑上。从此以后，人们才知道贤者到过的地方，不单单是那里的人民不忍忘怀自己，自己也是不会忘怀那里的人民的啊。

魏君离开吴县已经有三年了。一天，他和我同在内庭，他拿出这张图来，边观赏边叹息，因而叫我作一篇记文记述此事。唉！魏君对我们吴县有如此的深情，怎么能让我们这里的百姓忘记他呢？

沧浪亭记

【题解】

沧浪亭，在今江苏苏州市，建造者是北宋诗人苏舜钦。沧浪亭落成后，苏舜钦曾写有一篇《沧浪亭记》，文中写了沧浪亭的构造和景色。归有光的这篇文章若是仿照苏文，那便是拾人牙慧，难以独具一格，所以，他只写沧浪亭的历史演变，即由园变成亭，由亭变成庵，再由庵变成亭。归有光通过写这一变迁，抒发了对盛衰无常的感慨，同时，他也指出，只有道德文章才能历经万世而不朽。

【原文】

浮图文瑛[①]，居大云庵，环水，即苏子美沧浪亭之地也。亟求余作《沧浪亭记》，曰："昔子美之记，记亭之胜也，请子记吾所以为亭者。"

余曰："昔吴越有国时，广陵王镇吴中，治园于子城之西南，其外戚孙承佑，亦治园于其偏。迨淮南纳土，此园不废。苏子美始建沧浪亭，最后禅者居之，此沧浪亭为大云庵也。有庵以来二百年，文瑛寻古遗事，复子美之构于荒残灭没之余，此大云庵为沧浪亭也。夫古今之变，朝市改易。尝登姑苏之台，望五湖之渺茫，群山之苍翠，太伯、虞仲之所建，阖闾、夫差之所争，子胥、种、蠡之所经营，今皆无有矣，庵与亭何为者哉？虽然，钱镠因乱攘窃，保有吴越，国富兵强，垂及四世，诸子姻戚，乘时奢僭，宫馆苑囿，极一时之盛，而子美之亭，乃为释子所钦重如此。可以见士之欲垂名于千载，不与其澌然而俱尽者[②]，则有在矣。

文瑛读书喜诗，与吾徒游，呼之为沧浪僧云。

【注释】

①浮图：和尚。②澌（sī）然：冰块溶解的样子。

【译文】

僧人文瑛住在大云庵，四面环水，就是苏子美筑沧浪亭的地方。他多次求我写一篇《沧浪亭记》，说："从前苏子美写的《沧浪亭记》，记述的是沧浪亭的优美风景，请你记下我修建这个亭子的原由吧。"

我说："从前吴越国存在的时候，广陵王镇守苏州，在内城的西南修了一座园子，他的外戚孙承佑在那旁边也修了座园子。到后来吴越将土地纳入了宋朝的版图，这座园林仍旧没有废弃。当初苏子美曾在这里筑起了沧浪亭，后来又有僧人住在这里，这沧浪亭就变成了大云庵。从有大云庵到现在已经两百年了，文瑛寻访古代的遗迹，在荒芜残破的废墟上，重新建起了苏子美的沧浪亭记，这大云庵则又变成了沧浪亭。古今不断变迁，朝廷、都市常常更改。我曾经登上姑苏山的姑苏台，眺望烟波浩淼的五湖，树木苍翠的群山。那太伯、虞仲所建立的国家，阖闾、夫差所争夺的霸权，子胥、文种、范蠡所经营的盛世，如今都已经变成过眼烟云了，这大云庵和沧浪亭又算得了什么呢？虽然是这样，钱镠趁着乱世窃取了王位，占有吴、越之地，国富兵强，延续了四代，他的子孙和姻戚，趁着这机会开始了奢侈糜烂、巧取豪夺的生活，宫馆园林的修建，在当时可谓是盛行到了极点。然而只有苏子美的沧浪亭，才被佛教徒钦佩敬重到这个地步。可见士人要传留美名于千年之后，不像冰块那样很快就消失得无影无踪，那得是另有德行存在啊。"

文瑛喜欢读书作诗，跟我们交游，我们叫他沧浪僧。

茅坤

（1512 ~ 1601）

茅坤，字顺甫，号鹿门，归安（今浙江吴兴）人。明嘉靖七年（1538）进士。曾因镇压广西瑶民起义有功，升为大名兵备副使。著有《茅鹿门集》。

◎《青霞先生文集》序◎

【题解】

本篇是茅坤为沈炼的文集所写的序言。沈炼，字纯甫，别号青霞山人。他为人刚直，上疏弹劾严嵩父子而遭迫害，被流放塞上，后又因诗文指斥时弊而遭杀害。本文写于沈炼死后的第六年，其时严嵩父子已经倒台。文中真实地记载了沈炼与恶势力斗争的过程，歌颂了他的人格节操，是见诸记载的最早为沈炼平反昭雪的文章。

【原文】

青霞沈君，由锦衣经历上书诋宰执。宰执深疾之，方力构其罪，赖天子仁圣，特薄其谴，徙之塞上。当是时，君之直谏之名满天下。已而君累然携妻子，出家塞上。会北敌数内犯，而帅府以下束手闭垒，以恣敌之出没，不及飞一镞以相抗。甚且及敌之退，则割中土之战没者与野行者之馘以为功[①]。而父之哭其子，妻之哭其夫，兄之哭其弟者，往往而是，无所控吁。君既上愤疆场之日弛，而又下痛诸将士日菅刈我人民以蒙国家也。数呜咽欷歔，而以其所忧郁发之于诗歌文章，以泄其怀，即集中所载诸什是也。

君故以直谏为重于时，而其所著为诗歌文章又多所讥刺。稍稍传播，上下震恐，始出死力相煽构，而君之祸作矣。君既没，而一时阃寄所相与谗君者[②]，寻且坐罪罢去。又未几，故宰执之仇君者亦报罢。而君之门人给谏俞君，于是裒辑其生平所著若干卷[③]，刻而传之。而其子以敬，来请予序之首简。

茅子受读而题之曰：若君者，非古之志士之遗乎哉？孔子删《诗》，自《小弁》之怨亲，《巷伯》之刺谗以下，其忠臣、寡妇、幽人、怼士之什，并列之为“风”，疏之为“雅”，不可胜数。岂皆古之中声也哉？然孔子不遽遗之者，特悯其人，矜其志，犹曰“发乎情，止乎礼义”，“言之者无罪，闻之者足以为戒”焉耳。予尝按次春秋以来，屈原之《骚》疑于怨，伍胥之谏疑于胁，贾谊之疏疑于激，叔夜之诗疑于愤，刘蕡之对疑于亢。然推孔子删《诗》之旨而裒次之，当亦未必无录之者。君既没，而海内之荐绅大夫至今言及君，无不酸鼻而流涕。呜呼！集中所载《鸣剑》《筹边》诸什，试令后之人读之，其足以寒贼臣之胆，而跃塞垣战士之马，而作之忾也[④]，固矣。他日国家采风者之使出而览观焉，其能遗之也乎？予谨识之。

至于文词之工不工，及当古作者之旨与否，非所以论君之大者也，予故不著。

【注释】

①馘（guó）：指割下敌人的左耳。②阃（kǔn）寄：指统兵在外的将领。③裒（póu）辑：搜集。④忾（kài）：愤怒。

【译文】

青霞先生沈君，以锦衣卫经历的身份上书皇帝，指责宰相。宰相对他恨之入骨，正要罗织罪名陷害他，幸而依赖皇上的仁慈圣明，特地从轻发落，把他流放到塞外。那个时候，

王世贞为《青霞先生文集》作序

沈君敢于直谏的美名已然传遍天下。不久，沈君就疲困地带着妻子儿女，举家迁到塞上。正逢北方的敌人多次侵入境内，而帅府以下的各级官衙都束手无策，只是紧闭城垒，任凭敌人出没，没有射一支箭以相抵抗。更有甚者，等到敌人退去，割取战死在疆场的中原士兵和野外行走的无辜百姓的耳朵去邀功请赏。于是父亲哭儿子的，妻子哭丈夫的，哥哥哭弟弟的，到处都是，却没有地方控诉呼吁。沈君上恨朝廷对于边疆防务的日益松弛懈怠，下恨将士们每日随意残害百姓以蒙骗国家，因此常常哭泣、叹息。他于是将心中的忧郁从诗歌文章中抒发出来，以此来发泄胸中的郁结，文集中所载的诸篇就是这类作品。

沈君本来就是因为能够直谏而被当时的人所敬重，而他所作的诗歌文章，又大多有讥议讽刺的内容。这些诗文渐渐传播开来以后，朝廷上下为之震惊恐惧，便开始拼命煽动构陷他，沈君的灾祸也就因此而形成了。沈君被害以后，那些曾担任军职、勾结在一起陷害他的人，不久也都获罪罢官。又过了不久，原来仇视沈君的宰相也被罢官。沈君的门生——给事中兼谏议大夫俞君，于是收集编纂了他生平所著的诗文若干卷，刊刻出来让它流传。他的儿子以敬，来请我为之作序，放在文集的前面。

我拜读了沈君的文集后，写道：像沈君这样的人，难道不是有古代志士的遗风吗？孔子删定《诗经》，自怨恨亲人的《小弁》篇、讽刺谗言的《巷伯》篇以下，那些忠臣、寡妇、隐者、愤世之人的作品，一同被编为《国风》、分为《大雅》《小雅》的，篇目多得数也数不清。难道这些都是古人所谓的中和之声吗？然而孔子没有轻易删掉它们的缘故，只是为了怜悯那些人，尊重他们的志向。他还说："这些诗是发自内心，停留在礼义上的。""说话的人没有罪，听的人可以把它作为鉴戒。"我曾经按着次序考察了春秋以来的诗作，觉得屈原的《离骚》近乎怨恨，伍子胥的进谏近乎于逼迫君王，贾谊的奏章近乎激烈，叔夜的诗歌近乎愤慨，刘蕡的对策近乎亢直。然而若以孔子删定《诗经》的宗旨去收集编纂他们的作品，应当也是值得收录的。沈君已经去世，然而天下的官员、士大夫现在一谈到他，没有不鼻子发酸、潸然落泪的。唉！文集中所载的《鸣剑》《筹边》等篇，如果让后世的人读到它们，足以使奸臣为之胆寒，使边防将士跃马疆场，兴起对敌人的愤恨。这是一定的。将来国家采风的使者出来看到了这些诗作，会把它们遗漏掉吗？我恭敬地把它们记述了下来。

至于文章辞句的写作技巧是否高妙，以及跟古代作家的为文宗旨是不是相合，这不是用来评定沈君大节方面的东西，所以我就不加以论述了。

王世贞

（1526 ~ 1590）

王世贞，字元美，号凤洲，又号弇州山人，汉族，太仓（今江苏太仓）人，明代文学家、史学家。"后七子"领袖之一。官刑部主事，累官刑部尚书，移疾归，卒赠太子少保。好为古诗文，始与李攀龙主文盟，攀龙死，独主文坛二十年。有《弇山堂别集》《弇州山人四部稿》等。

蔺相如完璧归赵论

【题解】

本篇是王世贞所写的一篇史论，文章就历史上蔺相如完璧归赵一事发表了自己的看法。他认为蔺相如所以能完成此壮举，有其深层次的原因，即秦国其时还不想与赵国彻底决裂。作者在文中将此称为“天”，指的就是大环境、大气候。

【原文】

蔺相如之完璧，人皆称之，予未敢以为信也。

夫秦以十五城之空名，诈赵而胁其璧。是时言取璧者情也，非欲以窥赵也。赵得其情则弗予，不得其情则予；得其情而畏之则予，得其情而弗畏之则弗予。此两言决耳，奈之何既畏而复挑其怒也！

且夫秦欲璧，赵弗予璧，两无所曲直也。入璧而秦弗予城，曲在秦。秦出城而璧归，曲在赵。欲使曲在秦，则莫如弃璧，畏弃璧，则莫如弗予。夫秦王既按图以予城，又设九宾，斋而受璧，其势不得不予城。璧入而城弗予，相如则前请曰：“臣固知大王之弗予城也。夫璧非赵璧乎？而十五城秦宝也。今使大王以璧故而亡其十五城，十五城之子弟，皆厚怨大王以弃我如草芥也。大王弗予城而绐赵璧①，以一璧故而失信于天下，臣请就死于国，以明大王之失信。”秦王未必不返璧也。今奈何使舍人怀而逃之，而归直于秦？是时秦意未欲与赵绝耳。令秦王怒，而僇相如于市②，武安君十万众压邯郸，而责璧与信，一胜而相如族，再胜而璧终入秦矣。

吾故曰：“蔺相如之获全于璧也，天也。”若其劲渑池，柔廉颇，则愈出而愈妙于用。所以能完赵者，天固曲全之哉！

【注释】

①绐（dài）：欺诈。②僇（lù）：通“戮”。

【译文】

蔺相如保全了和氏璧，人们都称赞他，我却不敢苟同。

秦用十五座城的空名，欺骗赵国并且威胁它交出和氏璧。这时候，说秦国意在求取和氏璧确是实情啊，它并不是想以此来窥视赵国。赵国如果了解秦国的真正用意就可以不给，不了解秦国的真正用意就给；知道了秦国的真正用意而惧怕它就给，不知道秦国的真正用意而不惧怕它就不给它。这只要两句话就解决了，为什么既然惧怕它却又要挑起它的怒气呢？

况且秦国想要得到这块璧，赵国不给它璧，双方都没有什么曲直是非。和氏璧到了秦国而秦国不给城，那就是秦国理亏；秦国让出城而和氏璧却被送回了赵国，那就是赵国理亏了。要想秦国理亏，就不如放弃和氏璧；如果怕失去了和氏璧，就不如不给。那秦王既然已经按照地图给了城，又设了九宾的大礼，斋戒后才来接受和氏璧，那情势看来是不会不给城了。如果接受了和氏璧却不给城，相如就可以上前请求说：“我本来就知道大王是不会给城的。和氏璧不是赵国的璧么？而那十五座城也是秦国所珍惜的啊。现在如果大王因为和氏璧的缘故放弃了这十五座城，那十五座城里的子民，就都会深深埋怨大王抛弃他们就像抛弃草芥一样。大王也可以不给城而骗走璧，为了一块璧而失信于天下；那么我也请求死在秦国，以向天下昭示大王的不讲信用。”这样，秦王未必就不退还和氏璧啊。而当时为什么要派随从怀揣着璧逃回赵国，使人们认为是秦国占理呢？这个时候，秦国只是还不想与赵国断绝关系罢了。如果秦王发怒，在市集上杀掉相如，派武安君带领十万大军逼近邯郸，责问和氏璧的下落和赵国为何失信，那么，秦国一次获胜就可以使相如灭族，两次获胜就使得和氏璧最终还是归入了秦国。

我因此说："蔺相如能使和氏璧得到保全，是天意啊！"至于他在渑池会上的强硬坚决，对廉颇的忍让团结，那是他处事应变的方式变得愈加的多样而且运用得愈加的巧妙了。因此赵国能够得以保全，是上天在偏袒它呀！

袁宏道

（1568～1610）

袁宏道，字中郎，号石公，公安（今属湖北）人。万历二十年（1592）进士，官至吏部主事、考功员外郎。在明代文坛上占有重要地位。与兄宗道、弟中道时号"三袁"，被称为"公安派"。他们反对复古运动，主张"独抒性灵，不拘格套"。

徐文长传

【题解】

徐文长即徐渭，明代著名的文学家、书法家和画家。本篇传记记叙徐渭生平和他在文学艺术上的成就，感叹他怀才不遇、坎坷艰难的命运，字里行间无不透露着作者对他的深深惋惜和深切同情。

【原文】

徐渭，字文长，为山阴诸生，声名籍甚①。薛公蕙校越时，奇其才，有国士之目。然数奇，屡试辄蹶②。中丞胡公宗宪闻之，客诸幕。文长每见，则葛衣乌巾，纵谈天下事，胡公大喜。是时公督数边兵，威镇东南。介胄之士，膝语蛇行，不敢举头，而文长以部下一诸生傲之，议者方之刘真长、杜少陵云。会得白鹿，属文长作表，表上，永陵喜。公以是益奇之，一切疏计，皆出其手。文长自负才略，好奇计，谈兵多中。视一世事无可当意者，然竟不偶。

文长既已不得志于有司，遂乃放浪曲蘖③，恣情山水。走齐、鲁、燕、赵之地，穷览朔漠。其所见山奔海立，沙起雷行，雨鸣树偃，幽谷大都，人物鱼鸟，一切可惊可愕之状，一一皆达之于诗。其胸中又有勃然不可磨灭之气，英雄失路、托足无门之悲，故其为诗，如嗔如笑，如水鸣峡，如种出土，如寡妇之夜哭，羁人之寒起。虽其体格时有卑者，然匠心独出，有王者气，非彼巾帼而事人者所敢望也。文有卓识，气沉而法严，不以模拟损才，不以议论伤格，韩、曾之流亚也。文长既雅不与时调合，当时所谓骚坛主盟者，文长皆叱而奴之，故其名不出于越。悲夫！喜作书，笔意奔放如其诗，苍劲中姿媚跃出，欧阳公所谓"妖韶女，老自有余态"者也。间以其余，旁溢为花鸟，皆超逸有致。

卒以疑杀其继室，下狱论死。张太史元汴力解，乃得出。晚年愤益深，佯狂益甚。显者至门，或拒不纳。时携钱至酒肆，呼下隶与饮。或自持斧击破其头，血流被面，头骨皆折，揉之有声。或以利锥锥其两耳，深入寸余，竟不得死。周望言晚岁诗文益奇，无刻本，集藏于家。余同年有官越者，托以钞录，今未至。余所见者，《徐文长集》《阙编》二种而已。然文长竟以不得志于时，抱愤而卒。

石公曰：先生数奇不已，遂为狂疾。狂疾不已，遂为囹圄。古今文人牢骚困苦，未有若先生者也。虽然，胡公间世豪杰，永陵英主，幕中礼数异等，是胡公知有先生矣；表上，人主悦，是人主知有先生矣。独身未贵耳。先生诗文崛起，一扫近代芜秽之习，百世而下，自有定论，胡为不遇哉？

梅客生尝寄予书曰："文长吾老友，病奇于人，人奇于诗。"余谓文长无之而不奇者也。无之而不奇，斯无之而不奇也。悲夫！

【注释】

① 籍甚：盛大。② 蹶（jué）：原意跌倒，这里指考试不中。③ 曲蘖（niè）：酒曲。

【译文】

徐渭，字文长，是山阴县的生员，声名很大，薛公蕙在浙江做试官的时候，对他的才华就非常赏识，视他为国士。然而他命气不好，屡次应试屡次落第。中丞胡公宗宪听说后，把他聘作幕僚。文长每次参见胡公，总是身着葛布衣，头戴乌巾，畅谈天下大事，胡公听后十分赞赏。当时胡公统率着几个防区的军队，威镇东南。顶盔披甲的武将在他面前，都跪着说话，在地上匍匐而不敢仰视。而文长以部下一个生员的身份，对胡公的态度却是如此傲慢，好议论的人都把他比作刘真长、杜甫一类的人物。恰逢胡公猎得一头白鹿，想要献给皇帝，便嘱托文长起草奏表，奏表呈上后，世宗看过非常高兴。胡公于是更加器重文长，所有的奏章公文，都交给他来起草。文长自认为有雄才伟略，好设奇谋险计，谈论兵事往往能切中要害。他恃才傲物，觉得世间的事物没有能让他满意的，然而他竟终究是没有机会来施展他的抱负。

文长既然在科举考试上不得志，于是就放肆地饮酒，纵情于山水之间。他游历了齐、鲁、燕、赵等地，又饱览了塞北大漠的风光。他所看到的如同奔跑一样的山势，耸立而起的海浪，黄沙飞扬、雷霆千里的景象，暴雨轰鸣、树木倒塌的状貌，乃至山谷的寂寥和都市的繁闹，还有那些形态各异的人、物、鱼、鸟；这一切令人惊愕的景象，他都一一写入了诗中。他胸中一直郁结着蓬勃奋发、不可磨灭的壮志和英雄无用武之地的悲凉。所以他的诗，像是发怒，像是嬉笑，像是大水轰鸣于峡谷，像是有春芽破土而出，像是寡妇深夜啼哭，像是旅客寒夜梦醒。虽然他作的诗的格律体裁时有不高明之处，然而却匠心独出，有王者之气，不是那些像女人一样侍奉他人的诗人所能企及的。他作的文章蕴含着卓越的见解，气势沉着而法度严谨，不因为模仿他人而减损自己的才气，不因为发表议论而伤害文章的格调，他真是韩愈、曾巩一流的人物啊！文长雅量高致，不迎合时俗，对当时的所谓的文坛领袖，他都是加以呵斥怒骂，所以他的文字没人推重，名气也没有传出越地，这真是令人悲哀呀！文长喜好书法，他用笔奔放有如他的诗，苍劲中另有一种妩媚的姿态跃然纸上，就像欧阳公所说的"妖娆的女子，即使老了仍然保存着未尽的风韵"一样。除了诗文书法以外，文长还对绘画花鸟有所涉猎，也都是超逸脱俗，别有情致。

后来，文长因疑忌而杀死了他的后妻，被捕下狱后按律当死。太史张元汴极力营救，方得出狱。他晚年对世道的愤愤不平日益加深，佯装疯狂的情形也比以前更甚。达官显贵登门拜访，他时常拒而不见。他还时常带着钱到酒馆，叫那些下人奴仆同他一起饮酒。他曾自己拿斧头砍斫自己的脑袋，血流满面，头骨折断，用手揉搓可以听到响声。他还曾用锋利的锥子刺入自己的双耳，深入一寸有余，却竟然没有死。周望说文长晚年的诗文愈加的奇异高妙，没有刻本传世，文集都藏在家中。我有在越地做官的科举同年，曾委托他们抄录文长的诗文，至今没有得到。我所见到的，只有《徐文长集》《阙编》二种而已。而今文长竟因为在当今世道中不能得志，抱愤而死。

石公说：徐文长先生命途多舛，致使他得了癫狂病。癫狂病不断发作，又导致他进了监狱。从古至今文人的牢骚怨愤和遭受到的困苦，没有像徐文长先生这样的了。虽然如此，仍有胡公这样隔几世才出一个的豪杰，世宗这样的英明皇帝赏识他。徐文长在胡公幕府中受到特殊礼遇，这说明胡公是了解先生的。奏表呈上以后，皇帝非常高兴，这说明皇帝知道有先生了。只是先生自身没有显贵起来罢了。先生诗文的崛起，一扫了近代文坛杂乱、污秽的风气，百世之后，自有公论，又怎么能说他生不逢时，困厄不遇呢？

梅客生曾经写信给我说："文长是我的老朋友，他的病比他的人还要怪，他的人又比他的诗还要怪。"我则认为文长是没有一处地方不奇怪的人。正因为没有一处不奇怪，所以也就注定他的到处不得志啊。令人悲哀呀！"

张溥

（1602 ~ 1641）

张溥，字天如，太仓（今江苏太仓）人，崇祯四年（1631）进士。与同邑张采齐名，时称"娄东二张"。曾写过很多抨击明末宦官专权及腐败政治的文章，在当时影响很大。

五人墓碑记

【题解】

明朝末年，政治黑暗，以魏忠贤为代表的宦官专权，对正直的士大夫进行残酷镇压，杨涟、左光斗、魏大中等先后被杀，周顺昌仅仅因为招待过路经苏州的魏大中，也被拘捕杀害。周顺昌被捕时，对阉党已是切齿痛恨的苏州市民终于不胜愤怒，万人群起，攻击差役。事后官府捕杀市民五人示众。本篇是作者在阉党倒台后，为五位殉难者所写的墓碑记，文中叙述了事件的经过，歌颂了五人的深明大义、死得其所。

【原文】

五人者，盖当蓼洲周公之被逮，激于义而死焉者也。至于今，郡之贤士大夫请于当道，即除魏阉废祠之址以葬之，且立石于其墓之门，以旌其所为。呜呼，亦盛矣哉！

夫五人之死，去今之墓而葬焉，其为时止十有一月耳。夫十有一月之中，凡富贵之子，慷慨得志之徒，其疾病而死，死而湮没不足道者，亦已众矣，况草野之无闻者欤？独五人之皦皦①，何也？

予犹记周公之被逮，在丁卯三月之望。吾社之行为士先者，为之声义，敛资财以送其行，哭声震动天地。缇骑按剑而前，问："谁为哀者？"众不能堪，抶而仆之②。是时以大中丞抚吴者，为魏之私人，周公之逮所由使也。吴之民方痛心焉，于是乘其厉声以呵，则噪而相逐，中丞匿于溷藩以免③。既而以吴民之乱请于朝，按诛五人，曰：颜佩韦、杨念如、马杰、沈扬、周文元，即今之傫然在墓者也。

然五人之当刑也，意气扬扬，呼中丞之名而詈之，谈笑以死。断头置城上，颜色不少变。有贤士大夫发五十金，买五人之脰而函之④，卒与尸合。故今之墓中，全乎为五人也。

嗟夫！大阉之乱，缙绅而能不易其志者，四海之大，有几人欤？而五人生于编伍之间，素不闻诗书之训，激昂大义，蹈死不顾，亦曷故哉？且矫诏纷出，钩党之捕遍于天下，卒以吾郡之发愤一击，不敢复有株治。大阉亦逡巡畏义，非常之谋，难于猝发。待圣人之出而投缳道路，不可谓非五人之力也！

由是观之，则今之高爵显位，一旦抵罪，或脱身以逃，不能容于远近，而又有剪发杜门，佯狂不知所之者。其辱人贱行，视五人之死，轻重固何如哉？是以蓼洲周公，忠义暴于朝廷，赠谥美显，荣于身后；而五人亦得以加其土封，列其姓名于大堤之上。凡四方之士，无有不过而拜且泣者，斯固百世之遇也！不然，令五人者保其首领，以老于户牖之下，则尽其天年，人皆得以隶使之，安能屈豪杰之流，扼腕墓道，发其志士之悲哉？故予与同社诸君子，哀斯墓之徒有其石也，而为之记，亦以明死生之大，匹夫之有重于社稷也。

贤士大夫者：冏卿因之吴公，太史文起文公，孟长姚公也。

【注释】

① 皦皦（jiǎo）：明亮的样子。② 抶（chì）：打倒。③ 溷（hùn）：厕所。藩：篱笆。④ 脰（dòu）头颅。

【译文】

这五个人，是周公蓼洲被捕时，为正义所激奋而死的。到了现在，吴郡的贤士大夫向当局请示，准予他们清理魏阉已废生祠的旧址来安葬他们，并且在他们的墓门前立碑，来表扬他们的事迹。啊，这也算是够隆重的了！

五人的牺牲，距离现在为他们修墓安葬，时间不过十一个月罢了。在这十一个月当中，那些富贵的人，官运亨通的人，因为患病而死，死了就湮没于世，不足称道的，也是很多的了，何况那些生活在草野之中普通人呢？惟独这五个人光耀于世，这是为什么呢？

我还记得周公被捕，是在丁卯年三月十五日。我们复社里那些道德品行可以作为读书人表率的人替他申张正义，募集钱财为他送行，哭声震天动地。这时前来抓人的缇骑按着剑把上前问道："谁在为他哭？"大家不能忍受，把他们打倒在地。这时以大中丞官衔作吴地巡抚的毛一鹭，是魏阉的私党，周公的被捕就是由他指使的；吴郡的百姓正对他切齿痛恨，于是趁他厉声呵叱的时候，就呼喊起来，一起追打他，他躲到厕所里才得以逃脱。不久，他以吴郡百姓暴动的罪名请奏朝廷，追究这件事，处死了五个人，他们是：颜佩韦、杨念如、马杰、沈扬、周文元，就是现在并排埋藏在坟墓里的人。

这五个人受刑的时候，意气昂扬，喊着巡抚的名字大骂，谈笑着死去。被砍下的头颅放在城上，神色没有一点儿改变。有几位贤士大夫拿出了五十两银子，买了五人的头颅，用匣子盛好，最后同尸身合在一起。所以现在的墓中，是五个人完整的遗体。

唉！在魏阉乱政的时候，当官而能够不改变自己的志节的，这么大的天下，又能有几人呢？而这五个人出身平民，平时没有受到过诗书的教育，却能为大义所激昂，踏上死地而不反顾，这又是什么缘故呢？况且当时假传的诏书纷纷下达，对受牵连的东林党人的抓捕，遍布了全国，终于因为我吴郡百姓愤怒抗击，使他们不敢再株连治罪。魏阉也犹疑不决，畏惧正义，篡夺帝位的阴谋难于立刻发动，等到圣明的皇帝即了位，魏阉就在放逐的路上自缢而死，这不能不说是这五个人的功劳啊！

由此看来，那么，今天那班职高位显的高官们，一旦因获罪而接受惩治时，有的脱身逃跑，不能被远近的人收留；有的剃发为僧，闭门不出，假装疯狂而不知逃往何处。他们可耻的人格，卑劣的行为，比起这五个人的死来，孰轻孰重本该是怎样的呢？因此周公蓼洲，忠义显于朝廷，得到皇上追赠的谥号，美名远扬，荣耀于死后；而这五个人也得以修建大墓重新安葬，并将他们的姓名并排刻在这大堤之上，凡是四方过往的行人，没有不到他们的墓前跪拜哭泣的，这真是百代难得的际遇呀！要不是这样，假使这五个人都保全了他们的头颅，老死在家里，尽享天年，但人人都可以把他们当做仆役来使唤，怎么能够使英雄豪杰们拜倒在他们的墓前，紧握手腕，愤慨异常，发出志士仁人的悲叹呢！所以，我和同社的各位先生，为这座墓空有石碑没有碑文而感到难过，就写了这篇碑记，也借以说明死生的重大意义，平民百姓也是能为国家做出重大贡献的。

文中提到的那几位贤士大夫是：太仆卿吴公因之，太史文公文起和姚公孟长。